Hedging-Geschäfte
und das Insiderhandelsverbot

Europäische Hochschulschriften

European University Studies

Publications Universitaires Européennes

Reihe II	**Rechtswissenschaft**
Series II	Law
Série II	Droit

Band/Volume **5934**

Johanna Hauser

Hedging-Geschäfte und das Insiderhandelsverbot

Eine Analyse unter besonderer Berücksichtigung des neuen europäischen Regulierungsrahmens und der wirtschaftswissenschaftlichen Forschung

PL ACADEMIC RESEARCH

Bibliografische Information der Deutschen Nationalbibliothek
Die Deutsche Nationalbibliothek verzeichnet diese Publikation in der Deutschen Nationalbibliografie; detaillierte bibliografische Daten sind im Internet über http://dnb.d-nb.de abrufbar.

Zugl.: Berlin, Humboldt-Univ., Diss., 2016

11
ISSN 0531-7312
ISBN 978-3-631-72363-0 (Print)
E-ISBN 978-3-631-72607-5 (E-PDF)
E-ISBN 978-3-631-72608-2 (EPUB)
E-ISBN 978-3-631-72609-9 (MOBI)
DOI 10.3726/b11322

PL Academic Research ist ein Imprint der Peter Lang GmbH.
Peter Lang – Frankfurt am Main · Bern · Bruxelles · New York · Oxford · Warszawa · Wien

Diese Publikation wurde begutachtet.

www.peterlang.com

Vorwort

Die Arbeit wurde von der Juristischen Fakultät der Humboldt Universität zu Berlin im Wintersemester 2016/2017 als Dissertation angenommen. Sie befindet sich auf dem Stand Dezember 2016.

An dieser Stelle möchte ich mich bei nachstehenden Personen bedanken, die zur Anfertigung und Fertigstellung der Promotionsschrift maßgeblich beigetragen haben.

Mein Dank gilt zunächst meinem Doktorvater, Herrn Prof. Dr. Lars Klöhn, der das Thema der Dissertation angeregt und die Arbeit umfassend unterstützt und begleitet hat. Herrn Prof. Dr. Hans-Peter Schwintowski danke ich für die umgehende Erstellung des Zweitgutachtens.

Ein besonderer Dank gilt auch den Kanzleien Freshfields Bruckhaus Deringer LLP und Gibson Dunn & Crutcher LLP, die mich bei der Erstellung der Arbeit auf vielfache Weise unterstützt haben. Meinem Team sowie meinen Kollegen danke ich für die zahlreichen praktischen Tipps und fachlichen Diskussionen.

Abschließend und nicht zu vergessen geht ein lieber Dank an die vielen Personen, die mich während der Erstellung der Doktorarbeit unterstützt und ermuntert haben, allen voran an meinen Freund Peter sowie meine Familie und meine Freunde.

München, im Februar 2017 Johanna Hauser

Inhaltsverzeichnis

A. Einleitung 27

B. Hedging 29

I. Hedging – Begriff und Abgrenzung 29

1. Hedging, Spekulation und Arbitrage 29

2. Verhältnis des Hedging-Geschäfts zum Grundgeschäft 34

II. Geschichtliche Entwicklungen auf dem Hedging- und Terminmarkt 35

III. Risikomanagement und Hedging 38

1. Hedging als Teil des Risikomanagements 38

2. Absicherung verschiedener Risiken 39

a) Wertpapierkursrisiken und Derivatekursrisiken 40

b) Währungsrisiken 40

c) Zinsrisiken 40

d) Rohstoffpreisrisiken 41

e) Kreditrisiken 41

f) Wetter-, Katastrophen- und sonstige Risiken 42

3. Pflicht zum Risikomanagement 42

a) Kreditinstitute 42

b) Juristische Personen des Privatrechts 44

c) Kapitalverwaltungsgesellschaften 45

d) Juristische Personen des öffentlichen Rechts 46

IV. Hedging-Instrumente zur Absicherung von Risiken 47

1. Hedging-Instrumente 47

a) Hedging mit Derivaten 48

aa) Begriffliche Herleitung 48

(1) Derivatebegriff gemäß § 2 Abs. 2 WpHG und § 1 Abs. 11 S. 3 KWG 48

(2) Derivatebegriff nach MiFIR und MiFID 49

bb) Allgemeine Kennzeichen und Systematisierung der klassischen Derivate ... 51
(1) Einteilung nach Basiswerten ... 51
(2) Bedingte und unbedingte Geschäfte ... 52
(3) Börsengehandelte Derivate und OTC-Derivate ... 53
(4) Physical settlement und cash settlement ... 55
(5) Vorzeitige Beendigung des Derivategeschäftes ... 56
cc) Klassische Arten von Derivaten und ihre Kennzeichen ... 56
(1) Futures und Forwards ... 56
(2) Optionen ... 58
(a) Kennzeichen von Optionen ... 59
(b) Kombination von Options-Positionen ... 63
(c) Exotische Optionen ... 66
(3) Swaps ... 68
(4) Finanzielle Differenzgeschäfte ... 69
(5) Andere Derivatekontrakte ... 69
b) Hedging mit anderen Finanzintrumenten und Hedging von Derivaten ... 70
2. Hedging von Marktpreisrisiken, Kreditrisiken und sonstiger Risiken ... 71
a) Aktienkursrisiken und Aktien-Derivate ... 71
aa) Aktien-Futures, -Forwards und -Optionen ... 71
bb) Aktienindex-Futures und Aktienindex-Optionen ... 71
cc) Aktienindex-Swaps und Cash Settled Equity Swaps ... 72
b) Zinsrisiken und Zins-Derivate ... 73
aa) Forward Rate Agreement und Interest Rate Guarantee ... 73
bb) Zins-Futures ... 74
cc) Zins-Swaps ... 74
dd) Zins-Caps, Zins-Floors und Zins-Collars ... 76
c) Devisenrisiken und Währungs-Derivate ... 77
aa) Devisen-Forwards und Devisen-Futures ... 78
bb) Devisen-Optionen, Collars, Corridors und Average-Rate-Optionen ... 79

cc) Cross Currency Swaps und Devisen-Swaps 80
d) Rohstoffpreisrisiken und Rohstoff-Derivate 81
aa) Rohstoff-Forwards, -Futures und -Optionen 81
bb) Rohwaren-Swaps 82
cc) Rohwaren-Caps und Rohwaren-Floors und Rohwaren-Collars 82
e) Kreditrisiken und Kreditderivate 83
aa) Credit Default Swaps und Swaptions 83
bb) Total Return Swaps 85
cc) Credit Linked Notes 86
dd) Asset Backed Securities, Mortgage Backed Securities und Collateralized Debt Obligations 87
f) Sonstige Risiken und Derivate 88
V Allgemeine Hedging-Strategien 89
1. Financial und Natural Hedging 89
2. Bestands-Hedge und antizipativer Hedge 90
3. Micro-, Macro- und Portfolio-Hedge 90
a) Micro-Hedging 90
b) Macro- und Cross-Hedging 91
c) Portfolio-Hedging 92
d) Hedge Ratio 92
4. Hedging gegen steigende und fallende Kurse 93
a) Hedging mit unbedingten Derivaten 93
b) Hedging mit bedingten Derivaten 94
aa) Absicherung gegen fallende Kurse 94
bb) Absicherung gegen steigende Kurse 95
cc) Optionskombinationen 96
5. Fixes und dynamisches Hedging 96
6. Symmetrische und asymmetrische Absicherung 97
7. Langfristiges Hedging 98
8. Hedging von Short-Positionen in Optionen (bedingte Termingeschäfte) 98
a) Keine Absicherung (ungedeckte Position) 99

b) Einnahme einer gedeckten Position ... 99
c) Stop-Loss-Strategie ... 99
d) Dynamisches Hedging mit Hilfe der Sensitivitätskennzahlen ... 100
9. Abgesicherte Handelsstrategien ... 101
10. Hedging-Strategien entsprechend ihrer Motive nach Working ... 102
a) Pure Risk-Avoidance Hedging ... 102
b) Carrying-Charge Hedging ... 102
c) Selektives Hedging ... 104
d) Operational Hedging ... 105
e) Anticipatory Hedging ... 105
VI. Kosten des Hedging mit Derivaten ... 106
VII. Nutzer von Hedging-Geschäften ... 107
1. Industrieunternehmen ... 107
2. Banken ... 108
a) Absicherung von Krediten mittels Credit Default Swaps ... 108
b) Absicherung als Gegenpartei und Market Maker ... 109
c) Absicherung als begleitende Bank beim Aufbau von Beteiligungen in Form des „*Anschleichens an Zielunternehmen*“ ... 109
3. Kapitalverwaltungsgesellschaften gemäß KAGB – insbesondere Hedge-Fonds ... 112
4. Privatanleger ... 114
5. Juristische Personen des öffentlichen Rechts ... 114

C. Hedging, Derivatehandel und Insiderhandelsverbot im Kontext des neuen europäischen Regulierungsrahmens ... 117
I. Pittsburgh Summit ... 117
II. Europäisches Reformpaket ... 118

1. Neuregelung des Europäischen Finanzmarktrechts und des OTC-Handels von Derivaten ... 119
a) Clearingpflicht von OTC-Derivaten, Abwicklung über zentrale Gegenparteien und Meldepflichten von Derivaten nach EMIR ... 119
aa) Clearingpflichtige Kontraktparteien ... 120
bb) Clearingpflichtige OTC-Derivatekontrakte ... 120
cc) Clearing ... 121
dd) Öffentliches Register ... 121
ee) Risikominderungspflichten für nicht geclearte OTC-Derivate ... 121
ff) Meldepflicht an Transaktionsregister ... 122
gg) EMIR-Ausführungsgesetz ... 123
b) Handelspflicht und Clearingpflichten an geregelten Märkten, MTFs oder OTFs nach MiFIR und MiFID ... 123
aa) Organisierte Handelsplätze ... 124
(1) Geregelte Märkte ... 124
(2) MTF ... 124
(3) OTF ... 125
bb) Pflicht zum Handel von Aktien und Derivaten an Handelsplätzen ... 127
cc) Clearingpflicht für über geregelte Märkte gehandelte Derivate ... 127
dd) Meldepflicht ... 127
ee) Positionslimits für Warenderivate ... 128
2. Leerverkäufe und Credit Default Swaps ... 128
3. Neuregelung des Marktmissbrauchsrechts ... 129
a) Anwendungsbereich der Marktmissbrauchsverordnung ... 131
b) Verbote und Offenlegungspflichten ... 132
c) Closed Periods ... 133
d) Zuständige Aufsichtsbehörden ... 133
e) Strafrechtliche Sanktionen nach MAD und verwaltungsrechtliche Sanktionen nach MAR ... 134

4. Neuregelung der Eigenkapital- und Liquiditätsanforderungen an Banken ... 134
a) Behandlung von Derivaten die zu Hedging-Zwecken eingesetzt werden ... 135
b) Eigenmittelanforderungen für Derivate ... 136
aa) Eigenmittelanforderungen für geclearte Derivate ... 136
bb) CVA – zusätzliche Eigenmittelanforderung für nicht geclearte OTC-Derivate ... 136
5. Neuregelung des Investmentrechts: AIFM-Richtlinie und Kapitalanlagegesetzbuch ... 137
a) Pflichten der Kapitalverwaltungsgesellschaften bei Verwaltung des Investmentvermögens – Risikomanagement und Riskomischung ... 138
b) Einsatz von Derivaten ... 138
c) Hedging-Verbot für Mitarbeiter von Kapitalverwaltungsgesellschaften ... 139

D. Verbot des Tätigens von Insidergeschäften ... 141

I. Zweck des Insiderhandelsverbots ... 141

II. Nutzungsverbot nach Art. 14 lit. a) MAR ... 142
1. Anwendungsbereich – Finanzinstrumente, Art. 2 MAR ... 143
a) Geregelter Markt, MTF und OTF ... 143
b) Derivate ... 144
2. Verfügen über Insiderinformation, Art. 7 MAR ... 144
a) Insiderinformation, Art. 7 Abs. 1 lit. a) MAR ... 144
aa) Präzise Information ... 144
(1) Gegebene Umstände und eingetretene Ereignisse ... 145
(2) Zwischenschritte ... 146
(3) Zukünftige Umstände oder Ereignisse ... 147
(4) Präzision ... 148
bb) Nicht öffentlich bekannt ... 151
cc) Emittenten- oder Finanzinstrumentenbezug ... 152
dd) Kursrelevanz ... 153

ee) Hedging-Geschäfte als Insiderinformation ... 156
b) Insiderinformation, Art. 7 Abs. 1 lit. b) MAR ... 157
c) Verfügen über Insiderinformation ... 157
3. Insidergeschäfte ... 158
a) Insidergeschäft gemäß Art. 8 Abs. 1 MAR ... 158
aa) Erwerb oder Veräußerung von Finanzinstrument ... 158
(1) Erwerbs- und Veräußerungsbegriff ... 158
(a) Erwerbs- und Veräußerungsgeschäft nach § 14 WpHG . 158
(b) Erwerbs- oder Veräußerungsgeschäft gemäß Art. 8 MAR ... 162
(2) Direkter oder indirekter Erwerb auf eigene oder fremde Rechnung ... 163
(3) Stornierung oder Änderung eines Auftrags ... 163
bb) Insiderinformation bezieht sich auf das Finanzinstrument ... 165
cc) Nutzung der Insiderinformation ... 165
b) Insidergeschäft gemäß Art. 8 Abs. 3 MAR ... 167
4. Durch Insider, Art. 8 Abs. 4 MAR ... 167
5. Legitime Handlungen und Widerlegung der Nutzungsvermutung ... 168
a) Legitime Handlungen gemäß Art. 9 MAR ... 168
aa) Chinese-Walls, Art. 9 Abs. 1 MAR ... 168
(1) Chinese-Wall innerhalb einer juristischen Person ... 169
(2) Chinese-Walls als Teil der Compliance-Organisation ... 170
(3) Voraussetzungen einer wirksamen Chinese-Wall ... 171
(a) Interne Regelungen und Verfahren ... 172
(b) Keine Einflussnahme auf natürliche Person ... 173
bb) Market-Maker, Gegenparteien und Personen, die zur Ausführung von Aufträgen zugelassen sind, Art. 9 Abs. 2 MAR ... 174
cc) Geschäfte zur Erfüllung einer fälligen Verpflichtung, Art. 9 Abs. 3 MAR und Erfüllungsgeschäfte ... 175

dd) Übernahmen und Unternehmenszusammenschlüsse auf der Grundlage eines öffentlichen Übernahmeangebots, Art. 9 Abs. 4 MAR 176
ee) Eigene Erwerbs- oder Veräußerungsabsicht, Art. 9 Abs. 5 MAR 178
ff) Rückausnahme, Art. 9 Abs. 6 MAR 178
b) Widerlegung der Nutzungsvermutung entsprechend den Grundsätzen der Spector-Entscheidung 179
c) Fortgeltung sonstiger anerkannter Ausnahmen vom Insiderhandelsverbot 180
aa) Masterplan-Ausnahme 180
bb) Face-to-Face Geschäfte 185
cc) Handeln ohne wirtschaftlichen Sondervorteil entgegen der prognostizierten Kursbewegung 187
dd) Erfüllungsgehilfen und Warehousing 188

E. Das Insiderhandelsverbot bei Hedging-Geschäften 191

I. Hedging-Geschäfte im Anwendungsbereich des Insiderhandelsverbotes 191
1. Finanzinstrumente iSd Art. 2 Abs. 1 S. 1 lit. a)–c) MAR 191
2. Finanzinstrumente iSd Art. 2 Abs. 1 S. 1 lit. d) MAR 192
II. Insiderinformationen in Bezug auf Hedging-Geschäfte 194
III. Hedging als legitimes Verhalten gemäß Art. 9 MAR und der anerkannten Ausnahmen 195
1. Chinese-Wall Ausnahme 195
a) Interne Regelungen und Verfahren 195
b) Keine Einflussnahme auf natürliche Person 196
2. Hedging-Geschäfte im Rahmen eines Masterplans 196
3. Hedging-Geschäfte bei Informationssymmetrie (Face-to-Face-Geschäfte) 197
4. Hedging entgegen der prognostizierten Kursbewegung 198

IV. Erörterung einer eigenständigen Hedging-Ausnahme 199
1. Forschungs- und Meinungsstand und maßgebliche Gesetzeslage 199
a) Forschungs- und Meinungsstand in der Literatur 199
aa) Hedging-Geschäfte im Rahmen von § 14 WpHG 199
bb) Hedging-Geschäfte im Rahmen von Art. 14 lit. a) MAR iVm Artt. 8, 9 MAR 201
b) Rechtsvergleichung 202
c) Gesetzesauslegung 203
aa) Wortlaut und Systematik des Gesetzes 204
bb) Historie und Gesetzgebungsverfahren 204
cc) Sinn und Zweck 205
2. Hedging in wirtschaftswissenschaftlicher Theorie und Praxis 206
a) Hedging-Theorien und Motive des Hedging 206
aa) Traditionelle Hedging-Theorie nach *Keynes* und *Hicks* (Risikotransfermodell) 207
bb) Multipurpose-Concept of Hedging nach *Working* 208
cc) Varianzminimierendes Hedging nach *Johnson* und *Stein* 209
dd) Utility-Maximizing-Hedging und Value-Maximizing-Hedging nach *Smith* und *Stulz* 211
ee) Zwischenergebnis 213
b) Hedging durch Unternehmen in der Praxis und wirtschaftswissenschaftlichen Forschung 213
aa) Motive und Einflussfaktoren der Hedging-Entscheidung aus empirischer Perspektive 214
(1) Reduzierung des Risikos und der Kosten einer Insolvenz (Financial Distress) 214
(2) Sicherung von Unternehmensinvestitionen und Reduktion der Finanzierungskosten (Underinvestment Problem) 216
(3) Reduzierung von Steuern 217

(4) Risikoverhalten von Managern (*Agency Conflict of Equity*) 218
(5) Sonstige Einflussfaktoren 220
(6) Maximierung des Unternehmenswerts und des Shareholder Value 221
bb) Bewusstes Nutzen von Markteinschätzung und Informationsvorteilen bei der Absicherungsentscheidung 223
(1) Market View und Hedging 223
(a) Wharton Survey 1998 223
(b) CFO Survey 2005 224
(c) Weitere Umfragen 224
(d) Metallgesellschaft und Daimler-Benz 225
(2) Selektives Hedging 226
(3) Insiderinformationen und Hedging 227
cc) Value-Maximizing-Hedging mit Finanzinstrumenten 227
(1) Bewusste Nutzung von selektivem Hedging 228
(2) Bewusstes Ausnutzen eines Risk Premium und Carrying-Charge Hedging 229
(3) Sonstige Strategien des Value-Maximizing-Hedging mittels Finanzinstrumenten 230
(a) Risikoasymmetrische Geschäfte 230
(b) Zeitliches Auseinanderfallen von Grund- und Sicherungsgeschäft 231
(c) Grad der Korrelation des Underlying und der zeitlichen Korrelation 232
(d) Hedge Ratio und Value-Maximizing Hedging 233
dd) Financial Hedging als Teil einer umfassenden Risikomanagement-Strategie 234
ee) Spekulation durch die Risikomanagement-Abteilung 235
ff) Financial Hedging in den USA und Europa 236
3. Hedging im Rahmen der Behavioural Finance Forschung 237

a) Die Figur des risikoaversen Hedgers ... 237
b) Das Risikoverhalten entsprechend der Behavioural Finance Forschung und dessen Einfluss auf das Hedging-Verhalten ... 238
aa) Prospect Theory, Risikoaversion, Risikoaffinität und Verlustaversion ... 238
bb) Regret Theory und Theory of Disappointment Aversion ... 242
cc) Implikationen für das Hedgingverhalten von Marktteilnehmern ... 243
(1) Referenzpunkt, mentale Konten und Risikoaffinität ... 244
(2) Verlustaversion ... 245
(3) Regret Aversion ... 246
(4) Disappointment Aversion ... 247
(5) Zwischenergebnis ... 248
c) Besonderheiten in Bezug auf das Risikoverhalten von Unternehmen und Managern ... 248
aa) Risikoeinstellung von Unternehmen und Ziel der Unternehmenswertmaximierung ... 248
bb) Principal-Agent-Konflikte, Risikoaversion und Verlustaversion von Managern, und Beeinflussung der Risikoeinstellung durch Incentives ... 249
cc) Optimismus, Selbstüberschätzung und Selbstattribution von Managern ... 253
dd) Verlustvermeidung ... 256
4. Rechtliche Abwägung einer Hedging-Ausnahme vom Insiderhandelsverbot ... 256
a) Argumente für eine Ausnahme von Hedging-Geschäften ... 257
b) Risikoaversion und Hedging ... 258
c) Kurssicherung selbst als wirtschaftlicher Vorteil ... 258
d) Weitere Vorteile einzelner Hedging-Strategien und bewusste Nutzung dieser Vorteile ... 260

aa) Hedging-Strategien mit spekulativen Motiven ... 260
(1) Selektives Hedging und Carrying-Charge Hedging ... 260
(2) Verlustvermeidendes und asymmetrisches Hedging ... 261
(3) Sonstige Value-Maximizing-Strategien ... 261
(4) Zwischenergebnis ... 262
bb) Antizipatives Hedging ... 262
e) Vom Hedging zur Spekulation – Rechtsunsicherheit durch Abgrenzungsschwierigkeiten ... 263
aa) Potenzielle Abgrenzungsschwierigkeiten zwischen Spekulation und Hedging für Aufsichtsbehörden ... 265
bb) Abgrenzungsschwierigkeiten zwischen pure risk-avoidance hedging und Hedging-Strategien mit spekulativen Elementen ... 266
cc) Zwischenergebnis ... 267
f) Einfluss von subjektiven Markterwartungen und Verwendung von Insiderinformationen bei Risikoaversion ... 267
aa) Subjektive Markterwartungen ... 267
bb) Hedge Ratio und subjektive Markterwartungen ... 268
cc) Risikoaversion und die Nutzung von Insiderinformationen ... 269
g) Nutzung bestehender Informationsasymmetrien ... 270
aa) Absicherung von Kreditgebern mittels Kreditderivaten ... 270
bb) Absicherung von Corporate Insidern ... 273
h) Missbrauchsgefahr ... 274
aa) Doppeltes Hedging ... 274
bb) Antizipatives Hedging ... 275
5. Ergebnis und Zusammenfassung ... 276
V. Besondere insiderhandelsrechtliche Problematiken bei einzelnen Hedging-Strategien ... 276
1. Symmetrisches und Asymmetrisches Hedging ... 276

a) Hedging mittels Optionen ... 277
aa) Abschluss des Optionskontrakts ... 277
bb) Ausübung der Option ... 278
(1) Ausübung der Option bei physical settlement ... 278
(a) Erwerb oder Veräußerung des Underlying auf Seiten des Optionsrechtsinhabers ... 278
(b) Veräußerung oder Erwerb des Underlying auf Seiten des Stillhalters ... 279
(2) Ausübung der Option bei cash settlement ... 280
b) Hedging mittels Futures und Forwards ... 280
c) Vorzeitige Beendigung des Derivatekontrakts ... 281
2. Makro-Hedging oder Cross-Hedging ... 282
3. Selektives Hedging ... 283
a) Teilweiser Verzicht auf Absicherung im Lichte des Insiderhandelsverbots ... 283
aa) Aufspaltung eines Exposures ... 284
bb) Mehrere Exposures ... 284
cc) Nachträglich selektives Hedging ... 284
b) Teilweise Absicherung im Lichte des Insiderhandelsverbots ... 285
4. Langfristiges Hedging ... 285
5. Carrying-Charge Hedging ... 286
6. Hedging der Banken bei Anschleichen an Übernahmeziele ... 287
a) Bestehen einer Insiderinformation ... 288
aa) Präzise Information ... 290
bb) Nicht öffentlich bekannt ... 290
cc) Kursrelevanz ... 291
b) Verfügen über Insiderinformationen ... 291
c) Nutzen der Insiderinformation ... 293
aa) Legitime Handlungen ... 294

(1) Chinese-Wall Ausnahme ... 294
(2) Umsetzung der Erwerbsabsicht als Erfüllungsgehilfe und Warehousing ... 295
(3) Master-Plan ... 296
bb) Rückausnahme nach Art. 9 Abs. 6 MAR ... 296
d) Zwischenergebnis ... 297

F. Zusammenfassung in Thesen ... 299

Abbildungsverzeichnis ... 301

Literaturverzeichnis ... 303

Abkürzungsverzeichnis

Abk.	Abkürzung
ABl.	Amtsblatt
ABS	Asset-backed Security
Abs.	Absatz
Academy Mgmt. Rev.	Academy of Management Review
AEUV	Vertrag über die Arbeitsweise der Europäischen Union
AG	Die Aktiengesellschaft
AIF	Alternative Investment Fund
AIFM	Alternative Investment Fund Manager
AktG	Aktiengesetz
Am. Econ. Rev.	American Economic Review
AMF	Autorité des marchés financiers
Applied Econ.	Applied Economics
Applied Fin. Econ.	Applied Financial Economics
ARM	Approved Reporting Mechanisms
Art.	Artikel
BaFin	Bundesanstalt für Finanzdienstleistungsaufsicht
BayGO	Bayerische Gemeindeordnung
BB	Betriebs-Berater
Bbl	blue barrels
BGBl.	Bundesgesetzblatt
BGH	Bundesgerichtshof
BIS	Bank for International Settlements
BKR	Zeitschrift für Bank- und Kapitalmarktrecht
BORA	Berufsordnung der Rechtsanwälte
BRAO	Bundesrechtsanwaltsordnung
BT	Bundestag
CBOT	Chicago Board of Trade
CCP	Central Counterparty
CCS	Cross Currency Swap
CCZ	Corporate Compliance Zeitschrift
CDO	Collateralized Debt Obligation
CDS	Credit Default Swap
CESR	Committee of European Securities Regulators
CFD	Contract for Difference

CFO	Chief Financial Officer
CFTC	Commodities Futures Trading Commission
CLN	Credit Linked Note
CME	Chicago Mercantile Exchange
CMLJ	Capital Markets Law Journal
CRD	Capital Requirements Directives
CRR	Capital Requirements Regulation
CVA	Credit Validation Adjustment
CvaR	Conditional Value-at-Risk
DAI	Deutsches Aktieninstitut
DAX	Deutscher Aktienindex
DB	Der Betrieb
DerivateV	Derivateverordnung
DM	Deutsche Mark
DÖV	Die Öffentliche Verwaltung
Drucks.	Drucksache
DStR	Deutsches Steuerrecht
Duke L. J.	Duke Law Journal
EBA	European Banking Authority
EBOR	European Business Organization Law Review
EC	European Commission
ECFR	European Company and Financial Law Review
Econ. J.	The Economic Journal
ECL	European Company Law
Econ. Letters	Economics Letters
Econ. Policy Rev.	Economic Policy Review
ed.	Edition
EEX	European Energy Exchange
EG	Eiropäische Gemeinschaft
EIOPA	European Insurance and Occupational Pensions Authority
EMIR	European Market Infrastructure Regulation
EMRK	Europäische Menschenrechtskonvention
EONIA	Euro OverNight Index Average
ESFS	European System of Financial Supervision
ESMA	European Securities and Markets Authority
ESRB	European Systemic Risk Board
ETC	Exchange Traded Commodity

ETN	Exchange Traded Note
EU	Europäische Union
EuGH	Europäischer Gerichtshof
Eur. Fin. Mgmt.	European Financial Management
Eur. Fin. Rev.	European Finance Review
Eur. J. Fin.	European Journal of Finance
EURIBOR	Euro Interbank Offered Rate
EUV	Vertrag über die Europäische Union
EuZW	Europäische Zeitschrift für Wirtschaftsrecht
EWiR	Entscheidungen zum Wirtschaftsrecht
EZB	Europäische Zentralbank
f.	Folgende
FAQ	Frequently Asked Questions
FAZ	Frankfurter Allgemeine Zeitung
FCA	Financial Conduct Authority
ff.	Fortfolgende
Fin. Mgmt.	Financial Management
Fin. Rev.	The Financial Review
Fn.	Fußnote
FR	Finanz-Rundschau
FRAU	Forward Rate Agreement
FS	Festschrift
FX	Foureign Exchange
GARP	Global Association of Risk Professionals
GmbHG	Gesetz betreffend die Gesellschaften mit beschränkter Haftung
GWR	Gesellschafts- und Wirtschaftsrecht
Harv. Bus. L. Rev.	Harvard Business Law Review
Harv. Bus. Rev.	Harvard Business Review
i.e.	id est
IAS	International Accounting Standards
IFRS	International Financial Reporting Standards
Int. Rev. Econ. & Fin.	International Review of Economics & Finance
InvG	Investmentgesetz
InvMaRisk	Mindestanforderungen an das Risikomanagement für Investmentgesellschaften
IRG	Interest Rate Guarantee
iSd	im Sinne der/des

ISDA	International Swaps and Derivatives Association
iSv	im Sinne von
iVm	in Verbindung mit
J. Acct. & Econ.	Journal of Accounting and Economics
J. Acct. Res.	Journal of Accounting Research
J. Applied Corp. Fin.	Journal of Applied Corporate Finance
J. Behav. Dec. Making	Journal of Behavioural Decision Making
J. Bus.	The Journal of Business
J. Bus. Fin. & Acct.	Journal of Business Finance & Accounting
J. Corp. Fin.	Journal of Corporate Finance
J. Corp. L.	Journal of Corporation Law
J. Derivatives & Hedge Funds	Journal of Derivatives and Hedge Funds
J. Econ. Lit.	Journal of Economic Literature
J. Econ. & Mgmt. Strategy	Journal of Economics & Management Strategy
J. Econ. Persp.	Journal of Economic Perspective
J. Emp. Fin.	Journal of Empirical Finance
J. Farm Econ.	Journal of Farm Economics
J. Fin.	The Journal of Finance
J. Fin. Econ.	Journal of Financial Economics
J. Fin. Markets	Journal of Financial Markets
J. Fin. & Quant. Analysis	Journal of Financial and Quantitative Analysis
J. Fin. Res.	Journal of Financial Research
J. Fin. Services Res.	Journal of Financial Services Research
J. Futures Markets	The Journal of Futures Markets
J. Int. Fin. Mgmt. & Acct.	Journal of International Financial Management and Accounting
J. Int. Money & Fin.	Journal of International Money and Finance
J. Investing	The Journal of Investing
J. Multinat. Fin. Mgmt.	Journal of Multinational Financial Management
J. Pol. Econ.	Journal of Political Economy
J. Risk Fin.	The Journal of Risk Finance
J. Risk & Insurance	Journal of Risk and Insurance
J. Risk & Uncertainty	Journal of Risk and Uncertainty
J. Systems Sci. & Complexity	Journal of Systems Science & Complexity
KAGB	Kapitalanlagegesetzbuch

KAVerOV	Verordnung zur Konkretisierung der Verhaltensregeln und Organisationsregeln nach dem Kapitalanlagegesetzbuch
KG	Kommanditgesellschaft
KVG	Kapitalverwaltungsgesellschaft
KWG	Gesetz über das Kreditwesen
LIBOR	London Interbank Offered Rates
Loy. U. Chi. L. J.	Loyola University Chicago Law Journal
M&A	Mergers & Acquisitions
MAD	Market Abuse Directive
MAR	Market Abuse Regulation
MaRisk	Mindestanforderungen an das Risikomanagement
MBS	Mortgage-backed Security
Mgmt. Sci.	Management Science
MGRM	Metallgesellschaft Refining & Marketing Inc
MiFID	Markets in Financial Instruments Directive
MiFIR	Markets in Financial Instruments Regulation
Manag. Fin.	Managerial Finance
MTF	Multilateral Trading Facility
NJW	Neue Juristische Wochenschrift
No.	Number
Nr.	Nummer
NRW	Nordrhein-Westfalen
NZG	Neue Zeitschrift für Gesellschaftsrecht
NZG	Neue Zeitschrift für Gesellschaftsrecht
OGAW	Organismen für gemeinsame Anlagen in Wertpapieren
OLG	Oberlandesgericht
OTC	Over-The-Counter
OTF	Organized Trading Facility
Q&A	Questions and Answers
Q. J. Econ.	Quarterly Journal of Economics
Q. Rev. Econ. & Fin.	The Quarterly Review of Economics and Finance
R&D	Research and Development
REMIT	Regulation on Wholesale Energy Market Integrity and Transparency
Rev. Banking & Fin. L.	Review of Banking and Financial Law
Rev. Econ. Stud.	Review of Economic Studies
Rev. Fin. Stud.	The Review of Financial Studies

RIW	Recht der internationalen Wirtschaft
RL	Richtlinie
Rn.	Randnummer
Rz.	Randziffer
S&P 500	Standard & Poor´s 500
S.	Seite
S. Cal. L. Rev.	Southern California Law Review
SEC	Securities and Exchange Commission
SPV	Special Purpose Vehicle
SSM	Single Supervisory Mechanism
UCD	University College Dublin
U. Pa. L. R.	University of Pennsylvania Law Review
Va. L. & Bus. Rev.	Virginia Law & Business Review
VaR	Value At Risk
vgl.	Vergleiche
VO	Verordnung
Vol.	Volume
Wistra	Die Zeitschrift für Wirtschafts- und Steuerstrafrecht
WM	Wertpapier-Mitteilungen
WpHG	Wertpapierhandelsgesetz
WpMiVoG	Gesetz zur Vorbeugung gegen missbräuchliche Wertpapier- und Derivategeschäfte
WpüG	Wertpapiererwerbs- und Übernahmegesetz
WuB	Zeitschrift für Wirtschafts- und Bankrecht
Yale L. J.	Yale Law Journal
z.B.	zum Beispiel
ZBB	Zeitschrift für Bankrecht und Bankwirtschaft
ZGR	Zeitschrift für Unternehmens- und Gesellschaftsrecht
ZHR	Zeitschrift für das gesamte Handelsrecht und Wirtschaftsrecht
Ziff.	Ziffer
ZIP	Zeitschrift für Wirtschaftsrecht

A. Einleitung

Das Insiderhandelsrecht in Deutschland ist eine relativ junge Rechtsmaterie, die erstmals mit Inkrafttreten des WpHG am 01. Januar 1995 gesetzlich reguliert wurde. Der europäische Gesetzgeber hat im Nachgang zu der weltweiten Wirtschafts- und Finanzkrise umfassende rechtliche Reformen umgesetzt und unter anderem von seiner Gesetzgebungskompetenz auf dem Gebiet des Marktmissbrauchsrechts Gebrauch gemacht. Die insiderrechtlichen Regelungen des WpHG wurden in großem Umfang durch die Regelungen des europäischen Gesetzgebers ersetzt. Damit hat auch die Diskussion um das Insiderhandelsverbot wieder an Fahrt aufgenommen. Dies liegt nicht zuletzt an den zahlreichen Neuerungen, die mit der Marktmissbrauchsverordnung einhergehen. Durch die Marktmissbrauchsverordnung und die ergänzende neue Marktmissbrauchsrichtlinie wird nicht nur das Insiderrecht auf europarechtliche Füße gestellt, sondern es wird auch durch materielle Änderungen und Ergänzungen reformiert. So werden unter anderem erstmals legitime Handlungen in den Gesetzestext aufgenommen, wie dies in anderen Rechtsordnungen zum Teil schon der Fall ist.

In Anbetracht dieser Phase der gesetzgeberischen Neuordnung muss auch die Frage überdacht werden, ob Hedging-Geschäfte durch das Insiderrecht privilegiert werden sollten, ob also die Möglichkeit eröffnet sein sollte, dass Hedging-Geschäfte trotz Kenntnis von Insiderinformationen getätigt werden dürfen. Die bestehende Literatur zu § 14 WpHG behandelt diese Frage nur oberflächlich, ohne die Erkenntnisse der wirtschaftswissenschaftlichen Forschung und Empirie näher zu beleuchten. Auch die Erkenntnisse der Behavioural Finance Forschung blieben bei der Diskussion einer hypothetischen Hedging-Ausnahme bisher außer Betracht. In der Praxis werden zudem zahlreiche verschiedene Hedging-Strategien praktiziert, welche aus Sicht des Insiderhandelsverbotes differenziert betrachtet werden müssen. Neben der regelmäßigen Berichterstattung von Unternehmen zeugen nicht zuletzt die bekannten Praxisfälle des Anschleichens an Zielunternehmen, vor allem Porsche/VW, Schaeffler/Continental, SKion/SGL Carbon und Wendel/Saint Gobain, von der Bedeutung von Hedging-Geschäften im unternehmerischen Kontext.

Die vorliegende Arbeit beschäftigt sich daher mit der Problematik von Hedging-Geschäften im Rahmen des Insiderrechts und beleuchtet diese unter rechtlichen und wirtschaftlichen Aspekten sowie den Erkenntnissen der Behavioural Finance Forschung. Nach den einleitenden Worten dieses Kapitels A wird in Kapitel B daher zunächst Hedging aus theoretischer Sicht begrifflich und historisch umrissen sowie in den wirtschaftlichen Kontext eingeordnet. Hedging-Instrumente und Hedging-Strategien werden vorgestellt sowie die Nutzer von Hedging-Geschäften identifiziert. In Kapitel C wird der neue europäische Regulierungsrahmen auf dem Gebiet des Kapitalmarktrechts kurz vorgestellt. Daran schließt sich in Kapitel D die Erörterung des Verbots Insidergeschäfte zu tätigen im Lichte der neuen Marktmissbrauchsverordnung an. Kapitel E befasst sich sodann eingehend mit den

Besonderheiten des Insiderhandelsverbotes bei Hedging-Geschäften. Insbesondere wird darin die Frage, ob eine Hedging-Ausnahme aus rechtlicher und wirtschaftswissenschaftlicher Sicht zu begründen ist, verneint. Das Kapitel schließt mit der Untersuchung einzelner Hedging-Strategien im Hinblick auf mögliche Verstöße gegen das Insiderhandelsverbot.

B. Hedging

Als zentrales Element dieser Arbeit soll zunächst erörtert werden, was unter dem Ausdruck *Hedging* zu verstehen ist und wie Hedging-Geschäfte von Geschäften mit anderen Handelsmotiven abzugrenzen sind.

Der Begriff Hedging wird aus rechtlicher Sicht durch das Gesetz nicht unmittelbar definiert. Europäische Normen verwenden den Begriff Hedging unter anderem in Art. 14b Abs. 1 lit. q) OGAW-RL, Anhang II, Ziff. 1 lit. q) AIFM-RL und Art. 276, 280, 282, 283 CRR, ohne den Begriff allerdings zu definieren, und enthalten an verschiedenen Stellen Regelungen, die typische Hedging-Geschäfte betreffen.[1] Die International Accounting Standards verwenden den Begriff Hedging an verschiedenen Stellen.[2]

Da es keine gesetzliche Definition des Hedging gibt, ist es für eine rechtliche Beurteilung von Hedging-Geschäften unerlässlich, zunächst die verschiedenen Hedging-Instrumente und Hedging-Strategien im einzelnen zu bestimmen. Nur so kann in einem zweiten Schritt die Erörterung im Hinblick auf das Bestehen und den Umfang einer potenziellen Hedging-Ausnahme sowie die Untersuchung der einzelnen Hedging-Geschäfte und Hedging-Strategien erfolgen.

I. Hedging – Begriff und Abgrenzung

1. Hedging, Spekulation und Arbitrage

Der Begriff des Hedging leitet sich aus dem englischen Sprachgebrauch ab. Das Wort „*hedge*" kann mit „*Hecke*" übersetzt werden[3] und das zugehörige Verb „*to hedge*" bedeutet „*etwas mit einer Hecke umschließen*".[4] Mittlerweile wird der Begriff

---

1 So enthält Art. 10 Abs. 3 EMIR eine sogenannte Hedging-Ausnahme für die Berechnung der Clearingschwelle, wonach OTC-Derivatekontrakte bei der Berechnung nicht berücksichtigt werden, wenn sie objektiv messbar zur Reduzierung von Risiken beitragen. Wann dies der Fall ist, konkretisiert Art. 10 der Delegierten Verordnung 149/2013. Des weiteren enthält Art. 4 Abs. 1 Nr. 57 CRR eine Definition der „Kreditrisikominderung", die definiert wird als „Verfahren, das ein Institut einsetzt, um das mit einer oder mehreren Risikopositionen, die es im Bestand behält, verbundene Kreditrisiko herabzusetzen".

2 In den Definitionen (IAS 39 Ziff. 9) heißt es: „A hedging instrument is a designated derivative or (for a hedge of the risk of changes in foreign currency exchange rates only) a designated non-derivative financial asset or non-derivative financial liability whose fair value or cash flows are expected to offset changes in the fair value or cash flows of a designated hedged item".

3 Vgl. dazu auch *Rudolph/Schäfer*, Derivative Finanzmarktinstrumente, 2. Auflage 2010, S. 33.

4 So Oxford Dictionaries, abrufbar unter http://www.oxforddictionaries.com/definiti on/english/hedge; zuletzt abgerufen am 04.01.2017.

„to hedge" im finanzwirtschaftlichen Kontext auch ganz üblicherweise für das Verb *„absichern"* verwendet.[5]

In der wirtschaftswissenschaftlichen Praxis wird Hedging landläufig als eine Strategie bezeichnet, mittels der die Absicherung einer bestehenden oder aufzubauenden Position gegen negative Kurs- oder Wertentwicklungen durch Eingehen einer entsprechenden Gegenposition mit Substitutionscharakter erreicht wird.[6] Das Motiv des Hedging bestehe in der Risikovermeidung, durch die das Grundgeschäft gegen Marktpreisrisiken geschützt wird.[7]

Die traditionelle Hedging-Vorstellung misst dem Begriff die Bedeutung einer vollständigen Neutralisierung des Preisrisikos einer Kassaposition im Sinne eines perfekten Hedges bei. Mittlerweile versteht man darunter auch eine deutliche Risikoreduktion.[8] Eine Ausweitung des traditionellen Verständnisses erfährt der Begriff Hedging auch, soweit angenommen wird, der *„Kerngedanke des Hedging* [sei] *eine gezielte, im Zusammenhang mit den Grundgeschäften stehende Risikoabsicherung, -gestaltung und -steuerung"*.[9] Die Motive des Hedging werden im Verlauf der Arbeit noch eingehend untersucht.[10]

Financial Hedging wird in der Regel durch den Einsatz von Finanzinstrumenten, oftmals Derivaten vorgenommen.[11] Derivate, sowohl börsengehandelte als auch OTC-Derivate[12], wurden ursprünglich hauptsächlich zur Absicherung bestimmter

---

5 Gemäß Oxford Dictionaries „A way of protecting oneself against financial loss or other adverse circumstances", abrufbar unter http://www.oxforddictionaries.com/definition/english/hedge; zuletzt abgerufen am 04.01.2017. Der Duden beschreibt ein Hedgegeschäft als „zur Abdeckung eines Risikos abgeschlossenes Geschäft", abrufbar unter http://www.duden.de/rechtschreibung/Hedgegeschaeft, zuletzt abgerufen am 04.01.2017.

6 So beispielsweise *Steiner/Bruns/Stöckl,* Wertpapiermanagement, 10. Auflage 2012, S. 480; vgl. dazu auch *Eller/Heinrich/Perrot/Reif,* Kompaktwissen Risikomanagement 2010, S. 43; *Rudolph/Schäfer,* Derivative Finanzmarktinstrumente, 2. Auflage 2010, S. 33; zur Assoziation des Begriffs Hedging vgl. auch *Limperger,* Hedging mit Terminkontrakten: Eine gleichgewichtstheoretische Analyse realwirtschaftlicher Effekte 2002, S. 7.

7 So *Eller/Heinrich/Perrot/Reif,* Kompaktwissen Risikomanagement 2010, S. 43; *Harris,* Trading and Exchanges 2003, S. 182; *Rudolph/Schäfer,* Derivative Finanzmarktinstrumente, 2. Auflage 2010, S. 33; zur Assoziation des Begriffs Hedging vgl. auch *Limperger,* Hedging mit Terminkontrakten: Eine gleichgewichtstheoretische Analyse realwirtschaftlicher Effekte 2002, S. 7; zur eingehenden Diskussion, ob dieser Begriff des Hedgings entsprechend der wirtschaftswissenschaftlichen Forschung aufrecht erhalten werden kann, vgl. unten E.IV.2.

8 *Rudolph/Schäfer,* Derivative Finanzmarktinstrumente, 2. Auflage 2010, S. 33.

9 So *Rudolf,* in: Kümpel/Wittig, Bank- und Kapitalmarktrecht, 4. Auflage 2011, 19. Teil Rn. 19.34.

10 Vgl. dazu unten E.IV.2.a) sowie E.IV.2.b)aa).

11 Vgl. auch *Eller/Heinrich/Perrot/Reif,* Kompaktwissen Risikomanagement 2010, S. 43.

12 *Wieland/Weiß,* Corporate Finance law 2013, 73, 74.

Risiken entwickelt und verwendet[13] und dienen, neben anderen Einsatzformen, auch immer noch diesem Zweck.[14] Verluste im Grundgeschäft sollen im Idealfall durch Gewinne des Derivats neutralisiert werden.[15] Dies ist dann der Fall, wenn sich die Kurse von Grundgeschäft und Hedging-Geschäft gegenläufig entwickeln. Ein Verlust im Grundgeschäft soll also gleichzeitig mit einem Kursanstieg des Derivats einhergehen. Allerdings ist je nach Hedging-Strategie auch eine entgegengesetzte Entwicklung möglich.[16] Mittels Hedging-Geschäften kann sowohl das systematische Risiko von Zinssätzen, Devisen, Rohstoffen, Katastrophen und der Inflation sowie das Marktrisiko am Aktienmarkt abgesichert werden. Aber auch eine Absicherung von unsystematischen Risiken aus Aktientiteln oder Krediten kann mittels einer Absicherung in Derivaten erfolgen.[17]

Neben der Risikoabsicherung kann die Nutzung von Derivaten allerdings auch den Motiven der *Spekulation* oder *Arbitrage* dienen.[18] Sowohl der Handel mit Derivaten als auch der Handel mit anderen Hedging-Instrumenten, unter anderem Kassawerten, kann diesen Motiven dienen. Es ist somit erforderlich Hedging-Geschäfte von Geschäften abzugrenzen, die zu anderen Zwecken abgeschlossen werden.

Wie sich im Verlauf der Arbeit noch zeigen wird, ist diese Einteilung eine sehr vereinfachende Darstellung, da die einzelnen Handelszwecke nicht immer klar voneinander abzugrenzen sind.[19] Zunächst soll allerdings diese vereinfachende Abgrenzung genügen. Eine Abgrenzung des Hedgings von Spekulation und Arbitrage wird in der Literatur häufig am Beispiel von Derivaten vorgenommen, da diese typischerweise für Hedging-Geschäfte eingesetzt werden.

Einen einheitlichen Begriff der Spekulation gibt es ebenso wenig wie einen einheitlichen Begriff des Hedging. In der Literatur werden im Großen und Ganzen drei Erklärungsansätze für spekulativen Handel angeführt. Sie werden als *Risk*

---

13 *Müller*, in: Derleder/Knops/Bamberger, Handbuch zum deutschen und europäischen Bankrecht, 2. Auflage 2009, § 54 Rn. 1; *Siems,* 10 Myths About Financial Derivatives, abrufbar unter: http://www.cato.org/pubs/pas/pa-283.html, zuletzt abgerufen am 22.10.2015. So auch schon *Working*, Am. Econ. Rev., Vol. 52 (1962), No. 3, 431, 435, für den Hedging als Hauptanreiz galt, warum sich Futures Märkte entwickelt haben.

14 *Rudolf*, in: Kümpel/Wittig, Bank- und Kapitalmarktrecht, 4. Auflage 2011, 19. Teil Rn. 19.35.

15 Hierzu *Eller/Heinrich/Perrot/Reif*, Kompaktwissen Risikomanagement 2010, S. 43; *Köhler*, in: Schwintowski, Bankrecht, 4. Auflage 2014, § 21 Rn. 11; *Schüwer*, in: Zerey, Finanzderivate, 4. Auflage 2016, § 1 Rn. 12.

16 Vgl. *Bank-Verlag*, Basisinformationen über Finanzderivate 2008, S. 9.

17 Vgl. dazu *Rudolph/Schäfer*, Derivative Finanzmarktinstrumente, 2. Auflage 2010, S. 28 f.

18 Vgl. *Rudolf*, in: Kümpel/Wittig, Bank- und Kapitalmarktrecht, 4. Auflage 2011, 19. Teil Rn. 19.35; *Rudolph/Schäfer*, Derivative Finanzmarktinstrumente, 2. Auflage 2010, S. 32; *Statman*, J. Investing, Vol. 14 (2005), No. 2, 15; *Stout*, J. Corp. L., Vol. 21 (1995), No. 1, 53, 55.

19 Zu den Motiven des Hedging und der Abgrenzung gegenüber der Spekulation vgl. unten E.IV.2.a) sowie E.IV.4.e).

Hedging Model, Information Arbitrage Model und *Heterogeneous Expectations Model* bezeichnet.[20] Dem Risk Hedging Model folgend übernimmt der Spekulant das Risiko, welches ein Hedger gegen Zahlung einer Prämie übertragen möchte.[21] Das Information Arbitrage Model bezeichnet eine Spekulationsstrategie, wonach durch Nachforschungen gewonnene Informationen genutzt werden, um den künftigen Kurs vorherzusagen.[22] Ähnlich geht das Heterogeneous Expectations Model davon aus, dass sich Spekulation aufgrund der unterschiedlichen subjektiven Erwartungen der Marktteilnehmer bei Unsicherheit ergibt.[23]

Als Spekulationsgeschäfte werden üblicherweise solche Geschäfte bezeichnet, bei denen der Spekulant einen Gewinn erzielen möchte, indem er vorhergesagte Preis- und Wertunterschiede durch die kurzfristige Einnahme von Positionen ausnutzt.[24] In Abgrenzung zu Hedging-Geschäften liegen spekulative Derivategeschäfte dann vor, wenn Derivate ohne Bezug auf ein bestehendes oder geplantes Grundgeschäft erworben werden.[25] Von Anlageprofis wird der spekulative Derivatehandel als profitabler eingeschätzt als das klassische Geschäft mit Krediten, Investmentbanking und der Vermögensverwaltung.[26] Der den Derivaten innewohnende Hebeleffekt und die geringen Transaktionskosten[27] machen es für Anleger besonders reizvoll damit Spekulation zu betreiben.[28] Aufgrund des hinausgeschobenen Erfüllungszeitpunkts und der nur vergleichsweise geringen Sicherheitsleistung ermöglichen es Derivate mit nur geringem Kapitaleinsatz überproportional an Gewinnen und Verlusten

20 Vgl. zur Unterscheidung zwischen diesen Erklärungsansätzen *Stout,* J. Corp. L., Vol. 21 (1995), No. 1, 53, 55 ff.; *Stout,* Duke L. J., Vol. 48 (1999), No. 4, 701, 735 ff.

21 Vgl. dazu im Einzelnen unten E.IV.2.a)aa).

22 Vgl. beispielsweise *Stout,* Duke L. J., Vol. 48 (1999), No. 4, 701, 737.

23 Grundlegend *Working,* Am. Econ. Rev., Vol. 43 (1953), No. 3, 314, 320; darauf aufbauend *Hirshleifer,* Q. J. Econ., Vol. 89 (1975), No. 4, 519, 525 f.; *Hirshleifer,* J. Fin., Vol. 32 (1977), No. 4, 975, 975 ff., der die Theorie von Working als „*knowledgeable-forecasting hypothesis*" bezeichnet.

24 Vgl. zum Spekulationsbegriff beispielsweise *Eller/Heinrich/Perrot/Reif,* Kompaktwissen Risikomanagement 2010, S. 30; *Harris,* Trading and Exchanges 2003, S. 194; *Hirshleifer,* J. Fin., Vol. 32 (1977), No. 4, 975, 975; eingehend auch *Klöhn,* Kapitalmarkt, Spekulation und *Behavioural Finance* 2006, S. 23; *Stout,* J. Corp. L., Vol. 21 (1995), No. 1, 53, 58.

25 *Bank-Verlag,* Basisinformationen über Finanzderivate 2008, S. 9; *Eller/Heinrich/Perrot/Reif,* Kompaktwissen Risikomanagement 2010, S. 152; *Köhler,* in: Schwintowski, Bankrecht, 4. Auflage 2014, § 21 Rn. 12; *Rudolph/Schäfer,* Derivative Finanzmarktinstrumente, 2. Auflage 2010, S. 34.

26 *Buchter,* Zeit vom 18.02.2011, abrufbar unter: http://www.zeit.de/wirtschaft/geld anlage/2011-02/finanzkrise-derivate-boerse, zuletzt abgerufen am 04.01.2017.

27 *Rudolph/Schäfer,* Derivative Finanzmarktinstrumente, 2. Auflage 2010, S. 34.

28 *Brealey/Myers/Allen,* Principles of Corporate Finance, 11th ed. 2014, S. 681; *Köhler,* in: Schwintowski, Bankrecht, 4. Auflage 2014, § 21 Rn. 12.

zu partizipieren.[29] Zugleich übernehmen Spekulanten die wichtige Aufgabe, die Liquidität der Märkte zu gewährleisten. So stellen sie sich als Kontraktpartner für Hedging-Geschäfte zur Verfügung und ermöglichen es absicherungswilligen Personen dadurch Risiken am Markt abzuwälzen.[30] Vermehrt wurden in der Vergangenheit bei Unternehmen der Privatwirtschaft Derivate zu Spekulationszwecken, und damit losgelöst vom satzungsgemäßen Hauptgeschäft beziehungsweise Unternehmensgegenstand, eingesetzt. In all diesen Fällen wird sich allerdings die Frage stellen, ob diese Geschäfte mit dem Unternehmensgegenstand noch zu vereinbaren sind oder ob sich der Derivatehandel auf risikomindernde Hedging-Geschäfte beschränken muss.[31]

Arbitrage bezeichnet demgegenüber eine Handelsstrategie, bei der Kursdifferenzen zwischen verschiedenen Märkten, beispielsweise dem Termin- und Kassamarkt oder zwei Kassamärkten an verschiedenen Orten, genutzt werden, um risikolose, wenngleich kleine Gewinne zu erwirtschaften.[32] Arbitragehandel nutzt die Unvollkommenheit der Märkte aus[33] und führt dazu, dass sich die Marktpreise für das gleiche Handelsobjekt angleichen.[34] Wie bei der Nutzung von Derivaten zu Spekulations-Zwecken liegt auch im Rahmen der Arbitrage kein zuordenbares Grundgeschäft vor und es wird kein Risiko abgesichert.[35] Der Arbitrageur hat allerdings im Gegensatz zum Spekulanten keine spezifische Erwartung an die Entwicklung des Kurses oder die Volatilität des Underlying.[36]

Eine klare Abgrenzung zwischen dem Einsatz von Derivaten zu Spekulations- und Arbitrage-Zwecken und dem Einsatz zu Hedging-Zwecken ist nicht immer einfach, da die Grenzen zwischen den Einsatzzwecken fließend sind.[37] Bei manchen Transaktionen spielen auch Hedging-, Spekulations- und Arbitrage-Motive gleichzeitig eine Rolle.[38] Eine Kombination von Kassa- und Termingeschäften, die beabsichtigt die Ertrags- und Risikostrukturen optimal aufeinander abzustimmen, ist

---

29 *Köhler*, in: Schwintowski, Bankrecht, 4. Auflage 2014, § 21 Rn. 12; *Rudolph/Schäfer*, Derivative Finanzmarktinstrumente, 2. Auflage 2010, S. 35.

30 *Brealey/Myers/Allen*, Principles of Corporate Finance, 11th ed. 2014, S. 681; *Köhler*, in: Schwintowski, Bankrecht, 4. Auflage 2014, § 21 Rn. 12.

31 Vgl. *Säcker*, NJW 2008, 3313, 3317; hierzu auch ausführlich *Köhler*, Die Zulässigkeit derivativer Finanzinstrumente in Unternehmen, Banken und Kommunen 2012, S. 229 ff.

32 Vgl. dazu beispielsweise *Hull*, Optionen, Futures und andere Derivate, 8. Auflage 2012, S. 40; *Köhler*, in: Schwintowski, Bankrecht, 4. Auflage 2014, § 21 Rn. 13; *Rudolf*, in: Kümpel/Wittig, Bank- und Kapitalmarktrecht, 4. Auflage 2011, 19. Teil Rn. 19.48; *Rudolph/Schäfer*, Derivative Finanzmarktinstrumente, 2. Auflage 2010, S. 35; zu lokaler Arbitrage vgl. auch *Harris*, Trading and Exchanges 2003, S. 185.

33 *Rudolph/Schäfer*, Derivative Finanzmarktinstrumente, 2. Auflage 2010, S. 35.

34 *Köhler*, in: Schwintowski, Bankrecht, 4. Auflage 2014, § 21 Rn. 13.

35 *Stout*, J. Corp. L., Vol. 21 (1995), No. 1, 53, 55.

36 Vgl. *Steiner/Bruns/Stöckl*, Wertpapiermanagement, 10. Auflage 2012, S. 544.

37 So *Diekmann/Fleischmann*, WM 2011, 1105, 1107.

38 *Rudolph/Schäfer*, Derivative Finanzmarktinstrumente, 2. Auflage 2010, S. 32.

als Portfolio-Ansatz von Hedging-Geschäften abzugrenzen.[39] Mittlerweile ist der Anteil von Hedging-Geschäften auf dem gesamten Derivatemarkt relativ gering.[40]

Neben Derivaten können je nach Situation auch andere Finanzinstumente zur Absicherung herangezogen werden. So kann eine Absicherung auch durch Kauf oder Verkauf des Basiswertes am Kassamarkt erfolgen.[41]

2. Verhältnis des Hedging-Geschäfts zum Grundgeschäft

Hedging-Geschäfte, die sich genau mit der Laufzeit des Grundgeschäftes decken, werden auch als *strict hedging* bezeichnet, sind in der Praxis aber die Ausnahmen.[42] Grundgeschäft und Hedging-Geschäft sind vielmehr in ihrem Bestand rechtlich voneinander unabhängig.[43] Folglich kann sowohl das Hedging-Geschäft als auch das Grundgeschäft beendet werden, ohne dass dies Einfluss auf den Bestand des anderen Geschäftes hat. Ein zur Absicherung eingegangenes Derivategeschäft kann daher vorzeitig beendet werden[44] oder erst zu einem späteren Zeitpunkt abgeschlossen werden.[45] Auch das Grundgeschäft kann aufgelöst werden, ohne dass das Absicherungsgeschäft eben dieses Grundgeschäftes automatisch beendet wird.[46] Durch eine vorzeitige Beendigung des Derivategeschäftes oder dessen Glattstellung kann einerseits auf Veränderungen des Grundgeschäftes reagiert werden und andererseits können „*Verluste begrenzt und Gewinne gesichert werden*".[47]

Selbst wenn im Einzelfall eine Deckung der Laufzeit des Grundgeschäftes mit dem Absicherungszeitraum, im Sinne eines strict hedging, gewollt ist, kann dies in der Praxis teilweise nicht umgesetzt werden, da sich die Laufzeiten des Hedging-Geschäftes nicht immer mit dem gewünschten Absicherungszeitraum decken. Eine Absicherung kann dann mittels eines Roll-Over-Hedges erfolgen.[48]

---

39 *Rudolph/Schäfer,* Derivative Finanzmarktinstrumente, 2. Auflage 2010, S. 33.

40 *Tatje,* Zeit vom 15.09.2010, abrufbar unter: http://www.zeit.de/2010/38/Finanzmarkt-Derivate/komplettansicht, zuletzt abgerufen am 04.01.2017.

41 *Rudolph/Schäfer,* Derivative Finanzmarktinstrumente, 2. Auflage 2010, S. 32; vgl. dazu auch unten B.IV.1.b).

42 *Patterson,* Yale L. J., Vol. 40 (1931), No. 6, 843, 850; „[...] ‚strict rule' hedging, i.e., the hedging transactions are made and closed simultaneously with the making, and closing, of the cash transactions. [...] Yet most hedgers do not keep their interests strictly hedged. The hedger may wait, after buying cash grain, for a better futures market; or he may carry his future sale, i.e. not ‚close it out' by a corresponding purchase, after the cash grain has been sold".

43 *Bank-Verlag,* Basisinformationen über Finanzderivate 2008, S. 9.

44 Dazu siehe unten B.IV.1.a)bb)(5).

45 Vgl. dazu auch *Patterson,* Yale L. J., Vol. 40 (1931), No. 6, 843, 850.

46 *Bank-Verlag,* Basisinformationen über Finanzderivate 2008, S. 9; *Rudolf,* in: Kümpel/Wittig, Bank- und Kapitalmarktrecht, 4. Auflage 2011, 19. Teil Rn. 19.35.

47 *Rudolf,* in: Kümpel/Wittig, Bank- und Kapitalmarktrecht, 4. Auflage 2011, 19. Teil Rn. 19.52.

48 Vgl. dazu oben B.V.7.

II. Geschichtliche Entwicklungen auf dem Hedging- und Terminmarkt

Erste nachgewiesene Formen des Terminhandels und des Hedging gehen auf Überlieferungen aus Indien[49], Mesopotamien[50] sowie aus dem Griechischen und Römischen Reich zurück.[51]

Ein historisch sehr bekanntes Beispiel für einen exzessiven Terminhandel bietet die *Tulpenmanie* in den Niederlanden des 17. Jahrhunderts.[52] Nach einem rasanten Preisanstieg wurde dazu übergegangen auch Tulpenzwiebeln, die noch nicht geerntet waren, zu einem bereits vereinbarten Preis auf einen zukünftigen Termin zu kaufen beziehungsweise zu verkaufen. Dadurch konnte der aktuelle Kurs als Kauf- oder Verkaufspreis gesichert werden. Im Jahr 1637 brachen die Kurse für Tulpenzwiebeln rasant ein und Spekulanten hatten erhebliche Verluste zu verzeichnen.[53]

In der zweiten Hälfte des 19. Jahrhunderts wurde die Warenterminbörse in Chicago (*CBOT*) gegründet um Warenderivate zu handeln.[54] Chicago war ein Zentrum des Getreidehandels. In den Erntezeiten führte dies zur Überfüllung der Lager und damit auch zum Fallen der Preise. Ab 1848 konnten die Farmer Warenderivatekontrakte abschließen, mit denen Preise fixiert wurden, das Getreide aber erst zu einem späteren Zeitpunkt geliefert werden musste.[55]

Einen neuerlichen Aufschwung erfuhr das Derivategeschäft zur Absicherung von Finanzmarktrisiken ab den 70er Jahren, bedingt durch die Abschaffung des *Bretton-Woods-Systems* und der *Ölpreis-Schocks*.[56] Im Jahr 1973 wurde das Bretton-Woods-Abkommen beendet, wonach feste Wechselkurse festgelegt waren.[57] Das Ende der festen Wechselkursrelation hatte erhebliche Auswirkungen auf die

---

49 *Bloss/Ernst/Häcker,* Derivative 2008, S. 1; *Schmeisser,* Corporate Finance und Risk Management 2010, S. 141.

50 *Jahn,* BKR 2002, 47; *Swan,* Building the Global Market 2000, S. 28 ff.

51 *Jahn,* BKR 2002, 47; *Schmeisser,* Corporate Finance und Risk Management 2010, S. 141; *Siems,* 10 Myths About Financial Derivatives, abrufbar unter: http://www.cato.org/pubs/pas/pa-283.html, zuletzt abgerufen am 22.10.2015; *Swan,* Building the Global Market 2000, S. 59 ff.

52 Dazu beispielsweise *Köhler,* in: Schwintowski, Bankrecht, 4. Auflage 2014, § 21 Rn. 3; *Schüwer,* in: Zerey, Finanzderivate, 4. Auflage 2016, § 1 Rn. 2.

53 *Schüwer,* in: Zerey, Finanzderivate, 4. Auflage 2016, § 1 Rn. 2.

54 *Rudolph/Schäfer,* Derivative Finanzmarktinstrumente, 2. Auflage 2010, S. 188; dazu auch *Hull,* Optionen, Futures und andere Derivate, 8. Auflage 2012, S. 25; *Swan,* Building the Global Market 2000, S. 218; *Working,* Am. Econ. Rev., Vol. 43 (1953), No. 3, 314.

55 Dazu *Schüwer,* in: Zerey, Finanzderivate, 4. Auflage 2016, § 1 Rn. 3.

56 Vgl. auch *Köhler,* in: Schwintowski, Bankrecht, 4. Auflage 2014, § 21 Rn. 3; *Siems,* 10 Myths About Financial Derivatives, abrufbar unter: http://www.cato.org/pubs/pas/pa-283.html, zuletzt abgerufen am 22.10.2015.

57 *Rudolf,* in: Kümpel/Wittig, Bank- und Kapitalmarktrecht, 4. Auflage 2011, 19. Teil. Rn. 19.1.

unternehmerische Geschäftstätigkeit und führte in der Folge zur Entwicklung verschiedener börslicher und außerbörslicher Derivate, um diese Risiken abzufangen.[58] Daneben führten die Ölkrisen 1973 und 1979/1980 zu einem sprunghaften Anstieg der Rohölpreise. So lag der Durchschnittspreis für Rohöl im Jahr 1973 bei 2,70 $/bbl und im Folgejahr bei 11,00 $/bbl.[59] Die Ausschläge auf dem Rohölmarkt führten auch zu deutlichen Zinsschwankungen.[60] Vor allem auch aufgrund dieser historischen Ereignisse bestand in der Folgezeit ein großes Interesse daran, sich gegen zukünftige Schwankungen am Währungs-, Zins- und Rohstoffmarkt abzusichern.

Die Liberalisierung und Deregulierung der Finanzmärkte ermöglichte und beschleunigte die Nutzung derivativer Produkte auch im Rahmen des Risikomanagements. Auch die neueren Erkenntnisse der Wirtschafts- und Finanzmathematik, allen voran das Capital-Asset-Pricing-Modell und Black-Scholes-Option-Pricing-Modell, trugen ihren Teil dazu bei, neue Finanzprodukte zu entwickeln. Diese machten einen effektiven Einsatz von Derivaten zu Hedging-Zwecken möglich.[61] In der Zeit vor der Finanzkrise nahm die Politik eine sehr liberale Grundhaltung gegenüber dem Derivatehandel ein. Der Markt für Derivate war nur wenig reguliert und eine kapitalmarktfördernde Gesetzgebung sollte das Geschäft mit Derivaten sogar stärken.[62] So wurde durch das *Kleinunternehmerförderungsgesetz und zur Verbesserung der Unternehmensfinanzierung* (*KFG*) der Handel von Asset Backed Securities und auch von Credit Default Swaps in Deutschland ermöglicht.[63] Die Absicherung mit Credit Default Swaps trug nach der Insolvenz der Bank Lehman Brothers wesentlich zur internationalen Finanzkrise bei.[64]

---

58 *Rudolph/Schäfer,* Derivative Finanzmarktinstrumente, 2. Auflage 2010, S. 151.

59 *Mineralölwirtschaftsverband e.V.,* Rohölpreisentwicklung 1960–2013, abrufbar unter: http://www.mwv.de/index.php/daten/statistikenpreise/?loc=4, zuletzt abgerufen am 04.01.2017.

60 *Niemann/Christoph,* WM 1993, 777; *Rudolf,* in: Kümpel/Wittig, Bank- und Kapitalmarktrecht, 4. Auflage 2011, 19. Teil Rn. 19.1; *Siems,* 10 Myths About Financial Derivatives, abrufbar unter: http://www.cato.org/pubs/pas/pa-283.html, zuletzt abgerufen am 22.10.2015. Vgl. auch *FedPrimeRate.com,* Prime Interest Rate History, abrufbar unter: http://www.fedprimerate.com/wall_street_journal_prime_rate_history.htm, zuletzt abgerufen am 04.01.2017; so stieg der amerikanische Leitzins im Dezember 1980 auf sein Höchstniveau von 21,5 %.

61 *Rudolf,* in: Kümpel/Wittig, Bank- und Kapitalmarktrecht, 4. Auflage 2011, 19. Teil Rn. 19.1.

62 *Rudolf,* in: Kümpel/Wittig, Bank- und Kapitalmarktrecht, 4. Auflage 2011, 19. Teil Rn. 19.3.

63 Die Begründung des Gesetzesentwurfs BT-Drucks. 15/537, S. 10 f., äußert sich klar zu dem Zweck der Gesetzesänderung, eine Verbriefung von Kreditforderungen und Kreditrisiken zu ermöglichen.

64 Dazu *Bloed,* FOCUS vom 11.02.2009, abrufbar unter: http://www.focus.de/finanzen/news/beginn-wie-die-welt-zu-brennen-begann_aid_369921.html, zuletzt abgerufen am 04.01.2017; *Buchter,* Zeit vom 21.06.2008, abrufbar unter: http://www.zeit.de/2008/26/Finanzkrise, zuletzt abgerufen am 04.01.2017; *Buchter,* Zeit vom

Die *Finanzkrise* und deren Folgen bewogen sowohl den Gesetzgeber als auch die Aufsichtsbehörden zu einem Umdenken und führten zu einer stärkeren Regulierung des Finanz- und Derivatemarktes.[65] Mitauslöser der Finanzkrise war unter anderem der unregulierte OTC-Markt. In den 1990er Jahren ermöglichte die amerikanische Politik, durch Änderungen des Community Reinvestment Act, vielen Bürgern mit geringem Einkommen die Investition in Eigenheimimmobilien. Die Banken senkten ihre Anforderungen bei der Hypothekenkreditvergabe im Hinblick auf Zinshöhe, Einkommen und Eigenkapitalquote.[66] Die Kredite mit den geringsten Anforderungen wurden auch als *Ninja-Kredite* bezeichnet, was für *No income, No Job, No Assets* steht.[67] Die Kredite wurden zwar mit Hypotheken abgesichert, deren Risiko aber signifikant über dem Durchschnitt lag und die deshalb als Subprime-Hypotheken bezeichnet wurden.[68] Die kreditgebenden Banken sicherten sich mit Credit Default Swaps oder Asset Backed Securities ab. Asset Backed Securities wurden ihrerseits mit Credit Default Swaps gegen das Ausfallrisiko abgesichert.[69] Kreditderivate zur Absicherung wurden häufig von Versicherungen, wie AIG verkauft.[70] Mit dem Absturz der Immobilienpreise und der damit einhergehenden Neubewertung der Hypothekenkredite konnten sich viele Subprime-Kunden die Finanzierung nicht mehr leisten und viele Kredite fielen aus.

Der Markt für OTC-Derivate wurde zu diesem Zeitpunkt nicht nur zu Absicherungszwecken verwendet, sondern zu einem Großteil auch zu Spekulationszwecken. Die einzelnen Marktteilnehmer waren eng miteinander verflochten und der Großteil des Handels mit OTC-Derivaten war auf nur wenige Marktteilnehmer verteilt. Der Derivatemarkt war zum Zeitpunkt des Ausbruchs der Finanzkrise viermal so groß wie die zugrunde liegende Wirtschaft, was auf weitreichende Spekulationsgeschäfte

---

18.02.2011, abrufbar unter: http://www.zeit.de/wirtschaft/geldanlage/2011-02/finanzkrise-derivate-boerse, zuletzt abgerufen am 04.01.2017; *Freiberger*, Süddeutsche Zeitung vom 01.03.2012, abrufbar unter: http://www.sueddeutsche.de/wirtschaft/keine-kreditausfallversicherungen-fuer-griechenland-eine-sorge-weniger-fuer-die-finanzmaerkte-1.1298039, zuletzt abgerufen am 04.01.2017; *Hull*, Optionen, Futures und andere Derivate, 8. Auflage 2012, S. 683.

65 Vgl. *Rudolf*, in: Kümpel/Wittig, Bank- und Kapitalmarktrecht, 4. Auflage 2011, 19. Teil Rn. 19.4 ff.

66 Vgl. dazu auch *Hull*, Optionen, Futures und andere Derivate, 8. Auflage 2012, S. 243.

67 *Bloed*, FOCUS vom 11.02.2009, abrufbar unter: http://www.focus.de/finanzen/news/beginn-wie-die-welt-zu-brennen-begann_aid_369921.html, zuletzt abgerufen am 04.01.2017; *Connon*, The Observer vom 30.09.2007, abrufbar unter: http://www.theguardian.com/business/2007/sep/30/5, zuletzt abgerufen am 04.01.2017; *Hull*, Optionen, Futures und andere Derivate, 8. Auflage 2012, S. 244; *Schüwer*, in: Zerey, Finanzderivate, 4. Auflage 2016, § 1 Rn. 53.

68 *Hull*, Optionen, Futures und andere Derivate, 8. Auflage 2012, S. 242.

69 *Litten/Schwenk*, DB 2013, 857; *Stulz*, J. Econ. Persp., Vol. 24 (2010), No. 1, 73, 80 f.

70 *Hull*, Optionen, Futures und andere Derivate, 8. Auflage 2012, S. 683; zu diesem Geschäftsmodell auch *Schüwer*, in: Zerey, Finanzderivate, 4. Auflage 2016, § 1 Rn. 52; *Stulz*, J. Econ. Persp., Vol. 24 (2010), No. 1, 73, 81.

hindeutet.[71] Nach der Lehmann-Insolvenz standen aufgrund eines *Dominoeffektes* weitere Marktteilnehmer kurz vor dem Ausfall.[72] So auch die Versicherungsgesellschaft AIG, die nur mittels umfassender finanzieller staatlicher Hilfen gerettet werden konnte.[73]

III. Risikomanagement und Hedging

Das Hedging von Risiken ist in der wirtschaftlichen Praxis ein wichtiges Instrument des Risikomanagements.

Ein aktives Risikomanagement ist allerdings nur dann im Interesse der Anteilseigner, wenn es für den Marktakteur teurer wäre, die Risiken selbst zu tragen, als die entsprechenden Risiken auf den (Kapital-)Markt abzuwälzen.[74] Aus diesem Grund wird aus wirtschaftlicher Sicht immer abzuwägen sein, inwieweit Risiken abgesichert werden sollten und inwieweit der Eintritt einzelner Risiken in Kauf genommen werden kann.

Neben der allgemeinen Sicherung der eigenen Wettbewerbsposition zielt das Risikomanagement vor allem auf eine dauerhafte Liquidität und die Vermeidung der Zahlungsunfähigkeit oder Insolvenz ab.[75] Ein effektives Risikomanagement kann zu einer Verbesserung des Ratings des Marktakteurs führen. Dies wiederum hat positive Auswirkungen auf die Kreditkonditionen und damit auch auf die Fremdfinanzierungskosten.[76]

1. Hedging als Teil des Risikomanagements

Hedging ist ein Bestandteil des Risikomanagements vieler Unternehmen und ist auf der Stufe der Steuerung der Risiken anzusiedeln. Bevor über die Steuerung der Risiken und damit auch die Entscheidung für oder gegen ein Hedging-Geschäft entschieden wird, sind die Risiken in der Regel zunächst zu identifizieren, zu bewerten und es ist gegebenenfalls über die Risiken zu berichten.[77] An die Steuerung der Risiken schließt sich in der Regel eine Überwachung der Risiken an.

---

71 *Stout*, Harv. Bus. L. Rev., Vol. 1 (2011), No. 1, 1, 24.

72 Vgl. *Wieland/Weiß*, Corporate Finance law 2013, 73, 75; ähnlich auch *Stulz*, J. Econ. Persp., Vol. 24 (2010), No. 1, 73, 81; zu den Folgen für die großen amerikanischen Finanzinstitute *Hull*, Optionen, Futures und andere Derivate, 8. Auflage 2012, S. 245.

73 Vgl. dazu beispielsweise *Lynch*, Loy. U. Chi. L. J., Vol. 43 (2011), No. 1, 1, 7; *Stout*, Harv. Bus. L. Rev., Vol. 1 (2011), No. 1, 1, 26 f.

74 *Rudolph/Schäfer*, Derivative Finanzmarktinstrumente, 2. Auflage 2010, S. 3.

75 *Rudolph/Schäfer*, Derivative Finanzmarktinstrumente, 2. Auflage 2010, S. 4; *Schneck*, Risikomanagement 2010, S. 21.

76 *Schneck*, Risikomanagement 2010, S. 21; *Vanini*, Risikomanagement 2012, S. 43.

77 *Oehler/Unser*, Finanzwirtschaftliches Risikomanagement, 2. Auflage 2013, S. 20; *Vanini*, Risikomanagement 2012, S. 43.

Auf Ebene der Risikosteuerung stellt sich dann weiter die Frage, wie mit den erkannten Risiken umgegangen und welche Maßnahmen ergriffen werden sollen. Das bedeutet, die identifizierten und bewerteten Risiken werden entsprechend der Risikostrategie, der Risikoziele, der Risikotragfähigkeit und der Risikoneigung des Managements gezielt beeinflusst.[78] Ein Teil der Risiken kann vermieden werden und ein anderer Teil kann zumindest vermindert werden. Für das verbleibende Risiko ist zu entscheiden, ob es abgewälzt werden soll, oder ob man dieses Risiko selbst tragen möchte.

Auf Ebene der Risikoabwälzung können Risiken aus einem Geschäft auf Dritte übertragen werden, was sowohl durch den Abschluss einer Versicherung als auch durch den Erwerb eines Derivats geschehen kann.[79] Weiter kann zwischen einer Risikoüberwälzung und einer Risikokompensation unterschieden werden.[80] Im Rahmen der Risikoüberwälzung wird das Risiko gegen Zahlung einer Prämie auf einen Dritten übertragen, wobei durch die Risikoposition weiterhin Gewinne erzielt werden können.[81] Als Risikokompensation werden Geschäfte bezeichnet, durch die Verluste in einer Risikoposition durch Gewinne in der Sicherungsposition kompensiert werden. Die Gewinnmöglichkeit der Risikoposition bleibt dabei in der Regel nicht bestehen.[82] Hedging-Geschäfte sind in diese Phase des Risikomanagementprozesses einzuordnen. Optionen sind Instrumente der Risikoüberwälzung und unbedingte Derivate, wie Futures, Forwards und Swaps, sind Instrumente der Risikokompensation.

In Kreditinstituten dient in der Regel ein Risikohandbuch, sei es als eigenständiges Regelwerk oder als Sammlung von Einzeldokumenten, der Dokumentation der Risikostrategie, der organisatorischen Umsetzung des Risikomanagements und der Gestaltung des Risikoreportings. Im Rahmen der Vorgaben an die Umsetzung des Risikomanagements werden unter anderem auch die Anforderungen an die Risikosteuerungsprozesse festgelegt.[83]

2. Absicherung verschiedener Risiken

Unternehmensrisiken können grob in finanzwirtschaftliche und leistungswirtschaftliche Risiken unterteilt werden. Zu den finanzwirtschaftlichen Risiken zählen unter anderem die Marktpreisrisiken, die Kreditrisiken und Inflationsrisiken.[84] Unter den

---

78 *Vanini,* Risikomanagement 2012, S. 223.

79 *Eller/Heinrich/Perrot/Reif,* Kompaktwissen Risikomanagement 2010, S. 35; vgl. zu Versicherungen *Brealey/Myers/Allen,* Principles of Corporate Finance, 11th ed. 2014, S. 662 f.

80 *Wolke,* Risikomanagement, 3. Auflage 2016, S. 101 f.

81 *Wolke,* Risikomanagement, 3. Auflage 2016, S. 101.

82 *Wolke,* Risikomanagement, 3. Auflage 2016, S. 101.

83 *Eller/Heinrich/Perrot/Reif,* Kompaktwissen Risikomanagement 2010, S. 138.

84 Vgl. Darstellung bei *Eller/Heinrich/Perrot/Reif,* Kompaktwissen Risikomanagement 2010, S. 28; *Schneck,* Risikomanagement 2010, S. 58.

Begriff der Marktpreisrisiken fallen das Wertpapierkursrisiko, das Zinsrisiko, das Währungsrisiko und das Rohstoffpreisrisiko.[85]

a) *Wertpapierkursrisiken und Derivatekursrisiken*

Wertpapierkursrisiken lassen sich in ein systematisches und ein unsystematisches Risiko unterteilen. Von unsystematischem Risiko ist aufgrund firmenspezifischer Besonderheiten nur die Einzelaktie betroffen, wohingegen sich systematische Risiken (Marktrisiken) auf alle Aktien einer bestimmten Kategorie auswirken und durch eine Diversifikation nicht eliminiert werden können.[86] Systematische Risiken lassen sich hingegen durch ein entsprechendes Hedging-Geschäft reduzieren.[87]

b) *Währungsrisiken*

Währungsrisiken sind die Unternehmen und Personen ausgesetzt, die in irgendeiner Weise wirtschaftlich mit Fremdwährungen in Berührung kommen. Dies kann durch Forderungen und Verbindlichkeiten in fremder Währung (Transaktionsrisiko), die Ausweisung von Aktiv- oder Passivpositionen in fremder Währung, beispielsweise der Besitz fremder Währungspositionen oder Assets, die auf fremde Währung lauten (Umrechnungsrisiko oder Translationsrisiko) oder durch ungewisse zukünftige Zahlungen und allgemeine Risiken durch die Schwankung der Wechselkurse, welche die Wettbewerbssituation des Unternehmens beeinflussen (ökonomische Risiken), der Fall sein.[88]

Das Fremdwährungsrisiko setzt sich aus der Höhe der Position (Währungs-Exposure) und dem Ausmaß der unvorhergesehenen Wechselkursschwankungen (Wechselkursrisiko) zusammen.[89]

c) *Zinsrisiken*

Sowohl Aktiva als auch Passiva können einem Zinsrisiko ausgesetzt sein, das sich aus der ungewissen zukünftigen Entwicklung des Zinsniveaus ergibt.[90] Zinsänderungsrisiken ergeben sich maßgeblich aus der allgemeinen Geldpolitik der Zentralbanken, welche die Zinsen an den Geldmärkten und damit im Interbankenhandel bestimmen. Die Zinsen auf dem Geldmarkt sind maßgeblich für das allgemeine Zinsniveau.[91] Die allgemeine Zinsrisikosteuerung des Unternehmens

---

85 *Eller/Heinrich/Perrot/Reif,* Kompaktwissen Risikomanagement 2010, S. 29, 61.
86 *Rudolph/Schäfer,* Derivative Finanzmarktinstrumente, 2. Auflage 2010, S. 6.
87 *Rudolph/Schäfer,* Derivative Finanzmarktinstrumente, 2. Auflage 2010, S. 6.
88 *Eller/Heinrich/Perrot/Reif,* Kompaktwissen Risikomanagement 2010, S. 64 f., 86; *Schneck,* Risikomanagement 2010, S. 64 f.
89 *Rudolph/Schäfer,* Derivative Finanzmarktinstrumente, 2. Auflage 2010, S. 6 f.
90 So beispielsweise *Eller/Heinrich/Perrot/Reif,* Kompaktwissen Risikomanagement 2010, S. 73.
91 Vgl. *Schneck,* Risikomanagement 2010, S. 62.

und der Einsatz einzelner Absicherungsinstrumente hängen grundsätzlich von den unternehmensinternen Risikorichtlinien ab, die entweder auf eine Risikovermeidung oder auf eine Ertrags-Risiko-Optimierung ausgerichtet sind.[92] Im Falle der Ertrags-Risiko-Optimierung müssen Zinsrisiken nicht vollständig abgesichert werden, sondern es kann je nach Einschätzung der Prognoseinformationen auch ein selektives Hedging erfolgen.[93]

d) Rohstoffpreisrisiken

Unternehmen können Rohstoffpreisrisiken direkt ausgesetzt sein, indem sie einen Rohstoff beispielsweise erwerben oder veräußern. Auch eine indirekte Abhängigkeit von Rohstoffpreisrisiken liegt vielfach vor. So beispielsweise dann, wenn Kursschwankungen der Rohstoffe im Rahmen einer Wertschöpfungskette weitergeleitet werden und im Zuge dessen Beschaffung, Produktion und Absatz zeitlich auseinanderfallen.[94] Einem erheblichen Rohstoffpreisrisiko können Marktteilnehmer auch dann ausgesetzt sein, wenn gestiegene Preise gar nicht weitergeleitet werden können, weil beispielsweise langfristige Lieferverträge bestehen.[95]

Rohstoffe weisen häufig eine hohe Volatilität auf, da die Preisbildung auf vielen Einzelfaktoren beruht.[96] Auf den Kurs von Agrarprodukten wirken beispielsweise maßgeblich saisonale Schwankungen, Wettereinflüsse sowie das Phänomen der *Mean Reversion* ein.[97] Die Kurse von Metallen sind demgegenüber anderen Risiken ausgesetzt, wie beispielsweise der Erschließung neuer Vorkommen, eine wachsende Bedeutung für die Produktion, Kartellbildungen sowie weltpolitische Ereignisse.[98]

e) Kreditrisiken

Kreditrisiken resultieren aus einem möglichen Zahlungsausfall oder Zahlungsverzug des Schuldners. Auch eine Verschlechterung der Bonität oder des Ratings des Kreditnehmers kann zu den Kreditrisiken gezählt werden.[99] Neben der gezielten Steuerung von Neugeschäften durch Vergabe von Krediten nur an Kunden, die

---

92 *Rudolph/Schäfer,* Derivative Finanzmarktinstrumente, 2. Auflage 2010, S. 9.

93 *Rudolph/Schäfer,* Derivative Finanzmarktinstrumente, 2. Auflage 2010, S. 9; zum selektiven Hedging vgl. unten B.V.10.c).

94 *Rudolph/Schäfer,* Derivative Finanzmarktinstrumente, 2. Auflage 2010, S. 10.

95 *Schneck,* Risikomanagement 2010, S. 77.

96 *Rudolf,* in: Kümpel/Wittig, Bank- und Kapitalmarktrecht, 4. Auflage 2011, 19. Teil Rn. 19.55.

97 *Hull,* Optionen, Futures und andere Derivate, 8. Auflage 2012, S. 925.

98 Dazu und zu weiteren Einflussfaktoren *Hull,* Optionen, Futures und andere Derivate, 8. Auflage 2012, S. 925.

99 *Rudolf,* in: Kümpel/Wittig, Bank- und Kapitalmarktrecht, 4. Auflage 2011, 19. Teil Rn. 19.222.

Kreditvergaberichtlinien erfüllen,[100] können Risiken auch durch den Abschluss von Hedging-Geschäften gesteuert werden.

f) Wetter-, Katastrophen- und sonstige Risiken

Wetter- und Katastrophenrisiken fallen nicht unter die finanzwirtschaftlichen Risiken, sondern sind den leistungswirtschaftlichen Risiken und dort den Betriebsrisiken zuzuordnen.[101]

Wetter- und Katastrophenrisiken können allgemein unter dem Begriff der Naturrisiken zusammengefasst werden.[102] Zu den allgemeinen Wetterrisiken können unter anderem die Niederschlagsmenge, die Temperatur, die Sonnenstunden oder die Windstärke gezählt werden. Unter dem Begriff der Katastrophenrisiken versteht man demgegenüber selten eintretende Naturkatastrophen,[103] wie Unwetter, Überschwemmungen oder Vulkanausbrüche, die mit einem hohen Schadensrisiko verbunden sind.

Daneben bestehen noch einige andere Risiken, die sich mittels Hedging-Geschäften steuern lassen. Zu nennen sind beispielsweise das Risiko der Veränderung der Inflationsrate oder der Immobilienpreise sowie das Dividendenrisiko.

Der Umfang der absicherbaren Risiken lässt sich auch aus der Aufzählung der Derivate in Anhang I Abschnitt C Ziff. 10 MiFID erahnen, die Klimavariablen, Frachtsätze, Inflationsraten, offizielle Wirtschaftsstatistiken, Vermögenswerte, Rechte, Obligationen, Indizes und Messwerte umfasst.

3. Pflicht zum Risikomanagement

Als Teil des Risikomanagements können durch Hedging-Geschäfte Risiken gesteuert werden.[104] Die Pflicht zum Risikomanagement und dessen jeweiliger Umfang ist für einzelne Marktakteure gesetzlich normiert. Als Folge der Finanzkrise kam es zu einer stärkeren Regulierung und zu höheren Anforderungen an das Risikomanagement, vor allem auf Seiten der Banken und Kapitalverwaltungsgesellschaften.

a) Kreditinstitute

Detaillierte Vorgaben enthält das Gesetz für das Risikomanagement *von Banken und Kreditinstituten.* Die zentralen Anforderungen an das Risikomanagement von Kreditinstituten enthält § 25a KWG, wonach eine ordnungsgemäße Geschäftsorganisation

---

100 *Schneck,* Risikomanagement 2010, S. 60.

101 *Schneck,* Risikomanagement 2010, S. 58.

102 Vgl. *Schneck,* Risikomanagement 2010, S. 76.

103 Nach *Köhler,* in: Schwintowski, Bankrecht, 4. Auflage 2014, § 21 Rn. 77, spricht man von einer Katastrophe, wenn die Eintrittswahrscheinlichkeit weniger als 1 % beträgt.

104 Vgl. dazu oben B.III.1.

insbesondere ein angemessenes und wirksames Risikomanagement umfassen muss, um die Risikotragfähigkeit sicherzustellen, § 25a Abs. 1 S. 3 KWG. Zuletzt wurde Art. 76 der Eigenkapitalrichtlinie (CRD IV), der Anforderungen an die Organisation des Risikomanagements und die Behandlung von Risiken enthält, in den §§ 25a ff. KWG umgesetzt[105] und in der MaRisk konkretisiert.[106]

Das Risikomanagement umfasst nach § 25a Abs. 1 KWG insbesondere eine Risikostrategie, Verfahren zur Ermittlung und Sicherstellung der Risikotragfähigkeit und die Einrichtung interner Kontrollverfahren mit einem internen Kontrollsystem und einer Internen Revision. An den Umfang des internen Kontrollsystems werden nach § 25a Abs. 1 S. 3 Nr. 3 a)–c) KWG insbesondere die folgenden drei Anforderungen gestellt. Es muss zum einen aufbau- und ablauforganisatorische Regelungen mit klarer Abgrenzung der Verantwortungsbereiche enthalten und zum anderen Prozesse zur Identifizierung, Beurteilung, Steuerung sowie Überwachung und Kommunikation der Risiken. Des weiteren umfasst das Kontrollsystem auch eine Risikocontrolling-Funktion und eine Compliance-Funktion, § 25a Abs. 1 S. 3 Nr. 3 a)–c) KWG.[107] Zudem werden die Geschäftsleiter nach § 25c Abs. 3 Nr. 3 KWG persönlich verpflichtet, der Festlegung der Strategien und den Risiken ausreichend Zeit zu widmen. Sie haben nach Art. 25c Abs. 4a Nr. 1–Nr. 3 KWG dafür Sorge zu tragen, dass das Institut über eine konsistente Risikostrategie, Verfahren zur Ermittlung und Sicherstellung der Risikotragfähigkeit und interne Kontrollsysteme zur Risikosteuerung und zum Risikocontrolling verfügt. Die Wirksamkeit des Risikomanagements wird dann wiederum durch das Aufsichtsorgan, welches einen Risikoausschuss zu bilden hat, nach Art. 25d Abs. 8, Abs. 9 KWG überwacht.[108]

Als Risikosteuerungsmechanismen können Hedging-Geschäfte damit im Rahmen der festzulegenden Prozesse zur Steuerung der Risiken eine tragende Rolle spielen.

---

105 Gesetz zur Umsetzung der Richtlinie 2013/36/EU über den Zugang zur Tätigkeit von Kreditinstituten und die Beaufsichtigung von Kreditinstituten und Wertpapierfirmen und zur Anpassung des Aufsichtsrechts an die Verordnung (EU) Nr. 575/2013 über die Aufsichtsanforderungen an Kreditinstitute und Wertpapierfirmen vom 28.8.2013 (CRD IV-Umsetzungsgesetz), BGBl. I 2013, S. 3395.

106 *BaFin,* Rundschreiben 10/2012 (BA) – Mindestanforderungen an das Risikomanagement – MaRisk, abrufbar unter: https://www.bafin.de/SharedDocs/Veroeffentlichungen/DE/Rundschreiben/rs_1210_marisk_ba.html, zuletzt abgerufen am 04.01.2017.

107 Hierzu *Apfelbacher/Metzner,* AG 2013, 773, 784. Insoweit stimmt die Regierungsbegründung in BT-Drs. 17/10974, S. 85 a.E., nicht mit der erlassenen Richtlinie überein. Soweit die Begründung von Art. 75 Abs. 5 der Richtlinie spricht, soll wohl Art. 76 Abs. 5 der Richtlinie gemeint sein. Im Entwurf der Richtlinie entsprach Art. 76 noch Art. 75. Die gemäß Art. 76 Abs. 5 der Eigenkapitalrichtlinie geforderte *Risikomanagementfunktion* wurde in § 25a Abs. 1 S. 3 Nr. 3 c) KWG mit der Bezeichnung *Risikocontrolling-Funktion* in nationales Recht integriert.

108 *Apfelbacher/Metzner,* AG 2013, 773, 785.

b) Juristische Personen des Privatrechts

Für Aktiengesellschaften gilt § 91 Abs. 2 AktG, wonach der Vorstand geeignete Maßnahmen zu treffen hat und insbesondere ein Überwachungssystem einzurichten hat, damit den Fortbestand des Unternehmens gefährdende Entwicklungen früh erkannt werden. Damit wird dem Vorstand die Aufgabe der Einrichtung und Aufrechterhaltung eines funktionsfähigen Risikomanagements übertragen, das die Einrichtung adäquater Organisations- und Überwachungsstrukturen verlangt.[109]

Im Gegensatz zu der Risikomangementfunktion von Kreditinstituten, der unter anderem nach § 25a Abs. 1 S. 3 Nr. 3 b) KWG die Identifizierung, Beurteilung, Steuerung und Überwachung von Risiken zugewiesen ist, verpflichtet das Aktienrecht lediglich zur Einrichtung eines Risikofrühwarnsystems und dessen Überwachung.[110] Ob und welche konkreten Pflichten das Leitungsorgan darüber hinaus im Hinblick auf das Risikomanagement treffen, geht allerdings aus der Gesetzesregelung nicht hervor.[111] Zum Teil wird in der Literatur die Frage aufgeworfen, ob sich die Vorgaben an das Risikomanagement, so beispielsweise diejenigen des KAGB, auf das allgemeine Gesellschaftsrecht übertragen lassen[112] und ob aus europäischen Richtlinien eine Pflicht zu einem weitergehenden Risikomanagement besteht.[113] Dies ist allerdings richtigerweise abzulehnen. Vielmehr ist die Entscheidung darüber, ob ein weitergehendes Risikomanagementsystem im Unternehmen implementiert werden soll, in das Ermessen der Geschäftsleitung gestellt.[114] Davon unbenommen verbleibt es aber bei der allgemeinen Sorgfaltspflicht eines Vorstandes gemäß § 93 Abs. 1 AktG, die diesen im Einzelfall auch zu einer Erfassung und Bewältigung von Risiken verpflichtet.[115]

In der Praxis haben große Unternehmen häufig eigene *Tresury-Abteilungen* oder *Treasury-Offices*, die über eine Absicherung von Risikopositionen (*Exposures*) und

---

109 *Rudolph/Schäfer*, Derivative Finanzmarktinstrumente, 2. Auflage 2010, S. 1; in diese Richtung auch *Schneck*, Risikomanagement 2010, S. 34.

110 *Rudolph/Schäfer*, Derivative Finanzmarktinstrumente, 2. Auflage 2010, S. 2; *Vanini*, Risikomanagement 2012, S. 28; *Köhler*, in: Schwintowski, Bankrecht, 4. Auflage 2014, § 21 Rn. 270 spricht lediglich von der Pflicht zur Einrichtung eines Früherkennungssystems.

111 *Kort*, AG 2013, 582.

112 So zum Beispiel *Kort*, AG 2013, 582, der eine Ausstrahlungswirkung jedoch am Ende verneint.

113 *Spindler*, in: Goette/Habersack, Münchner Kommentar zum Aktiengesetz, 4. Auflage 2014, § 91 Rn. 22 ff.

114 So auch *Koch*, in: Hüffer/Koch, Aktiengesetz, 12. Auflage 2016, § 91 Rn. 9, 10; *Müller-Michaels*, in: Hölters, Aktiengesetz, 2. Auflage 2014, § 91 Rn. 10; a.A. wohl *Spindler*, in: Goette/Habersack, Münchner Kommentar zum Aktiengesetz, 4. Auflage 2014, § 91 Rn. 24.

115 *Spindler*, in: Goette/Habersack, Münchner Kommentar zum Aktiengesetz, 4. Auflage 2014, § 91 Rn. 26; hierzu auch *Randow*, ZGR 1996, 594, 604 f.; dazu auch im Falle des Handels mit Derivaten *Säcker*, NJW 2008, 3313 (3315).

damit über die Risikosteuerung entscheiden.[116] Ganz allgemein verantworten und steuern Treasury-Offices, in großen Unternehmen als eigene Abteilung die Zahlungsströme des Unternehmens. Sie identifizieren, quantifizieren, kontrollieren und steuern die damit verbundenen Finanzrisiken, wie Zins-, Fremdwährungs-, Rohstoffpreis- und Kreditrisiken.[117] Die Absicherung der festgestellten Risiken wird regelmäßig auch die Hauptaufgabe der Treasury sein,[118] mit dem Ziel, das Rendite-Risiko-Profil zu optimieren.[119] Soll die Treasury allerdings selbstständig Risiken eingehen können und ein eigenes Ergebnis liefern, so spricht man von einem *Profit Center.*[120] In den 80er und 90er Jahren wurden Treasury-Abteilungen vermehrt zu Profit Centers umgestaltet, um neben der Absicherung von Risiken mittels Hedging-Geschäften gleichzeitig auch Gewinne zu erwirtschaften.[121] Die allgemeine Risikopolitik, die zu steuernden Risiken sowie die zur Steuerung durchzuführenden Prozesse und Aktivitäten sollten in einem *Treasury-Regelwerk* oder *Risikohandbuch* festgehalten werden.[122]

Für die GmbH ist eine mit § 91 Abs. 2 AktG vergleichbare Pflicht zum Risikomanagement nicht gesetzlich vorgeschrieben.[123] In der Regierungsbegründung zu § 91 Abs. 2 AktG heißt es aber, dass für die GmbH *„nach Größe, Komplexität ihrer Struktur usw. nichts anderes gilt und die Neuregelung Ausstrahlungswirkung auf den Pflichtenrahmen der Geschäftsführer hat"*.[124]

c) Kapitalverwaltungsgesellschaften

Kapitalverwaltungsgesellschaften von Investmentfonds treffen die Verhaltens- und Organisationspflichten nach §§ 26 ff. KAGB.[125] Die umfasst vor allem die Einhaltung allgemeiner Organisationspflichten sowie die Gewährleistung eines angemessenen Risiko- und Liquiditätsmanagements. Eine Auslagerung einzelner Aufgaben und Pflichten ist unter den Voraussetzungen des § 36 KAGB möglich. Eine

---

116 *Brealey/Myers/Allen,* Principles of Corporate Finance, 11th ed. 2014, S. 661.

117 So *Schneck,* Risikomanagement 2010, S. 85; ähnlich auch *Eller/Heinrich/Perrot/Reif,* Kompaktwissen Risikomanagement 2010, S. 150.

118 *Schneck,* Risikomanagement 2010, S. 85.

119 *Eller/Heinrich/Perrot/Reif,* Kompaktwissen Risikomanagement 2010, S. 144.

120 *Schneck,* Risikomanagement 2010, S. 87.

121 *Schneck,* Risikomanagement 2010, S. 236; *Stulz,* J. Applied Corp. Fin., Vol. 9 (1996), No. 3, 8, 12; zur Problematik des spekulativen Handels mit Derivaten durch Gesellschaften *Säcker,* NJW 2008, 3313, 3317.

122 *Eller/Heinrich/Perrot/Reif,* Kompaktwissen Risikomanagement 2010, S. 151 mit einem Aufbauvorschlag; *Schneck,* Risikomanagement 2010, S. 87.

123 Vgl. dazu auch *Jahn,* in: Schimansky/Bunte/Lwowski, Bankrechts-Handbuch, 4. Auflage 2011, § 114 Rn. 162a.

124 BT-Drs. 13/9712, S. 15; dazu auch *Fleischer,* in: Fleischer/Goette, Münchner Kommentar zum GmbHG, 2. Auflage 2016, § 43 Rn. 61; *Kleindiek,* in: Lutter/Hommelhoff, GmbHG, 19. Auflage 2016, § 43 Rn. 31; *Schneck,* Risikomanagement 2010, S. 34; *Vanini,* Risikomanagement 2012, S. 30.

125 Näher dazu *Burgard/Heimann,* WM 2014, 821, 828.

Einschränkung der Auslagerungsmöglichkeit enthält § 36 Abs. 5 KAGB, wonach die Gesellschaft dadurch nicht zu einer Briefkastenfirma werden darf.[126] Entsprechend den Ausführungen der BaFin ist eine vollständige Auslagerung sowohl der Portfolioverwaltung als auch des Risikomanagements nicht möglich.[127]

Das KAGB verpflichtet die Kapitalverwaltungsgesellschaften zu einer ordnungsgemäßen Geschäftsorganisation, die insbesondere ein angemessenes Risikomanagementsystem umfassen muss, § 28 Abs. 1 S. 2 Nr. 1 KAGB.[128] In Bezug auf das Investmentvermögen konkretisiert § 29 KAGB die Anforderungen, die an ein angemessenes Risikomanagement gestellt werden.[129] So ist vor allem eine dauerhafte Risikocontrollingfunktion nach § 29 Abs. 1 S. 1 KAGB einzurichten und aufrechtzuerhalten sowie gemäß § 29 Abs. 2 KAGB ein angemessene Risikomanagementsystem bereitzuhalten. Die wesentlichen Risiken für das Investmentvermögen müssen jederzeit erfasst, gemessen, gesteuert und überwacht werden können.

Die dauerhafte Risikocontrollingfunktion muss vom operativen Geschäft hierarchisch und funktionell unabhängig sein, was als Funktionstrennung bezeichnet wird. Wie diese Funktionstrennung auszugestalten ist, konkretisiert Art. 42 der Delegierte Verordnung Nr. 231/2013. Bei KVGs, bei denen die Einrichtung einer dauerhaften Risikocontrollingfunktion nicht verhältnismäßig erscheint, ist es ausreichend, dass ein unabhängiges Risikomanagement ermöglicht wird, indem besondere Schutzvorkehrungen gegen Interessenkonflikte getroffen werden. Allerdings muss auch in einem solchen Fall der Grundsatz der Funktionstrennung beachtet werden.[130]

d) Juristische Personen des öffentlichen Rechts

Eine ausdrückliche gesetzliche Pflicht, ein finanzwirtschaftliches Risikomanagementsystem in der öffentlichen Verwaltung einzuführen, besteht grundsätzlich nicht.[131] Dennoch ist auch die öffentliche Hand einer Vielzahl von finanziellen Risiken ausgesetzt, sodass ein finanzwirtschaftliches Risikomanagement auch für die öffentliche Verwaltung an Bedeutung gewinnt.[132]

---

126 Näher dazu *Sprengnether/Wächter*, WM 2014, 877, 879.

127 *BaFin*, Häufige Fragen zum Thema Auslagerung gemäß § 36 KAGB, abrufbar unter: http://www.bafin.de/SharedDocs/Veroeffentlichungen/DE/FAQ/faq_kagb_36_auslagerung_130710.html?nn=2798666#doc4064466bodyText11, zuletzt abgerufen am 04.01.2017.

128 Daraus leitet *Kort*, AG 2013, 582 ab, dass das Risikomanagement als Teil der Compliance angesehen werden muss.

129 Zum Risikomanagement *Kort*, AG 2013, 582; *Sprengnether/Wächter*, WM 2014, 877; für das Risikomanagement nach der AIFM-RL: *Timmerbeil/Spachmüller*, DB 2012, 1425.

130 *Kort*, AG 2013, 582, 584; dazu auch *Timmerbeil/Spachmüller*, DB 2012, 1425, 1426.

131 *Trips*, NVwZ 2003, 804, 810; *Schwarting*, DÖV 2006, 947; zum Risikomanagement im Rahmen des Gefahrenabwehrrechts: *Brenner/Nehrig*, DÖV 2003, 1024.

132 *Blättler/Hunziker*, Verwaltung & Management, Vol. 21 (2015), No. 2, 83; *Schwarting*, DÖV 2006, 947, 949 ff.

Dies hat auch dazu geführt, dass einige öffentlich-rechtliche Vorschriften implementiert wurden, beispielsweise in die Gemeindeordnungen der Länder, die auf eine Risikosteuerung hinwirken.[133] So enthält Art. 61 Abs. 3 der Bayerischen Gemeindeordnung die Pflicht, bei der Führung der Haushaltswirtschaft die finanziellen Risiken zu minimieren.[134] Auch die Vorschriften zum kommunalen Haushaltsrecht enthalten einzelne Anforderungen an das Risikomanagement.[135]

IV. Hedging-Instrumente zur Absicherung von Risiken

1. Hedging-Instrumente

Zum Zwecke des Hedgings von Risikopositionen werden klassischerweise Derivate verwendet, die speziell für die Absicherung von Positionen konzipiert[136] und zunächst auch überwiegend zu diesem Zweck eingesetzt wurden.[137] Die Möglichkeit Risiken an andere Marktteilnehmer abzuwälzen, ist eine zentrale Eigenschaft von Finanzderivaten.[138]

Allerdings lassen sich bestimmte Positionen auch mittels anderer Finanzinstrumente absichern. Zu denken ist vor allem an eine Absicherung von Derivaten mittels des zugrunde liegenden Basiswerts beziehungsweise Underlying. Auch eine Absicherung von Risikopositionen mittels Zertifikaten kann aufgrund ihres derivativen Elements erwogen werden. Allerdings können Transaktionen auf dem Kassamarkt diverse Nachteile mit sich bringen. Dazu zählen unter anderem gegebenenfalls höhere Transaktionskosten, ein höheres Liquiditätserfordernis für den Erwerb von Finanzinstrumenten am Kassamarkt[139] oder der mögliche Verlust von Stimmrechten durch die sofortige Veräußerung von Aktientiteln.[140]

Die höchste praktische Relevanz wird damit immer noch den Derivaten zukommen.

---

133 *Blättler/Hunziker,* Verwaltung & Management, Vol. 21 (2015), No. 2, 83; *Schwarting,* Verwaltung & Management, Vol. 17 (2011), No. 6, 315, 316.

134 Hierzu auch *Blättler/Hunziker,* Verwaltung & Management, Vol. 21 (2015), No. 2, 83.

135 Vgl. *Schwarting,* Verwaltung & Management, Vol. 17 (2011), No. 6, 315, 316.

136 *Brealey/Myers/Allen,* Principles of Corporate Finance, 11th ed. 2014, S. 662.

137 Das ergaben die Forschungsarbeiten von H. S. Irwin, der davon überzeugt war, dass der wichtigste Anreiz für die Entstehung der Futures-Märkte nicht die Spekulation, sondern das Hedging war; mit Verweis auf die Arbeiten von Irwin auch *Working,* Am. Econ. Rev., Vol. 52 (1962), No. 3, 431, 435.

138 *Rudolf,* in: Kümpel/Wittig, Bank- und Kapitalmarktrecht, 4. Auflage 2011, 19. Teil Rn. 19.1; *Rudolph/Schäfer,* Derivative Finanzmarktinstrumente, 2. Auflage 2010, S. 15; *Schneck,* Risikomanagement 2010, S. 234.

139 Auf dem Terminmarkt wird das Geschäft erst zu einem späteren Zeitpunkt erfüllt, es ist bei Abschluss des Deriavtekontraktes lediglich eine Sicherheitsleistung auf ein Margin-Konto zu leisten.

140 *Rudolph/Schäfer,* Derivative Finanzmarktinstrumente, 2. Auflage 2010, S. 32.

a) Hedging mit Derivaten

aa) Begriffliche Herleitung

Der Begriff des Derivats stammt von dem lateinischen Ausdruck *„derivare"* ab, was als *„ableiten"* zu übersetzen ist. Ein Derivat muss damit begriffsnotwendig von einem Basiswert oder Referenzobjekt abhängen.[141]

Mittels Derivaten kann daher an Chancen und Risiken der Kursänderung des Basiswertes partizipiert werden, ohne den Basiswert tatsächlich zu besitzen.[142]

(1) Derivatebegriff gemäß § 2 Abs. 2 WpHG und § 1 Abs. 11 S. 3 KWG

Der Begriff des Derivats wurde für die Zwecke des Insiderhandelsverbotes bisher nach nationalem Recht in § 2 Abs. 2 Nr. 1–5 WpHG definiert. Eine wortlautgleiche Definition des Derivats enthält auch § 1 Abs. 11 S. 3 KWG.

Eine zentrale Rolle für die Definition des Derivats nach nationalem Recht nimmt der Begriff des Termingeschäfts ein, selbst obwohl mittlerweile nicht mehr alle Derivatekategorien gemäß § 2 Abs. 2 WpHG Termingeschäfte sind.[143] Entsprechend der Legaldefinition des § 2 Abs. 2 Nr. 1 WpHG sind Termingeschäfte *„als Kauf, Tausch oder anderweitig ausgestaltete Festgeschäfte oder Optionsgeschäfte, die zeitlich verzögert zu erfüllen sind und deren Wert sich unmittelbar oder mittelbar vom Preis oder Maß eines Basiswertes ableitet"*. Diese Definition des Termingeschäftes geht auf das FRUG aus dem Jahr 2007 zurück.[144] Laut der Regierungsbegründung[145] wurde versucht aus der Aufzählung der Derivate des europäischen Gesetzgebers in Anhang

---

141 *Rudolph/Schäfer,* Derivative Finanzmarktinstrumente, 2. Auflage 2010, S. 15.

142 *Köhler,* in: Schwintowski, Bankrecht, 4. Auflage 2014, § 21 Rn. 4.

143 *Kumpan,* in: Schwark/Zimmer, Kapitalmarktrechts-Kommentar, 4. Auflage 2010, § 2 WpHG Rn. 34, 48; *Roth,* in: Hirte/Möllers, Kölner Kommentar zum WpHG, 2. Auflage 2014, § 2 Rn. 77.; a.A.: *Rudolf,* in: Kümpel/Wittig, Bank- und Kapitalmarktrecht, 4. Auflage 2011, 19. Teil Rn. 19.10, 19.14, wonach die Merkmale des Termingeschäftes auf alle Arten von Derivaten nach § 2 Abs. 2 Nr. 1–5 WpHG zutreffen sollen.

144 Gesetz zur Umsetzung der Richtlinie über Märkte für Finanzinstrumente und der Durchführungsrichtlinie der Kommission (Finanzmarktrichtlinie-Umsetzungsgesetz) vom 16.07.2007, BGBl. I 2007, S. 1330.

145 RegBegr. BT-Drs. 16/4028, S. 55: „Zu Beginn der Nummer 1 steht die Legaldefinition des für Derivate zentralen Begriffs des Termingeschäftes. Von dieser Definition werden nicht nur die in Anhang I Abschnitt C Nr. 4 bis 7 und 10 der Finanzmarktrichtlinie explizit aufgeführten Derivatekontrakte der Optionen, Futures, Swaps und Forward Rate Agreements erfasst. Vielmehr kann auch die jeweilige Öffnungsklausel „und andere Derivatekontrakte" in Anhang I Abschnitt C Nr. 4 und 5 der Finanzmarktrichtlinie mit diesem Kriterium für die Zwecke der Umsetzung des Anhangs I Abschnitt C der Finanzmarktrichtlinie sinnvoll eingegrenzt werden."

I Abschnitt C Nrn. 4–7, 10 MiFID gemeinsame Merkmale herauszuarbeiten, was zu der Legaldefinition des Termingeschäftes führte.[146]

Neben den Termingeschäften nach § 2 Abs. 2 Nr. 1, 2 und 5 WpHG fallen gemäß § 2 Abs. 2 Nr. 3 und Nr. 4 WpHG auch finanzielle Differenzgeschäfte und Kreditderivate unter die Definition des Derivats. Im Vergleich zu einem Termingeschäft beziehen sich finanzielle Differenzgeschäfte zwar ebenfalls auf einen nicht näher eingegrenzten Referenzwert, allerdings fehlt es an einer zeitlich verzögerten Erfüllung.[147] Sie haben keinen Fälligkeitszeitpunkt, sondern eine unbegrenzte Laufzeit.[148] Demgegenüber sind Kreditderivate, wie sich bereits aus dem Wortlaut von § 2 Abs. 2 Nr. 4 WpHG ergibt, zeitlich verzögert zu erfüllen. Auch Kreditderivate müssen sich nicht auf bestimmte Referenzwerte beziehen, vielmehr können, wie dies bei Credit Default Swaps der Fall ist, als Referenzwerte auch Darlehen oder Kreditportfolios in Betracht kommen.[149]

Allen Derivaten gemein ist, dass sich ihr Kurs oder Wert von einem Basiswert oder Referenzobjekt[150] ableitet.[151]

(2) Derivatebegriff nach MiFIR und MiFID

Für das Insiderhandelsverbot kann seit Geltung der Marktmissbrauchsverordnung nicht mehr auf den nationalen Begriff des Finanzinstruments gemäß § 2 Abs. 2b WpHG und damit auch nicht mehr auf den Begriff des Derivats nach § 2 Abs. 2 WpHG zurückgegriffen werden. Vielmehr richtet sich der Derivatebegriff in Zukunft alleine nach europäischem Recht.

Die Marktmissbrauchsverordnung enthält keine Definition des Begriffs Derivat, vielmehr verweist Art. 3 Abs. 1 Nr. 1 MAR für den Begriff des Finanzinstruments

146 *Assmann*, in: Assmann/Schneider, Wertpapierhandelsgesetz, 6. Auflage 2012, § 2 Rn. 42; *Roth*, in: Hirte/Möllers, Kölner Kommentar zum WpHG, 2. Auflage 2014, § 2 Rn. 76.

147 *Roth*, in: Hirte/Möllers, Kölner Kommentar zum WpHG, 2. Auflage 2014, § 2 Rn. 107, 110.

148 *Assmann*, in: Assmann/Schneider, Wertpapierhandelsgesetz, 6. Auflage 2012, § 2 Rn. 53; *Dr. Wehowsky*, in: Erbs/Kohlhaas, Strafrechtliche Nebengesetze, 210. Ergänzungslieferung 2016, § 2 WpHG Rn. 7; *Kumpan*, in: Schwark/Zimmer, Kapitalmarktrechts-Kommentar, 4. Auflage 2010, § 2 WpHG Rn. 48.

149 BT-Drs. 16/4028, S. 55; *Dr. Wehowsky*, in: Erbs/Kohlhaas, Strafrechtliche Nebengesetze, 210. Ergänzungslieferung 2016, § 2 WpHG Rn. 7; *Fuchs*, in: Fuchs, WpHG, 2. Auflage 2016, § 2 Rn. 60.

150 Der zu Grunde liegende Basiswert oder das Bezugsobjekt wird auch als „*Underlying*" bezeichnet; vgl. hierzu B.IV.1.a)bb)(1).

151 *Assmann*, in: Assmann/Schneider, Wertpapierhandelsgesetz, 6. Auflage 2012, § 2 Rn. 43; *Dr. Wehowsky*, in: Erbs/Kohlhaas, Strafrechtliche Nebengesetze, 210. Ergänzungslieferung 2016, § 2 WpHG Rn. 7; *Fuchs*, in: Fuchs, WpHG, 2. Auflage 2016, § 2 Rn. 39; *Jahn*, in: Schimansky/Bunte/Lwowski, Bankrechts-Handbuch, 4. Auflage 2011, § 114 Rn. 1.

auf Art. 4 Abs. 1 Nr. 15 MiFID II, der wiederum auf die Aufzählung in Anhang I Abschnitt C der Richtlinie verweist. In Nr. 4–10 Anhang I Abschnitt C MiFID II werden Derivatekontrakte aufgezählt.

Soweit ein Derivat vorliegt, das in den Nr. 4–10 Anhang I Abschnitt C MiFID II genannt wird, bereitet die Subsumtion in der Regel keine Probleme. Problematisch wird es allerdings dann, wenn auf die Auffangkategorie *„alle anderen Derivatkontrakte"* zurückgegriffen werden muss. Das Gesetz besagt nicht, was die Kennzeichen der anderen Derivatekontrakte sind. Eine Legaldefinition entsprechend der Definition des Termingeschäftes in § 2 Abs. 2 Nr. 1 WpHG fehlt.

Eine zentrale Gemeinsamkeit, die allen Derivaten immer noch zugrunde liegt, lässt sich allerdings dennoch feststellen. Der Wert des Derivats oder Derivatekontraktes leitet sich von einem Referenzwert oder einem Bezugsobjekt ab.[152] Das ergibt sich für die Derivate oder Derivatekontrakte nach Nr. 4–7, 10 Anhang I Abschnitt C MiFID II und Art. 4 Abs. 1 Nr. 44 c) MiFID II bereits aus dem Wortlaut, der den Bezug auf spezifische Referenzwerte voraussetzt. Für die Derivate gemäß Nr. 8 und Nr. 9, Kreditderivate und finanzielle Differenzgeschäfte, ergibt sich der Bezug auf einen Referenzwert zwar nicht aus dem Wortlaut in Anhang I Abschnitt C. Dies liegt aber alleine daran, dass sich diese Derivate auf jegliche Referenzwerte beziehen können und nicht auf bestimmte Referenzwerte begrenzt sind.[153] Für Kreditderivate nach Nr. 8 bedeutet dies, dass es ausreichend ist, wenn diese sich ausschließlich auf ein *„Darlehen oder ein Kreditportfolio als Referenzwert beziehen"*.[154]

Gemäß der nationalen Derivatedefinition des § 2 Abs. 2 WpHG ist es fast allen Derivaten, abgesehen von finanziellen Differenzgeschäften, gemein, dass sie zeitlich verzögert zu erfüllen sind.[155] Diesbezüglich enthält weder Anhang I Abschnitt C Nr. 4–10 MiFID noch Art. 4 Abs. 1 Nr. 44 c) MiFID II Anhaltspunkte. Lediglich für Derivate iSv Nr. 7 Anhang I Abschnitt C MiFID enthielt bisher die Durchführungsverordnung Nr. 1287/2006 die Präzisierung, dass es sich nach Art. 38 Abs. 1, 2 bei dem Kontrakt nicht um ein Kassageschäft handeln darf. Ein Kassageschäft liegt gemäß Art. 38 Abs. 2 dieser Verordnung vor, wenn die Lieferung gemäß der Bedingungen des Geschäfts innerhalb von zwei Handelstagen oder innerhalb einer Frist, die als Standardlieferfrist akzeptiert wird, erfolgt.

Aus den Gesetzgebungsunterlagen zur Umsetzung von MiFID I geht hervor, dass der nationale Gesetzgeber den Begriff *„andere Derivatkontrakte"* zum Zwecke der Umsetzung in nationales Recht mittels der Voraussetzungen der zeitlich verzögerten Erfüllung sinnvoll einzugrenzen versuchte. Es ist hingegen aus den Unterlagen nicht ersichtlich, dass sich das Kriterium der zeitlich verzögerten Erfüllung für

---

152 *Köhling/Adler*, WM 2012, 2125, 2128.

153 Dahingehend legte der deutsche Gesetzgeber die wortlautgleiche Aufzählung der Derivate in Abschnitt C Anhang I MiFID I aus: BT-Drs. 16/4028, S. 55.

154 BT-Drs. 16/4028, S. 55.

155 Vgl. oben B.IV.1.a)aa)(1).

den nationalen Gesetzgeber bereits aus der Auflistung der MiFID ergab.[156] Zwar ist eine solche zeitlich verzögerte Erfüllung einigen aufgezählten Geschäften, so vor allem Futures, Forwards, Optionen und Swaps, immanent, anderen Geschäftsarten, beispielsweise finanziellen Differenzgeschäften, fehlt es allerdings bereits an der Fälligkeit.[157]

Auch die gemäß Art. 2 Abs. 1 Nr. 29 MiFIR für den Derivatebegriff neue Kategorie gemäß Art. 4 Abs. 1 Nr. 44 c) MiFID II enthält keinen Hinweis auf eine zeitlich verzögerte Erfüllung. Im Gegensatz zu der Aufzählung in Nr. 4–7, 10 Anhang I Abschnitt C fehlt es auch an der Nennung typischer Derivategeschäfte, bei denen die Erfüllung typischerweise hinausgeschoben ist. Dies gilt auch für Kreditderivate im Sinne von Nr. 8 Anhang I Abschnitt C, wo ebenfalls eine Aufzählung typischer Derivatekontrakte fehlt. Auffällig ist, dass das Gesetz hier nicht von Derivatekontrakten spricht, sondern von derivativen Instrumenten für den Transfer von Kreditrisiken. Daher muss auch hier davon ausgegangen werden, dass eine zeitlich verzögerte Erfüllung nicht notwendig ist, das Instrument lediglich eine derivative Komponente haben muss.

Ein zeitlich hinausgeschobener Erfüllungszeitpunkt ist damit kein Merkmal, das allen Derivatekategorien gemein ist und kann damit nicht zur Herleitung eines einheitlichen Derivatebgriffs dienen.

Auf die Frage der Verbriefung kommt es für die Einordnung als Derivat nicht an.[158]

Es bleibt abzuwarten, ob der Begriff des Derivats und des Derivatekontraktes auf europäischer Ebene noch präzisiert wird und sich eine einheitliche Definition durchsetzt. Zentrales Element eines Derivats bleibt allerdings die Ableitung von einem Referenzwert oder Bezugsobjekt, das allen aufgezählten Derivatekategorien gemein ist.

bb) Allgemeine Kennzeichen und Systematisierung der klassischen Derivate

Derivate lassen sich durch ihrer spezifischen Kennzeichen von anderen Finanzinstrumenten abgrenzen und in verschiedene Kategorien unterteilen.

(1) Einteilung nach Basiswerten

Entsprechend dem praktischen Bedürfnis, verschiedenste Marktrisiken über Derivate abzusichern, haben sich auch Derivate für die einzelnen Basiswerte entwickelt und werden auch danach kategorisiert.[159] Dies zeigt auch die Auflistung der Derivate

---

156 BT-Drs. 16/4028, S. 55.

157 Vgl. dazu oben B.IV.1.a)aa)(1).

158 So bisher auch zu § 2 Abs. 2 WpHG: *Assmann*, in: Assmann/Schneider, Wertpapierhandelsgesetz, 6. Auflage 2012, § 2 Rn. 45; *Kumpan*, in: Schwark/Zimmer, Kapitalmarktrechts-Kommentar, 4. Auflage 2010, § 2 WpHG Rn. 38; *Roth*, in: Hirte/Möllers, Kölner Kommentar zum WpHG, 2. Auflage 2014, § 2 Rn. 77.

159 Vgl. z. B. *Bank-Verlag*, Basisinformationen über Finanzderivate 2008, S. 14; *Rudolf*, in: Kümpel/Wittig, Bank- und Kapitalmarktrecht, 4. Auflage 2011, 19. Teil

in Nr. 4–10 Abschnitt C Anhang I zu MifID II. Den einzelnen Marktrisiken folgend[160] wird üblicherweise zwischen Aktienderivaten, Waren-/Rohstoffderivaten, Zinsderivaten, Währungsderivaten und Kreditderivaten unterschieden.[161] Neben diesen klassischen Basiswerten können allerdings auch weitere Marktrisiken, wie Volatilitätsrisken oder Dividendenrisken, abgesichert werden.[162] Als Basiswerte eines Derivates kommen auch andere Derivate in Betracht. Dann wird von Derivaten zweiten Grades gesprochen.[163] Zwischenzeitlich wurden an der EUREX auch sogenannte Sturmschaden-Futures auf USA, Florida und die Küstenstaaten der Golfregion gehandelt.[164] Deren Zulassung wurde jedoch mit Wirkung zum 11. Juni 2014 widerrufen.[165]

(2) Bedingte und unbedingte Geschäfte

Derivate lassen sich weiter in bedingte und unbedingte Geschäfte unterteilen. Damit unterscheiden sich diese Geschäfte auch in ihrem Risikoprofil, wobei unbedingte Geschäfte ein symmetrisches Risikoprofil[166] aufweisen und bedingte Geschäfte ein asymmetrisches Risikoprofil.[167]

Unbedingte Geschäfte – auch als Festgeschäfte bezeichnet – zeichnen sich dadurch aus, dass sie lediglich einen hinausgeschobenen Erfüllungszeitpunkt haben, die Pflicht zur Erfüllung des Geschäftes jedoch fest steht, das Geschäft also unbedingt ist.[168] Das Gewinn- und Verlustrisiko ist auf beiden Seiten des Vertrages gleich

---

Rn. 19.23; *Rudolph/Schäfer,* Derivative Finanzmarktinstrumente, 2. Auflage 2010, S. 17.

160 Vgl. dazu oben B.III.2.

161 Eine Auflistung der einzelnen Derivateklassen enthält zum Beispiel: *Rudolf,* in: Kümpel/Wittig, Bank- und Kapitalmarktrecht, 4. Auflage 2011, 19. Teil Rn. 19.23.

162 Vgl. hierzu auch die Produktpalette der EUREX: http://www.eurexchange.com/exchange-de/produkte/produktueberblick, zuletzt abgerufen am 04.01.2017.

163 *Köhler,* in: Schwintowski, Bankrecht, 4. Auflage 2014, § 21 Rn. 1.

164 *Rudolph/Schäfer,* Derivative Finanzmarktinstrumente, 2. Auflage 2010, S. 66 f.

165 *EUREX*, Rundschreiben 095/14 vom 14. Mai 2014, http://www.eurexchange.com/blob/931530/0f2d1f54f31fb5247dcd99408b4f2538/data/er14095d.pdf; zuletzt abgerufen am 04.01.2017.

166 *Roth,* in: Hirte/Möllers, Kölner Kommentar zum WpHG, 2. Auflage 2014, § 2 Rn. 82, der als Ausnahme zu dieser Regel Spread Ladder Swaps nennt, die zugunsten der Bank ein asymmetrisches Risikoprofil besitzen; *Rudolph/Schäfer,* Derivative Finanzmarktinstrumente, 2. Auflage 2010, S. 27.

167 *Bank-Verlag,* Basisinformationen über Finanzderivate 2008, S. 10; *Rudolf,* in: Kümpel/Wittig, Bank- und Kapitalmarktrecht, 4. Auflage 2011, 19. Teil Rn. 19.30; *Rudolph/Schäfer,* Derivative Finanzmarktinstrumente, 2. Auflage 2010, S. 19.

168 *Rudolf,* in: Kümpel/Wittig, Bank- und Kapitalmarktrecht, 4. Auflage 2011, 19. Teil Rn. 19.17; *Rudolph/Schäfer,* Derivative Finanzmarktinstrumente, 2. Auflage 2010, S. 16.

und zufallsabhängig.[169] Zu den unbedingten Geschäften zählen Futures, Forwards und Swaps.

Demgegenüber ist die Verpflichtung zur Leistung bei einem Optionsgeschäft durch die Ausübung der Option durch den Optionsrechtsinhaber bedingt. Die andere Vertragspartei, die üblicherweise als *Stillhalter* bezeichnet wird, hat dagegen keinen Einfluss darauf, ob die Option ausgeübt wird oder nicht. Im Gegenzug erhält der Stillhalter bereits bei Abschluss des Optionsvertrages eine Optionsprämie, auf welche sich sein Gewinnpotenzial beschränkt, wohingegen sein Verlustpotenzial theoretisch unbegrenzt ist.[170] Das Verlustrisiko des Käufers ist im Gegensatz dazu auf die Optionsprämie begrenzt. Das Optionsgeschäft zeichnet sich damit im Gegensatz zum Festgeschäft durch ein asymmetrisches Chancen-Risikoprofil aus.[171]

(3) Börsengehandelte Derivate und OTC-Derivate

Derivate lassen sich zudem ganz allgemein danach kategorisieren, ob es sich um börsengehandelte Derivate oder um außerbörslich gehandelte beziehungsweise OTC-Derivate handelt.[172]

Nach Art. 2 Nr. 7 EMIR sind OTC-Derivate oder OTC-Derivatekontrakte solche Kontrakte, deren Ausführung nicht auf einem geregelten Markt erfolgt. Damit unterfallen dem OTC-Derivatebegriff all jene Derivate, die gar nicht auf einem Handelsplatz gehandelt werden, also auch Derivate, die ausschließlich auf einem MTF oder OTF gehandelt werden. Da nach nationalem Recht nur der geregelte Markt als Börse im Sinne von § 2 Abs. 1 BörsG bezeichnet wird,[173] kann auch weiterhin die Unterscheidung zwischen börslich und außerbörslich gehandelten Derivaten bestehen bleiben. Der börsliche Handel von Derivaten vollzieht sich in Deutschland über die EUREX und EEX als Terminbörsen. Zu den OTC-Derivaten zählen neben Forwards und Swaps auch außerbörslich gehandelte Optionen und Optionskombinationen.

Unterschiede ergeben sich für den Ablauf des Vertragsschlusses bei börsengehandelten und OTC-Derivaten. Im Gegensatz zu börsengehandelten Derivaten werden

---

169 *Bank-Verlag*, Basisinformationen über Finanzderivate 2008, S. 10; *Müller*, in: Derleder/Knops/Bamberger, Handbuch zum deutschen und europäischen Bankrecht, 2. Auflage 2009, § 54 Rn. 9; *Rudolf*, in: Kümpel/Wittig, Bank- und Kapitalmarktrecht, 4. Auflage 2011, 19. Teil Rn. 19.18, 19.19.

170 *Bank-Verlag*, Basisinformationen über Finanzderivate 2008, S. 10.

171 Näher dazu B.IV.1.a)cc)(2)(a).

172 Soweit Derivate nicht börsengehandelt sind, spricht man auch von OTC-Derivaten („Over the counter"); zur Unterscheidung: *Hull*, Optionen, Futures und andere Derivate, 8. Auflage 2012, S. 26; *Köhler*, in: Schwintowski, Bankrecht, 4. Auflage 2014, § 21 Rn. 7; *Rudolf*, in: Kümpel/Wittig, Bank- und Kapitalmarktrecht, 4. Auflage 2011, 19. Teil, Rn. 19.24; *Rudolph/Schäfer*, Derivative Finanzmarktinstrumente, 2. Auflage 2010, S. 17; *Trepte/Byentsa*, Corporate Finance law 2010, 260.

173 *Beck*, in: Schwark/Zimmer, Kapitalmarktrechts-Kommentar, 4. Auflage 2010, § 2 BörsG Rn. 22.

OTC-Derivate zunächst zwischen zwei Parteien geschlossen. Durch Aufnahme des Derivatekontraktes in das zentrale Clearing tritt die zentrale Gegenpartei dergestalt in den Vertrag ein, dass sie Gegenpartei der beiden Vertragsparteien wird.[174] Bei börsengehandelten Derivaten ist die Börse bzw. die zentrale Gegenpartei von Anfang an Vertragspartner. Allerdings kommt das Geschäft auch an der Börse nur zustande, wenn zwei korrespondierende Order eingehen.[175]

Derivate, welche an Terminbörsen gehandelt werden, sind stark standardisiert und unterscheiden sich in diesem Punkt wesentlich von OTC-Derivaten, welche in Bezug auf ihre Kontraktmerkmale, wie Laufzeit, Basispreis, Kontraktgröße und Ort der Erfüllung und Abwicklung, frei zwischen den Kontraktparteien vereinbart werden können.[176] Der Börsenhandel von Derivaten findet beispielsweise an der Chicago Board of Trade (CBOT), der EUREX in Frankfurt, der EEX in Leipzig oder der Euronext, ein Zusammenschluss der Terminbörsen Amsterdam, Paris, Brüssel und London, statt.

Zum Hedging einer Risikoposition eignen sich OTC-Derivate daher in vielen Fällen besser als standardisierte börsengehandelte Derivate, da das Derivat individuell auf die Risikoposition oder das abzusichernde Geschäft zugeschnitten werden kann.[177]

Der Derivatemarkt hat sich gegenüber der Realwirtschaft zunehmend verselbstständigt, was auch auf einen zunehmenden Einsatz von OTC-Derivaten zu Spekulationszwecken zurückzuführen ist.[178] Die Summe der ausstehenden außerbörslich gehandelten Derivate betrug im Jahr 2011 600 Billionen Dollar, was einem zehnfachen der weltweiten Wirtschaftsleistung entspricht.[179] Ende Juni 2016 betrug der Nominalwert der ausstehenden OTC-Derivate 544 Billionen US-Dollar.[180] Demgegenüber waren im Juni 2016 börsengehandelte Derivate mit einem Nominalwert

174 *Bank for International Settlements* (BIS), Statistical Release – OTC derivatives statistics at end-June 2016, abrufbar unter: http://www.bis.org/publ/otc_hy1611.pdf, zuletzt abgerufen am 04.01.2017; *Hull,* Optionen, Futures und andere Derivate, 8. Auflage 2012, S. 61; *Köhling/Adler,* WM 2012, 2125, 2129, Fn. 24; *Rudolph/Schäfer,* Derivative Finanzmarktinstrumente, 2. Auflage 2010, S. 62.

175 *Köhling/Adler,* WM 2012, 2125, 2129, Fn. 24.

176 *Bank-Verlag,* Basisinformationen über Finanzderivate 2008, S. 10 f.; *Rudolf,* in: Kümpel/Wittig, Bank- und Kapitalmarktrecht, 4. Auflage 2011, 19. Teil Rn. 19.25, 19.28, 19.102; *Trepte/Byentsa,* Corporate Finance law 2010, 260, 261.

177 *Rudolf,* in: Kümpel/Wittig, Bank- und Kapitalmarktrecht, 4. Auflage 2011, 19. Teil Rn. 19.28; *Trepte/Byentsa,* Corporate Finance law 2010, 260, 261.

178 *Wieland/Weiß,* Corporate Finance law 2013, 73, 75.

179 *Buchter,* Zeit vom 18.02.2011, abrufbar unter: http://www.zeit.de/wirtschaft/geldanlage/2011-02/finanzkrise-derivate-boerse, zuletzt abgerufen am 04.01.2017.

180 *Bank for International Settlements* (BIS), Statistical Release – OTC derivatives statistics at end-June 2016, abrufbar unter: http://www.bis.org/publ/otc_hy1611.pdf, zuletzt abgerufen am 04.01.2017.

von lediglich 67 Billionen Dollar ausstehend.[181] Der Anteil der börsengehandelten Derivate beträgt damit lediglich in etwa 12 % des gesamten Derivatemarktes.[182]

(4) Physical settlement und cash settlement

Derivate können am Ende ihrer Laufzeit entweder durch Lieferung des Basiswertes erfüllt werden (*physical settlement*) oder durch die Leistung der Differenz zwischen Basispreis und Kurs oder Wert des Basiswertes zum Zeitpunkt der Erfüllung (*cash settlement*).[183] Die tatsächliche Erfüllung des Geschäftes (physical settlement) stellt die Ausnahme dar.[184] Dies liegt zum einen daran, dass eine physische Lieferung, selbst wenn eine solche in den Kontraktbedingungen festgelegt ist, in den meisten Fällen nicht stattfindet, weil die Kontrakte vorzeitig glattgestellt werden.[185] Andererseits ist in vielen Fällen die physische Lieferung auch rein tatsächlich nicht gewollt oder nicht möglich, so beispielsweise Derivate, die sich aus einem Index oder einem anderen fiktiven Basiswert ableiten.[186] Im Falle eines cash settlements ist entweder der Käufer oder Verkäufer zur Leistung eines Geldbetrages in Höhe der Differenz zwischen Basispreis und Kurs des Underlying am Ende der Laufzeit verpflichtet. Liegt der Kurs des Underlying unter dem Basispreis, so ist der Käufer, also der Inhaber der Long-Position, zur Zahlung der Differenz verpflichtet. Soweit der Kurs des Underlying über dem Basispreis liegt, ist der Verkäufer, Inhaber der Short-Position, zum Ausgleich verpflichtet.[187]

---

181 *Bank for International Settlements* (BIS), BIS Statistical Bulletin – December 2016, abrufbar unter: http://www.bis.org/statistics/bulletin1612.pdf, zuletzt abgerufen am 04.01.2017, S. 223: Demnach waren im Juni 2016 Futures mit einem Nominalwert von 25,2 Billionen Dollar und Optionen mit einem Nominalwert von 42,5 Billionen Dollar ausstehend.

182 Zum Verhältnis der beiden Märkte auch *Hull,* Optionen, Futures und andere Derivate, 8. Auflage 2012, S. 27; *Rudolf,* in: Kümpel/Wittig, Bank- und Kapitalmarktrecht, 4. Auflage 2011, 19. Teil Rn. 19.24.

183 *Roth,* in: Hirte/Möllers, Kölner Kommentar zum WpHG, 2. Auflage 2014, § 2 Rn. 82; *Rudolf,* in: Kümpel/Wittig, Bank- und Kapitalmarktrecht, 4. Auflage 2011, 19. Teil Rn. 19.21.

184 *Bank-Verlag,* Basisinfromationen über Termingeschäfte 2012, S. 27; ähnlich *Fuchs,* in: Fuchs, WpHG, 2. Auflage 2016, § 2 Rn. 45. Dies war schon in den 1930er Jahren der Fall, wo nur ca. ein Prozent der Kontrakte an der Chicago Board of Trade durch physische Lieferung erfüllt wurden; vgl. dazu *Patterson,* Yale L. J., Vol. 40 (1931), No. 6, 843, 848, Fn. 16, 20.

185 *Hull,* Optionen, Futures und andere Derivate, 8. Auflage 2012, S. 65.

186 *Hull,* Optionen, Futures und andere Derivate, 8. Auflage 2012, S. 66; *Rudolf,* in: Kümpel/Wittig, Bank- und Kapitalmarktrecht, 4. Auflage 2011, 19. Teil Rn. 19.21.

187 *Bank-Verlag,* Basisinformationen über Finanzderivate 2008, S. 35 f., Darstellung des Gewinn- und Verlustprofils von Future-Kontrakten: S. 60 f.

(5) Vorzeitige Beendigung des Derivategeschäftes

Derivate müssen nicht bis zum Ende ihrer Laufzeit gehalten werden. Vielmehr können sie vorzeitig beendet werden oder durch ein Gegengeschäft neutralisiert werden, was in der Praxis regelmäßig passiert.[188] Um das Derivategeschäft zu beenden beziehungsweise wirtschaftlich zu neutralisieren, kann die Partei des Derivategeschäftes (i) ein Gegengeschäft abschließen und das Geschäft somit neutralisieren (*Closing Out* oder Glattstellung), (ii) den Vertrag gegen eine Ausgleichszahlung vorzeitig auflösen (*Close Out*) oder (iii) die Derivateposition an einen Dritten verkaufen (Übertragung).[189]

cc) Klassische Arten von Derivaten und ihre Kennzeichen

(1) Futures und Forwards

Futures und Forwards sind Festgeschäfte und damit unbedingt. Sie verpflichten im Falle des physical settlement[190] eine Partei dazu, zu einem bestimmten Zeitpunkt in der Zukunft eine bestimmte Menge des Underlying (Basiswert) im Gegenzug für die Erbringung einer zuvor vereinbarten Gegenleistung (Basispreis) zu liefern oder abzunehmen.[191]

Der Veräußerer des Basiswerts nimmt die *Short-Position* und der Erwerber nimmt die *Long-Position* ein. Für den Inhaber einer Long-Position realisiert sich eine Gewinnmöglichkeit, sobald der Kurs des Basiswerts über dem Basispreis liegt und er erleidet einen Verlust, sobald der Kurs des Basiswerts unter den Basispreis fällt. Der Inhaber einer Short-Position profitiert hingegen von fallenden Kursen.[192]

---

188 *Rudolf*, in: Kümpel/Wittig, Bank- und Kapitalmarktrecht, 4. Auflage 2011, 19. Teil Rn. 19.84.

189 *Bank-Verlag*, Basisinformationen über Finanzderivate 2008, S. 15; *Rudolf*, in: Kümpel/Wittig, Bank- und Kapitalmarktrecht, 4. Auflage 2011, 19. Teil Rn. 19.52.

190 Zur Unterscheidung zwischen physical settlement und cash settlement vgl. oben B.IV.1.a)bb)(4).

191 *Assmann*, in: Assmann/Schneider, Wertpapierhandelsgesetz, 6. Auflage 2012, § 2 Rn. 44; *Hull*, Optionen, Futures und andere Derivate, 8. Auflage 2012, S. 28, 30; *Kumpan*, in: Schwark/Zimmer, Kapitalmarktrechts-Kommentar, 4. Auflage 2010, § 2 WpHG Rn. 37; *Rudolf*, in: Kümpel/Wittig, Bank- und Kapitalmarktrecht, 4. Auflage 2011, 19. Teil Rn. 19.74; *Rudolph/Schäfer*, Derivative Finanzmarktinstrumente, 2. Auflage 2010, S. 25; *Schneck*, Risikomanagement 2010, S. 222; *Schüwer*, in: Zerey, Finanzderivate, 4. Auflage 2016, § 1 Rn. 5 f.

192 *Rudolph/Schäfer*, Derivative Finanzmarktinstrumente, 2. Auflage 2010, S. 27; *Schneck*, Risikomanagement 2010, S. 223; *Schüwer*, in: Zerey, Finanzderivate, 4. Auflage 2016, § 1 Rn. 5. Der Inhaber einer Long-Position kann in diesem Fall den Basiswert zum vereinbarten Basispreis kaufen und zum aktuellen Kurs am Markt wieder verkaufen. Umgekehrt kann der Inhaber der Short-Position den Basiswert am Markt billiger erwerben, als er ihn danach zum festgelegten Basispreis veräußert.

Gewinn- und Verlustmöglichkeiten aus einem Forward- oder Future-Kontrakt sind grundsätzlich unbeschränkt.[193]

Als *Futures* werden diejenigen Kontrakte bezeichnet, die standardisiert an einer Terminbörse gehandelt werden.[194] Die Standardisierung betrifft sowohl Basiswert, Kontraktgröße, Laufzeit, Basispreis als auch den Ort des Kontraktabschlusses und denjenigen der Geschäftsabwicklung.[195] *Forwards* werden im Gegensatz dazu ausschließlich außerbörslich gehandelt,[196] also entweder auf einem MTF oder OTF oder außerhalb eines Handelsplatzes. Der Forwardkontrakt wird zunächst hinsichtlich seiner Charakteristika zwischen den Kontraktparteien individuell ausgehandelt.[197] Im Anschluss wird er gegebenenfalls in das zentrale Clearing aufgenommen, wobei die zentrale Gegenpartei als jeweiliger Vertragspartner der beiden Kontraktparteien auftritt.[198]

Sowohl Futures-Kontrakte als auch Forward-Kontrakte haben einen Kurs, der während der Laufzeit des Kontraktes nicht genau mit dem Spotkurs des Underlying übereinstimmt.[199] Jedoch hängen Forward- und Future-Kurse stark vom Kassapreis des Underlying ab und nähern sich diesem bis zum Fälligkeitstermin immer weiter an.[200] Dem *Kassakurs* hinzugerechnet werden die Bestandshaltekosten (*Cost of Carry*), die Vor- und Nachteile eines sofortigen Investments in der Kassaposition gegenüber einer Terminposition quantifizieren. Der sofortige

---

193 *Schneck,* Risikomanagement 2010, S. 224.

194 *Bank-Verlag,* Basisinformationen über Finanzderivate 2008, S. 59; *Brealey/Myers/Allen,* Principles of Corporate Finance, 11th ed. 2014, S. 666; *Kumpan,* in: Schwark/Zimmer, Kapitalmarktrechts-Kommentar, 4. Auflage 2010, § 2 WpHG Rn. 37; *Roth,* in: Hirte/Möllers, Kölner Kommentar zum WpHG, 2. Auflage 2014, § 2 Rn. 82; *Rudolf,* in: Kümpel/Wittig, Bank- und Kapitalmarktrecht, 4. Auflage 2011, 19. Teil Rn. 19.71; *Rudolph/Schäfer,* Derivative Finanzmarktinstrumente, 2. Auflage 2010, S. 25; *Schüwer,* in: Zerey, Finanzderivate, 4. Auflage 2016, § 1 Rn. 6.

195 *Rudolf,* in: Kümpel/Wittig, Bank- und Kapitalmarktrecht, 4. Auflage 2011, 19. Teil Rn. 19.71; zu den einzelnen Spezifika auch *Hull,* Optionen, Futures und andere Derivate, 8. Auflage 2012, S. 52 ff.

196 *Roth,* in: Hirte/Möllers, Kölner Kommentar zum WpHG, 2. Auflage 2014, § 2 Rn. 82; *Rudolf,* in: Kümpel/Wittig, Bank- und Kapitalmarktrecht, 4. Auflage 2011, 19. Teil Rn. 19.73; *Rudolph/Schäfer,* Derivative Finanzmarktinstrumente, 2. Auflage 2010, S. 25.

197 *Rudolf,* in: Kümpel/Wittig, Bank- und Kapitalmarktrecht, 4. Auflage 2011, 19. Teil Rn. 19.73.

198 Dazu vgl. oben B.IV.1.a)bb)(3) und unten C.II.1.a)cc).

199 Vgl. bspw. *Schneck,* Risikomanagement 2010, S. 225.

200 *Bank-Verlag,* Basisinformationen über Finanzderivate 2008, S. 64; *Hull,* Optionen, Futures und andere Derivate, 8. Auflage 2012, S. 54, 165, weitere Einzelheiten zur Bestimmung des Future- und Forward-Kurses S. 142 ff.; *Rudolph/Schäfer,* Derivative Finanzmarktinstrumente, 2. Auflage 2010, S. 208; *Schmeisser,* Corporate Finance und Risk Management 2010, S. 149; *Schneck,* Risikomanagement 2010, S. 226.

Erwerb des Basiswerts würde einerseits Finanzierungskosten für die Mittelaufnahme entstehen lassen,[201] andererseits allerdings auch zu einem Zufluss der Erträge des Basiswerts, beispielsweise einer Dividende, führen.[202] Im Falle von Waren hat die Kassaposition neben den Finanzierungskosten den zusätzlichen Nachteil der Kosten einer Lagerung. Andererseits bietet der physische Besitz von Waren auch Vorteile, was mit dem Ausdruck *convenience yield* bezeichnet wird, so beispielsweise die Möglichkeit, dass zu jeder Zeit auf die Waren zugegriffen werden kann.[203] Daneben haben auch andere Einflussfaktoren, wie die Marktliquidität oder die subjektiven Markteinschätzungen der Investoren Einfluss auf den Futures-Kurs.[204] Die Differenz zwischen tatsächlichem Future-Kurs und Kassakurs des Basiswerts wird als Basis bezeichnet.[205]

(2) Optionen

Bei Abschluss eines Optionsgeschäftes erwirbt der Optionskäufer gegen Zahlung einer Optionsprämie gegenüber dem Optionsverkäufer (Stillhalter) das *Recht* – nicht allerdings die Pflicht – gegen einen im Voraus vereinbarten *Basispreis* (*strike price),* zu einem bestimmten Zeitpunkt oder innerhalb eines bestimmten Zeitraums, eine bestimmte Menge des Basiswerts zu erwerben (*Call-Option*) oder zu veräußern (*Put-Option*).[206]

---

201 *Oehler/Unser,* Finanzwirtschaftliches Risikomanagement, 2. Auflage 2013, S. 59; *Rudolph/Schäfer,* Derivative Finanzmarktinstrumente, 2. Auflage 2010, S. 209; *Schmeisser,* Corporate Finance und Risk Management 2010, S. 148.

202 *Bank-Verlag,* Basisinformationen über Finanzderivate 2008, S. 64; *Hull,* Optionen, Futures und andere Derivate, 8. Auflage 2012, S. 164; *Oehler/Unser,* Finanzwirtschaftliches Risikomanagement, 2. Auflage 2013, S. 58; *Schmeisser,* Corporate Finance und Risk Management 2010, S. 148.

203 *Brealey/Myers/Allen,* Principles of Corporate Finance, 11th ed. 2014, S. 670, hierzu auch: *Eller/Heinrich/Perrot/Reif,* Kompaktwissen Risikomanagement 2010, S. 97; *Rudolph/Schäfer,* Derivative Finanzmarktinstrumente, 2. Auflage 2010, S. 220 f.

204 *Bank-Verlag,* Basisinformationen über Finanzderivate 2008, S. 64.

205 *Bank-Verlag,* Basisinformationen über Finanzderivate 2008, S. 65; *Schneck,* Risikomanagement 2010, S. 225.

206 Ähnlich: *Assmann,* in: Assmann/Schneider, Wertpapierhandelsgesetz, 6. Auflage 2012, § 2 Rn. 44; *Bank-Verlag,* Basisinformationen über Finanzderivate 2008, S. 71; *Köhler,* in: Schwintowski, Bankrecht, 4. Auflage 2014, § 21 Rn. 2; *Kumpan,* in: Schwark/Zimmer, Kapitalmarktrechts-Kommentar, 4. Auflage 2010, § 2 WpHG Rn. 37; *Roth,* in: Hirte/Möllers, Kölner Kommentar zum WpHG, 2. Auflage 2014, § 2 Rn. 83; *Rudolf,* in: Kümpel/Wittig, Bank- und Kapitalmarktrecht, 4. Auflage 2011, 19. Teil Rn. 19.88; *Rudolph/Schäfer,* Derivative Finanzmarktinstrumente, 2. Auflage 2010, S. 21; *Schmeisser,* Corporate Finance und Risk Management 2010, S. 168.

(a) Kennzeichen von Optionen

Eine Option vermittelt dem Optionsberechtigten ein einseitiges Wahlrecht die Option auszuüben oder verfallen zu lassen. Der Stillhalter hat hingegen kein Wahlrecht und keinen Einfluss auf die Ausübung der Option.

Optionen lassen sich zunächst danach unterscheiden, welches Recht sie dem Optionsberechtigten einräumen. Erwirbt der Optionskäufer das Recht das Underlying zu erwerben, so spricht man von einer Call-Option. Erwirbt er hingegen das Recht das Underlying zu verkaufen, handelt es sich um eine Put-Option. Der Kauf einer Option wird als Long-Position bezeichnet, der Verkauf einer Option als Short-Position. Die Glattstellung einer Long-Call-Position erfolgt durch eingehen einer Short-Call-Position der gleichen Serie. Eine Long-Put-Position kann durch eine Short-Put-Position glattgestellt werden.[207]

Im Gegensatz zu Festgeschäften und Swaps haben Optionen ein asymmetrisches Chancen-Risikoprofil.[208] Das Verlustrisiko des Optionskäufers beschränkt sich auf die Optionsprämie, wohingegen der Stillhalter ein weit höheres Risiko zu tragen hat. Vereinzelt wird aus diesem Grund vertreten, Optionen nicht unter den Begriff der Hedging-Instrumente zu subsumieren, sondern vielmehr den Versicherungen zuzuordnen.[209] Der Käufer der Option hat für den Kauf der Option eine Prämie zu bezahlen. Sein wirtschaftliches Risiko beschränkt sich auf die Höhe dieser Prämie, da er in den Fällen, in denen er die Option nicht ausübt, lediglich die Prämie als Verlust zu verzeichnen hat.[210] Das Gewinnpotenzial des Käufers eines Calls ist theoretisch unbegrenzt. Dasjenige eines Puts beträgt maximal den Basispreis abzüglich der Optionsprämie.[211] Der Stillhalter der Option hat hingegen ein beschränktes Gewinnpotenzial, das sich auf die Höhe dieser Prämie beschränkt.[212] Das nominelle

---

207 *Bank-Verlag,* Basisinformationen über Finanzderivate 2008, S. 76; *Hull,* Optionen, Futures und andere Derivate, 8. Auflage 2012, S. 265.

208 *Köhler,* in: Schwintowski, Bankrecht, 4. Auflage 2014, § 21 Rn. 10; *Roth,* in: Hirte/Möllers, Kölner Kommentar zum WpHG, 2. Auflage 2014, § 2 Rn. 83; *Rudolf,* in: Kümpel/Wittig, Bank- und Kapitalmarktrecht, 4. Auflage 2011, 19. Teil Rn. 19.94; *Rudolph/Schäfer,* Derivative Finanzmarktinstrumente, 2. Auflage 2010, S. 19.

209 Vgl. *Servaes/Tamayo/Tufano,* J. Applied Corp. Fin., Vol. 21 (2009), No. 4, 60, 64; *Tufano,* J. Fin., Vol. 51 (1996), No. 4, 1097, 1100; *Vernimmen/Quiry/Dallocchio/Le Fur/Salvi,* Corporate Finance, 3rd ed. 2011, S. 933.

210 *Köhler,* in: Schwintowski, Bankrecht, 4. Auflage 2014, § 21 Rn. 10; *Müller,* in: Derleder/Knops/Bamberger, Handbuch zum deutschen und europäischen Bankrecht, 2. Auflage 2009, § 54 Rn. 8; *Roth,* in: Hirte/Möllers, Kölner Kommentar zum WpHG, 2. Auflage 2014, § 2 Rn. 83; *Rudolph/Schäfer,* Derivative Finanzmarktinstrumente, 2. Auflage 2010, S. 19, 22.

211 *Bank-Verlag,* Basisinformationen über Finanzderivate 2008, S. 71.

212 *Roth,* in: Hirte/Möllers, Kölner Kommentar zum WpHG, 2. Auflage 2014, § 2 Rn. 83; *Rudolf,* in: Kümpel/Wittig, Bank- und Kapitalmarktrecht, 4. Auflage 2011, 19. Teil Rn. 19.94; *Rudolph/Schäfer,* Derivative Finanzmarktinstrumente, 2. Auflage 2010, S. 22.

Verlustrisiko des Stillhalters übersteigt allerdings dasjenige des Käufers der Option bei Weitem. Im Falle des Verkaufs einer Put-Option beträgt das Verlustrisiko den Basispreis abzüglich der Optionsprämie.[213] Verkauft der Stillhalter eine Call-Option ist sein Verlustrisiko grundsätzlich unbeschränkt.[214]

Hinsichtlich des möglichen Zeitpunkts der Ausübung der Option kann zwischen Optionen europäischen Typs und Optionen amerikanischen Typs unterschieden werden. Bei einer *europäischen Option* kann der Optionsrechtsinhaber die Option nur zu einem zuvor bestimmten Zeitpunkt ausüben. Im Falle einer *amerikanischen Option* ist in den Optionsbedingungen hingegen ein bestimmter Zeitraum für die Ausübung der Option festgelegt.[215] Ist eine Ausübung der Option nur an bestimmten festgelegten Tagen bis zum Verfallstag möglich, so handelt es sich begrifflich um eine *Bermuda-Option*,[216] welche nur außerbörslich gehandelt wird. Das Verfalldatum gibt an, zu welchem Zeitpukt die Option verfällt, also nicht mehr ausgeübt werden kann.[217]

Optionen können sowohl börsengehandelt als auch OTC-gehandelt werden. Börsengehandelte Optionen werden als standardisierte Kontrakte an den Terminbörsen, wie EUREX oder CBOT, gehandelt. Die Kontraktbedingungen von *OTC-Optionen* können zwischen den Parteien individuell vereinbart werden. An den Terminbörsen werden Optionsserien mit unterschiedlichen Verfallsdaten und jeweils verschiedenen Basispreisen (strike prices) gehandelt.[218] Optionen können sich auf verschiedenste Basiswerte beziehen, so beispielsweise Aktien, Rohstoffe, Zinsen oder Devisen. Je nach Kontraktspezifikation hat bei Ausübung der Option

---

213 *Bank-Verlag,* Basisinformationen über Finanzderivate 2008, S. 71; aus diesem Grund hat der Stillhalter bei börsengehandelten Optionen eine Sicherheitsleistung auf ein Margin-Konto zu leisten, hierzu: *Eller/Heinrich/Perrot/Reif,* Kompaktwissen Risikomanagement 2010, S. 72.

214 *Bank-Verlag,* Basisinformationen über Finanzderivate 2008, S. 71; *Roth,* in: Hirte/Möllers, Kölner Kommentar zum WpHG, 2. Auflage 2014, § 2 Rn. 83; *Rudolph/Schäfer,* Derivative Finanzmarktinstrumente, 2. Auflage 2010, S. 19, 22.

215 Vgl. dazu unter anderem *Brealey/Myers/Allen,* Principles of Corporate Finance, 11th ed. 2014, S. 513; *Hull,* Optionen, Futures und andere Derivate, 8. Auflage 2012, S. 254; *Kumpan,* in: Schwark/Zimmer, Kapitalmarktrechts-Kommentar, 4. Auflage 2010, § 2 WpHG Rn. 37; *Rudolf,* in: Kümpel/Wittig, Bank- und Kapitalmarktrecht, 4. Auflage 2011, 19. Teil Rn. 19.31, 19.90; *Rudolph/Schäfer,* Derivative Finanzmarktinstrumente, 2. Auflage 2010, S. 21; *Schneck,* Risikomanagement 2010, S. 197; *Schüwer,* in: Zerey, Finanzderivate, 4. Auflage 2016, § 1 Rn. 8.

216 *Hull,* Optionen, Futures und andere Derivate, 8. Auflage 2012, S. 715; *Jahn,* in: Schimansky/Bunte/Lwowski, Bankrechts-Handbuch, 4. Auflage 2011, § 114, vor Rn. 18; *Roth,* in: Hirte/Möllers, Kölner Kommentar zum WpHG, 2. Auflage 2014, § 2 Rn. 83; *Rudolf,* in: Kümpel/Wittig, Bank- und Kapitalmarktrecht, 4. Auflage 2011, 19. Teil Rn. 19.90.

217 *Bank-Verlag,* Basisinformationen über Finanzderivate 2008, S. 71.

218 *Bank-Verlag,* Basisinformationen über Finanzderivate 2008, S. 72; *Hull,* Optionen, Futures und andere Derivate, 8. Auflage 2012, S. 260 f.

eine physische Lieferung des Underlying oder ein Barausgleich zu erfolgen. Üblicherweise findet ein Differenzausgleich in bar statt.[219]

Der Optionspreis ist der Betrag, zu dem die Option am Markt gehandelt wird.[220] Der Optionspreis am Markt setzt sich aus dem *inneren Wert* der Option und dem *Zeitwert* zusammen.[221] Der innere Wert ist der Gewinn, den der Optionsberechtigte bei sofortiger Ausübung der Option erzielen könnte. Dies entspricht bei einer Call-Option der Differenz zwischen dem Kurs des Basiswerts und dem Basispreis und umgekehrt bei einer Put-Option der Differenz zwischen dem Basispreis und dem Kurs des Basiswerts. Ist die Differenz negativ, ist der innere Wert der Option Null.[222]

Der Betrag, um den der Optionspreis den inneren Wert der Option übersteigt, entspricht dem Zeitwert der Option. Dieser wird durch die Volatilität des Basiswertes, die Änderung kurzfristiger Zinsen, die Ausschüttung einer Dividende, die Restlaufzeit der Option und durch Angebot und Nachfrage am Optionsmarkt beeinflusst.[223] Der Zeitwert nimmt zum Verfallstag der Option bis auf den Wert Null ab.[224] Die Optionsprämie ist daher in der Regel umso geringer, je kürzer die Restlaufzeit der Option ist.[225]

---

219 *Roth*, in: Hirte/Möllers, Kölner Kommentar zum WpHG, 2. Auflage 2014, § 2 Rn. 83.

220 *Rudolph/Schäfer*, Derivative Finanzmarktinstrumente, 2. Auflage 2010, S. 24; der *faire Preis* für eine Option wird mittlerweile üblicherweise nach der Black-Scholes Formel berechnet (dazu beispielsweise: *Brealey/Myers/Allen*, Principles of Corporate Finance, 11th ed. 2014, S. 545 ff.; *Hull*, Optionen, Futures und andere Derivate, 8. Auflage 2012, S. 382 ff.; *Rudolph/Schäfer*, Derivative Finanzmarktinstrumente, 2. Auflage 2010, S. 270 ff.).

221 *Bank-Verlag*, Basisinformationen über Finanzderivate 2008, S. 73; *Hull*, Optionen, Futures und andere Derivate, 8. Auflage 2012, S. 261; *Köhler*, in: Schwintowski, Bankrecht, 4. Auflage 2014, § 21 Rn. 211.

222 *Bank-Verlag*, Basisinformationen über Finanzderivate 2008, S. 73; *Hull*, Optionen, Futures und andere Derivate, 8. Auflage 2012, S. 261; Optionen die einen positiven inneren Wert haben notieren *in the money*, solche, deren innerer Wert negativ ist, befinden sich *out of the money* und soweit Basispreis und Kurs des Basiswerts gleich sind, ist die Option *at the money*; dazu auch: *Rudolph/Schäfer*, Derivative Finanzmarktinstrumente, 2. Auflage 2010, S. 25.

223 *Bank-Verlag*, Basisinformationen über Finanzderivate 2008, S. 74 ff.; *Schneck*, Risikomanagement 2010, S. 203; nach *Rudolph/Schäfer*, Derivative Finanzmarktinstrumente, 2. Auflage 2010, S. 24 zählen zu den Einflussfaktoren unter anderem auch Steuern, Transaktionskosten, Margins sowie die Risikoeinstellung der Anleger; zu den Einflussfaktoren auf den Optionspreis auch *Hull*, Optionen, Futures und andere Derivate, 8. Auflage 2012, S. 278 ff.; *Oehler/Unser*, Finanzwirtschaftliches Risikomanagement, 2. Auflage 2013, S. 74; *Schmeisser*, Corporate Finance und Risk Management 2010, S. 175 f.

224 *Köhler*, in: Schwintowski, Bankrecht, 4. Auflage 2014, § 21 Rn. 211; *Rudolph/Schäfer*, Derivative Finanzmarktinstrumente, 2. Auflage 2010, S. 25; *Schneck*, Risikomanagement 2010, S. 203.

225 *Bank-Verlag*, Basisinformationen über Finanzderivate 2008, S. 74; *Schneck*, Risikomanagement 2010, S. 203.

Die Sensitivität des Optionspreises in Bezug auf die einzelnen wertbestimmenden Faktoren, wie Wert des Underlying oder Restlaufzeit, wird durch die verschiedenen *Sensitivitätskennzahlen* von Optionen ausgedrückt. Allen voran steht der *Delta-Faktor*, als Maß der Sensitivität des Optionspreises bei Veränderungen des zugrunde liegenden Basiswertes.[226] Die Sensitivitätskennzahlen werden gemeinhin mit griechischen Buchstaben betitelt und deshalb auch als *Greeks* bezeichnet.[227]

Optionen müssen nicht verbrieft sein, können aber dennoch als Optionsscheine ausgegeben werden, die auch als *Warrants* bezeichnet werden. Das Optionsrecht ist in diesem Fall an Börsen oder außerbörslich als Wertpapier handelbar.[228] Ursprünglich und bis in die 1990er Jahre wurden Optionsscheine zum größten Teil als Instrument der Unternehmensfinanzierung verwendet, wobei sie klassischerweise von Unternehmen zusammen mit einer Optionsanleihe emittiert wurden.[229] Damit sollte die Anleihe für die Investoren attraktiver werden.[230] Inzwischen werden Optionsscheine jedoch in den allermeisten Fällen als *Covered Warrants* oder *Naked Warrants* isoliert ausgegeben.[231] Covered Warrants werden vom Emittenten real mit dem Basiswert besichert. Das bedeutet, dass der Emittent von Aktien-Call-Optionen entsprechende Bestände an Aktien in seinem Bestand hält.[232] Im Gegensatz dazu sind Naked Warrants mit entsprechenden Termingeschäften abgesichert, es werden also selbst Call-Optionen gekauft.[233]

---

226 *Rudolph/Schäfer*, Derivative Finanzmarktinstrumente, 2. Auflage 2010, S. 293; *Steiner/Bruns/Stöckl*, Wertpapiermanagement, 10. Auflage 2012, S. 353.

227 Zu den Sensitivitätskennzahlen unter anderem *Rieger*, Optionen, Derivate und strukturierte Produkte 2009, S. 150 ff.; *Rudolph/Schäfer*, Derivative Finanzmarktinstrumente, 2. Auflage 2010, S. 292 ff.; zu den Greeks auch kurz *Schneck*, Risikomanagement 2010, S. 204; *Steiner/Bruns/Stöckl*, Wertpapiermanagement, 10. Auflage 2012, S. 353 ff. Zu den **Greeks** zählen unter anderem: der *Delta*-Faktor, er gibt die Sensitivität des Optionspreises gegenüber dem Preis des Underlyings wieder, *Theta* die Sensitivität des Optionspreises gegenüber der Restlaufzeit, *Gamma* die Sensitivität des Options-Deltas gegenüber dem Asset-Preis, *Vega* die Sensitivität des Optionspreises gegenüber der Volatilität des Underlyings und *Rho* die Sensitivität des Optionspreises gegenüber dem risikolosen Zinssatz.

228 *Szczesny*, Optionsscheine, Zertifikate und strukturierte Produkte 2005, S. 23; *Rudolf*, in: Kümpel/Wittig, Bank- und Kapitalmarktrecht, 4. Auflage 2011, 19. Teil Rn. 19.97.

229 *Szczesny*, Optionsscheine, Zertifikate und strukturierte Produkte 2005, S. 23, 24; *Rudolph/Schäfer*, Derivative Finanzmarktinstrumente, 2. Auflage 2010, S. 78.

230 *Hull*, Optionen, Futures und andere Derivate, 8. Auflage 2012, S. 271.

231 *Rudolph/Schäfer*, Derivative Finanzmarktinstrumente, 2. Auflage 2010, S. 78.

232 *Szczesny*, Optionsscheine, Zertifikate und strukturierte Produkte 2005, S. 24.

233 *Szczesny*, Optionsscheine, Zertifikate und strukturierte Produkte 2005, S. 24.

(b) Kombination von Options-Positionen

Die Kombination von Short- und Long-Position in einer Call-Option oder einer Put-Option mit unterschiedlichen Basispreisen wird als Spread bezeichnet.[234] Durch die Kombination sind sowohl Verluste als auch Gewinne begrenzt. Man unterscheidet *Bull-Call-Spreads* und *Bull-Put-Spreads*, denen die Erwartung eines leicht steigenden Kurses zugrunde liegt. Soweit von leicht sinkenden Kursen ausgegangen wird, wird in einen *Bear-Call-Spread* oder *Bear-Put-Spread* investiert werden.[235]

Abbildung 1: Gewinn aus einem Bull Spread mit Kaufoptionen[236]

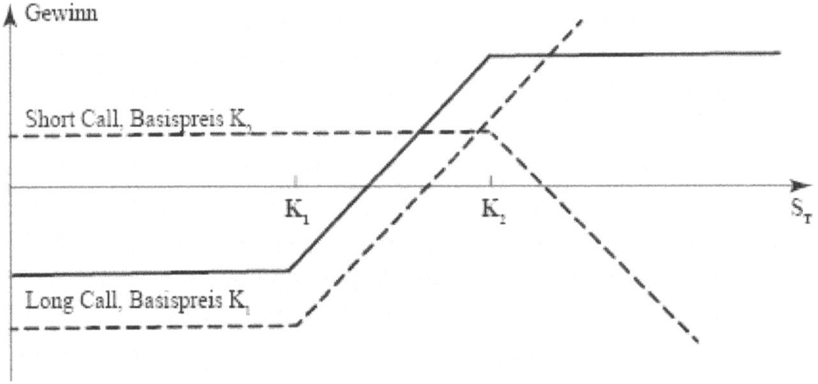

Werden Calls und Puts miteinander kombiniert, so spricht man von *Straddles, Strips, Straps* und *Strangles.*[237] Bei Erwerb sowohl der Call- als auch der Put-Position mit dem gleichen Basispreis handelt es sich um einen Long-Straddle. Bei ihm ist die Verlustmöglichkeit auf die Summe der Optionsprämien begrenzt und die Gewinnmöglichkeit bei starkem Verlust oder starkem Gewinn des Underlying unbegrenzt.[238]

---

234 Dazu im Einzelnen *Hull,* Optionen, Futures und andere Derivate, 8. Auflage 2012, S. 306 ff.

235 Dazu im Einzelnen *Bank-Verlag,* Basisinformationen über Finanzderivate 2008, S. 85 ff.; *Hull,* Optionen, Futures und andere Derivate, 8. Auflage 2012, S. 306 ff.

236 Nach *Hull,* Optionen, Futures und andere Derivate, 8. Auflage 2012, S. 306.

237 Vgl. *Hull,* Optionen, Futures und andere Derivate, 8. Auflage 2012, S. 315 ff.

238 Vgl. *Hull,* Optionen, Futures und andere Derivate, 8. Auflage 2012, S. 316. Das betrifft den Fall eines Long-Straddles, bei einem Short Straddle verhält es sich genau umgekehrt; dazu auch *Rudolph/Schäfer,* Derivative Finanzmarktinstrumente, 2. Auflage 2010, S. 42; *Schneck,* Risikomanagement 2010, S. 209 f.

Abbildung 2: Gewinn aus einem Straddle[239]

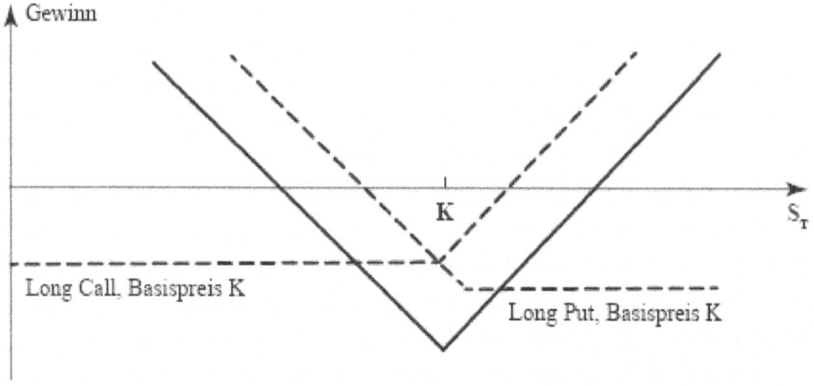

Ein Strangle setzt sich ähnlich wie eine Straddle aus der Kombination von Long-Put und Long-Call oder Short-Put und Short-Call zusammen, im Unterschied zu Straddles haben die Einzelpositionen allerdings einen unterschiedlichen Ausübungspreis.[240] Bei Long-Strips werden im Unterschied zu Straddles, der Call-Option zwei Put-Optionen gegenübergestellt und umgekehrt bei Long-Straps der Put-Option zwei Call-Optionen.[241]

Als Kombination von Optionspositionen können auch *Caps* und *Floors* betrachtet werden. Dabei handelt es sich um Optionen, die auf dem OTC-Markt angeboten werden[242] und denen verschiedene Basiswerte zugrunde liegen können. In der Praxis beziehen sie sich häufig auf Zinssätze oder Rohstoffe.[243] Ein Cap besteht aus einer Aneinanderreihung von Call-Optionen (*Caplets*) mit unterschiedlichen Laufzeiten mit in der Regel gleichem Nominalbetrag und gleichem Basispreis.[244] Der Verkäufer des Caps ist verpflichtet in den Laufzeitperioden, in denen der Kurs des Basiswerts

---

239 Nach *Hull,* Optionen, Futures und andere Derivate, 8. Auflage 2012, S. 316.

240 Zu Strangles: *Hull,* Optionen, Futures und andere Derivate, 8. Auflage 2012, S. 318; *Rudolph/Schäfer,* Derivative Finanzmarktinstrumente, 2. Auflage 2010, S. 43 f.; *Schneck,* Risikomanagement 2010, S. 210 f.

241 *Rudolph/Schäfer,* Derivative Finanzmarktinstrumente, 2. Auflage 2010, S. 44 f.; *Hull,* Optionen, Futures und andere Derivate, 8. Auflage 2012, S. 317.

242 *Hull,* Optionen, Futures und andere Derivate, 8. Auflage 2012, S. 807; zum Optionscharakter auch *Klingner-Schmidt,* in: Derleder/Knops/Bamberger, Handbuch zum deutschen und europäischen Bankrecht, 2. Auflage 2009, § 55 Rn. 24.

243 *Bank-Verlag,* Basisinformationen über Finanzderivate 2008, S. 91; vgl. dazu unten B.IV.2ndb)dd) sowie B.IV.2.d)cc).

244 *Bank-Verlag,* Basisinformationen über Finanzderivate 2008, S. 93; zu Zins-Caps: *Hull,* Optionen, Futures und andere Derivate, 8. Auflage 2012, S. 808; *Rudolph/Schäfer,* Derivative Finanzmarktinstrumente, 2. Auflage 2010, S. 118.

über dem Basispreis liegt, eine Ausgleichzahlung zu leisten.[245] Dadurch kann ein bestimmter Maximalbetrag für das Underlying festgeschrieben werden.[246] Mittels eines Floors kann eine Absicherung gegen sinkende Kurse erfolgen und so ein Minimalbetrag fixiert werden. Dies erfolgt durch die Aneinanderreihung von Put-Optionen (*Floorets*) mit unterschiedlicher Laufzeit, die den Verkäufer zu einer Zahlung verpflichten, sobald der Kurs des Underlying in einer Periode unter den Basispreis fällt.[247] Auf diese Weise kann eine Gesamtlaufzeit des Floors oder Caps von bis zu zehn Jahren erzeugt werden.[248] Die Prämie setzt sich aus den Einzelprämien der Caplets und Floorets zusammen.[249] Einfluss auf die Prämie und damit auf den Preis der Option hat neben der Laufzeit und dem Basispreis auch die Entwicklung der Derivate auf den Basiswert an den Terminmärkten. Beipsiel hierfür sind die Zinsterminsätze oder die Terminmarktkurve für den jeweiligen Rohstoff.[250] Aufgrund des Optionscharakters von Caps und Floors haben diese ein asymmetrisches Risikoprofil, das heißt das Verlustrisiko des Käufers ist auf die Prämie begrenzt ohne die Gewinnmöglichkeit aus der Entwicklung des Basiswerts gänzlich auszuschließen.[251]

Floor und Caps können zu einem *Collar* kombiniert werden, indem entweder gleichzeitig ein Floor gekauft wird und ein Cap verkauft wird (*Short-Collar* oder *Aktiv-Collar*) oder aber ein Floor verkauft und gleichzeitig ein Cap gekauft wird (*Long-Collar* oder *Passiv-Collar*). Cap und Floor beziehen sich dabei jeweils auf unterschiedliche Basispreise.[252] Dadurch kann zwar insgesamt die Prämie reduziert werden, im Falle des Einsatzes zu Hedging-Zwecken kann allerdings nicht mehr unbegrenzt an Gewinnmöglichkeiten durch ein Steigen oder Fallen des Basiswertes partizipiert werden.[253]

Im umgekehrten Fall, durch gleichzeitigen Kauf und Verkauf eines Floors oder Caps, entsteht ein *Corridor*. Das Grundgeschäft ist hier nur innerhalb eines bestimmten Bereichs abgesichert und besteht außerhalb dieses Korridors, abgesehen von den Auswirkungen der Optionsprämien, nahezu unverändert fort.[254]

---

245 *Bank-Verlag,* Basisinformationen über Finanzderivate 2008, S. 91.

246 *Bank-Verlag,* Basisinformationen über Finanzderivate 2008, S. 91.

247 *Bank-Verlag,* Basisinformationen über Finanzderivate 2008, S. 91; zu Zins-Floors: *Hull,* Optionen, Futures und andere Derivate, 8. Auflage 2012, S. 809.

248 *Bank-Verlag,* Basisinformationen über Finanzderivate 2008, S. 92.

249 *Bank-Verlag,* Basisinformationen über Finanzderivate 2008, S. 92.

250 *Bank-Verlag,* Basisinformationen über Finanzderivate 2008, S. 95.

251 *Bank-Verlag,* Basisinformationen über Finanzderivate 2008, S. 92, 95.

252 *Bank-Verlag,* Basisinformationen über Finanzderivate 2008, S. 95 f.; *Rudolf,* in: Kümpel/Wittig, Bank- und Kapitalmarktrecht, 4. Auflage 2011, 19. Teil Rn. 19.185; *Rudolph/Schäfer,* Derivative Finanzmarktinstrumente, 2. Auflage 2010, S. 122 f.

253 *Bank-Verlag,* Basisinformationen über Finanzderivate 2008, S. 96; *Rudolph/Schäfer,* Derivative Finanzmarktinstrumente, 2. Auflage 2010, S. 123.

254 Vgl. *Bank-Verlag,* Basisinformationen über Finanzderivate 2008, S. 97; *Rudolf,* in: Kümpel/Wittig, Bank- und Kapitalmarktrecht, 4. Auflage 2011, 19. Teil Rn. 19.191.

(c) Exotische Optionen

Exotische Optionen unterscheiden sich von *Plain-Vanilla-Optionen* (Standardoptionen) beispielsweise durch die Art des Optionsrechts oder durch die Verbindung der Option mit zusätzlichen Bedingungen, welche den Inhalt des Optionsrechts modifizieren.[255] Im Folgenden werden beispielhaft einige exotische Optionen vorgestellt.[256]

Das Recht zur Ausübung einer Option verfällt oder entsteht bei einer *Barrier-Option* (Schwellenoption) sobald der Kurs des Basiswerts am Ende der Laufzeit (europäisch) oder während der Laufzeit (amerikanisch) eine zuvor festgelegte Schwelle erreicht. Verfällt die Option mit Erreichen der Schwelle, so handelt es sich um eine *Knock-Out-Option*, entsteht die Option mit Erreichen der Schwelle, so spricht man von einer *Knock-In-Option.*[257] Das Verlustrisiko einer Barrier-Option ist gegenüber einer Plain-Vanilla-Option erhöht, was sich in einer niedrigeren Prämie widerspiegelt.[258] Barrier-Optionen können zur Absicherung gegen extreme Kursbewegungen genutzt werden.[259] Allerdings ist eine Absicherung auf diesem Weg mit einem erhöhten Verlustrisiko verbunden. Abgesehen von einem möglichen Verlust der Optionsprämie, besteht eine Absicherungslücke für den Bereich zwischen Basispreis und Schwellenwert.

Digital-Optionen verpflichten den Verkäufer der Option zur Zahlung eines festen Betrages, wenn der Kurs des Underlying am Ende (europäisch) oder während der Laufzeit (amerikanisch) den vereinbarten Basispreis im Falle eines Puts unterschreitet und im Falle eines Calls überschreitet. Aufgrund des *„Alles oder Nichts“*-Prinzips kommt es entweder zur Zahlung des vollen Betrages, unabhängig davon wieweit die Option im Geld ist, oder es kommt zu gar keiner Zahlung.[260] Bei einer *Cash-or-Nothing-Option* ist ein fixer Betrag vereinbart und bei einer *Asset-or-Nothing-Option* ein Betrag in Höhe des Kurses des Basiswerts.[261]

---

255 *Bank-Verlag,* Basisinformationen über Finanzderivate 2008, S. 107; *Rudolf,* in: Kümpel/Wittig, Bank- und Kapitalmarktrecht, 4. Auflage 2011, 19. Teil Rn. 19.199; zur Nutzung exotischer Optionen in der Hedging-Praxis vgl. *Brown,* J. Fin. Econ., Vol. 60 (2001), No. 2–3, 401, 431.

256 Weitere Einzelheiten bei *Bloss/Ernst/Häcker,* Derivative 2008, S. 149 ff.; *Hull,* Optionen, Futures und andere Derivate, 8. Auflage 2012, S. 714 ff.

257 *Bank-Verlag,* Basisinformationen über Finanzderivate 2008, S. 107; *de Corbavia-Perisic/Maier,* in: Zerey, Finanzderivate, 4. Auflage 2016, § 3 Rn. 4 ff.; *Hull,* Optionen, Futures und andere Derivate, 8. Auflage 2012, S. 719; *Rudolph/Schäfer,* Derivative Finanzmarktinstrumente, 2. Auflage 2010, S. 355.

258 *Bank-Verlag,* Basisinformationen über Finanzderivate 2008, S. 107; *Rudolph/Schäfer,* Derivative Finanzmarktinstrumente, 2. Auflage 2010, S. 355.

259 So *Rudolph/Schäfer,* Derivative Finanzmarktinstrumente, 2. Auflage 2010, S. 355.

260 *Bank-Verlag,* Basisinformationen über Finanzderivate 2008, S. 108; *Hull,* Optionen, Futures und andere Derivate, 8. Auflage 2012, S. 722; *Rudolph/Schäfer,* Derivative Finanzmarktinstrumente, 2. Auflage 2010, S. 353.

261 *Hull,* Optionen, Futures und andere Derivate, 8. Auflage 2012, S. 722; *Rudolph/Schäfer,* Derivative Finanzmarktinstrumente, 2. Auflage 2010, S. 353.

Die Auszahlung einer *Lookback-Option* (Extremwertoption) ergibt sich aus der Differenz des Kurses des Basiswertes bei Fälligkeit und des maximalen oder minimalen Kurses des Basiswerts während der Laufzeit.[262] Die Option hat damit keinen festen Basispreis.

Kennzeichen von *Range-Optionen* (Bandbreiten-Optionen) ist, dass der Optionskäufer am Ende der Laufzeit einen Auszahlungsbetrag bekommt, der sich danach bemisst, ob und in welchem Umfang sich der Kurs des Underlying während der Laufzeit unter oder über einem Grenzwert beziehungsweise zwischen zwei Grenzwerten bewegt hat.[263]

Bei *Compound-Optionen* handelt es sich um Optionen, denen als Basiswert eine Option zugrunde liegt, das heißt die Ausübung der Mutteroption führt zum Erwerb der Tochteroption.[264] Compound Optionen eignen sich beispielsweise zur Absicherung von mehrstufigen Investitionsprojekten.[265]

Chooser-Optionen berechtigen den Optionsinhaber innerhalb einer bestimmten Zeitspanne zu der Entscheidung, ob die Option eine Call- oder eine Put-Option sein soll.[266] Damit kann zunächst auf fallende und steigende Kurse gesetzt werden.[267]

Der Auszahlungsbetrag von *Asiatischen Optionen* (Durchschnittsoptionen) hängt von dem Durchschnittskurs des Basiswertes ab. Bei einer *Average-Rate-Option* wird die Differenz zwischen dem fixen Basispreis und durchschnittlichen Kurs des Basiswerts gezahlt. Bei einer *Average-Strike-Option* bestimmt sich der Basispreis aus dem Durchschnitt des Basiswertes während der Laufzeit. Der zu zahlende Betrag ergibt sich aus der Differenz zwischen diesem Basispreis und dem Kurs des Basiswerts am Ausübungszeitpunkt.[268] Mittels einer Average-Rate-Option können zum Beispiel Wechselkursrisiken über einen gewissen Zeitraum abgesichert werden.[269]

---

262 *Hull,* Optionen, Futures und andere Derivate, 8. Auflage 2012, S. 722; *Rudolph/Schäfer,* Derivative Finanzmarktinstrumente, 2. Auflage 2010, S. 354; *de Corbavia-Perisic/Maier,* in: Zerey, Finanzderivate, 4. Auflage 2016, § 3 Rn. 17.

263 *Bank-Verlag,* Basisinformationen über Finanzderivate 2008, S. 108 f.; *Rudolf,* in: Kümpel/Wittig, Bank- und Kapitalmarktrecht, 4. Auflage 2011, 19. Teil Rn. 19.206; *Rudolph/Schäfer,* Derivative Finanzmarktinstrumente, 2. Auflage 2010, S. 353.

264 *Hull,* Optionen, Futures und andere Derivate, 8. Auflage 2012, S. 717; *Rudolph/Schäfer,* Derivative Finanzmarktinstrumente, 2. Auflage 2010, S. 356.

265 *Rudolph/Schäfer,* Derivative Finanzmarktinstrumente, 2. Auflage 2010, S. 163.

266 *Hull,* Optionen, Futures und andere Derivate, 8. Auflage 2012, S. 718 f.; *Rudolf,* in: Kümpel/Wittig, Bank- und Kapitalmarktrecht, 4. Auflage 2011, 19. Teil Rn. 19.211; *Rudolph/Schäfer,* Derivative Finanzmarktinstrumente, 2. Auflage 2010, S. 356.

267 *Rudolph/Schäfer,* Derivative Finanzmarktinstrumente, 2. Auflage 2010, S. 356.

268 Dazu *Hull,* Optionen, Futures und andere Derivate, 8. Auflage 2012, S. 725 ff.; *Rudolph/Schäfer,* Derivative Finanzmarktinstrumente, 2. Auflage 2010, S. 354.

269 Im Einzelnen dazu: *Rudolph/Schäfer,* Derivative Finanzmarktinstrumente, 2. Auflage 2010, S. 161 f.; ähnlich *Hull,* Optionen, Futures und andere Derivate, 8. Auflage 2012, S. 725; vgl. dazu aus der Praxis *Brown,* J. Fin. Econ., Vol. 60 (2001), No. 2–3, 401, 431.

Optionen auf mehrere Assets werden auch als *Rainbow-Optionen* bezeichnet. In die Kategorie fallen unter anderem *Basket-Optionen*, denen ein Portfolio an Basiswerten zugrunde liegt[270] und *Best-* oder *Worst-Options*, bei denen der Optionsberechtigte den Basiswert mit dem höchsten beziehungsweise niedrigsten Kurs erwirbt.[271]

Neben den dargestellten Optionen gibt es noch eine Vielzahl weiterer exotischer Optionen sowie Kombinationen aus mehreren exotischen Optionen oder einer exotischen Option und einem anderen Derivat. Diese werden auch als strukturierte Derivate bezeichnet.[272]

(3) Swaps

Swap-Geschäften liegen Vereinbarungen mit beiderseitigen Verpflichtungen zum Tausch von Zahlungsströmen zugrunde, die einmalig oder über einen bestimmten zukünftigen Zeitraum und zu festgelegten Zeitpunkten erfolgen.[273] Wirtschaftlich betrachtet, handelt es sich um eine Hintereinanderreihung von Festgeschäften und damit um ein unbedingtes Geschäft oder Festgeschäft.[274] Swaps werden in der Praxis fast ausschließlich OTC gehandelt.[275] Die Grundform eines Zinsswaps sieht beispielsweise einen Austausch von festen gegen variable Zahlungsströme vor und wird als *Plain-Vanilla-Swap* bezeichnet.[276] Häufige Erscheinungsformen eines Swap-Geschäftes sind *Interest Rate Swaps, Cross Currency Swaps, Credit Default Swaps* oder *Total Return Swaps.*

---

270 *Hull,* Optionen, Futures und andere Derivate, 8. Auflage 2012, S. 728 f.; *Rudolph/Schäfer,* Derivative Finanzmarktinstrumente, 2. Auflage 2010, S. 355.

271 *Rudolph/Schäfer,* Derivative Finanzmarktinstrumente, 2. Auflage 2010, S. 355.

272 Vgl. *Bank-Verlag,* Basisinformationen über Finanzderivate 2008, S. 107, 109; *Rudolf,* in: Kümpel/Wittig, Bank- und Kapitalmarktrecht, 4. Auflage 2011, 19. Teil Rn. 19.201; *Rudolph/Schäfer,* Derivative Finanzmarktinstrumente, 2. Auflage 2010, S. 356.

273 Vgl. dazu *Assmann,* in: Assmann/Schneider, Wertpapierhandelsgesetz, 6. Auflage 2012, § 2 Rn. 44; *Hull,* Optionen, Futures und andere Derivate, 8. Auflage 2012, S. 200; *Kumpan,* in: Schwark/Zimmer, Kapitalmarktrechts-Kommentar, 4. Auflage 2010, § 2 WpHG Rn. 38; *Roth,* in: Hirte/Möllers, Kölner Kommentar zum WpHG, 2. Auflage 2014, § 2 Rn. 82; *Schüwer,* in: Zerey, Finanzderivate, 4. Auflage 2016, § 1 Rn. 7.

274 *Köhler,* in: Schwintowski, Bankrecht, 4. Auflage 2014, § 21 Rn. 2.

275 *Hull,* Optionen, Futures und andere Derivate, 8. Auflage 2012, S. 200; *Roth,* in: Hirte/Möllers, Kölner Kommentar zum WpHG, 2. Auflage 2014, § 2 Rn. 82.

276 *Hull,* Optionen, Futures und andere Derivate, 8. Auflage 2012, S. 200, 905; je nach der Art des Swaps werden allerdings teilweise auch variable gegen variable oder feste gegen feste Zahlungsströme getauscht. Werden bei einem Zinsswap cashflows auf der Grundlage von variablen Zinssätzen auf beiden Seiten ausgetauscht, so spricht man auch von einem Basisswap, vgl. dazu *Hull,* Optionen, Futures und andere Derivate, 8. Auflage 2012, S. 905.

Neben dieser Grundform des Swaps sind auch verschiedenste Ausgestaltungsmöglichkeiten denkbar, wie eine kontinuierliche Reduktion des Nominalbetrages während der Laufzeit (*Amortisations-Swap*), Swaps die erst zu einem zukünfitgen Zeitpunkt beginnen (*Forward-Swap*) oder prolongierbare und kündbare Swaps.[277]

(4) Finanzielle Differenzgeschäfte

Finanzielle Differenzgeschäfte, auch *Contracts for Difference (CFD)* genannt, haben eine unbegrenzte Laufzeit und verpflichten zur Leistung der Differenz des Kurswertes eines beliebigen Basiswertes zum Zeitpunkt des Kaufs des CFD und dem Zeitpunkt des Verkaufs des CFD.[278] Bei CFDs handelt es sich nicht um Termingeschäfte, da sie keinen Fälligkeitszeitpunkt haben.[279] CFDs sind daher auch klar von Festgeschäften mit cash settlement abzugrenzen.

(5) Andere Derivatekontrakte

Die Liste von Derivaten in Abschnitt C Anhang I MifiD II enthält an mehreren Stellen auch die Aufzählung von anderen Derivatekontrakten, ohne jedoch näher zu erläutern um welche Art von Derivaten es sich dabei handelt oder welche Kennzeichen diese Kontrakte aufweisen müssen.[280]

Derivate können untereinander auch kombiniert werden. So werden Optionen auch auf andere Derivate angeboten. Zu nennen sind vor allem *Swaptions*, die ein Optionsrecht auf ein Swap-Geschäft, beispielsweise einen Zinsswap oder Credit Default Swap, vermitteln.[281] Die Prämie der Option ist unter anderem von dem aktuellen Preisniveau des Swapmarktes und den Terminsätzen abhängig.[282]

Ein weiteres Beispiel einer Kombination aus Fest- und Optionsgeschäft ist die *Interest Rate Guarantee*, worunter man ein Optionsrecht auf ein *Forward Rate Agreement* versteht.[283]

Soweit eine Börse einen bestimmten Futures-Kontrakt handelt, bietet sie oftmals auch Optionen auf diesen Future-Kontrakt an (*Futures-Optionen*). Bei Ausübung der

---

277 Vgl. beispielsweise *Rudolf*, in: Kümpel/Wittig, Bank- und Kapitalmarktrecht, 4. Auflage 2011, 19. Teil Rn. 19.129.

278 *Kumpan*, in: Schwark/Zimmer, Kapitalmarktrechts-Kommentar, 4. Auflage 2010, § 2 WpHG Rn. 48.

279 *Kumpan*, in: Schwark/Zimmer, Kapitalmarktrechts-Kommentar, 4. Auflage 2010, § 2 WpHG Rn. 48; vgl. auch oben B.IV.1.a)aa)(1).

280 Vgl. dazu oben B.IV.1.a)aa)(2)

281 Dazu unter anderem *Jahn*, in: Schimansky/Bunte/Lwowski, Bankrechts-Handbuch, 4. Auflage 2011, § 114 Rn. 18; *Rudolf*, in: Kümpel/Wittig, Bank- und Kapitalmarktrecht, 4. Auflage 2011, 19. Teil Rn. 19.193; zum Begriff auch *Hull*, Optionen, Futures und andere Derivate, 8. Auflage 2012, S. 230.

282 *Bank-Verlag*, Basisinformationen über Finanzderivate 2008, S. 101.

283 *Bank-Verlag*, Basisinformationen über Finanzderivate 2008, S. 101; *Roth*, in: Hirte/Möllers, Kölner Kommentar zum WpHG, 2. Auflage 2014, § 2 Rn. 84.

Option wird eine Position in einem Future erworben. Man unterscheidet zwischen Future-Kaufoptionen, mittels denen eine Long-Position in einem Future erworben werden kann, und Future-Verkaufsoptionen, die das Recht auf die Einnahme einer Short-Position in einem Future-Kontrakt vermitteln.[284]

b) Hedging mit anderen Finanzintrumenten und Hedging von Derivaten

Als Hedging-Instrumente für ein *Financial Hedging* kommen grundsätzlich neben Derivaten auch andere Finanzinstrumente in Betracht.

So ist es denkbar, dass auch Anleihen und Zertifikate zu Absicherungszwecken eingegangen werden.[285] So werden beispielsweise Turbo-Zertifikate zum Zwecke des Hedging eingesetzt.[286]

In der Praxis werden beispielsweise auch Aktien eines Emittenten mittels Aktien eines anderen Emittenten abgesichert, um das allgemeine Marktrisiko zu neutralisieren.[287]

Wird die Derivateposition nicht zu Absicherungszwecken eingegangen, sondern aus anderen Gründen, beispielsweise als Market Maker[288] oder zur Sicherung eines Beteiligungsaufbaus, kann es notwendig sein, die Derivateposition selbst abzusichern. Die Absicherung von Derivaten kann einerseits durch den Erwerb eines gegenläufigen Derivates erfolgen.[289] So kann eine Short-Position in einem Aktien-Future durch eine gegenläufige Long-Position abgesichert werden. Andererseits kann auch mittels Erwerb oder Veräußerung des Underlying abgesichert werden. So kann eine Short-Position in einem Aktien-Future durch den Kauf von Aktien gehedgt werden.

Ein praktischer Anwendungsfall der Absicherung von Derivatepositionen liegt vor, wenn Mitarbeiter Aktienoptionen erhalten, die sie über einen gewissen Zeitraum nicht ausüben dürfen und deshalb absichern möchten.[290] Die Absicherung von Derivatepositionen war in den vergangenen Jahren vor allem in den Fällen sehr populär, in denen sich Unternehmen mittels Cash Settled Equity Swaps oder Total Return Swaps unerkannt an ein Zielunternehmen anschlichen. Die Gegenpartei des

284 Im Einzelnen dazu *Hull*, Optionen, Futures und andere Derivate, 8. Auflage 2012, S. 458.

285 Hierzu beispielsweise *Salewski*, BKR 2012, 100, 104; *Zahn/Lemke*, BKR 2002, 527, 534.

286 *Köhler*, in: Schwintowski, Bankrecht, 4. Auflage 2014, § 21 Rn. 63.

287 Eine entsprechende Strategie wird beispielsweise von Hedge-Fonds eingesetzt, was als Long/Short Equity bezeichnet wird; vgl. dazu unten B.V.9.

288 Große Banken treten oft als Market Maker auf dem Derivatemarkt auf; vgl. beispielsweise *Vernimmen/Quiry/Dallocchio/Le Fur/Salvi*, Corporate Finance, 3rd ed. 2011, S. 934.

289 *Lynch*, Loy. U. Chi. L. J., Vol. 43 (2011), No. 1, 1, 41.

290 Vgl. *Lynch*, Loy. U. Chi. L. J., Vol. 43 (2011), No. 1, 1, 41 f.

Swap-Geschäftes, in der Regel ein Bankenkonsortium, sicherte ihre offene Swap-Position mittels Aktien des Zielunternehmens ab.[291]

Schwieriger ist die Absicherung von Short-Positionen in bedingten Terminkontrakten, die beispielsweise mit dynamischen Hedging-Strategien abgesichert werden können.[292]

2. Hedging von Marktpreisrisiken, Kreditrisiken und sonstiger Risiken

Da zur Absicherung gegen Marktpreisrisiken in den allermeisten Fällen Derivate zum Einsatz kommen, sollen die gängigsten Derivate kurz vorgestellt werden.

a) Aktienkursrisiken und Aktien-Derivate

aa) Aktien-Futures, -Forwards und -Optionen

Aktien-Futures, Aktien-Forwards und Aktien-Optionen dienen häufig der Absicherung einer Position in einzelnen Aktien und damit dem Micro-Hedging.[293] Aktien-Futures und Aktien-Forwards liegen jeweils eine Aktie als Basiswert zugrunde. Der Basispreis eines Forward-Kontraktes kann zwischen den Parteien ausgehandelt werden. Aktien-Optionen werden in jeder Optionsserie mit verschiedenen Basispreisen angeboten.[294] Aktien-Optionen werden an der EUREX als amerikanische Optionen gehandelt.[295] Die Kontraktgröße entspricht regelmäßig 100 Aktien. Durch den Erwerb einer Call-Option (*Long-Call-Hedge-Strategie*) kann ebenso wie mit einer Long-Position in einem Aktien-Future, der Einstiegskurs für ein zukünftiges Engagement in Aktien oder eine bestehende Verbindlichkeit in Aktien abgesichert werden.[296] Ein Bestand in Aktien wird durch eine Short-Position in einem Forward- oder Futures-Kontrakt[297] oder einem *Protective-Put* in einer Aktien-Option abgesichert.[298]

bb) Aktienindex-Futures und Aktienindex-Optionen

Soweit ein diversifiziertes Aktienportfolio gehalten wird, kann eine Absicherung mittels eines *Aktienindex-Futures* oder einer *Aktienindex-Option* durchgeführt werden. Als Basiswert eines Aktienindexfutures oder einer Aktienindexoption fungiert

---

291 Vg. Zu dieser Strategie unten B.VII.2.c).
292 Dazu unten B.V.8.
293 *Rudolph/Schäfer*, Derivative Finanzmarktinstrumente, 2. Auflage 2010, S. 89.
294 Vgl. dazu oben B.IV.1.a)cc)(2)(a).
295 *Rudolph/Schäfer*, Derivative Finanzmarktinstrumente, 2. Auflage 2010, S. 86.
296 Vgl. *Bank-Verlag*, Basisinformationen über Finanzderivate 2008, S. 77; *Rudolph/Schäfer*, Derivative Finanzmarktinstrumente, 2. Auflage 2010, S. 91, 98 f.
297 *Rudolph/Schäfer*, Derivative Finanzmarktinstrumente, 2. Auflage 2010, S. 98.
298 *Rudolph/Schäfer*, Derivative Finanzmarktinstrumente, 2. Auflage 2010, S. 89.

ein Aktienindex, beispielsweise der deutsche DAX oder amerikanische S&P 500.[299] Ein Index-Future oder eine Index-Option wird bar abgewickelt.[300] An der EUREX gehandelte Index-Optionen sind Optionen europäischen Stils, das heißt sie können nur am Schlussabrechnungstag ausgeübt werden.[301] An der EUREX werden DAX-Futures mit einem Kontraktwert von 25 € oder von 200 € gehandelt[302], sie umfassen also das fünfundzwanzigfache beziehungsweise zweihundertfache des Indexpunktestands[303], und DAX-Optionen mit einem Kontraktwert von 5 €.[304]

Das Indexderivat ist nach Möglichkeit so auszuwählen, dass es eine möglichst hohe Korrelation mit dem Bestand an Aktien aufweist.[305] Um die für eine Absicherung notwendige Anzahl an Derivatekontrakten zu berechnen, ist in einem zweiten Schritt die Hedge Ratio zu bestimmen.[306]

cc) Aktienindex-Swaps und Cash Settled Equity Swaps

Ein *Aktienindex-Swap*[307] *oder Cash Settled Equity Swap* verpflichtet eine Partei zur Zahlung eines festen oder variablen Zinssatzes sowie gegebenfalls eines Betrags, der sich aus der negativen Rendite des zugrunde liegenden Indexes oder der Aktie berechnet. Die andere Partei ist zur Zahlung eines Betrages, der auf der positiven Rendite des Indexes oder der Aktie beruht, verpflichtet.[308]

---

299 Dazu *Hull,* Optionen, Futures und andere Derivate, 8. Auflage 2012, S. 259, 438.

300 *Bank-Verlag,* Basisinformationen über Finanzderivate 2008, S. 62; *Hull,* Optionen, Futures und andere Derivate, 8. Auflage 2012, S. 438; *Rudolph/Schäfer,* Derivative Finanzmarktinstrumente, 2. Auflage 2010, S. 86.

301 *Rudolph/Schäfer,* Derivative Finanzmarktinstrumente, 2. Auflage 2010, S. 86; ähnlich *Jahn,* in: Schimansky/Bunte/Lwowski, Bankrechts-Handbuch, 4. Auflage 2011, § 114 Rn. 5.

302 Vgl. die Kontraktspezifikationen der EUREX: http://www.eurexchange.com/exchange-de/produkte/idx/dax/DAX--Futures/17210, zuletzt abgerufen am 04.01.2017.

303 Weitere Beispiele bei *Hull,* Optionen, Futures und andere Derivate, 8. Auflage 2012, S. 96.

304 Vgl. die Kontraktspezifikationen der EUREX: http://www.eurexchange.com/exchange-de/produkte/idx/dax/DAX--Optionen/17256, zuletzt abgerufen am 04.01.2017.

305 *Rudolph/Schäfer,* Derivative Finanzmarktinstrumente, 2. Auflage 2010, S. 99.

306 Zur Berechnung der benötigten Aktienindexoptionen zur Absicherung eines Portfolios an Aktien vgl. *Hull,* Optionen, Futures und andere Derivate, 8. Auflage 2012, S. 439; zur Hedge Ratio vgl. unten B.V.3.d).

307 So die Bezeichnung in *Bank-Verlag,* Basisinformationen über Finanzderivate 2008, S. 45.

308 *Hull,* Optionen, Futures und andere Derivate, 8. Auflage 2012, S. 229; ähnlich *Rudolf,* in: Kümpel/Wittig, Bank- und Kapitalmarktrecht, 4. Auflage 2011, 19. Teil Rn. 19.148, 19.156 f.

Cash Settled Equity Swaps können unter anderem dazu genutzt werden, sich an ein Unternehmen zur Übernahme anzuschleichen.[309]

b) Zinsrisiken und Zins-Derivate

Zinsrisiken können sich aus der variablen Verzinsung einer Verbindlichkeit beziehungsweise eines Kredites oder einer Anlage ergeben. Bei variabel verzinslichen Krediten besteht die Gefahr, dass die Zinssätze während der Laufzeit des Kredites steigen und sich die Finanzierungskosten damit erhöhen. Im Gegensatz dazu, besteht bei einer variabel verzinslichen Anlage das Risiko, dass die Zinsen sinken und damit auch die Gesamtrendite aus der Anlage.[310]

aa) Forward Rate Agreement und Interest Rate Guarantee

Bei einem Forward Rate Agreement handelt es sich um ein außerbörsliches Zinstermingeschäft. Bei diesem wird vereinbart, dass an einem bestimmten Zeitpunkt in der Zukunft eine Partei (Käufer des FRA) einen Betrag in Höhe des Vertragszinssatzes (FRA-Zinssatz) und die andere Partei (Verkäufer des FRA) einen Betrag in Höhe des zukünftigen Marktzinssatz (Referenzzinssatz), jeweils bezogen auf einen Nominalbetrag, zu zahlen haben.[311] Je nachdem wie sich der Marktzinssatz (Referenzzinssatz) im Vergleich zum vereinbarten Zinssatz (FRA-Zinssatz) entwickelt, ist eine der beiden Parteien nach Saldierung der Beträge zur Leistung eines Ausgleichsbetrages verpflichtet.[312]

Im Falle einer ausstehenden Verbindlichkeit, für die befürchtet wird, dass die Zinsen steigen, kann eine Absicherung durch das Eingehen der Long-Position in einem FRA erfolgen. Dabei wird gegen Zahlung des FRA-Satzes der Referenzzinsatz erworben und der Finanzierungssatz festgeschrieben.[313] Soll das Risiko fallender Zinsen abgesichert werden, kann eine Short-Position in einem entsprechenden FRA eingenommen werden und damit der FRA-Satz als Rendite gesichert werden.[314] So kann der Zinssatz für ein geplantes Investment in Anleihen gesichert werden.

---

309 *Rudolf*, in: Kümpel/Wittig, Bank- und Kapitalmarktrecht, 4. Auflage 2011, 19. Teil Rn. 19.131; vgl. dazu im Detail unten B.VII.2.c).

310 *Rudolph/Schäfer*, Derivative Finanzmarktinstrumente, 2. Auflage 2010, S. 116.

311 *Bank-Verlag*, Basisinformationen über Finanzderivate 2008, S. 25; *Köhler*, in: Schwintowski, Bankrecht, 4. Auflage 2014, § 21 Rn. 42; *Oehler/Unser*, Finanzwirtschaftliches Risikomanagement, 2. Auflage 2013, S. 60.

312 Einzelheiten dazu in *Bank-Verlag*, Basisinformationen über Finanzderivate 2008, S. 25; so auch *Jahn*, in: Schimansky/Bunte/Lwowski, Bankrechts-Handbuch, 4. Auflage 2011, § 114 Rn. 14; *Köhler*, in: Schwintowski, Bankrecht, 4. Auflage 2014, § 21 Rn. 42; *Rudolf*, in: Kümpel/Wittig, Bank- und Kapitalmarktrecht, 4. Auflage 2011, 19. Teil Rn. 19.161.

313 *Rudolph/Schäfer*, Derivative Finanzmarktinstrumente, 2. Auflage 2010, S. 129.

314 *Rudolph/Schäfer*, Derivative Finanzmarktinstrumente, 2. Auflage 2010, S. 129.

Als Interest Rate Guarantee (IRG) wird eine Option auf ein Forward Rate Agreement bezeichnet. Dabei besteht am Ende der Optionslaufzeit das Recht ein FRA zu kaufen oder zu verkaufen.[315] Ist das Zustandekommen des Grundgeschäftes noch ungewiss, so kann man sich bereits die aktuellen Zinssätze für ein Absicherungsgeschäft mittels einer Interest Rate Guarantee sichern.

bb) Zins-Futures

Auch mittels Zins-Futures, beispielsweise *Fixed Income Futures* und *Geldmarkt-Futures* können die Risiken steigender oder fallender Zinsen abgesichert werden.

Die Pflichten der Parteien eines solchen Zins-Futures und die Hedging-Möglichkeiten sind mit denen eines Forward Rate Agreements vergleichbar. Die EUREX bietet beispielsweise EONIA-Futures und EURIBOR-Futures sowie Optionen auf EURIBOR-Futures an.[316] Auch *Fixed Income Derivate* werden angeboten, so Futures auf festverzinsliche Wertpapiere, wie Staatsanleihen, ebenso wie Optionen auf diese Futures.[317]

Zu beachten ist allerdings, dass Zins-Futures an der Börse mit einem Kurs von 100 Punkten abzüglich des Futures-Zinssatzes notiert sind.[318] Beträgt der Futures-Zinssatz 2,5 %, so notiert der Future bei 97,5 Punkten. Steigt der Zinssatz auf 3,5 %, so fällt der Futures-Kurs auf 96,5 Punkte. Das bedeutet, Futures-Kurs und der Zinssatz bewegen sich entgegengesetzt. Fällt der Zinssatz, so wird der Kurs des Zins-Futures steigen und umgekehrt.[319] Für das Hedging von Zinsrisiken bedeutet das allerdings, dass das Risiko steigender Zinsen mittels einer Short-Position und das Risiko fallender Zinsen mit einer Long-Position abgesichert werden muss.[320]

cc) Zins-Swaps

Verbreitet sind auch *Zins-Swaps,* bei denen es im Gegensatz zu Futures oder FRAs zum mehrmaligen Austausch von Zinszahlungen in Bezug auf einen Nominalbetrag kommt. Dabei ist es üblich, die Beträge zu saldieren und lediglich einen

---

315 *Bank-Verlag,* Basisinformationen über Finanzderivate 2008, S. 101; *Jahn,* in: Schimansky/Bunte/Lwowski, Bankrechts-Handbuch, 4. Auflage 2011, § 114 Rn. 20.

316 Zu den Geldmarktderivaten vgl.: http://www.eurexchange.com/exchange-de/produkte/int/mon, zuletzt abgerufen am 04.01.2017.

317 Vgl. dazu auch *Rudolph/Schäfer,* Derivative Finanzmarktinstrumente, 2. Auflage 2010, S. 138 ff.; zu den Bund-Futures auch *Schüwer,* in: Zerey, Finanzderivate, 4. Auflage 2016, § 1 Rn. 23.

318 *Hull,* Optionen, Futures und andere Derivate, 8. Auflage 2012, S. 185, 191; *Schmeisser,* Corporate Finance und Risk Management 2010, S. 166.

319 *Hull,* Optionen, Futures und andere Derivate, 8. Auflage 2012, S. 185.

320 *Hull,* Optionen, Futures und andere Derivate, 8. Auflage 2012, S. 191; zum short hedge auch *Schneck,* Risikomanagement 2010, S. 230.

Spitzenausgleich zu zahlen.[321] Häufigste Form eines Zins-Swaps ist ein fix-variabel Zins-Swap. Bei diesem zahlt eine der Parteien einen festen Swapsatz und die andere Partei einen variablen Referenzzinssatz, wie EURIBOR oder LIBOR, jeweils bezogen auf einen hypothetischen Nominalbetrag.[322] Erhält die Partei einen festen Zinssatz und zahlt dem Vertragspartner einen variablen Zinssatz, spricht man von einem *Receiver Swap*. Im umgekehrten Fall liegt ein *Payer Swap* vor.[323] Sind die beiden auszutauschenden Zinssätze variabel, spricht man von einem *Basisswap*, so beispielsweise, wenn EURIBOR-Sätze mit unterschiedlichen Fristigkeiten ausgetauscht werden.[324] Die Option auf die Eingehung einer Swap-Position wird als *Zins-Swaption* bezeichnet.[325]

Zins-Swaps können dazu genutzt werden, eine festverzinsliche Anlage oder Verbindlichkeit wirtschaftlich gesehen in eine variabel verzinsliche umzuwandeln. Das gilt im Gegenzug auch für variabel verzinsliche Anlagen und Verbindlichkeiten, die wirtschaftlich in festverzinslich Anlagen und Verbindlichkeiten gewandelt werden sollen.[326] Absicherungszwecken dürfte lediglich die wirtschaftliche Umwandlung in eine feste Verzinsung dienen, da mit ihr das Risiko der Zinsschwankung beseitigt wird.[327] Die Entscheidung, die Anlage oder Verbindlichkeit wirtschaftlich

---

321 *Bank-Verlag*, Basisinformationen über Finanzderivate 2008, S. 41; *Jahn*, in: Schimansky/Bunte/Lwowski, Bankrechts-Handbuch, 4. Auflage 2011, § 114 Rn. 3; *Rudolph/Schäfer*, Derivative Finanzmarktinstrumente, 2. Auflage 2010, S. 131 f.

322 Hierzu unter anderem *Hull*, Optionen, Futures und andere Derivate, 8. Auflage 2012, S. 200 f.; *Köhler*, in: Schwintowski, Bankrecht, 4. Auflage 2014, § 21 Rn. 45; *Rudolf*, in: Kümpel/Wittig, Bank- und Kapitalmarktrecht, 4. Auflage 2011, 19. Teil Rn. 19.132; *Rudolph/Schäfer*, Derivative Finanzmarktinstrumente, 2. Auflage 2010, S. 130; *Schüwer*, in: Zerey, Finanzderivate, 4. Auflage 2016, § 1 Rn. 24; nach *Jahn*, in: Schimansky/Bunte/Lwowski, Bankrechts-Handbuch, 4. Auflage 2011, § 114 Rn. 3 wird dieser auch als Kupon-Swap bezeichnet.

323 Mit weiteren Einzelheiten zur Vertragsgestaltung *Bank-Verlag*, Basisinformationen über Finanzderivate 2008, S. 41 ff.; *Rudolph/Schäfer*, Derivative Finanzmarktinstrumente, 2. Auflage 2010, S. 131; ähnlich *Schneck*, Risikomanagement 2010, S. 218.

324 *Jahn*, in: Schimansky/Bunte/Lwowski, Bankrechts-Handbuch, 4. Auflage 2011, § 114 Rn. 3. Als Constant Maturity Swap wird ein Swap-Geschäft bezeichnet, bei dem ein kurzfristiger variabler Zinssatz mit einem langfristigen variablen Zinssatz, beispielsweise dem 10-jährigen Swap-Satz, getauscht wird; vgl. dazu *Köhler*, in: Schwintowski, Bankrecht, 4. Auflage 2014, § 21 Rn. 46; *Rudolf*, in: Kümpel/Wittig, Bank- und Kapitalmarktrecht, 4. Auflage 2011, 19. Teil Rn. 19.135.

325 *Hull*, Optionen, Futures und andere Derivate, 8. Auflage 2012 *Köhler*, in: Schwintowski, Bankrecht, 4. Auflage 2014, § 21 Rn. 48 mit weiteren Einzelheiten; *Rudolph/Schäfer*, Derivative Finanzmarktinstrumente, 2. Auflage 2010, S. 131.

326 *Hull*, Optionen, Futures und andere Derivate, 8. Auflage 2012, S. 202 ff., dort auch zur Nutzung eines komparativen Vorteils durch den Abschluss von Swaps; *Schneck*, Risikomanagement 2010, S. 218.

327 So wohl auch *Chernenko/Faulkender*, J. Fin. & Quant. Analysis, Vol. 46 (2011), No. 6, 1727, 1738; *Faulkender*, J. Fin., Vol. 60 (2005), No. 2, 931, 935.

einer variablen Verzinsung zuzuführen, bedeutet die Aufnahme eines zusätzlichen Risikos. Dies kann nicht alleine Hedging-Zwecken dienen.

Ist das Zustandekommen des Grundgeschäftes ungewiss, so kann zu diesem frühen Zeitpunkt neben einer Interest Rate Guarantee auch eine Zins-Swaption eingegangen werden. Kommt das Grundgeschäft zustande, so kann die Option ausgeübt werden und das Hedging-Geschäft kann zu den zuvor gesicherten Konditionen abgeschlossen werden.[328] Entwickelt sich der feste Referenzzinssatz des Forward Rate Agreements oder des Swaps aus Sicht des Optionsinhabers allerdings positiv, so wird dieser die Option verfallen lassen und stattdessen in einen Kontrakt zu den aktuellen Konditionen einsteigen.[329]

dd) Zins-Caps, Zins-Floors und Zins-Collars

Einer Absicherung über einen längeren Zeitraum dienen auch außerbörslich gehandelte Zins-Caps und Zins-Floors und Zins-Collars, die als Zinsbegrenzungsgeschäfte bezeichnet werden.[330] Ein Zins-Cap sichert den Käufer gegen steigende Zinsen ab, indem gegen Zahlung einer Prämie eine Zinsobergrenze (*Cap-Rate*) über mehrere Zinsperioden fixiert wird.[331] Von sinkenden Zinsen kann dadurch weiter profitiert werden. Ein Zins-Cap bezeichnet die Aneinanderreihung von Call-Optionen (Caplets) unterschiedlicher Laufzeit mit in der Regel gleichem Nominalbetrag und gleichem Basispreis auf einen Referenzzinssatz, wie EURIBOR oder LIBOR.[332] Der Verkäufer ist verpflichtet in den Zinsperioden, in denen der Referenzzinssatz über dem Basispreis, also der Zinsobergrenze liegt, eine Ausgleichzahlung zu leisten.[333] Umgekehrt werden bei einem Zins-Floor für einen bestimmten Zeitraum Put-Optionen (Floorets) mit unterschiedlicher Laufzeit aneinandergereiht, die den

---

328 Vgl. auch *Bank-Verlag*, Basisinformationen über Finanzderivate 2008, S. 103; *Hull*, Optionen, Futures und andere Derivate, 8. Auflage 2012, S. 814.

329 Vgl. dazu *Hull*, Optionen, Futures und andere Derivate, 8. Auflage 2012, S. 814.

330 So beispielsweise *Klingner-Schmidt*, in: Derleder/Knops/Bamberger, Handbuch zum deutschen und europäischen Bankrecht, 2. Auflage 2009, § 55 Rn. 18.

331 Dazu *Hull*, Optionen, Futures und andere Derivate, 8. Auflage 2012, S. 807; *Jahn*, in: Schimansky/Bunte/Lwowski, Bankrechts-Handbuch, 4. Auflage 2011, § 114 Rn. 9; *Rudolf*, in: Kümpel/Wittig, Bank- und Kapitalmarktrecht, 4. Auflage 2011, 19. Teil Rn. 19.181; *Rudolph/Schäfer*, Derivative Finanzmarktinstrumente, 2. Auflage 2010, S. 117.

332 *Bank-Verlag*, Basisinformationen über Finanzderivate 2008, S. 93; *Rudolph/Schäfer*, Derivative Finanzmarktinstrumente, 2. Auflage 2010, S. 118.

333 *Bank-Verlag*, Basisinformationen über Finanzderivate 2008, S. 91; *Jahn*, in: Schimansky/Bunte/Lwowski, Bankrechts-Handbuch, 4. Auflage 2011, § 114 Rn. 9; *Rudolf*, in: Kümpel/Wittig, Bank- und Kapitalmarktrecht, 4. Auflage 2011, 19. Teil Rn. 19.180; *Rudolph/Schäfer*, Derivative Finanzmarktinstrumente, 2. Auflage 2010, S. 117 f.

Verkäufer zu einer Ausgleichszahlung verpflichten, sobald der Referenzzinssatz in einer Zinsperiode unter den Basispreis, die Zinsuntergrenze, fällt.[334]

Als Zins-Collar wird eine Kombination aus dem Kauf eines Zins-Floors und dem Verkauf eines Zins-Caps (*Short-Collar-Strategie*) oder eine Kombination aus dem Kauf eines Zins-Caps und dem Verkauf eines Zins-Floors (*Long-Collar-Strategie*) jeweils mit unterschiedlichen Zinsgrenzen bezeichnet.[335] Soweit die Prämien für Verkauf und Kauf identisch sind, spricht man auch von einem *Zero-Cost-Zins-Collar*.[336]

Ein Zins-Cap oder Zins-Floor kann eine Laufzeit von bis zu zehn Jahren haben,[337] weshalb mittels dieser Instrumente langfristige Hedging-Strategien umgesetzt werden können. Als asymmetrische Absicherungsstrategie haben diese Instrumente den Vorteil, dass das Verlustrisiko auf die Prämie begrenzt ist und gleichzeitig aber an etwaigen Gewinnen aus der Entwicklung des Basiswerts partizipiert werden kann.[338] Werden nur geringe Zinsschwankungen erwartet, so kann der Abschluss eines Zins-Collars vorzuziehen sein. Eine Absicherung gegen steigende Zinsen erfolgt mittels einer Long-Collar-Strategie und eine Absicherung gegen fallende Zinsen mittels einer Short-Collar-Strategie. Hier wird sowohl eine Zinsober- als auch eine Zinsuntergrenze in Kauf genommen und damit die Gewinnmöglichkeit aus dem Grundgeschäft beschränkt. Allerdings reduziert sich auch das Verlustrisiko, da die Prämie insgesamt geringer ausfällt.[339] Wird lediglich eine geringe Schwankung der Zinssätze nach oben oder unten erwartet, so kann eine Absicherung auch mittels eines Zins-Corridors erfolgen.[340]

c) Devisenrisiken und Währungs-Derivate

Häufig besteht ein Interesse daran, offene Devisenpositionen abzusichern. Dies ist vor allem bei zukünftigen Forderungen und Verbindlichkeiten, die in einer Fremdwährung erfüllt werden oder zu leisten sind, der Fall. Bei einer Forderung, die erst in der Zukunft erfüllt wird, besteht die Gefahr, dass der Wechselkurs der

---

334 *Bank-Verlag*, Basisinformationen über Finanzderivate 2008, S. 91; *Hull*, Optionen, Futures und andere Derivate, 8. Auflage 2012, S. 809; *Rudolf*, in: Kümpel/Wittig, Bank- und Kapitalmarktrecht, 4. Auflage 2011, 19. Teil Rn. 19.183.

335 *Bank-Verlag*, Basisinformationen über Finanzderivate 2008, S. 96; *Rudolf*, in: Kümpel/Wittig, Bank- und Kapitalmarktrecht, 4. Auflage 2011, 19. Teil Rn. 19.185; *Rudolph/Schäfer*, Derivative Finanzmarktinstrumente, 2. Auflage 2010, S. 122 f.

336 Wird diese Form eines Collars zur Absicherung verwendet, so entspricht der Gewinn und Verlust der Gesamtposition zwischen Zinsober- und Zinsuntergrenze genau dem Grundgeschäft. Vgl. dazu *Rudolph/Schäfer*, Derivative Finanzmarktinstrumente, 2. Auflage 2010, S. 125 f.

337 *Rudolph/Schäfer*, Derivative Finanzmarktinstrumente, 2. Auflage 2010, S. 117.

338 *Bank-Verlag*, Basisinformationen über Finanzderivate 2008, S. 95.

339 Vgl. im Einzelnen *Bank-Verlag*, Basisinformationen über Finanzderivate 2008, S. 96; *Rudolph/Schäfer*, Derivative Finanzmarktinstrumente, 2. Auflage 2010, S. 123.

340 *Klingner-Schmidt*, in: Derleder/Knops/Bamberger, Handbuch zum deutschen und europäischen Bankrecht, 2. Auflage 2009, § 55 Rn. 22.

Fremdwährung im Vergleich zur eigenen Währung fällt. Dem kann man durch einen termingeschäftlichen Sicherungsverkauf der Fremdwährung entgegenwirken. Im umgekehrten Fall ist bei einer zukünftig zu leistenden Verbindlichkeit zu befürchten, dass der Wechselkurs steigt, was durch einen termingeschäftlichen Kauf der Fremdwährung abgesichert werden kann.[341]

Die Palette an Währungsderivaten umfasst börsengehandelte und außerbörslich gehandelte Derivate, wobei jeweils sowohl unbedingte als auch bedingte Kontrakte zur Verfügung stehen. Dominiert wird der Markt der Währungsderivate allerdings von OTC-Kontrakten.[342]

aa) Devisen-Forwards und Devisen-Futures

Devisen-Forwards (*FX-Forwards*) sind vertragliche Vereinbarungen zwischen zwei Parteien zu einem bestimmten Termin in der Zukunft zwei Währungsbeträge zu einem bereits festgelegten Wechselkurs auszutauschen.[343] Eine untergeordnete Rolle spielen börsengehandelte Derivatekontrakte in Form von Devisen-Futures.[344]

Im Vergleich zu standardisierten Devisen-Futures bieten Devisen-Forwards den Vorteil, dass sie so vereinbart werden können, dass sie genau auf das abzusichernde Grundgeschäft zugeschnitten sind. Bei börsengehandelten Devisen-Futures kann es sein, dass sie nicht in der abzusichernden Währung angeboten werden, die Kontraktgröße oder ein vielfaches davon betragsmäßig nicht mit dem Grundgeschäft in Einklang gebracht werden kann (Ganzzahligkeitsproblem) oder die Laufzeit der Futures nicht mit der Absicherungsperiode des Grundgeschäftes übereinstimmt (Fristeninkongruenz).[345] Steht kein Futures-Kontrakt in der Währung der abzusichernden Position zur Verfügung, so kann lediglich im Wege des *Cross-Hedgings* ein Future auf eine andere Währung abgeschlossen werden, welche stark mit der abzusichernden Währung korreliert.[346]

---

341 Darstellung in: *Bank-Verlag*, Basisinformationen über Finanzderivate 2008, S. 35; *Hull*, Optionen, Futures und andere Derivate, 8. Auflage 2012, S. 28.

342 Vgl. mit Übersicht zu den Währungsderivaten: *Rudolph/Schäfer*, Derivative Finanzmarktinstrumente, 2. Auflage 2010, S. 154.

343 *Bank-Verlag*, Basisinformationen über Finanzderivate 2008, S. 33; *Jahn*, in: Schimansky/Bunte/Lwowski, Bankrechts-Handbuch, 4. Auflage 2011, § 114 Rn. 16; *Köhler*, in: Schwintowski, Bankrecht, 4. Auflage 2014, § 21 Rn. 49; *Rudolf*, in: Kümpel/Wittig, Bank- und Kapitalmarktrecht, 4. Auflage 2011, 19. Teil Rn. 19.167; *Schüwer*, in: Zerey, Finanzderivate, 4. Auflage 2016, § 1 Rn. 26.

344 *Rudolf*, in: Kümpel/Wittig, Bank- und Kapitalmarktrecht, 4. Auflage 2011, 19. Teil Rn. 19.81.

345 *Rudolph/Schäfer*, Derivative Finanzmarktinstrumente, 2. Auflage 2010, S. 167.

346 *Rudolph/Schäfer*, Derivative Finanzmarktinstrumente, 2. Auflage 2010, S. 168.

bb) Devisen-Optionen, Collars, Corridors und Average-Rate-Optionen

Der Handel mit Währungs-Optionen findet größtenteils auf dem OTC-Markt und in kleinerem Ausmaß an den Terminbörsen statt.[347] Außerbörsliche Währungs-Optionen folgen in ihrer Funktionsweise dem klassischen Schema einer OTC-Option. Gegen die Zahlung einer Optionsprämie erwirbt der Optionskäufer das Recht, einen bestimmten Betrag einer ausländischen Währung zu einem zuvor festgelegten Ausübungspreis in heimischer Währung zu kaufen (Call) oder zu verkaufen (Put).[348] Auch Optionskombinationen wie Collars und Corridors sowie exotische Optionen sind erhältlich und können zur Verfolgung bestimmter Absicherungsstrategien verwendet werden.

Im Gegensatz zum Einsatz von reinen Devisenoptionen sind die Absicherungskosten bei einer Kombination von Optionen zu einem Collar oder Corridor, wie sie auch zur Absicherung von Zinsrisiken eingesetzt werden,[349] deutlich reduziert. Bei einem Zero-Cost-Collar sind diese sogar gänzlich eliminiert, weshalb man auch von einer Low-Cost-Absicherungsstrategie spricht.[350] Durch den Einsatz eines Collars sind sowohl Verlustrisiken als auch Gewinnmöglichkeiten aus der Änderung von Wechselkursen beschränkt.[351] Ein Collar zur Absicherung von Währungsrisiken wird auch als *Range Forward* bezeichnet.[352] Eine künftige Zahlung in einer Fremdwährung kann gegen das Risiko eines schwankenden Wechselkurses mittels einer Long-Collar-Strategie abgesichert werden, ein Zufluss in einer Fremdwährung hingegen mittels einer Short-Collar-Strategie.[353] Durch den Einsatz eines Corridors ist das Währungs-Exposure innerhalb einer Bandbreite auf einen bestimmten Betrag fixiert. Außerhalb dieser Bandbreite bleibt das Risiko der Änderung des Wechselkurses erhalten.[354]

Zur Absicherung von Wechselkursrisiken über einen längeren Zeitraum aufgrund periodischer Zahlungen in fremder Währung, kann auch eine exotische Option in Form einer Average-Rate-Option genutzt werden. Bei dieser ergibt sich der Wert des Basiswerts am Ende der Laufzeit aus dem Durchschnitt der Werte des Basiswerts am Ende der einzelnen Perioden.[355] Zwar ist eine derartige Absicherung günstiger als der Abschluss mehrerer Optionen, besitzt allerdings auch ein niedrigeres Absicherungsniveau. In bestimmten Situationen ist eine Ausübung der

---

347 *Hull,* Optionen, Futures und andere Derivate, 8. Auflage 2012, S. 259, 440.

348 *Rudolph/Schäfer,* Derivative Finanzmarktinstrumente, 2. Auflage 2010, S. 155.

349 Vgl dazu oben B.IV.1.a)cc)(2)(b).

350 *Rudolph/Schäfer,* Derivative Finanzmarktinstrumente, 2. Auflage 2010, S. 157; dazu auch *Hull,* Optionen, Futures und andere Derivate, 8. Auflage 2012, S. 443.

351 *Rudolph/Schäfer,* Derivative Finanzmarktinstrumente, 2. Auflage 2010, S. 157.

352 *Hull,* Optionen, Futures und andere Derivate, 8. Auflage 2012, S. 441 ff.; *Rudolph/Schäfer,* Derivative Finanzmarktinstrumente, 2. Auflage 2010, S. 158.

353 *Hull,* Optionen, Futures und andere Derivate, 8. Auflage 2012, S. 442.

354 *Rudolph/Schäfer,* Derivative Finanzmarktinstrumente, 2. Auflage 2010, S. 159.

355 Näher dazu *Rudolph/Schäfer,* Derivative Finanzmarktinstrumente, 2. Auflage 2010, S. 162.

Average-Rate-Option zum Durchschnittswert nicht lohnenswert, die Ausübung eines Teils der Optionen für die einzelnen Perioden wäre dies aber schon.[356] Zur Absicherung eines mehrstufigen Investitionsprojektes gegen Wechselkursrisiken können auch Compound-Optionen zum Einsatz kommen, bei denen die Mutteroption nur ab einem bestimmten Wechselkurs ausgeübt wird und zum Erwerb der Tochteroption führt.[357]

cc) Cross Currency Swaps und Devisen-Swaps

Mittels Cross Currency Swaps (Zinswährungsswaps) können aufgenommene Kredite in der eigenen Währung in Kredite einer Fremdwährung umgewandelt werden.[358] Im Rahmen des *CCS* werden Geldbeträge ausgetauscht, die sich aus einem Nominalbetrag und Zinszahlungen in verschiedenen Währungen zusammensetzen. Der Nominalbetrag wird grundsätzlich am Anfang und am Ende der Laufzeit des Swaps ausgetauscht.[359] Jedoch kann auf einen Tausch der Nominalbeträge am Anfang der Laufzeit verzichtet werden.[360] Durch das Merkmal des Austauschs der Nominalbeträge unterscheidet sich der Cross Currency Swap auch von einem normalen Zins-Swap, bei dem die Nominalbeträge nicht getauscht werden.[361] Begrifflich wird noch weiter nach der Art der Zinssätze unterschieden. Bei Vereinbarung von festen Zinssätzen auf beiden Seiten wird von einem *Fixed-for-Fixed-Währungs-Swap* gesprochen und bei variablen Zinsen auf beiden Seiten von einem *Floating-for-Floating-Währungs-Swap.* Zahlt eine Seite einen variablen und die andere Seite einen festen Zinssatz, so spricht man von einem Cross Currency Swap.[362]

Ein Cross Currency Swap kann dazu genutzt werden, eine Kreditaufnahme in einer Währung in einen Kredit anderer Währung umzuwandeln und dadurch den komparativen Vorteil auszunutzen.[363] Gleichzeitig wird der Wechselkurs der Währungen über einen gewissen Zeitraum fixiert und der CCS kann auch zur langfristigen Absicherung genutzt werden.[364]

---

356 Im Einzelnen: *Rudolph/Schäfer,* Derivative Finanzmarktinstrumente, 2. Auflage 2010, S. 162.

357 Vgl. *Rudolph/Schäfer,* Derivative Finanzmarktinstrumente, 2. Auflage 2010, S. 162 ff. und oben B.IV.1.a)cc)(2)(c).

358 Vgl. dazu *Hull,* Optionen, Futures und andere Derivate, 8. Auflage 2012, S. 220 f.

359 *Bank-Verlag,* Basisinformationen über Finanzderivate 2008, S. 44; *Brealey/Myers/Allen,* Principles of Corporate Finance, 11th ed. 2014, S. 663; *Hull,* Optionen, Futures und andere Derivate, 8. Auflage 2012, S. 219, 908.

360 *Bank-Verlag,* Basisinformationen über Finanzderivate 2008, S. 52.

361 *Köhler,* in: Schwintowski, Bankrecht, 4. Auflage 2014, § 21 Rn. 51.

362 *Hull,* Optionen, Futures und andere Derivate, 8. Auflage 2012, S. 908.

363 *Hull,* Optionen, Futures und andere Derivate, 8. Auflage 2012, S. 220; *Klingner-Schmidt,* in: Derleder/Knops/Bamberger, Handbuch zum deutschen und europäischen Bankrecht, 2. Auflage 2009, § 55 Rn. 8.

364 *Bank-Verlag,* Basisinformationen über Finanzderivate 2008, S. 52.

Von einem Devisen-Swap spricht man hingegen, wenn keine Zinszahlungen ausgetauscht werden. Dabei werden zu Beginn des Swaps Währungsbeträge ausgetauscht und diese Beträge werden in der Zukunft zurückgetauscht.[365]

d) Rohstoffpreisrisiken und Rohstoff-Derivate

Unter dem Begriff der Rohstoff-, Commodity- oder Waren-Derivate bezeichnet man Derivate, denen Erzeugnisse der Land-, Forst-, oder Fischereiwirtschaft sowie Industrierohstoffe in jeglicher Form oder Energieprodukte zugrunde liegen.[366]

aa) Rohstoff-Forwards, -Futures und -Optionen

Rohstoff-Forwards (*Commodity-Forward*) oder Rohstoff-Futures (*Commodity-Future*) verpflichten den Verkäufer im Falle des physical settlement zur Lieferung einer bestimmten Bezugsmenge eines Rohstoffes zu einem bestimmten Zeitpunkt in der Zukunft zu einem zuvor vereinbarten Preis. Nur wenige Rohstoff-Derivate führen allerdings zu einer physischen Erfüllung. Sollte dies dennoch der Fall sein,[367] haben die Kontraktbedingungen die Qualitäts- und Lieferbedingungen zu enthalten.[368] Kommt es am Ende der Kontraktlaufzeit zu einem Barausgleich, bedarf es einer Referenzpreisbeschreibung zur Spezifikation und Preisfeststellung des Underlying.[369] Für die an der EUREX gehandelten Gold- und Silber-Futures fungieren beispielsweise das Londoner Gold- und Silberfixing als Referenzkurs.[370]

Warenpreise unterliegen einer hohen Volatilität, da der Preisbildung eine Vielzahl an Bestimmungsfaktoren zugrunde liegt und die Struktur von Angebot und Nachfrage komplex ist.[371] Daraus resultieren für Waren-Optionen hohe Optionsprämien,

---

365 *Jahn*, in: Schimansky/Bunte/Lwowski, Bankrechts-Handbuch, 4. Auflage 2011, § 114 Rn. 17; *Klingner-Schmidt*, in: Derleder/Knops/Bamberger, Handbuch zum deutschen und europäischen Bankrecht, 2. Auflage 2009, § 55 Rn. 8; *Rudolf*, in: Kümpel/Wittig, Bank- und Kapitalmarktrecht, 4. Auflage 2011, 19. Teil Rn. 19.144; *Schüwer*, in: Zerey, Finanzderivate, 4. Auflage 2016, § 1 Rn. 27.

366 Im Einzelnen und mit Übersicht *Rudolph/Schäfer*, Derivative Finanzmarktinstrumente, 2. Auflage 2010, S. 185 f.

367 So beispielsweise der Future auf Lebendrind der auf CME Globex gehandelt wird: http://www.cmegroup.com/trading/agricultural/files/fact-card-cattle-futures-options.pdf, zuletzt abgerufen am 04.01.2017; ebenso der CBOT-Future auf Weizen: http://www.cmegroup.com/confluence/display/EPICSANDBOX/Wheat, zuletzt abgerufen am 04.01.2017.

368 *Hull*, Optionen, Futures und andere Derivate, 8. Auflage 2012, S. 52 f.; *Rudolph/Schäfer*, Derivative Finanzmarktinstrumente, 2. Auflage 2010, S. 191.

369 *Bank-Verlag*, Basisinformationen über Finanzderivate 2008, S. 36.

370 Vgl. die Kontraktspezifikationen unter: http://www.eurexchange.com/exchange-en/products/com/sil/Silver-Futures/14240, zuletzt abgerufen am 04.01.2017.

371 Zu den Einflüssen auf den Kurs von Agrarprodukten, wie beispielsweise saisonale Schwankungen und Wettereinflüsse, sowie dem Phänomen der Mean Reversion *Hull*, Optionen, Futures und andere Derivate, 8. Auflage 2012, S. 924 f.; zur hohen

weshalb sie im Vergleich zu den unbedingten Termingeschäften in den Hintergrund treten.[372] Börslich gehandelt werden hingegen Future-Optionen, also Optionen auf Futures.[373]

Zur Absicherung des Preises für einen zukünftigen Erwerb von Rohstoffen kann eine Long-Position in einem Rohstoff-Future oder Rohstoff-Forward eingenommen werden. Umgekehrt kann eine Short-Position erworben werden, um sich vor fallenden Rohstoffkursen bei einem künftigen Verkauf abzusichern.[374]

bb) Rohwaren-Swaps

Veräußert oder erwirbt der Kunde laufend Rohstoffe, so kann eine Absicherung über einen Rohwaren-Swap erfolgen, mit dem der Preis des Rohstoffes über einen längeren Zeitraum fixiert wird.[375] Dabei wird der Austausch von Zahlungsströmen in der gleichen Währung vereinbart. Eine Partei zahlt einen fixen Preis für die in den Kontraktbedingungen vereinbarte Bezugsmenge des Rohstoffes und die andere Partei einen variablen Preis, der sich aus dem vereinbarten Referenzpreis und der Bezugsmenge ergibt.[376]

cc) Rohwaren-Caps und Rohwaren-Floors und Rohwaren-Collars

Soll ein Rohstoffpreis über einen bestimmten Zeitraum nach oben oder unten auf einen Betrag abgesichert werden, kann ein Rohwaren-Cap oder Rohwaren-Floor abgeschlossen werden.[377] Gegenüber einem Swap-Geschäft besteht der Vorteil, dass es sich hier um eine asymmetrische Absicherung handelt,[378] also eine Absicherung gegen Verluste besteht, ohne allerdings eine Gewinnmöglichkeit vollständig auszuschließen.[379] Die Optionsprämie kann durch eine Kombination von Floors und Caps in Form eines Rohwaren-Collars reduziert werden.

Volatilität auch *Eller/Heinrich/Perrot/Reif*, Kompaktwissen Risikomanagement 2010, S. 92; *Schneck*, Risikomanagement 2010, S. 77.

372 *Rudolph/Schäfer*, Derivative Finanzmarktinstrumente, 2. Auflage 2010, S. 187.

373 *Rudolph/Schäfer*, Derivative Finanzmarktinstrumente, 2. Auflage 2010, S 187; an der CME werden entsprechende Optionen, beispielsweise auf Mais-Futures gehandelt: http://www.cmegroup.com/trading/agricultural/grain-and-oilseed/corn_contractSpecs_options.html?optionExpiration=Z7, zuletzt abgerufen am 04.01.2017.

374 Vgl. dazu *Bank-Verlag*, Basisinformationen über Finanzderivate 2008, S. 37; *Rudolf*, in: Kümpel/Wittig, Bank- und Kapitalmarktrecht, 4. Auflage 2011, 19. Teil Rn. 19.173 f.

375 *Bank-Verlag*, Basisinformationen über Finanzderivate 2008, S. 54.

376 *Bank-Verlag*, Basisinformationen über Finanzderivate 2008, S. 48; dazu auch *Jahn*, in: Schimansky/Bunte/Lwowski, Bankrechts-Handbuch, 4. Auflage 2011, § 114 Rn. 6; *Rudolf*, in: Kümpel/Wittig, Bank- und Kapitalmarktrecht, 4. Auflage 2011, 19. Teil Rn. 19.151.

377 *Bank-Verlag*, Basisinformationen über Finanzderivate 2008, S. 91.

378 *Bank-Verlag*, Basisinformationen über Finanzderivate 2008, S. 92.

379 *Bank-Verlag*, Basisinformationen über Finanzderivate 2008, S. 95.

e) *Kreditrisiken und Kreditderivate*

Mittels Kreditderivaten können Risiken aus Krediten separiert und so getrennt gehandelt und auf Dritte übertragen werden.[380] Als Referenzwert dienen Kredit- sowie Anleihepositionen oder ein Portfolio aus diesen Positionen.[381]

Für Banken bedeutet eine Reduzierung des Kreditrisikos mittels eines Hedging-Geschäftes neben dem reinen Absicherungsaspekt auch, weniger Eigenkapital vorhalten zu müssen.[382] Zahlen aus der Vergangenheit zeigen, dass Kreditderivate nur zu einem sehr geringen Anteil zu Hedging-Zwecken eingegangen wurden.[383] Wie alle anderen Derivate können auch Kreditderivate ohne ein zugrunde liegendes Grundgeschäft zu Spekulationszwecken eingegangen werden. So ist es für die Veräußerung eines CDS als CDS-Seller (Sicherungskäufer) beispielsweise nicht notwendig, dass das risikobehaftete Referenzobjekt gehalten wird.[384]

Kreditderivate werden ganz überwiegend außerbörslich angeboten.[385] Die gängigsten Kreditderivate werden im Folgenden kurz vorgestellt. Eine untergeordnete Rolle spielen daneben auch Spannensicherungs-Swaps (*Credit Spread Swaps*) und Risiko-Swaps (*Credit Swaps*).[386]

aa) *Credit Default Swaps und Swaptions*

Das wohl bekannteste Kreditderivat ist der Credit Default Swap. Die Parteien eines Credit Default Swaps werden als Sicherungskäufer und Sicherungsverkäufer

---

380 *Köhler*, in: Schwintowski, Bankrecht, 4. Auflage 2014, § 21 Rn. 65; ähnlich *Hull*, Optionen, Futures und andere Derivate, 8. Auflage 2012, S. 680 f., wonach Kreditrisiken auf diese Weise beispielsweise von Kreditinstituten auf Versicherungen übertragen werden.

381 *Rudolph/Schäfer*, Derivative Finanzmarktinstrumente, 2. Auflage 2010, S. 173, 175.

382 *Rudolf*, in: Kümpel/Wittig, Bank- und Kapitalmarktrecht, 4. Auflage 2011, 19. Teil Rn. 19.225.

383 Vgl. *Minton/Stulz/Williamson*, J. Fin. Services Res., Vol. 35 (2009), No. 1, 1, die einen entsprechend niedrigen Anteil in den USA festgestellt haben: „The net notional amount of credit derivatives used for hedging of loans in 2005 represents less than 2 % of the total notional amount of credit derivatives held by banks and less than 2 % of their loans. We conclude that the use of credit derivatives by banks to hedge loans is limited because of adverse selection and moral hazard problems [...]."; vgl. dazu auch unten E.IV.4.g)aa).

384 *Hauser*, Kreditderivate 2012, S. 159 f.; *Lynch*, Loy. U. Chi. L. J., Vol. 43 (2011), No. 1, 1, 43 f.; *Fletcher*, Rev. Banking & Fin. L., Vol. 33 (2014), No. 2, 813, 819 f.; *Stout*, Harv. Bus. L. Rev., Vol. 1 (2011), No. 1, 1, 6.

385 *Rudolf*, in: Kümpel/Wittig, Bank- und Kapitalmarktrecht, 4. Auflage 2011, 19. Teil Rn. 19.226; *Rudolph/Schäfer*, Derivative Finanzmarktinstrumente, 2. Auflage 2010, S. 174. So werden an der EUREX ebensowenig wie an der CME oder EURONEXT keine Kreditderivate gehandelt.

386 Dazu beispielsweise *Jahn*, in: Schimansky/Bunte/Lwowski, Bankrechts-Handbuch, 4. Auflage 2011, § 114 Rn. 27, 28.

bezeichnet. Der Sicherungsverkäufer oder Sicherungsgeber (*CDS-Buyer*) ist verpflichtet eine Ausgleichszahlung zu leisten oder das Referenzobjekt zum Nennwert zu erwerben, soweit während der Laufzeit des Kontraktes ein *Kreditereignis* entsprechend der Vertragsbedingungen eintritt und die zuvor vereinbarten Abwicklungsvoraussetzungen vorliegen. Der Sicherungskäufer oder Sicherungsnehmer (*CDS-Seller*) verpflichtet sich zu einer einmalig oder periodisch zu zahlenden Risikoprämie.[387] Die zu zahlende Prämie wird üblicherweise in Basispunkten auf den Nennwert angegeben.[388] Typische Kreditereignisse sind unter anderem die Insolvenz des Referenzschuldners, der Zahlungsverzug oder Zahlungsausfall, eine Restrukturierung der Verbindlichkeiten des Schuldners oder eine Rating-Herabstufung.[389] Zu den Abwicklungsvoraussetzungen zählt vor allem die Erklärung des Eintritts des Kreditereignisses.[390] Die Abwicklung kann einerseits physisch durch Übertragung der Forderung gegenüber dem Referenzschuldner gegen Leistung des Nominalbetrages des CDS erfolgen. Andererseits kann ein Barausgleich in Höhe der Differenz zwischen Nominalbetrag des CDS und Restwert der Referenzverbindlichkeit (*Recovery Value*) vereinbart sein.[391]

387 *Bank-Verlag*, Basisinformationen über Finanzderivate 2008, S. 46; *Hull*, Optionen, Futures und andere Derivate, 8. Auflage 2012, S. 681; *Köhler*, in: Schwintowski, Bankrecht, 4. Auflage 2014, § 21 Rn. 67; *Rudolf*, in: Kümpel/Wittig, Bank- und Kapitalmarktrecht, 4. Auflage 2011, 19. Teil Rn. 19.229; *Rudolph/Schäfer*, Derivative Finanzmarktinstrumente, 2. Auflage 2010, S. 177; *Scherer*, Corporate Finance law 2010, 93, 94; *Schüwer*, in: Zerey, Finanzderivate, 4. Auflage 2016, § 1 Rn. 37; *Stulz*, J. Econ. Persp., Vol. 24 (2010), No. 1, 73, 74. Zu der leicht misszuverstehenden Bezeichnung des Sicherungsnehmers als „Verkäufer" und des Sicherungsgebers als „Käufer" vgl. *Jahn*, in: Schimansky/Bunte/Lwowski, Bankrechts-Handbuch, 4. Auflage 2011, § 114 Rn. 24.

388 Vgl. beispielsweise *Hull*, Optionen, Futures und andere Derivate, 8. Auflage 2012, S. 681. In den letzten Jahren haben sich auch vermehrt Credit Default Indices, wie iTraxx, entwickelt. Sie geben einen Spread für eine Portfolio an Schuldner wieder, also eine einheitlichen Prozentsatz für die Risikoprämie, der für alle Schuldner des Portfolios zu zahlen ist; dazu *Hull*, Optionen, Futures und andere Derivate, 8. Auflage 2012, S. 690.

389 *Hull*, Optionen, Futures und andere Derivate, 8. Auflage 2012, S. 682; dazu auch *Rudolf*, in: Kümpel/Wittig, Bank- und Kapitalmarktrecht, 4. Auflage 2011, 19. Teil Rn. 19.232; *Rudolph/Schäfer*, Derivative Finanzmarktinstrumente, 2. Auflage 2010, S. 177; näher dazu *Jahn*, in: Schimansky/Bunte/Lwowski, Bankrechts-Handbuch, 4. Auflage 2011, § 114 Rn. 25.

390 *Bank-Verlag*, Basisinformationen über Finanzderivate 2008, S. 47; mit weiteren Abwicklungsvoraussetzungen *Rudolf*, in: Kümpel/Wittig, Bank- und Kapitalmarktrecht, 4. Auflage 2011, 19. Teil Rn. 19.235.

391 *Bank-Verlag*, Basisinformationen über Finanzderivate 2008, S. 48; *Hull*, Optionen, Futures und andere Derivate, 8. Auflage 2012, S. 682; *Rudolf*, in: Kümpel/Wittig, Bank- und Kapitalmarktrecht, 4. Auflage 2011, 19. Teil Rn. 19.236; *Rudolph/Schäfer*, Derivative Finanzmarktinstrumente, 2. Auflage 2010, S. 177; *Schüwer*, in: Zerey, Finanzderivate, 4. Auflage 2016, § 1 Rn. 37.

Obwohl die dargestellte Vertragsgestaltung ganz üblicherweise als Swap bezeichnet wird, ist dennoch auffällig, dass es am periodischen Austausch von Zahlungsströmen fehlt. Der Credit Default Swap weist die Charakteristika einer Option auf und besitzt ein asymmetrisches Chancen-Risiko-Profil.[392]

Der Sicherungskäufer eines Credit Default Swaps (CDS) kann diesen zur Absicherung von Forderungen aus einem Kredit oder einer Anleihe eingehen. Der Sicherungsverkäufer übernimmt hingegen das Adressenausfallrisiko des Referenzschuldners und geht damit ein Risiko ein.

Mit dem Kauf einer *Credit Default Swaption* wird dem Erwerber die Möglichkeit eröffnet, sich bereits die aktuellen Konditionen eines Swap-Geschäftes zu sichern, ohne den Swap selbst zum jetzigen Zeitpunkt kaufen oder verkaufen zu müssen. Er erhält lediglich eine Option darauf.[393] Ist der Käufer der Swaption noch nicht sicher, ob er einen Kredit vergeben oder eine Anleihe erwerben wird, so kann er dennoch ein dahingehendes Absicherungsgeschäft bereits vorbereiten.[394] Steht bereits zum jetzigen Zeitpunkt fest, dass in Zukunft eine Absicherung gegen ein Kreditrisiko notwendig sein wird, so kann auch ein *Forward Credit Default Swap* eingegangen werden. Bei diesem verpflichten sich die Parteien zu einem Zeitpunkt in der Zukunft einen CDS zu kaufen beziehungsweise zu verkaufen.[395]

bb) Total Return Swaps

Total Return Swaps werden auch als Gesamtrisikoswaps bezeichnet. Dabei leitet der Sicherungsnehmer alle Erträge aus dem Referenzobjekt und eine eventuelle Wertsteigerung an den Sicherungsgeber weiter. Im Gegenzug zahlt der Sicherungsgeber an den Sicherungsnehmer einen festen oder variablen Zinssatz. Im Falle eines Kreditereignisses hat der Sicherungsgeber zudem in der Regel einen Ausgleichsbetrag beziehungsweise die Wertminderung des Referenzobjekts zu begleichen.[396]

---

392 *Bank-Verlag,* Basisinformationen über Finanzderivate 2008, S. 48; ähnlich auch *Rudolph/Schäfer,* Derivative Finanzmarktinstrumente, 2. Auflage 2010, S. 177; zum Optionscharakter auch *Läger,* in: Zerey, Finanzderivate, 4. Auflage 2016, § 2 Rn. 7; *Rudolf,* in: Kümpel/Wittig, Bank- und Kapitalmarktrecht, 4. Auflage 2011, 19. Teil Rn. 19.230.

393 *Hull,* Optionen, Futures und andere Derivate, 8. Auflage 2012, S. 692.

394 *Bank-Verlag,* Basisinformationen über Finanzderivate 2008, S. 103.

395 *Hull,* Optionen, Futures und andere Derivate, 8. Auflage 2012, S. 692.

396 Vgl. z. B. *Jahn,* in: Schimansky/Bunte/Lwowski, Bankrechts-Handbuch, 4. Auflage 2011, § 114 Rn. 26; *Hull,* Optionen, Futures und andere Derivate, 8. Auflage 2012, S. 693; *Kumpan,* in: Schwark/Zimmer, Kapitalmarktrechts-Kommentar, 4. Auflage 2010, § 2 WpHG Rn. 49, Fn. 4; *Rudolf,* in: Kümpel/Wittig, Bank- und Kapitalmarktrecht, 4. Auflage 2011, 19. Teil Rn. 19.247; *Rudolph/Schäfer,* Derivative Finanzmarktinstrumente, 2. Auflage 2010, S. 178; *Schüwer,* in: Zerey, Finanzderivate, 4. Auflage 2016, § 1 Rn. 40.

Mittels eines Total Return Swap kann eine Absicherung hinsichtlich jeder Wertminderung der Kreditposition erfolgen, ohne dass ein Kreditereignis eintreten muss.[397]

cc) Credit Linked Notes

Bei einer *Credit Linked Note* handelt es sich um eine Kombination einer Anleihe und einem Kreditderivat, häufig einem Credit Default Swap (CDS).[398] Der Credit Default Swap ist dabei in eine Anleihe eingebettet und wird von dem Sicherungsnehmer emittiert. Die Käufer erwerben die Anleihe und übernehmen gleichzeitig die Rolle des Sicherungsverkäufers.[399] Die Sicherungsverkäufer erwerben die Anleihe zu Beginn der Laufzeit gegen Zahlung des Ausgabepreises und erhalten im Gegenzug während der Laufzeit der Anleihe eine feste oder variable Verzinsung inklusive einer Risikoprämie für den CDS. Am Ende der Laufzeit der Credit Linked Note wird der Nennwert zurückgezahlt, es sei denn ein bestimmtes Kreditereignis ist bis zu diesem Zeitpunkt eingetreten.[400] Die Kreditereignisse und Abwicklungsvoraussetzungen sind mit denen des CDS zu vergleichen und bei einer CLN in den Emissionsbedingungen festzulegen.[401] Häufig wird für die Emission einer CLN eine extra zu diesem Zweck gegründete Zweckgesellschaft zwischengeschaltet, die als *Special Purpose Vehicle* (*SPV*) bezeichnet wird. Das SPV übernimmt das Kreditrisiko meist mittels eines Kreditderivats und leitet es mittels einer CLN an die Anleihegläubiger weiter.[402]

Die überwiegende Ansicht zu § 2 Abs. 2 Nr. 4 WpHG ordnet Credit Linked Notes primär den Schuldverschreibungen und nicht den Derivaten zu,[403] weil es aufgrund der anfänglichen Leistung des Ausgabepreises an einer hinausgeschobenen Fälligkeit fehlt. Diese Ansicht kann allerdings für Kreditderivate nach Nr. 8 Abschnitt C Anhang I MiFID II nicht aufrechterhalten werden. Hier kommt es alleine darauf

---

397 *Köhler*, in: Schwintowski, Bankrecht, 4. Auflage 2014, § 21 Rn. 72; *Rudolph/Schäfer*, Derivative Finanzmarktinstrumente, 2. Auflage 2010, S. 178.

398 *Rudolf*, in: Kümpel/Wittig, Bank- und Kapitalmarktrecht, 4. Auflage 2011, 19. Teil Rn. 19.253; *Schüwer*, in: Zerey, Finanzderivate, 4. Auflage 2016, § 1 Rn. 39.

399 Vgl. *Bank-Verlag*, Basisinformationen über Finanzderivate 2008, S. 113.

400 *Bank-Verlag*, Basisinformationen über Finanzderivate 2008, S. 113; *Rudolf*, in: Kümpel/Wittig, Bank- und Kapitalmarktrecht, 4. Auflage 2011, 19. Teil Rn. 19.256; *Rudolph/Schäfer*, Derivative Finanzmarktinstrumente, 2. Auflage 2010, S. 180.

401 Zu den Kreditereignissen und Abwicklungsvoraussetzungen *Rudolf*, in: Kümpel/Wittig, Bank- und Kapitalmarktrecht, 4. Auflage 2011, 19. Teil Rn. 19.257 f.

402 Mit weiteren Einzelheiten: *Bank-Verlag*, Basisinformationen über Finanzderivate 2008, S. 114.

403 *Kumpan*, in: Schwark/Zimmer, Kapitalmarktrechts-Kommentar, 4. Auflage 2010, § 2 WpHG Rn. 49, Fn. 8; *Roth*, in: Hirte/Möllers, Kölner Kommentar zum WpHG, 2. Auflage 2014, § 2 Rn. 114; *Rudolf*, in: Kümpel/Wittig, Bank- und Kapitalmarktrecht, 4. Auflage 2011, 19. Teil Rn. 19.23.

an, dass sich der Wert des Instruments derivativ von einem Referenzobjekt ableitet und nicht auf eine zeitlich verzögerte Erfüllung.[404]

dd) Asset Backed Securities, Mortgage Backed Securities und Collateralized Debt Obligations

Asset Backed Securities (ABS), Mortgage Backed Securities (MBS) und Collateralised Debt Obligations (CDOs)[405] werden unter dem Begriff der Verbriefung oder Securitisation zusammengefasst. Dabei werden Assets oder Forderungen von einem Originator (meist eine Bank) entweder tatsächlich an ein SPV übertragen oder das Risiko aus diesen Forderungen mittels eines CDS an das SPV übergewälzt.[406] Die Forderungen werden zu einem Forderungspool oder Referenzportfolio zusammengefasst.[407]

Im Falle einer *True-Sale-Verbriefung* dient der Forderungspool als Sicherheit der sodann emittierten Wertpapiere, die in einzelnen Tranchen mit unterschiedlichem Risiko, unterschiedlichem Rang (Seniorität) und unterschiedlichen Renditen ausgegeben werden.[408] Zins- und Tilgungszahlungen sowie etwaige Verluste aus dem Forderungspool werden im Wege des Wasserfall-Prinzips den jeweiligen Tranchen entsprechend ihrer Seniorität zugeteilt.[409]

Werden die Forderungen nicht tatsächlich übertragen, so erfolgt eine *synthetische Verbriefung*. Das SPV emittiert Credit Linked Notes in unterschiedlichen Tranchen mit unterschiedlichem Rang. Aus den Emmissionserlösen wird zunächst *Eligible Collateral* erworben, also Sicherheiten höchster Bonität.[410] Ist das SPV gegenüber dem Originator aus dem Credit Default Swap zu einer Ausgleichszahlung verpflichtet, so wird diese zunächst durch Verkauf von Eligible Collateral finanziert. Ist das zur Deckung der Ausfälle nicht ausreichend, so erfolgt eine Reduzierung des Nominalwerts der CLNs nach dem *bottom-up-Prinzip*. Das bedeutet, zunächst wird der Nennwert der rangniedrigsten Tranche reduziert. Sollte das zur Deckung

---

404 Vgl. dazu oben B.IV.1.a)aa)(2).

405 CDOs liegen Unternehmensanleihen oder Unternehmenskredite als Assets zugrunde; vgl. *Hull*, Optionen, Futures und andere Derivate, 8. Auflage 2012, S. 694 ff.

406 Zur tatsächlichen Übertragung unter anderem. *Fletcher*, Rev. Banking & Fin. L., Vol. 33 (2014), No. 2, 813, 830 f.; vgl. zur Bildung einer synthetischen CDO mittels short-Positionen in CDS: *Hull*, Optionen, Futures und andere Derivate, 8. Auflage 2012, S. 694.

407 *Bank-Verlag*, Basisinformationen über Finanzderivate 2008, S. 115; *Stulz*, J. Econ. Persp., Vol. 24 (2010), No. 1, 73, 76 f.

408 *Bank-Verlag*, Basisinformationen über Finanzderivate 2008, S. 116; *Hull*, Optionen, Futures und andere Derivate, 8. Auflage 2012, S. 239 f.; hierzu auch *Stulz*, J. Econ. Persp., Vol. 24 (2010), No. 1, 73, 77.

409 *Bank-Verlag*, Basisinformationen über Finanzderivate 2008, S. 116; *Hull*, Optionen, Futures und andere Derivate, 8. Auflage 2012, S. 239; *Schüwer*, in: Zerey, Finanzderivate, 4. Auflage 2016, § 1 Rn. 44.

410 *Bank-Verlag*, Basisinformationen über Finanzderivate 2008, S. 117.

des Ausgleichsbetrages nicht ausreichen, kommt es zu einer Reduktion auch bei ranghöheren Tranchen.[411]

f) Sonstige Risiken und Derivate

Auch Dividenden- und Volatilitätsrisiken sowie Risiken aus der Veränderung der Immobilienpreise lassen sich mittels Derivaten absichern. So bietet beispielsweise die EUREX Aktiendividenden- und Aktienindexdividenden-Futures[412], Volatilitäts-Derivate[413] und Futures auf Immobilienindices[414] an.[415] Derivate auf andere ökonomische Kennzahlen, so beispielsweise Inflations-Derivate, werden von großen Banken angeboten.[416] Damit können auch Produkte, die in ihrem Wert stark von der Inflation abhängen, mittels eines Inflations-Forwards abgesichert werden.[417]

Wetterrisiken, wie Niederschlagsmengen, Sonnenstunden, Lufttemperatur oder Windgeschwindigkeiten, denen beispielsweise Stromerzeuger ausgesetzt sind, können mittels Futures, Forwards, Swaps und Optionen abgesichert werden. Als Referenzwert wird hierbei zumeist ein Index herangezogen.[418] Der Handel erfolgt größtenteils außerbörslich.[419] Die ersten OTC-Wetterderivate wurden 1997 angeboten.[420] Die CME bietet allerdings auch börsengehandelte Wetterderivate an.[421]

Katastrophen-Derivate bieten im Gegensatz zu Wetterderivaten eine Absicherung gegen selten eintretende Naturkatastrophen,[422] wie Unwetter, Überschwemmungen oder Vulkanausbrüche, die mit einem hohen Schadensrisiko verbunden

---

411 Zum Ganzen: *Bank-Verlag*, Basisinformationen über Finanzderivate 2008, S. 117 ff.

412 Siehe die Produktpalette der EUREX: http://www.eurexchange.com/exchange-de/produkte/did/exd, zuletzt abgerufen am 04.01.2017.

413 Zum Angebot von Volatilitätsderivaten: http://www.eurexchange.com/exchange-de/produkte/vol, zuletzt abgerufen am 04.01.2017.

414 Zu den Immobilienderivaten http://www.eurexchange.com/exchange-de/produkte/prd, zuletzt abgerufen am 04.01.2017.

415 Vgl. dazu auch *Rudolph/Schäfer*, Derivative Finanzmarktinstrumente, 2. Auflage 2010, S. 86, 203 f.; für den amerikanischen Markt vgl. *Lynch*, Loy. U. Chi. L. J., Vol. 43 (2011), No. 1, 1, 24 ff., dort mit weiteren Nachweisen.

416 Dazu *Rudolph/Schäfer*, Derivative Finanzmarktinstrumente, 2. Auflage 2010, S. 204.

417 *Bank-Verlag*, Basisinformationen über Finanzderivate 2008, S. 63.

418 *Köhler*, in: Schwintowski, Bankrecht, 4. Auflage 2014, § 21 Rn. 75.

419 *Rudolph/Schäfer*, Derivative Finanzmarktinstrumente, 2. Auflage 2010, S. 200.

420 *Hull*, Optionen, Futures und andere Derivate, 8. Auflage 2012, S. 934.

421 Vgl. http://www.cmegroup.com/trading/weather/#pageNumber=1&sortField=time&sortAsc=false, zuletzt abgerufen am 04.01.2017.

422 Nach *Köhler*, in: Schwintowski, Bankrecht, 4. Auflage 2014, § 21 Rn. 77, spricht man von einer Katastrophe, wenn die Eintrittswahrscheinlichkeit weniger als 1 % beträgt.

sind. Die EUREX hatte ab Juli 2009 Hurrikan-Futures zum Handel angeboten,[423] deren Zulassung aber bereits zum 11. Juni 2014 widerrufen wurde.[424]

V Allgemeine Hedging-Strategien

1. Financial und Natural Hedging

Im Gegensatz zum *Financial Hedging* wird als *Natural Hedging* oder *Operational Hedging* eine Risikoabsicherung ohne den gezielten Einsatz von Derivaten oder anderen Finanzinstrumenten bezeichnet.[425]

So steht es Unternehmen in vielen Fällen offen, anstatt eines Derivatekontraktes eine Absicherung auf andere Weise zu erreichen. So kann beispielsweise im Ausland produziert werden,[426] eine bestimmte Fakturierungswährung ausgewählt werden, Fremdwährungskredite eingegangen werden[427] oder Rohstoffe auf Lager gehalten werden.[428] Stehen sich, wie dies bei großen Firmen oftmals der Fall ist, Erträge und Kosten beziehungsweise Schulden in einer ausländischen Währung gegenüber, so stehen diese in einem natürlichen Hedging-Verhältnis.[429]

So steht bei der Absicherung gegen Rohstoffpreisrisiken das Financial Hedging lediglich an dritter Stelle. An erster Stelle der Absicherungsmöglichkeiten stehen speziell ausgehandelte Vereinbarungen sowie die Preispolitik des Unternehmens. Ihnen folgt direkt die Absicherung mittels Natural Hedges.[430] In großen Unternehmen

---

423 Siehe dazu *EUREX*, eurexxpand Juli 2009, abrufbar unter: http://www.eurexchange.com/blob/115306/5d9ebe7c0bd86f1a6c7d32a8ad1cbd39/data/d_xpand_200907.pdf.pdf, zuletzt abgerufen am 04.01.2017.

424 Vgl. *EUREX*, Rundschreiben 095/14, abrufbar unter: http://www.eurexchange.com/blob/931530/0f2d1f54f31fb5247dcd99408b4f2538/data/er14095d.pdf, zuletzt abgerufen am 04.01.2017.

425 *Eller/Heinrich/Perrot/Reif*, Kompaktwissen Risikomanagement 2010, S. 44; hierzu auch *Chowdhry/Howe*, Eur. Fin. Rev., Vol. 2 (1999), No. 2, 229; *Finley/Pettit*, J. Applied Corp. Fin., Vol. 23 (2011), No. 4, 83, 87 f.; *Kim/Mathur/Nam*, J. Corp. Fin., Vol. 12 (2006), No. 4, 834; *Vernimmen/Quiry/Dallocchio/Le Fur/Salvi*, Corporate Finance, 3rd ed. 2011, S. 270; *Wong*, Int. Rev. Econ. & Fin., Vol. 16 (2007), No. 4, 459.

426 *Bartram/Brown/Minton*, J. Fin. Econ., Vol. 95 (2010), No. 2, 148, 150 f.; *Chowdhry/Howe*, Eur. Fin. Rev., Vol. 2 (1999), No. 2, 229, 230; *Kim/Mathur/Nam*, J. Corp. Fin., Vol. 12 (2006), No. 4, 834, 836; *Vernimmen/Quiry/Dallocchio/Le Fur/Salvi*, Corporate Finance, 3rd ed. 2011, S. 270; *Wolke*, Risikomanagement, 3. Auflage 2016, S. 100.

427 Entsprechend einer Umfrage von *Graham/Harvey*, J. Fin. Econ., Vol. 60 (2001), No. 2–3, 187, 228, ist diese Möglichkeit eines Natural Hedge von Wechselkursrisiken von großer Bedeutung.

428 Vgl. beispielsweise *Broll/Wahl*, Risikomanagement im Unternehmen 2012, S. 61; dazu auch *Aretz/Bartram/Dufey Gunter*, J. Risk Fin., Vol. 8 (2007), No. 5, 434.

429 *Géczy/Minton/Schrand*, J. Fin., Vol. 52 (1997), No. 4, 1323, 1331.

430 *Servaes/Tamayo/Tufano*, J. Applied Corp. Fin., Vol. 21 (2009), No. 4, 60, 71.

wird oftmals sowohl Financial Hedging als auch Operational Hedging praktiziert, die beiden Absicherungsmöglichkeiten ergänzen sich also.[431]

2. Bestands-Hedge und antizipativer Hedge

Entsprechend der abzusichernden Position unterscheidet man zwischen einem *Bestands-Hedge*, durch den eine bestehende Kassaposition abgesichert wird, und einem *antizipativen Hedge*, der der Absicherung einer zukünftigen Kassaposition dienen soll.[432] Ganz allgemein gilt: der Bestand an Assets und Forderungen kann gegen fallende Kurse durch eine Short-Position in einem Forward beziehungsweise Futures-Kontrakt oder durch einen Long-Put abgesichert werden. Eine bestehende Verbindlichkeit kann gegen steigende Kurse, Zinsen oder Wechselkurse mittels einer Long-Position oder einem Long-Call abgesichert werden. Soll ein zukünftiger Kauf mittels eines antizipativen Hedges abgesichert werden, so kann dies mittels einer Long-Position oder eines Long-Calls erfolgen. Ein zukünftiger Verkauf hingegen wird mittels einer Short-Position oder einem Long-Put abgesichert.[433]

3. Micro-, Macro- und Portfolio-Hedge

Je nachdem, ob mit dem Hedging-Geschäft eine einzelne Risikoposition oder eine Gruppe von Risikopositionen abgesichert werden soll, unterscheidet man zwischen *Micro-*, *Macro-* und *Portfolio-Hedging*.

a) Micro-Hedging

Als Micro-Hedge wird ein Geschäft bezeichnet, das dem Grundgeschäft direkt spiegelbildlich gegenübersteht. Das bedeutet, das Sicherungsgeschäft bezieht sich eindeutig auf das einzelne Grundgeschäft und stimmt mit diesem auch betrags- und fristenmäßig überein.[434] Entwickeln sich Spot- und Terminkurs im Falle eines Micro-Hedges genau parallel zueinander, so wird auch von einem hundertprozentigen Hedge oder perfekten Hedge gesprochen.[435] Gewinn- und Verlustmöglichkeiten von Sicherungs- und Grundgeschäft decken sich hier, soweit man eine symmetrische

---

431 *Kim/Mathur/Nam,* J. Corp. Fin., Vol. 12 (2006), No. 4, 834, 852.

432 *Rudolph/Schäfer,* Derivative Finanzmarktinstrumente, 2. Auflage 2010, S. 33; *Schneck,* Risikomanagement 2010, S. 196.

433 Dazu *Rudolph/Schäfer,* Derivative Finanzmarktinstrumente, 2. Auflage 2010, S. 33; zum antizipativen Hedging auch noch unten B.V.2 sowie B.V.10.e).

434 So *Rudolf,* in: Kümpel/Wittig, Bank- und Kapitalmarktrecht, 4. Auflage 2011, 19. Teil Rn. 19.38; ähnlich: *Rudolph/Schäfer,* Derivative Finanzmarktinstrumente, 2. Auflage 2010, S. 33; ungenau hingegen *Köhler,* in: Schwintowski, Bankrecht, 4. Auflage 2014, § 21 Rn. 11, wonach es lediglich darauf ankommt, ob eine Einzelposition abgesichert wird.

435 *Rudolf,* in: Kümpel/Wittig, Bank- und Kapitalmarktrecht, 4. Auflage 2011, 19. Teil Rn. 19.38; *Oehler/Unser,* Finanzwirtschaftliches Risikomanagement, 2. Auflage

Absicherung gewählt hat, nahezu vollständig.[436] Dem kann aber zu Recht entgegengehalten werden, dass es einen derart perfekten Hedge in der Praxis nicht gibt.[437] Vielmehr ist der Hedger auch bei einem Micro-Hedge in der Regel einem Basisrisiko ausgesetzt.[438]

b) Macro- und Cross-Hedging

Im Gegensatz zu einem Micro-Hedge werden Geschäfte als Macro-Hedge bezeichnet, bei denen dem Grundgeschäft ein Sicherungsgeschäft gegenübersteht, dessen Basiswert oder Bezugsobjekt nicht vollständig mit dem Grundgeschäft übereinstimmt.[439] Soweit das abzusichernde Asset nicht mit dem Basiswert des Hedging-Geschäftes übereinstimmt, spricht man auch von *Cross Hedging*[440] oder einem *Proxy Hedge*.[441] Grundgeschäft und Sicherungsgeschäft werden sich in diesen Fällen nur teilweise decken, weshalb eine nahezu vollkommene Absicherung der Grundgeschäfte nicht möglich ist. Beispiel für einen typischen Cross Hedge ist die Absicherung von Flugzeugkraftstoffpositionen, mangels Angebot eines Derivats mit dem passenden Underlying, mittels Heizöl-Futures.[442] Auch die Absicherung einer Fremdwährungsposition, mangels Angebot eines Derivats in der erforderlichen Fremdwährung, mit einem Derivat auf eine andere Fremdwährung, ist ein Beispiel für einen Cross Hedge.[443] Teilweise werden Cross-Hedges nicht mangels Alternativen aufgebaut, sondern gezielt dazu genutzt, bestimmte Risiken eines Exposures abzusichern, andere Risiken aber aufrecht zu erhalten.[444] In all diesen Fällen besteht die Gefahr, dass die Kursentwicklung des Hedging-Geschäftes beziehungsweise dessen Underlying

2013, S. 33; *Schneck*, Risikomanagement 2010, S. 196; *Steiner/Bruns/Stöckl*, Wertpapiermanagement, 10. Auflage 2012, S. 481.

436 *Rudolf*, in: Kümpel/Wittig, Bank- und Kapitalmarktrecht, 4. Auflage 2011, 19. Teil Rn. 19.38.

437 Vgl. auch *Steiner/Bruns/Stöckl*, Wertpapiermanagement, 10. Auflage 2012, S. 481.

438 Vgl. *Veljanovski*, in: Goss, Futures Markets: Their Establishement and Performance 1986, 13, 23. Zum Basisrisiko in den Fällen eines Cross Hedges vgl. sogleich B.V.3.b).

439 *Rudolph/Schäfer*, Derivative Finanzmarktinstrumente, 2. Auflage 2010, S. 33.

440 *Hull*, Optionen, Futures und andere Derivate, 8. Auflage 2012, S. 91; *Oehler/Unser*, Finanzwirtschaftliches Risikomanagement, 2. Auflage 2013, S. 33; *Schmeisser*, Corporate Finance und Risk Management 2010, S. 158; *Schneck*, Risikomanagement 2010, S. 228.

441 *Eller/Heinrich/Perrot/Reif*, Kompaktwissen Risikomanagement 2010, S. 44.

442 *Hull*, Optionen, Futures und andere Derivate, 8. Auflage 2012, S. 91; *Schneck*, Risikomanagement 2010, S. 228; zu den Preisunterschieden zwischen Preisen des Förderungsortes von *Natural Gas* und dem Preis des Underlyings von Gasderivaten an der Börse: *Haushalter*, J. Fin., Vol. 55 (2000), No. 1, 107, 115 f.

443 *Rudolph/Schäfer*, Derivative Finanzmarktinstrumente, 2. Auflage 2010, S. 167 f.

444 Dazu im Detail unten E.IV.2.b)cc)(3)(c).

und die Wertentwicklung des Grundgeschäftes nicht vollständig korrelieren, was als Basisrisiko bezeichnet wird.[445]

Als zeitliches Cross Hedging werden Absicherungsgeschäfte bezeichnet, deren Laufzeit nicht genau mit der Laufzeit oder Fälligkeit des Grundgeschäftes übereinstimmen.[446]

Unter den Begriff des Macro-Hedge werden zum Teil auch Geschäfte subsumiert, bei denen nicht ein genau zuordenbares einzelnes Grundgeschäft abgesichert wird, sondern eine Gruppe von Positionen.[447] Allerdings ist diese Form der Absicherung unter den speziellen Begriff des Portfolio-Hedging zu subsumieren.[448]

c) Portfolio-Hedging

Auch bei einem Portfolio-Hedge handelt es sich, wie bei einem Macro-Hedge, um eine unvollkommene Absicherung. Gleiche oder ähnliche Grundgeschäfte und Risikopositionen werden vorab in einem Portfolio zusammengefasst und abgegrenzt.[449]

Beispielhaft für einen Portfolio-Hedge kann die Absicherung verschiedener Aktienpositionen durch ein Aktienindex-Derivat angeführt werden. Eine derartige Absicherungsstrategie wird oftmals von Kreditinstituten genutzt.[450]

d) Hedge Ratio

Da sowohl bei einem Macro-Hedge als auch bei einem Portfolio-Hedge das Grundgeschäft nicht vollständig mit dem Sicherungsgeschäft korreliert, ist es notwendig, die Anzahl der Sicherungskontrakte, die für eine bestmögliche Absicherung notwendig sind, gesondert zu berechnen. Dies geschieht unter Hinzuziehung der *Hedge Ratio*.[451]

---

445 Mit weiteren Einzelheiten: *Eller/Heinrich/Perrot/Reif,* Kompaktwissen Risikomanagement 2010, S. 62 sowie zum Basisrisiko bei der Absicherung gegen Rohstoffpreisrisiken S. 95; dazu auch *Haushalter,* J. Fin., Vol. 55 (2000), No. 1, 107, 115.

446 *Rudolph/Schäfer,* Derivative Finanzmarktinstrumente, 2. Auflage 2010, S. 168.

447 *Rudolf,* in: Kümpel/Wittig, Bank- und Kapitalmarktrecht, 4. Auflage 2011, 19. Teil Rn. 19.40; *Eller/Heinrich/Perrot/Reif,* Kompaktwissen Risikomanagement 2010, S. 43 sowie *Köhler,* in: Schwintowski, Bankrecht, 4. Auflage 2014, § 21 Rn. 11 sprechen auch bei einem Macro-Hedge davon, dass ein Portfolio abgesichert wird.

448 So auch *Rudolph/Schäfer,* Derivative Finanzmarktinstrumente, 2. Auflage 2010, S. 33; *Schneck,* Risikomanagement 2010, S. 197.

449 *Rudolf,* in: Kümpel/Wittig, Bank- und Kapitalmarktrecht, 4. Auflage 2011, 19. Teil Rn. 19.43; *Rudolph/Schäfer,* Derivative Finanzmarktinstrumente, 2. Auflage 2010, S. 33; *Schneck,* Risikomanagement 2010, S. 197.

450 *Rudolf,* in: Kümpel/Wittig, Bank- und Kapitalmarktrecht, 4. Auflage 2011, 19. Teil Rn. 19.43.

451 *Brealey/Myers/Allen,* Principles of Corporate Finance, 11th ed. 2014, S. 679 f.; *Rudolf,* in: Kümpel/Wittig, Bank- und Kapitalmarktrecht, 4. Auflage 2011, 19. Teil Rn. 19.41; *Schmeisser,* Corporate Finance und Risk Management 2010, S. 159. Zur

Die Kennzahl der Hedge Ratio (Absicherungsquotient)[452] ist das Verhältnis zwischen der Höhe der Position, in der Absicherungskontrakte eingegangen werden müssen, und der Höhe des Grundgeschäftes.[453] Bei der Absicherung eines Aktienportfolios mithilfe eines Aktienindex-Derivats ist die Hedge Ratio mit dem Beta-Faktor des Portfolios gleichzusetzen.[454]

Eine Absicherung unter Berücksichtigung der Hedge Ratio wird auch als Delta-Hedging bezeichnet.[455]

4. Hedging gegen steigende und fallende Kurse

Je nach Situation wird man sich gegen ein Steigen oder ein Fallen des Kurses oder Wertes des Grundgeschäftes absichern möchten.

a) Hedging mit unbedingten Derivaten

Möchte man sich vor steigenden Kursen absichern, kann eine Long-Position in einem unbedingten Derivat eingenommen werden. Eine Absicherung dergestalt wird auch als *Long-Hedge* bezeichnet und kommt dann zur Anwendung, wenn in der Zukunft ein Asset erworben werden soll, dessen Kurs auf diese Weise fixiert wird.[456]

Das Risiko fallender Kurse kann dagegen durch das Eingehen einer Short-Position in einem Festgeschäft neutralisiert werden.[457] Ein derartiger *Short-Hedge* sichert Assets, die sich im Besitz des Absichernden befinden oder in Zukunft befinden

---

Berechnung der Hedge Ratio und der Anzahl an Sicherungskontrakten vgl. z. B. *Hull*, Optionen, Futures und andere Derivate, 8. Auflage 2012, S. 91 ff.

452 Üblicherweise wird in die Berechnung der Hedge Ratio die Volatilität des Spot- als auch des Terminkurses mittels Berücksichtigung der Varianz einbezogen, weshalb zum Teil auch der Begriff der Minimum-Varianz-Hedge Ratio (so beispielsweise *Hull*, Optionen, Futures und andere Derivate, 8. Auflage 2012, S. 91) oder varianzminimierende Hedge Ratio verwendet wird (*Rudolph/Schäfer*, Derivative Finanzmarktinstrumente, 2. Auflage 2010, S. 230); zur genauen Bestimmung dieses Quotienten siehe dort.

453 Vgl. *Hull*, Optionen, Futures und andere Derivate, 8. Auflage 2012, S. 91; *Rudolph/Schäfer*, Derivative Finanzmarktinstrumente, 2. Auflage 2010, S. 90, bezeichnen hingegen die Anzahl der Derivatekontrakte als Hedge Ratio.

454 *Hull*, Optionen, Futures und andere Derivate, 8. Auflage 2012, S. 97; so wohl auch *Schneck*, Risikomanagement 2010, S. 229. Der Beta-Faktor beschreibt die Kurssensitivität des Portfolios im Vergleich zu den Kursschwankungen des Gesamtmarktes beziehungsweise eines representativen Indices. Vgl. dazu beispielsweise *Rudolph/Schäfer*, Derivative Finanzmarktinstrumente, 2. Auflage 2010, S. 99.

455 So beispielsweise *Schneck*, Risikomanagement 2010, S. 207.

456 *Hull*, Optionen, Futures und andere Derivate, 8. Auflage 2012, S. 81 f.; *Schmeisser*, Corporate Finance und Risk Management 2010, S. 164; *Schneck*, Risikomanagement 2010, S. 226.

457 Vgl. *Rudolf*, in: Kümpel/Wittig, Bank- und Kapitalmarktrecht, 4. Auflage 2011, 19. Teil Rn. 19.83.

werden, vor einem Wertverlust ab.[458] Wird in dieser Weise eine Aktienposition abgesichert, so entsteht ein *Empty Voting Right*, das heißt das wirtschaftliche Risiko aus der Beteiligung wird eleminiert und lediglich die Stimmrechte bleiben erhalten.[459]

b) Hedging mit bedingten Derivaten

aa) Absicherung gegen fallende Kurse

Die Absicherung einer bestehenden Position kann durch den Kauf einer Verkaufsposition (*Long-Put*) gegen fallende Kurse abgesichert werden, was als Protective Put bezeichnet wird.[460] Bei wirtschaftlicher Gesamtbetrachtung von Grundgeschäft und Long-Put ergibt sich damit eine synthetische Long-Call-Position.[461]

Abbildung 3: Gewinnprofil eines Protective Put[462]

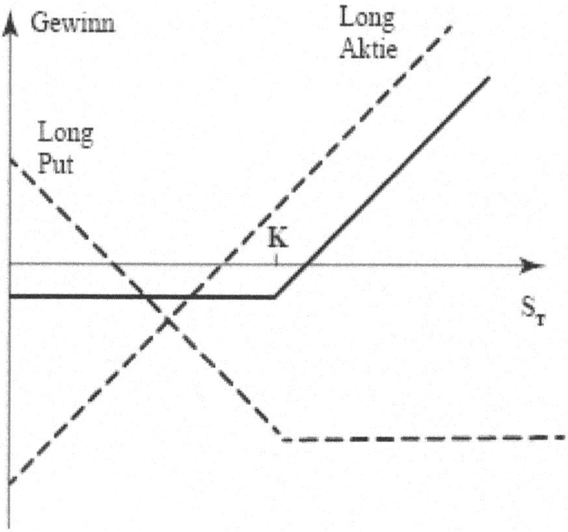

458 *Hull*, Optionen, Futures und andere Derivate, 8. Auflage 2012, S. 80 f.; *Schmeisser*, Corporate Finance und Risk Management 2010, S. 163; *Schneck*, Risikomanagement 2010, S. 226.

459 Hierzu grundlegend: *Hu/Black*, S. Cal. L. Rev., Vol. 79 (2006), No. 4, 811, 828 ff.; *Hu/Black*, J. Corp. Fin., Vol. 13 (2007), No. 2–3, 343, 348 ff.; *Hu/Black*, U. Pa. L. R., Vol. 156 (2008), No. 3, 625, 640; dazu auch *Theusinger/Möritz*, NZG 2010, 607.

460 *Hull*, Optionen, Futures und andere Derivate, 8. Auflage 2012, S. 304; *Rudolph/Schäfer*, Derivative Finanzmarktinstrumente, 2. Auflage 2010, S. 36; *Schneck*, Risikomanagement 2010, S. 205; *Wolke*, Risikomanagement, 3. Auflage 2016, S. 109.

461 *Bank-Verlag*, Basisinformationen über Finanzderivate 2008, S. 83.

462 Nach *Hull*, Optionen, Futures und andere Derivate, 8. Auflage 2012, S. 305.

Wird lediglich mit leicht schwankenden oder stagnierenden Märkten gerechnet, so kann auch eine *Covered Call Writing Strategie* verfolgt werden, welche darin besteht, eine Kaufoption zu verkaufen (*Short-Call*).[463] Verändert sich der Kurs des Underlying nur geringfügig, so kann ein zusätzlicher Gewinn in Höhe der Optionsprämie erzielt werden. Sinkt der Kurs des Underlying, so wird die Option nicht ausgeübt werden und der Verlust aus dem Grundgeschäft kann in Höhe der Optionsprämie vermindert werden. Es besteht allerdings auch die Gefahr, dass die Kurse über den Ausübungspreis steigen und die Option ausgeübt wird. Dann werden die Gewinne aus dem Grundgeschäft durch die Ausgleichs- oder Lieferpflicht zum Ausübungspreis begrenzt.[464] Fallen die Kurse dagegen stärker als erwartet, so kann die Optionsprämie den Verlust aus dem Grundgeschäft möglicherweise nicht mehr auffangen.[465]

Erfolgt eine Absicherung mittels eines Protective-Puts, so beträgt der Verlust bei sinkenden Kursen des Underlying ab einem gewissen Punkt konstant die Optionsprämie. Durch den Kauf von zwei Put-Optionen können bei stark sinkenden Kursen wieder Gewinne erzielt werden. Der maximale Verlust beträgt eine zweifache Optionsprämie (*Zwei-zu-eins-Hedge-Put-Strategie*).[466]

bb) Absicherung gegen steigende Kurse

Zur Absicherung gegen steigende Kurse, vor allem bei einer geplanten Investition in ein Asset (antizipativer Hedge), kann eine Kaufoption erworben werden (*Long Call Hedge Strategie*).[467] Durch den Verkauf einer Put-Option kann eine mit der Covered Call Writing Strategie vergleichbare begrenzte Absicherung erreicht werden.[468]

---

463 Dazu: *Hull,* Optionen, Futures und andere Derivate, 8. Auflage 2012, S. 304; *Rudolph/Schäfer,* Derivative Finanzmarktinstrumente, 2. Auflage 2010, S. 36; *Schneck,* Risikomanagement 2010, S. 206; *Wolke,* Risikomanagement, 3. Auflage 2016, S. 107 f.

464 *Hull,* Optionen, Futures und andere Derivate, 8. Auflage 2012, S. 304; *Rudolph/Schäfer,* Derivative Finanzmarktinstrumente, 2. Auflage 2010, S. 36; *Schneck,* Risikomanagement 2010, S. 206. Sobald die Option ausgeübt wird, beträgt der Gewinn konstant die Differenz zwischen Ausübungspreis und Erwerbspreis des Underlying zuzüglich der Optionsprämie.

465 Zu der gleichen Gefahr bei Absicherung einer Short-Position durch das Underlying (gedeckte Position) vgl. B.V.8.b).

466 *Rudolph/Schäfer,* Derivative Finanzmarktinstrumente, 2. Auflage 2010, S. 38.

467 *Rudolph/Schäfer,* Derivative Finanzmarktinstrumente, 2. Auflage 2010, S. 36; nach Ansicht von Wolke ist diese Form der Absicherung als Risikosteuerungsinstrument ungeeignet, da keine Verluste kompensiert werden, vgl. *Wolke,* Risikomanagement, 3. Auflage 2016, S. 107.

468 Dazu *Hull,* Optionen, Futures und andere Derivate, 8. Auflage 2012, S. 304.

Abbildung 4: Gewinnprofil einer Long Call Hedge Strategie[469]

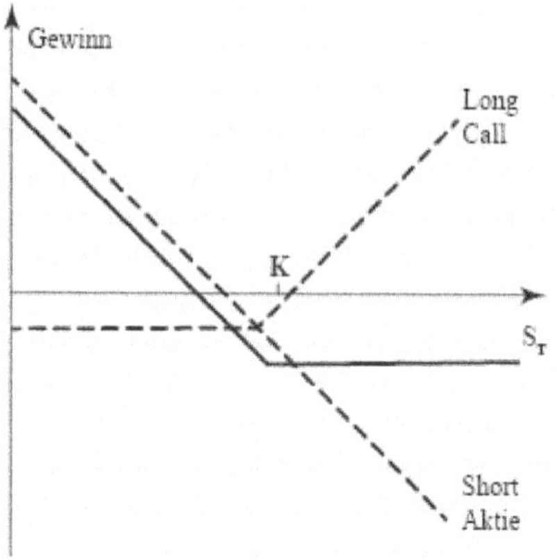

cc) Optionskombinationen

Aus der Kombination der verschiedenen Options-Positionen (Long-Call, Long-Put, Short-Call, Short-Put) lassen sich verschiedene Handelsstrategien mit eigenen Chancen-Risiko-Profilen erstellen, mit denen Gewinne abgesichert werden können.[470] Dazu zählen unter anderem Spreads, Straddles, Strangles, Strips und Straps.[471] Zwar ist diesen Anlageformen gemeinsam, dass sie durch ihre Kombination in gewissem Umfang gegen Verluste abgesichert sind, dennoch sind sie insgesamt als Spekulationsstrategien anzusehen.[472]

5. Fixes und dynamisches Hedging

Zu unterscheiden sind auch fixe und dynamische Hedging-Strategien. Im Falle ersterer wird eine bestimmte Menge an Absicherungsinstrumenten erworben und diese werden grundsätzlich bis zum geplanten Ende der Absicherung in eben dieser Stückmenge gehalten.[473] Insoweit wird auch von einem statischen Hedging gesprochen.[474]

---

469 Nach *Hull*, Optionen, Futures und andere Derivate, 8. Auflage 2012, S. 305.

470 Vgl. beispielsweise *Schneck*, Risikomanagement 2010, S. 208.

471 Dazu vgl. oben B.IV.1.a)cc)(2)(b).

472 *Rudolph/Schäfer*, Derivative Finanzmarktinstrumente, 2. Auflage 2010, S. 38; dazu auch unten im Rahmen der abgesicherten Handelsstrategien B.V.9.

473 *Hull*, Optionen, Futures und andere Derivate, 8. Auflage 2012, S. 482 f.; *Renn/Weber/Gotschev*, AG 2012, 440, 441; *Steiner/Bruns/Stöckl*, Wertpapiermanagement, 10. Auflage 2012, S. 547.

474 *Hull*, Optionen, Futures und andere Derivate, 8. Auflage 2012, S. 482 f.; *Renn/Weber/Gotschev*, AG 2012, 440, 441; *Schmeisser*, Corporate Finance und Risk Management 2010, S. 157.

Davon zu unterscheiden sind dynamische Hedging-Strategien, vor allem im Falle einer Absicherung mit Optionen oder von Optionen[475] sowie bei Volatilität der Erträge aus dem Underlying.[476] So kann die Hedging-Position dynamisch den Veränderungen der Sensitivitätskennzahlen angepasst werden.[477]

6. Symmetrische und asymmetrische Absicherung

Festgeschäfte, wie Forwards und Futures, können zur symmetrischen Absicherung von Risiken eingesetzt werden.[478] Aufgrund ihres symmetrischen Chancen-Risikoprofils[479] können Risikovariablen wie Zinssätze, Wechselkurse oder Aktienkurse fixiert werden. Das Sicherungsgeschäft entwickelt sich in der Regel nahezu gegenläufig wie das Grundgeschäft, sodass Verluste vermieden werden. Auf diese Weise muss allerdings auch auf jegliche Gewinnmöglichkeit bei einer positiven Entwicklung der Risikovariablen verzichtet werden. Im Ergebnis bedeutet das, dass das wirtschaftliche Gesamtergebnis ohne Absicherung auch besser ausfallen könnte als mit der Absicherung des Grundgeschäftes.[480]

Mittels Optionen ist eine asymmetrische Absicherung möglich, weil an den Gewinnen partizipiert werden kann, ohne auf eine Absicherung verzichten zu müssen und damit Verluste vermieden werden.[481] Allerdings ist für den Erwerb der Option eine Optionsprämie fällig, die unabhängig davon zu entrichten ist, ob die Option ausgeübt wird oder nicht. Eine asymmetrische Absicherung wird oft dann durchgeführt, wenn nicht nur ein Preis-, sondern auch ein Mengenrisiko besteht.[482] Dies wird dann der Fall sein, wenn noch nicht sicher ist, in welcher Menge das

---

475 Vgl. z. B. *Hull*, Optionen, Futures und andere Derivate, 8. Auflage 2012, S. 499 f.; *Renn/Weber/Gotschev*, AG 2012, 440, 441; zum dynamischen Hedging vgl. unten B.V.8.d).

476 *Tong*, J. Int. Money & Fin., Vol. 15 (1996), No. 1, 19.

477 Zu den Sensitivitätskennzahlen vgl. oben B.IV.1.a)cc)(2)(a) sowie unten; dazu auch *Rudolph/Schäfer*, Derivative Finanzmarktinstrumente, 2. Auflage 2010, S. 297; *Steiner/Bruns/Stöckl*, Wertpapiermanagement, 10. Auflage 2012, S. 547 ff.; die entsprechende Hedging-Strategie wird dann, je nach Sensitivitätskennzahl, beispielsweise als Delta- oder Gamma-Hedging bezeichnet. Zum Delta-Hedging siehe auch *Renn/Weber/Gotschev*, AG 2012, 440, 442.

478 *Harris*, Trading and Exchanges 2003, S. 185 f. verwendet die Begriffe *linear hedge* und *nonlinear hedge*.

479 Vgl. oben B.IV.1.a)bb)(2).

480 Vgl. auch *Hull*, Optionen, Futures und andere Derivate, 8. Auflage 2012, S. 35 f., 85.

481 *Bartram*, Manag. Fin., Vol. 32 (2006), No. 2, 160, 175; *Brown*, J. Fin. Econ., Vol. 60 (2001), No. 2–3, 401, 430 f.; *Harris*, Trading and Exchanges 2003, S. 186; *Rudolf*, in: Kümpel/Wittig, Bank- und Kapitalmarktrecht, 4. Auflage 2011, 19. Teil Rn. 19.46.

482 *Bartram*, Manag. Fin., Vol. 32 (2006), No. 2, 160, 174; *Gay/Nam/Turac*, J. Futures Markets, Vol. 23 (2003), No. 3, 217, 228 f.

Grundgeschäft abgesichert werden muss, beispielsweise im Falle einer unsicheren Ernte oder eines unsicheren Bedarfs an Rohstoffen.

Eine Kombination dieser beiden Absicherungsstrategien (*Best of both Worlds*), also die vollständige Aufrechterhaltung der Gewinnmöglichkeit ohne gleichzeitig eine Optionsprämie entrichten zu müssen, gibt es nicht.[483]

7. Langfristiges Hedging

Soll eine Absicherung über einen längeren Zeitraum erfolgen und stehen dafür keine Derivate mit einer entsprechend langen Laufzeit zur Verfügung, so kann das Grundgeschäft bewusst nur über einen gewissen Zeitraum abgesichert werden (Teilzeitabsicherung). Das Risiko der Wertänderung zwischen dem Ende der Laufzeit des Derivatekontraktes und dem Ende der Absicherungsperiode wird dann bewusst in Kauf genommen.[484] Eine andere Möglichkeit besteht darin, dass ein kurzfristiger Derivatekontrakt eingegangen wird, der immer wieder prolongiert wird. Das bedeutet, der Kontrakt wird nach einer gewissen Zeit glattgestellt und durch eine neue Future-Position mit späterem Verfalldatum ersetzt.[485] Dabei spricht man von einem *Roll Over Hedge*, einem *Sequential Hedging* oder von *Rolling the Hedge Forward*.[486] In diesem Zusammenhang hat sich auch der Ausdruck *Stacked Hedge* entwickelt, wonach zum Zwecke einer langfristigen Absicherung bewusst kurzfristige Kontrakte eingegangen werden, um gleichzeitig durch ein *Carrying-Charge-Hedging* auf das Basisrisiko zu spekulieren.[487]

8. Hedging von Short-Positionen in Optionen (bedingte Termingeschäfte)

Soweit eine Short-Position in einer börsenghandelten Option eingegangen wird, kann das Risiko durch eine Long-Position in der gleichen Option abgesichert weren.[488] Dies bedeutet aber, dass für die Long-Position eine Optionsprämie entrichtet werden muss. Zudem kann diese Strategie bei OTC-Optionen nicht so einfach verfolgt werden, weil börsengehandelte Optionen möglicherweise nicht zur Verfügung

---

483 *Rudolf*, in: Kümpel/Wittig, Bank- und Kapitalmarktrecht, 4. Auflage 2011, 19. Teil Rn. 19.47.

484 Dazu *Rudolph/Schäfer*, Derivative Finanzmarktinstrumente, 2. Auflage 2010, S. 168 f., zu der Absicherung gegen Währungsrisiken über einen längeren Zeitraum.

485 *Hull*, Optionen, Futures und andere Derivate, 8. Auflage 2012, S. 101; *Rudolph/Schäfer*, Derivative Finanzmarktinstrumente, 2. Auflage 2010, S. 169.

486 *Rudolph/Schäfer*, Derivative Finanzmarktinstrumente, 2. Auflage 2010, S. 169.

487 Vgl. hierzu *Culp/Miller*, ZBB 1995, 2, 4 ff.; *Kropp*, ZBB 1995, 14, 21; zum Carrying-Charge Hedging nach Working vgl. sogleich unten B.V.10.b).

488 *Hull*, Optionen, Futures und andere Derivate, 8. Auflage 2012, S. 478; *Rieger*, Optionen, Derivate und strukturierte Produkte 2009, S. 156.

stehen. Zur Absicherung der Risiken aus Short-Call und Short-Put können deshalb noch weitere Strategien angedacht werden.

a) Keine Absicherung (ungedeckte Position)

Wird auf die Absicherung einer Short-Position in einer Option gänzlich verzichtet, so spricht man von einer ungedeckten Position.[489] Nur auf diese Weise wird die Möglichkeit gewahrt, die Optionsprämie als Gewinn in voller Höhe zu erhalten. Gleichzeitig birgt eine ungedeckte Position allerdings das Risiko eines unabsehbaren Verlustes, soweit die Option ausgeübt wird.

b) Einnahme einer gedeckten Position

Denkbar ist auch die Einnahme einer gedeckten Position, wonach eine entsprechende Menge des Underlying erworben wird beziehungsweise leer verkauft wird.[490]

Wird beispielsweise eine Put- oder Call-Option verkauft, so kann sie mittels des Underlying in gewissem Umfang abgesichert werden und die Verluste bei Ausübung der Option können vermindert werden. Die Absicherung eines Short-Put kann mittels einer Short-Position in einer Aktie erfolgen. Ein Short-Call kann durch eine Long-Position in dem Underlying abgesichert werden, was als *Covered-Call* bezeichnet wird.[491]

Bei genauerer Betrachtung ist diese Strategie allerdings aus Absicherungsgesichtspunkten ungenügend. Zwar bietet sie eine Absicherung soweit die Option ausgeübt wird, im Gegensatz dazu kann sie aber zu erheblichen Verlusten führen, wenn die Option nicht ausgeübt wird. Den Verlusten des Underlying steht dann lediglich begrenzt die Optionsprämie gegenüber.[492]

Ist das Fallen und Steigen der Kurse gleich wahrscheinlich und ist der Stillhalter nicht im Besitz von speziellen Informationen, so bietet eine gedeckte Position keinen Vorteil gegenüber einer ungedeckten Position.

c) Stop-Loss-Strategie

Aus Hedging-Sicht geeigneter ist eine vereinzelt vorgeschlagene *Stop-Loss-Strategie,* welche gedeckte und ungeckte Positionen kombiniert.[493] Entsprechend der Stop-Loss-Strategie werden Aktien zur Absicherung immer dann erworben, wenn der Kurs der Aktie über den Ausübungspreis steigt und damit eine gedeckte

489 *Hull,* Optionen, Futures und andere Derivate, 8. Auflage 2012, S. 478.
490 *Hull,* Optionen, Futures und andere Derivate, 8. Auflage 2012, S. 479.
491 *Hull,* Optionen, Futures und andere Derivate, 8. Auflage 2012, S. 304.
492 Vgl. *Hull,* Optionen, Futures und andere Derivate, 8. Auflage 2012, S. 479.
493 *Hull,* Optionen, Futures und andere Derivate, 8. Auflage 2012, S. 479; *Rieger,* Optionen, Derivate und strukturierte Produkte 2009, S. 149; *Schmeisser,* Corporate Finance und Risk Management 2010, S. 198.

Position eingegangen wird. Sinkt der Kurs der Aktie unter den Ausübungspreis, so wird die Aktie wieder verkauft und eine ungedeckte Position eingenommen. Wird diese Strategie konsequent verfolgt, so kann sichergestellt werden, dass das Finanzinstitut zum vereinbarten Ausübungszeitpunkt das Underlying hält und damit abgesichert ist, soweit die Option im Geld liegt und ausgeübt wird. Liegt die Option auf dem Geld und hat der Stillhalter eine ungedeckte Position eingenommen, so gewinnt er die Optionsprämie, ohne dass diese durch Verluste im Underlying geschmälert wäre.[494] Allerdings vernachlässigt diese Strategie Transaktionskosten, die umso höher sind, je öfter der Kurs der Aktie den Basispreis kreuzt. Zum anderen wird ein Kauf oder Verkauf des Underlying nie genau zum Ausübungskurs erfolgen können, da sich der Kurs ständig verändert.[495] Eine Kauf- oder Verkaufsentscheidung kann erst getroffen werden, wenn der Strike-Preis über- oder unterschritten ist.[496]

d) Dynamisches Hedging mit Hilfe der Sensitivitätskennzahlen

In der Praxis kommen oftmals komplexere Absicherungsstrategien zur Anwendung, die bestimmte Sensitivitätskennzahlen von Optionen, wie Delta, Gamma, Vega, Theta und Rho, die auch als *Greeks* bezeichnet werden, berücksichtigen.[497]

Da sich all diese Kennzahlen kontinuierlich ändern, muss die Absicherung regelmäßig angepasst werden, indem Absicherungsintrumente gekauft oder verkauft werden. Deshalb spricht man auch von dynamischem Hedging.[498] Für ein kleines Portfolio an Optionen eignet sich das dynamische Hedging wirtschaftlich nicht, da

494 *Hull,* Optionen, Futures und andere Derivate, 8. Auflage 2012, S. 479.

495 *Hull,* Optionen, Futures und andere Derivate, 8. Auflage 2012, S. 480.

496 *Rieger,* Optionen, Derivate und strukturierte Produkte 2009, S. 150.

497 Vgl. dazu im Einzelnen: *Hull,* Optionen, Futures und andere Derivate, 8. Auflage 2012, S. 481 ff.; *Rieger,* Optionen, Derivate und strukturierte Produkte 2009, S. 150 ff.; *Rudolph/Schäfer,* Derivative Finanzmarktinstrumente, 2. Auflage 2010, S. 292 ff.; *Schmeisser,* Corporate Finance und Risk Management 2010, S. 199 ff.; zu den Greeks auch kurz *Schneck,* Risikomanagement 2010, S. 204. Zu den ***Greeks*** zählen unter anderem: der *Delta*-Faktor, er gibt die Sensitivität des Optionspreises gegenüber dem Preis des Underlyings wieder, *Theta* die Sensitivität des Portfoliowerts gegenüber der Restlaufzeit, *Gamma* die Sensitivität des Portfolio-Deltas gegenüber dem Asset-Preis, *Vega* die Sensitivität des Portfoliowerts gegenüber der Volatilität des Underlyings und *Rho* die Sensitivität des Portfoliowertes gegenüber dem Zinssatz. Zu den Sensitivitätskennzahlen auch schon B.IV.1.a)cc)(2)(a).

498 Dazu *Hull,* Optionen, Futures und andere Derivate, 8. Auflage 2012, S. 483, 499; *Rudolph/Schäfer,* Derivative Finanzmarktinstrumente, 2. Auflage 2010, S. 297; zur Abgrenzung des dynamischen Hedgings von fixen Hedging-Strategien vgl. B.V.5.

es mit hohen Transaktionskosten verbunden ist. Bei der Absicherung eines großen Portfolios fallen die Handelskosten allerdings verhältnismäßig gering aus.[499]

9. Abgesicherte Handelsstrategien

Durch Optionen wird insgesamt die Möglichkeit des sogenannten *Financial Engineering* eröffnet, bei dem verschiedenste Auszahlungsprofile durch die Kombination von mehreren Finanzinstrumenten in einem Portfolio kreiert werden.[500]

Bei vielen dieser Handelsstrategien, wie beispielsweise Spreads, ist sowohl die Gewinn- als auch die Verlustmöglichkeit begrenzt.[501] Durch die Kombination verschiedener Kontrakte sind diese Anlageformen in gewissem Umfang gegen Verluste abgesichert, dennoch sind sie den Spekulationsstrategien zuzuordnen.[502]

Eine Kombination von Kassa- und Termingeschäften, die beabsichtigen die Ertrags- und Risikostrukturen optimal aufeinander abzustimmen, sind als Portfolio-Ansätze ebenfalls von Hedging-Geschäften abzugrenzen.[503] Dazu sind wohl auch *Long/Short Equity-Strategien* von Hedge-Fonds zu zählen, die durch Kauf von unterbewerteten Aktien und durch gleichzeitigen Leerverkauf von überbewerteten Aktien lediglich das Marktrisiko ausschließen wollen. Alle anderen Risiken werden aber bewusst und isoliert übernommen.[504] Als Beispiel für diese Strategie wird der Kauf von Bayer-Aktien und der gleichzeitige Leerverkauf von BASF-Aktien genannt.[505] Hierdurch kann das spezifische Marktrisiko neutralisiert werden, ohne auf eine Gewinnmöglichkeit durch das unsystematische Risiko, also die Entwicklung der Einzelaktien, verzichten zu müssen.

Derartige Handelsstrategien sind als Spekulationsstrategien mit Hedging-Elementen zu qualifizieren. Diese sind von Hedging-Strategien, die primär der Absicherung dienen, abzugrenzen.

---

499 *Hull,* Optionen, Futures und andere Derivate, 8. Auflage 2012, S. 500.

500 Zum Financial Engineering und den adurch entwickelten Produkten: *Bodie/Kane/Marcus,* Investments, 10th ed. 2014, S. 707 f.; *Brealey/Myers/Allen,* Principles of Corporate Finance, 11th ed. 2014, S. 522.

501 *Hull,* Optionen, Futures und andere Derivate, 8. Auflage 2012, S. 309.

502 *Rudolph/Schäfer,* Derivative Finanzmarktinstrumente, 2. Auflage 2010, S. 38.

503 *Rudolph/Schäfer,* Derivative Finanzmarktinstrumente, 2. Auflage 2010, S. 33; so auch *BaFin,* Rundschreiben R 3/99, abrufbar unter: http://www.bafin.de/SharedDocs/Downloads/DE/Rundschreiben/dl_rs_9903_va_strukturierte_produkte.pdf?__blob=publicationFile, zuletzt abgerufen am 04.01.2017, S. 3: „Der gleichzeitige Erwerb von Kassainstrument und derivativem Finanzinstrument in Form eines strukturierten Produktes erfüllt diese Voraussetzungen nicht."

504 Vgl. dazu auch unten B.VII.3.

505 *Gerke/Mager/Kiehn,* ZBB 2002, 479, 480.

10. Hedging-Strategien entsprechend ihrer Motive nach Working

Working stellte in den 1960er Jahren das *Multi Purpose Concept of Hedging* auf, wonach verschiedene Kategorien von Hedging-Geschäften entsprechend ihrer Motive zu unterscheiden sind.[506]

a) Pure Risk-Avoidance Hedging

Hedging, das alleine dazu betrieben wird Risiken zu reduzieren, wird von Working als *pure risk-avoidance hedging* bezeichnet. Seiner Ansicht nach könnte diese Art des Hedging in der frühen Geschichte der Futures-Märkte eine bedeutende Rolle gespielt haben.[507] Allerdings sei das Hedging zur reinen Risikovermeidung unwichtig beziehungsweise in der modernen Wirtschaftspraxis der 1960er Jahren nahezu nicht mehr vorhanden.[508]

Working geht davon aus, dass Hedging aufgrund einer Vielzahl von Motiven betrieben wird, weshalb andere Formen des Hedging abzugrenzen sind und er den Begriff des Multipurpose Concept of Hedging prägte.[509]

b) Carrying-Charge Hedging

Als *Carrying-Charge Hedge* wird eine Absicherungsstrategie bezeichnet, die auf Unterschieden zwischen Spot- und Futures-Preisen basiert und in der Erwartung einer Änderung dieser Relation getätigt wird.[510]

> „*A major source of mistaken notions of hedging is the conventional practice of illustrating hedging with a hypothetical example in which the price of the future bought or sold as a hedge is supposed to rise or fall by the same amount that the spot price rises or falls.*“[511]

Beabsichtigt ist damit, von dem bestehenden Basisrisiko, welches aufgrund der Unterschiede zwischen Futures- und Spot-Kurs besteht, zu profitieren. Die Ausnutzung

---

506 Grundlegend *Working*, Am. Econ. Rev., Vol. 51 (1961), No. 2, 160; *Working*, Am. Econ. Rev., Vol. 52 (1962), No. 3, 431.

507 *Working*, Am. Econ. Rev., Vol. 52 (1962), No. 3, 431, 442.

508 *Working*, Am. Econ. Rev., Vol. 52 (1962), No. 3, 431, 442.

509 Dazu und zu den Motiven des Hedging in der wirtschaftswissenschaftlichen Forschung vgl. unten E.IV.2.a)cc) sowie E.IV.2.b)aa); hierzu auch *Culp/Miller*, J. Applied Corp. Fin., Vol. 8 (1995), No. 1, 121, 122.

510 *Working*, Am. Econ. Rev., Vol. 43 (1953), No. 3, 314, 325: „Most hedging is done in the expectation of a change in spot-future price relations, the change that is reasonably to be expected being often indicated quite clearly by the current spot-future price relation.“

511 *Working*, Am. Econ. Rev., Vol. 43 (1953), No. 3, 314, 320 f.

dieses Unterschiedes wird von Working als eine Form der Arbitrage bezeichnet.[512] Allerdings tritt das Motiv des Hedging im Einzelfall wohl mehr oder weniger in den Vorder- oder Hintergrund.[513]

Liegt der Spot-Preis eines Rohstoffes beispielsweise unter dem Future-Preis, so kann das Underlying gekauft werden und gleichzeitig auf Termin verkauft werden. Nähern sich Spot- und Futures-Kurse zur Fälligkeit hin an, so kann ein Gewinn erwirtschaftet werden. Damit ensteht im Ergebnis durch die Lagerung des Rohstoffes ein Gewinn.[514] Das Carrying-Charge Hedging, was auch als *Arbitrage-Hedging* bezeichnet wird, lohnt sich in den Fällen, in denen der erwartete Gewinn über den Kosten der Lagerhaltung beziehungsweise den cost of carry liegt.[515]

Von Carrying-Charge-Hedging kann immer dann profitiert werden, wenn der Markt sich über einen längeren Zeitraum in *Contango* oder *Backwardation* befindet. Davon spricht man, wenn der Futures-Kurs bei Abschluss des Derivatekontraktes immer über (Contango) oder unter (Backwardation) dem Spot-Kurs liegt.[516] Gegen Ende der Laufzeit des Derivatekontraktes gleichen sich die Futures- und Spot-Kurse in der Regel an, sodass sich die Relation verändert. Hiervon kann durch den Marktteilnehmer profitiert werden.

Eine bekannte Hedging-Strategie, die auf dem Gedanken des Carrying-Charge-Hedging fußt, ist die Stacked-Hedging-Strategie. Diese wurde durch die Absicherungsgeschäfte von MGRM, eine Tochter der früheren Metallgesellschaft, berühmt. Hierzu wird ein langfristiges Exposure in Form von Lieferverpflichtungen mittels kurzfristiger Derivate abgesichert, die mittels eines Roll-Overs fortgeschrieben werden. Zu jedem Roll Over Termin, kann von dem Basisrisiko profitiert werden, solange sich der Markt beständig in Backwardation befindet.[517]

---

512 *Working,* Am. Econ. Rev., Vol. 43 (1953), No. 3, 314, 325: „[...] hedging of the sort here considered is not properly comparable with insurance. It is a sort of arbitrage."; *Working,* Am. Econ. Rev., Vol. 43 (1953), No. 3, 314, 342. „It is a form of arbitrage, undertaken most commonly in expectation of a favorable change in the relation between spot and futures prices. The fact that risks are less with hedging than without is often a secondary consideration."

513 Vgl. im Falle der Hedging-Geschäfte von MGRM unten.

514 *Working,* Am. Econ. Rev., Vol. 52 (1962), No. 3, 431, 438: „*Carrying-charge hedging* is done in connection with the holding of commodity stocks for direct profit from storage [...]."

515 *Stückler,* Vienna University of Economics & B.A. – Department of Economics Working Paper Series, Working Paper No. 80, 2002, 1, 11.

516 Vgl. hierzu auch *Veljanovski,* in: Goss, Futures Markets: Their Establishement and Performance 1986, 13, 23.

517 *Kropp,* ZBB 1995, 14, 25: „Bei Backwardation bedeutet dies, daß zu jedem Roll-Over-Termin durch die laufzeitbedingte Angleichung des Futures-Preise an den Spot-Preis die kurz vor der Fälligkeit stehenden Futures zu einem höheren Preis verkauft werden können, als für die neuen Futures-Kontrakte gezahlt werden muß."; vgl. dazu auch unten E.IV.2.b)cc)(2) sowie E.IV.2.b)cc)(3)(c).

c) Selektives Hedging

Working prägte zudem den Begriff des *selektiven Hedging*, wonach, je nachdem welche Erwartungen der Hedger an die Kurs- oder Preisentwicklung der risikobehafteten Position hat, ein Hedging-Geschäft abgeschlossen oder auf eine Absicherung bewusst verzichtet wird.[518] Die Position wird also nur abgesichert, wenn mit einem Kursrückgang gerechnet wird. Das Motiv des Hedging-Geschäftes besteht nicht in einer Risikovermeidung, sondern vielmehr in einer Verlustvermeidung.[519] Dementsprechend kann der Vorteil dieses Hedging durch den unmittelbar vermiedenen Verlust gemessen werden.[520]

Nach Ansicht von Working ist eine selektive Hedging-Praxis üblich. Ausgenommen davon sind Firmen, die strikte Vorgaben dahingehend haben, dass Risiken, welche gehedgt werden können, nicht unabgesichert bleiben dürfen.[521] Das Auftreten von selektivem Hedging in der Praxis wurde bereits zu Beginn des 20. Jahrhunderts in Studien erkannt.[522] Manche Firmen und Personen betreiben Hedging sogar so selektiv, dass sie eine Absicherung nur dann vornehmen, wenn sie einen Kursrückgang oder Wertverlust in besonderer Weise fürchten.[523]

Selektives Hedging kann vor allem für die Unternehmen vorteilhaft sein, die eine Preis- oder Kursänderung besonders zuverlässig vorhersagen können.[524]

In der wirtschaftswissenschaftlichen Literatur wird das selektive Hedging als ein einziger Prozess betrachtet, bei dem ein Teil des Exposures abgesichert wird und ein anderer Teil nicht abgesichert wird. Dies geschieht in der Absicht aus dem fehlenden Hedging-Geschäft einen Vorteil zu ziehen. In rechtlicher Hinsicht müssen diese beiden Teilprozesse aber gegebenenfalls getrennt betrachtet werden.

---

518 *Working,* Am. Econ. Rev., Vol. 52 (1962), No. 3, 431, 440; *Working,* Am. Econ. Rev., Vol. 43 (1953), No. 3, 314, 320; hierzu auch *Randow,* ZGR 1996, 594, 600: „Ein solches ‚selektives Hedging' geschieht entweder, weil auf eine günstige Entwicklung der offenen Positionen spekuliert wird oder die Unternehmensverwaltung im Gegensatz zum Markt, der für darauf beziehbare Absicherungsinstrumente positive Preise setzt, die Notwendigkeit eines Hedge tatsächlich nicht für gegeben erachtet."; *Stückler,* Vienna University of Economics & B.A. – Department of Economics Working Paper Series, Working Paper No. 80, 2002, 1, 20.

519 *Working,* Am. Econ. Rev., Vol. 52 (1962), No. 3, 431, 440; vgl. auch *Stückler,* Vienna University of Economics & B.A. – Department of Economics Working Paper Series, Working Paper No. 80, 2002, 1, 20.

520 *Working,* Am. Econ. Rev., Vol. 52 (1962), No. 3, 431, 440: „[...] the advantage of the hedging to the individual firm may often (perhaps usually) be measured approximately by the amount of loss avoided directly by the hedging."

521 *Working,* Am. Econ. Rev., Vol. 43 (1953), No. 3, 314, 320.

522 Dazu *Working,* Am. Econ. Rev., Vol. 52 (1962), No. 3, 431, 440 mit weiteren Nachweisen.

523 *Working,* Am. Econ. Rev., Vol. 43 (1953), No. 3, 314, 320.

524 *Working,* Am. Econ. Rev., Vol. 52 (1962), No. 3, 431, 440.

d) *Operational Hedging*

Neben den drei bereits erläuterten Kategorien grenzt Working auch die Kategorie des *Operational Hedging* ab. Dieses wird hauptsächlich von Handels- oder Industrieunternehmen genutzt, um Geschäftsabläufe zu erleichtern.[525] Dabei werden Hedging-Geschäfte in kurzer zeitlicher Abfolge abgeschlossen und wieder aufgelöst. Die Risikoreduzierung ist dadurch relativ gering, allerdings hat es den Zusatznutzen, dass Geschäftsentscheidungen vereinfacht werden und der Betrieb gleichmäßiger läuft.[526] So kann dadurch beispielsweise die Ertragslage geglättet werden. Auch kann es dadurch einfacher sein, Preise abzuschätzen.[527]

e) *Anticipatory Hedging*

Im Rahmen des Multipurpose Concept of Hedging bildet auch das *Anticipatory Hedging*, zu deutsch antizipatives Hedging,[528] eine eigene Kategorie. Auch das antizipative Hedging ist, wie das selektive Hedging, durch die Preis- und Kurserwartungen des Marktteilnehmers geleitet. Allerdings fehlt es an einem Grundgeschäft, in Form einer gehaltenen risikobehafteteten Position oder einer vertraglichen Verbindlichkeit, das neutralisiert würde.[529] Vielmehr soll von den aktuellen Kursen profitiert werden, weshalb antizipatives Hedging nach Ansicht Workings rein spekulativ ist.[530] Im Falle des Long-Hedging dient der antizipative Hedge als Substitut für den unmittelbaren Spot-Kauf und im Falle des Short-Hedging als Substitut für einen Verkauf auf Termin für ein Produkt, welches noch in Produktion ist.[531]

---

525 *Working*, Am. Econ. Rev., Vol. 52 (1962), No. 3, 431, 439.

526 *Working*, Am. Econ. Rev., Vol. 52 (1962), No. 3, 431, 439: „It normally entails the placing and „lifting" of hedges in such quick succession that expectable changes in the spot-future price relation over the interval can be largely ignored [...]. Besides reducing risk, to an extent that the hedger may or may not consider significantly advantageous, it leads to economies through simplifying business decisions and allowing operations to proceed more steadily than otherwise."

527 *Working*, Am. Econ. Rev., Vol. 52 (1962), No. 3, 431, 439: „In this industry buying and selling decisions are facilitated because it is easier for the mill buyer to judge prices on particular lots of wheat in terms of their relation to other wheat prices than in terms of absolute level. And similarly it is easier to judge the price offered by a potential flour buyer in relation to a present wheat price than in relation to the price that may have to be paid on a later wheat purchase."

528 Dazu bereits oben B.V.2.

529 *Working*, Am. Econ. Rev., Vol. 52 (1962), No. 3, 431, 441.

530 *Working*, Am. Econ. Rev., Vol. 52 (1962), No. 3, 431, 441.

531 *Working*, Am. Econ. Rev., Vol. 52 (1962), No. 3, 431, 441.

VI. Kosten des Hedging mit Derivaten

Den Vorteilen des Hedging werden bei der Entscheidung über eine Absicherung mittels Finanzinstrumenten vor allem die Kosten des Hedging als Nachteil gegenübergestellt.[532] Zu den Produktkosten zählen neben den Transaktionskosten auch Liquiditätskosten, die Kosten des Basisrisikos und die Kosten eines möglichen Ausfalls der Gegenpartei.[533] Zu den Kosten des Hedging zählen neben den reinen Produktkosten des Absicherungsgeschäftes auch die Verwaltungskosten für die Aufrechterhaltung eines entsprechenden Risikomanagementsystems im Unternehmen.[534]

Für börsengehandelte Derivate und neuerdings auch für clearingspflichtige OTC-Derivate kommt hinzu, dass eine Sicherheitsleistung auf ein Margin-Konto geleistet werden muss. Dies hat Auswirkung auf die Liquidität des Unternehmens.[535]

Daneben neutralisieren Unternehmen, die sich symmetrischer Absicherungsinstrumente bedienen, zwar das Risiko eines Verlustes, gleichzeitig müssen sie aber auch auf einen Gewinn aus der Risikoposition verzichten.[536] Das Eingehen von Risiken ist ein bedeutender Aspekt des unternehmerischen Handelns, da die Übernahme von Risiken für den wirtschaftlichen Erfolg generell notwendig ist und belohnt wird.[537]

Der Handel und die Absicherung mit Derivaten haben sich teilweise durch die Regulierungsmaßnahmen des europäischen Gesetzgebers, vor allem MiFIR, MiFID II und EMIR, verteuert.[538] Soweit ein Derivatekontrakt clearingpflichtig ist, haben Clearingmitglieder an die CCPs ein Clearingentgelt zu entrichten. Auch eine Handelspflicht über einen organisierten Handelsplatz verursacht zusätzliche Kosten. Daneben haben Kreditinstitute seit der CRR sowohl für geclearte Derivate als auch für ungeclearte OTC-Derivate höheren Eigenkapitalanforderungen gerecht zu werden.[539] Es wird befürchtet, dass diese Kosten auf Investoren und Industrieunternehmen abgewälzt werden, was die Kosten des Hedgings insgesamt ansteigen lässt.[540]

---

532 So beispielsweise *Rossi,* J. Multinat. Fin. Mgmt., Vol. 23 (2013), No. 5, 415, 426. Ein Überblick über die Nachteile und Kosten findet sich bei *Servaes/Tamayo/Tufano,* J. Applied Corp. Fin., Vol. 21 (2009), No. 4, 60, 63.

533 *Géczy/Minton/Schrand,* J. Fin., Vol. 52 (1997), No. 4, 1323, 1332.

534 *Géczy/Minton/Schrand,* J. Fin., Vol. 52 (1997), No. 4, 1323, 1331 f.

535 *Trepte/Byentsa,* Corporate Finance law 2010, 260, 263.

536 *Bloss/Ernst/Häcker,* Derivative 2008, S. 99; *Servaes/Tamayo/Tufano,* J. Applied Corp. Fin., Vol. 21 (2009), No. 4, 60, 63.

537 *Stulz,* J. Applied Corp. Fin., Vol. 27 (2015), No. 1, 8.

538 Dazu auch kritisch *Deutsches Aktieninstitut/Verband Deutscher Treasurer,* Risikomanagement mit Derivaten bei Unternehmen der Realwirtschaft, abrufbar unter: https://www.dai.de/files/dai_usercontent/dokumente/studien/2012-05-08%20DAI-VDT-Studie_Derivatnutzung.pdf, zuletzt abgerufen am 04.01.2017; *Trepte/Byentsa,* Corporate Finance law 2010, 260, 264.

539 Vgl. dazu unten C.II.4.b).

540 *Schulte-Mattler/Manns,* WM 2011, 2069, 2075; *Bremer,* NZG 2012, 817, 818; *Baader,* Börsen-Zeitung vom 24.07.2014, S. B 8.

Die Pflicht zum zentralen Clearing, welche nicht nur in Europa eingeführt wurde, hat bereits Wirkung gezeigt. So stieg die Anzahl der geclearten Kreditderivate von weniger als 10 % im Jahr 2010 auf 62 % zum Ende Juni 2016.[541]

VII. Nutzer von Hedging-Geschäften

1. Industrieunternehmen

Industrieunternehmen zählen neben Banken wohl zu den primären Nutzern von Hedging-Geschäften. Sie sind durch ihre Geschäftstätigkeit vielerlei Marktpreisrisiken und Kreditrisiken ausgesetzt. Finanzwirtschaftliche Risiken können sich für Industrieunternehmen vor allem aus dem operationellen Geschäft ergeben. Industriekonzerne sichern sich daher mittels Derivaten oftmals gegen eine Vielzahl von Risiken ab, die dem operationellen Geschäft entwachsen. So hatte die Lufthansa im Jahr 2010 Treibstoffeinkäufe in Höhe von fünf Milliarden Euro und Währungsrisiken in Höhe von zehn Milliarden Euro mittels Derivaten abgesichert.[542] Daneben ist es aber auch denkbar, dass ein Bedürfnis besteht, bestimmte Vermögensanlagen oder Beteiligungen, die das Unternehmen hält, abzusichern. Auch aus etwaigen Beteiligungstransaktionen kann sich das Bedürfnis einer Absicherung ergeben.[543]

Eine Umfrage der *International Swaps and Derivatives Association* (*ISDA*) kam 2009 zu dem Ergebnis, dass 94 % der 500 größten Industrieunternehmen der Welt Derivate nutzen, um ihre Risiken zu steuern.[544] Unter den 94 % der Firmen, die aktiv Derivate nutzen, verwenden 93,6 % Währungsderivate, 88,3 % Zinsderivate, 50,9 % Warenderivate, 30,3 % Eigenkapitalderivate und lediglich 21,4 % Kreditderivate.[545]

Aber auch kleinere Unternehmen der Realwirtschaft nutzen Derivate zum Management ihrer Risiken. Das Deutsche Aktieninstitut und der Verband Deutscher Treasurer haben im Jahr 2012 eine Studie veröffentlicht, wonach 80 % der befragten deutschen Unternehmen derivative Instrumente zur Absicherung gegen Risiken

541 *Bank for International Settlements* (BIS), Statistical Release – OTC derivatives statistics at end-June 2016, abrufbar unter: http://www.bis.org/publ/otc_hy1611.pdf, zuletzt abgerufen am 04.01.2017, S. 4.

542 *Tatje*, Zeit vom 15.09.2010, abrufbar unter: http://www.zeit.de/2010/38/Finanzmarkt-Derivate/komplettansicht, zuletzt abgerufen am 04.01.2017.

543 Vgl. dazu unten, im Rahmen des Anschleichens an ein Zielunternehmen B.VII.2.c).

544 *International Swaps and Derivatives Association* (ISDA), 2009 ISDA Derivatives Usage Survey, abrufbar unter: http://www.isda.org/researchnotes/pdf/ISDA-Research-Notes2.pdf, zuletzt abgerufen am 04.01.2017.

545 *International Swaps and Derivatives Association* (ISDA), 2009 ISDA Derivatives Usage Survey, abrufbar unter: http://www.isda.org/researchnotes/pdf/ISDA-Research-Notes2.pdf, zuletzt abgerufen am 04.01.2017, S. 2.

nutzen.[546] Bei den Großunternehmen gaben sogar 95 % der Befragten an, Derivate zu nutzen und auf Seiten der Unternehmen des Mittelstandes waren es immerhin knapp 50 %.[547] Überwiegend werden einfach strukturierte Derivate und OTC-Derivate eingesetzt. Komplexe Derivate kommen hingegen nur selten zum Einsatz.[548]

2. Banken

Aus der Umfrage der ISDA geht hervor, dass Finanzdienstleistungsunternehmen, worunter neben Banken auch Versicherungen und sonstige Finanzdienstleister fallen, mit 98 % fast vollumfänglich Derivate nutzen.[549] Kreditinstitute steuern Risiken, vor allem Zinsänderungsrisiken, zum Zwecke des Cash Managements oder allgemeinen *Cash-and-Liability Managements.*[550]

Die nachfolgenden Beispiele zeigen eine Auswahl an weiteren Situationen, in denen für Banken ein Bedürfnis besteht, ein bestimmtes Exposure abzusichern. Hinzu kommt, dass Banken aus Sicht der Anforderungen an das Eigenkapital geneigt sein könnten, Hedging zu betreiben, da dadurch teilweise das vorzuhaltende Eigenkapital gesenkt werden kann.[551]

a) Absicherung von Krediten mittels Credit Default Swaps

Soweit Banken Kredite ausgeben, besteht immer das Risiko, dass die Gegenpartei ausfällt, das heißt den Kredit nicht zurückzahlen kann. Neben der Absicherung durch die Übertragung von Sicherungseigentum oder die Bestellung von Grundpfandrechten kommt auch eine Absicherung mittels Financial Hedging in Betracht. Die Absicherungsstrategien der Banken mittels Credit Default Swaps und

---

546 *Deutsches Aktieninstitut/Verband Deutscher Treasurer,* Risikomanagement mit Derivaten bei Unternehmen der Realwirtschaft, abrufbar unter: https://www.dai.de/files/dai_usercontent/dokumente/studien/2012-05-08%20DAI-VDT-Studie_Derivatnutzung.pdf, zuletzt abgerufen am 04.01.2017, S. 1.

547 *Deutsches Aktieninstitut/Verband Deutscher Treasurer,* Risikomanagement mit Derivaten bei Unternehmen der Realwirtschaft, abrufbar unter: https://www.dai.de/files/dai_usercontent/dokumente/studien/2012-05-08%20DAI-VDT-Studie_Derivatnutzung.pdf, zuletzt abgerufen am 04.01.2017, S. 1.

548 *Deutsches Aktieninstitut/Verband Deutscher Treasurer,* Risikomanagement mit Derivaten bei Unternehmen der Realwirtschaft, abrufbar unter: https://www.dai.de/files/dai_usercontent/dokumente/studien/2012-05-08%20DAI-VDT-Studie_Derivatnutzung.pdf, zuletzt abgerufen am 04.01.2017, S. 2.

549 *International Swaps and Derivatives Association* (ISDA), 2009 ISDA Derivatives Usage Survey, abrufbar unter: http://www.isda.org/researchnotes/pdf/ISDA-Research-Notes2.pdf, zuletzt abgerufen am 04.01.2017, S. 3.

550 *Rudolf,* in: Kümpel/Wittig, Bank- und Kapitalmarktrecht, 4. Auflage 2011, 19. Teil Rn. 19.42.

551 Vgl. auch *Scherer,* Corporate Finance law 2010, 93, 95; zu den Vorgaben an das Eigenkapital unten C.II.1.a)aa).

verbrieften Instrumenten, wie Credit Linked Notes, erlangten durch die Finanzkrise weltweite Berühmtheit. Diese Produkte wurden zum Teil für die weltweite Krise verantwortlich gemacht.[552] Der ausstehende Nominalwert des Marktes an Credit Default Swaps ist seit Ende 2007 beständig gesunken, von damals $ 58 Billionen auf $ 16 Billionen zu Ende Dezember 2014.[553]

b) Absicherung als Gegenpartei und Market Maker

Oftmals ist es unwahrscheinlich, dass zwei Parteien gleichzeitig gegenläufige Positionen in einem außerbörslich gehandelten Derivat einnehmen wollen. In einem solchen Fall kann es sein, dass ein sogenannter Market-Maker als Gegenpartei des Kontraktes auftritt. Als solche agieren große Finanzinsitute.[554] Tritt das Finanzinstitut beispielsweise als Partei eines Zins-Swaps auf, so können diese Positionen mittels Anleihen, Zins-Futures und Forward Rate Agreements abgesichert werden.[555]

c) Absicherung als begleitende Bank beim Aufbau von Beteiligungen in Form des „Anschleichens an Zielunternehmen"

Unternehmen werden bei M&A Transaktionen oder dem Erwerb von Beteiligungspaketen in der Regel von Banken oder einem Bankenkonsortium begleitet. Die Rolle der Banken ist hierbei in den letzten Jahren vor allem in einer ganz speziellen Konstellation, in der sich Unternehmen mittels bestimmter Derivatekontrakte an ein Zielunternehmen angeschlichen haben, in den Fokus der Öffentlichkeit geraten. Prominente Fälle für ein derartiges Anschleichen sind eine Reihe von Beteiligungstransaktionen.[556] Zu nennen sind beispielsweise die Übernahmen Porsche/VW,[557]

---

552 Vgl. zu der Rolle iRd Finanzkrise dazu oben B.II.

553 *Bank for International Settlements* (BIS), BIS Quarterly Review – June 2015, abrufbar unter: https://www.bis.org/publ/qtrpdf/r_qt1506.pdf, zuletzt abgerufen am 04.01.2017, S. 10.

554 *Hull,* Optionen, Futures und andere Derivate, 8. Auflage 2012, S. 205.

555 *Hull,* Optionen, Futures und andere Derivate, 8. Auflage 2012, S. 205.

556 Weltweite Beispiele für solche Strategien enthalten beispielsweise *Christ,* Barausgleichsderivate und das Anschleichen an Zielgesellschaften 2011, S. 34 f.; *Fleischer/Schmolke,* NZG 2010, 846, 847 f.; *Hu/Black,* S. Cal. L. Rev., Vol. 79 (2006), No. 4, 811, 827, 836 ff.; *Hu/Black,* U. Pa. L. R., Vol. 156 (2008), No. 3, 625, 654 ff.; *Seibt,* ZGR 2010, 795, 806 ff.; zu Beispielen aus Deutschland und der Schweiz: *Emmenegger,* FS Hopt 2010, 1763, 1764 ff.

557 Hierzu: *Christ,* Barausgleichsderivate und das Anschleichen an Zielgesellschaften 2011, S. 31 f.; *Dohmen/Hawranek,* Der Spiegel vom 17.10.2015, 70; *Emmenegger,* FS Hopt 2010, 1763, 1766; *Fleischer/Schmolke,* NZG 2010, 846, 847; *Möllers,* NZG 2014, 361, 362.

Schaeffler/Continental[558] oder SKion/SGL Carbon[559] oder auch das Anschleichen von Wendel an Saint-Gobain in Frankreich. Letzteres bewegte den französischen Cour de cassation sogar zu einem Vorabentscheidungsersuchen an den EuGH.[560]

Für das Funktionieren eines Anschleichplanes war eine Beteiligung der Banken in mehrfacher Hinsicht unerlässlich. Vor allem die Absicherungsgeschäfte der Banken spielten dabei eine tragende Rolle. Den Absicherungsstrategien der Banken liegt dabei folgender Sachverhalt zugrunde. Ein übernahmewilliges Unternehmen erwarb Cash-Settled Total Return Equity Swaps[561], durch welche dieses an der positiven Rendite der Aktien und der Dividende partizipierte. Im Gegenzug zahlte das Unternehmen eine Gebühr sowie Zinsen und gegebenfalls einen Ausgleich eines während der Laufzeit eintretenden Wertverlustes der Aktien.[562] Ebenso konnte das Unternehmen Cash-Settled Options erwerben.[563] Dieses Vorgehen hatte für die Erwerbergesellschaft verschiedene Vorteile. Das Unternehmen sicherte sich damit im Sinne eines antizipativen Hedges bereits für den späteren Erwerb einer Beteiligung ab und hielt durch die Swaps bereits jetzt eine wirtschaftliche Beteiligung.[564]

---

558 Hierzu unter anderem: *Christ,* Barausgleichsderivate und das Anschleichen an Zielgesellschaften 2011, S. 27 f.; *Emmenegger,* FS Hopt 2010, 1763, 1768; *Fleischer/Schmolke,* NZG 2010, 846, 847; *Habersack,* AG 2008, 817; *Jahn,* FAZ vom 20.07.2008, abrufbar unter: http://www.faz.net/aktuell/wirtschaft/recht-steuern/kampf-um-conti-neue-juristische-argumente-1664195.html, zuletzt abgerufen am 04.01.2017; *JUVE,* Auf dünnem Eis: Bei der geplanten Übernahme von Continental durch die Schaeffler-Gruppe hat der Automobilzulieferer schlechte Karten. Freshfields und die Deutsche Bank starten für Conti zur juristischen Gegenwehr, abrufbar unter: http://juve.de/nachrichten/deals/2008/08/auf-duennem-eis-bei-der-geplanten-uebernahme-von-continental-durch-die-schaeffler-gruppe-hat-der-automobilzulieferer-schlechte-karten-freshfields-und-die-deutsche-bank-starten-fuer-conti-zur-juristisc, zuletzt abgerufen am 04.01.2017; *Renn/Weber/Gotschev,* AG 2012, 440, 440 f.; *Schanz,* DB 2008, 1899; *Schiessl,* Der Konzern 2009, 291; *Seibt,* ZGR 2010, 795, 811; *Weber/Meckbach,* BB 2008, 2022; *Zetzsche,* EBOR, Vol. 10 (2009), 115.

559 Hierzu *Christ,* Barausgleichsderivate und das Anschleichen an Zielgesellschaften 2011, S. 33 f.; *Fleischer/Schmolke,* NZG 2010, 846, 847 f.; *Klöhn,* ZIP 2014, 945.

560 Dieser Sachverhalt gab den Anlass für eine Entscheidung des EuGH (EuGH NZG 2015, 432) zur präzisen Natur einer Information und der Kursrelevanz, dazu unten im Detail D.II.2.a)aa)(4) und D.II.2.a)dd).

561 So beispielsweise im Falle Schaeffler/Conti und Wendel/Saint-Gobain, vgl. EuGH NZG 2015, 432.

562 *Merkner/Sustmann,* NZG 2010, 681; *Rudolf,* in: Kümpel/Wittig, Bank- und Kapitalmarktrecht, 4. Auflage 2011, 19. Teil Rn. 19.156, 19.157.

563 *Meyer/Kiesewetter,* WM 2009, 340, 345. Cash-Settled Options wurden beispielsweise bei der Übernahme VW/Porsche eingesetzt: vgl. *Emmenegger,* FS Hopt 2010, 1763, 1766; *Möllers,* NZG 2014, 361, 362.

564 Zu den Begriffen *Economic Ownership* grundlegend *Hu/Black,* S. Cal. L. Rev., Vol. 79 (2006), No. 4, 811, 824; *Hu/Black,* J. Corp. Fin., Vol. 13 (2007), No. 2–3, 343, 351; *Hu/Black,* U. Pa. L. R., Vol. 156 (2008), No. 3, 625, 629, 635; dazu auch *Meyer/Kiesewetter,* WM 2009, 340, 345 („Kennzeichnend für diese Derivate [Swaps] ist, dass der In-

Für diese wirtschaftliche Beteiligung musste lediglich eine Sicherheitsleistung in Form eines Margin hinterlegt werden.[565] Die wirtschaftliche Beteiligung wird im Zusammenhang mit einer fehlenden Meldepflicht auch als *Hidden Ownership*[566] bezeichnet. Unternehmen konnten sich bis zur Einführung von § 25a WpHG[567] so unbemerkt an Zielunternehmen anschleichen. Meldungen nach WpHG waren zunächst nicht notwendig. Dies hatte den Vorteil, dass der Markt zunächst nichts vom Aufbau der Beteiligung erfuhr und die Kurse darauf noch nicht reagierten.[568] Im Gegensatz zu einem frühzeitigen Übernahmeangebot entfiel für die mittels Anschleichen erworbene Beteiligung eine Übernahmeprämie.[569]

Gegenpartei der Derivatekontrakte waren Banken, die dieses Derivategeschäft in der Regel mittels Erwerb des Underlying, also der Aktien, absicherten.[570] Die Banken hatten sich ihrerseits meist zu größeren Bankenkonsortien zusammengeschlossen, sodass keine der Einzelbanken eine riesige Position an Aktien aufbauen musste. Vielmehr wurde dies auf mehrere Banken verteilt.[571] Anstatt die Absicherungsinstrumente am Markt zu verwerten, konnte die Bank diese auch der Gegenpartei des Swaps, unter Anrechnung des Barausgleichs aus dem Swap-Geschäft und damit zum Referenzpreis, zum Erwerb anbieten.[572] Wurden die Aktienpakete den

haber während der Laufzeit – mit Ausnahme der Stimmrechte – sämtliche wirtschaftlichen Chancen und Risiken aus den zugrunde liegenden Aktien trägt.“); *Theusinger/Möritz,* NZG 2010, 607; *Zetzsche,* EBOR, Vol. 10 (2009), 115, 116 f.

565 *Weber/Meckbach,* BB 2008, 2022, 2023.

566 Zum Begriff der *Hidden Ownership* und dem Gegenstück des *Empty Voting Right* grundlegend *Hu/Black,* S. Cal. L. Rev., Vol. 79 (2006), No. 4, 811, 825; *Hu/Black,* J. Corp. Fin., Vol. 13 (2007), No. 2–3, 343, 351; *Hu/Black,* U. Pa. L. R., Vol. 156 (2008), No. 3, 625, 638; so auch *Fleischer/Schmolke,* NZG 2010, 846, 847; *Weber/Meckbach,* BB 2008, 2022; *Zetzsche,* EBOR, Vol. 10 (2009), 115, 117; hierzu im Detail auch *Seibt,* ZGR 2010, 795.

567 Zu § 25a WpHG unter anderem *Fleischer/Schmolke,* NZG 2010, 846, 848 ff.; *Merkner/Sustmann,* NZG 2010, 681, 683 ff.; *Möllers/Wenninger,* NJW 2011, 1697, 1700 f.; *Teichmann/Epe,* WM 2010, 1477.

568 *Cascante/Topf,* AG 2009, 53.

569 *Cascante/Topf,* AG 2009, 53.

570 *Cascante/Topf,* AG 2009, 53, 60; *Christ,* Barausgleichsderivate und das Anschleichen an Zielgesellschaften 2011, S. 47f f.; *Dohmen/Hawranek,* Der Spiegel vom 17.10.2015, 70, 74; *Fleischer/Schmolke,* ZIP 2008, 1501, 1503; *Hu/Black,* U. Pa. L. R., Vol. 156 (2008), No. 3, 625, 635; *Meyer/Kiesewetter,* WM 2009, 340, 345.

571 *Habersack,* AG 2008, 817; *Hannover,* Börsen-Zeitung vom 16.08.2008, S. 9; *Zetzsche,* EBOR, Vol. 10 (2009), 115, 121 f.

572 *Cascante/Topf,* AG 2009, 53, 60; *Christ,* Barausgleichsderivate und das Anschleichen an Zielgesellschaften 2011, S. 54 f.; *Meyer/Kiesewetter,* WM 2009, 340, 345; *Rudolf,* in: Kümpel/Wittig, Bank- und Kapitalmarktrecht, 4. Auflage 2011, 19. Teil Rn. 19.158; *Süßmann,* in: Assmann/Schütze, Handbuch des Kapitalanlagerechts, 4. Auflage 2015, § 14 Rn. 67; *Weber/Meckbach,* BB 2008, 2022, 2024; hierzu auch *Hu/Black,* U. Pa. L. R., Vol. 156 (2008), No. 3, 625, 635.

Unternehmen nicht direkt angeboten, sondern am Markt veräußert, so konnten die Erwerbergesellschaften diese Aktien zumindest über den jeweiligen Handelsplatz erwerben.[573]

Diese Vorgehensweise wurde in den letzten Jahren für übernahmeinteressierte Unternehmen durch die Einfügung von § 25a WpHG uninteressanter. Unter diese neue Meldepflicht fallen unter anderem Positionen in Cash-Settled Total Return Equity Swaps und Cash-Settled Options.[574]

3. Kapitalverwaltungsgesellschaften gemäß KAGB – insbesondere Hedge-Fonds

Kapitalverwaltungsgesellschaften und die Verwaltung von Investmentfonds, beispielsweise von Hedge-Fonds, wurden durch Einführung des KAGB mittels eines geschlossenen Regelungssystems normiert.[575] Das KAGB enthält für die verschiedenen Investmentsfonds Anforderungen an das Risikomanagement und zum Teil an die Risikomischung der Investitionen.[576] Eine Pflicht Hedging zu betreiben besteht aber nicht. Dennoch besteht die Möglichkeit Finanzinstrumente, vor allem Derivate, zum Zwecke des Hedging einzusetzen.[577]

Der Begriff des Hedge-Fonds, der als offener inländischer Spezial AIF ebenfalls in den Regelungsbereich des KAGB fällt und durch die besonderen Vorschriften nach § 283 KAGB reguliert wird, ist im Hinblick auf seine Hedging-Tätigkeit irreführend.[578] Der Begriff des Hedge-Fonds hat sich historisch etabliert, weil die Anlagestrategie des ersten Hedge-Fonds auf eine Absicherung gegen das allgemeine Marktrisiko ausgerichtet war. Dabei wurden unterbewertete Aktien gekauft und gleichzeitig überbewertete Aktien leer verkauft.[579] Hedging-Strategien werden zwar von Hedge-Fonds immer noch eingesetzt, beispielsweise um einzelne bewusst eingegangene Risiken zu isolieren, sie sind aber nur eines von vielen Elementen, aus denen sich die Gesamtstrategie des Fonds zusammensetzen kann.

Hedge-Fonds zeichnen sich entsprechend der gesetzlichen Regelung vielmehr durch andere Kennzeichen aus. Das Gesetz nennt zwei alternative Merkmale, durch

---

573 So im Falle Wendel/Saint-Gobain, vgl. EuGH NZG 2015, 432.

574 *Süßmann*, in: Assmann/Schütze, Handbuch des Kapitalanlagerechts, 4. Auflage 2015, § 14 Rn. 66; *Weber-Rey/Benzler*, in: Habersack/Mülbert/Schlitt, Handbuch der Kapitalmarktinformation, 2. Auflage 2013, § 20 Rn. 148.

575 Vgl. dazu unten im Detail C.II.5.

576 Dazu unten C.II.5.a).

577 Vgl. *Bahr*, in: Weitnauer/Boxberger/Anders, KAGB 2014, § 197 Rn. 2.

578 So auch *Berger/Steck*, ZBB 2003, 192, 193; *Kayser/Steinmüller*, FR 2002, 1269, 1270; *Ricke*, BKR 2004, 60, 61; *Spindler/Bednarz*, WM 2006, 553, 554.

579 *Kayser/Steinmüller*, FR 2002, 1269, 1270; *Ricke*, BKR 2004, 60, 61; *Spindler/Bednarz*, WM 2006, 553, 554; *Zänker*, in: Derleder/Knops/Bamberger, Handbuch zum deutschen und europäischen Bankrecht, 2. Auflage 2009, § 56 Rn. 3.

welche sich Hedge-Fonds von anderen offenen Spezial-AIF unterscheiden. Gemäß § 283 Abs. 1 S. 1 KAGB zeichnen sich Hedge Fonds entweder dadurch aus, dass zu einem beträchtlichem Umfang Leverage, also Fremdkapital, eingesetzt wird oder dass sie Leerverkäufe tätigen.[580] Weitere typische Merkmale von Hedge-Fonds sind neben dem Einsatz von Leverage und Leerverkäufen, die Nutzung des Hebeleffektes von Derivaten, die Gewinnbeteiligung des Fonds-Managements und Offshore-Konstruktionen.[581]

Hedge-Fonds nutzen unterschiedliche Strategien zur Anlage des Investmentvermögens. Dazu zählen unter anderem *Arbitrage-Strategien*, *Event-Driven Strategien* oder *Global Macro-Strategien*, die auf makroökomische Trends spekulieren.[582] Unter Global Macro-Strategien sind Strategien zu verstehen, mit denen auf ungewöhnliche Ereignisse spekuliert wird, so beispielsweise durch die Anlage in Distressed Securities von Emittenten, die sich in Schwierigkeiten befinden.[583] Nicht zuletzt werden aber auch Hedging-Strategien eingesetzt. Die wohl bekannteste ist die namensgebende Strategie von Hedge-Fonds mittels der unterbewertete Aktien gekauft werden und überbewertete Aktien leer verkauft werden. Dies wird als Long/Short Equity bezeichnet, wodurch das allgemeine Marktrisiko (systematisch) abgesichert werden kann.[584] Übernommen wird hingegen isoliert das unsystematische Risiko der gekauften und leerverkauften Aktien.[585]

Auch der Einsatzzweck von Derivaten durch Hedge-Fonds reicht von Arbitrage-Strategien über Spekulation bis zum Hedging.[586]

---

580 Alfred W. Jones nutzte diese beiden Merkmale bereits für die Gründung des ersten Hedge-Fonds im Jahr 1949, vgl. hierzu *Berger/Steck*, ZBB 2003, 192; *Kayser/Steinmüller*, FR 2002, 1269, 1270.

581 Zu den Merkmalen *Berger/Steck*, ZBB 2003, 192, 193; *Gerke/Mager/Kiehn*, ZBB 2002, 479, 480; *Kayser/Steinmüller*, FR 2002, 1269, 1271; *Ricke*, BKR 2004, 60, 61; *Spindler/Bednarz*, WM 2006, 553, 553 f.; *Zänker*, in: Derleder/Knops/Bamberger, Handbuch zum deutschen und europäischen Bankrecht, 2. Auflage 2009, § 56 Rn. 5 ff.

582 Zu verschiedenen Strategien *Berger/Steck*, ZBB 2003, 192, 193; *Gerke/Mager/Kiehn*, ZBB 2002, 479, 481; *Kayser/Steinmüller*, FR 2002, 1269, 1273; *Ricke*, BKR 2004, 60, 62; *Spindler/Bednarz*, WM 2006, 553, 554.

583 *Kayser/Steinmüller*, FR 2002, 1269, 1273; *Zänker*, in: Derleder/Knops/Bamberger, Handbuch zum deutschen und europäischen Bankrecht, 2. Auflage 2009, § 56 Rn. 14.

584 *Kayser/Steinmüller*, FR 2002, 1269, 1273; *Ricke*, BKR 2004, 60, 61; *Zänker*, in: Derleder/Knops/Bamberger, Handbuch zum deutschen und europäischen Bankrecht, 2. Auflage 2009, § 56 Rn. 3; zu dieser Strategie auch *Gerke/Mager/Kiehn*, ZBB 2002, 479, 480.

585 *Kayser/Steinmüller*, FR 2002, 1269, 1270; *Ricke*, BKR 2004, 60, 61.

586 *Bahr*, in: Weitnauer/Boxberger/Anders, KAGB 2014, § 197 Rn. 2; *Hull*, Optionen, Futures und andere Derivate, 8. Auflage 2012, S. 34.

4. Privatanleger

Privatpersonen tragen oft ein Risiko aus der Vermögensanlage in kursreagiblen Werten.[587] Ebenso wie juristische Personen können auch Privatpersonen ihr Risikoexposure beispielsweise durch Derivate absichern.[588]

Allerdings müssen in die Abwägungsentscheidung, ob und in welcher Höhe ein Risko abgesichert werden soll, stets auch die voraussichtlichen Kosten einer Absicherung einbezogen werden. Eine Absicherung mittels Derivate wird sich nur ab einem gewissen quantitativen Risiko lohnen. Zu beachten ist auch, dass börsengehandelte Derivate nur in festgelegten Kontraktgrößen verfügbar sind.

5. Juristische Personen des öffentlichen Rechts

Neben Unternehmen der Privatwirtschaft können auch juristische Personen des öffentlichen Rechts verschiedenen Marktrisiken ausgesetzt sein. In den häufigsten Fällen wird dies das Risiko von Zinsänderungen sein, denen alle juristischen Personen ausgesetzt sind, die Kredite mit einer variablen Verzinsung aufgenommen haben. Denkbar sind allerdings durchaus auch Risiken aus der Veränderung von Wechselkursen oder das Risiko der Änderungen von Wertpapierkursen, soweit die öffentliche Hand an Unternehmen beteiligt ist.[589]

Unter Beachtung des Spekulationsverbotes des Staates[590] sind Absicherungsgeschäfte in Derivaten grundsätzlich auch durch die öffentliche Hand möglich. Allerdings hat zwischen Grund- und Sicherungsgeschäft ein hinreichender Zusammenhang zu bestehen. Dieser Zusammenhang wird als Konnexität bezeichnet und soll ein unerlaubtes Spekulationsgeschäft ausschließen.[591] Im Rahmen der Absicherung von Kreditverträgen bedeutet dies, dass das Verlustrisiko des Kredites durch die Kursentwicklung des Derivates *„hinreichend effektiv kompensiert wird*".[592]

---

587 *Rudolf*, in: Kümpel/Wittig, Bank- und Kapitalmarktrecht, 4. Auflage 2011, 19. Teil Rn. 19.34.

588 Dazu *Eller/Heinrich/Perrot/Reif*, Kompaktwissen Risikomanagement 2010, S. 168.

589 Prominentestes Beispiel für eine Beteiligung der öffentlichen Hand ist wohl die Beteiligung des Landes Niedersachsens über die Hannoversche Beteiligungsgesellschaft mbH an VW mit einem Anteil von 12,41 % am Grundkapital bzw. 20 % an den stimmberechtigten Stammaktien.

590 *Endler*, in: Zerey, Finanzderivate, 4. Auflage 2016, § 24 Rn. 7; *Köhler*, in: Schwintowski, Bankrecht, 4. Auflage 2014, § 21 Rn. 123 ff.; zum Spekulationsverbot von Kommunen *Eller/Heinrich/Perrot/Reif*, Kompaktwissen Risikomanagement 2010, S. 158; *Jahn*, in: Schimansky/Bunte/Lwowski, Bankrechts-Handbuch, 4. Auflage 2011, § 114 Rn. 95.

591 *Eller/Heinrich/Perrot/Reif*, Kompaktwissen Risikomanagement 2010, S. 157; *Endler*, in: Zerey, Finanzderivate, 4. Auflage 2016, § 24 Rn. 7; *Köhler*, in: Schwintowski, Bankrecht, 4. Auflage 2014, § 21 Rn. 125.

592 *Köhler*, in: Schwintowski, Bankrecht, 4. Auflage 2014, § 21 Rn. 125.

Das betrifft einerseits die sachliche und betragsmäßige als andererseits auch die zeitliche Korrelation.[593]

Im Einzelnen ist hinsichtlich des Ob und Wie einer möglichen Absicherung zwischen Bund und Ländern einerseits und den Kommunen andererseits zu unterscheiden.

So heißt es im Haushaltsgesetz des Bundes 2014 in § 2 Abs. 6 S. 1, dass das Bundesministerium der Finanzen ermächtigt ist, im Rahmen der Kreditfinanzierung und der Kassenverstärkungskredite ergänzende Verträge abzuschließen. Gemäß Ziff. 1 kann dies zur Optimierung der Zinsstruktur und zur Begrenzung von Zinsänderungsrisiken und nach Ziff. 2 zur Begrenzung des Zins- und Währungsrisikos von Fremdwährungsanleihen erfolgen. Daneben heißt es in § 4 Abs. 2 Bundesschuldenwesengesetz, dass im Rahmen des jeweiligen Haushaltsgesetzes an den Finanzmärkten eingeführte derivative Finanzierungsinstrumente eingesetzt werden können. Allerdings ist auch in diesen Fällen eine hinreichende Konnexität zwischen Grund- und Sicherungsgeschäft erforderlich.[594] Auch die Haushaltsgesetze der Länder enthalten ähnliche Regelungen.[595] Eine Absicherung ist entsprechend der gesetzlichen Regelungen nur gegen Zins- und Währungsrisiken möglich.[596]

Das Spekulationsverbot gilt ebenso für Kommunen, die, am Beispiel der Gemeindeordnung des Freistaates Bayern, dazu verpflichtet sind, die Haushaltswirtschaft sparsam und wirtschaftlich zu planen und zu führen sowie die finanziellen Risiken zu minimieren.[597] Deshalb gilt für Gemeinden das Konnexitätsgebot auch ebenso wie für Bund und Länder.[598] Unter Beachtung dieser Grundsätze können Gemeinden allerdings aufgrund ihrer umfassenden Finanzhoheit jegliche Derivatepositionen eingehen. Einer besonderen Ermächtigungsnorm bedarf es nicht.[599] Für

593 So auch *Endler*, in: Zerey, Finanzderivate, 4. Auflage 2016, § 24 Rn. 23 ff.; *Köhler*, in: Schwintowski, Bankrecht, 4. Auflage 2014, § 21 Rn. 125.

594 So auch *Goss*, Futures Markets: Their Establishement and Performance 1986; *Jahn*, in: Schimansky/Bunte/Lwowski, Bankrechts-Handbuch, 4. Auflage 2011, § 114 Rn. 110b; *Köhler*, in: Schwintowski, Bankrecht, 4. Auflage 2014, § 21 Rn. 128.

595 So beispielsweise § 2 Abs. 4 Haushaltsgesetz 2014 des Bundeslandes NRW; Art. 2 Abs. 3 S. 2 Haushaltsgesetz 2013/2014 des Bundeslandes Bayern.

596 So zu den Derivategeschäften der Länder: *Jahn*, in: Schimansky/Bunte/Lwowski, Bankrechts-Handbuch, 4. Auflage 2011, § 114 Rn. 110c.

597 Art. 61 Abs. 2 S. 1, Abs. 3 S. 1 BayGO; zum Spekulationsverbot im Zusammenhang mit dem Einsatz von Derivaten auch das Schreiben des bayerischen Innenministeriums: *Bayerisches Staatsministerium des Innern*, Derivative Finanzierungsinstrumente für Kommunen, insbesondere SWAP-Geschäfte, 08.11.1995, S. 4 f.; hierzu *Köhler*, Die Zulässigkeit derivativer Finanzinstrumente in Unternehmen, Banken und Kommunen 2012, S. 257.

598 So wohl auch *Köhler*, in: Schwintowski, Bankrecht, 4. Auflage 2014, § 21 Rn. 129; so auch *Bayerisches Staatsministerium des Innern*, Einsatz derivativer Finanzierungsintrumente, 14.09.2009, S. 2.

599 *Jahn*, in: Schimansky/Bunte/Lwowski, Bankrechts-Handbuch, 4. Auflage 2011, § 114 Rn. 110d.

das Bundesland Bayern gibt es eine Reihe von Schreiben und Bekanntmachungen des bayerischen Innenministeriums, die den Einsatz von Derivaten auf kommunaler Ebene betreffen.[600] Darin wird beispielsweise das Spekulationsverbot und das Konnexitätsprinzip erläutert und konkretisiert. Klargestellt wird unter anderem, dass der Einsatz von Zinsderivaten lediglich zur Zinssicherung und zur Zinsoptimierung eingesetzt werden kann, um dem Spekulationsverbot zu entsprechen.[601] Auch seien in der Regel hybride Produkte, die unterschiedliche Multiplikatoren oder Zinssätze und Wechselkurse kombinieren, beispielsweise *Spread Ladder Swaps*, nicht mit dem Spekulationsverbot und dem Risikominimierungsgebot zu vereinbaren.[602]

Bedient sich die öffentliche Hand juristischer Personen, beispielsweise kommunaler Eigengesellschaften, so sind diese Gesellschaften wie Unternehmen des Privatrechts zu behandeln.[603]

600 *Bayerisches Staatsministerium des Innern*, Derivative Finanzierungsinstrumente für Kommunen, insbesondere SWAP-Geschäfte, 08.11.1995; *Bayerisches Staatsministerium des Innern*, Einsatz derivativer Finanzierungsintrumente, 14.09.2009; *Bayerisches Staatsministerium des Innern*, Aufstellung und Vollzug der Haushaltspläne der Kommunen – Bekanntmachung des Bayerischen Staatsministeriums des Innern vom 10. März 2010, Ziff. 6.2; *Bayerisches Staatsministerium des Innern*, Aufstellung und Vollzug der Haushaltspläne der Kommunen – Bekanntmachung des Bayerischen Staatsministeriums des Innern vom 15.02.2012, Ziff. 3.4.

601 *Bayerisches Staatsministerium des Innern*, Einsatz derivativer Finanzierungsintrumente, 14.09.2009, S. 1 f.

602 *Bayerisches Staatsministerium des Innern*, Einsatz derivativer Finanzierungsintrumente, 14.09.2009, S. 3.

603 *Jahn*, in: Schimansky/Bunte/Lwowski, Bankrechts-Handbuch, 4. Auflage 2011, § 114 Rn. 117a; so wohl auch *Köhler*, in: Schwintowski, Bankrecht, 4. Auflage 2014, § 21 Rn. 132.

C. Hedging, Derivatehandel und Insiderhandelsverbot im Kontext des neuen europäischen Regulierungsrahmens

Weltweit wird seit der Finanzkrise über eine weitergehende Regulierung der Finanzmärkte, vor allem der OTC-Derivate, diskutiert und dahingehende Gesetzesvorhaben wurden auf den Weg gebracht. Im Hinblick auf den Derivatehandel und das Insiderhandelsverbot soll im Folgenden ein kurzer Überblick über die wesentlichen Änderungen gegeben werden.

I. Pittsburgh Summit

Als Reaktion auf die weltweite Wirtschafts- und Finanzkrise trafen die Staats- und Regierungschefs der führenden Industrienationen auf dem G20-Gipfel in Pittsburgh 2009 ein Übereinkommen, in welchem sie sich unter anderem auch zu einer stärkeren Regulierung der Finanzmärkte politisch verpflichteten.[604] So sollte sichergestellt werden, dass das Regulierungssystem für Banken und andere Unternehmen im Finanzsektor die Auswüchse, die zur Krise führten, im Zaum hält.[605] Es sollten unter anderem die Kapitalanforderungen erhöht werden, internationale Standards für Managervergütungen eingeführt werden und Praktiken beendet werden, die zum exzessiven Eingehen von Risiken führen. Zudem sollten der außerbörsliche Derivatemarkt verbessert werden und Instrumente geschaffen werden, die globale Unternehmen für von ihnen eingegangene Risiken zur Verantwortung ziehen.[606]

Entsprechend dem Übereinkommen von Pittsburgh musste der OTC-Markt für Derivate dahingehend reformiert werden, dass zukünftig standardisierte Derivatekontrakte auf Handelsplattformen gehandelt werden, über eine zentrale Gegenpartei abgerechnet werden und der Handel mit OTC-Derivaten einer Meldepflicht

---

604 *G20,* Leaders' Statement – The Pittsburgh Summit, abrufbar unter: http://ec.europa.eu/commission_2010-2014/president/pdf/statement_20090826_en_2.pdf, zuletzt abgerufen am 04.01.2017; eine deutsche Arbeitsübersetzung wird von der Bundesregierung zur Verfügung gestellt.

605 *G20,* Leaders' Statement – The Pittsburgh Summit, abrufbar unter: http://ec.europa.eu/commission_2010-2014/president/pdf/statement_20090826_en_2.pdf, zuletzt abgerufen am 04.01.2017, Präambel Ziff. 16.

606 *G20,* Leaders' Statement – The Pittsburgh Summit, abrufbar unter: http://ec.europa.eu/commission_2010-2014/president/pdf/statement_20090826_en_2.pdf, zuletzt abgerufen am 04.01.2017, Präambel Ziff. 17.

unterliegt. Kontrakte, welche nicht zentral abgewickelt werden, sollten zudem höheren Eigenkapitalanforderungen genügen müssen.[607]

Weiterer Handlungsbedarf wird auch hinsichtlich des Schutzes von Verbrauchern, Sparern und Anlegern vor unlauteren Finanzmarktpraktiken gesehen.[608]

In den USA wurden die Anforderungen, die das Pittsburgh-Übereinkommen formulierte, mit der *Dodd Frank Wall Street Reform* und dem *Consumer Protection Act* umgesetzt.[609] Allerdings sind auch hier weitere Konkretisierungen durch die *SEC* und die *Commodities Futures Trading Commission* (*CFTC*) notwendig.[610]

II. Europäisches Reformpaket[611]

Auch in der Europäischen Union wurde nach der Finanzkrise 2007 begonnen, die Defizite des europäischen Rechts zu identifizieren,[612] Reformvorschläge vorzubereiten und die Vorgaben des Übereinkommens von Pittsburgh umzusetzen. Das europäische Kapitalmarktrecht wurde einer umfassenden Reform unterzogen.[613]

Zunächst wurde der Handel mit Finanzinstrumenten mittels EMIR, MiFIR, MiFID, MAR (Marktmissbrauchsverordnung), MAD (Marktmissbrauchsrichtlinie), Leerverkaufsverordnung, Ratingverordnung und einer überarbeiteten Transparenz- und Prospektrichtlinie neu reguliert. Auch das Investmentrecht wurde von Seiten der EU durch die AIFM-Richtlinie reguliert, welche im nationalen Recht durch ein neues Kapitalanlagegesetzbuch umgesetzt wurde.

---

607 *G20*, Leaders' Statement – The Pittsburgh Summit, abrufbar unter: http://ec.europa.eu/commission_2010-2014/president/pdf/statement_20090826_en_2.pdf, zuletzt abgerufen am 04.01.2017, Ziff. 13.

608 *G20*, Leaders' Statement – The Pittsburgh Summit, abrufbar unter: http://ec.europa.eu/commission_2010-2014/president/pdf/statement_20090826_en_2.pdf, zuletzt abgerufen am 04.01.2017, Ziff. 12.

609 Dazu auch *Diekmann/Fleischmann*, WM 2011, 1105, 1108; *Funke/Neubauer*, CCZ 2012, 6, 7; *Köhling/Adler*, WM 2012, 2125, 2127; *Litten/Schwenk*, DB 2013, 857; *Schuster/Ruschkowski*, ZBB 2014, 123, 124; *Wieland/Weiß*, Corporate Finance law 2013, 73, 89 f.

610 *Köhling/Adler*, WM 2012, 2125, 2127.

611 Überblick über das neue europäische Kapitalmarktrecht: *Parmentier*, EuZW 2014, 50.

612 *Parmentier*, EuZW 2014, 50, Fn. 4; *The de Larosière Group*, Report from the High-level Group on Financial Supervision in the EU, abrufbar unter: http://ec.europa.eu/internal_market/finances/docs/de_larosiere_report_en.pdf, zuletzt abgerufen am 04.01.2017.

613 *Lutter/Bayer/Schmidt*, Europäisches Unternehmens- und Kapitalmarktrecht, 5. Auflage 2012, § 17 Rn. 25; eine Übersicht über den Umfang und den Stand des Reformpakets kann auf der Seite der Europäischen Kommission abgerufen werden: *Europäische Kommission*, Fortschritt der Finanzreformen, abrufbar unter: http://ec.europa.eu/finance/general-policy/policy/map_reform_de.htm#row8, zuletzt abgerufen am 04.01.2017.

Daneben führte das Übereinkommen von Pittsburgh zu einer Überarbeitung des Baseler Rahmenwerks und zur Schaffung von *Basel III*, mit höheren Eigenkapital- und Liquiditätsanforderungen an Kreditinstitute. Diese Vorgaben des Baseler Ausschusses wurden durch eine neue Kapitaladäquanzrichtlinie (CRD IV) und eine neue Kapitaladäquanzverordnung (CRR) im europäischen Recht verankert.

Hinzu kam die Schaffung eines europäischen Finanzaufsichtssystems. Alles in allem wurde das Reformvorhaben aufgrund seiner Fülle an neuen Verordnungen und neuen und geänderten Richtlinien auch als „*Normen-Tsunami*“[614] bezeichnet. Im Rahmen des Kapitalmarktrechts strebt die Europäische Politik eine *Kapitalmarktunion* an[615] und möchte dies mittels eines *Single Rulebooks*[616] verwirklichen.

Im Folgenden soll ein kurzer Überblick über die gesetzlichen Neuerungen im Hinblick auf relevante Änderungen für Hedging Geschäfte, den Derivatehandel und das Insiderrecht gegeben werden.

1. Neuregelung des Europäischen Finanzmarktrechts und des OTC-Handels von Derivaten

Der europäische Gesetzgeber hat mit MiFID II, MiFIR, EMIR und der Leerverkaufsverordnung Gesetzesreformen auf den Weg gebracht, die den Derivatehandel und damit auch Hedging-Geschäfte nachhaltig regulieren.

a) Clearingpflicht von OTC-Derivaten, Abwicklung über zentrale Gegenparteien und Meldepflichten von Derivaten nach EMIR

Als zentrales Anliegen der führenden Industrienationen stellte sich auf dem G20-Gipfel in Pittsburgh die Regulierung des OTC-Derivatemarktes heraus.[617] OTC-Derivate sind nach der Definition gemäß Art. 2 Nr. 7 EMIR Derivatekontrakte, deren Ausführung nicht auf einem geregelten Markt oder auf einem Markt in Drittstaaten, der einem geregelten Markt gleichwertig angesehen wird, erfolgt. Damit gehören alle Derivate die auf einem *MTF* oder *OTF* gehandelt werden zu

614 *Klöhn*, in: Langenbucher, Europäisches Privat- und Wirtschaftsrecht, 3. Auflage 2013, § 6 Rn. 14; ähnlich auch *Hull*, Optionen, Futures und andere Derivate, 8. Auflage 2012, S. 249.

615 *Buttlar*, BB 2014, 451; vgl. hierzu auch die Seite der Europäischen Union, die sich diesem Thema im Detail widmet: http://ec.europa.eu/finance/capital-markets-union/index_en.htm, zuletzt abgerufen am 04.01.2017.

616 *Buttlar*, BB 2014, 451; *Seibt/Wollenschläger*, AG 2014, 593; hierzu auch die ESMA: *ESMA*, 2015 Work Programme, abrufbar unter: https://www.esma.europa.eu/sites/default/files/library/2015/11/2014-1200_-_esma_2015_work_programme.pdf, zuletzt abgerufen am 04.01.2017, dort S. 17.

617 *G20*, Leaders' Statement – The Pittsburgh Summit, abrufbar unter: http://ec.europa.eu/commission_2010-2014/president/pdf/statement_20090826_en_2.pdf, zuletzt abgerufen am 04.01.2017, Ziff. 13.

den OTC-Derivatekontrakten.[618] Nach EMIR unterliegen OTC-Derivate in Zukunft grundsätzlich einer Clearingpflicht und sind über eine zentrale Gegenpartei abzuwickeln. Für nichtfinanzielle Gegenparteien sieht das Gesetz Erleichterungen im Hinblick auf die Clearingpflicht vor, so vor allem eine Clearingschwelle und eine Hedging-Ausnahme bei Berechnung dieser Clearingschwelle. Für nicht geclearte OTC-Derivate stellt das Gesetz im Gegenzug höhere Anforderungen an das Risikomanagement, um die Risiken bilateral abgeschlossener Verträge zu minimieren.[619] Daneben sind Abschlüsse, Beendigungen und Änderungen sämtlicher Derivatekontrakte an ein Transaktionsregister zu melden. Damit soll das Ausfallrisiko des Kontrahenten vermindert und die Transparenz der außerbörslich gehandelten Kontrakte erhöht werden.[620] Die EMIR[621] trat am 16.08.2012 in Kraft.[622]

aa) Clearingpflichtige Kontraktparteien

Eine Clearingpflicht wird nur dann begründet, wenn die drei folgenden Voraussetzungen kumulativ vorliegen: (i) beide Kontraktparteien sind persönlich clearingpflichtig, (ii) der Derivatekontrakt unterfällt einer clearingpflichtigen Derivatekategorie und (iii) die Ausnahme eines Gruppengeschäftes greift nicht ein.[623]

bb) Clearingpflichtige OTC-Derivatekontrakte

Nach Art. 4 Abs. 1 EMIR und den gemäß Art. 4 Abs. 4 EMIR entwickelten technischen Regulierungsstandards besteht für all jene Kategorien von außerbörslich gehandelten Derivaten künftig eine Clearingpflicht, für welche die ESMA dies in technischen Regulierungsstandards gemäß Art. 5 Abs. 2 lit. a EMIR feststellt. Dabei sind als Kriterien nach Art. 5 Abs. 4 EMIR unter anderem der Grad der Standardisierung der Vertragsbedingungen und operativen Prozesse, das Volumen und die Liquidität der jeweiligen OTC-Derivatekategorie sowie die Verfügbarkeit von Preisen zu berücksichtigen.[624] Damit besteht für individuell ausgehandelte Kontrakte

---

618 Vgl. auch *Geier/Mirtschink*, Corporate Finance biz 2013, 102, 104; *Pankoke/Wallus*, WM 2014, 4, 7.

619 *Pankoke/Wallus*, WM 2014, 4, 4 f.; *Parmentier*, EuZW 2014, 50, 51.

620 Vgl. Erwägungsgründe Nr. 4, 9 der Verordnung (EU) Nr. 648/2012 vom 4.7.2012 (EMIR); dazu auch *Diekmann/Fleischmann*, WM 2011, 1105, 1106; *Köhling/Adler*, WM 2012, 2125, 2126; *Schuster/Ruschkowski*, ZBB 2014, 123, 124.

621 Zur EMIR unter anderem: *Book*, Kreditwesen 2012, 871; *Diekmann/Fleischmann*, WM 2011, 1105; *Funke/Neubauer*, CCZ 2012, 6; *Geier/Mirtschink*, Corporate Finance biz 2013, 102; *Köhling/Adler*, WM 2012, 2125; *Köhling/Adler*, WM 2012, 2173; *Litten/Schwenk*, DB 2013, 857; *Pankoke/Wallus*, WM 2014, 4; *Salewski*, GWR 2012, 265; *Schuster/Ruschkowski*, ZBB 2014, 123; *Wieland/Weiß*, Corporate Finance law 2013, 73.

622 Verordnung (EU) Nr. 648/2012 vom 4.7.2012 (EMIR).

623 *Wieland/Weiß*, Corporate Finance law 2013, 73, 77.

624 Eingehend *Köhler*, in: Schwintowski, Bankrecht, 4. Auflage 2014, § 21 Rn. 262; *Litten/Schwenk*, DB 2013, 918, 918 f.

auch in Zukunft keine Clearingpflicht.[625] Die ESMA veröffentlicht eine Liste der clearingpflichtigen OTC-Derivate.[626]

cc) Clearing

Der Begriff des Clearing wird in Art. 2 Nr. 3 EMIR als *„Prozess der Erstellung von Positionen, darunter die Berechnung von Nettoverbindlichkeiten, und die Gewährleistung, dass zur Absicherung des aus diesen Positionen erwachsenden Risikos Finanzinstrumente, Bargeld oder beides zur Verfügung steht"* definiert.

Das Clearing wird durch eine zentrale Gegenpartei (CCP) durchgeführt, die für ihre Clearingmitglieder den Derivatekontrakt abwickelt. Dadurch soll das Ausfallrisiko einer Kontraktpartei abgefangen werden können.[627] Die CCP tritt dabei gegenüber den beiden Gegenparteien als Vertragspartner auf, das heißt als Käufer der einen Partei und als Verkäufer der anderen Partei, Art. 2 Nr. 1 EMIR.[628] Aus einem bilateralen Kontrakt zwischen den Gegenparteien enstehen damit im Wege der Novation zwei Kontrakte mit der CCP.[629] Art. 36 ff. EMIR enthalten Verhaltensregeln in Bezug auf das Clearing der Kontrakte. Clearingmitglieder müssen zunächst von der CCP zugelassen werden, Art. 37 Abs. 1 EMIR.

dd) Öffentliches Register

Die ESMA ist nach Art. 6 EMIR verpflichtet ein öffentliches Register zu führen und auf dem neuesten Stand zu halten. Darin werden unter anderem die Kategorien von clearingpflichtigen Derivaten entsprechend Art. 4 EMIR sowie die zugelassenen CCPs aufgelistet.[630]

ee) Risikominderungspflichten für nicht geclearte OTC-Derivate

Für OTC-Derivatekontrakte, die nicht clearingpflichtig sind und auch nicht gecleart wurden, haben die Parteien besondere Risikominderungstechniken entsprechend

---

625 *Diekmann/Fleischmann,* WM 2011, 1105, 1106; im Ergebnis auch *Köhling/Adler,* WM 2012, 2125, 2131.

626 *ESMA,* Public Register for the Clearing Obligation under EMIR, abrufbar unter: https://www.esma.europa.eu/sites/default/files/library/public_register_for_the_clearing_obligation_under_emir.pdf, zuletzt abgerufen am 04.01.2017.

627 *Salewski,* GWR 2012, 265, 266; ähnlich *Köhler,* in: Schwintowski, Bankrecht, 4. Auflage 2014, § 21 Rn. 256.

628 *Geier/Mirtschink,* Corporate Finance biz 2013, 102, 103; *Köhling/Adler,* WM 2012, 2125, 2129, Fn. 24; *Litten/Schwenk,* DB 2013, 918; *Schuster/Ruschkowski,* ZBB 2014, 123, 124.

629 *Köhler,* in: Schwintowski, Bankrecht, 4. Auflage 2014, § 21 Rn. 256; *Wieland/Weiß,* Corporate Finance law 2013, 73, 76.

630 *ESMA,* Public Register for the Clearing Obligation under EMIR, abrufbar unter: https://www.esma.europa.eu/sites/default/files/library/public_register_for_the_clearing_obligation_under_emir.pdf, zuletzt abgerufen am 04.01.2017.

der Anforderungen nach Art. 11 EMIR zu befolgen.[631] Entscheidend ist allein, dass der Derivatekontrakt nicht gecleart wurde.[632] Die Pflichten nach Art. 11 Abs. 1 EMIR treffen sowohl finanzielle als auch nichtfinanzielle Gegenparteien, die Pflichten nach Art. 11 Abs. 2 und Abs. 3 treffen finanzielle und nichtfinanzielle Gegenparteien im Sinne des Art. 10 EMIR und die besondere Pflicht zur Eigenkapitalausstattung richtet sich ausschließlich an finanzielle Gegenparteien.

ff) Meldepflicht an Transaktionsregister

Nach Art. 9 EMIR besteht die Pflicht alle abgeschlossenen Derivatekontrakte sowie Änderungen und Beendigung von Kontrakten an ein Transaktionsregister[633] zu melden.[634] Im Gegensatz zur Clearingpflicht, die nur OTC-Derivate betrifft, besteht die Meldepflicht für alle Derivatekontrakte, unabhängig davon ob sie börsengehandelt sind oder nicht.[635] Eine Meldung an das Transaktionsregister hat auch dann zu erfolgen, wenn der Abschluss des Vertrages innerhalb der Gruppe eine Ausnahme von der Clearingpflicht nach Art. 4 Abs. 2 EMIR rechtfertigt.[636] Vor allem bei OTC-Derivaten, die in das zentrale Clearing aufgenommen werden, können mehrere Meldungen notwendig sein,[637] da der Vertragsabschluss zunächst zwischen den beiden Gegenparteien erfolgt und die CCP erst im Anschluss als beiderseitiger Vertragspartner eintritt.[638]

Die Verordnung verpflichtet Gegenparteien und CCPs zur Meldung, womit neben finanziellen und nichtfinanziellen Gegenparteien auch alle anderen Gegenparteien,

---

631 Diese konkretisieren damit die Risikomangementpflichten von Unternehmen nach § 91 Abs. 2 AktG und § 25a KWG; vgl. *Köhler*, in: Schwintowski, Bankrecht, 4. Auflage 2014, § 21 Rn. 271; zu den Pflichten des Risikomanagements vgl. oben B.III.3.a) sowie B.III.3.b).

632 *Schuster/Ruschkowski*, ZBB 2014, 123, 128.

633 Einzelheiten zur Registrierung, Anerkennung, Aufsicht und Organisation der Transaktionsregister enthalten die Art. 55 ff. EMIR sowie die Delegierte Verordnung (EU) Nr. 150/2013 Der Kommission vom 19.12.2012 (Technische Regulierungsstandards 150/2013), ABl. L 52/25; Delegierte Verordnung (EU) Nr. 151/2013 Der Kommission vom 19.12.2012 (Technische Regulierungsstandards 151/2013), ABl. L 52/33 und die Durchführungsverordnung (EU) Nr. 1248/2012 Der Kommission vom 19.12.2012 (Durchführungsverordnung 1248/2012), ABl. L 352/30.

634 Hierzu beispielsweise *Köhler*, in: Schwintowski, Bankrecht, 4. Auflage 2014, § 21 Rn. 285.

635 *Köhler*, in: Schwintowski, Bankrecht, 4. Auflage 2014, § 21 Rn. 287; *Köhling/Adler*, WM 2012, 2125, 2128; *Litten/Schwenk*, DB 2013, 857, 859 f.; *Parmentier*, EuZW 2014, 50, 51; *Schuster/Ruschkowski*, ZBB 2014, 123, 131.

636 *Köhling/Adler*, WM 2012, 2125, 2131; *Litten/Schwenk*, DB 2013, 857, 860.

637 *Litten/Schwenk*, DB 2013, 857, 859.

638 *Köhling/Adler*, WM 2012, 2125, 2128.

vor allem auch natürliche Personen und Gegenparteien aus Drittstaaten der Meldepflicht unterliegen.[639]

Zu den gemeldeten Derivatekontrakten haben die Transaktionsregister aggregierte Positionen der Derivatekategorien zu veröffentlichen, Art. 81 Abs. 1 EMIR. Den beaufsichtigenden Stellen nach Art. 81 Abs. 3 EMIR sind die zur Erfüllung ihrer Aufgaben und Mandate erforderlichen Informationen zugänglich zu machen.[640]

gg) EMIR-Ausführungsgesetz

Zwar bedarf die EMIR auf nationaler Ebene keiner Umsetzung, jedoch war das nationale Aufsichts- und Insolvenzrecht auf die europäischen Anforderungen abzustimmen. Dies erfolgte mit Hilfe des EMIR-Ausführungsgesetzes.[641] Mit § 20 WpHG enthält das nationale Gesetz nunmehr eine, über die Anforderungen des europäischen Gesetzgebers hinausgehende, Risikomanagementfunktion. So sind nichtfinanzielle Gegenparteien, die nach § 267 Abs. 1 HGB nicht als klein einzustufen sind, zur Bestellung eines externen Prüfers verpflichtet. Dieser prüft und bescheinigt, ob die Partei über ein geeignetes System verfügt, die Anforderungen nach Art. 4 Abs. 1, 2, 3 Unterabsatz 2, Art. 9 Abs. 1 bis 4, Art. 10 Abs. 1 bis 10, Abs. 11 Unterabsatz 1, Absatz 12 EMIR, § 19 Abs. 1, 2 WpHG sicherzustellen. Diese Pflicht zur Prüfung besteht nur dann, wenn im abgelaufenen Geschäftsjahr entweder OTC-Derivate mit einem Gesamtvolumen von mehr als 100 Millionen Euro oder mehr als 100 OTC-Derivatekontrakte eingegangen sind.[642]

b) Handelspflicht und Clearingpflichten an geregelten Märkten, MTFs oder OTFs nach MiFIR und MiFID

Zudem reagierte die europäische Kommission auf das Übereinkommen von Pittsburgh auch mit der Vorlage von Vorschlägen für eine Überarbeitung der Richtlinie über Märkte und Finanzinstrumente (MiFID II)[643] sowie die Schaffung einer Verordnung (MiFIR).[644] Ziel des Gesetzgebers war es daher, den Handel von

---

639 So jedenfalls *Köhling/Adler*, WM 2012, 2173, 2176; *Wieland/Weiß*, Corporate Finance law 2013, 73, 84 f.; etwas zurückhaltender *Litten/Schwenk*, DB 2013, 857, 859; auch die technischen Regulierungs- und Durchführungsstandards enthalten keine Klarstellung oder Definition des Begriffes der „Gegenpartei".

640 Konkretisiert wird diese Pflicht durch die Delegierte Verordnung (EU) Nr. 151/2013 Der Kommission vom 19.12.2012 (Technische Regulierungsstandards 151/2013), ABl. L 52/33; dazu *Köhling/Adler*, WM 2012, 2173, 2177.

641 Ausführungsgesetz zur Verordnung (EU) Nr. 648/2012 über OTC-Derivate, zentrale Gegenparteien und Transaktionsregister vom 13.2.2013 (EMIR-Ausführungsgesetz), BGBl. I 2013, S. 174.

642 Dazu auch *Litten/Schwenk*, DB 2013, 918, 920; *Schuster/Ruschkowski*, ZBB 2014, 123, 129; *Wieland/Weiß*, Corporate Finance law 2013, 73, 89.

643 RL 2014/65/EU vom 15.5.2014 (MiFID II).

644 Verordnung Nr. 600/2014 vom 15.5.2014 (MiFIR).

Finanzinstrumenten weitestgehend auf organisierte Handelsplätze zu verweisen, welche angemessen reguliert werden.[645] Um dieses Ziel umzusetzen, war es erforderlich, eine neue Kategorie von Handelsplatz zu schaffen.[646] Neben den bisher bereits bestehenden Handelsplätzen des geregelten Marktes und der MTF schafft MiFID II mit *OTFs* (Organised Trading Facility) einen neuen Marktplatz für Schuldverschreibungen, strukturierte Finanzprodukte und Derivate.[647]

aa) Organisierte Handelsplätze

Alle drei organisierten Handelsplätze, geregelte Märkte, MTFs und OTFs, stellen multilaterale Systeme iSd Art. 4 Abs. 1 Nr. 19 MiFID II dar.

(1) Geregelte Märkte

Nach Art. 4 Abs. 1 Nr. 21 MiFID[648] wird der geregelte Markt definiert als ein von einem Marktbetreiber betriebenes und/oder verwaltetes multilaterales System, das die Interessen einer Vielzahl Dritter am Kauf oder Verkauf von Finanzinstrumenten innerhalb des Systems und nach nichtdiskretionären Regeln in einer Weise zusammenführt oder das Zusammenführen fördert, die zu einem Vertrag in Bezug auf Finanzinstrumente führt, die gemäß den Regeln und/oder den Systemen des Marktes zum Handel zugelassen wurden sowie eine Zulassung erhalten haben und ordnungsgemäß und gemäß Titel III dieser Richtlinie funktionieren. Für die Bundesrepublik erfüllen die regulierten oder organisierten[649] Märkte der Börsen diese Anforderungen.[650]

(2) MTF

Ein multilaterales Handelssystem ist entsprechend der Definition von Art. 4 Abs. 1 Nr. 22 MiFID ein, von einer Wertpapierfirma oder einem Marktbetreiber betriebenes multilaterales System, das die Interessen einer Vielzahl Dritter am Kauf oder Verkauf von Finanzinstrumenten innerhalb des Systems und nach nichtdiskretionären Regeln in einer Weise zusammenführt, die zu einem Vertrag gemäß Titel II dieser Richtlinie führt. Im Gegensatz zu den geregelten Märkten kann ein MTF neben einem Marktbetreiber auch von einer Wertpapierfirma betrieben werden. Allerdings ist es erforderlich, dass der Handel an einem MTF auch tatsächlich zu einem

---

645 Erwägungsgrund Nr. 6 der Verordnung Nr. 600/2014 vom 15.5.2014 (MiFIR).

646 Erwägungsgrund Nr. 8 der Verordnung Nr. 600/2014 vom 15.5.2014 (MiFIR).

647 Erwägungsgrund Nr. 9 der Verordnung Nr. 600/2014 vom 15.5.2014 (MiFIR); dazu auch *Veil,* Europäisches Kapitalmarktrecht, 2. Auflage 2014, § 7 Rn. 20.

648 Verweis durch Art. 2 Abs. 1 Nr. 13 MiFIR.

649 In §§ 32 ff. BörsG ist von regulierten Märkten und in § 2 Abs. 5 WpHG von organisierten Märkten die Rede.

650 *Klöhn,* in: Langenbucher, Europäisches Privat- und Wirtschaftsrecht, 3. Auflage 2013, § 6 Rn. 48; *Veil/Lerch,* WM 2012, 1557, 1562.

Vertragsschluss führt und im Gegensatz zu einem geregelten Markt nicht nur der Vertragsschluss gefördert wird.[651] Als Beispiele für multilaterale Handelssysteme können unter anderem Chi-X Europe und Turquoise angeführt werden.[652] Nicht abschließend geklärt war nach nationaler Literatur die Frage, welche deutschen Handelsplätze nach europäischem Recht als MTFs zu qualifizieren sind. Strittig war vor allem die Einordnung des Freiverkehrs der Börsen gemäß § 48 BörsG.[653] In der MiFID-Database der ESMA wird der Freiverkehr der Frankfurter Wertpapierbörse nun allerdings als MTF gelistet,[654] weshalb sich der theoretische Streit erledigt haben dürfte.

(3) OTF

Die neue Marktkategorie der *OTFs* wird nach Art. 4 Abs. 1 MiFID II iVm Art. 2 Abs. 1 MiFIR definiert als ein multilaterales System, bei dem es sich nicht um einen geregelten Markt oder ein MTF handelt und das die Interessen einer Vielzahl Dritter am Kauf und Verkauf von Schuldverschreibungen, strukturierten Finanzprodukten, Emissionszertifikaten und Derivaten innerhalb des Systems in einer Weise zusammenführt, die zu einem Vertrag gemäß Titel II dieser Richtlinie führt. Die Definition der OTF ist weit gefasst, um auch in Zukunft alle Arten organisierter Ausführung und Vereinbarung von Handelsgeschäften regulatorisch abzudecken.[655] Erforderlich ist jedoch, dass durch das System ein Geschäft ausgeführt oder vereinbart wird. Plattformen, die alleine der Bekanntmachung von Kauf- und Verkaufsinteressen dienen, wie etwa Bulletin-Boards, sollen nicht als OTF erfasst werden.[656] Erfasst werden sollen dagegen Systeme, *„die sich für den Handel mit clearingfähigen und ausreichend liquiden Derivaten eignen“*.[657] Es ist nicht anzunehmen, dass durch diese Formulierung Systeme ausgeschlossen sein sollen, auf denen illiquide oder nicht clearingfähige Derivate gehandelt werden.[658] Das betrifft vor allem also Hedging-Kontrakte von nichtfinanziellen Unternehmen, die auch über elektronische

---

651 So auch *Veil/Lerch,* WM 2012, 1557, 1562.

652 Vgl. *Klöhn,* in: Langenbucher, Europäisches Privat- und Wirtschaftsrecht, 3. Auflage 2013, § 6 Rn. 47, der auch auf die mifiddatabase auf der Homepage der ESMA verweist.

653 Dafür: *Buck-Heeb,* Kapitalmarktrecht, 8. Auflage 2016, § 3 Rn. 121; *Klöhn,* in: Langenbucher, Europäisches Privat- und Wirtschaftsrecht, 3. Auflage 2013, § 6 Rn. 51; *Schwark,* in: Schwark/Zimmer, Kapitalmarktrechts-Kommentar, 4. Auflage 2010, § 31f WpHG Rn. 11; *Seibt/Wollenschläger,* AG 2014, 593, 595; *Veil/Lerch,* WM 2012, 1557, 1562; a.A: *Fuchs,* in: Fuchs, WpHG, 2. Auflage 2016, § 31f Rn. 1.

654 Übersicht über Handelsplätze, die durch die ESMA als MTF eingestuft wurden abrufbar unter: https://registers.esma.europa.eu/publication/searchRegister?core=esma_registers_mifid_mtf, zuletzt abgerufen am 04.01.2017.

655 Erwägungsgrund Nr. 8 der Verordnung Nr. 600/2014 vom 15.5.2014 (MiFIR).

656 Erwägungsgrund Nr. 8 der Verordnung Nr. 600/2014 vom 15.5.2014 (MiFIR).

657 Erwägungsgrund Nr. 8 der Verordnung Nr. 600/2014 vom 15.5.2014 (MiFIR).

658 Dazu auch *Veil/Lerch,* WM 2012, 1557, 1563.

Plattformen abgewickelt werden.[659] Allerdings gelten für einzelne Pflichten, so unter anderem die Pflicht zur Vorhandelstransparenz, nach Art. 28 Abs. 1 lit c MiFIR Ausnahmen für nicht clearingpflichtige Derivate oder solche Finanzinstrumente, für die kein liquider Markt besteht. Die Kategorie der OTFs soll somit vor allem diejenigen standardisierten Derivatekontrakte regulieren, die schon jetzt auf entsprechenden Plattformen gehandelt werden.[660]

Im Verordnungsentwurf der Kommission waren als Anwendungsfall eines OTFs zudem noch die Broker-Crossing-Systeme aufgezählt, die von Wertpapierfirmen betrieben werden und mehrere Kundenaufträge zusammenführen.[661] In der Endfassung der Verordnung heißt es in Erwägungsgrund Nr. 6, dass die als Broker-Crossing-Systeme bekannten Einheiten in Zukunft als eine Art multilateraler Handelsplatz oder systematischer Internalisier zugelassen werden sollen. Ob mit dem Ausdruck „*eine Art multilateraler Handelsplatz*" ein MTF oder ein OTF gemeint ist, bleibt fraglich, da in beiden Fällen ein multilaterales System zum Einsatz kommt. Einleuchtend wäre eine Auslegung dahingehend, dass mit Broker-Crossing-Systemen sowohl ein MTF als auch ein OTF gemeint sein kann, da die Möglichkeit des Betriebs eines OTFs nur bei bestimmten Finanzinstrumenten besteht.

OTFs bieten im Unterschied zu MTFs nur für bestimmte Finanzinstrumente, namentlich für Schuldverschreibungen, strukturierte Finanzprodukte, Emissionszertifikate und Derivate einen Handelsplatz, nicht aber für Aktien.[662] Auf einem MTF können demgegenüber alle Arten von Finanzinstrumenten gehandelt werden. Den Betreibern von OTFs steht im Gegensatz zu Betreibern von geregelten Märkten und MTFs, die zur nichtdiskretionären Ausführung von Geschäften verpflichtet sind, ein Ermessensspielraum auf zwei Ebenen zu.[663] So können OTFs zum einen nach ihrem Ermessen über die Platzierung oder Zurücknahme eines Auftrags entscheiden. Zum anderen können sie auch darüber entscheiden, einen bestimmten Auftrag mit den Aufträgen des Systems zusammenzuführen oder nicht, soweit dies mit den Vorgaben des Kunden und der Pflicht zur bestmöglichen Ausführung vereinbar ist.[664]

---

659 Entsprechend der Stellungnahme des Deutschen Aktieninstituts (DAI) vom 02.02.2011 werden solche Derivate unter anderem über Systeme wie FXall, Currenex or 360T gehandelt, S. 2, abrufbar unter: https://circabc.europa.eu/sd/a/cada715d-3183-4d07-bf60-49816f414bfb/Deutsches%20Aktieninstitute.pdf, zuletzt abgerufen am 04.01.2017.

660 *Salewski*, GWR 2012, 265, 266.

661 So noch Erwägungsgrund Nr. 7 des Verordnungsentwurfs 2011/0296 (COD).

662 *Gomber/Nassauer*, ZBB 2014, 250, 253.

663 Dazu auch *Geier/Mirtschink*, Corporate Finance biz 2013, 102, 114; *Gomber/Nassauer*, ZBB 2014, 250, 253; nach *Buck-Heeb*, Kapitalmarktrecht, 8. Auflage 2016, § 3 Rn. 141 besteht ein Ermessen hinsichtlich Art und Weise der Ausführung.

664 Erwägungsgrund Nr. 9 der Verordnung Nr. 600/2014 vom 15.5.2014 (MiFIR).

bb) *Pflicht zum Handel von Aktien und Derivaten an Handelsplätzen*

Nach Art. 23 Abs. 1 MiFIR unter Berücksichtigung der Ausnahmen nach lit. a) und lit. b) haben Wertpapierfirmen sicherzustellen, dass Handelsgeschäfte mit Aktien, die an einem geregelten Markt oder einem anderen Handelsplatz gehandelt werden, auch an einem geregelten Markt, MTF, OTF, systematischen Internalisierer oder an einem Dritthandelsplatz getätigt werden.[665]

Art. 28 MiFIR schreibt künftig für bestimmte Derivate eine Pflicht zum Handel über geregelte Märkte, MTFs oder OTFs vor. Voraussetzung für eine Handelspflicht ist zunächst, dass eine Clearingpflicht nach Art. 5 Abs. 2, Abs. 4 EMIR iVm den technischen Regulierungsstandards besteht.[666] Soweit danach eine Clearingpflicht zu bejahen ist, müssen weitere technische Regulierungsstandards der ESMA zu Art. 26 Abs. 1 lit. a) MiFIR eine entsprechende Handelspflicht normieren, Art. 32 MiFIR. Es ist nicht erforderlich, dass alle clearingpflichtigen Kontrakte auch einer Handelspflicht unterliegen.[667] Allerdings müssen alle handelspflichtigen Kontrakte zunächst clearingpflichtig sein.

cc) *Clearingpflicht für über geregelte Märkte gehandelte Derivate*

Der europäische Gesetzgeber erachtet es als erforderlich, dass sämtliche Derivate, außerbörslich gehandelte und börsengehandelte, einer Clearingpflicht unterliegen. Daher sieht Art. 29 MiFIR eine Clearingpflicht für Derivate vor, die am geregelten Markt gehandelt werden.[668] Für OTC-Derivate konstituiert EMIR die Pflicht, Kontrakte über CCPs zu clearen. Um alle Derivate einer Clearingpflicht zu unterwerfen, ist in Art. 29 MiFIR eine Regelung für Derivate, die auf einem geregelten Markt gehandelt werden, ausreichend.

dd) *Meldepflicht*

Zur Gewährleistung der Marktintegrität und der Aufdeckung von Marktmissbrauchsfällen sind nach Art. 26 Abs. 1 MiFIR Einzelheiten über Geschäfte mit Finanzinstrumenten[669] den zuständigen Behörden durch die Wertpapierfirmen[670]

---

665 Dazu *Gomber/Nassauer,* ZBB 2014, 250, 255.

666 Technische Regulierungsstandards von der ESMA noch zu erarbeiten.

667 *Geier/Mirtschink,* Corporate Finance biz 2013, 102, 114.

668 Vgl. Erwägungsgrund Nr. 37 der Verordnung Nr. 600/2014 vom 15.5.2014 (MiFIR); dazu *Gomber/Nassauer,* ZBB 2014, 250, 256; *Köhling/Adler,* WM 2012, 2173, 2178.

669 Nach Art. 26 Abs. 2 sowohl von Finanzinstrumenten, die an einem Handelsplatz zugelassen oder gehandelt werden, als auch von solchen, deren Basiswert an einem Handelsplatz gehandelt wird oder deren Basiswert aus einem Index oder Basket besteht, der meldepflichtige Finanzinstrumente enthält.

670 Art. 26 Abs. 1–4 MiFIR.

oder den Betreiber eines Handelsplatzes[671] zu melden.[672] Die Pflicht besteht für den Handel an allen Handelsplätzen. Bisher waren Wertpapierhandelsunternehmen zur Meldung von Geschäften an die BaFin nach § 9 WpHG lediglich dann verpflichtet, wenn das Finanzinstrument zum Handel an einem organisierten Markt zugelassen oder in den Freiverkehr einbezogen war. Für den Derivatehandel bedeutet das in Zukunft grundsätzlich eine Meldung nach Art. 9 EMIR an das Transaktionsregister und nach Art. 26 MiFIR an die zuständige Behörde. Allerdings können anerkannte Transaktionsregister als ARMs (genehmigte Meldemechanismen) die fristgerechte Meldung an die Behörde nach Art. 26 Abs. 1 MiFIR übernehmen und so auch die Meldepflicht der Wertpapierfirmen erfüllen, Art. 26 Abs. 7 MiFIR.

ee) Positionslimits für Warenderivate

Die Mitgliedstaaten haben nach Art. 57 Abs. 1 MiFID II sicherzustellen, dass die zuständigen Behörden Positionslimits für die Größe von Nettopositionen in Warenderivaten, die von einer Person gehalten werden, festlegen.[673] Dies soll dem Marktmissbrauch entgegenwirken und zu geordneten Preisbildungs- und Abwicklungsbedingungen beitragen. Art. 57 Abs. 1 S. 3 MiFID II enthält eine Hedging-Ausnahme, wonach Positionen, welche direkt mit der Geschäftstätigkeit einer nichtfinanziellen Gegenpartei verbundene Risiken verringern, nicht bei der Berechnung der Positionslimits berücksichtigt werden. Das Positionslimit ist nach Art. 57 Abs. 2 MiFID II ein eindeutiger, quantitativer Schwellenwert für die maximale Größe einer Position. Die Berechnungsmethodologie wird von der ESMA in technischen Regulierungsstandards entwickelt, Art. 57 Abs. 3 MiFID II.

2. Leerverkäufe und Credit Default Swaps

Bereits im Jahr 2010 nahm die Europäische Kommission einen Vorschlag für eine Verordnung über Leerverkäufe und bestimmte Aspekte von Credit Default Swaps an.[674] Die Verordnung trat am 25.03.2012 in Kraft und gilt seit dem 01.11.2012.[675] Sie wird durch eine delegierte Verordnung und eine Durchführungsverordnung ergänzt.[676] Die von den nationalen Gesetzgebern nach der Finanzkrise erlassenen

671 Art. 26 Abs. 5 MiFIR.

672 Dazu auch Erwägungsgrund Nr. 32 der Verordnung Nr. 600/2014 vom 15.5.2014 (MiFIR).

673 Dazu *Funke*, CCZ 2012, 54, 56.

674 *Europäische Kommission*, Pressemitteilung vom 15.09.2010, IP/10/1126.

675 Verordnung (EU) Nr. 236/2012 vom 14.3.2012 (Leerverkaufsverordnung); dazu *Köhler*, in: Schwintowski, Bankrecht, 4. Auflage 2014, § 21 Rn. 288 ff.; *Krüger/ Ludewig*, WM 2012, 1942; *Walla*, in: Veil, Europäisches Kapitalmarktrecht, 2. Auflage 2014, § 15.

676 *Ludewig/Geilfus*, WM 2013, 1533.

Leerverkaufsregulierungen,[677] welche dem Preisverfall an den Märkten durch Leerverkäufe entgegenwirken sollten, werden damit durch die Leerverkaufsverordnung vereinheitlicht.[678] Mit dem Gesetz zur Vorbeugung gegen missbräuchliche Wertpapier- und Derivategeschäfte (WpMiVoG)[679] waren auf nationaler Ebene §§ 30h–30j WpHG eingefügt worden und damit auch das grundsätzliche Verbot ungedeckter Leerverkäufe und das Verbot bestimmter Kreditderivate.[680]

Art. 12, 13 und 14 der Leerverkaufsverordnung beschränken ungedeckte Leerverkäufe in Aktien, öffentlichen Schuldtiteln und Credit Default Swaps auf öffentliche Schuldtitel. Art. 14 Abs. 1 verbietet es Transaktionen mit Credit Default Swaps auf öffentliche Schuldtitel vorzunehmen, wenn der Swap zu einer ungedeckten Position führt. Dies ist gemäß Art. 4 Abs. 1 lit. a der Leerverkaufsverordnung der Fall, wenn der Investor keine Long-Position in dem betreffenden öffentlichen Schuldtitel hält, dessen Ausfallrisiko er mit dem CDS absichern möchte. Ausgenommen sind nach Art. 4 Abs. 1 lit. b auch Konstellation, in denen eine Absicherung gegen einen Wertverfall des Schuldtitels erfolgt.

Art. 5–11 der Leerverkaufsverordnung verpflichten zur Meldung von Netto-Leerverkaufspositionen ab der Erreichung eines bestimmten Schwellenwertes an die zuständige Behörde[681] und im Falle von Leerverkäufen in Aktien auch zu einer Offenlegung gegenüber der Öffentlichkeit.

3. Neuregelung des Marktmissbrauchsrechts

Mit Pressemitteilung vom 20.10.2011 verkündete die Kommission die Vorlegung eines Richtlinien- und Verordnungsvorschlags zum Insiderhandel und zu Marktmanipulationen (MAR und MAD).[682] Die Marktmissbrauchsverordnung[683] und

---

677 In Deutschland wurde in §§ 30h, 30i, 30j WpHG das Verbot ungedeckter Leerverkäufe und Mitteilungs- und Veröffentlichungspflichten für Netto-Leerverkaufspositionen geregelt.

678 *Parmentier,* EuZW 2014, 50.

679 Gesetz zur Vorbeugung gegen missbräuchliche Wertpapier- und Derivategeschäfte vom 21.7.2010 (WpMiVoG), BGBl. I 2010, S. 945.

680 Dazu *Litten/Bell,* BKR 2011, 314.

681 Zuständige Behörde ist nach § 30h WpHG die Bundesanstalt (BaFin).

682 *Europäische Kommission,* Pressemitteilung vom 20.10.2011, IP/11/1218; zur neuen Marktmissbrauchsverordnung unter anderem: *Bachmann,* Das Europäische Insiderhandelsverbot 2015, S. 15; *Buttlar,* BB 2014, 451; *Kiesewetter/Parmentier,* BB 2013, 2371; *Krämer/Teigelack,* Börsen-Zeitung vom 09.11.2011, S. 2; *Krause,* CCZ 2014, 248; *Langenbucher,* NZG 2013, 1401; *Langenbucher,* in: Bainbridge, Research Handbook on Insider Trading 2013, 429, 441 ff.; *Merkner/Sustmann,* AG 2012, 315; *Parmentier,* EuZW 2014, 50; *Salewski,* GWR 2012, 265; *Seibt/Wollenschläger,* AG 2014, 593; *Teigelack,* BB 2012, 1361; *Veil/Koch,* WM 2011, 2297; *Veil,* ZBB 2014, 85; *Viciano-Gofferje/Cascante,* NZG 2012, 968.

683 Verordnung (EU) Nr. 596/2014 vom 16.4.2014 (MAR).

Marktmissbrauchsrichtlinie[684] wurden schließlich am 12.06.2014 im Amtsblatt der Europäischen Union veröffentlicht[685] und traten am zwanzigsten Tag nach der Veröffentlichung[686], also am 02.07.2014, in Kraft. Allerdings gilt der Großteil der Vorschriften erst seit dem 03.07.2016, Art. 39 Abs. 2 MAR.

Das Markmissbrauchsrecht, das heißt der Rechtsrahmen für Insidergeschäfte, unrechtmäßige Offenlegung von Insiderinformationen und Marktmanipulationen sowie Maßnahmen zur Verhinderung von Marktmissbrauch,[687] wird nunmehr mittels einer Verordnung reguliert. Seit Geltung der Marktmissbrauchsverordnung wurden die nationalen Regelungen des WpHG in Bezug auf das Marktmissbrauchsrecht weitestgehend obsolet[688] und das WpHG entsprechend angepasst. Für die Zwecke des Marktmissbrauchsrechts enthält das WpHG in §§ 38, 39 nunmehr hauptsächlich Regelungen in Bezug auf Ordnungswirdrigkeiten und strafrechtliche Sanktionen. Die strafrechtlichen Sanktionen von Verstößen gegen Vorgaben des Marktmissbrauchsregimes konnten hingegen lediglich in Form einer Richtlinie erlassen werden. Der europäische Gesetzgeber unterliegt insoweit den expliziten Vorgaben gemäß Art. 83 Abs. 2 AEUV. Die strafrechtlichen Sanktionen der Richtlinie können auch nur eine Mindest- und keine Vollharmonisierung verkörpern.[689]

Die frühere Marktmissbrauchsrichtlinie aus dem Jahr 2003 wurde von den Mitgliedstaaten nicht nur unterschiedlich umgesetzt, sondern von den Gerichten und Aufsichtsbehörden auch nicht einheitlich ausgelegt.[690] Mit der Neuregulierung sollen die rechtliche Komplexität wie auch die Compliance-Kosten für international tätige Unternehmen gesenkt werden.[691] Eine Neuordnung des Marktaufsichtsrechts war nach Ansicht der De-Larosière-Gruppe auch deshalb notwendig, da eine wirkungsvolle Aufsichts-, Untersuchungs- und Sanktionsordnung mit starken und abschreckenden Sanktionsregelungen für Finanzvergehen nicht gegeben war.[692]

Aus den gesetzgeberischen Regelungszielen zum Verordnungserlass lässt sich auf einen Willen zur Vollharmonisierung schließen.[693] In den Erwägungsgründen wird

684 RL 2014/57/EU vom 16.4.2014 (MAD).

685 Amtsblatt der Europäischen Union, L173, 57. Jahrgang, 12. Juni 2014.

686 Art. 39 Abs. 1 MAR.

687 So der Gegenstand der Marktmissbrauchsrichtlinie nach Art. 1 MAR.

688 *Krämer/Teigelack*, Börsen-Zeitung vom 09.11.2011, S. 2; *Krämer/Teigelack*, Börsen-Zeitung vom 21.07.2014, S. 13; *Merkner/Sustmann*, AG 2012, 315, 316, 323; *Seibt/Wollenschläger*, AG 2014, 593, 594.

689 So auch *Kiesewetter/Parmentier*, BB 2013, 2371; *Veil*, ZBB 2014, 85, 87 f.

690 *Veil*, ZBB 2014, 85, 86.

691 Erwägungsgrund Nr. 5 der Verordnung (EU) Nr. 596/2014 vom 16.4.2014 (MAR).

692 Vgl. Erwägungsgrund Nr. 70 der Verordnung (EU) Nr. 596/2014 vom 16.4.2014 (MAR); *The de Larosière Group*, Report from the High-level Group on Financial Supervision in the EU, abrufbar unter: http://ec.europa.eu/internal_market/finances/docs/de_larosiere_report_en.pdf, zuletzt abgerufen am 04.01.2017.

693 So auch *Veil/Koch*, WM 2011, 2297, 2298; *Teigelack*, BB 2012, 1361, 1362; *Veil*, ZBB 2014, 85, 87.

die Schaffung eines einheitlichen und starken Rechtsrahmens sowie die Vorbeugung gegen Aufsichtsarbitrage[694] betont. Natürliche und juristische Personen in der gesamten Union sollen die gleichen Regeln zu befolgen haben.[695] Mittels einer Mindestharmonisierung könnten diese Ziele nicht oder jedenfalls nicht in vollem Umfang umgesetzt werden. Allerdings findet auch die grundsätzliche Vollharmonisierung innerhalb der Regelungsmaterie des Marktmissbrauchsrechts ihre Grenzen. So sieht beispielsweise Art. 30 Abs. 3 MAR für Mitgliedstaaten die Möglichkeit vor, auch höhere als die genannten Sanktionen zu verhängen. Folglich ist die Frage der Harmonisierung für die einzelnen Regelungsbereiche der MAR gesondert zu erörtern.[696] Für die Regulierung der Marktmissbrauchsverbote kann aufgrund der Erwägungsgründe allerdings eine Vollharmonisierung bejaht werden. Soweit einzelne Vorschriften auslegungsbedürftig sind, sind sie autonom entsprechend der durch den EuGH entwickelten Grundsätze auszulegen.[697] Eine Wortlautauslegung hat sich zudem an der englischen Fassung der Verordnung zu orientieren, da diese dem Gesetzgebungsverfahren zu Grunde lag und auf ihr die nationalen Übersetzungen beruhen.[698]

Die folgenden Ausführungen zum neuen Marktmissbrauchsrecht sollen einen kurzen Überblick über die Regelungsmaterie und die Neuerungen geben. Auf das Verwendungsverbot von Insiderinformationen wird im Laufe der Arbeit noch im Detail eingegangen.[699]

a) Anwendungsbereich der Marktmissbrauchsverordnung

Der Anwendungsbereich der Marktmissbrauchsverordnung wird zentral in Art. 2 MAR normiert. Demnach fallen unter die Regulierung gem. Art. 2 Abs. 1 S. 1 lit. a)–c) MAR zunächst Finanzinstrumente, die an einem geregelten Markt zugelassen sind oder für die ein Antrag auf Zulassung gestellt wurde. Auch Finanzinstrumente, die auf einem MTF gehandelt werden, dort zugelassen sind oder für die ein Antrag auf Zulassung gestellt wurde und Finanzinstrumente die auf einem OTF gehandelt werden, fallen in den Anwendungsbereich.[700] Für die Definition von geregeltem Markt, MTF und OTF greift Art. 3 Abs. 1 Ziff. 6–8 MAR auf die Definition gemäß Art. 4 Abs. 1 Nr. 21–23 MiFID zurück. Finanzinstrumente, die nicht direkt von

---

694 Nach *Veil*, ZBB 2014, 85, 86, sind bisher keine Fälle einer Aufsichtsarbitrage bekannt, also Fälle, in denen ein weniger stark reguliertes nationales Marktmissbrauchsregime ausgenutzt worden wäre.

695 Erwägungsgründe Nr. 3, 4, 5 der Verordnung (EU) Nr. 596/2014 vom 16.4.2014 (MAR).

696 So auch *Veil/Koch*, WM 2011, 2297; so auch bereits zur Marktmissbrauchsrichtlinie: *Klöhn*, WM 2010, 1869, 1879 f.

697 *Veil/Koch*, WM 2011, 2297, 2298.

698 Vgl. *Veil*, ZBB 2014, 85, 88.

699 Zum Verwendungsverbot unten D.II.

700 Zu den einzelnen Handelsplätzen vgl. oben C.II.1.b)aa).

den Buchstaben a)–c) erfasst sind, fallen ebenfalls unter den Anwendungsbereich der Marktmissbrauchsverordnung, soweit der Kurs oder Wert von einem der oben genannten Finanzinstrumente abhängig ist oder sich darauf auswirkt. Das Gesetz nennt beispielhaft Kreditausfall-Swaps und Differenzkontrakte, Art. 2 Abs. 1 S. 1 lit. d) MAR. Damit sind auch ausschließlich außerbörslich gehandelte Derivate erfasst. Art. 2 Abs. 1 S. 2 MAR erweitert den Anwendungsbereich auf den Handel von Emissionszertifikaten über Versteigerungsplattformen.

Art. 2 Abs. 2 MAR erweitert den Anwendungsbereich für Marktmanipulationen nicht aber für den Insiderhandel. Dem Verbot der Marktmanipulation unterliegen künftig auch Waren-Spot-Kontrakte, Finanzinstrumente, unter anderem Kreditderivate, die voraussichtlich Auswirkungen auf den Kurs oder Wert eines Waren-Spot-Kontraktes haben werden, sowie Handlungen in Bezug auf Referenzwerte.

Art. 2 Abs. 3 MAR stellt klar, dass das Geschäft, welches ein Finanzinstrument entsprechend dem Anwendungsbereich der MAR nach Art. 2 Abs. 1 und Abs. 2 betrifft, nicht zwingend über einen Handelsplatz getätigt werden muss.

Art. 5 und Art. 6 MAR nehmen Rückkaufprogramme, Stabilisierungsmaßnahmen, Maßnahmen im Rahmen der Geldpolitik, Staatsschuldenverwaltung und Klimapolitik vom Anwendungsbereich ganz oder zum Teil aus.[701]

Damit ist der Anwendungsbereich der MAR bedeutend weiter als derjenige der alten Marktmissbrauchsrichtlinie 2003. Diese galt nur für Finanzinstrumente, die an einem geregelten Markt zugelassen waren oder für die ein Antrag auf Zulassung gestellt wurde sowie für Derivate, deren Wert von solchen Finanzinstrumenten abhing.[702] Mit dieser Ausweitung soll der Zunahme des Handels über multilaterale Handelsplattformen während der letzten Jahre Rechnung getragen werden und auch dort die Marktintegrität und der Schutz der Anleger gewährleistet werden.[703] Daher fällt nunmehr auch der deutsche Freiverkehr in den Anwendungsbereich der Verordnung, der zwar schon nach nationalem Recht aber nicht nach europäischem Recht erfasst war.[704]

b) Verbote und Offenlegungspflichten

Das europäische Marktmissbrauchsrecht hält an seiner bisherigen Konzeption fest, die aus einem Zusammenspiel von Verboten und Offenlegungspflichten besteht. Allen voran verbietet Art. 14 MAR das Tätigen von Insidergeschäften, die Empfehlung oder Anstiftung Insidergeschäfte zu tätigen sowie die unrechtmäßige Offenlegung von Insiderinformationen. Unter das Tätigen von Insidergeschäften fällt nun auch

---

701 Vgl. *Teigelack*, BB 2012, 1361, 1362; *Viciano-Gofferje/Cascante*, NZG 2012, 968, 975.

702 Art. 9 der Richtlinie 2003/6/EG des Europäischen Parlaments und des Rates über Insider-Geschäfte und Marktmanipulation (Marktmissbrauch) vom 28.01.2003 (Marktmissbrauchsrichtlinie 2003).

703 Erwägungsgrund Nr. 8 der Verordnung (EU) Nr. 596/2014 vom 16.4.2014 (MAR).

704 *Kiesewetter/Parmentier*, BB 2013, 2371, 2372; *Teigelack*, BB 2012, 1361, 1362; *Veil*, ZBB 2014, 85.

die Stornierung oder Änderung eines Auftrags, wenn der Auftrag vor Erlangen der Insiderinformation erteilt wurde, Art. 8 Abs. 1 S. 2 MAR. Art. 9 MAR listet verschiedene Situationen, in denen kein Insidergeschäft getätigt wird und greift damit unter anderem die in den Entscheidungsgründen des Spector Photo Group-Urteils des EuGH[705] genannten Konstellationen auf.[706] Eine Ausnahme vom Offenlegungsverbot enthält Art. 11 MAR für Marktsondierungen.[707] Wie auch bisher, ist das Betreiben von Marktmanipulationen gemäß Art. 15 MAR verboten. Im Gegensatz zur alten Rechtslage verbietet die Marktmissbrauchsverordnung nunmehr allerdings auch den Versuch der Marktmanipulation.[708]

Diesen Verboten stehen im Wesentlichen die Pflicht zur Veröffentlichung von Insiderinformationen gemäß Art. 17 MAR[709], die Pflicht zur Führung von Insiderlisten nach Art. 18 MAR und die Pflicht zur Meldung und Veröffentlichung von Directors' Dealings gemäß Art. 19 MAR gegenüber.

c) Closed Periods

Mit dem Erlass der Marktmissbrauchsverordnung wurde ein neues Handelsverbot eingeführt, welches das Insiderhandelsverbot ergänzen soll.[710] Nach Art. 19 Abs. 11 MAR ist es Personen, die beim Emittenten Führungsaufgaben wahrnehmen, verboten, innerhalb eines geschlossenen Zeitraums von 30 Tagen vor Ankündigung von veröffentlichungspflichtigen Zwischenberichten oder Jahresabschlussberichten, Eigengeschäfte oder Geschäfte mit Dritten im Zusammenhang mit Anteilen oder Schuldtiteln des Emittenten oder Finanzinstrumenten, die mit diesen im Zusammenhang stehen, zu tätigen.[711] Allerdings kann der Emittent das Tätigen von Geschäften während der closed period unter bestimmten Voraussetzungen erlauben, Art. 19 Abs. 12 MAR.[712]

d) Zuständige Aufsichtsbehörden

Die Mitgliedstaaten haben eine national zuständige Behörde zu benennen, Art. 22 MAR, der die Befugnisse gemäß Art. 23 MAR zustehen. Die nationalen Behörden sind zur Zusammenarbeit mit der ESMA und den anderen nationalen Behörden verpflichtet, Art. 24, 25 MAR. Die zuständige Behörde ist zur Umsetzung von Art. 22 MAR bis zum 03.07.2016 zu benennen, Art. 39 Abs. 3 MAR. Der Referentenentwurf

---

705 EuGH NZG 2010, 107.

706 *Krause,* CCZ 2014, 248, 251.

707 Dazu *Krause,* CCZ 2014, 248, 253 f.

708 *Krause,* CCZ 2014, 248, 258; *Parmentier,* EuZW 2014, 50, 53.

709 Näher *Veil/Koch,* WM 2011, 2297, 2301 f.

710 *Krämer/Teigelack,* Börsen-Zeitung vom 21.07.2014, S. 13; *Krause,* CCZ 2014, 248, 257; *Seibt/Wollenschläger,* AG 2014, 593, 602; *Veil,* ZBB 2014, 85, 95.

711 Dazu *Veil,* ZBB 2014, 85, 94 ff.

712 Hierzu *Seibt/Wollenschläger,* AG 2014, 593, 602.

des Bundesfinanzministerium[713] enthält mit § 18 WpHG-E eine Regelung, die der Bundesanstalt die Zuständigkeit zuweist.

e) *Strafrechtliche Sanktionen nach MAD und verwaltungsrechtliche Sanktionen nach MAR*

Die Marktmissbrauchsverordnung (MAR) wird von der Marktmissbrauchsrichtlinie (MAD) flankiert, die die Mitgliedstaaten verpflichtet, Verstöße gegen das Insiderhandelsverbot und das Verbot von Marktmanipulationen unter bestimmten Voraussetzungen unter Strafe zu stellen.[714] Die strafrechtlichen Sanktionen, die lediglich eine Mindestharmonisierung herbeiführen, konnten aufgrund der Vorgaben des Art. 83 Abs. 2 AEUV nicht in die Verordnung integriert werden.[715] Dennoch machte der Europäische Gesetzgeber zum ersten Mal von seiner Befugnis Gebrauch, strafrechtliche Sanktionen vorzugeben, um politische Maßnahmen durchzusetzen.[716] Die Vorgaben wurden entsprechend im WpHG umgesetzt.

Daneben sehen die Art. 30 ff. MAR verwaltungsrechtliche Maßnahmen und Sanktionen vor, die ebenfalls einer Umsetzung durch den nationalen Gesetzgeber bedürfen und damit trotz ihrer Verortung in der Verordnung nicht unmittelbar gelten.[717]

4. Neuregelung der Eigenkapital- und Liquiditätsanforderungen an Banken

Aufgrund der von den G-20 Staaten identifizierten Schwachstellen des Bankenaufsichtsrechts hat der Baseler Ausschuss für Bankenaufsicht am 16.12.2010 ein neues Rahmenwerk für Eigenkapital- und Liquiditätsrisiken, auch bekannt als Basel III, veröffentlicht[718] und im Juni 2011 nochmals überarbeitet.[719] Die Vorgaben von

---

713 *Bundesfinanzministerium*, Referentenentwurf für ein Finanzmarktnovellierungsgesetz (FimanoG) vom 19.10.2015.

714 Hierzu unter anderem: *Buttlar*, BB 2014, 451, 453; *Kiesewetter/Parmentier*, BB 2013, 2371, 2377 f.; *Krause*, CCZ 2014, 248, 259; *Merkner/Sustmann*, AG 2012, 315, 322 f.; *Parmentier*, EuZW 2014, 50, 53; *Seibt/Wollenschläger*, AG 2014, 593, 606; *Veil*, ZBB 2014, 85, 92; *Veil/Koch*, WM 2011, 2297, 2306.

715 Dazu *Buttlar*, BB 2014, 451, 453; *Merkner/Sustmann*, AG 2012, 315, 323.

716 Hierzu beispielsweise *Trüg*, Konzeption und Struktur des Insiderstrafrechts 2014, S. 17 f.

717 Auch dafür sieht Art. 39 Abs. 3 MAR eine Umsetzungsfrist bis zum 3.Juli 2016 vor; *Buttlar*, BB 2014, 451, 453; *Kiesewetter/Parmentier*, BB 2013, 2371, 2377 f.; *Krause*, CCZ 2014, 248, 258 f.; *Seibt/Wollenschläger*, AG 2014, 593, 603 f.; *Veil/Koch*, WM 2011, 2297, 2305.

718 *Schulte-Mattler/Manns*, WM 2011, 2069.

719 *Basel Committee on Banking Supervision*, Basel III: A global regulatory framework for more resilient banks and banking systems, abrufbar unter: http://www.bis.org/publ/bcbs189.pdf, zuletzt abgerufen am 04.01.2017.

Basel III wurden durch den europäischen Gesetzgeber mit der Capital Requirements Regulation (CRR) und der Capital Requirements Directive IV (CRD IV) umgesetzt.[720] Die Banken- und Kapitaladäquanzrichtlinie werden durch das CRD-IV-Paket ersetzt.[721] Die europäischen Vorgaben der Eigenkapitalverordnung und der Eigenkapitalrichtlinie wurden mit dem CRD IV-Umsetzungsgesetz in nationales Recht umgesetzt.[722] Die gesteigerten Anforderungen an das Risikomanagement gem. Art. 76 CRD IV haben zu umfassenden Änderungen in den § 25a ff. KWG geführt.[723]

Allerdings wird an den neuen Eigenkapitalregelungen aus Hedging-Sicht Kritik geübt. Nach Ansicht von Experten verteuert sich der Einsatz von Hedging-Derivaten durch Unternehmen deutlich, soweit sie für Risiken aus dem Einsatz von Derivaten zu Hedging-Zwecken *mehr Eigenkapital* bereithalten müssen beziehungsweise für den Erwerb von Derivaten höhere Gebühren zahlen müssen.[724] In Zukunft müssen selbst geclearte Derivate mit einer Risikogewichtung von 2 % berücksichtigt werden, welche in der Vergangenheit noch unberücksichtigt bleiben konnten. Hinzu kommt, dass OTC-Derivaten, die nicht über eine qualifizierte zentrale Gegenpartei gecleart werden oder einen Ausnahmetatbestand nach Art. 382 Abs. 4 CRR erfüllen, eine zusätzliche Eigenkapitalanforderung für das Risiko einer Anpassung der Kreditbewertung (CVA) auferlegt wird. Dadurch werden sich die Kosten für Industriekunden sowohl für geclearte[725] als auch für ungeclearte OTC-Derivate erhöhen.[726] Es wird sich zeigen, wie sich die neuen Eigenkapitalanforderungen auf die Hedging-Aktivitäten auswirken wird.

a) Behandlung von Derivaten die zu Hedging-Zwecken eingesetzt werden

Die Eigenkapitalverordnung enthält an mehreren Stellen konkrete Vorgaben für die Behandlung von Derivaten, welche zu Absicherungszwecken eingesetzt werden.

---

720 Verordnung (EU) Nr. 575/2013 vom 26.6.2013 (CRR); RL 2013/36/EU vom 26.6.2013 (CRD IV); dazu unter anderem *Schulte-Mattler/Manns,* WM 2011, 2069; *Rudolph,* ZHR 2011, 284; *Kirchhartz,* GWR 2013, 395; *Paul/Stein/Kaltofen,* DStR 2013, 1849; *Apfelbacher/Metzner,* AG 2013, 773; *Zoepffel,* WM 2014, 928.

721 *Schulte-Mattler/Manns,* WM 2011, 2069, 2070; *Kirchhartz,* GWR 2013, 395.

722 Gesetz zur Umsetzung der Richtlinie 2013/36/EU über den Zugang zur Tätigkeit von Kreditinstituten und die Beaufsichtigung von Kreditinstituten und Wertpapierfirmen und zur Anpassung des Aufsichtsrechts an die Verordnung (EU) Nr. 575/2013 über die Aufsichtsanforderungen an Kreditinstitute und Wertpapierfirmen vom 28.8.2013 (CRD IV-Umsetzungsgesetz), BGBl. I 2013, S. 3395; dazu auch BT-Drs. 17/10974, S. 2; *Apfelbacher/Metzner,* AG 2013, 773.

723 Dazu bereits oben unter B.III.3.a).

724 *Schulte-Mattler/Manns,* WM 2011, 2069, 2075; *Bremer,* NZG 2012, 817, 818.

725 Hier wird auch noch eine zusätzliche Clearing-Fee von den Clearingmitlgiedern erhoben werden.

726 Siehe dazu: *Schulte-Mattler/Manns,* WM 2011, 2069, 2075.

Erleichterte Eigenkapitalanforderungen gelten beispielsweise nach Art. 111 Abs. 3 CRR iVm Art. 204 Abs. 1 CRR bei Absicherung von Kreditrisiken durch bestimmte Kreditderivate, wie Credit Default Swaps oder Credit Linked Notes. Bei der Berechnung der Eigenkapitalanforderung kann ein niedrigerer Risikopositionswert angesetzt werden, da die Risikopositionen mittels Derivaten besichert sind. Ein weiteres Beispiel ist die Berechnung der Eigenmittelanforderungen für das Fremdwährungsrisiko, wonach gemäß Art. 352 Abs. 2 CRR Positionen nicht zu berücksichtigen sind, die das Institut eingegangen ist, um sich gegen nachteilige Auswirkungen von Wechselkursschwankungen abzusichern.

b) Eigenmittelanforderungen für Derivate

Andererseits stellen die Art. 271 ff. CRR erhöhte Anforderungen an die Eigenkapitalmittel für das Kontrahentenausfallrisiko bei Derivategeschäften. Auch die Anforderungen an das Management des Gegenparteiausfallrisikos haben sich bei einer Nutzung interner Modelle zur Berechnung des Risikopositionswertes erhöht.[727]

aa) Eigenmittelanforderungen für geclearte Derivate

Bisher mussten Adressenausfallrisikopositionen gegenüber zentralen Gegenparteien nicht mit Eigenkapital hinterlegt werden.[728] In Art. 300 ff. CRR wurden nun Regelungen zur Behandlung von Risikopositionen gegenüber zentralen Gegenparteien eingefügt. Gemäß Art. 306 Abs. 1 lit. a CRR ist für Risikopositionswerte gegenüber qualifizierten CCPs ein Risikogewicht von 2 % anzusetzen. Im Falle der Abwicklung über nicht qualifizierte Gegenparteien ist der Standardsatz für das Kreditrisiko anzuwenden, Art. 306 Abs. 1 lit. b CRR. Soweit das Institut nicht selbst Clearingmitglied ist, sondern Kunde eines Clearingmitglieds, so kann dieses Risikogewicht nur unter den Voraussetzungen des Art. 305 Abs. 2 CRR zur Anwendung kommen. Für Vermögenswerte, die zur Sicherheit bei der CCP oder dem Clearingmitglied hinterlegt sind, kann ein Risikopositionswert von Null angesetzt werden, soweit diese Vermögenswerte insolvenzgeschützt sind, Art. 306 Abs. 2 CRR.

bb) CVA – zusätzliche Eigenmittelanforderung für nicht geclearte OTC-Derivate

Für OTC-Derivate ist entsprechend der Art. 381 ff. CRR Eigenkapital für das Risiko einer Anpassung der Kreditbewertung (Credit Valuation Adjustment oder CVA) zu hinterlegen. Damit wird eine zusätzliche Eigenkapitalanforderung für OTC-Derivate eingeführt.[729] Geschäfte, die allerdings über eine qualifizierte zentrale

727 Vgl. Art. 286 ff. CRR; *Schulte-Mattler/Manns,* WM 2011, 2069, 2073.
728 *Köhling/Adler,* WM 2012, 2173, 2179.
729 Siehe auch *Wieland/Weiß,* Corporate Finance law 2013, 73, 88.

Gegenpartei abgewickelt werden, sind von diesen Vorgaben ausgenommen, Art. 382 Abs. 3 CRR.[730]

5. Neuregelung des Investmentrechts: AIFM-Richtlinie und Kapitalanlagegesetzbuch

Im Zuge der Aufarbeitung der Finanzkrise und der Identifizierung der Regulierungsdefizite sollten auch die Risiken des Fonds-Marktes reduziert und so Anleger besser geschützt werden. Von diesen Reformen, die auf europäischer Ebene letztlich in die AIFM-Richtlinie[731] mündeten, sind all jene Fonds betroffen, die nicht als OGAWs (Organismen für gemeinsame Anlage in Wertpapieren) organisiert sind, also vor allem Hedge-Fonds und Private Equity-Fonds.[732] In Abgrenzung zu den OGAWs werden diese Fonds als Alternative Investmentfonds (AIF) bezeichnet.

Zur Umsetzung in das nationale Recht[733] wurde mittels des AIFM-Umsetzungsgesetzes[734] das Investmentgesetz aufgehoben und das neue Kapitalanlagegesetzbuch geschaffen.[735] Auch die das InvG bisher flankierenden Verordnungen wurden entsprechend abgeändert, unter anderem die DerivateV.[736]

Das KAGB enthält eine umfassende Regulierung der deutschen Vermögensverwaltung und stellt ein einheitliches, geschlossenes Gesetz für alle Arten von Investmentfonds sowie deren Verwaltung dar. Soweit eine gemeinsame Vermögensanlage in Zukunft unter den Begriff des Investmentvermögens gemäß § 1 Abs. 1 KAGB und damit auch in den Anwendungsbereich des KAGB fällt, sind die Anforderungen des KAGB zu erfüllen. Andernfalls kann die Bundesanstalt nach §§ 15, 16 KAGB einschreiten und sich der Betreiber strafbar machen, § 339 KAGB.[737]

---

730 Dazu *Köhling/Adler,* WM 2012, 2173, 2179.

731 RL 2011/61/EU vom 8.6.2011 (AIFM).

732 *Schaffelhuber,* GWR 2011, 488.

733 Neben der AIFM-RL wurde auch die RL 2009/65/EG vom 13.07.2009 (OGAW-RL), die zuvor schon im InvG umgesetzt war, in das KAGB integriert.

734 Gesetz zur Umsetzung der Richtlinie 2011/61/EU über die Verwalter alternativer Investmentfonds vom 4.7.2013 (AIFM-Umsetzungsgesetz), BGBl. I 2013, S. 1981.

735 Zum neuen KAGB: *Wollenhaupt/Beck,* DB 2013, 1950; *van Kann/Redeker/Keiluweit,* DStR 2013, 1483; *Kort,* AG 2013, 582; *Nelle/Klebeck,* BB 2013, 2499; *Jesch,* BB 2013, 3075; *Koch,* WM 2014, 433; *Burgard/Heimann,* WM 2014, 821; ein rechtsvergleichender Überblick über die Umsetzung der AIFM-Richtlinie in *Zetzsche,* ZBB 2014, 22; zu den aus Sicht der Anbieter nachteiligen Änderungen: *Stoltenberg,* Börsen-Zeitung vom 18.07.2014, S. 2.

736 Überblick über die Änderungen: *BaFin,* AIFM-Umsetzungsgesetz in Kraft: BaFin veröffentlicht Verordnungen und überarbeitet FAQ, abrufbar unter: http://www.bafin.de/SharedDocs/Veroeffentlichungen/DE/Meldung/2013/meldung_130722_kapitalanlagegesetzbuch.html, zuletzt abgerufen am 04.01.2017; *Wollenhaupt/Beck,* DB 2013, 1950.

737 Vgl. *Burgard/Heimann,* WM 2014, 821, 822.

a) *Pflichten der Kapitalverwaltungsgesellschaften bei Verwaltung des Investmentvermögens – Risikomanagement und Riskomischung*

Die Kapitalverwaltungsgesellschaften von Investmentsfonds treffen nunmehr die Verhaltens- und Organisationspflichten der §§ 26 ff. KAGB,[738] die umfangreiche Anforderungen an das Risikomanagement stellen. Auf europäischer Ebene konkretisieren die Art. 38 ff. der Delegierten VO (EU) die Anforderungen an das Risikomanagement.[739] Nach § 29 Abs. 1 S. 1 KAGB hat die KVG eine dauerhafte Risikocontrollingfunktion einzurichten und aufrechtzuerhalten. Nach § 29 Abs. 2 sind zudem angemessene Risikomanagementsysteme bereitzuhalten, sodass Risiken für das Investmentvermögen jederzeit erfasst, gemessen, gesteuert und überwacht werden können. Zudem enthält das Gesetz für jeden Fondstyp gesonderte Anforderungen an bestimmte Emittentengrenzen und an die Risikomischung. Für OGAW-Kapitalverwaltungsgesellschaften gelten die Emittentengrenzen nach §§ 206 ff. KAGB. Das Prinzip der Risikomischung gilt für offene Publikums-AIF nach § 214 KAGB und für geschlossene Publikums-AIF grundsätzlich nach § 262 Abs. 1 KAGB.[740] Der Grundsatz der Risikomischung gilt auch bei allgemeinen offenen Spezial-AIF, wobei es keine nähere Regelung gibt, wie die Risikomischung auszugestalten ist.[741] Für geschlossene Spezial-AIF gilt der Grundsatz der Risikomischung hingegen nicht. Einzige Voraussetzung ist nach § 285 KAGB, dass der Verkehrswert der Vermögensgegenstände ermittelt werden kann.[742] Damit sind auch Ein-Objekt-Fonds möglich.[743]

b) *Einsatz von Derivaten*

Je nach Typ des Fonds dürfen Derivate in das Investmentvermögen aufgenommen werden. § 197 KAGB regelt beispielsweise den Einsatz von Derivaten als Teil des Investmentvermögens in OGAWs. Nach § 197 Abs. 3 KAGB wurde eine konkretisierende Verordnung zum Einsatz von Derivaten erlassen.[744] § 197 KAGB wird für offene Publikums-AIF durch § 219 Abs. 1 Nr. 1 KAGB für anwendbar erklärt. Für Rechnung eines Dach-Hedge-Fonds dürfen nur Devisenderivate gehandelt

---

738 Näher dazu *Burgard/Heimann,* WM 2014, 821, 828.

739 Delegierte Verordnung (EU) Nr. 231/2013 der Kommission vom 19.12.2013 (Delegierte Verordnung Nr. 231/2013); hierzu im Detail *Kort,* AG 2013, 582, 587 ff.; *Sprengnether/Wächter,* WM 2014, 877, 880 ff.

740 Einhaltung des Grundsatzes der Risikomischung ist allerdings nicht erforderlich, wenn die Voraussetzungen des § 262 Abs. 2 erfüllt sind.

741 Dazu *Wollenhaupt/Beck,* DB 2013, 1950, 1954.

742 *Wollenhaupt/Beck,* DB 2013, 1950, 1955.

743 *Burgard/Heimann,* WM 2014, 821, 824.

744 Verordnung über Risikomanagement und Risikomessung beim Einsatz von Derivaten, Wertpapier-Darlehen und Pensionsgeschäften in Investmentvermögen nach dem Kapitalanlagegesetzbuch vom 16.07.2013 (Derivateverordnung – DerivateV), BGBl. I 2013, S. 2463.

werden und nur dann, wenn sie der Währungskurssicherung dienen, § 225 Abs. 2 S. 2 KAGB. Nach § 261 Abs. 3 KAGB dürfen Derivategeschäfte auch in geschlossenen Publikums-AIF nur dann getätigt werden, falls diese zu Absicherungszwecken eingesetzt werden.[745] In allgemeinen offenen Spezial-AIF, Hedge-Fonds und geschlossenen Spezial-AIF darf grundsätzlich in alle Vermögensgegenstände, bei denen Verkehrswert ermittelbar ist, investiert werden.

c) Hedging-Verbot für Mitarbeiter von Kapitalverwaltungsgesellschaften

Von Mitarbeitern einer AIF-Kapitalverwaltungsgesellschaft nach § 37 Abs. 1 S. 1 KAGB, die eine variable Vergütung erhalten, wird verlangt, dass sie sich gemäß § 37 Abs. 2 KAGB iVM Anhang II Ziff 1. q) AIFM-RL dazu verpflichten, keine persönlichen Hedging-Strategien oder Versicherungen zu nutzen, die dazu führen würden, dass das in der Vergütungsregelung verankerte Risikoverhalten unterlaufen würde.

745 *Wollenhaupt/Beck*, DB 2013, 1950, 1954.

D. Verbot des Tätigens von Insidergeschäften

Der Kernfrage, ob und inwieweit Hedging-Geschäfte dem Insiderhandelsverbot unterfallen, soll ein Überblick über das neue Insiderhandelsverbot nach Art. 14 lit. a) MAR vorweg gestellt werden. Dieser soll auch auf die Gemeinsamkeiten und Unterschiede im Vergleich zu § 14 WpHG eingehen.

I. Zweck des Insiderhandelsverbots

Entsprechend der Rechtsprechung des EuGH zur alten Insiderrichtlinie und zur Marktmissbrauchsrichtlinie 2003 verfolgt das Marktmissbrauchsrecht das Ziel, die Integrität der Finanzmärkte der Europäischen Union sicherzustellen und das Vertrauen der Anleger in diese Märkte zu stärken. Das Vertrauen der Investoren beruht insbesondere darauf, dass sie einander gleichgestellt und gegen die unrechtmäßige Verwendung einer Insider-Information sowie gegen Kursmanipulation geschützt sind.[746] Gemäß dem Prinzip der informationellen Chancengleichheit sollen alle Anleger gleichberechtigten Zugang (*equal access*) zu kursrelevanten Informationen haben.[747] Dadurch soll das Vertrauen in die Kapitalmärkte und Transparenz gewährleistet werden.[748] Geschützt wird also das Interesse der Kapitalmarktteilnehmer durch den Emittenten im gleichen Maße, wie alle anderen Kapitalmarktteilnehmer mit Informationen über das Unternehmen und das Finanzinstrument versorgt werden.[749] Dies führt nach der bestehenden Konzeption des europäischen Insiderrechts

746 EuGH EuZW 2007, 572 Rz. 37 (Georgakis); EuGH NZG 2010, 107, Rz. 47 (Spector Photo Group); EuGH NZG 2011, 951, Rz. 27 (IMC-Securities); EuGH NJW 2012, 2787, Rz. 33 (Daimler/Geltl); *Assmann*, in: Assmann/Schneider, Wertpapierhandelsgesetz, 6. Auflage 2012, Vor § 12 Rn. 45.

747 In diesem Sinne auch die einheitliche Rechtsprechung des EuGH zur alten Insiderrichtlinie und Marktmissbrauchsrichtlinie: EUGH NZG 2006, 60, Rz. 33 (Grøngaard); EuGH EuZW 2007, 572 Rz. 37 f. (Georgakis); EuGH NZG 2010, 107, Rz. 47 ff. (Spector Photo Group); EUGH NJW 2012, 2787, Rz. 36 (Daimler/Geltl); *Assmann*, in: Assmann/Schneider, Wertpapierhandelsgesetz, 6. Auflage 2012, vor § 12 Rn. 45; *Hupka*, EuZW 2011, 860, 863; *Klöhn*, in: Hirte/Möllers, Kölner Kommentar zum WpHG, 2. Auflage 2014, § 14 Rn. 5; *Klöhn*, in: Langenbucher, Europäisches Privat- und Wirtschaftsrecht, 3. Auflage 2013, § 6 Rn. 82; *Klöhn*, ZIP 2014, 945, 949; *Kümpel/Veil*, in: Kümpel/Hammen/Ekkenga, Kapitalmarktrecht, Loseblatt, Stand 4/14, 065 Rn. 55; *Möllers/Seidenschwann*, NJW 2012, 2762, 2763; *Sethe*, in: Assmann/Schütze, Handbuch des Kapitalanlagerechts, 4. Auflage 2015, § 8 Rn. 8; *Veil*, Europäisches Kapitalmarktrecht, 2. Auflage 2014, § 13 Rn. 7; ähnlich: *Hansen*, ECL 2010, 98, 102.

748 So EuGH NZG 2006, 60, Rz. 33 (Grøngaard); *Bachmann*, Das Europäische Insiderhandelsverbot 2015, S. 20; *Flick/Lorenz*, RIW 2010, 381, 382.

749 *Hasselbach*, NZG 2004, 1087, 1088.

zum Schutz der Informationshändler.[750] Deshalb liegt nach Ansicht von *Klöhn* immer dann ein Verstoß gegen die Zielsetzung des Gesetzes vor, „*wenn das Geschäft die Anreize von Informationshändlern senkt, sich am Kapitalmarkt zu betätigen*".[751]

Ähnlich formuliert dies die Marktmissbrauchsverordnung in Erwägungsgrund Nr. 2, wonach das „*reibungslose Funktionieren der Wertpapiermärkte und das Vertrauen der Öffentlichkeit in die Märkte* [...] *Voraussetzungen* für Wirtschaftswachstum und *Wohlstand* [sind]". Durch marktmissbräuchliches Verhalten wird diese Integrität verletzt und das Vertrauen der Öffentlichkeit in Wertpapiere und Derivate untergraben.[752] Insidergeschäfte, unrechtmäßige Offenlegungen von Insiderinformationen und Marktmanipulationen verhindern eine vollständige und ordnungsgemäße Markttransparenz. Diese ist Voraussetzung der Teilnahmemöglichkeit aller Wirtschaftsakteure an integrierten Finanzmärkten.[753]

Die Erwägungsgründe äußern sich auch speziell zu Sinn und Zweck des Insiderhandelsverbots. Sie nennen die Erlangung eines ungerechtfertigten Vorteils, der mittels der Insiderinformation zum Nachteil Dritter erzielt wird, als wesentliches Merkmal eines Insidergeschäfts.[754] Nach der Zielsetzung des Gesetzes,

> „*sollte das Verbot von Insidergeschäften* [daher] *gelten, wenn eine Person im Besitz von Insiderinformationen dadurch einen ungerechtfertigten Vorteil aus dem mit Hilfe dieser Information erzielten Nutzen zieht, dass er aufgrund dieser Information Markttransaktionen durchführt, indem er für eigene Rechnung oder die Rechnung Dritter, sei es unmittelbar oder mittelbar, Finanzinstrumente auf die sich diese Informationen beziehen, erwirbt oder veräußert bzw. zu erwerben oder zu veräußern versucht oder einen Auftrag zum Kauf bzw. Verkauf storniert oder ändert bzw. zu stornieren oder ändern versucht*".[755]

II. Nutzungsverbot nach Art. 14 lit. a) MAR

Art. 14 MAR verbietet das Tätigen von Insidergeschäften, die Empfehlung oder Anstiftung Insidergeschäfte zu tätigen sowie die unrechtmäßige Offenlegung von Insiderinformationen. Für das Tätigen von Hedging-Geschäften ist vor allem das Nutzungsverbot nach Art. 14 lit. a) MAR von Bedeutung, das im Folgenden näher dargestellt wird. Die Definitionen der Marktmissbrauchsverordnung in Bezug

---

750 *Klöhn*, in: Langenbucher, Europäisches Privat- und Wirtschaftsrecht, 3. Auflage 2013, § 6 Rn. 82; in diese Richtung auch *Bachmann,* Das Europäische Insiderhandelsverbot 2015, S. 21.

751 So zu § 14 WpHG: *Klöhn*, in: Hirte/Möllers, Kölner Kommentar zum WpHG, 2. Auflage 2014, § 14 Rn. 157. Diese Wertung gilt allerdings auch für die europäische Verordnung fort.

752 Erwägungsgrund Nr. 2 der Verordnung (EU) Nr. 596/2014 vom 16.4.2014 (MAR).

753 Erwägungsgrund Nr. 7 der Verordnung (EU) Nr. 596/2014 vom 16.4.2014 (MAR).

754 Erwägunggrund Nr. 23 der Verordnung (EU) Nr. 596/2014 vom 16.4.2014 (MAR); so auch EuGH NZG 2010, 107, Rz. 48 (Spector Photo Group).

755 Erwägunggrund Nr. 23 der Verordnung (EU) Nr. 596/2014 vom 16.4.2014 (MAR).

auf den Begriff der Insiderinformation und den Begriff des Insidergeschäftes sind weitestgehend deckungsgleich mit der Marktmissbrauchsrichtlinie 2003. Für die Auslegung ist daher auch weiterhin die Rechtsprechung des EuGH zur Marktmissbrauchsrichtlinie 2003 von Relevanz.

1. Anwendungsbereich – Finanzinstrumente, Art. 2 MAR

Art. 8 Abs. 1 S. 1 MAR spricht im Gegensatz zum Insiderhandelsverbot des WpHG nicht vom Erwerb oder Veräußerung von Insiderpapieren, sondern vom Erwerb und Veräußerung von Finanzinstrumenten. Art. 3 Abs. 1 Ziff. 1 MAR verweist für die Definition des Finanzinstruments auf Art. 4 Abs. 1 Nr. 15 der RL 2014/65/EU (MiFID). Die MiFID listet die Finanzinstrumente in Anhang I Abschnitt C.

Dennoch gilt das Verbot des Insiderhandels nicht uneingeschränkt für alle Finanzinstrumente. Vielmehr erfolgt eine Einschränkung über den Anwendungsbereich der Marktmissbrauchsverordnung insgesamt. Art. 2 Abs. 1 MAR listet in den allgemeinen Bestimmungen diejenigen Finanzinstrumente, für die die Verordnung Anwendung findet. Dieser Anwendungsbereich ist in Teilen mit der Definition der Insiderpapiere nach § 12 WpHG vergleichbar. Allerdings geht er aufgrund der Einbeziehung von Finanzinstrumenten, die auf alternativen Handelsplattformen, MTFs und OTFs[756] gehandelt werden, über die bisherigen europäischen und nationalen Bestimmungen hinaus.[757] Eine Erweiterung erfährt der Anwendungsbereich auch, da nunmehr auch Emmissionsberechtigungen erfasst sind, Art. 2 Abs. 1 S. 2 MAR.[758]

a) Geregelter Markt, MTF und OTF

In den Anwendungsbereich des Insiderhandelsverbots fallen zunächst alle Finanzinstrumente, die über einen geregelten Markt, ein MTF oder OTF gehandelt werden. Von der europarechtlichen Erweiterung auf MTFs und OTFs sind vor allem Segmente des Freiverkehrs betroffen. Beispiel hierfür sind der Alternative Investment Market der London Stock Exchange und der Entry Standard der Frankfurter Wertpapierbörse. [759]

Art. 2 Abs. 3 MAR stellt klar, dass Geschäfte mit Finanzinstrumenten nach Abs. 1 und Abs. 2 unabhängig davon der Verordnung unterliegen, ob sie an einem Handelsplatz getätigt wurden oder nicht.

---

756 Zu den Begriffen des geregelten Marktes, MTF und OTF nach MiFID siehe oben C.II.1.b)aa).

757 Dazu schon oben unter C.II.3.a); *Krämer/Teigelack*, Börsen-Zeitung vom 09.11.2011, S. 2.

758 *Koch*, in: Sieber/Satzger/Heintschel-Heinegg, Europäisches Strafrecht, 2. Auflage 2014, § 17 Insidergeschäfte und Marktmanipulation Rn. 50.

759 Vgl. *Veil*, ZBB 2014, 85, 92; *Seibt/Wollenschläger*, AG 2014, 593, 595.

b) Derivate

Neben denjenigen Finanzinstrumenten, die auf Handelsplattformen gehandelt werden, gilt die Verordnung und damit das Insiderhandelsverbot auch für Finanzinstrumente, die zwar nicht an einem organisierten Markt zugelassen sind oder gehandelt werden, deren Kurs oder Wert allerdings von solchen Finanzinstrumenten abhängt oder sich darauf auswirkt. Diese Umschreibung betrifft vor allem außerbörslich gehandelte Derivate.[760] Beispielhaft zählt das Gesetz in Art. 2 Abs. 1 lit. d) MAR Kreditausfall-Swaps und Differenzkontrakte auf.

2. Verfügen über Insiderinformation, Art. 7 MAR

Um den Tatbestand eines Insidergeschäftes gemäß Art. 8 Abs. 1 S. 1 MAR zu erfüllen, ist es zunächst erforderlich, dass die handelnde Person über eine Insiderinformation nach Art. 7 MAR verfügt.

Neben der allgemeinen Definition der Insiderinformation in Art. 7 Abs. 1 lit. a) MAR enthalten lit. b)–d) besondere Definitionen in Bezug auf Warenderivate und Emissionszertifikate sowie bezüglich Informationen, die von einem Kunden mitgeteilt wurden. Die allgemeine Definition der Insiderinformation gemäß Art. 7 Abs. 1 lit. a) MAR entspricht derjenigen, die schon in der Marktmissbrauchsrichtlinie 2003 verwendet wurde.[761]

a) Insiderinformation, Art. 7 Abs. 1 lit. a) MAR

Als Insiderinformationen definiert Art. 7 Abs. 1 lit. a) MAR nicht öffentlich bekannte, präzise Informationen, die direkt oder indirekt einen oder mehrere Emittenten oder ein oder mehrere Finanzinstrumente betreffen und die, wenn sie öffentlich bekannt würden, geeignet wären, den Kurs dieser Finanzinstrumente oder den Kurs damit verbundener derivativer Finanzinstrumente erheblich zu beeinflussen.

aa) Präzise Information

Eine präzise Information hat sich zunächst auf gegebene oder zukünftige Umstände oder Ereignisse zu beziehen. Zwischenschritte eines gestreckten Sachverhalts können dabei ebenso wie das Endereignis selbst als Insiderinformation qualifiziert werden. Im Hinblick auf zukünftige Umstände oder Ereignisse muss vernünftigerweise erwartet werden können, dass diese gegeben sein werden beziehungsweise eintreten werden. Dies ist im Falle einer realistischen Wahrscheinlichkeit zu bejahen.

---

760 Dazu *Krämer/Teigelack*, Börsen-Zeitung vom 09.11.2011, S. 2; *Teigelack*, BB 2012, 1361, 1362.

761 Dort in Art. 1 Ziff. 1 RL 2003/6/EG.

(1) Gegebene Umstände und eingetretene Ereignisse

Die Information kann sich nach Art. 7 Abs. 2 S. 1 MAR auf Umstände, die bereits gegeben sind und Ereignisse, die bereits eingetreten sind, beziehen. Die Insiderinformation kann sich damit auch weiterhin aus äußeren Ereignissen wie auch aus (subjektiven) Umständen ergeben.[762]

Gemäß den CESR-Guidelines zur Marktmissbrauchsrichtlinie 2003 kommt es für die Feststellung, ob ein Umstand gegeben ist oder ein Ereignis eingetreten ist und damit nicht lediglich ein Gerücht oder eine Spekulation vorliegt, darauf an, ob sichere und objektive Beweise vorliegen.[763] Dieser Auslegungsempfehlung der CESR lässt sich auch entnehmen, dass Gerüchte und Spekulationen wohl nicht unter den Begriff der präzisen Information zu subsumieren sind. Auch entsprechend der herrschenden Meinung zu § 13 WpHG fehlt es grundsätzlich an der Konkretheit der Insiderinformation, wenn der Information ein bloßes Gerücht zugrunde liegt.[764] Hat das Gerücht jedoch einen Tatsachenkern und sind die Anforderungen an das Kursbeeinflussungspotenzial erfüllt, ist Kronketheit zu bejahen.[765]

---

762 *Kiesewetter/Parmentier*, BB 2013, 2371, 2372; zur Marktmissbrauchsrichtlinie bereits *Assmann*, in: Assmann/Schneider, Wertpapierhandelsgesetz, 6. Auflage 2012, § 13 Rn. 6; *Klöhn*, in: Langenbucher, Europäisches Privat- und Wirtschaftsrecht, 3. Auflage 2013, § 6 Rn. 88, wonach es auch europarechtlich geboten sei, dass sich der Begriff der Insiderinformation nicht auf Tatsachen beschränke.

763 *CESR*, Market Abuse Directive – Level 3 – second set of CESR guidance and information on the common operation of the Directive to the market, abrufbar unter: https://www.esma.europa.eu/sites/default/files/library/2015/11/06_562.pdf, zuletzt abgerufen am 04.01.2017, I. 1.5.

764 Vgl. *Assmann*, in: Assmann/Schneider, Wertpapierhandelsgesetz, 6. Auflage 2012, § 13 Rn. 17 ff.; *Buck-Heeb*, Kapitalmarktrecht, 8. Auflage 2016, § 6 Rn. 293; *Cahn*, Der Konzern 2005, 5, 7; *Merkner/Sustmann*, NZG 2005, 729, 731; auch Gerüchte über zukünftige Ereignisse oder Umstände sind nach der Gesetzesbegründung nicht ausreichend um den Eintritt als hinreichend wahrscheinlich erscheinen zu lassen, BT-Drs. 15/3174 S. 34.

765 *BaFin*, Emittentenleitfaden der Bundesanstalt für Finanzdienstleistungsaufsicht, 4. Auflage, Stand: 22.07.2013, S. 33 f.; so auch *Buck-Heeb*, Kapitalmarktrecht, 8. Auflage 2016, § 6 Rn. 293; *Mennicke/Jakovou*, in: Fuchs, WpHG, 2. Auflage 2016, § 13 Rn. 51; so wohl auch *Schwark/Kruse*, in: Schwark/Zimmer, Kapitalmarktrechts-Kommentar, 4. Auflage 2010, § 13 WpHG Rn. 21 ff.; a.A.: *Klöhn*, in: Hirte/Möllers, Kölner Kommentar zum WpHG, 2. Auflage 2014, § 13 Rn. 57, wonach es bei der Beurteilung eines Gerüchtes darauf ankommt, ob das Gerücht verlässlich ist oder gegebenenfalls die zugrunde liegende Tatsache mit hinreichender Wahrscheinlichkeit eintritt.

(2) Zwischenschritte

Art. 7 Abs. 2 S. 2 MAR setzt die Grundsätze des EuGH-Urteils in der Sache Geltl/Daimler[766] um[767], demzufolge auch Zwischenschritte eines gestreckten Vorganges Insiderinformationen sein können.[768] Gemäß Art. 7 Abs. 3 MAR müssen allerdings die Zwischenschritte auch sämtliche Anforderungen, die das Gesetz an eine Insiderinformation stellt, erfüllen. Auf die Eintrittswahrscheinlichkeit des Endereignisses kommt es bei dieser Beurteilung nicht an.[769] Eine Sperrwirkung des Endereignisses für Zwischenschritte ist seit der Entscheidung des EuGH insgesamt abzulehnen.[770] Der Zwischenschritt kann ein bereits gegebener Umstand oder ein bereits eingetretenes Ereignis sein sowie ein Umstand oder Ereignis, der/das auf der Grundlage einer Gesamtbewertung mit realistischer Wahrscheinlichkeit zukünftig entsteht oder eintritt.[771] Erwägungsgrund Nr. 17 der Verordnung enthält Beispiele für Zwischenschritte in einem zeitlich gestreckten Vorgang.

---

766 EuGH NJW 2012, 2787; dazu unter anderem: *Bachmann,* EWiR 2012, 467; *Bonin/Böhmer,* EuZW 2012, 694; *Buck-Heeb,* Kapitalmarktrecht, 8. Auflage 2016, § 6 Rn. 294; *Heider/Hirte,* GWR 2012, 429; *Hitzer,* NZG 2012, 860; *Ihrig/Kranz,* BB 2013, 451; *Klöhn,* ZIP 2012, 1885; *Kocher/Widder,* BB 2012, 2837; *Krause/Brellochs,* CMLJ, Vol. 8 (2013), No. 3, 283; *Langenbucher,* NZG 2013, 1401, 1404; *Langenbucher,* in: Bainbridge, Research Handbook on Insider Trading 2013, 429, 436 ff.; *Mock,* ZBB 2012, 286; *Parmentier,* EuZW 2014, 50, 53 f.; *Schall,* ZIP 2012, 1286; *Schmid,* BKR 2012, 338; *Szesny,* GWR 2012, 292; *Veil,* Europäisches Kapitalmarktrecht, 2. Auflage 2014, § 13 Rn. 50 ff.

767 *Krämer/Teigelack,* Börsen-Zeitung vom 21.07.2014, S. 13; *Krause,* CCZ 2014, 248, 250 f.; *Langenbucher,* NZG 2013, 1401, 1404; *Seibt/Wollenschläger,* AG 2014, 593, 596; *Weber,* NJW 2014, 272, 275; *Veil,* ZBB 2014, 85, 90.

768 Der EuGH entkoppelte Zwischenschritte eines gestreckten Vorganges vollständig von dem Endereignis, auf dessen Eintrittswahrscheinlichkeit es bei der Beurteilung des Zwischenschrittes nicht mehr ankommt. So auch schon die guidelines des CESR aus dem Jahr 2007: *CESR,* Market Abuse Directive – Level 3 – second set of CESR guidance and information on the common operation of the Directive to the market, abrufbar unter: https://www.esma.europa.eu/sites/default/files/library/2015/11/06_562.pdf, zuletzt abgerufen am 04.01.2017, I.1.6.

769 So auch *Bachmann,* EWiR 2012, 467, 468.

770 So auch zu § 13 WpHG: *Klöhn,* in: Hirte/Möllers, Kölner Kommentar zum WpHG, 2. Auflage 2014, § 13 Rn. 105 ff., wonach weder auf Konkurrenzebene noch auf Kursrelevanzebene eine Sperrwirkung besteht.

771 Erwägungsgrund Nr. 16 der Verordnung (EU) Nr. 596/2014 vom 16.4.2014 (MAR); vgl. auch *Heider/Hirte,* GWR 2012, 429, 430 f.; *Kocher/Widder,* BB 2012, 2837, 2838; *Krause,* CCZ 2014, 248, 251; *Langenbucher,* NZG 2013, 1401, 1404; dies hatte der EuGH zuvor mittels eines *Obiter Dictum* in der Sache Geltl/Daimler festgestellt, EuGH NJW 2012, 2787, Rz. 38.

(3) Zukünftige Umstände oder Ereignisse

Der Begriff der präzisen Information wurde 2003 in Art. 1 Abs. 1 der Durchführungsrichtlinie 2003/124/EG konkretisiert und stimmt annähernd mit dem Wortlaut der Definition der präzisen Information nach Art. 7 Abs. 2 S. 1 MAR überein. Auffällig ist, dass entsprechend der deutschen Übersetzung der MAR für zukünftige Umstände und Ereignisse erforderlich ist, dass man „*vernünftigerweise erwarten kann, dass sie in Zukunft gegeben sein werden* [oder eintreten werden]", wohingegen nach alter Rechtslage erforderlich war, dass „*man mit hinreichender Wahrscheinlichkeit davon ausgehen kann, dass sie in Zukunft existieren werden* [...] *oder* [...] *in Zukunft eintreten* [werden]".[772] Ein Vergleich der jeweiligen *englischen* Fassung der Marktmissbrauchsverordnung und der Durchführungsrichtlinie zur Marktmissbrauchsrichtlinie 2003 zeigt aber, dass es dort keinen Unterschied im Wortlaut zwischen alter Durchführungsrichtlinie und neuer Verordnung gibt. In beiden Fällen wird die Wendung „*may reasonably be expected*" verwendet. Der Wortlaut der deutschen Fassung der MAR wurde noch während des Gesetzgebungsverfahrens geändert.[773] Dies mag vor allem an der Entscheidung des EuGH in der Sache Geltl/Daimler liegen. Wie das Gericht klarstellt, enthielt alleine die deutsche Sprachfassung der Richtlinie 2003/124/EG das Merkmal der „*hinreichenden Wahrscheinlichkeit*".[774] Die einzelnen Sprachfassungen müssen aber einheitlich ausgelegt werden.[775]

Zu der Frage, ab wann vernünftigerweise erwartet werden kann, dass der Umstand gegeben sein wird oder das Ereignis eintreten wird und ob ein bestimmter Wahrscheinlichkeitsgrad vorliegen muss, enthält der Gesetzestext keine klare Aussage. Indes findet sich in den Erwägungsgründen eine Aussage in Bezug auf zukünftig eintretende Zwischenschritte. Demnach können Zwischenschritte sowohl Umstände oder Ereignisse sein, die bereits gegeben oder eingetreten sind, als auch solche, bei denen „*auf der Grundlage einer Gesamtbewertung der zum Zeitpunkt vorhandenen Faktoren eine realistische Wahrscheinlichkeit besteht*", dass sie entstehen oder eintreten.[776] Dieser Maßstab der realistischen Wahrscheinlichkeit muss für alle zukünftigen Umstände und Ereignisse gelten, da nach Art. 7 Abs. 3 MAR an Zwischenschritte und Endereignisse die gleichen Anforderungen gestellt werden. Zwar verzichtet die Verordnung, wie auch schon die Entscheidung des EuGH in

---

772 Richtlinie 2003/124/EG der Kommission vom 22.12.2003 zur Umsetzung der Richtlinie 2003/6/EG (Durchführungsrichtlinie Marktmissbrauchsrichtlinie); ebenso auch § 13 Abs. 1 S. 3 WpHG.

773 Eine frühere deutsche Übersetzung des Entwurfs der Marktmissbrauchsverordnung verwendete noch die Wendung „mit hinreichender Wahrscheinlichkeit [...]"; dazu noch *Langenbucher,* NZG 2013, 1401, 1404.

774 EuGH NJW 2012, 2787, Rz. 42; die anderen Sprachfassung verwenden größtenteils die Wendung: „vernünftigerweise angenommen werden kann" oder „vernünftigerweise erwartet werden kann".

775 EuGH NJW 2012, 2787, Rz. 43.

776 Erwägungsgrund Nr. 16 der Verordnung (EU) Nr. 596/2014 vom 16.4.2014 (MAR).

der Sache Geltl/Daimler,[777] auf das Vorliegen einer hohen Wahrscheinlichkeit. Allerdings ist weiterhin unklar, ab wann eine realistische Wahrscheinlichkeit besteht und daher vernünftigerweise erwartet werden kann, dass der Umstand oder das Ereignis eintritt.[778] Das Geltl-Urteil des EuGH wird überwiegend dahingehend ausgelegt, dass eine Wahrscheinlichkeit von 50 % + x erforderlich ist.[779]

Entsprechend dem Geltl-Urteil des EuGH[780] soll die *probability-magnitude-Formel*[781] auch im Rahmen der Neuregulierung des Marktmissbrauchsrechts bei der Frage, ob eine präzise Information vorliegt, nicht zur Anwendung kommen. Dies erschließt sich zwar nicht direkt aus dem Verordnungstext, ergibt sich aber aus Erwägungsgrund Nr. 16.[782]

(4) Präzision

Die Einstufung als präzise Information ist daneben gemäß Art. 7 Abs. 2 S. 1 MAR von der zweiten Voraussetzung abhängig, wonach die Information spezifisch genug sein muss, um einen Schluss auf die Auswirkungen der Umstände oder Ereignisse

---

777 EuGH NJW 2012, 2787, Rz. 46, das Urteil setzte für künftige Ereignisse und Umstände in Rz. 45 voraus, dass „eine umfassende Würdigung der bereits verfügbaren Anhaltspunkte ergibt, dass tatsächlich erwartet werden kann, dass sie in Zukunft existieren oder eintreten werden".

778 So im Anschluss an das EuGH-Urteil: *Bachmann,* EWiR 2012, 467, 468; *Heider/Hirte,* GWR 2012, 429, 431; *Hitzer,* NZG 2012, 860, 862; *Klöhn,* ZIP 2012, 1885, 1889; *Kocher/Widder,* BB 2012, 1820, 1821.

779 *Bonin/Böhmer,* EuZW 2012, 694, 696; *Heider/Hirte,* GWR 2012, 429, 431; *Hitzer,* NZG 2012, 860, 862; *Klöhn,* ZIP 2012, 1885, 1889 f.; *Kocher/Widder,* BB 2012, 1820, 1821; *Kocher/Widder,* BB 2012, 2837, 2838 f.; *Krämer/Teigelack,* Börsen-Zeitung vom 21.07.2014, S. 13; *Krause/Brellochs,* CMLJ, Vol. 8 (2013), No. 3, 283, 288; *Schall,* ZIP 2012, 1286, 1288; *Veil,* Europäisches Kapitalmarktrecht, 2. Auflage 2014, § 13 Rn. 44, 73; *Wilsing/Goslar,* DStR 2012, 1709, 1712; so wohl auch schon zu § 13 WpHG: *Klöhn,* in: Hirte/Möllers, Kölner Kommentar zum WpHG, 2. Auflage 2014, § 13 Rn. 98; *a.A.: Buck-Heeb,* Kapitalmarktrecht, 8. Auflage 2016, § 6 Rn. 290 f.; *Mock,* ZBB 2012, 286, 289 demzufolge eine feste Richtgröße kaum hilfreich ist; *Möllers/Seidenschwann,* NJW 2012, 2762, 2763, wonach eine überwiegende Wahrscheinlichkeit von 50 % + x einer frühzeitigen Prävention zuwider laufen würde.

780 EuGH NJW 2012, 2787, Rz. 50, 56.

781 Die probability-magnitude-Formel bezeichnet die Wechselwirkung zwischen Eintrittswahrscheinlichkeit und Kursbeeinflussungspotenzial der Information. Dazu *Klöhn,* NZG 2011, 166; *Langenbucher,* BKR 2012, 145; *Schmid,* BKR 2012, 338, 344; *Hitzer,* NZG 2012, 860; *Klöhn,* ZIP 2012, 1885; *Bonin/Böhmer,* EuZW 2012, 694, 696; *Kocher/Widder,* BB 2012, 2837, 2838.

782 Erwägungsgrund Nr. 16: „Dieses Konzept sollte jedoch nicht so verstanden werden, dass demgemäß der Umfang der Auswirkungen dieser Reihe von Umständen oder des Ereignisses auf den Kurs der betreffenden Finanzinstrumente berücksichtigt werden muss."; so auch *Langenbucher,* NZG 2013, 1401, 1404; *Krause,* CCZ 2014, 248, 251; *Veil,* ZBB 2014, 85, 90.

auf den Kurs des Finanzinstruments zuzulassen.[783] Diese Voraussetzung ist von der tatsächlichen Kursrelevanz der Information zu unterscheiden.[784] Die Anforderungen an die Präzision der Information lassen sich als Evidenzkontrolle verstehen, die Informationen ohne Bedeutung bereits vor Prüfung der Kursrelevanz ausschließen sollen.[785] Allerdings gibt es konsequenterweise keine Informationen, die zwar kursrelevant, aber unpräzise sind.[786]

Die CESR-Guidelines zur Auslegung der Marktmissbrauchsrichtlinie 2003 bejahen die Spezifität der Information dann, (1) wenn sie es dem vernünftigen Investor ermöglicht, eine Entscheidung über den Erwerb oder die Veräußerung zu treffen, die mit keinem oder nur einem geringen finanziellen Risiko verbunden ist, oder (2) wenn die Information unmittelbar am Markt genutzt werden kann. Die Investitionsentscheidung ist nur dann mit keinem oder einem geringen Risiko verbunden, wenn der Investor mit Sicherheit abschätzen kann, wie die Information, sobald sie öffentlich bekannt wird, den Preis des Finanzinstruments beeinflussen wird.[787]

Diese Ansicht ist nach der Entscheidung des EuGH in der Sache Lafonta/Autorité des marchés financiers (*Lafonta/AMF*) nicht mehr aufrecht zu erhalten.[788]

In Bezug auf die Anforderungen an die Spezifität der Insiderinformation hatte der französische Cour de Cassation am 02.12.2013 dem EuGH die Frage vorgelegt, ob *„ausschließlich diese Informationen präzise Informationen im Sinne dieser Bestimmungen darstellen können, aus denen mit einem hinreichenden Maß an Wahrscheinlichkeit abgeleitet werden kann, dass sich, wenn sie öffentlich bekannt gemacht worden sind, ihre potenzielle Wirkung auf die Kurse der betreffenden Finanzinstrumente in eine bestimmte Richtung entfalten wird"*.[789]

783 So auch EuGH NJW 2012, 338, Rz. 29, 39.

784 So bereits bisher zu § 13 WpHG *Assmann*, in: Assmann/Schneider, Wertpapierhandelsgesetz, 6. Auflage 2012, § 13 Rn. 8; *Bonin/Böhmer*, EuZW 2012, 694, 696; *Ritz*, in: Just/Voß/Ritz/Becker, Wertpapierhandelsgesetz (WpHG), 1. Auflage 2015, § 13 Rn. 38.

785 So zu § 13 WpHG: *Klöhn*, in: Hirte/Möllers, Kölner Kommentar zum WpHG, 2. Auflage 2014, § 13 Rn. 80; *Ritz*, in: Just/Voß/Ritz/Becker, Wertpapierhandelsgesetz (WpHG), 1. Auflage 2015, § 13 Rn. 40.

786 Vgl. bisher zu § 13 WpHG: *Klöhn*, in: Hirte/Möllers, Kölner Kommentar zum WpHG, 2. Auflage 2014, § 13 Rn. 80.

787 *CESR*, Market Abuse Directive – Level 3 – second set of CESR guidance and information on the common operation of the Directive to the market, abrufbar unter: https://www.esma.europa.eu/sites/default/files/library/2015/11/06_562.pdf, zuletzt abgerufen am 04.01.2017, I.1.8.

788 EuGH NZG 2015, 432 (Lafonta/AMF).

789 BeckRS 2013, 749734, Rechtssache C-628/13: Vorabentscheidungsersuchen des Cour de cassation (Frankreich), eingereicht am 2. Dezember 2013 – Jean-Bernard Lafonta/Autorité des marchés financiers.

Die erwartete Entscheidung des EuGH hatte *im Vorfeld des Urteils* in der Literatur bereits für Aufsehen gesorgt.[790] Die nationale Literatur war sich insoweit einig, dass Spezifität bedeutet, dass die Information bereits eine Prognose über den Verlauf des Kurses des Finanzinstrumentes zulässt.[791] Das bedeutet auch, dass die Richtung der möglichen Kursveränderung prognostiziert werden können muss.[792] Anderenfalls bestünde für den Insider kein Handelsanreiz und ein Vermögensvorteil gegenüber anderen Anlegern könnte nicht realisiert werden.[793] Der Anleger dürfe im Rahmen des Insidergeschäfts keinem beziehungsweise nur einem geringen Investitionsrisiko ausgesetzt sein.[794]

Anders beurteilte dies das französische Gericht, wonach es nicht möglich sein muss, zu prognostizieren, in welche Richtung sich der Kurs bewegen wird.[795] Dieser Ansicht schloss sich letztlich auch der EuGH an, der urteilte, dass Art. 1 Abs. 1 der Marktmissbrauchsrichtlinie 2003 *„für die Einstufung einer Information als präzise nicht verlang*[t]*, dass aus ihnen mit einem hinreichenden Maß an Wahrscheinlichkeit abgeleitet werden kann, dass sich ihr potenzieller Einfluss auf die Kurse der betreffenden Finanzinstrumente in eine bestimmte Richtung auswirken wird, wenn sie öffentlich bekannt werden*“.[796] Der EuGH begründete diese Entscheidung zum einen mit dem Wortlaut des Gesetzes, der eine Einschränkung nicht zulasse.[797] Sinn des Tatbestandsmerkmals der Präzision sei es zudem nur, *„vage und allgemeine Informationen*“ auszuschließen.[798] Auch die Systematik des Gesetzes spreche für diese Lösung, da auch das Merkmal der Kursrelevanz nach Art. 1 Abs. 2 der Marktmissbrauchsrichtlinie 2003 nicht verlange die Richtung der Kursbewegung bestimmen zu können.[799] Dieses Ergebnis wird auch durch eine historische Auslegung bestätigt,

---

790 Hierzu *Klöhn,* ZIP 2014, 945; *Klöhn,* CMLJ, Vol. 10 (2015), No. 2, 162; *Ritz,* in: Just/Voß/Ritz/Becker, Wertpapierhandelsgesetz (WpHG), 1. Auflage 2015, § 13 Rn. 41 ff.

791 So *BaFin,* Emittentenleitfaden der Bundesanstalt für Finanzdienstleistungsaufsicht, 4. Auflage, Stand: 22.07.2013, S. 32; vgl. auch *Bonin/Böhmer,* EuZW 2012, 694, 696.

792 *Bonin/Böhmer,* EuZW 2012, 694, 696; *Klöhn,* ZIP 2014, 945, 951; *Klöhn,* CMLJ, Vol. 10 (2015), No. 2, 162, 176.

793 *Klöhn,* ZIP 2014, 945, 950 ff. Die Vermeidung von Vorteilen einzelner Handelsteilnehmer ist allerdings der Zweck des Insiderhandelsverbots, vgl. oben D.I.

794 So schon *Bonin/Böhmer,* EuZW 2012, 694, 696; der EuGH hat in der Spector Photo Group-Entscheidung, NZG 2010, 107, Rz. 52, dazu vermerkt, dass der Insider durch die Insiderinformation nicht den „gleichen Risiken ausgesetzt ist, wie die übrigen Marktteilnehmer“.

795 Vgl. dazu *Klöhn,* ZIP 2014, 945.

796 EuGH NZG 2015, 432 (Lafonta/AMF); hierzu *Klöhn,* NZG 2015, 809; *Kumpan,* EuZW 2015, 389; *Seibt/Kraack,* EWiR 2015, 237; *Voß,* BB 2015, 788; *Wilsing/Kleemann,* DStR 2015, 955; *Zetzsche,* AG 2015, 381; kritisch zum Urteil *Nietsch,* WuB 2015, 325.

797 EuGH NZG 2015, 432, 433, Rz. 30.

798 EuGH NZG 2015, 432, 434, Rz. 31.

799 EuGH NZG 2015, 432, 434, Rz. 32–34, zu der Bedeutung dieser Aussage im Rahmen der Kursrelevanz vgl. unten D.II.2.a)dd).

da eine Stellungnahme der CESR im Konsultationsverfahren eine diesbezügliche Einschränkung enthielt, die aber aufgrund Missbrauchsgefahr wieder gestrichen wurde.[800] Zudem bringt der EuGH an, dass eine Einschränkung des Tatbestandsmerkmals zu einem erhöhten Maß an Unsicherheit führen würde, da eine exakte Einschätzung der Kursbewegung oft schwierig zu bestimmen sei. Dies könne entgegen der Zielsetzung der Richtlinie von Emittenten genutzt werden, eine Veröffentlichung der Informationen zu vermeiden.[801]

bb) Nicht öffentlich bekannt

Die präzisen Informationen dürfen nicht öffentlich bekannt sein. Was darunter zu verstehen ist, sagen weder der Verordnungswortlaut noch die Erwägungsgründe.

Entsprechend der nationalen Aufsichtspraxis der BaFin zu § 13 WpHG war eine Information dann öffentlich bekannt, „*wenn sie einem breiten Anlegerpublikum und damit einer unbestimmten Zahl von Personen zugänglich gemacht wurde*".[802] Ausreichend war demnach, dass die Information der Bereichsöffentlichkeit, also allen interessierten Marktteilnehmern, zur Kenntnisnahme zugänglich war.[803]

Das Tatbestandsmerkmal der fehlenden öffentlichen Bekanntheit der Information wird aus Sicht des bestehenden europäischen Marktmissbrauchsregimes überwiegend dahingehend ausgelegt, dass die Information dem breiten Anlegerpublikum (noch) nicht zugänglich ist.[804] Gegen diese Auslegung auf europäischer Ebene sprechen die CESR-Guidelines, wonach eine Information auch dann öffentlich bekannt sein kann, wenn sie nur kommerziell zugänglich ist. Ausreichend ist demnach eine

---

800 EuGH NZG 2015, 432, 434, Rz. 37.

801 EuGH NZG 2015, 432, 434, Rz. 35–36; hierzu *Nietsch,* WuB 2015, 325, 328.

802 *BaFin,* Emittentenleitfaden der Bundesanstalt für Finanzdienstleistungsaufsicht, 4. Auflage, Stand: 22.07.2013, S. 34 (III.2.1.2); *Buck-Heeb,* Kapitalmarktrecht, 8. Auflage 2016, § 6 Rn. 297; *Viciano-Gofferje/Cascante,* NZG 2012, 968, 970.

803 *BaFin,* Emittentenleitfaden der Bundesanstalt für Finanzdienstleistungsaufsicht, 4. Auflage, Stand: 22.07.2013, S. 34. Demnach kann die Information mittels eines allgemein zugänglichen Informationsverbreitungssystems öffentlich gemacht werden. Eine Veröffentlichung in den Medien ist nicht erforderlich. Demgegenüber reicht aber die Veröffentlichung in einem Börseninformationsdienst oder Newsboard, das nur in bestimmten Anlegerkreisen einschlägig ist, nicht aus. So auch *Assmann,* in: Assmann/Schneider, Wertpapierhandelsgesetz, 6. Auflage 2012, § 13 Rn. 34; *Hilgendorf,* in: Park, Kapitalmarktstrafrecht, 3. Auflage 2013, § 13 WpHG Rn. 96 ff.; *Mennicke/Jakovou,* in: Fuchs, WpHG, 2. Auflage 2016, § 13 Rn. 81 ff.; *Schwark/Kruse,* in: Schwark/Zimmer, Kapitalmarktrechts-Kommentar, 4. Auflage 2010, § 13 WpHG Rn. 31.

804 Für das Konzept der Publikumsöffentlichkeit im europäischen Recht: *Klöhn,* in: Hirte/Möllers, Kölner Kommentar zum WpHG, 2. Auflage 2014, § 13 Rn. 132; *Klöhn,* in: Langenbucher, Europäisches Privat- und Wirtschaftsrecht, 3. Auflage 2013, § 6 Rn. 91.

Veröffentlichung durch ein elektronisches Informationssystems, für das ein Abonnement erforderlich ist.[805]

Nach Ansicht von *Klöhn* sollte das Tatbestandsmerkmal der öffentlichen Bekanntheit der Insiderinformation im Hinblick darauf ausgelegt werden, ob die Information zum Nachteil der Gegenpartei ausgenutzt werden kann. Demnach sei eine Information dann öffentlich bekannt, wenn sie entweder öffentlich zugänglich ist oder sich bereits im Preis des Finanzinstrumentes niedergeschlagen hat und damit nicht mehr einseitig ausgenutzt werden kann.[806]

Es wird sich zeigen, wie sich die Begriffsbestimmung auf europäischer Ebene entwickeln wird.

cc) Emittenten- oder Finanzinstrumentenbezug

Die Information muss sich zudem nach Art. 7 Abs. 1 lit. a) MAR direkt oder indirekt auf einen oder mehrere Emittenten oder einen oder mehrere Finanzinstrumente beziehen. Dieselbe Anforderung des Emittenten- oder Finanzinstrumentenbezugs stellte auch schon Art. 1 Ziff. 1 der Marktmissbrauchsrichtlinie 2003 auf. Eine eigenständige Konkretisierung dieses Tatbestandsmerkmales ist in den CESR-Guidelines nicht enthalten, obwohl die Einleitung angibt, dass sie bezüglich aller Kriterien einer Insiderinformation Stellung bezieht.[807] Der Emittenten- und Finanzinstrumentenbezug wird in den CESR-Guidelines sodann inzident in die Prüfung der Kursrelevanz einbezogen. So nennt die CESR Beispiele für Informationen, die in Bezug auf den Emittenten direkt oder indirekt sowie in Bezug auf Finanzinstrumente Kursrelevanz haben können.[808] Daraus ergibt sich bereits, dass diesem Tatbestandsmerkmal wohl keine eigenständige Bedeutung zukommt, sondern lediglich die Bestimmung der Kursrelevanz erleichtern soll.

Dem Tatbestandsmerkmal des Emittenten- oder Finanzinstrumentenbezugs kam auch nach ganz herrschender Meinung zu § 13 WpHG keine Begrenzungsfunktion

805 *CESR,* Market Abuse Directive – Level 3 – second set of CESR guidance and information on the common operation of the Directive to the market, abrufbar unter: https://www.esma.europa.eu/sites/default/files/library/2015/11/06_562.pdf, zuletzt abgerufen am 04.01.2017, I.1.9, Fn. 4.

806 *Klöhn,* ECFR 2010, 347, 364.

807 *CESR,* Market Abuse Directive – Level 3 – second set of CESR guidance and information on the common operation of the Directive to the market, abrufbar unter: https://www.esma.europa.eu/sites/default/files/library/2015/11/06_562.pdf, zuletzt abgerufen am 04.01.2017, I.1.3.

808 Vgl. *CESR,* Market Abuse Directive – Level 3 – second set of CESR guidance and information on the common operation of the Directive to the market, abrufbar unter: https://www.esma.europa.eu/sites/default/files/library/2015/11/06_562.pdf, zuletzt abgerufen am 04.01.2017, I.1.15 – I.1.16.

zu.[809] Sobald die Information kursrelevant war, bezog sie sich denknotwendig zumindest mittelbar auf den Emittenten oder das Finanzinstrument.[810]

Diese Ansicht überzeugt auch für das europäische Insiderrecht gemäß der Marktmissbrauchsverordnung. Eine Auslegung nach dem Zweck der Norm, wonach der Insider keine Sondervorteile aus der Insiderinformation ziehen darf, gebietet es, eine Abgrenzung alleine aufgrund des Merkmals der Kursrelevanz vorzunehmen. Ist die Information geeignet den Kurs des Finanzinstruments zu beeinflussen, so bezieht sie sich zwangsläufig zumindest auf das Finanzinstrument oder indirekt auf den Emittenten.

dd) Kursrelevanz

Eine Information ist nach Art. 7 Abs. 4 MAR dann geeignet den Kurs eines Finanzinstrumentes spürbar zu beeinflussen, wenn sie ein verständiger Anleger wahrscheinlich als Teil der Grundlage seiner Anlageentscheidung nutzen würde. Die Formulierung stimmt mit derjenigen nach Art. 1 Abs. 2 der Durchführungsrichtlinie 2003/124/EG überein. Entsprechend den Erwägungsgründen sollten bei der Prüfung, ob ein verständiger Investor die Information für seine Anlageentscheidung nutzt, die Auswirkungen der Information einbezogen werden.[811] Der Beurteilungsmaßstab, ob die Information Kursrelevanz hat, ist die Sicht eines verständigen Anlegers.[812]

Derivate im Sinne des Art. 2 Abs. 1 lit. d) MAR, die ausschließlich außerhalb eines Handelsplatzes gehandelt werden, haben oftmals keinen Kurs sondern nur einen Wert. Deshalb ist hier im Rahmen des Merkmals der Kursrelevanz zu entscheiden, ob die Information geeignet ist, den *Wert* des Derivats spürbar zu beeinflussen.[813]

Die Prüfung der Kursrelevanz stützt sich gemäß der Marktmissbrauchsverordnung auf ex-ante-Informationen, die dem Anleger zum Zeitpunkt der Investitionsentscheidung zur Verfügung standen.[814] Der Kurs des Finanzinstrumentes muss sich nicht tatsächlich verändert haben, ausreichend ist, dass dies aus Sicht des Insiders

---

809 *Assmann*, in: Assmann/Schneider, Wertpapierhandelsgesetz, 6. Auflage 2012, § 13 Rn. 46; *Klöhn*, in: Hirte/Möllers, Kölner Kommentar zum WpHG, 2. Auflage 2014, § 13 Rn. 121; *Schwark/Kruse*, in: Schwark/Zimmer, Kapitalmarktrechts-Kommentar, 4. Auflage 2010, § 13 WpHG Rn. 41; so wohl auch *Hilgendorf*, in: Park, Kapitalmarktstrafrecht, 3. Auflage 2013, § 13 WpHG, wonach es sich allerdings nach dem Gesetzeswortlaut um ein eigenes Tatbestandsmerkmal handelt, das neben der Kursrelevanz zu prüfen ist; a.A.: *Mennicke/Jakovou*, in: Fuchs, WpHG, 2. Auflage 2016, § 13 Rn. 107, wonach durch dieses Tatbestandsmerkmal Umstände und Ereignisse abgegrenzt werden, deren Bezug zum Emittenten oder Insiderpapier abwegig erscheint.

810 *Klöhn*, in: Hirte/Möllers, Kölner Kommentar zum WpHG, 2. Auflage 2014, § 13 Rn. 121.

811 Erwägungsgrund Nr. 14 der Verordnung (EU) Nr. 596/2014 vom 16.4.2014 (MAR).

812 Zum Merkmal des verständigen Anlegers ausführlich: Klöhn, ZHR 177, 349.

813 Zu dieser begrifflichen Unterscheidung auch *Veil/Koch*, WM 2011, 2297, 2300.

814 Erwägungsgrund Nr. 14 der Verordnung (EU) Nr. 596/2014 vom 16.4.2014 (MAR).

wahrscheinlich erschien. Bis zur Geltung der Marktmissbrauchsverordnung wurde nach deutschem Insiderrecht mehrheitlich eine überwiegende Wahrscheinlichkeit für das Eintreten einer Kursänderung gefordert.[815] Die CESR-Guidelines treffen diesbezüglich keine klare Aussage. Allerdings soll weder die bloße Möglichkeit einer Kursbewegung ausreichen noch eine an Sicherheit grenzende Wahrscheinlichkeit erforderlich sein.[816] Ein Großteil der Literatur vertritt nach der Entscheidung des EuGH in der Sache Geltl/Daimler[817] die Ansicht, dass die probability/magnitude-Formel bei der Bestimmung der Kursrelevanz berücksichtigt werden müsse,[818] auch wenn sie für die Feststellung der Eintrittswahrscheinlichkeit außer Betracht zu bleiben hat.[819]

Der Gesetzeswortlaut spricht in Bezug auf das Kursbeeinflussungspotenzial in Art. 7 Abs. 1 lit. a) MAR zum einen von einer *„erheblichen"* Beeinflussung und in Art. 7 Abs. 4 MAR zum anderen von einer *„spürbar*[en]" Beeinflussung. Dabei dürfte

---

815 *Assmann*, in: Assmann/Schneider, Wertpapierhandelsgesetz, 6. Auflage 2012, § 13 Rn. 60; *Mennicke/Jakovou*, in: Fuchs, WpHG, 2. Auflage 2016, § 13 Rn. 137; *Schwark/Kruse*, in: Schwark/Zimmer, Kapitalmarktrechts-Kommentar, 4. Auflage 2010, § 13 WpHG Rn. 50.

816 *CESR,* Market Abuse Directive – Level 3 – second set of CESR guidance and information on the common operation of the Directive to the market, abrufbar unter: https://www.esma.europa.eu/sites/default/files/library/2015/11/06_562.pdf, zuletzt abgerufen am 04.01.2017, I.1.12; hierzu *Veil,* Europäisches Kapitalmarktrecht, 2. Auflage 2014 Rn. 53.

817 EuGH NJW 2012, 2787, Rz. 55, wo es heißt: „Sie müssen somit nicht nur die „möglichen Auswirkungen" eines Ereignisses auf den Emittenten in Betracht ziehen, sondern auch den Grad der Wahrscheinlichkeit des Eintritts dieses Ereignisses. Anhand solcher Erwägungen lässt sich jedoch ermitteln, ob die Information geeignet ist, den Kurs der Finanzinstrumente des Emittenten spürbar zu beeinflussen."

818 Dazu sehr ausführlich: *Klöhn*, in: Hirte/Möllers, Kölner Kommentar zum WpHG, 2. Auflage 2014, § 13 Rn. 187 für gegenwärtige Umstände und Ereignisse, Rn. 192 für zukünftige Umstände und Ereignisse; *Veil,* Europäisches Kapitalmarktrecht, 2. Auflage 2014, § 13 Rn. 54; *Hitzer,* NZG 2012, 860, 862; *Klöhn,* ZIP 2012, 1885, 1891; *Seibt/Wollenschläger,* AG 2014, 593, 597; *Schall,* ZIP 2012, 1286, 1288; *Veil,* ZBB 2014, 85, 90; *a.A.: Krause/Brellochs,* CMLJ, Vol. 8 (2013), No. 3, 283, 290 f., wonach aus dem Urteil des EuGH nicht geschlossen werden könne, dass der probability/magnitude-test im Rahmen der Kursrelevanz Anwendung finden sollte; *Krause,* CCZ 2014, 248, 251 erwägt auch, dass Erwägungsgrund 16 für die Ablehnung der probability-magnitude-Formel im Rahmen der Kursrelevanz herangezogen werden könne, was allerdings nicht zwingend sei.

819 EuGH NJW 2012, 2787, Rz. 55: „Wie dem ersten Erwägungsgrund der Richtlinie 2003/124 zu entnehmen ist, stützen zwar verständige Investoren ihre Anlageentscheidung auf alle verfügbaren Ex-ante Informationen. Sie müssen somit nicht nur die „möglichen Auswirkungen" eines Ereignisses auf den Emittenten in Betracht ziehen, sondern auch den Grad der Wahrscheinlichkeit des Eintritts dieses Ereignisses. *Anhand solcher Erwägungen lässt sich jedoch ermitteln, ob eine Information geeignet ist, den Kurs der Finanzinstrumente des Emittenten spürbar zu beeinflussen.*"

es sich um ein reines Redaktionsversehen handeln.[820] Mit Hilfe des Erheblichkeitskriteriums sollen solche Informationen ausgenommen werden, die aus ex-ante-Sicht nur zu einer geringfügigen Kursveränderung führen.[821] Wie auch schon gemäß § 13 Abs. 1 S. 2 WpHG[822] wird die Erheblichkeit nach Art. 7 Abs. 4 MAR nicht danach bestimmt, ob die erwartete Kursänderung einen gewissen Grenzwert erreicht, sondern entsprechend dem subjektiven Ansatz danach, ob *„ein verständiger Anleger* [die Information] *wahrscheinlich als Teil der Grundlage seiner Anlageentscheidung nutzen würde"*.

Die Frage, ob ein verständiger Anleger die Information für seine Anlageentscheidung nutzen würde, ist nunmehr auch im Lichte der Entscheidung des EuGH in der Sache Lafonta/AMF[823] zu beantworten. Dem EuGH wurde zwar nur die Frage vorgelegt, ob eine Information auch dann präzise ist, wenn sich nicht vorhersagen lässt, wie sich der Kurs bewegt, er also steigen oder fallen kann.[824] In der Entscheidung stellt der EuGH zunächst fest, dass sich die Klarstellung nur auf das Tatbestandsmerkmals der *„präzisen Natur der Information"* bezieht.[825] Dennoch äußert er sich im Folgenden zur Kursrelevanz und stellt fest, dass es *„Art. 1 II der RL 2003/124 ebenso wie hier Art. 1 I nicht verlangt, dass es die Information erlaubt die Richtung zu bestimmen, in die sich der Kurs der betreffenden Finanzinstrumente ändern wird"*.[826] Das Urteil wurde daher als obiter dictum in Hinblick auf die Auslegung des Merkmals der Kursrelevanz aufgenommen.[827] In der Literatur wird die Entscheidung teilweise unter dem Aspekt in Zweifel gezogen, als nunmehr Informationen erfasst werden, die für einen Großteil der Marktteilnehmer keinen Handelsanreiz besitzen.[828] Andererseits gibt es allerdings auch Handelsstrategien, die es erlauben von derartigen Informationen zu profitieren.[829] Dazu zählen vor

---

820 *Langenbucher,* NZG 2013, 1401, 1405.

821 So zu § 13 WpHG: *Assmann,* in: Assmann/Schneider, Wertpapierhandelsgesetz, 6. Auflage 2012, § 13 Rn. 51; *Buck-Heeb,* Kapitalmarktrecht, 8. Auflage 2016, § 6 Rn. 299; *Klöhn,* in: Hirte/Möllers, Kölner Kommentar zum WpHG, 2. Auflage 2014, § 13 Rn. 164.

822 Zu § 13 WpHG: *Assmann,* in: Assmann/Schneider, Wertpapierhandelsgesetz, 6. Auflage 2012, § 13 Rn. 62 ff.; *Mennicke/Jakovou,* in: Fuchs, WpHG, 2. Auflage 2016, § 13 Rn. 146 ff.; *Schwark/Kruse,* in: Schwark/Zimmer, Kapitalmarktrechts-Kommentar, 4. Auflage 2010, § 13 WpHG Rn. 46; *Hilgendorf,* in: Park, Kapitalmarktstrafrecht, 3. Auflage 2013, § 13 WpHG steht dem subjektiven Ansatz aufgrund des strafrechtlichen Bestimmtheitsgrundsatzes kritisch gegenüber.

823 EuGH NZG 2015, 432.

824 So die Vorlagefrage im Vorabentscheidungsersuchen des französischen Cour de cassation, BeckRS 2013, 749734.

825 EuGH NZG 2015, 432, 433, Rz. 29.

826 EuGH NZG 2015, 432, 434, Rz. 34.

827 *Zetzsche,* AG 2015, 381, 384.

828 Dazu bereits vor dem Urteil *Klöhn,* ZIP 2014, 945, 951.

829 Dazu bereits der Generalanwalt Wathelet in seinen Schlussanträgen: BeckRS 2015, 80415, Rz. 49; *Klöhn,* ZIP 2014, 945, 953; *Klöhn,* NZG 2015, 809, 813; *Kumpan,* EuZW

allem Kombinationen von Optionen, wie Long-Straddles, also der Kauf sowohl einer Put- als auch einer Call-Option.[830] Der Anteil derjenigen Marktteilnehmer, die entsprechende Strategien verwenden, wird sich allerdings weitestgehend auf Trading-Spezialisten beschränken. Der EuGH hat damit also insoweit Klarheit geschaffen, als in Zukunft auch Volatilitsinformationen[831] unter das Merkmal der Kursrelevanz subsumiert werden müssen.[832] Folgt aus der Information kein Handelsanreiz für das Finanzinstrument, so ist auch die Kursrelevanz abzulehnen.[833] Die Entscheidung des EuGH und dessen Wertungen finden auch auf die Marktmissbrauchsverordnung Anwendung, da der Wortlaut der Marktmissbrauchsrichtlinie 2003 insoweit übernommen wurde.[834]

Weiter unklar bleibt aber, wie der Begriff des *verständigen Anlegers* nach europäischem Recht auszulegen ist. Dies wird weder durch die Marktmissbrauchsverordnung noch durch die *Geltl/Daimler*-Entscheidung oder Lafonta/AMF-Entscheidung konkretisiert.[835] Nach der Rechtsprechung des BGH handelt es sich bei einem verständigen Anleger um einen solchen Anleger, der mit den Marktbegebenheiten vertraut und börsenkundig ist.[836] In den Ländern der EU wird der Begriff allerdings völlig uneinheitlich ausgelegt.[837]

Sowohl zur Anwendung des probability-magnitude-Tests im Rahmen der Kursrelevanz als auch zum Begriff des verständigen Anlegers wird erst eine Konkretisierung durch die ESMA oder den EuGH endgültig Klarheit schaffen.[838]

ee) Hedging-Geschäfte als Insiderinformation

Neben der Frage, ob und inwieweit Hedging-Geschäfte dem Insiderhandelsverbot unterfallen, wird die Frage, ob Hedging-Geschäfte selbst als Insiderinformation zu qualifizieren sind, in dieser Arbeit nicht näher untersucht. Die wirtschaftswissenschaftliche Forschung kam diesbezüglich zu dem Ergebnis, dass es sich bei Informationen über die Hedging-Strategie um preissensitive Informationen handelt. Im

---

2015, 389, 390; *Nelemans/Schouten*, in: Bainbridge, Research Handbook on Insider Trading 2013, 449, 452 Fn. 12; *Zetzsche*, AG 2015, 381, 385.

830 Vgl. zu Straddles oben B.IV.1.a)cc)(2)(b).

831 Zur Terminologie *Klöhn*, ZIP 2014, 945, 952, der sich wiederum auf *Ni/Pan/Poteshman*, J. Fin., Vol. 63 (2008), No. 3, 1059 beruft.

832 *Klöhn*, NZG 2015, 809, 812 f.

833 *Klöhn*, NZG 2015, 809, 816; *Voß*, BB 2015, 788.

834 *Kumpan*, EuZW 2015, 389, 390; *Nietsch*, WuB 2015, 325, 328; *Seibt/Kraack*, EWiR 2015, 237, 238; *Zetzsche*, AG 2015, 381, 386.

835 Zu dieser Rechtsunsicherheit *Langenbucher*, NZG 2013, 1401, 1405; *Veil*, ZBB 2014, 85, 90.

836 BGH NJW 2012, 1801, Rz. 41.

837 Vgl. *Langenbucher*, NZG 2013, 1401, 1405; Klöhn, ZHR 177, 349.

838 *Langenbucher*, NZG 2013, 1401, 1406 erkennt zwar völlig richtig, dass die ESMA zu einer weitergehenden Konkretisierung nicht beauftragt wurde, eine Stellungnahme im Rahmen eines Q&A-Kataloges wäre dennoch wünschenswert.

Vergleich zu Insidern von Unternehmen, die keine Hedging-Strategie mit Derivaten verfolgen, konnten diejenigen Insider, die über die Absicherungsstrategie ihres Unternehmens unterrichtet sind, mit dem Erwerb von Anteilen des Unternehmens einen signifikant höheren Gewinn erwirtschaften.[839] Nutzt das Unternehmen Derivate um sich gegen Risiken abzusichern, so haben Insider bessere und aktuellere Informationen über das Wechelkurs-, Zins- und Warenpreisrisikoexposure des Unternehmens.[840] Eine Untersuchung aus rechtswissenschaftlicher Sicht steht diesbezüglich noch aus.

b) Insiderinformation, Art. 7 Abs. 1 lit. b) MAR

In Bezug auf Warenderivate enthält Art. 7 Abs. 1 lit. b) MAR eine eigene Definition der Insiderinformation.[841] Diese beschreibt Insiderinformationen als nicht öffentlich bekannte, präzise Informationen, die direkt oder indirekt ein oder mehrere Derivate dieser Art oder direkt damit verbundene Waren-Spot-Kontrakte betreffen und die, wenn sie öffentlich bekannt würden, geeignet wären, den Kurs dieser Derivate oder damit verbundener Waren-Spot Kontrakte erheblich zu beeinflussen. Neben diesen Voraussetzungen, die im Wesentlichen denjenigen der allgemeinen Definition nach Art. 7 Abs. 1 lit. a) MAR gleichen, ist es zusätzlich erforderlich, dass die Informationen nach Rechts- oder Verwaltungsvorschriften offengelegt werden müssen oder die Offenlegung nach vernünftigem Ermessen erwartet werden kann. Die ESMA wird nach Art. 7 Abs. 5 MAR zur Konkretisierung dieser zusätzlichen Voraussetzung Leitlinien zur Erstellung einer nicht erschöpfenden indikativen Liste von Informationen herausgeben.

c) Verfügen über Insiderinformation

Gemäß dem Wortlaut von Art. 8 Abs. 1 S. 1 MAR muss der Handelnde über eine Insiderinformation verfügen. Der Begriff des Verfügens ist mit Kenntnis von der Insiderinformation gleichzusetzen.[842]

Mit Geltung der Marktmissbrauchsverordnung wird es allerdings auch Fälle geben, die als Insidergeschäft zu qualifizieren sind, obwohl über keine Insiderinformation verfügt wird. Dies gilt für Geschäfte, die aufgrund einer Empfehlung oder Anstiftung nach Art. 8 Abs. 3 MAR vorgenommen werden. Diese Geschäfte werden

---

839 *Nguyen/Faff/Hodgson,* J. Futures Markets, Vol. 30 (2010), No. 1, 25, 31; dieses Phänomen konnte mittels dieser Studie nur für den Erwerb und nicht für Veräußerungstransaktionen nachgewiesen werden, *Nguyen/Faff/Hodgson,* J. Futures Markets, Vol. 30 (2010), No. 1, 25, 44 f.

840 *Nguyen/Faff/Hodgson,* J. Futures Markets, Vol. 30 (2010), No. 1, 25, 36.

841 Kurz dazu *Langenbucher,* NZG 2013, 1401, 1403, wonach diese zusätzliche Voraussetzung ein Überbleibsel der Ausrichtung an Marktusancen ist.

842 So auch schon *Cascante/Bingel,* AG 2009, 894, 895, noch im Rahmen der alten nationalen Rechtslage.

auch dann als Insidergeschäfte eingestuft, wenn der Handelnde zwar nicht über eine Insiderinformation verfügt, allerdings weiß oder wissen sollte, dass die Empfehlung oder Anstiftung auf einer Insiderinformation beruht. Etwas misslich ist jedoch der darauf folgende Art. 8 Abs. 4 MAR, der für den personellen Anwendungsbereich wiederum strikt auf das Verfügen über Insiderinformationen abstellt.

3. Insidergeschäfte

Art. 14 Ziff. 1 MAR verbietet sowohl das Tätigen von Insidergeschäften als auch den Versuch hierzu. Die Auslegung des Begriffs des Insidergeschäftes soll im Folgenden näher betrachtet werden. Neben Insidergeschäften nach Art. 8 Abs. 1 S. 1 MAR soll auch auf die gesetzliche Erweiterung von Insidergeschäften gemäß Art. 8 Abs. 3 MAR eingegangen werden.[843]

a) Insidergeschäft gemäß Art. 8 Abs. 1 MAR

Ein Insidergeschäft liegt nach Art. 8 Abs. 1 S. 1 MAR vor, wenn eine Person, die über Insiderinformationen verfügt, unter Nutzung derselben für eigene oder fremde Rechnung direkt oder indirekt Finanzinstrumente, auf die sich die Informationen beziehen, erwirbt oder veräußert.

aa) Erwerb oder Veräußerung von Finanzinstrument

Für das Vorliegen eines Insidergeschäftes ist wie schon nach § 14 Abs. 1 Nr. 1 WpHG auch nach Art. 8 Abs. 1 S. 1 MAR ein Erwerb oder eine Veräußerung erforderlich.

(1) Erwerbs- und Veräußerungsbegriff

Zunächst soll der Erwerbs- und Veräußerungsbegriff nach bisherigem nationalem Recht dem neuen Erwerbs- und Veräußerungsbegriff nach europäischem Recht gegenübergestellt werden.

(a) Erwerbs- und Veräußerungsgeschäft nach § 14 WpHG

Dem Insidergeschäft nach § 14 Abs. 1 WpHG liegt ein wirtschaftlicher Erwerbs- und Veräußerungsbegriff zugrunde. Die Begriffe des Erwerbs und der Veräußerung bezeichnen nicht nur Kauf und Verkauf von Insiderpapieren, sondern alle Vereinbarungen, durch die eine endgültige entgeltliche Verpflichtung zur Abnahme oder Weggabe von Insiderpapieren begründet wird.[844] Alle Geschäfte, bei denen

---

843 Vgl. hierzu unten unter D.II.3.b).

844 *Sethe*, in: Assmann/Schütze, Handbuch des Kapitalanlagerechts, 4. Auflage 2015, § 8 Rn. 75; auch nach *Assmann*, in: Assmann/Schneider, Wertpapierhandelsgesetz, 6. Auflage 2012, § 14 Rn. 15 kommt es nicht auf den Vollerwerb an, weshalb auch die Wertpapierleihe und Pensionsgeschäfte erfasst sind; so auch *Rothenhöfer*, in: Kümpel/Wittig, Bank- und Kapitalmarktrecht, 4. Auflage 2011, 3. Teil Rn. 3.523.

keine Entgeltlichkeit vorliegt, können kein verbotenes Insidergeschäft darstellen. Damit unterfallen Schenkungen sowie eine Vererbung von Insiderpapieren grundsätzlich nicht dem Erwerbs- und Veräußerungsbegriff.[845] Für das Erwerbs- oder Veräußerungsgeschäft ist in jedem Fall ein Entschluss des Handelnden notwendig.[846]

Für das Vorliegen eines Erwerbs oder einer Veräußerung ist im Regelfall lediglich der Abschluss des schuldrechtlichen Verpflichtungsgeschäftes und nicht auch des Erfüllungsgeschäftes erforderlich.[847] Der überwiegende Teil der Literatur fordert,

---

845 Vgl. auch *Sethe*, in: Assmann/Schütze, Handbuch des Kapitalanlagerechts, 4. Auflage 2015, § 8 Rn. 75; *Assmann*, in: Assmann/Schneider, Wertpapierhandelsgesetz, 6. Auflage 2012, § 14 Rn. 18; *Hilgendorf*, in: Park, Kapitalmarktstrafrecht, 3. Auflage 2013, § 14 WpHG Rn. 133; *Klöhn*, in: Hirte/Möllers, Kölner Kommentar zum WpHG, 2. Auflage 2014, § 14 Rn. 94, 98, der Erwerb aufgrund eines Erbfalls unterfällt nach Klöhn schon deshalb nicht der Erwerbsdefinition, weil sie nicht auf dem Entschluss des Insiders beruht; *Rothenhöfer*, in: Kümpel/Wittig, Bank- und Kapitalmarktrecht, 4. Auflage 2011, 3. Teil Rn. 3.526; *Schwark/Kruse*, in: Schwark/Zimmer, Kapitalmarktrechts-Kommentar, 4. Auflage 2010, § 14 WpHG Rn. 9; *a.A.:* gem. *Mennicke*, in: Fuchs, WpHG, 2. Auflage 2016, § 14 Rn. 28 ff. kommt es nicht auf die Entgeltlichkeit des Geschäftes an, entscheidend sei demnach, ob der Erwerb oder die Veräußerung mit oder ohne Zutun des Erwerbers beziehungsweise Veräußerers erfolgt, weshalb eine Erwerb kraft Gesetz keine Insiderhandelsrelevanz habe; *a.A. auch Lenenbach*, Kapitalmarktrecht, 2. Auflage 2010 Rn. 13.137, wonach zwar kaum Fälle denkbar sind, in denen bei einer Schenkung oder Vererbung eine Insiderinformation verwendet wird, sollte dies aber dennoch der Fall sein, läge ein verbotenes Insidergeschäft vor.

846 Vgl. so zu § 14 WphG: *Klöhn*, in: Hirte/Möllers, Kölner Kommentar zum WpHG, 2. Auflage 2014, § 14 Rn. 94 ff.; *Mennicke*, in: Fuchs, WpHG, 2. Auflage 2016, § 14 Rn. 28.

847 Vgl. auch OLG Karlsruhe NZG 2004, 377, 379, wonach der Abschluss eines Verpflichtungsgeschäftes für den Begriff des Erwerbs oder der Veräußerung genüge und keine Übertragung des Eigentums notwendig sei. So auch *Assmann*, in: Assmann/Schneider, Wertpapierhandelsgesetz, 6. Auflage 2012, § 14 Rn. 12; *Hopt*, in: Schimansky/Bunte/Lwowski, Bankrechts-Handbuch, 4. Auflage 2011, § 107 Rn. 34; *Hilgendorf*, in: Park, Kapitalmarktstrafrecht, 3. Auflage 2013, § 14 WpHG Rn. 132; *Kümpel/Veil*, Wertpapierhandelsgesetz, 2. Auflage 2006, S. 66; *Kümpel/Veil*, in: Kümpel/Hammen/Ekkenga, Kapitalmarktrecht, Loseblatt, Stand 4/14, 065, letzte Ergänzungslieferung 2/06 Rn. 88; *Lösler*, in: Habersack/Mülbert/Schlitt, Handbuch der Kapitalmarktinformation, 2. Auflage 2013, § 2 Rn. 68; *Schwark/Kruse*, in: Schwark/Zimmer, Kapitalmarktrechts-Kommentar, 4. Auflage 2010, § 14 WpHG Rn. 10; *kritisch: Klöhn*, in: Hirte/Möllers, Kölner Kommentar zum WpHG, 2. Auflage 2014, § 14 Rn. 89 ff., wonach dem Erwerb oder der Veräußerung kein Rechtsgeschäft zugrunde liegen muss, sondern lediglich ein Entschluss des Insiders, weshalb auch ein Erwerb kraft Gesetzes unter das Insiderhandelsverbot fallen kann; *Klöhn*, in: Langenbucher, Europäisches Privat- und Wirtschaftsrecht, 3. Auflage 2013, § 6 Rn. 99; *a.A.:* *Schäfer*, in: Schäfer/Hamann, Kapitalmarktgesetze , Stand: 1/13, § 14 WpHG Rn. 12; *Mennicke*, in: Fuchs, WpHG, 2. Auflage 2016, § 14 Rn. 23,

dass durch die schuldrechtliche Vereinbarung die erhoffte Gewinnrealisierung sichergestellt ist.[848] Nach anderer Ansicht ist nicht entscheidend, ob die Gewinnrealisierung abgesichert ist, sondern lediglich ob ein gesicherter Anspruch auf Übertragung der Inhaberschaft der Finanzinstrumente besteht.[849] Ein gesicherter Anspruch besteht nach bisheriger Ansicht zu § 14 WpHG zwar noch nicht mit Erteilung der Order, aber unstreitig mit der Ausführung der Order zum Kauf oder Verkauf von Wertpapieren.[850]

Grundsätzlich ist entscheidend, dass der Insider zum Zeitpunkt des Erwerbs oder der Veräußerung, also mit Ausführung der Order, Kenntnis von der Insiderinformation hat.[851] Wurde die Kenntnis der Insiderinformation allerdings zwischen Ordererteilung und Orderausführung erlangt, so ist dies unschädlich, da die Insiderinformation in diesen Fällen nicht kausal für das Geschäft war.[852]

Da es auf die Erfüllung des Geschäftes nicht ankommt, schadet es nicht, wenn Fälligkeit hinausgeschoben ist. Umstritten ist allerdings die Behandlung von bedingten Geschäften. Hierunter fällt auch die Frage, ob mit Abschluss eines bedingten Termingeschäftes, wie eines Optionsgeschäftes mit physischer Erfüllung gleichzeitig auch ein Erwerbs- oder Veräußerungsgeschäft bezüglich des Basiswertes erfolgt. Nach Auffassung der BaFin und eines Großteils der Literatur liegt

---

wonach es nicht genügt, wenn zwar der schuldrechtliche Vertrag geschlossen wurde, dann allerdings die Erfüllung des Geschäftes ausbleibt.

848 *Assmann*, in: Assmann/Schneider, Wertpapierhandelsgesetz, 6. Auflage 2012, § 14 Rn. 12; *Hopt*, in: Schimansky/Bunte/Lwowski, Bankrechts-Handbuch, 4. Auflage 2011, § 107 Rn. 36; *Kümpel/Veil,* Wertpapierhandelsgesetz, 2. Auflage 2006, S. 67; *Lenenbach,* Kapitalmarktrecht, 2. Auflage 2010 Rn. 13.137; *Lösler*, in: Habersack/Mülbert/Schlitt, Handbuch der Kapitalmarktinformation, 2. Auflage 2013, § 2 Rn. 68; *Mennicke*, in: Fuchs, WpHG, 2. Auflage 2016, § 14 Rn. 21; *Rothenhöfer*, in: Kümpel/Wittig, Bank- und Kapitalmarktrecht, 4. Auflage 2011, 3. Teil Rn. 3.522; *Schwark/Kruse*, in: Schwark/Zimmer, Kapitalmarktrechts-Kommentar, 4. Auflage 2010, § 14 WpHG Rn. 10.

849 *Klöhn*, in: Hirte/Möllers, Kölner Kommentar zum WpHG, 2. Auflage 2014, § 14 Rn. 90 ff.; so auch *Hilgendorf*, in: Park, Kapitalmarktstrafrecht, 3. Auflage 2013, § 14 WpHG Rn. 132, der eine gesicherte Erwerbs- oder Veräußerungsposition verlangt.

850 *Assmann*, in: Assmann/Schneider, Wertpapierhandelsgesetz, 6. Auflage 2012, § 14 Rn. 13; *Klöhn*, in: Hirte/Möllers, Kölner Kommentar zum WpHG, 2. Auflage 2014, § 14 Rn. 99; *Lösler*, in: Habersack/Mülbert/Schlitt, Handbuch der Kapitalmarktinformation, 2. Auflage 2013, § 2 Rn. 68; *Mennicke*, in: Fuchs, WpHG, 2. Auflage 2016, § 14 Rn. 22; *Schwark/Kruse*, in: Schwark/Zimmer, Kapitalmarktrechts-Kommentar, 4. Auflage 2010, § 14 WpHG Rn. 10.

851 *Mennicke*, in: Fuchs, WpHG, 2. Auflage 2016, § 14 Rn. 163.

852 Vgl. *Bröcker*, in: Claussen, Bank- und Börsenrecht, 5. Auflage 2014, § 6 Rn. 132; *Lösler*, in: Habersack/Mülbert/Schlitt, Handbuch der Kapitalmarktinformation, 2. Auflage 2013, § 2 Rn. 78; *Mennicke*, in: Fuchs, WpHG, 2. Auflage 2016, § 14 Rn. 168; *Rothenhöfer*, in: Kümpel/Wittig, Bank- und Kapitalmarktrecht, 4. Auflage 2011, 3. Teil Rn. 3.536.

dann kein Erwerbs- oder Veräußerungsgeschäft vor, wenn die auflösend oder aufschiebend bedingte Übertragung des Finanzinstrumentes von einer Willenserklärung des Vertragspartners abhängt und der Insider damit keinen Einfluss auf die endgültige Verbindlichkeit des Geschäftes hat.[853] Eine Gewinn- oder Verlustrealisierung beziehungsweise ein Übergang der Inhaberschaft des Insiderpapiers ist aufgrund der Bedingung noch nicht sichergestellt. Ein Teil der Literatur nimmt aber auch in diesen Fällen ein Insidergeschäft an, da das Geschäft dennoch unter Verwendung einer Insiderinformation geschlossen wurde und der Insider auf eine Willenserklärung der Gegenpartei hofft und so einen Sondervorteil erlangt.[854] Nach Ansicht des OLG Karlsruhe reicht

> „*für die Annahme eines abgeschlossenen Erwerbs- oder Veräußerungsvorgangs* [...] *indes nicht jedes auf die Übertragung eines Insiderpapiers gerichtetes Verpflichtungsgeschäft aus. Erforderlich ist vielmehr, dass eine Vertragsgestaltung vorliegt, die dem Insider bezüglich des Insiderpapiers eine gesicherte Erwerbs- bzw. Veräußerungsposition vermittelt. Hieran fehlt es bei einem bedingten Wertpapiergeschäft, bei welchem der Eintritt der Bedingung nicht ausschließlich vom Verhalten des Insiders, sondern von einer Willensentschließung des jeweiligen Vertragspartners abhängt*“.[855]

Soweit allerdings der Insider der Optionsrechtsinhaber ist, kann ein Insidergeschäft mit Abschluss des Optionsvertrages vorliegen, wenn es alleine auf die Willenserklärung des Insiders ankommt und der Wechsel der Inhaberschaft in dem Finanzinstrument aus Sicht des Optionsrechtsinhabers abgesichert ist. Zu bedenken ist allerdings, dass die Option nicht jederzeit ausgeübt werden kann. Das gilt vor allem für europäische Optionen, die nur zu einem bestimmten Zeitpunkt ausgeübt werden können. Gleiches gilt aber wohl meist auch für amerikanische Optionen, die zwar über einen gewissen Zeitraum ausgübt werden können, aber dennoch nur innerhalb

---

853 *BaFin*, Emittentenleitfaden der Bundesanstalt für Finanzdienstleistungsaufsicht, 4. Auflage, Stand: 22.07.2013, S. 37. So auch *Hilgendorf*, in: Park, Kapitalmarktstrafrecht, 3. Auflage 2013, § 14 WpHG Rn. 132; *Klöhn*, in: Hirte/Möllers, Kölner Kommentar zum WpHG, 2. Auflage 2014, § 14 Rn. 102; *Assmann*, in: Assmann/Schneider, Wertpapierhandelsgesetz, 6. Auflage 2012, § 14 Rn. 18; *Kümpel/Veil*, Wertpapierhandelsgesetz, 2. Auflage 2006, S. 67; *Kümpel/Veil*, in: Kümpel/Hammen/Ekkenga, Kapitalmarktrecht, Loseblatt, Stand 4/14, 065, letzte Ergänzungslieferung 2/06 Rn. 88; *Rothenhöfer*, in: Kümpel/Wittig, Bank- und Kapitalmarktrecht, 4. Auflage 2011, 3. Teil Rn. 3.524; *a.A.: Mennicke*, in: Fuchs, WpHG, 2. Auflage 2016, § 14 Rn. 24, wonach ein bedingter Erwerb oder eine bedingte Veräußerung unabhängig davon insiderrechtlich irrelevant ist, ob der Eintritt der Bedingung von einer Willenserklärung des Insiders, eines Vertragspartners oder von einem dritten Ereignis abhängt.

854 *Sethe*, in: Assmann/Schütze, Handbuch des Kapitalanlagerechts, 4. Auflage 2015, § 8 Rn. 77.

855 OLG Karlsruhe NZG 2004, 377, 379.

dieses Zeitraums und nicht jederzeit ab Abschluss des Optionskontraktes.[856] Daher überzeugt insgesamt die Ansicht, dass vor der Ausübung der Option noch kein sicherer Anspruch auf Übertragung der Insiderpapiere besteht. Ein Erwerbs- oder Veräußerungsgeschäft liegt erst mit Ausübung der Option vor.[857]

(b) Erwerbs- oder Veräußerungsgeschäft gemäß Art. 8 MAR

Der Erwerbs- und Veräußerungsbergiff hat im Rahmen der MAR weitestgehend die gleiche Bedeutung wie im Rahmen des WpHG.[858] Auch nach der Marktmissbrauchsverordnung ist es in der Regel entscheidend, dass eine Verpflichtung zur Abnahme oder Weggabe von Finanzinstrumenten begründet wird.

Auch für den Erwerbs- und Veräußerungsbegriff nach der Marktmissbrauchsverordnung ist eine wirtschaftliche Auslegung des Begriffes notwendig, da es nach Sinn und Zweck des Insiderhandelsverbotes wesentliches Merkmal eines Insidergeschäftes ist, einen ungerechtfertigen Vorteil zu erlangen.[859] Um alle Fälle zu erfassen, die zu einem ungerechtfertigten Vorteil führen können, ist eine wirtschaftliche Betrachtungsweise notwendig. Dementsprechend fallen auch in Zukunft unentgeltliche Geschäfte, wie Schenkungen, nicht unter den Begriff des Erwerbs- oder Veräußerungsgeschäftes, da sie für den Schenkenden und Beschenkten nicht zu einem ungerechtfertigten Vorteil führen.

Zur Feststellung des relevanten Zeitpunkts des Erwerbs- und Veräußerungsgeschäftes bedarf es einer europarechtlichen Betrachtung. Das Abstellen auf das Verfügungsgeschäft, wie dies von einem Teil der nationalen Literatur vertreten wird, ist nach europäischem Recht nicht möglich. Vielmehr ist nunmehr zwingend auf den Zeitpunkt des Verpflichtungsgeschäftes abzustellen. Den meisten europäischen Rechtsordnungen ist eine Unterscheidung zwischen Verpflichtungs- und Verfügungsgeschäft nicht bekannt.[860] Um eine einheitliche Anwendung des Insiderhandelsverbots sicherzustellen, kommt nur das Verpflichtungsgeschäft als Anknüpfungspunkt in Betracht.

Auch die überwiegende Ansicht zu § 14 WpHG, wonach nicht auf die Erteilung der Order, sondern auf die Ausführung der Order abzustellen sei, kann nicht auf die Marktmissbrauchsverordnung übertragen werden. Nach Art. 8 Abs. 1 S. 2 MAR liegt

---

856 Vgl. dazu oben zu den Kennzeichen von Optionen B.IV.1.a)cc)(2)(a).

857 So wohl *Klöhn*, in: Hirte/Möllers, Kölner Kommentar zum WpHG, 2. Auflage 2014, § 14 Rn. 104.

858 So auch *Viciano-Gofferje/Cascante*, NZG 2012, 968.

859 Erwägunggrund Nr. 23 der Verordnung (EU) Nr. 596/2014 vom 16.4.2014 (MAR).

860 So noch zur Marktmissbrauchsrichtlinie: *Klöhn*, in: Langenbucher, Europäisches Privat- und Wirtschaftsrecht, 3. Auflage 2013, § 6 Rn. 99; *Assmann*, in: Assmann/Schneider, Wertpapierhandelsgesetz, 6. Auflage 2012, § 14 Rn. 12; in diese Richtung auch *Hilgendorf*, in: Park, Kapitalmarktstrafrecht, 3. Auflage 2013, § 14 WpHG Rn. 131 f.; *Rothenhöfer*, in: Kümpel/Wittig, Bank- und Kapitalmarktrecht, 4. Auflage 2011, 3. Teil Rn. 3.522.

in Zukunft auch dann ein Insidergeschäft vor, wenn ein Auftrag oder eine Order in Bezug auf ein Finanzinstrument geändert oder storniert wird. Zum Zeitpunkt, zu dem eine Order geändert oder storniert werden kann, wurde die Order noch nicht ausgeführt. Für den Tatbestand der Änderung einer Order setzt das Gesetz also bereits auf einen früheren Zeitpunkt als die Ausführung der Order ab. Folgerichtig ist im Rahmen von Art. 8 MAR in Zukunft generell auch auf den Zeitpunkt der Erteilung der Order und nicht auf die Aufführung der Order abzustellen.

Abgesehen davon kommt es aber auch nach der Marktmissbrauchsverordnung darauf an, ob eine Gewinnrealisierung sichergestellt ist. Das gilt vor allem für die Frage, ob ein bedingter Erwerb oder eine bedingte Veräußerung als Erwerbs- oder Veräußerungsgeschäft zu qualifizieren sind.

(2) Direkter oder indirekter Erwerb auf eigene oder fremde Rechnung

Unerheblich ist, ob das Geschäft durch den Insider für eigene oder fremde Rechnung abgeschlossen wird. Wird das Geschäft für fremde Rechnung abgeschlossen, so kann es im eigenen Namen oder im Namen des anderen abgeschlossen werden.[861] Damit fallen, wie bereits im Rahmen des § 14 WpHG, Geschäfte eines Stellvertreters sowie Kommissionsgeschäfte in den Anwendungsbereich des Verbotes.[862]

Nicht erforderlich ist es, dass der Insider selbst tätig wird. So spricht Art. 8 Abs. 1 S. 1 MAR von einem direkten oder indirekten Erwerb und die Erwägungsgründe von einem unmittelbaren oder mittelbaren Erwerb.[863] Damit kann der Insider das Geschäft auch von einem Dritten vornehmen lassen, der als Stellvertreter tätig wird.

(3) Stornierung oder Änderung eines Auftrags

Im Rahmen der Marktmissbrauchsverordnung wird gemäß Art. 8 Abs. 1 S. 2 MAR die Stornierung oder Änderung eines Auftrags in Bezug auf Finanzinstrumente als unzulässiges Insidergeschäft bewertet.[864] Relevant wird die neue Regelung vor allem in den Fällen des *Stakebuilding*, also dem Erwerb von Beteiligungen über die Börse nach einem zuvor festgelegten Plan über einen längeren Zeitraum.[865] Im Normalfall wird von diesem Plan nicht mehr abgewichen bis die anvisierte

---

861 So schon zu § 14 WpHG: *Klöhn*, in: Hirte/Möllers, Kölner Kommentar zum WpHG, 2. Auflage 2014, § 14 Rn. 109; *Assmann*, in: Assmann/Schneider, Wertpapierhandelsgesetz, 6. Auflage 2012, § 14 Rn. 21.

862 Zum nationalen Recht: *Sethe*, in: Assmann/Schütze, Handbuch des Kapitalanlagerechts, 4. Auflage 2015, § 8 Rn. 93; *Klöhn*, in: Hirte/Möllers, Kölner Kommentar zum WpHG, 2. Auflage 2014, § 14 Rn. 109.

863 Erwägungsgrund Nr. 23 der Verordnung (EU) Nr. 596/2014 vom 16.4.2014 (MAR).

864 *Krämer/Teigelack*, Börsen-Zeitung vom 09.11.2011, S. 2; *Krause*, CCZ 2014, 248, 251; *Merkner/Sustmann*, AG 2012, 315, 322; kritisch bereits zur alten Rechtslage *Schröder*, NJW 1994, 2879, 2880.

865 Dazu *Viciano-Gofferje/Cascante*, NZG 2012, 968, 969; *Kiesewetter/Parmentier*, BB 2013, 2371, 2373; *Seibt/Wollenschläger*, AG 2014, 593, 597.

Beteiligungsquote erreicht ist. Wollte der Erwerber allerdings bisher, aufgrund einer Insiderinformation oder aus anderen Gründen, seinen Erwerbsplan aufgeben und den sukzessiven Kauf von Anteilen stoppen, so war dies ohne einen Verstoß gegen das Insiderhandelsverbot nach WpHG problemlos möglich.[866] In Zukunft wird ein solches Verhalten unter Verwendung einer Insiderinformation unter Umständen als Stornierung oder Änderung des Auftrages zu beurteilen und damit insiderrechtlich verboten sein.[867] Für ein Verbot spricht vor allem, dass es keinen Unterschied machen darf, ob die Insiderinformation genutzt wird, um einen Gewinn zu realisieren oder um drohende Verluste zu vermeiden. In beiden Fällen hat der Insider einen Vorteil.[868] Das Insiderhandelsverbot des WpHG erfasst diesen Anwendungsfall bisher nicht. Eine Stornierung eines noch nicht fertig umgesetzten Stakebuilding-Plans nach Erhalt einer Insiderinformation oder auch allgemein die Rücknahme der Kauf- oder Verkaufsorder ist möglich.[869]

Allerdings fällt auch in Zukunft nach der Marktmissbrauchsverordnung das Unterlassen eines Geschäftes aufgrund einer Insiderinformation nicht unter das Insiderhandelsverbot.[870] Fraglich ist allerdings, ob die Nichtausübung einer Kauf- oder Verkaufsoption zukünftig dem Insiderhandelsverbot nach der Marktmissbrauchsverordnung unterfällt. Bisher wurde dies von der überwiegenden Meinung zum WpHG, unter Verweis auf die Zulässigkeit Geschäfte zu unterlassen, verneint.[871]

---

866 *Seibt/Wollenschläger,* AG 2014, 593, 597.

867 So auch *Kiesewetter/Parmentier,* BB 2013, 2371, 2373; *Seibt/Wollenschläger,* AG 2014, 593, 597.

868 So richtigerweise *Viciano-Gofferje/Cascante,* NZG 2012, 968, 969, die Gegenargumente überzeugen allerdings nicht.

869 *Viciano-Gofferje/Cascante,* NZG 2012, 968, 969 mit weiteren Nachweisen; *Kiesewetter/Parmentier,* BB 2013, 2371, 2373; *Assmann,* in: Assmann/Schneider, Wertpapierhandelsgesetz, 6. Auflage 2012, § 14 Rn. 17; so im Ergebnis auch *Hilgendorf,* in: Park, Kapitalmarktstrafrecht, 3. Auflage 2013, § 14 WpHG Rn. 135, der allerdings den Widerruf als „aktives Tun" als problematisch erachtet; *Lenenbach,* Kapitalmarktrecht, 2. Auflage 2010 Rn. 13.139; *Schäfer,* in: Schäfer/Hamann, Kapitalmarktgesetze , Stand: 1/13, § 14 WpHG Rn. 14.

870 Zur rechtspolitischen Diskussion der Sanktionslosigkeit des Unterlassens ausführlich *Klöhn,* in: Hirte/Möllers, Kölner Kommentar zum WpHG, 2. Auflage 2014, § 14 Rn. 49 ff.; *zu § 14 WpHG:* *Assmann,* in: Assmann/Schneider, Wertpapierhandelsgesetz, 6. Auflage 2012, § 14 Rn. 16; *Hilgendorf,* in: Park, Kapitalmarktstrafrecht, 3. Auflage 2013, § 14 WpHG Rn. 135; *Lenenbach,* Kapitalmarktrecht, 2. Auflage 2010 Rn. 13.139; *Lösler,* in: Habersack/Mülbert/Schlitt, Handbuch der Kapitalmarktinformation, 2. Auflage 2013, § 2 Rn. 69; *Mennicke,* in: Fuchs, WpHG, 2. Auflage 2016, § 14 Rn. 34 ff.; *Rothenhöfer,* in: Kümpel/Wittig, Bank- und Kapitalmarktrecht, 4. Auflage 2011, 3. Teil Rn. 3.527; *Schäfer,* in: Schäfer/Hamann, Kapitalmarktgesetze, Stand: 1/13, § 14 WpHG Rn. 14; *Schwark/Kruse,* in: Schwark/Zimmer, Kapitalmarktrechts-Kommentar, 4. Auflage 2010, § 14 WpHG Rn. 11.

871 *Assmann,* in: Assmann/Schneider, Wertpapierhandelsgesetz, 6. Auflage 2012, § 14 Rn. 17; *Klöhn,* in: Hirte/Möllers, Kölner Kommentar zum WpHG, 2. Auflage 2014,

Dies ist richtigerweise auch nach der Marktmissbrauchsverordnung der Fall. Zwar ist das Insiderhandelsverbot durch den Tatbestand der Änderung oder Stornierung einer Order erweitert worden und die Nichtausübung einer Option ist der Stornierung einer Order wirtschaftlich sehr ähnlich. Dennoch setzen sowohl die Änderung als auch die Stornierung ein aktives Tun voraus. Für die Nichtausübung einer Option bedarf es dagegen keines aktiven Tuns, sondern lediglich eines Unterlassens.

bb) Insiderinformation bezieht sich auf das Finanzinstrument

Die Insiderinformation muss sich auf das Finanzinstrument beziehen, welches erworben oder veräußert wird. Dem Tatbestandsmerkmal kommt neben der Nutzung der Insiderinformation keine eigenständige Bedeutung zu, da Insiderinformationen nur für solche Erwerbs- und Veräußerungsgeschäfte von Finanzinstrumenten genutzt werden können, auf die sich die Informationen auch beziehen.

cc) Nutzung der Insiderinformation

Das Insidergeschäft muss nach der Formulierung von Art. 8 Abs. 1 MAR unter Nutzung der Insiderinformation abgeschlossen werden. Zu der Kenntnis der Insiderinformation muss also noch deren Nutzung hinzukommen.[872] Alleine die Kenntnis der Insiderinformation ist nach dem Wortlaut der Marktmissbrauchsverordnung für ein Handelsverbot nicht ausreichend.[873] Nicht erforderlich ist, was zwar die Insiderrichtlinie 1989 noch voraussetzte, durch die Marktmissbrauchsrichtlinie 2003 aber bereits obsolet wurde, eine Ausnutzung der Insiderinformation in Form einer Vorteilserzielungsabsicht.[874]

Konkretisiert wurde die Voraussetzung der Nutzung der Insiderinformation gemäß der bisherigen Marktmissbrauchsrichtlinie 2003 durch den EuGH in der *Spector-Entscheidung*. Auch der EuGH unterscheidet in der Spector-Entscheidung zwischen dem Besitz der Insiderinformation und der Nutzung derselben. Nach der Entscheidung impliziert jedoch das Besitzen einer Insiderinformation durch

---

§ 14 Rn. 107; *Mennicke*, in: Fuchs, WpHG, 2. Auflage 2016, § 14 Rn. 35.

872 Vgl. *Cascante/Bingel*, AG 2009, 894, 895 f. mit weiteren Nachweisen zur bereits herrschenden Literaturmeinung vor der Entscheidung des EuGH in der Sache Spector Photo Group.

873 Ausführlich zur „Nutzung vs. Kenntnis"-Debatte bzw. „ use vs. possession debate" unter anderem *Klöhn*, in: Hirte/Möllers, Kölner Kommentar zum WpHG, 2. Auflage 2014, § 14 Rn. 63 ff.; *Langenbucher*, CMLJ, Vol. 5 (2010), No. 4, 452.

874 *Klöhn*, in: Hirte/Möllers, Kölner Kommentar zum WpHG, 2. Auflage 2014, § 14 Rn. 66 Rn. 113 ff.; *Langenbucher*, CMLJ, Vol. 5 (2010), No. 4, 452; *Assmann*, in: Assmann/Schneider, Wertpapierhandelsgesetz, 6. Auflage 2012, § 14 Rn. 25; *zum nationalen Recht*: *Veil*, Europäisches Kapitalmarktrecht, 2. Auflage 2014, § 13 Rn. 92; so auch *Hopt*, in: Schimansky/Bunte/Lwowski, Bankrechts-Handbuch, 4. Auflage 2011, § 107 Rn. 37, wonach allerdings die objektive Eignung des Geschäftes zur Erlangung eines Sondervorteils weiterhin notwendig ist.

einen primären Insider auch die Nutzung derselben.[875] Für diese Vermutung der Nutzung der Insiderinformation wurde der Begriff der *Spector-Regel* geprägt.[876] Diese Vermutung kann aber widerlegt werden.[877] Der EuGH stellt in diesem Zusammenhang klar, dass die Insiderinformation ein integraler Bestandteil des Entscheidungsprozesses geworden sein muss,[878] die Information also in das Handeln des Insiders eingeflossen ist. Eine Widerlegung der Vermutung ist *„im Lichte der Zielsetzung der Richtlinie zu beurteilen* [...], *die darin besteht, die Integrität der Finanzmärkte zu schützen und das Vertrauen der Investoren zu stärken, das insbesondere auf der Gewissheit beruht, dass sie einander gleichgestellt und gegen die unrechtmäßige Verwendung einer Insiderinformation geschützt sind*".[879] Kann entsprechend dieser

875 EuGH NZG 2010, 107; in Rz. 54 heißt es: „Folglich impliziert die Tatsache, dass ein primärer Insider, der eine Insider-Information besitzt, auf dem Markt ein Geschäft mit Finanzinstrumenten tätigt, auf die sich diese Information bezieht, vorbehaltlich der Wahrung der Verteidigungsrechte und insbesondere des Rechts, diese Vermutung widerlegen zu können, die ‚Nutzung derselben' durch diese Person i.S.v. Art. 2 I der Richtlinie 2003/6/EG.". Zur Spector Photo Group-Entscheidung unter anderem *Arden,* ECFR 2010, 342; *Assmann,* in: Assmann/Schneider, Wertpapierhandelsgesetz, 6. Auflage 2012, § 14 Rn. 26, 61a.; *Bank,* NZG 2012, 1337, 1338; *Bonin/Glos,* WM 2010, 1821, 1821 f.; *Bussian,* WM 2011, 8; *Cascante/Bingel,* NZG 2010, 161 f.; *Flick/Lorenz,* RIW 2010, 381; *Gehrmann,* ZBB 2010, 48; *Hansen,* ECL 2010, 98; *Hupka,* EuZW 2011, 860, 862 f.; *Klöhn,* ECFR 2010, 347; *Klöhn,* in: Hirte/Möllers, Kölner Kommentar zum WpHG, 2. Auflage 2014, § 14 Rn. 67 Rn. 120 ff.; *Nietsch,* ZHR 2010, 556; *Nikoleyczik/Gubitz,* GWR 2010, 159; *Ransiek,* wistra 2011, 1; *Schulz,* ZIP 2010, 609; *Viciano-Gofferje/Cascante,* NZG 2012, 968, 973; *Voß,* BB 2010, 333; *Widder,* BB 2010, 515; *Widder/Bedkowski,* GWR 2010, 35.

876 *Klöhn,* ECFR 2010, 347, 349; *Klöhn,* in: Langenbucher, Europäisches Privat- und Wirtschaftsrecht, 3. Auflage 2013, § 6 Rn. 101.

877 EuGH NZG 2010, 107; in Rz. 54 heißt es: „Folglich impliziert die Tatsache, dass ein primärer Insider, der eine Insider-Information besitzt, auf dem Markt ein Geschäft mit Finanzinstrumenten tätigt, auf die sich diese Information bezieht, vorbehaltlich der Wahrung der Verteidigungsrechte und insbesondere des Rechts, diese Vermutung widerlegen zu können, die ‚Nutzung derselben' durch diese Person i.S.v. Art. 2 I der Richtlinie 2003/6/EG.". Zur Spector Photo Group-Entscheidung unter anderem *Arden,* ECFR 2010, 342; *Assmann,* in: Assmann/Schneider, Wertpapierhandelsgesetz, 6. Auflage 2012, § 14 Rn. 26, 61a.; *Bank,* NZG 2012, 1337, 1338; *Bonin/Glos,* WM 2010, 1821, 1821 f.; *Bussian,* WM 2011, 8; *Cascante/Bingel,* NZG 2010, 161 f.; *Flick/Lorenz,* RIW 2010, 381; *Gehrmann,* ZBB 2010, 48; *Hansen,* ECL 2010, 98; *Hupka,* EuZW 2011, 860, 862 f.; *Klöhn,* ECFR 2010, 347; *Klöhn,* in: Hirte/Möllers, Kölner Kommentar zum WpHG, 2. Auflage 2014, § 14 Rn. 67 Rn. 120 ff.; *Nietsch,* ZHR 2010, 556; *Nikoleyczik/Gubitz,* GWR 2010, 159; *Ransiek,* wistra 2011, 1; *Schulz,* ZIP 2010, 609; *Viciano-Gofferje/Cascante,* NZG 2012, 968, 973; *Voß,* BB 2010, 333; *Widder,* BB 2010, 515; *Widder/Bedkowski,* GWR 2010, 35.

878 EuGH NZG 2010, 107, Rz. 36.

879 EuGH NZG 2010, 107, Rz. 61.

Spector-Ausnahme eine Nutzung der Insiderinformation verneint werden, so ist die Spector-Regel widerlegt.[880]

Die so entwickelten Grundsätze gelten auch nach der neuen Marktmissbrauchsverordnung fort.[881] In den Erwägungsgründen der Marktmissbrauchsverordnung heißt es, dass in Fällen, in denen Personen im Besitz von Insiderinformationen Geschäfte mit Finanzinstrumenten, auf die sich die Insiderinformation beziehen, tätigen, „*unterstellt werden* [sollte], *dass diese Person diese Information genutzt hat*".[882] Auch aus der Formulierung von Art. 9 MAR ergibt sich der gesetzgeberische Wille, die Nutzungsvermutung im Gesetz zu verankern. Dort werden Sondersituationen aufgezählt, in denen man im Umkehrschluss nicht automatisch vom Besitz der Insiderinformation auf dessen Nutzung schließen dürfe.[883]

b) Insidergeschäft gemäß Art. 8 Abs. 3 MAR

Bisher war es notwendig, dass derjenige, der das Erwerbs- oder Veräußerungsgeschäft vornimmt, Kenntnis von der Insiderinformation hat. Dies ist mit Einführung der Marktmissbrauchsverordnung nun nicht mehr in allen Fällen erforderlich. Nach Art. 8 Abs. 3 MAR handelt es sich nun auch bei der Nutzung von Empfehlungen oder Anstiftungen um ein Insidergeschäft, soweit der Angestiftete zwar keine Kenntnis von der konkreten Insiderinformation besitzt, aber weiß oder wissen sollte, dass die Empfehlung oder Anstiftung auf einer Insiderinformation beruht.

4. Durch Insider, Art. 8 Abs. 4 MAR

Insidergeschäfte können von den nach Art. 8 Abs. 4 S. 1 lit. a)–d) MAR qualifizierten Personen (sog. Primärinsider*)* vorgenommen werden sowie von Sekundärinsidern nach Art. 8 Abs. 4 S. 2 MAR. Sekundärinsider sind Personen, die Insiderinformationen auf eine andere Weise als Primärinsider erhalten und die wissen oder wissen müssten, dass es sich bei den Informationen, über die sie verfügen, um Insiderinformationen handelt. Dem entspricht der frühere Art. 4 Marktmissbrauchsrichtlinie 2003.

Wie sich aus Art. 8 Abs. 5 ergibt, werden unter Personen sowohl natürliche als auch juristische Personen verstanden. Demzufolge gilt für den Fall, dass eine juristische Person das Insidergeschäft vorgenommen hat, dass auch die natürliche Person, die an dem Beschluss beteiligt war oder diesen beeinflusst hat, ein Insidergeschäft getätigt hat.

---

880 Zu den Begrifflichkeiten *Klöhn,* ECFR 2010, 347, 349 f., dort „Spector Rule" und „Spector-Exception"; *Klöhn,* in: Langenbucher, Europäisches Privat- und Wirtschaftsrecht, 3. Auflage 2013, § 6 Rn. 101.

881 So auch *Bachmann,* Das Europäische Insiderhandelsverbot 2015, S. 29; *Kiesewetter/ Parmentier,* BB 2013, 2371, 2373; *Veil,* ZBB 2014, 85, 91.

882 Erwägungsgrund Nr. 24 der Verordnung (EU) Nr. 596/2014 vom 16.4.2014 (MAR).

883 So auch *Veil,* ZBB 2014, 85, 91.

5. Legitime Handlungen und Widerlegung der Nutzungsvermutung

Der europäische Gesetzgeber hat in Art. 9 der Marktmissbrauchsverordnung einen Katalog an legitimen Handlungen aufgenommen. Daneben stellt sich die Frage, inwieweit die bisher anerkannten Ausnahmen vom Insiderhandelsverbot auch nach der neuen Rechtslage fortgelten werden.[884]

Ob und inwieweit einer generellen Ausnahme für Hedging-Geschäfte zugestimmt werden kann, wird in einem eigenen Kapitel im weiteren Verlauf der Arbeit noch ausführlich erörtert.[885]

a) Legitime Handlungen gemäß Art. 9 MAR

Art. 9 Abs. 1 – 5 MAR enthalten einen Katalog an Situationen und Handlungsweisen, für die die Nutzung einer Insiderinformation grundsätzlich gesetzlich widerlegt ist. Eine Rückausnahme enthält Art. 9 Abs. 6 MAR. Im Folgenden werden sämtliche Ausnahmen kurz dargestellt. Soweit sie für die Absicherung von Risiken von spezieller Bedeutung sind, wird dies im Verlauf der Arbeit noch eingehend erörtert.

aa) Chinese-Walls, Art. 9 Abs. 1 MAR

Ist eine juristische Person im Besitz einer Insiderinformation, so können dennoch Finanzinstrumente erworben oder veräußert werden, wenn kumulativ die Voraussetzungen nach Art. 9 Abs. 1 lit. a) und lit. b) vorliegen. Zum einen muss ein wirksames internes System implementiert und aufrechterhalten werden, sodass Insiderinformationen nicht an natürliche Personen gelangen, die eine Entscheidung über den Erwerb oder die Veräußerung von Finanzinstrumenten treffen, auf die sich die Insiderinformationen beziehen. Zum anderen darf auf diese natürliche Person auch tatsächlich nicht eingewirkt worden sein. Auch in anderen Rechtsordnungen sind *Chinese-Walls* zur Widerlegung von Insiderhandel anerkannt oder normiert.[886]

Eine wirksame Chinese-Wall, auch als *Ethical Screen* bezeichnet,[887] soll die Kenntnis von der Insiderinformation durch diejenigen Abteilungen und natürlichen Personen ausschließen, die beispielsweise die Sicherungsgeschäfte vornehmen.[888]

Eine Chinese-Wall kann in verschiedenen Praxissituationen zur Anwendung kommen. In Betracht kommt eine Trennung mittels einer Chinese-Wall unter

884 Zu dieser Frage auch *Viciano-Gofferje/Cascante,* NZG 2012, 968, 974 ff.

885 Hierzu unten unter E.

886 Vgl. beispielsweise Rule 10b5-a (c)(2) der *USA*; Section 1043F und Section 1043G Corporations Act 2001 von *Australien* sowie Section 10D Securities Markets Act 1988 von *Neuseeland.*

887 So *Kiesewetter/Parmentier,* BB 2013, 2371, 2374; *Seibt/Wollenschläger,* AG 2014, 593, 597.

888 *Viciano-Gofferje/Cascante,* NZG 2012, 968, 974; *Kiesewetter/Parmentier,* BB 2013, 2371, 2374.

anderem zwischen den mit dem Wertpapierhandel vertrauten Abteilungen einer Bank und denjenigen Abteilungen, die aufgrund von Beratungsmandaten in den Besitz von Insiderinformationen kommen.[889] Auch eine Abschottung der Wertpapierhandelsabteilung von der Abteilung, welche im Rahmen von M&A-Transaktionen einbezogen ist, ist möglich. Denkbar ist auch die Trennung der M&A-Abteilungen von derjenigen Abteilung, die Hedging-Geschäfte vornimmt.[890]

Die Chinese-Wall-Ausnahme war im Gesetzgebungsprozess nicht unumstritten und wurde vereinzelt sogar gänzlich abgelehnt.[891] Die wesentlichen Merkmale und Voraussetzungen der Ausnahme sollen im Folgenden kurz dargestellt werden.

(1) Chinese-Wall innerhalb einer juristischen Person

Die Ausnahme der Chinese-Wall ist nur auf juristische Personen anwendbar. Das heißt die Nutzungsvermutung kann nur von einer juristischen Person widerlegt werden, die eine entsprechende Barriere eingerichtet hat.

Fraglich ist allerdings, wie auf europäischer Ebene der Begriff der juristischen Person ausgelegt wird. Die europäischen Verträge verwenden einen Begriff der juristischen Person, der sich von dem deutschen Begriff der juristischen Person deutlich unterscheidet. Neben den Personenvereinigungen des Privatrechts, die eine eigene Rechtspersönlichkeit haben und damit selbstständig Träger von Rechten und Pflichten sein können, umfasst der Begriff der juristischen Person nach Art. 54 Abs. 2 AEUV auch Gesellschaften des Bürgerlichen Rechts und Personenhandelsgesellschaften.[892] Auch die englische Sprachfassung spricht sowohl im Rahmen von Art. 54 Abs. 2 AEUV als auch im Rahmen von Art. 9 Abs. 1 MAR von *„legal persons"*. Dies spricht dafür, den Begriff der juristischen Person entsprechend der europäischen Verträge anzuwenden.

Des Weiteren beschränkt Art. 9 Abs. 1 MAR den Begriff der juristischen Person nicht auf solche des Privatrechts. Auch juristische Personen des öffentlichen Rechts können von der Chinese-Wall Ausnahme profitieren.

Vom Anwendungsbereich der Ausnahme nach Art. 9 Abs. 1 MAR sind natürliche Personen ausgenommen. Bei diesen ist eine Chinese-Wall schon rein tatsächlich nicht umsetzbar.

---

889 *Krause*, CCZ 2014, 248, 252.

890 *Cascante/Bingel*, NZG 2010, 161, 163; dazu auch *Meyer/Kiesewetter*, WM 2009, 340, 347 für Sicherungsgeschäfte von Banken.

891 *European Parliament – Committee on Economic and Monetary Affairs*, Amendments 60–331 vom 11.5.2012, PE489.421, Amendment 195.

892 Zum Begriff der juristischen Person im europäischen Recht vgl. *Müller-Graff*, in: Streinz, EUV/AEUV, 2. Auflage 2012, Art. 54 Rn. 4; *Korte*, in: Calliess/Ruffert, EUV/AEUV, 5. Auflage 2016, Art. 54 Rn. 23.

(2) Chinese-Walls als Teil der Compliance-Organisation

Chinese-Walls sind der Rechtsordnung nicht fremd. In einigen Fällen sind solche Informationsbarrieren als Teil der Compliance-Organisation vorgeschrieben oder hilfreich.

Eine Pflicht Chinese-Walls zu installieren betrifft vor allem Wertpapierdienstleistungsunternehmen, also oftmals Banken. Diese haben nach § 33 Abs. 1 S. 2 Nr. 3 WpHG wirksame Vorkehrungen für angemessene Maßnahmen zu treffen, um Interessenkonflikte bei der Erbringung ihrer Dienste zwischen sich selbst und ihren Mitarbeitern zu vermeiden. Diese Anforderung wird nach § 13 Abs. 3 S. 2 Nr. 1 WpDVerOV dahingehend konkretisiert, dass unabhängige Vertraulichkeitsbereiche durch Chinese-Walls geschaffen werden sollen.

Abgesehen von dieser ausdrücklichen Organisationspflicht nach § 33 WpHG, wonach Chinese-Walls einzurichten sind, werden diese aber auch an anderer Stelle aus verschiedenen Gründen eingesetzt. So schreiben verschiedene Spezialgesetze, wie § 25a Abs. 1 S. 1 KWG für Banken und § 28 Abs. 1 S. 1 KAGB[893] für Kapitalverwaltungsgesellschaften, ausdrücklich eine ordnungsgemäße Geschäftsorganisation in Form einer Compliance-Organisation vor.[894] Auch die Geschäftsleitung von Kapitalgesellschaften müssen gemäß §§ 76 Abs. 1, 93 Abs. 1 S. 1 AktG[895] oder § 43 Abs. 1 GmbHG ihrer Legalitätspflicht gerecht werden. Dazu zählt auch, die Pflicht das Unternehmen mittels einer Compliance-Organisation so zu organisieren, dass Rechtsverstöße, so vor allem auch Insiderverstöße, vermieden werden.[896] Auch werden Chinese-Walls dazu eingesetzt, anderen kapitalmarktrechtlichen Pflichten gerecht zu werden. Aus Sicht des Kapitalmarktrechts kann eine Chinese-Wall, neben dem Motiv der Widerlegung der Nutzungsvermutung bei Kenntnis von Insiderinformationen, auch zur Sicherstellung der Vertraulichkeit bei einem Aufschub der ad-hoc Veröffentlichung nach Art. 17 Abs. 4 S. 1 lit. c) MAR verwendet werden.[897] Als vorbeugende Maßnahmen gegen Marktmissbrauch wurden Chinese-Walls auch in Erwägungsgrund Nr. 24 der alten Marktmissbrauchsrichtlinie 2003 ausdrücklich angesprochen.

---

893 Für AIF wird diese Pflicht über § 28 Abs. 3 KAGB iVm Art. 61 Delegierte Verordnung (EU) NR. 231/2013 konkretisiert.

894 Vgl. dazu *Harbarth,* ZHR, Vol. 179 (2015), 136, 139.

895 Zur Frage aus welchen Normen sich die Compliance Pflicht einer Aktiengesellschaft ableitet vgl. beispielsweise *Fleischer,* NZG 2014, 321, 322; *Harbarth,* ZHR, Vol. 179 (2015), 136, 142 ff.

896 *Lösler,* in: Habersack/Mülbert/Schlitt, Handbuch der Kapitalmarktinformation, 2. Auflage 2013, § 2 Rn. 114; *Wundenberg,* in: Veil, Europäisches Kapitalmarktrecht, 2. Auflage 2014, § 29 Rn. 70; in diese Richtung auch *Hölters,* AktG, 2. Auflage 2014, § 93 Rn. 113 zur Vorbeugung gegen Korruption.

897 So schon zu § 15 WpHG: *Buck-Heeb,* CCZ 2009, 18, 25; *Pfüller,* in: Fuchs, WpHG, 2. Auflage 2016, § 15 Rn. 487; *Zimmer/Kruse,* in: Schwark/Zimmer, Kapitalmarktrechts-Kommentar, 4. Auflage 2010, § 15 WpHG Rn. 12.

Auch innerhalb von Rechtsanwaltssozietäten haben sich Chinese-Walls etabliert, um widerstreitenden Interessen zu begegnen und den Anforderungen nach § 43a Abs. 4 BRAO iVm § 3 Abs. 2 S. 2 BORA gerecht zu werden. Grundsätzlich gilt das Verbot widerstreitende Interessen zu vertreten auch für Sozietäten und Bürogemeinschaften, § 3 Abs. 2 S. 1 BORA. Eine Ausnahme gilt für den Fall, dass sich die betroffenen Mandanten ausdrücklich mit der Übernahme des Mandats einverstanden erklären und die Belange der Rechtspflege nicht entgegen stehen, § 3 Abs. 2 S. 2 BORA. Um den Belangen der Rechtspflege gerecht zu werden, können Chinese-Walls als Vorkehrungen zur Wahrung der Vertraulichkeit eingesetzt werden.[898]

In der Betriebswirtschaft wird eine Funktionstrennung vor allem im Rahmen des *Risikomanagements* unter dem Aspekt der Reduktion von Interessenkonflikten und damit auch der Vermeidung von Situationen, die für das Unternehmen existenzbedrohend sein können, als notwendig erachtet. Bei Unternehmen seien demnach das Handelsgeschäft, also diejenigen Geschäftsbereiche, die Geschäfte abschließen (bei Banken beispielsweise diejenigen Abteilungen, die über eine Kreditvergabe entscheiden), von denjenigen Geschäftsbereichen zu trennen, denen das Risikocontrolling obliegt.[899]

Andererseits gibt es auch Gesellschaften und Situationen in denen wohl bewusst auf eine Chinese-Wall verzichtet wird, um von dem Informationsfluss zwischen den Mitarbeitern zu profitieren. Zu denken ist vor allem an Fondsgesellschaften, unter anderem Hedge-Fonds, die für die erfolgreiche Zusammenstellung ihres Fonds gerade auf die Mischung zwischen riskanten, sicheren und abgesicherten Exposures angewiesen sind.[900] Angeführt wird auch, dass es der Vorteil von Universalbanken ist, interne Bonitätseinschätzungen für das Kreditrisikomanagement nutzbar zu machen. Dies soll durch Chinese-Walls nicht mehr als notwendig behindert werden.[901]

(3) Voraussetzungen einer wirksamen Chinese-Wall

Um als juristische Person von der Chinese-Wall-Ausnahme profitieren zu können, muss innerhalb des Unternehmens eine sogenannte Chinese-Wall errichtet und

---

898 *Böhnlein*, in: Feuerich/Weyland, BRAO, 9. Auflage 2016, § 3 BORA Rn. 26; *Hennsler*, in: Henssler/Prütting, BRAO, 4. Auflage 2014, § 3 BORA Rn. 28; hierzu auch *Deckenbrock*, BB 2002, 2453, 2461; *Kilian*, BB 2003, 2189, 2194.

899 *Eller/Heinrich/Perrot/Reif*, Kompaktwissen Risikomanagement 2010, S. 143, 152.

900 In diese Richtung auch *Acharya/Johnson*, J. Fin. Econ., Vol. 98 (2010), No. 3, 500, 506: „Hedge Funds, in particular, are more opaque and less subject to the responsibility of protecting non-public information (via ‚Chinese walls').“; in diese Richtung auch *Swoboda*, in: Weitnauer/Boxberger/Anders, KAGB 2014, § 29 Rn. 19. Im Zuge der Reformierung des Investmentrechts wurde in Art. 15 Abs. 1 S. 1 AIFM-RL sowie zur Umsetzung dieser Regelung auch in § 29 Abs. 1 S. 3 KAGB eine Funktionstrennung von Portfoliomanagement und Risikomanagement eingeführt (vgl. dazu oben C.II.5.a)).

901 *Eisele/Faust*, in: Schimansky/Bunte/Lwowski, Bankrechts-Handbuch, 4. Auflage 2011, § 109 Rn. 144.

aufrechterhalten werden. Des Weiteren darf auf die natürliche Person, die eine Entscheidung über den Erwerb oder die Veräußerung von Finanzinstrumenten trifft, auf das sich die Insiderinformation bezieht, kein Einfluss ausgeübt werden.

Sind die Voraussetzungen erfüllt, so ist die Nutzungsvermutung widerlegt, obwohl die juristische Person selbst im Besitz von Insiderinformationen ist. Entscheidend ist in diesem Fall, dass derjenige Mitarbeiter der juristischen Person, der den Handelsentschluss fasst, gerade keine Kenntnis von der Insiderinformation hat.

(a) Interne Regelungen und Verfahren

Die juristische Person muss angemessene und wirksame interne Regelungen und Verfahren eingeführt, umgesetzt und aufrechterhalten haben, sodass wirksam sichergestellt wird, dass weder die natürliche Person, die den Beschluss über den Erwerb oder die Veräußerung von Finanzinstrumenten gefasst hat, noch eine andere natürliche Person, die den Beschluss in irgendeiner Weise beeinflusst haben könnte, im Besitz der Insiderinformation gewesen ist.

Im Rahmen des nationalen Insiderorganisationsrechts nach § 33 WpHG oder gegebenenfalls nach § 93 Abs. 1 S. 1 AktG und § 43 Abs. 1 GmbHG werden sowohl eine funktionale als auch räumliche, organisatorische und gedankliche Trennung erwogen.[902] Zu den verfahrensmäßigen oder organisatorischen Maßnahmen zählen das Vergeben von Codenamen für geheime Projekte sowie die Sicherung von Dokumenten vor Zugriff durch physischen Verschluss, digitale Verschlüsselung oder Zugangsberechtigung. Eine räumliche Trennung als physische Komponente ist zwar üblich, aber nicht in jedem Fall zwingend notwendig.[903] Die einzelnen Komponenten sind vielmehr so miteinander zu kombinieren, dass die Geschäftsbereiche im Einzelfall durch geeignete Maßnahmen separiert sind.[904]

Auch im Rahmen von Art. 9 Abs. 1 MAR ist im Einzelfall zu entscheiden, welche Maßnahmen notwendig sind, um eine angemessene und wirksame Abgrenzung der Vertraulichkeitsbereiche zu erreichen. Dabei wird aber wohl einer räumlichen Trennung, sei es zumindest durch verschiedene Räume oder aber auch verschiedene Stockwerke oder Gebäude, in den meisten Fällen eine sehr wichtige Rolle zukommen. Daneben sind aber verschiedene organisatorische Maßnahmen, wie die Organisation von Zugriffsrechten auf Dokumente, Codenamen und Kontaktsperren, von ebensolcher Bedeutung. Wie die internen Regelungen und Verfahren

---

902 *Eisele/Faust*, in: Schimansky/Bunte/Lwowski, Bankrechts-Handbuch, 4. Auflage 2011, § 109 Rn. 142 ff.; *Frisch*, in: Derleder/Knops/Bamberger, Handbuch zum deutschen und europäischen Bankrecht, 2. Auflage 2009, § 7 Rn. 283; *Lösler*, in: Habersack/Mülbert/Schlitt, Handbuch der Kapitalmarktinformation, 2. Auflage 2013, § 2 Rn. 126; *Wundenberg*, in: Veil, Europäisches Kapitalmarktrecht, 2. Auflage 2014, § 29 Rn. 75.

903 *Lösler*, in: Habersack/Mülbert/Schlitt, Handbuch der Kapitalmarktinformation, 2. Auflage 2013, § 2 Rn. 125.

904 *Wundenberg*, in: Veil, Europäisches Kapitalmarktrecht, 2. Auflage 2014, § 29 Rn. 74.

ausgestaltet sind, kann von der Größe des Unternehmens abhängen sowie von der Häufigkeit, mit der das Unternehmen mit Insiderinformationen konfrontiert ist. Nicht ausreichend für die Erfüllung der Anforderungen an eine wirksame Chinese-Wall wird es daher in den meisten Fällen sein, lediglich die gesetzlichen Organisationsanforderungen zu erfüllen.[905] Maßstab für eine angemessene und wirksame Chinese-Wall ist immer, dass sie geeignet ist den Informationsfluss zwischen den Geschäftsbereichen zu verhindern. Die Chinese-Wall absichtlich so auszugestalten, dass von einem gewissem Informationsfluss noch profitiert werden kann,[906] würde diesem Grundgedanken widersprechen.

Die jeweiligen Maßnahmen sind umzusetzen und aufrechtzuerhalten, sodass von Seite des Unternehmens auch eine Kontrolle und Überwachung möglich ist.

Ein Beispiel für gesetzliche Anforderungen an eine funktionale und hierarchische Trennung nach Europarecht bietet Art. 42 der Delegierten VO Nr. 231/2013 zur Trennung der Risikomanagement-Funktion von der Portfolioverwaltung in einer OGAW-Kapitalverwaltungsgesellschaft.[907]

Aus nationaler rechtlicher Sicht endet die Zugehörigkeit zu einem Vertraulichkeitsbereich aufgrund einer Chinese-Wall bei Unternehmen spätestens auf Ebene der Geschäftsleitung. Diese muss aufgrund ihrer Gesamtverantwortung gem. § 76 Abs. 1 AktG die Tätigkeit in den einzelnen Vertraulichkeitsbereichen überblicken können.[908] Wie mit diesem Konflikt zwischen Gesamtverantwortung und Abgrenzung der Vertraulichkeitsbereiche im Rahmen des Art. 9 Abs. 1 MAR umgegangen wird, muss sich noch zeigen. Unter Umständen endet die Zugehörigkeit zu einem Vertraulichkeitsbereich zuvor bereits bei derjenigen Person, die über einen Informationsaustausch über die Chinese-Wall hinweg (*Wall Crossing*)[909] entscheidet.[910] Diese natürliche Grenze einer Chinese-Wall wird auch als *Supra-Chinese-Wall-Status* bezeichnet.[911]

(b) Keine Einflussnahme auf natürliche Person

Die natürliche Person, die im Auftrag der juristischen Person Finanzinstrumente erworben oder veräußert hat, darf von der juristischen Person auch tatsächlich

905 So *Teigelack*, BB 2012, 1361, 1363, Fn. 33.

906 Vgl. dazu oben D.II.5.a)aa)(2), so beispielsweise Austausch über Bonitätseinschätzungen zum Zwecke des Kreditrisikomanagements.

907 Diese Norm ist über § 5 Abs. 1 KAVerOV direkt im nationalen Recht anwendbar.

908 *Fuchs*, in: Fuchs, WpHG, 2. Auflage 2016, § 33 Rn. 118; so wohl auch *Buck-Heeb*, CCZ 2009, 18, 25; a.A. *Eisele/Faust*, in: Schimansky/Bunte/Lwowski, Bankrechts-Handbuch, 4. Auflage 2011, § 109 Rn. 148, die auch eine Abgrenzung der Geschäftsleiter mittels einer Chinese-Wall für möglich halten.

909 Dazu sogleich D.II.5.a)aa)(3)(b).

910 *Eisele/Faust*, in: Schimansky/Bunte/Lwowski, Bankrechts-Handbuch, 4. Auflage 2011, § 109 Rn. 147.

911 *Eisele/Faust*, in: Schimansky/Bunte/Lwowski, Bankrechts-Handbuch, 4. Auflage 2011, § 109 Rn. 147; *Fuchs*, in: Fuchs, WpHG, 2. Auflage 2016, § 33 Rn. 118.

nicht aufgefordert, angestiftet oder anderweitig beeinflusst worden sein sowie eine Empfehlung erhalten haben.[912]

Selbst dann, wenn die natürliche Person also keine Kenntnis von der Insiderinformation hatte, kann von der Chinese-Wall Ausnahme kein Gebrauch gemacht werden, wenn das Geschäft von der juristischen Person beeinflusst wurde oder wenn diese dazu aufgefordert oder angestiftet hat. Chinese-Walls bieten keine hundertprozentige Sicherheit, dass Informationen nicht tatsächlich durchsickern.[913] Ein besonderes Augenmerk ist darauf zu richten, ob Personen, die über der Chinese-Wall stehen, wie beispielsweise Mitglieder der Geschäftsleitung, aufgrund ihrer Gesamtverantwortung tatsächlich keinen Einfluss auf die handelnden Mitarbeiter ausgeübt haben. Ein nach Art. 9 Abs. 1 lit. b) MAR unzulässiger Einfluss könnte auch dann erfolgt sein, wenn eine Situation des Wall-Crossings vorliegt. Ein solches kann in bestimmten Situationen notwendig sein und wurde bisher von der Literatur auch anerkannt.[914] Selbst wenn man die Regelungen und Verfahren nach Art. 9 Abs. 1 lit. a) MAR, trotz des Vorhaltens der Möglichkeit eines Wall-Crossings, für wirksam und angemessen hält, so ist dennoch im Einzelfall zu prüfen, ob eine entsprechende Überschreitung des Vertraulichkeitsbereiches erfolgt ist und dies dazu geführt hat, dass die natürliche Person beeinflusst wurde.

bb) Market-Maker, Gegenparteien und Personen, die zur Ausführung von Aufträgen zugelassen sind, Art. 9 Abs. 2 MAR

Nach Art. 9 Abs. 2 MAR wird angenommen, dass bei der Tätigkeit von Market-Makern, Gegenparteien und Personen, die zur Ausführung von Aufträgen zugelassen sind, die in Ausübung ihrer Funktion oder ihres Berufes Finanzinstrumente veräußern oder erwerben, Insiderinformationen nicht genutzt werden. Ein Ausnutzen von Insiderinformationen verneinte in diesen Fällen auch die Marktmissbrauchsrichtlinie 2003[915] und der EuGH im Jahr 2009.[916]

---

912 Zur Gesetzgebungsgeschichte dieser Voraussetzung *Viciano-Gofferje/Cascante,* NZG 2012, 968, 9754 f.

913 Vgl. *Hopt,* ZGR 2002, 333, 368.

914 So zum europäischen Recht: *Wundenberg,* in: Veil, Europäisches Kapitalmarktrecht, 2. Auflage 2014, § 29 Rn. 76, der ausführt: „So kann es für die Wahrnehmung eines effektiven Risikomanagements erforderlich sein, Insiderinformationen unverzüglich an das Risikocontrolling weiterzuleiten." (Fn. 241); zum nationalen Recht beispielsweise *Buck-Heeb,* FS Hopt 2009, 1647, 1668, die den Fall der befugten Weitergabe nach § 14 Abs. 1 Nr. 2 WpHG anführt; *Lösler,* in: Habersack/Mülbert/Schlitt, Handbuch der Kapitalmarktinformation, 2. Auflage 2013, § 2 Rn. 130.

915 Erwägungsgrund Nr. 18 der Richtlinie 2003/6/EG des Europäischen Parlaments und des Rates über Insider-Geschäfte und Marktmanipulation (Marktmissbrauch) vom 28.01.2003 (Marktmissbrauchsrichtlinie 2003).

916 EuGH NZG 2010, 107, Rz. 58 (Spector Photo Group).

cc) *Geschäfte zur Erfüllung einer fälligen Verpflichtung, Art. 9 Abs. 3 MAR und Erfüllungsgeschäfte*

Werden Erwerbs- oder Veräußerungsgeschäfte getätigt, um einer fälligen Verpflichtung, die auf der Erteilung eines Auftrages beziehungsweise auf dem Abschluss einer Vereinbarung aus der Zeit vor Erhalt der Insiderinformation beruht, oder aufgrund einer Regulierungsauflage, die vor Erhalt der Insiderinformation entstanden ist, nachzukommen, so sind diese gemäß Art. 9 Abs. 3 MAR ebenfalls vom Insiderhandelsverbot ausgenommen. Insoweit fehlt es an einem kausalen Zusammenhang zwischen der Insiderinformation und dem Abschluss des Erwerbs- oder Veräußerungsgeschäftes.

Art. 2 Abs. 3 der Marktmissbrauchsrichtlinie 2003 enthielt bereits eine Ausnahme für Geschäfte aufgrund einer fällig gewordenen rechtsgeschäftlichen Verpflichtung. Auch nach der bisherigen Aufsichtspraxis waren diese Geschäfte vom Insiderhandelsverbot ausgenommen.[917]

Die Verordnung erweitert den Anwendungsbereich der Ausnahme nunmehr explizit und bezieht auch Geschäfte aufgrund einer rechtlichen Verpflichtung oder einer Regulierungsauflage ein.[918] Als Geschäft im Sinne der Ausnahme ist ein Verpflichtungsgeschäft zu verstehen, das heißt, es besteht eine rechtliche Verpflichtung ein Verpflichtungsgeschäft abzuschließen.

Davon zu unterscheiden ist die Erlangung von Insiderinsformationen zwischen-Verpflichtungs- und Erfüllungsgeschäft. Wurde das Verpflichtungsgeschäft ohne Kenntnis einer Insiderinformation vorgenommen und erlangt der Handelnde erst vor der Erfüllung des Geschäftes Kenntnis von einer Insiderinformation, so ist dies insiderrechtlich unbedenklich.[919] Dies ergibt sich bereits aus der Definition des Erwerbs- und Veräußerungsbegriffes, der auf den Abschluss des Verpflichtungsgeschäftes und nicht auf das Erfüllungsgeschäft abstellt.

---

917 BT-Drs. 15/3174, S. 34; *Assmann*, in: Assmann/Schneider, Wertpapierhandelsgesetz, 6. Auflage 2012, § 14 Rn. 30; *BaFin*, Emittentenleitfaden der Bundesanstalt für Finanzdienstleistungsaufsicht, 4. Auflage, Stand: 22.07.2013, S. 37; *Fromm-Russenschuck/Banerjea*, BB 2004, 2425, 2427; *Hansen*, ECL 2010, 98, 104; *Hilgendorf*, in: Park, Kapitalmarktstrafrecht, 3. Auflage 2013, § 14 WpHG Rn. 141; *Klöhn*, ECFR 2010, 347, 360; dazu auch *Koch*, DB 2005, 267, 269; *Langenbucher*, CMLJ, Vol. 5 (2010), No. 4, 452, 460, 468. *Sethe*, in: Assmann/Schütze, Handbuch des Kapitalanlagerechts, 4. Auflage 2015, § 8 Rn. 97.

918 *Kiesewetter/Parmentier*, BB 2013, 2371, 2374; *Viciano-Gofferje/Cascante*, NZG 2012, 968, 975.

919 *Assmann*, in: Assmann/Schneider, Wertpapierhandelsgesetz, 6. Auflage 2012, § 14 Rn. 29; ähnlich *Hansen*, ECL 2010, 98, 104; *Schwark/Kruse*, in: Schwark/Zimmer, Kapitalmarktrechts-Kommentar, 4. Auflage 2010, § 14 WpHG Rn. 19.

dd) Übernahmen und Unternehmenszusammenschlüsse auf der Grundlage eines öffentlichen Übernahmeangebots, Art. 9 Abs. 4 MAR

Art. 9 Abs. 4 MAR enthält eine Ausnahmeregelung für Insiderinformationen, die im Rahmen von Übernahmen eines Unternehmens oder eines Unternehmenszusammenschlusses auf der Grundlage eines öffentlichen Angebots erworben wurden. Das Gesetz zielt auf solche Insiderinformationen, die dem Bieter im Rahmen einer Due Diligence bekannt wurden und meint nicht den Umstand der Übernahme selbst. Allerdings wird nur dann vermutet, dass die Insiderinformationen nicht zu einem unerlaubten Insidergeschäft genutzt wurden, wenn sie ausschließlich zur Fortführung des Unternehmenszusammenschlusses oder der Übernahme aufgrund des öffentlichen Angebots genutzt wurden und zum Zeitpunkt der Genehmigung des Unternehmenszusammenschlusses oder der Annahme des Angebots alle Insiderinformationen öffentlich gemacht wurden. Ziel des Gesetzgebers ist es, öffentliche Übernahmen nach der Durchführung einer Due Diligence nicht unnötig zu erschweren.[920]

Ähnlich formuliert dies bereits Erwägungsgrund Nr. 29 der Marktmissbrauchsrichtlinie 2003, wonach *„der Zugang zu Insiderinformationen über ein anderes Unternehmen und die Nutzung dieser Informationen bei einem öffentlichen Übernahmeangebot mit dem Ziel, die Kontrolle über dieses Unternehmen zu gewinnen oder einen Zusammenschluss mit ihm vorzuschlagen,* [...] *als solche nicht als Insidergeschäft gelten* [sollten]".[921] Die überwiegende Literatur sieht in dieser Formulierung eine Bereichsausnahme für öffentliche Übernahmeangebote und Pflichtangebote vom Insiderhandelsverbot.[922] Anders wird dies im Emittentenleitfaden der BaFin beurteilt, wonach die Abgabe eines öffentlichen Übernahmeangebots, bei welchem Insiderinformationen verwendet werden, erst nach der Veröffentlichung einer ad-hoc-Mitteilung des Emittenten nach § 15 WpHG möglich ist.[923] Nach Ansicht der BaFin enthält die Marktmissbrauchsrichtlinie 2003 keine allgemeine Ausnahme für das Übernahmerecht.[924] Allerdings wurde der Emittentenleitfaden diesbezüglich

---

920 *Viciano-Gofferje/Cascante,* NZG 2012, 968, 977.

921 Erwägungsgrund Nr. 29 der Verordnung (EU) Nr. 596/2014 vom 16.4.2014 (MAR); dazu *Fromm-Russenschuck/Banerjea,* BB 2004, 2425, 2427.

922 So beispielsweise *Assmann,* in: Assmann/Schneider, Wertpapierhandelsgesetz, 6. Auflage 2012, § 14 Rn. 24; *Hopt,* in: Schimansky/Bunte/Lwowski, Bankrechts-Handbuch, 4. Auflage 2011, § 107 Rn. 47; *Klöhn,* in: Hirte/Möllers, Kölner Kommentar zum WpHG, 2. Auflage 2014, § 14 Rn. 204, 208; *Mennicke,* in: Fuchs, WpHG, 2. Auflage 2016, § 14 Rn. 90, gem. Rn. 104 soll dies allerdings nicht für Pflichtangebote gelten.

923 Diese Ansicht wurde von Teilen der Literatur heftig kritisiert, da nur für Emittenten deren Anteile am geregelten Markt gelistet sind eine ad-hoc-Mitteilungspflicht besteht, nicht aber für Emittenten deren Anteile im Freiverkehr gehandelt werden; so beispielsweise *Bank,* NZG 2012, 1337, 1339.

924 *BaFin,* Emittentenleitfaden der Bundesanstalt für Finanzdienstleistungsaufsicht, 4. Auflage, Stand: 22.07.2013, S. 39; dazu *Merkner/Sustmann,* NZG 2005, 729, 733.

seit 2005 nicht mehr überarbeitet. Unberücksichtigt bleibt darin bisher also auch die Entscheidung des EuGH in der Sache Spector Photo Group. Diese wertet die Nutzung von zuvor erlangten Insiderinformationen im Rahmen eines öffentlichen Übernahmeangebots oder Fusionsvorschlags nicht als Insidergeschäft, soweit der angebotene Preis über dem Marktpreis liegt.[925]

Die Marktmissbrauchsverordnung hat sich der deutschen Aufsichtspraxis insoweit angenähert, als es in Zukunft auch nach der Marktmissbrauchsverordnung notwendig ist, die Insiderinformation vor der Annahme des Angebots durch die Aktionäre zu veröffentlichen.[926] Den genauen Zeitpunkt der Veröffentlichung der Insiderinformation definiert die Verordnung allerdings nicht.[927] Soweit man auf die früheste Möglichkeit der Annahme des Angebots abstellt, die unmittelbar nach Veröffentlichung des Angebots erfolgen kann, hat die Veröffentlichung der Insiderinformation vor der Veröffentlichung des Übernahmeangebots zu erfolgen.[928]

Nach Art. 9 Abs. 4 S. 2 MAR gilt der Absatz nicht für den Beteiligungsaufbau, das sogenannte Stake-Building.[929] Art. 3 Abs. 1 Nr. 31 MAR enthält die Definition des Beteiligungsaufbaus als *„Erwerb von Anteilen an einem Unternehmen, durch den keine rechtliche oder regulatorische Verpflichtung entsteht, in Bezug auf das Unternehmen ein öffentliches Übernahmeangebot abzugeben“*. Entsprechend dem Wortlaut kann damit unter Beteiligungsaufbau der börsliche und außerbörsliche Erwerb von Anteilen verstanden werden. Das Stake-Building geht in der Praxis häufig einem öffentlichen Übernahmeangebot voraus. Im Rahmen des sukzessiven Beteiligungsaufbaus erlangt der Investor häufig Kenntnis von Insiderinformationen über die Zielgesellschaft. Der Umkehrschluss des Gesetzeswortlauts bedeutet, dass die so erlangten Insiderinformationen nicht zur Weiterführung des Beteiligungsaufbaus genutzt werden dürfen.

Art. 9 Abs. 4 S. 2 MAR darf allerdings nicht so verstanden werden, dass im Rahmen des Beteiligungsaufbaus die Berufung auf sämtliche Ausnahmen zum Insiderhandelsverbot untersagt wäre. Lediglich die Berufung auf Art. 9 Abs. 4 S. 1 ist nicht möglich. Entspricht der Beteiligungsaufbau den Anforderungen eines face-to-face-Geschäfts oder liegt nach der Master-Plan-Ausnahme keine Nutzung der Insiderinformation vor, so handelt es sich nicht um ein verbotenes Insidergeschäft.[930]

---

925 EuGH NZG 2010, 107, Rz. 59; dazu *Cascante/Bingel*, NZG 2010, 161, 164; *Nikoleyczik/Gubitz*, GWR 2010, 159, 160; zum Streit über die Auslegung der EuGH-Rechtsprechung *Viciano-Gofferje/Cascante*, NZG 2012, 968, 977.

926 Vgl. dazu *Kiesewetter/Parmentier*, BB 2013, 2371, 2374; *Krause*, CCZ 2014, 248, 252.

927 So auch *Kiesewetter/Parmentier*, BB 2013, 2371, 2374.

928 So *Krause*, CCZ 2014, 248, 252.

929 Vgl. dazu auch *Seibt/Wollenschläger*, AG 2014, 593, 598.

930 Einzelheiten dazu unten D.II.5.c)aa) sowie D.II.5.c)bb).

ee) Eigene Erwerbs- oder Veräußerungsabsicht, Art. 9 Abs. 5 MAR

Die Umsetzung eigener Erwerbs- oder Veräußerungsentscheidungen stellt nach Art. 9 Abs. 5 MAR keine Nutzung einer Insiderinformation dar. Dies gilt auch für unternehmerische Entscheidungen zum Erwerb oder zur Veräußerung von Finanzinstrumenten. Jedem Erwerb und jeder Veräußerung muss eine dahingehende Entscheidung vorausgehen, die als selbst geschaffene Insiderinformation allerdings nicht kausal für das Erwerbsgeschäft ist und damit nicht unter das Insiderhandelsverbot fällt.

Auch die Marktmissbrauchsrichtlinie 2003 stellt in den Erwägungsgründen klar, dass die Tatsache des Erwerbs oder der Veräußerung, die der Investor zuvor beschlossen hat, als solche keine Verwendung einer Insiderinformation ist.[931] So bewertet dies auch der EuGH in der Spector-Entscheidung[932] und der ganz überwiegende Teil der Literatur.[933]

ff) Rückausnahme, Art. 9 Abs. 6 MAR

Diese Ausnahmevorschriften des Art. 9 Abs. 1–Abs. 5 MAR greifen gemäß Art. 9 Abs. 6 MAR allerdings dann nicht, wenn die Aufsichtsbehörde feststellt, dass sich hinter den betreffenden Handelsaufträgen, Geschäften oder Handlungen ein rechtswidriger Grund verbirgt. Das zeigt, dass die aufgezählten legitimen Handlungen keine *safe harbours* sind.[934] Was unter einem rechtswidrigen Grund zu verstehen ist, wird durch das Gesetz nicht definiert. Auch die Erwägungsgründe geben keinen Aufschluss darüber. In der englischen Sprachfassung wird der Ausdruck „*illegitimate reason for the orders to trade, transactions or behaviours concerned*" verwendet, was genau der deutschen Sprachfassung entspricht. Erwägungsgrund 31 gibt den Wortlaut der gesetzlichen Regelung fast wortgetreu wieder und enthält keinen

---

931 Erwägungsgrund Nr. 30 der Richtlinie 2003/6/EG des Europäischen Parlaments und des Rates über Insider-Geschäfte und Marktmanipulation (Marktmissbrauch) vom 28.01.2003 (Marktmissbrauchsrichtlinie 2003); und demzufolge auch zu § 14 WpHG: *Klöhn*, in: Hirte/Möllers, Kölner Kommentar zum WpHG, 2. Auflage 2014, § 14 Rn. 213; *Mennicke*, in: Fuchs, WpHG, 2. Auflage 2016, § 14 Rn. 54, 65 ff., 73; *Schäfer*, in: Schäfer/Hamann, Kapitalmarktgesetze , Stand: 1/13, § 14 WpHG Rn. 7; *Schwark/Kruse*, in: Schwark/Zimmer, Kapitalmarktrechts-Kommentar, 4. Auflage 2010, § 14 WpHG Rn. 23.

932 EuGH NZG 2010, 107, Rz. 60.

933 So auch schon *Assmann*, in: Assmann/Schneider, Wertpapierhandelsgesetz, 6. Auflage 2012, § 14 Rn. 31, 35, 45, 47; *Brandi/Süßmann*, AG 2004, 642, 644; *Cahn*, Der Konzern 2005, 5, 9; *Hammen*, WM 2004, 1753, 1754; *Hilgendorf*, in: Park, Kapitalmarktstrafrecht, 3. Auflage 2013, § 14 WpHG Rn. 150; *Hopt*, ZGR 2002, 333, 356; *Kiesewetter/Parmentier*, BB 2013, 2371, 2373; *Krause*, CCZ 2014, 248, 252; *Viciano-Gofferje/Cascante*, NZG 2012, 968, 975.

934 *Krause*, CCZ 2014, 248, 253; *Seibt/Wollenschläger*, AG 2014, 593, 597; *Veil*, ZBB 2014, 85, 92.

weitergehenden Hinweis.[935] Es ist davon auszugehen, dass der Gesetzgeber den Tatbestand weit fassen wollte, um ungewünschte Handelsstrategien zu erfassen.[936] Darunter fallen wohl zumindest Geschäfte, die durch einen rechtswidrigen Zustand oder eine rechtswidrige Handlung ausgelöst werden beziehungsweise auf diesen beruhen oder einen rechtswidrigen Zustand herbeiführen beziehungsweise verstärken.

Hinzu kommen muss aber eine subjektive Komponente. Erforderlich ist demnach, das derjenige, der das Insidergeschäft vornimmt, wusste oder zumindest wissen musste, dass sich hinter dem Geschäft oder der Handlung ein rechtswidriger Grund verbirgt. Eine subjektive Komponente ist schon deshalb notwendig, weil bei einem Verstoß gegen das Insiderhandelsverbot mit strafrechtlichen Konsequenzen zu rechnen ist. Eine subjektive Voraussetzung ist aber auch aus Gründen der Rechtssicherheit notwendig. Um sich auf die Ausnahmetatbestände der legitimen Handlungen verlassen zu können, ist es notwendig, dass diese nicht ohne Kenntnis des Betroffenen unterlaufen werden können.

b) Widerlegung der Nutzungsvermutung entsprechend den Grundsätzen der Spector-Entscheidung

In der Literatur wird die Frage aufgeworfen, ob auch die im Spector-Urteil genannten Grundsätze, nach denen die Vermutung der Nutzung der Insiderinformation widerlegt werden kann, neben den neuen Regelungen der legitimen Handlungen nach Art. 9 MAR weitergelten. Art. 9 MAR enthält einen Teil der im Urteil aufgezählten Einzelsituationen[937] und geht mit der Aufzählung weiterer Konstellationen, in denen eine Nutzung der Insiderinformationen nicht anzunehmen ist, sogar über die Urteilsbegründung hinaus.

Daneben enthält das Urteil aber auch die allgemeine Aussage, dass die Frage der Nutzung der Insiderinformation *„im Lichte der Zielsetzung der Richtlinie zu beurteilen ist, die darin besteht, die Integrität der Finanzmärkte zu schützen und das Vertrauen der Investoren zu stärken, das insbesondere auf der Gewissheit beruht, dass sie einander gleichgestellt und gegen die unrechtmäßige Verwendung einer Insiderinformation geschützt sind“*.[938] Nur soweit die Nutzung dieser Zielsetzung widerspreche soll nach Ansicht des Gerichtes ein verbotenes Insidergeschäft vorliegen.[939] Auch bedürfen

935 Verordnung (EU) Nr. 596/2014 vom 16.4.2014 (MAR), dort Erwägungsgrund 31 a.E.

936 Zunächst enthielt die Rückausnahme noch die Formulierung „an illegitmate reason behind these transactions or orders to trade“, vgl. noch Kompromissvorschlag des Rates 15707/12 vom 31.10.2012. Dieser Vorschlag wurde noch im Rahmen des Gesetzgebungsverfahrens um die allgemeine Alternative der Handlungen erweitert: „illegitimate reason behind these transactions, orders to trade or behaviours“, vgl. so erstmals Vorschlag des Rates 15416/12 vom 20.11.2012.

937 EuGH NZG 2010, 107, Rz. 58–60.

938 EuGH NZG 2010, 107, Rz. 61.

939 EuGH NZG 2010, 107, Rz. 61.

bestimmte Situationen einer Prüfung der tatsächlichen Umstände, um zu klären, ob es tatsächlich zur Nutzung der erlangten Insiderinformationen gekommen ist.[940]

Entsprechend der geltenden Konzeption des europäischen Insiderrechts sollen Informationshändler geschützt werden,[941] weshalb immer dann ein Verstoß gegen die Zielsetzung des Gesetzes vorliegt, „*wenn das Geschäft die Anreize von Informationshändlern senkt, sich am Kapitalmarkt zu betätigen*".[942] Kann dies verneint werden, so kann eine Ausnahme von der Nutzungsvermutung gemacht werden.[943]

Nach neuer Rechtslage stellt sich allerdings die Frage, ob Art. 9 MAR eine abschließende Regelung bezüglich legitimer Geschäfte enthält oder ob auch in Zukunft eine Auslegung anhand der Zielsetzung des Gesetzes erfolgen kann. Die wohl herrschende Meinung erachtet Art. 9 MAR nicht als abschließend[944] und hält die Möglichkeit der Auslegung auch in der Zukunft für möglich. Ohne auf eine bestimmte Situation einzugehen, heißt es in den Erwägungsgründen, dass die Vermutung der Nutzung von Insiderinformationen mögliche Verteidigungsrechte unberührt lässt. Ob ein verbotenes Insidergeschäft vorliegt, sei am Zweck der Verordnung zu messen.[945] Das bedeutet, dass der Gesetzgeber den Ausnahmenkatalog gemäß Art. 9 MAR nicht als abschließende Regelung gestalten wollte.

c) Fortgeltung sonstiger anerkannter Ausnahmen vom Insiderhandelsverbot

Neben den nunmehr in Art. 9 MAR niedergelegten Situationen haben sich in Rechtsprechung und Literatur über die Jahre weitere Fallgruppen herausgebildet, die von einem Insiderhandelsverbot ausgenommen sein sollen. Die Marktmissbrauchsrichtlinie 2003 äußert sich zu keiner dieser Fallgruppen und der Emittentenleitfaden der BaFin lediglich zu der Konstellation eines außerbörslichen Paketerwerbs von Aktien nach Durchführung einer Due Diligence Prüfung.

aa) Masterplan-Ausnahme

Weder die Marktmissbrauchsverordnung noch die frühere Marktmissbrauchsrichtlinie 2003 enthalten eine Masterplan-Ausnahme, wie sie von der überwiegenden

---

940 EuGH NZG 2010, 107, Rz. 55.

941 *Klöhn*, in: Langenbucher, Europäisches Privat- und Wirtschaftsrecht, 3. Auflage 2013, § 6 Rn. 82.

942 So zu § 14 WpHG: *Klöhn*, in: Hirte/Möllers, Kölner Kommentar zum WpHG, 2. Auflage 2014, § 14 Rn. 157. Diese Wertung gilt allerdings auch für die europäische Verordnung fort.

943 *Klöhn*, in: Hirte/Möllers, Kölner Kommentar zum WpHG, 2. Auflage 2014, § 14 Rn. 158.

944 So beispielsweise *Krause*, CCZ 2014, 248, 253; *Seibt/Wollenschläger*, AG 2014, 593, 598; *Veil*, ZBB 2014, 85, 91.

945 Erwägungsgrund Nr. 24 Verordnung (EU) Nr. 596/2014 vom 16.4.2014 (MAR).

Literatur zum bisherigen Insiderrecht befürwortet wird.[946] Eine Masterplan-Ausnahme ist auch verschiedentlich in anderen Rechtsordnungen im Rahmen des Insiderhandelsrechts anerkannt.[947]

Ein entsprechender Master-Plan kann beispielsweise einem Beteiligungserwerb oder einem sukzessiven Beteiligungsaufbau oder Beteiligungsabbau zugrunde liegen.[948] Üblicherweise gehen M&A-Transaktionen Due Diligence-Prüfungen über den rechtlichen, steuerlichen und wirtschaftlichen Zustand des Unternehmens voraus. Dadurch erhalten die Beteiligten häufig Zugang zu Insiderinformationen.[949] Der Masterplan-Ausnahme folgend werden Insiderinformationen allerdings nicht genutzt, wenn bereits vor Erlangung der Insiderinformation ein Plan oder Entschluss gefasst wurde, die Finanzinstrumente, auf die sich die Insiderinformation beziehen, zu erwerben oder zu veräußern.[950] Insoweit fehlt es also schon an einem kausalen Zusammenhang zwischen der Insiderinformation und dem Entschluss das Geschäft zu tätigen.[951] Allerdings ist es in der Literatur umstritten, ob den

---

946 Vgl. zur Masterplan-Ausnahme im Rahmen des § 14 WpHG: *Assmann*, in: Assmann/Schneider, Wertpapierhandelsgesetz, 6. Auflage 2012, § 14 Rn. 35, 45, 46 zum sukzessiven Beteiligungsaufbau Rn. 47 zum Paketerwerb; *Bank*, NZG 2012, 1337, 1340 f.; *Brandi/Süßmann*, AG 2004, 642, 644 f.; *Bussian*, WM 2011, 8, 12; *Cahn*, Der Konzern 2005, 5, 10; *Cascante/Bingel*, AG 2009, 894, 900; *Cascante/Bingel*, NZG 2010, 161, 163; *Flick/Lorenz*, RIW 2010, 381, 384; *Fromm-Russenschuck/Banerjea*, BB 2004, 2425, 2427 f.; *Hammen*, WM 2004, 1753, 1754; *Hasselbach*, NZG 2004, 1087, 1091; *Hilgendorf*, in: Park, Kapitalmarktstrafrecht, 3. Auflage 2013, § 14 WpHG Rn. 148, 152; *Hopt*, in: Schimansky/Bunte/Lwowski, Bankrechts-Handbuch, 4. Auflage 2011, § 107 Rn. 43; *Klöhn*, in: Hirte/Möllers, Kölner Kommentar zum WpHG, 2. Auflage 2014, § 14 Rn. 196; *Lenenbach*, Kapitalmarktrecht, 2. Auflage 2010 Rn. 13.142; *Mennicke*, in: Fuchs, WpHG, 2. Auflage 2016, § 14 Rn. 75; *Nikoleyczik/Gubitz*, GWR 2010, 159, 161; *Schwark/Kruse*, in: Schwark/Zimmer, Kapitalmarktrechts-Kommentar, 4. Auflage 2010, § 14 WpHG Rn. 24; *Sethe*, in: Assmann/Schütze, Handbuch des Kapitalanlagerechts, 4. Auflage 2015, § 8 Rn. 102 f.; *Veil*, Europäisches Kapitalmarktrecht, 2. Auflage 2014, § 13 Rn. 93; *Viciano-Gofferje/Cascante*, NZG 2012, 968, 976; *Widder*, BB 2010, 515; *Ziemons*, NZG 2004, 537, 540 f.

947 So beispielsweise in den USA: Rule 10b5-1 (c)(i)(A)(3) sowie Section 10C Securities Markets Act 1988 in Neuseeland.

948 Vgl. *Assmann*, in: Assmann/Schneider, Wertpapierhandelsgesetz, 6. Auflage 2012, § 14 Rn. 46, 47; *Cascante/Bingel*, AG 2009, 894, 900; *Klöhn*, ECFR 2010, 347, 360; *Cascante/Bingel*, NZG 2010, 161, 163 f.; *Mennicke*, in: Fuchs, WpHG, 2. Auflage 2016, § 14 Rn. 79 ff.; *Nikoleyczik/Gubitz*, GWR 2010, 159, 161; *Sethe*, in: Assmann/Schütze, Handbuch des Kapitalanlagerechts, 4. Auflage 2015, § 8 Rn. 102 f.; *Viciano-Gofferje/Cascante*, NZG 2012, 968, 977.

949 Vgl. *Hasselbach*, NZG 2004, 1087.

950 *Assmann*, in: Assmann/Schneider, Wertpapierhandelsgesetz, 6. Auflage 2012, § 14 Rn. 35; *Mennicke*, in: Fuchs, WpHG, 2. Auflage 2016, § 14 Rn. 75; *Veil*, ZBB 2014, 85, 91.

951 Vgl. *Bank*, NZG 2012, 1337, 1340; *Mennicke*, in: Fuchs, WpHG, 2. Auflage 2016, § 14 Rn. 75; *Sethe*, in: Assmann/Schütze, Handbuch des Kapitalanlagerechts, 4. Auflage 2015, § 8 Rn. 102; *Viciano-Gofferje/Cascante*, NZG 2012, 968, 977.

Entscheidungsträgern im Rahmen des Gesamtplans ein Ermessensspielraum eingeräumt werden kann.[952] Konsequenterweise muss ein solcher Ermessensspielraum verneint werden.[953] Nur dann ist sichergestellt, dass die Insiderinformation nicht in die Transaktionsentscheidung eingeflossen ist. Anderenfalls besteht die Gefahr, dass das Ermessen in Kenntnis und unter Nutzung der Insiderinformation ausgeübt wird. Um von der Master-Plan-Ausnahme profitieren zu können, darf von dem gefassten Plan nicht abgewichen werden.[954] Erhält der Insider allerdings Kenntnis von negativen Insiderinformationen und entschließt sich aus diesem Grund den geplanten Erwerb gänzlich zu unterlassen, so war dies nach bisheriger Rechtslage unproblematisch möglich.[955] Dies gilt auch nach der Marktmissbrauchsverordnung, da auch hier nur ein aktives Tun vom Insiderhandelsverbot erfasst wird. Allerdings kann eine derartige Abweichung vom gefassten Plan durch Unterlassen des Geschäftes die Ernsthaftigkeit des Plans für die Zukunft in Frage stellen.

Ein Teil der Literatur widersetzt sich jedoch der ganz überwiegenden Meinung zur Anerkennung der Masterplan-Ausnahme mit der Argumentation, dass die Insiderinformation dennoch einfließe, wenngleich nur als Bestärkung des zuvor gefassten Plans.[956] Auch bestünde die Gefahr, dass die Masterplan-Ausnahme in der

---

952 Nach *Hopt*, in: Schimansky/Bunte/Lwowski, Bankrechts-Handbuch, 4. Auflage 2011, § 107 Rn. 43, kann der Master-Plan einen Änderungsvorbehalt beinhalten.

953 So auch *Bank*, NZG 2012, 1337, 1342; *Hilgendorf*, in: Park, Kapitalmarktstrafrecht, 3. Auflage 2013, § 14 WpHG Rn. 152, wonach die Konditionen des Geschäfts vor Bekanntwerden festgelegt wurden; *Klöhn*, in: Hirte/Möllers, Kölner Kommentar zum WpHG, 2. Auflage 2014, § 14 Rn. 197; *Schwark/Kruse*, in: Schwark/Zimmer, Kapitalmarktrechts-Kommentar, 4. Auflage 2010, § 14 WpHG Rn. 24; eine unveränderte Umsetzung fordern auch: *Widder*, BB 2010, 515; *Bussian*, WM 2011, 8, 13.

954 *Hilgendorf*, in: Park, Kapitalmarktstrafrecht, 3. Auflage 2013, § 14 WpHG Rn. 152; *Klöhn*, in: Hirte/Möllers, Kölner Kommentar zum WpHG, 2. Auflage 2014, § 14 Rn. 197; *Klöhn*, in: Langenbucher, Europäisches Privat- und Wirtschaftsrecht, 3. Auflage 2013, § 6 Rn. 105; so auch schon *Brandi/Süßmann*, AG 2004, 642, 646; anders *Hasselbach*, NZG 2004, 1087, 1091 f., wonach eine Anpassung des Kaufpreises nach der Due Diligence möglich sein soll und durch die Insiderinformation lediglich keine wesentliche Abweichung herbeigeführt werden darf.

955 So unter anderem *Mennicke*, in: Fuchs, WpHG, 2. Auflage 2016, § 14 Rn. 76.

956 So unter anderem. *Nietsch*, ZHR 2010, 556, 582; *Wackebarth*, in: Goette/Habersack, Münchner Kommentar zum Aktiengesetz, 4. Auflage 2014, § 3 WpÜG Rn. 37; problematisiert auch bei *Merkner/Sustmann*, NZG 2005, 729, 732; *Bussian*, WM 2011, 8, 13; a.A.: entsprechend dem überwiegenden Teil der Literatur ist eine Bestärkung der zuvor gefassten Entscheidung unproblematisch: *Assmann*, in: Assmann/Schneider, Wertpapierhandelsgesetz, 6. Auflage 2012, § 14 Rn. 45; *Hasselbach*, NZG 2004, 1087, 1091; *Mennicke*, in: Fuchs, WpHG, 2. Auflage 2016, § 14 Rn. 75; *Veil*, Europäisches Kapitalmarktrecht, 2. Auflage 2014, § 13 Rn. 93; *Viciano-Gofferje/Cascante*, NZG 2012, 968, 977.

Praxis lediglich als Schutzbehauptung angeführt wird.[957] Der Nachweis der Ernsthaftigkeit des Plans ist tatsächlich schwierig zu führen.

Der EuGH hat sich in der Spector-Entscheidung zwar nicht explizit zur Masterplan-Ausnahme geäußert, jedoch hervorgehoben, dass die Insiderinformation ein integraler Bestandteil des Entscheidungsprozesses geworden sein muss.[958] Die Insiderinformation wird allerdings dann kein integraler Bestandteil des Entscheidungsprozesses, wenn die Entscheidung zu der Transaktion bereits im Vorfeld gefasst wurde.[959] Bestimmte Situationen bedürfen nach Ansicht des EuGH, trotz der Nutzungsvermutung, einer Überprüfung der tatsächlichen Umstände, um zu klären, ob es tatsächlich zur Nutzung der erlangten Insiderinformationen gekommen ist.[960] Anzuführen sind an dieser Stelle auch die Schlussanträge der Generalanwältin, die im Zusammenhang mit der Ausnahme für Erfüllungsgeschäfte stehen. Sie argumentiert, dass Insiderinformationen, die erst später hinzutreten, dann nicht mehr in das Handeln einfließen, wenn das Ob und das Wie des Handelns von vornherein feststehen und keinen Spielraum zulassen.[961]

Zwar enthält die Marktmissbrauchsverordnung keine explizite Legitimierung des Handelns aufgrund eines Master-Plans, allerdings lässt sich Erwägungsgrund Nr. 31 die Intention des Gesetzgebers entnehmen, die Masterplan-Ausnahme anzuerkennen.[962] So heißt es, *„Handlungen auf der Grundlage eigener Pläne und Handelsstrategien des Marktteilnehmers sollten nicht als Nutzung von Insiderinformation gelten“*. Im Gegensatz zu dem vorhergehenden Satz in Erwägungsgrund Nr. 31, in dem es darum geht, ob die Erwerbsentscheidung des Anlegers als Insiderinformation zu bewerten ist, spricht diese Formulierung dafür, dass nicht die Pläne und Handelsstrategien die Insiderinformationen darstellen. Vielmehr ist der Anleger in Besitz von sonstigen Insiderinformationen und tätigt aufgrund des Plans oder der Handelsstrategie dennoch kein verbotenes Insidergeschäft.

Auch im Rahmen des Beteiligungsaufbaus kann die Masterplan-Ausnahme trotz Art. 9 Abs. 4 S. 2 MAR weiterhin herangezogen werden. Art. 9 Abs. 4 S. 1 MAR legitimiert die Nutzung von Insiderinformationen in Einzelfällen wohingegen nach der Masterplan-Ausnahme die Insiderinformation gar nicht erst genutzt wurde. Art. 9 Abs. 4 S. 2 MAR bezieht sich auf S. 1 und damit nur auf eine legitime Nutzung der Informationen. Insiderinformationen, die im Zuge der Übernahme oder des Unternehmenszusammenschlusses auf der Grundlage eines öffentlichen Angebots erlangt wurden, dürfen zur Weiterführung dieser Vorhaben gemäß Art. 9 Abs. 4 S. 1 MAR

957 *Wackebarth*, in: Goette/Habersack, Münchner Kommentar zum Aktiengesetz, 4. Auflage 2014, § 3 WpÜG Rn. 37; *Widder*, BB 2010, 515, 516.

958 EuGH NZG 2010, 107, Rz. 36.

959 So auch *Cascante/Bingel*, NZG 2010, 161, 163; *Nikoleyczik/Gubitz*, GWR 2010, 159, 161; *Widder*, BB 2010, 515, 517; *Widder/Bedkowski*, GWR 2010, 35.

960 EuGH NZG 2010, 107, Rz. 55.

961 Schlussanträge (EuGH) der Generalanwältin Juliane Kokott vom 10.09.2009, BeckRS 2009, 70983, Rz. 51.

962 So wohl auch *Veil*, ZBB 2014, 85, 91.

ausnahmsweise genutzt werden.[963] Gemäß Art. 9 Abs. 4 S. 2 iVm S. 1 MAR darf die Insiderinformation hingegen im Rahmen des Beteiligungsaufbaus nicht zur Weiterführung des Stake-Building verwendet werden. Die Möglichkeit des Nachweises, dass die Insiderinformationen tatsächlich nicht verwendet wurden, wird dadurch allerdings nicht entzogen und muss weiterhin möglich sein. Damit kann auch die Masterplan-Ausnahme herangezogen werden, deren Grundgedanke es ist, dass keine Nutzung der Insiderinformation erfolgte. Die Insiderinformation wurde also auch nicht integrativer Bestandteil der weiteren Erwerbsentscheidung und des Erwerbsangebots. Art. 9 Abs. 4 S. 2 MAR sperrt die Masterplan-Ausnahme damit nicht.

Die Masterplan-Ausnahme gilt somit umfassend auch nach dem neuen Insiderrecht.[964] Um den Vorwurf einer bloßen Schutzbehauptung zu entkräften und den Masterplan im Zweifel nachweisen zu können, sollte eine entsprechend ausführliche und präzise Dokumentation des Plans erfolgen.[965] Für einmalige Transaktionen, vor allem im Rahmen von M&A-Geschäften, sollten die Eckpunkte der Transaktion, vor allem Anzahl und Preis der zu erwerbenden Finanzinstrumente, so genau wie möglich in den Beschlüssen der Geschäftsleitung oder der zuständigen Stellen schriftlich fixiert werden.[966] Dies ist von besonderer Bedeutung für die Fälle des sukzessiven Beteiligungsaufbaus. Der Plan muss vor dem Beginn des Beteiligungsaufbaus und vor Erlangung der Insiderinformation[967] gefasst werden und so konkret sein, dass der Anschein eines Ermessensspielraums im Rahmen der Umsetzung nicht erweckt wird.[968] Von dem gefassten Plan darf im Rahmen der Umsetzung nicht abgewichen werden.

Auch der Erwerb von Anteilen über die Börse, parallel zu der Durchführung einer M&A-Transaktion (sog. *alongside purchase*), kann zulässig sein, soweit dies

963 Zu diesem Ergebnis kommt auch *Widder,* BB 2010, 515, 517 im Zusammenhang mit der Auslegung der Spector Photo Group-Entscheidung.

964 So auch *Krause,* CCZ 2014, 248, 252 f.; *Seibt/Wollenschläger,* AG 2014, 593, 598 *Viciano-Gofferje/Cascante,* NZG 2012, 968, 977; *Veil,* ZBB 2014, 85, 91; a.A. *Bachmann,* Das Europäische Insiderhandelsverbot 2015, S. 59.

965 Vgl. *Assmann,* in: Assmann/Schneider, Wertpapierhandelsgesetz, 6. Auflage 2012, § 14 Rn. 41; *Bank,* NZG 2012, 1337, 1342; *Bussian,* WM 2011, 8, 12 f.; *Cascante/Bingel,* AG 2009, 894, 900; *Cascante/Bingel,* NZG 2010, 161, 163; *Klöhn,* in: Hirte/Möllers, Kölner Kommentar zum WpHG, 2. Auflage 2014, § 14 Rn. 197; *Klöhn,* in: Langenbucher, Europäisches Privat- und Wirtschaftsrecht, 3. Auflage 2013, § 6 Rn. 105; *Nikoleyczik/Gubitz,* GWR 2010, 159, 161; *Viciano-Gofferje/Cascante,* NZG 2012, 968, 977; *Voß,* BB 2010, 333; *Widder,* BB 2010, 515, 516; allgemein zur Dokumentation der Motive und Erwägungen, um die Kausalität einer möglichen Insiderinformation zu widerlegen *Mennicke,* in: Fuchs, WpHG, 2. Auflage 2016, § 14 Rn. 58.

966 *Bank,* NZG 2012, 1337, 1342.

967 Nach *Cascante/Bingel,* NZG 2010, 161, 163, reicht der Entwurf eines Planes zu einem frühen Zeitpunkt. Diese Formulierung führt allerdings zu Rechtsunsicherheiten, da nicht klar ist, was ein früher Zeitpunkt ist.

968 Ähnlich *Cascante/Bingel,* NZG 2010, 161, 163.

explizit geplant war[969] und konsequenterweise unabhängig von den Erkenntnissen der Due Diligence erfolgte.[970]

bb) *Face-to-Face Geschäfte*

Als *Face-to-Face-Geschäfte* werden solche außerbörslichen Transaktionen bezeichnet, bei denen oftmals Aktienpakete erworben werden und sowohl der Erwerber als auch der Veräußerer den gleichen Kenntnisstand haben, also beide über die in Frage stehende Insiderinformation verfügen.[971] In anderen Rechtsordnungen ist eine entsprechende Ausnahme sogar teilweise im Gesetz enthalten. So sind im Securities Markets Act von Neuseeland Face-to-Face-Geschäfte als *affirmative defence* im Gesetz normiert.[972] Die Verordnung enthält keine entsprechende Ausnahme.[973] Allerdings waren diese Geschäfte in der Literatur zum nationalen und europäischen Insiderrecht auch bisher anerkannt.[974]

---

969 So *Schäfer*, in: Schäfer/Hamann, Kapitalmarktgesetze , Stand: 1/13, § 14 WpHG Rn. 69; *Widder*, BB 2010, 515; gemäß *Mennicke*, in: Fuchs, WpHG, 2. Auflage 2016, § 14 Rn. 78 seien alongside purchases dann zulässig, wenn durch den Erwerb eine Beteiligungsquote erreicht wird, die dem Paketkauf dient und dieser Plan vorab dokumentiert wurde; nach *Brandi/Süßmann*, AG 2004, 642, 646 sind alongside purchases hingegen immer möglich; a.A. soweit die alongside-Käufe aufgrund der Insiderinformation erfolgen, keine Zulässigkeit: *Assmann*, in: Assmann/Schneider, Wertpapierhandelsgesetz, 6. Auflage 2012, § 14 Rn. 45; *Fromm-Russenschuck/Banerjea*, BB 2004, 2425, 2427; *Hasselbach*, NZG 2004, 1087, 1091; *Hilgendorf*, in: Park, Kapitalmarktstrafrecht, 3. Auflage 2013, § 14 WpHG Rn. 148, 154; *Hopt*, in: Schimansky/Bunte/Lwowski, Bankrechts-Handbuch, 4. Auflage 2011, § 107 Rn. 43; *Klöhn*, in: Hirte/Möllers, Kölner Kommentar zum WpHG, 2. Auflage 2014, § 14 Rn. 200; *Veil*, Europäisches Kapitalmarktrecht, 2. Auflage 2014, § 13 Rn. 92.

970 Vgl. dazu *Hopt*, ZGR 2002, 333, 358 f.; inwieweit in einer solchen Situation tatsächlich noch von einem alongside purchase gesprochen wird, sei dahin gestellt.

971 Vgl. zum Begriff *Klöhn*, in: Hirte/Möllers, Kölner Kommentar zum WpHG, 2. Auflage 2014, § 14 Rn. 190 f.

972 Section 10B Securities Markets Act 1988.

973 *Teigelack*, BB 2012, 1361, 1363; *Viciano-Gofferje/Cascante*, NZG 2012, 968, 975.

974 So bisher zu § 14 WpHG: *Assmann*, in: Assmann/Schneider, Wertpapierhandelsgesetz, 6. Auflage 2012, § 14 Rn. 28, 42 f.; *Bank*, NZG 2012, 1337, 1339; *Brandi/Süßmann*, AG 2004, 642, 645; *Bröcker*, in: Claussen, Bank- und Börsenrecht, 5. Auflage 2014, § 6 Rn. 132; *Cahn*, Der Konzern 2005, 5, 11; *Cascante/Bingel*, AG 2009, 894, 900; *Bussian*, WM 2011, 8, 11; *Cascante/Bingel*, NZG 2010, 161, 163; *Flick/Lorenz*, RIW 2010, 381, 384; *Frisch*, in: Derleder/Knops/Bamberger, Handbuch zum deutschen und europäischen Bankrecht, 2. Auflage 2009, § 52 Rn. 63; *Fromm-Russenschuck/Banerjea*, BB 2004, 2425, 2427 f.; *Hansen*, ECL 2010, 98, 104; *Hilgendorf*, in: Park, Kapitalmarktstrafrecht, 3. Auflage 2013, § 14 WpHG Rn. 149; *Hopt*, in: Schimansky/Bunte/Lwowski, Bankrechts-Handbuch, 4. Auflage 2011, § 107 Rn. 37; *Kiesewetter/Parmentier*, BB 2013, 2371, 2373 f.; *Klöhn*, ECFR 2010, 347, 360; *Koch*, DB 2005, 267, 269; *Mennicke*, in: Fuchs, WpHG, 2. Auflage 2016, § 14

Auch der EuGH nahm Face-to-Face-Geschäfte in der Georgakis-Entscheidung vom Insiderhandelsverbot aus.[975] Im Lichte des Zwecks des Insiderhandelsverbots handelt es sich nicht um ein unrechtmäßiges Insidergeschäft, da keine Informationsasymmetrie vorliegt und damit auch kein Sondervorteil für einen der Vertragspartner besteht.[976] Zwar ist die Insiderinformation möglicherweise kausal für den Abschluss des Geschäfts, allerdings fließt die Insiderinformation mit in die Preisbildung ein und bietet den Parteien damit keinen besonderen Handelsanreiz für das Geschäft. Da entsprechende Geschäfte zumeist bilateral und nicht über die Börse abgeschlossen werden, fließt die Insiderinformation auch nicht in den Börsenpreis ein.[977] Diese Erwägungen gelten auch für die Marktmissbrauchsverordnung fort, weshalb auch in Zukunft Face-to-Face-Geschäfte nicht vom Insiderverbot erfasst werden.[978] Die Rechtsprechung des EuGH in der Sache Georgakis gilt auch für das neue Insiderhandelsrecht.

Rn. 60 f.; *Nietsch*, ZHR 2010, 556, 586; *Nikoleyczik/Gubitz*, GWR 2010, 159, 160; *Rothenhöfer*, in: Kümpel/Wittig, Bank- und Kapitalmarktrecht, 4. Auflage 2011, 3. Teil Rn. 3.534; *Schäfer*, in: Schäfer/Hamann, Kapitalmarktgesetze , Stand: 1/13, § 14 WpHG Rn. 9; *Schwark/Kruse*, in: Schwark/Zimmer, Kapitalmarktrechts-Kommentar, 4. Auflage 2010, § 14 WpHG Rn. 25; *Seibt/Wollenschläger*, AG 2014, 593, 598; *Sethe*, in: Assmann/Schütze, Handbuch des Kapitalanlagerechts, 4. Auflage 2015, § 8 Rn. 98; *Veil*, Europäisches Kapitalmarktrecht, 2. Auflage 2014, § 13 Rn. 94; *Viciano-Gofferje/Cascante*, NZG 2012, 968, 975 f.; *Voß*, BB 2010, 333; *Widder*, BB 2010, 515, 51. Anders aber der bisherige Emittentenleitfaden der BaFin, indem diese Ausnahme von face-to-face-Geschäften mit einem vorher gefassten Masterplan verbunden werden (*BaFin*, Emittentenleitfaden der Bundesanstalt für Finanzdienstleistungsaufsicht, 4. Auflage, Stand: 22.07.2013, S. 38); diese Vermengung erkennt auch *Bank*, NZG 2012, 1337, 1339.

975 EuGH EuZW 2007, 572, Rz. 39 (Georgakis); in diese Richtung auch EuGH NZG 2010, 107, Rz. 48 (Spector Photo Group).

976 So zu Art. 2 MAD 2003: *Koch*, in: Sieber/Satzger/Heintschel-Heinegg, Europäisches Strafrecht, 2. Auflage 2014, § 17 Insidergeschäfte und Marktmanipulation Rn. 25; sowie zu § 14 WpHG: *Assmann*, in: Assmann/Schneider, Wertpapierhandelsgesetz, 6. Auflage 2012, § 14 Rn. 28; *Bank*, NZG 2012, 1337, 1339; EuGH EuZW 2007, 572, Rz. 38; so auch *Klöhn*, ECFR 2010, 347, 361 f.; ähnlich *Mennicke*, in: Fuchs, WpHG, 2. Auflage 2016, § 14 Rn. 61; *Schwark/Kruse*, in: Schwark/Zimmer, Kapitalmarktrechts-Kommentar, 4. Auflage 2010, § 14 WpHG Rn. 25; nach Ansicht von *Klöhn*, in: Langenbucher, Europäisches Privat- und Wirtschaftsrecht, 3. Auflage 2013, § 6 Rn. 103 kommt es nicht darauf an, ob eine Informationsasymmetrie vorliegt und damit auch nicht auf die Frage, ob beide Parteien Kenntnis von der Insiderinformation haben. Eine Ausnahme vom Insiderhandelsverbot sei schon deshalb gerechtfertigt, weil dem Vertragspartner Ansprüche aus allgemeinem Vertragsrecht zustünden.

977 *Klöhn*, in: Hirte/Möllers, Kölner Kommentar zum WpHG, 2. Auflage 2014, § 14 Rn. 170, Fn. 306.

978 So auch *Viciano-Gofferje/Cascante*, NZG 2012, 968, 976.

Entsprechend dieser Argumentation, sind auch Face-to-Face-Geschäfte im Rahmen eines Beteiligungsaufbaus nach Art. 3 Abs. 1 Nr. 31 MAR möglich.[979] Durch Art. 9 Abs. 4 S. 2 MAR wird die Möglichkeit der Berufung auf die Face-to-Face-Ausnahme nicht entzogen. Art. 9 Abs. 4 S. 2 iVm S. 1 MAR bezieht sich auf Fälle, bei denen die Gegenpartei nicht von Beginn des Angebotsprozesses Kenntnis von der Insiderinformation hatte. Bei Face-to-Face-Geschäften befinden sich beide Parteien während der Vertragsverhandlungen auf dem gleichen Kenntnisstand in Bezug auf die Insiderinformation, weshalb kein Vorteil für einen Vertragspartner besteht. Im Zuge von öffentlichen Übernahmen und Unternehmenszusammenschlüssen wird eine gewisse Informationsasymmetrie hingegen hingenommen. Eine solche Informationsasymmetrie soll beim Aufbau von Beteiligungen nach Art. 9 Abs. 4 S. 2 MAR nicht zulässig sein, was im Rahmen von Face-to-Face-Geschäften auch tatsächlich nicht der Fall ist.

cc) Handeln ohne wirtschaftlichen Sondervorteil entgegen der prognostizierten Kursbewegung

In Literatur und Praxis[980] war bisher auch überwiegend anerkannt, ein Handeln ohne wirtschaftlichen Sondervorteil beziehungsweise entgegen der prognostizierten Kursbewegung vom Verbot des Insiderhandels auszunehmen.[981] Das bedeutet, dass Finanzinstrumente nach Erhalt einer positiven Insiderinformation nicht gekauft, sondern verkauft werden und nach Kenntniserlangung einer negativen Insiderinformation gekauft, anstatt verkauft werden. Der Insider nutzt dabei die Insiderinformation nicht in der Weise, dass er anderen Anlegern gegenüber einen Vorteil hätte. Auch nach der neuen Marktmissbrauchsverordnung ist es Sinn und Zweck des Insiderhandelsverbots, Geschäfte zu verbieten, durch die der Besitzer einer Insiderinformation aufgrund seines Informationsvorsprungs einen ungerechtfertigten Vorteil gegenüber Dritten erzielt.[982] Gemessen am gesetzlichen Zweck des Verbots von Insidergeschäften sind Geschäfte entgegen der prognostizierten Kursbewegung damit auch nach der MAR vom Insiderhandelsverbot ausgenommen.[983]

Diese Ausnahme ist im Lichte der Rechtsprechung des EuGH in der Sache Lafonta/AMF zu überdenken. Nach Ansicht des EuGH ist es für die Frage der Präzision

979 Für die Fortgeltung der Ausnahme von face-to-face-Geschäften im Rahmen des Beteiligungsaufbaus auch: *Kiesewetter/Parmentier*, BB 2013, 2371, 2374.

980 *Bachmann*, Das Europäische Insiderhandelsverbot 2015, S. 54; *Bussian*, WM 2011, 8, 11; *Hopt*, in: Schimansky/Bunte/Lwowski, Bankrechts-Handbuch, 4. Auflage 2011, § 107 Rn. 37; *Klöhn*, in: Hirte/Möllers, Kölner Kommentar zum WpHG, 2. Auflage 2014, § 14 Rn. 176; *Koch*, DB 2005, 267, 269; *Klöhn*, ECFR 2010, 347, 360; *Langenbucher*, CMLJ, Vol. 5 (2010), No. 4, 452, 460, 468; so auch *Koch*, in: Sieber/Satzger/Heintschel-Heinegg, Europäisches Strafrecht, 2. Auflage 2014, § 17 Insidergeschäfte und Marktmanipulation Rn. 25 zu Art. 2 MAD 2003; vgl. auch *Schlussanträge* (EuGH) der *Generalanwältin* Juliane Kokott vom 10.09.2009, BeckRS 2009, 70983, Rz. 66.

981 Kritisch *Viciano-Gofferje/Cascante*, NZG 2012, 968, 976.

982 Erwägungsgrund Nr. 23 der Verordnung (EU) Nr. 596/2014 vom 16.4.2014 (MAR).

983 So auch *Seibt/Wollenschläger*, AG 2014, 593, 598.

und Kursrelevanz der Information grundsätzlich nicht notwendig, dass die Richtung der Kursbewegung vorhersagbar ist.[984] Auch Informationen, die für den Handel in dem jeweiligen Finanzinstrument keinen Handelsanreiz bieten, können als Insiderinformationen zu qualifizieren sein. Dies kann bei reinen Volatilitätsinformationen der Fall sein, das heißt bei solchen Informationen, bei denen der Erwartungswert der künftigen Kursbewegung unerheblich oder Null ist. Durch den Handel mit den meisten Finanzinstrumenten kann aus dieser Informationen kein Vorteil gezogen werden und ein Verstoß gegen das Insiderhandelsverbot scheidet aus. Allerdings gibt es auch Finanzinstrumente, die von einer reinen Steigerung der Volatilität profitieren können, so beispielsweise Optionen oder Optionskombinationen wie Straddles. In diesen Fällen kann mit der Argumentation, man handele entgegen der prognostizierten Kursbewegung, die Nutzungsvermutung nicht wiederlegt werden.

Daher kann die Ausnahme konsequenterweise nur dann angewendet werden, wenn es sich bei der Information nicht um eine reine Volatilitätsinformation handelt und der Erwartungswert der Kursänderung des gehandelten Finanzinstruments eindeutig und erheblich positiv oder negativ ist.

dd) Erfüllungsgehilfen und Warehousing

Art. 9 Abs. 5 MAR stellt klar, dass die Umsetzung der eigenen Erwerbs- und Veräußerungspläne keine Nutzung der Insiderinformation darstellt. Entsprechend dem Wortlaut der Regelung gilt dies allerdings nur für die Person, die diesen Plan gefasst hat. In der Praxis wird es allerdings häufig vorkommen, dass diese Person Dritte in ihre Transaktionspläne einbezieht und mit dem Erwerb oder der Veräußerung beauftragt.

Der Dritte kann dabei als Erfüllungsgehilfe eingesetzt werden, sodass der Erwerb im Namen derjenigen Person erfolgt, die den Plan gefasst hat. Handelt der Dritte lediglich als Gehilfe im Namen der erwerbswilligen Person, so kann dies als Erwerb dieser Person selbst betrachtet werden und damit direkt unter Art. 9 Abs. 5 MAR subsumiert werden.[985]

Davon zu unterscheiden sind Fälle des Warehousing, in denen der Dritte Finanzinstrumente im eigenen Namen erwirbt und an die erwerbswillige Person weiterleitet. Unter den Wortlaut von Art. 9 Abs. 5 MAR können diese Fälle nicht mehr subsumiert werden. Vielmehr ist hier nach Sinn und Zweck der Verordnung festzustellen, ob der Dritte, der gemeinsam mit der erwerbswilligen Person handelt, die Insiderinformation nutzt. Zwar ist die Information kausal für den Erwerb der Finanzinstrumente, allerdings wird auch hier lediglich die Erwerbsabsicht der erwerbswilligen Person zu dessen Gunsten umgesetzt. Ist dies das einzige Ziel und profitiert der Dritte nicht in besonderer Weise von dieser Information, so nutzt er seinen Informationsvorteil nicht zu seinen Gunsten am Markt aus. Profitiert lediglich diejenige Person, die den

---

984 Vgl. dazu oben D.II.2.a)aa)(4) und D.II.2.a)dd).

985 So im Ergebnis auch zum nationalen Insiderrecht gem. § 14 WpHG: *Klöhn*, in: Hirte/Möllers, Kölner Kommentar zum WpHG, 2. Auflage 2014, § 14 Rn. 214; *Meyer/Kiesewetter*, WM 2009, 340, 346.

Erwerbsplan gefasst hat, so ist diese Privilegierung aufgrund der Wertung des Art. 9 Abs. 5 MAR anzuerkennen. Das bedeutet allerdings nicht, dass der Dritte aus diesem Geschäft überhaupt keinen wirtschaftlichen Vorteil ziehen darf, sondern nur keinen Vorteil aufgrund der Insiderinformation. Unerheblich ist es daher, wenn aufgrund der Differenz zwischen dem Erwerbskurs des Finanzinstruments und dem vereinbarten Weiterreichungspreis, der eine Aufwandsentschädigung und eine marktübliche Gegenleistung für die Durchführung der Geschäfte enthalten kann, dem Dritten ein wirtschaftlicher Vorteil zuteil wird. Wird kein Weiterreichungspreis vereinbart und entspricht der Weiterreichungspreis auch nicht dem Erwerbskurs, welchen der Dritte entrichtet hatte, so kann der Dritte in erheblichem Maße von der Insiderinformation profitieren. Dies ist beispielsweise der Fall, wenn die Anteile durch Annahme eines Übernahmeangebots weitergereicht werden.[986]

Eine Ausnahme des Warehousings ist auch nach nationalem deutschem Insiderrecht im *Rahmen von Übernahmen* anerkannt.[987] Allerdings ist zum einen strittig, ob dem Dritten ein wirtschaftlicher Vorteil zukommen darf[988] und zum anderen besteht auch keine Einigkeit darüber, ob der Dritte in den Angebotsunterlagen zwingend als gemeinsam handelnde Person aufgeführt sein muss.[989]

---

986 Vgl. dazu unten E.V.6.c)aa)(2).

987 Vgl. *Assmann*, in: Assmann/Schneider, Wertpapierhandelsgesetz, 6. Auflage 2012, § 14 Rn. 147; *Brandi/Süßmann*, AG 2004, 642, 645; *Bueren/Weck*, BB 2014, 67, 70; *Cascante/Topf*, AG 2009, 53, 59; *Gimnich*, Insiderhandelsverbot und Unternehmensakquisationen 2007, S. 182; *Klöhn*, in: Hirte/Möllers, Kölner Kommentar zum WpHG, 2. Auflage 2014, § 14 Rn. 216; *Mennicke*, in: Fuchs, WpHG, 2. Auflage 2016, § 14 Rn. 99; *Schäfer*, in: Schäfer/Hamann, Kapitalmarktgesetze , Stand: 1/13, § 14 WpHG Rn. 95. Für den Sonderfall des Anschleichens an Unternehmen grundsätzliche Zulässigkeit des Warhousings auch nach *Holfter*, Öffentliche Übernahme durch Anschleichen unter besonderer Berücksichtigung der Meldepflichten nach WpHG 2012, S. 112.
Eine etwas andere Bedeutung kommt dem Begriff des „Warehousing" nach *Hopt*, ZGR 2002, 333, 339 zu, wonach Dritte von einem Bieter mit Insiderinformationen „belohnt" werden, die sie vorab nutzen können; dem folgend *Vaupel/Uhl*, WM 2003, 2126, 2129.

988 So *Mennicke*, in: Fuchs, WpHG, 2. Auflage 2016, § 14 Rn. 99, wonach es nicht darauf ankommt, ob der Dritte durch die Rückveräußerung einen wirtschaftlichen Vorteil erzielt; a.A. *Schäfer*, in: Schäfer/Hamann, Kapitalmarktgesetze , Stand: 1/13, § 14 WpHG Rn. 95; *Tippach*, Das Insider-Handelsverbot und die besonderen Rechtspflichten der Banken 1995, S. 210; einschränkend *Brandi/Süßmann*, AG 2004, 642, 645; *Bueren/Weck*, BB 2014, 67, 70; *Cascante/Topf*, AG 2009, 53, 59, wonach eine Aufwandsentschädigung und eine marktübliche Gegenleistung anzuerkennen sind, nicht aber ein höherer, später festzulegender Preis.

989 Bejahend: *Assmann*, in: Assmann/Schneider, Wertpapierhandelsgesetz, 6. Auflage 2012, § 14 Rn. 147; *Bueren/Weck*, BB 2014, 67, 70; verneinend: *Brandi/Süßmann*, AG 2004, 642, 645; *Klöhn*, in: Hirte/Möllers, Kölner Kommentar zum WpHG, 2. Auflage 2014, § 14 Rn. 216.

E. Das Insiderhandelsverbot bei Hedging-Geschäften

I. Hedging-Geschäfte im Anwendungsbereich des Insiderhandelsverbotes

Zu untersuchen ist zunächst, ob das betreffende Hedging-Geschäft in den Anwendungsbereich des Insiderhandelsverbots nach Art. 2 Abs. 1, 3 MAR fällt. Diese Prüfung hat unter Berücksichtigung der Art und Spezifikation des jeweiligen Finanzinstruments zu erfolgen.

1. Finanzinstrumente iSd Art. 2 Abs. 1 S. 1 lit. a)–c) MAR

Das Hedging-Geschäft fällt in jedem Fall dann in den Anwendungsbereich der Marktmissbrauchsverordnung, wenn das Finanzinstrument auf einem Handelsplatz gehandelt wird. Als Handelsplatz kommen nach Art. 2 Abs. 1 S. 1 lit. a)–c) MAR geregelte Märkte, MTFs oder OTFs in Betracht. Erfolgt eine Absicherung mittels börsengehandelten Aktien, Futures oder börsengehandelten Optionen, so befindet man sich immer im Anwendungsbereich der Marktmissbrauchsverordnung nach Art. 2 Abs. 1 S. 1 lit. a)–b) MAR, da diese Kontrakte über geregelte Märkte oder MTFs gehandelt werden. Die neu in das Gesetz eingeführte Kategorie der Finanzinstrumente, die über OTFs gehandelt wird, soll vor allem diejenigen standardisierten Derivatekontrakte erfassen, die schon jetzt auf entsprechenden Plattformen gehandelt werden.[990]

In Zukunft werden deutlich mehr Derivate über einen Handelsplatz gehandelt werden, als dies bisher der Fall war. Dies war eines der erklärten Ziele des europäischen Gesetzgebers im Rahmen der Regulierung von OTC-Derivaten. Art. 28 MiFIR schreibt künftig für bestimmte Derivate eine Pflicht zum Handel über geregelte Märkte, MTFs oder OTFs vor. Voraussetzung für eine Handelspflicht ist zunächst, dass eine Clearingpflicht nach Art. 5 Abs. 2, Abs. 4 EMIR iVm den technischen Regulierungsstandards besteht. Soweit danach eine Clearingpflicht zu bejahen ist, müssen weitere technische Regulierungsstandards der ESMA zu Art. 26 Abs. 1 lit. a) MiFIR eine entsprechende Handelspflicht festlegen.[991]

Größter Handelsplatz für Derivate in Deutschland ist die EUREX in Frankfurt. Dort können Futures und Optionen auf verschiedenste Basiswerte gehandelt werden. An der EUREX werden Anlegern neben Aktienderivaten unter anderem

990 *Salewski*, GWR 2012, 265, 266.
991 Vgl. zum Ganzen bereits oben C.II.1.b)bb).

Zinsderivate in Form von EURIBOR-Futures und Optionen auf EURIBOR-Futures angeboten.[992] Auch FX-Futures und FX-Optionen werden angeboten.[993]

Daneben hat sich in Deutschland die EEX in Leipzig, ursprünglich auf den Handel mit Derivaten auf Strom, Erdgas, Kohle, Öl sowie den Handel mit Emmissionsberechtigungen und Derivaten, hierauf spezialisiert.[994] Auch Agrarderivate werden nun über die EEX gehandelt, nachdem sie bis vor kurzem noch über die EUREX angeboten wurden.[995] Futures und Optionen auf Agrarprodukte werden weltweit an verschiedenen Börsen gehandelt. Einzelne Warenkategorien werden allerdings häufig nur an wenigen oder sogar nur an einer einzigen Börse gehandelt, sodass der Handel von einzelnen Warenderivaten jeweils an darauf spezialisierten Börsen stattfindet.[996] Über die EEX können ausschließlich Derivate auf Düngemittel, Butter, Schlachtschweine (Hogs), Ferkel (Piglets), europäische Veredelungskartoffeln (European Processing Potatoes), Magermilchpulver und Molkenpulver (Whey Powder) sowie Düngemittel gehandelt werden.[997]

2. Finanzinstrumente iSd Art. 2 Abs. 1 S. 1 lit. d) MAR

Werden die Finanzinstrumente zwar nicht selbst auf einem der Handelsplätze gehandelt, hängen sie aber von dem Kurs oder Wert eines der Finanzinstrumente ab, die auf einem geregelten Markt, MTF oder OTF gehandelt werden oder wirken sie sich gegebenenfalls sogar auf ein solches Finanzinstrument aus, so ist der Anwendungsbereich des Insiderhandelsverbotes über Art. 2 Abs. 1 S. 1 lit. d) MAR eröffnet. In diese Kategorie sollen vor allem OTC-Derivate fallen. Beispielhaft zählt das Gesetz Kreditausfall-Swaps und Differenzkontrakte auf.

Ob der Kurs des Finanzinstruments vom Kurs oder Wert eines anderen Finanzinstruments abhängt oder sich darauf auswirkt, ist für jedes Finanzinstrument gesondert festzustellen. Diese Feststellung kann von Fall zu Fall einfacher oder

---

992 Hierzu Website der EUREX: http://www.eurexchange.com/exchange-de/produkte/int/mon/euribor/, zuletzt abgerufen am 04.01.2017.

993 Hierzu Website der EUREX: http://www.eurexchange.com/exchange-de/produkte/fx, zuletzt abgerufen am 04.01.2017.

994 Hierzu Website der EEX: http://www.eex.com/de/produkte/agrarprodukte, zuletzt abgerufen am 04.01.2017.

995 Der Handel von Agrarderivaten erfolgt seit 11.05.2015 ausschließlich über die EEX.

996 *Rudolph/Schäfer,* Derivative Finanzmarktinstrumente, 2. Auflage 2010, S. 189. So werden an der Euronext Paris unter anderem Weizen, Braugerste, Raps und Mais gehandelt https://derivatives.euronext.com/en/commodities/contract-list, zuletzt abgerufen am 04.01.2017; an der ICE Futures Europe (Nachfolgerin der LIFFE) Kaffee, Kakao und Zucker: https://www.theice.com/agriculture, zuletzt abgerufen am 04.01.2017; und an der amerikanischen CBOT unter anderem Hafer, Soja und Reis: http://www.cmegroup.com/trading/agricultural/#featured, zuletzt abgerufen am 04.01.2017.

997 Vgl. Website der EEX: http://www.eex.com/de/produkte/agrarprodukte, zuletzt abgerufen am 04.01.2017.

schwerer zu treffen sein. Um zu beurteilen, ob der Kurs oder Wert des Derivats von einem über einen Handelsplatz gehandeltem Finanzinstrument abhängt, bedarf es der Feststellung, welche Komponenten die Preisbildung beeinflussen. Der Wert eines Derivats wird maßgeblich durch den Kurs oder Wert seines Underlying bestimmt. Wird das Underlying des betreffenden Derivats über einen Handelsplatz gehandelt, so besteht auch immer eine Abhängigkeit im Sinne des Art. 2 Abs. 1 S. 1 lit. d) MAR. Das Underlying des Derivats ergibt sich aus den Kontraktbedingungen.

Ein Beispiel für eine entsprechende Abhängigkeit sind Derivate auf XETRA-Gold oder Devisen-ETNs. Gold wird unter anderem mittels *Exchange Traded Commodities (ETCs)* gehandelt, welche mit Gold abgesichert werden. XETRA-Gold ist eine solche ETC.[998] Devisen können mittels *Exchange Traded Notes (ETNs)* gehandelt werden.[999] Beides sind börsengehandelte Schuldverschreibungen und damit Finanzinstrumente, von denen ein OTC-Derivat nach § 2 Abs. 1 S. 1 lit. d) MAR abhängen kann. Zinsderivaten liegen als Basiswerte in der Regel nicht die Zinssätze selbst zugrunde, sondern Kontrakte wie Geldmarktpapiere, Termingelder oder Staatspapiere.[1000] Obwohl Credit Default Swaps im Verordnungstext direkt angesprochen werden, hat auch hier eine Feststellung stattzufinden, ob eine entsprechende Abhängigkeit von Kursen eines gehandelten Finanzinstruments besteht.[1001]

Hängt das Derivat zwar nicht von einem Finanzinstrument nach Art. 2 Abs. 1 S. 1 lit. a)–c) MAR ab, so kann es sich dennoch auf den Kurs oder Wert eines solchen auswirken.[1002] Beispiel für die gegenseitige Abhängigkeit von Spot- und Termingeschäft bietet ein Vorfall aus dem Jahr 2010, der als „*Flash Crash*" bezeichnet wird. Am 6. Mai 2010 stürzte der amerikanische Dow Jones innerhalb weniger Minuten um fast 1.000 Punkte ab. Hintergrund dieses Vorfalls war unter anderem eine Manipulation der Futures-Kurse an der Chicago Mercantile Exchange, was wiederum dazu führte, dass der Kurs der zugrunde liegenden Aktien ebenfalls einbrach.[1003]

---

998 Vgl. Website der Börse Frankfurt abrufbar unter: http://www.boerse-frankfurt.de/inhalt/anlageformen-etc-xetragold, zuletzt abgerufen am 04.01.2017.

999 Vgl. Website der XETRA abrufbar unter: http://www.xetra.com/xetra-de/instrumente/etn-exchange-traded-notes, zuletzt abgerufen am 04.01.2017.

1000 *Rudolf*, in: Kümpel/Wittig, Bank- und Kapitalmarktrecht, 4. Auflage 2011, 19. Teil Rn. 19.76.

1001 *Beck*, GS Bosch 2005, 17, 22.

1002 Zur Auswirkung von OTC-Derivaten auf das Underlying vgl. beispielweise *Frontier Economic*, The impact of over-the-counter derivatives on the markets for underlying assets, abrufbar unter: http://bookshop.europa.eu/en/the-impact-of-over-the-counter-derivatives-on-the-markets-for-underlying-assets-pbKM3213130/;pgid=Iq1Ekni0.1lSR0OOK4MycO9B0000_ZviDgkS;sid=uTJlUiw-9ellV3njBD379U4bG_EZAmFdp0A=?CatalogCategoryID=lR4KABst5vQAAAEjxZAY4e5L, zuletzt abgerufen am 04.01.2017.

1003 *Finke*, Süddeutsche Zeitung vom 22.04.2015, abrufbar unter: http://www.sueddeutsche.de/wirtschaft/flash-crash-polizei-verhaftet-mutmasslichen-boersenmanipulator-1.2446748, zuletzt abgerufen am 04.01.2017.

II. Insiderinformationen in Bezug auf Hedging-Geschäfte

Das Hedging-Geschäft kann nur dann einem Verwendungsverbot nach Art. 14 lit. a) MAR iVm Art. 8 Abs. 1 MAR unterliegen, wenn sich die Insiderinformation auf das Hedging-Instrument bezieht. Daher muss die Information auch in Bezug auf das eingesetzte Hedging-Instrument eine Insiderinformation darstellen, das heißt vor allem geeignet sein, den Kurs des Hedging-Instruments gemäß Art. 7 Abs. 1 lit. a) MAR erheblich zu beeinflussen.[1004] Dem Merkmal des Bezugs der Insiderinformation auf das Hedging-Geschäft kommt neben der Kursrelevanz keine eigene Bedeutung zu.[1005]

Ob die Insiderinformation kursrelevant für das Hedging-Geschäft ist, bedarf im Einzelfall einer genauen Prüfung. Wenn Insiderinformationen in Bezug auf das Grundgeschäft vorliegen, beeinflusst dies Hedging-Geschäfte insoweit, als dies den Abschluss oder die Glattstellung von Hedging-Geschäften auslösen kann. Die Gefahr besteht im konkreten darin, dass im Fall von negativen Insiderinformationen in Bezug auf das Grundgeschäft, Hedging-Geschäfte abgeschlossen werden und im Fall von positiven Insiderinformationen in Bezug auf das Grundgeschäft, Hedging-Geschäfte vor Veröffentlichung der Informationen glattgestellt werden. Für das Verwendungsverbot in Bezug auf das Hedging-Geschäft ist es nicht ausreichend, dass die Insiderinformation sich lediglich auf das Grundgeschäft bezieht. Vielmehr muss die Information auch geeignet sein, den Kurs des Hedging-Instruments zu beeinflussen. Nur dann besteht die Möglichkeit, durch das Hedging-Geschäft einen ungerechtfertigten Vorteil gegenüber Dritten zu erlangen.[1006]

In der Regel ist es der Fall, dass Informationen, die in Bezug auf das Grundgeschäft eine Insiderinformation darstellen, auch in Bezug auf das Hedging-Geschäft als Insiderinformation zu qualifizieren sind. Dies liegt daran, dass sich Kurse oder Werte von Grundgeschäft und Hedging-Geschäft nach Möglichkeit komplett entgegengesetzt bewegen sollen, um eine Absicherungswirkung zu erreichen. Reagiert der Kurs des Hedging-Geschäfts nicht auf Informationen, auf die der Kurs des Grundgeschäftes reagiert, dann wäre der Zweck des Hedging verfehlt. Dennoch kann es solche Fälle geben. Im Einzelfall dann, wenn das Underlying des Hedging-Geschäfts nicht mit dem Grundgeschäft übereinstimmt und ein Fall des Cross-Hedging vorliegt.[1007]

1004 So auch schon zum WpHG: *Klöhn*, in: Hirte/Möllers, Kölner Kommentar zum WpHG, 2. Auflage 2014, § 14 Rn. 189.

1005 Vgl. dazu oben D.II.2.a)cc).

1006 Vgl. dazu oben D.I.

1007 Im Einzelnen dazu unten E.V.2.

III. Hedging als legitimes Verhalten gemäß Art. 9 MAR und der anerkannten Ausnahmen

Nutzer von Hedging-Geschäfte können im jeweiligen Einzelfall, die kodifizierten und anerkannten legitimen Handlungen in Anspruch nehmen. Damit kann die Nutzungsvermutung widerlegt werden. Für Hedging-Geschäfte der öffentlichen Hand ist zu prüfen ob und inwieweit die Marktmissbrauchsverordnung über Art. 6 MAR möglicherweise keine Anwendung findet. Art. 6 MAR enthält eine Ausnahmeregelung für Maßnahmen im Rahmen der Geldpolitik, der Staatsschuldenverwaltung und der Klimapolitik. Für alle anderen Fälle sollen im Folgenden die relevanten Ausnahmen, die für Hedging-Geschäfte nutzbar gemacht werden können, näher beleuchtet werden.

1. Chinese-Wall Ausnahme

Um als juristische Person von der Chinese-Wall Ausnahme profitieren zu können, muss innerhalb des Unternehmens eine Chinese-Wall errichtet und aufrechterhalten werden. Diese muss diejenige Abteilungen und natürlichen Personen abschirmen, die Hedging-Entscheidungen treffen und Hedging-Geschäfte eingehen und auflösen. Zudem darf auf die natürliche Person, die darüber entscheidet, ob ein Hedging-Geschäft eingegangen oder aufgelöst wird, kein Einfluss ausgeübt werden.

Natürliche Personen können sich der Chinese-Wall Ausnahme auch für Hedging-Geschäfte nicht bedienen.

a) Interne Regelungen und Verfahren

Die juristische Person muss angemessene und wirksame interne Regelungen und Verfahren eingeführt, umgesetzt und aufrechterhalten haben, sodass sichergestellt wird, dass weder diejenigen Personen, die den Beschluss gefasst haben, noch eine natürliche Person, die den Beschluss beeinflusst hat, im Besitz von Insiderinformationen ist.

Für eine Chinese-Wall, welche die Risikomanagement- oder Hedging-Abteilung von Insiderinformationen abschirmen soll, ergeben sich folgende, durch die Praxis indizierte Besonderheiten.

Das Risikomanagement in Unternehmen kann funktional und hierarchisch auf verschiedene Art und Weise in die Geschäftsorganisation integriert werden. Zu unterscheiden ist vor allem zwischen einer Zentralisation und einer Dezentralisation des Risikomanagements. Eine Zentralisation bedeutet, die Durchführung des Risikomanagements durch eine einzige Organisationseinheit und eine Dezentralisation, die Durchführung des Risikomanagements in den einzelnen Abteilungen beziehungsweise Organisationseinheiten.[1008] Als Vorteile einer dezentralen Organisation des Risikomanagements wird unter anderem angeführt, dass das Wissen

1008 *Schneck*, Risikomanagement 2010, S. 82 f.

einzelner Mitarbeiter in den einzelnen Bereichen genutzt werden kann.[1009] Vor allem kleinere Unternehmen, denen nur geringe personelle und finanzielle Mittel zur Verfügung stehen, integrieren das Risikomanagement oftmals in ihre bestehende Organisation. Hier spricht man von dem Integrationskonzept.[1010] Eine solche Integration des Risikomanagements in die bestehende Organisation und damit in die bestehenden Abteilungen, kann aber dazu führen, dass bereits in funktionaler und organisatorischer Hinsicht die Anforderungen an eine wirksame Chinese-Wall nicht erfüllt werden.

Unabhängig von Zentralisation und Dezentralisation des Risikomanagements ist im Einzelfall zu prüfen, ob die bestehende Risikomanagementabteilung als eigener Vertraulichkeitsbereich so abgeschirmt ist, dass der Informationsfluss unterbrochen ist.[1011]

b) Keine Einflussnahme auf natürliche Person

Als zweite Voraussetzung der Chinese-Wall Ausnahme darf die natürliche Person, welche die Hedging-Entscheidung trifft, nicht aufgefordert, angestiftet oder anderweitig beeinflusst worden sein sowie eine Empfehlung erhalten haben.[1012] Steht das Ob, das Wie oder die Höhe der Absicherung im alleinigen Ermessen des Mitarbeiters der Risikomanagement-Abteilung, so ist jede Einflussnahme relevant, die sich in irgendeiner Weise in der Hedging-Entscheidung des Mitarbeiters niedergeschlagen hat. Eine entsprechende Einflussnahme kann beispielsweise angenommen werden, wenn auf den Mitarbeiter der Risikomanagementabteilung insofern eingewirkt wird, als dieser daraufhin von der gängigen unternehmensinternen Hedging-Praxis oder einem Master-Plan abweicht.

2. Hedging-Geschäfte im Rahmen eines Masterplans

Verfügen Nutzer von Hedging-Geschäften über Insiderinformationen, so können sie sich gegebenenfalls auch auf die Masterplan-Ausnahme berufen, soweit ein entsprechender Master-Plan für Hedging-Geschäfte besteht.[1013]

Auch für den regelmäßigen Abschluss von Kurssicherungsgeschäften kann ein Masterplan für mehrere Transaktionen gefasst werden. Auch hier hat das Unternehmen rechtzeitig klare Richtlinien zu erstellen, die der Risikomanagementabteilung keinen Ermessensspielraum hinsichtlich des „*Ob und des Wie*" der

---

1009 *Schneck,* Risikomanagement 2010, S. 83.

1010 *Schneck,* Risikomanagement 2010, S. 81.

1011 Vgl. zu den Anforderungen an eine wirksame Chinese-Wall oben unter D.II.5.a) aa)(3)(a).

1012 Zur Gesetzgebungsgeschichte dieser Voraussetzung *Viciano-Gofferje/Cascante,* NZG 2012, 968, 974 f.; näher dazu oben D.II.5.a)aa)(3)(b).

1013 *Klöhn,* in: Hirte/Möllers, Kölner Kommentar zum WpHG, 2. Auflage 2014, § 14 Rn. 182.

Kurssicherungsgeschäfte zugesteht.[1014] Das würde beispielsweise bedeuten, dass von vornherein klar festgelegt ist, welche Kategorien von Geschäften abzusichern sind. So kann eine Einteilung beispielsweise nach dem Wert des Geschäftes oder der Art der Risikoposition erfolgen. Daneben ist auch die Art des Hedging-Geschäfts zu bestimmen, ob zum Beispiel mittels Optionen oder Futures abgesichert werden soll. Auch die Laufzeit der Sicherungsgeschäfte und das genaue Underlying sind vorab zu fixieren.

Entsprechend den allgemeinen Voraussetzungen, die an eine Masterplan-Ausnahme geknüpft sind, muss der Nachweis eines entsprechenden Plans mittels eines ausreichend dokumentierten und detaillierten Regelwerks erbracht werden können. Leitlinien und Richtlinien für das Risikomanagement, im Einzelfall ausgestaltet als Treasury-Regelwerk oder Risikohandbuch, haben die Anforderungen an Umfang und Form zu erfüllen.[1015]

Im Falle einer Kapitalverwaltungsgesellschaft nach KAGB können gegebenenfalls die Grundsätze für das Risikomanagement, die nach Art. 40 der Delegierten Verordnung Nr. 231/2013 zu erstellen sind, die Anforderungen an einen Masterplan erfüllen.

3. Hedging-Geschäfte bei Informationssymmetrie (Face-to-Face-Geschäfte)

Denkbar erscheint es auch, die Face-to-Face-Ausnahme für Hedging-Geschäfte heranzuziehen. Diese wurde für den außerbörslichen Erwerb von Aktienpaketen entwickelt, bei dem Veräußerer und Erwerber den gleichen Kenntnisstand bezüglich der Insiderinformation haben. Insoweit kann der Tatbestand des Insiderhandelsverbotes teleologisch reduziert werden, da keine Übervorteilung einer Partei besteht.[1016]

Anderes muss allerdings bei Ausübung von bedingten Termingeschäften, vor allem bei Optionsgeschäften, gelten. Haben die Parteien bei Abschluss des Optionsvertrags den gleichen Kenntnisstand hinsichtlich der Insiderinformation, so kann die Face-to-Face-Ausnahme herangezogen werden, da keine Übervorteilung einer Partei vorliegt. Dies gilt aber richtigerweise nicht für die Ausübung der Option.

1014 Ähnlich argumentiert die Generalanwältin Kokott in den Schlussanträgen zur Photo Spector Group-Entscheidung im Zusammenhang mit der Erfüllung bereits eingegangener Verpflichtungen: *„Stehen von vorneherein Ob und Wie des Handelns fest und lassen insofern keinen Spielraum, ist ausgeschlossen, dass später hinzugetretene Insider-Kenntnisse in das Handeln einfließen können, es kann insofern auch nicht von einem „Nutzen" gesprochen werden."* Schlussanträge (EuGH) der Generalanwältin Juliane Kokott vom 10.09.2009, BeckRS 2009, 70983, Rz. 51.

1015 Vgl. dazu oben D.II.5.c)aa); zu einer Hedging-Policy auch *Finley/Pettit*, J. Applied Corp. Fin., Vol. 23 (2011), No. 4, 83: „Hedging policy typically includes hedge horizon, hedge amounts, hedge ratios, use of layering instruments, and authorities and control processes."

1016 Vgl. dazu oben D.II.5.c)bb).

Die Ausübung ist alleine Entscheidung des Optionsrechtsinhabers und kann von der anderen Partei nicht beeinflusst werden. Selbst wenn beide Parteien über die Insiderinformation verfügen, so kommt dem Optionsrechtsinhaber der Vorteil zu, dass er die Option ausüben kann ohne daran gehindert werden zu können.[1017]

4. Hedging entgegen der prognostizierten Kursbewegung

Der kausale Zusammenhang zwischen Insiderinformation und Hedging-Geschäft kann auch dann widerlegt werden, wenn die Hedging-Position entgegen der prognostizierten Kursentwicklung aufgebaut oder glattgestellt wird.

Da sich Grund- und Hedging-Geschäft in der Regel gegenläufig entwickeln, dürfte der Aufbau der Hedging-Position in der Regel dann entgegen der prognostizierten Kursbewegung des Hedging-Instruments erfolgen, wenn von dieser Information durch Aufbau des Grundgeschäfts profitiert werden könnte. Das heißt, wirkt sich die Information positiv auf den Kurs des Grundgeschäfts aus, so wirkt sie sich gleichzeitig negativ auf den Kurs des Hedging-Geschäfts aus. Genau das Umgekehrte gilt, wenn sich die Informationen negativ auf das Grundgeschäft auswirken. Hier darf keine Hedging-Position aufgebaut werden, gleichwohl aber entgegen der prognostizierten Kursbewegung eine solche abgebaut und Hedging-Positionen glattgestellt werden. Daher ist es in der Regel unproblematisch, wenn aufgrund positiver firmenspezifischer Insiderinformationen Put-Optionen oder Short-Positionen in Futures erworben werden.[1018] Auch der Aufbau einer antizipativen Long-Hedging-Position unter Kenntnis negativer Informationen hinsichtlich des Grundgeschäfts, mittels eines Long-Calls oder einer Long-Position in einem Future, erfolgt regelmäßig entgegen der prognostizierten Kursentwicklung. In diesen Fällen wird der aktuell hohe Kurs für einen Erwerb gesichert, obwohl mit einem Sinken der Kurse zu rechnen ist.

Dennoch ist in jedem Fall gesondert festzustellen, wie sich die Informationen auf die Kurse des Hedging-Instruments auswirken, da es vor allem beim Cross-Hedging zu einer Abweichung von dieser Regel kommen kann.

Die Ausnahme des Handelns entgegen der prognostizierten Kursbewegung kann dann nicht zur Anwendung kommen, wenn bereits die Richtung der Kursbewegung unklar ist und durch das Hedging-Geschäft von reinen Volatilitätsinformationen profitiert werden kann.[1019]

1017 So zu Aktienoptionsprogrammen auch *Versteegen/Schulz,* ZIP 2009, 110, 113.

1018 *Klöhn*, in: Hirte/Möllers, Kölner Kommentar zum WpHG, 2. Auflage 2014, § 14 Rn. 182.

1019 Vgl. zur Präzision und Kursrelevanz von Informationen, die eine Abschätzung der Richtung der Kursveränderung nicht zulassen, entsprechend der Entscheidung des EuGH in der Sache Lafonta/AMF oben D.II.2.a)aa)(4) und D.II.2.a)dd) sowie zu den Folgen hieraus auf die Argumentation, man handle entgegen der prognostizierten Kursentwicklung D.II.5.c)cc).

IV. Erörterung einer eigenständigen Hedging-Ausnahme

Abgesehen von den eben geschilderten Fällen, in denen die Nutzung der Insiderinformation widerlegt ist, stellt sich die Frage nach der generellen Behandlung von Hedging-Geschäften außerhalb der normierten und anerkannten Ausnahmen. Mit Blick auf den Forschungs- und Meinungsstand in der Literatur, die Rechtslage im Ausland und die maßgebliche Gesetzeslage soll das Hedging-Verhalten zunächst aus Sicht der wirtschaftswissenschaftlichen Forschung untersucht werden. Unter Berücksichtigung dieser Erkenntnisse aus der wirtschaftswissenschaftlichen Theorie und Praxis wird die Möglichkeit der Rechtfertigung einer Hedging-Ausnahme näher beleuchtet.

1. Forschungs- und Meinungsstand und maßgebliche Gesetzeslage

a) Forschungs- und Meinungsstand in der Literatur

Zunächst soll der aktuelle Forschungs- und Meinungsstand im Hinblick auf eine generelle Hedging-Ausnahme aus Sicht des bisherigen Insiderhandelsverbots nach § 14 WpHG und aus Sicht des neuen europäischen Insiderhandelsverbotes nach Art. 14 lit. a) MAR iVm Artt. 8, 9 MAR analysiert werden.

aa) Hedging-Geschäfte im Rahmen von § 14 WpHG

Nach der Auffassung eines Großteils der Literatur zu § 14 WpHG sollten vom Verbot des Insiderhandels auch Hedging-Geschäfte ausgenommen sein.[1020] Diese Ansicht wird durch eine Reihe von Argumenten gestützt.

(i) So wird vorgebracht, dass es den Marktteilnehmern bei einem Hedging-Geschäft nur um die Absicherung gegen Kursrisiken ginge.[1021] Hedger werden

---

1020 *Assmann*, in: Assmann/Schneider, Wertpapierhandelsgesetz, 6. Auflage 2012, § 14 Rn. 34; *Brandi/Süßmann*, AG 2004, 642, 645; *Bussian*, WM 2011, 8, 11; *Cascante/Bingel*, NZG 2010, 161, 163; *Flick/Lorenz*, RIW 2010, 381, 384; *Hilgendorf*, in: Park, Kapitalmarktstrafrecht, 3. Auflage 2013, § 14 WpHG Rn. 146; *Ritz*, in: Just/Voß/Ritz/Becker, Wertpapierhandelsgesetz (WpHG), 1. Auflage 2015, § 14 Rn. 71; *Sethe*, in: Assmann/Schütze, Handbuch des Kapitalanlagerechts, 4. Auflage 2015, § 8 Rn. 99; *Schwark/Kruse*, in: Schwark/Zimmer, Kapitalmarktrechts-Kommentar, 4. Auflage 2010, § 14 WpHG Rn. 22; für eine Ausnahme von Hedging-Geschäften der Bank im Rahmen von Anschleichvorgängen an Zielgesellschaften: *Schiessl*, Der Konzern 2009, 291, 293. *Einschränkend: Cascante/Bingel*, AG 2009, 894, 902; *ablehnend: Nietsch*, ZHR 2010, 556, 591; ebenfalls *gegen eine generelle Ausnahme* von Hedging-Geschäften: *Klöhn*, in: Hirte/Möllers, Kölner Kommentar zum WpHG, 2. Auflage 2014, § 14 Rn. 182.

1021 *Assmann*, in: Assmann/Schneider, Wertpapierhandelsgesetz, 6. Auflage 2012, § 14 Rn. 34.

in der wirtschaftswissenschaftlichen Literatur auch oft als rein risikoavers dargestellt.[1022]

(ii) Wird das Hedging-Geschäft nur zur Absicherung gegen Kursrisiken vorgenommen, so geht es den Marktteilnehmer nicht um die Erlangung eines Vorteils.[1023]

(iii) Das Hedging-Geschäft werde unabhängig von der Insiderinformation getätigt. Die Information fließt also nicht in den Entschluss, das Geschäft abzuschließen, ein. Ein kausaler Zusammenhang zwischen Kenntnis der Insiderinformation und Hedging-Geschäft bestehe damit nicht.[1024] Vielmehr wäre das Geschäft auch ohne Kenntnis der Insiderinformation vorgenommen worden.[1025]

Den Argumenten der herrschenden Meinung wird allerdings nicht durchgehend entsprochen. Vielmehr werden auch Gegenargumente vorgebracht, die die Rechtfertigung einer Hedging-Ausnahme in Frage stellen oder sogar zur gänzlichen Ablehnung einer solchen führen.

Teilweise wird angemerkt, dass tatsächlich nicht den Kursrisiken, sondern nur möglichen Kursverlusten[1026] entgegengewirkt werden soll.

Der Argumentation, bei einem Hedging-Geschäft werden keine Vorteile realisiert und eine Vorteilserzielung sei nicht beabsichtigt, wird durch *Nietsch* entgegengehalten, dass sehr wohl Vorteile gegenüber Outsidern realisiert werden können. So wäre es möglich, die Risiken des Grundgeschäfts frühzeitig zu beeinflussen, wodurch der Insider einen Sondervorteil gegenüber vergleichbaren Marktteilnehmern hätte, die die Insiderinformation nicht besitzen.[1027] Auch *Klöhn* geht davon aus, dass es möglich ist, den Informationsvorteil durch das Hedging-Geschäft auszunutzen.[1028]

Gegen eine Ablehnung des kausalen Zusammenhangs vertreten *Cascante/Bingel* die einschränkende Ansicht, wonach nicht auszuschließen sei, dass das Hedging-Geschäft zwar *„nur“* zur Kurssicherung vorgenommen wird, die Absicherung aber

---

1022 Vgl. dazu unten E.IV.3.a).

1023 *Assmann,* in: Assmann/Schneider, Wertpapierhandelsgesetz, 6. Auflage 2012, § 14 Rn. 34; *Cascante/Bingel,* AG 2009, 894, 902; *Cascante/Bingel,* NZG 2010, 161, 163; *Hilgendorf,* in: Park, Kapitalmarktstrafrecht, 3. Auflage 2013, § 14 WpHG Rn. 146.

1024 *Cascante/Bingel,* AG 2009, 894, 902; *Cascante/Bingel,* NZG 2010, 161, 163; *Hilgendorf,* in: Park, Kapitalmarktstrafrecht, 3. Auflage 2013, § 14 WpHG Rn. 146; *Ritz,* in: Just/Voß/Ritz/Becker, Wertpapierhandelsgesetz (WpHG), 1. Auflage 2015, § 14 Rn. 71; *Schwark/Kruse,* in: Schwark/Zimmer, Kapitalmarktrechts-Kommentar, 4. Auflage 2010, § 14 WpHG Rn. 22; *Sethe,* in: Assmann/Schütze, Handbuch des Kapitalanlagerechts, 4. Auflage 2015, § 8 Rn. 99.

1025 *Assmann,* in: Assmann/Schneider, Wertpapierhandelsgesetz, 6. Auflage 2012, § 14 Rn. 34.

1026 *Ritz,* in: Just/Voß/Ritz/Becker, Wertpapierhandelsgesetz (WpHG), 1. Auflage 2015, § 14 Rn. 71; *Schwark/Kruse,* in: Schwark/Zimmer, Kapitalmarktrechts-Kommentar, 4. Auflage 2010, § 14 WpHG Rn. 22.

1027 *Nietsch,* ZHR 2010, 556, 591.

1028 *Klöhn,* in: Hirte/Möllers, Kölner Kommentar zum WpHG, 2. Auflage 2014, § 14 Rn. 182.

gerade deshalb erfolgt, weil man die Gefahr der Kursveränderung aufgrund der Insiderinformation erfasst hat.[1029]

Vereinzelt wird auch einschränkend vertreten, dass Hedging-Geschäfte von Kreditinstituten, die zur Absicherung gegen Preisschwankungen und nicht zur Ausnutzung eines Sondervorteils durch die Insiderinformation abgeschlossen wurden, zwar grundsätzlich zulässig sein sollten, allerdings nur soweit sie von einem Gesamtplan gedeckt sind.[1030] Darunter ist aber weniger eine spezifische Ausnahme von Hedging-Gschäften zu verstehen, als vielmehr ein Anwendungsfall der Masterplan-Ausnahme.

Eine weitere Einschränkung einer generellen Hedging-Ausnahme wird aufgrund der durch den EuGH in der Spector-Entscheidung aufgestellten Nutzungsvermutung angedacht. So wurde nach der Spector-Entscheidung der Einsatz einer Chinese-Wall im Rahmen von Absicherungsgeschäften, soweit nicht bereits gesetzlich vorgeschrieben, empfohlen.[1031] Damit kann der Nachweis, dass die Insiderinformation tatsächlich nicht mit in die Entscheidung eingeflossen ist, bei einer ausreichenden Dokumentation der Chinese-Wall leichter erbracht werden. Ein verbleibendes rechtliches Risiko der Anerkennung einer Hedging-Ausnahme könne dadurch reduziert werden.[1032]

bb) Hedging-Geschäfte im Rahmen von Art. 14 lit. a) MAR iVm Artt. 8, 9 MAR

Die Marktmissbrauchsverordnung sieht nun eine Ausnahme vom Insiderhandelsverbot bei Errichtung einer Chinese-Wall gesetzlich vor. Da in der bisherigen Literatur eine Chinese-Wall bei Hedging-Geschäften neben der eigenständigen Hedging-Ausnahme als weitere Maßnahme zur Reduzierung rechtlicher Risiken empfohlen wurde,[1033] wird die Chinese-Wall-Ausnahme nun zum Teil irrtümlich mit der Hedging-Ausnahme gleichgesetzt.[1034] Die Chinese-Wall Ausnahme nach Art. 9 Abs. 1 MAR wird daher von Teilen der Literatur lediglich für Hedging-Geschäfte in Betracht gezogen,[1035] obwohl eine Chinese-Wall durchaus in verschiedensten Situationen Anwendung finden kann.[1036] Einer Gleichsetzung der Chinese-Wall Ausnahme mit einer Hedging-Ausnahme ist nicht zuzustimmen. Vielmehr handelt

---

1029 *Cascante/Bingel,* AG 2009, 894, 902.

1030 *Hopt,* in: Schimansky/Bunte/Lwowski, Bankrechts-Handbuch, 4. Auflage 2011, § 107 Rn. 54.

1031 *Cascante/Bingel,* NZG 2010, 161, 163; *Nietsch,* ZHR 2010, 556, 591.

1032 *Cascante/Bingel,* AG 2009, 894, 903; *Cascante/Bingel,* NZG 2010, 161, 163.

1033 Vgl. dazu oben E.IV.1.a)aa).

1034 *Kiesewetter/Parmentier,* BB 2013, 2371, 2374; *Veil,* ZBB 2014, 85, 91; *Seibt/Wollenschläger,* AG 2014, 593, 597; *Viciano-Gofferje/Cascante,* NZG 2012, 968, 974.

1035 *Kiesewetter/Parmentier,* BB 2013, 2371, 2374; *Seibt/Wollenschläger,* AG 2014, 593, 597.

1036 Zu Einsatzmöglichkeiten von Chinese-Walls vgl. oben D.II.5.a)aa).

sich immer noch um zwei verschiedene Situationen, von denen nun eine gesetzlich normiert ist. Entsprechend dieser Unterscheidung argumentiert auch *Nietsch.*[1037]

In der Praxis werden zwar Chinese-Walls vor allem bei Hedging-Geschäften eingesetzt, allerdings können zum einen nicht alle Marktteilnehmer von einer Chinese-Wall Gebrauch machen, da diese Möglichkeit nur juristischen Personen offen steht und zum anderen gibt es auch Einsatzgebiete für Chinese-Walls, die Hedging-Geschäfte nicht betreffen.[1038]

Abgesehen von Hedging-Geschäften im Rahmen der Chinese-Wall Ausnahme hat sich die Literatur noch nicht zu der Frage geäußert, ob Hedging-Geschäfte nach der Marktmissbrauchsverordnung vom Insiderhandelsverbot auszunehmen sind.

b) Rechtsvergleichung

Ein kurzer rechtsvergleichender Seitenblick soll auch auf die Behandlung von Hedging-Geschäften im Rahmen des Insiderhandelsrechts in den USA, Großbritannien, Australien und Neuseeland geworfen werden.

In all diesen Staaten gibt es eine Reihe von anerkannten Geschäften und Situationen, die eine Ausnahme vom Insiderhandelsverbot oder zumindest eine Verteidigung gegen den Vorwurf des Insiderhandels zulassen.

In den USA hält Rule 10b5–1 (c) Fälle von affirmative defenses bereit, in denen ein Handeln *„on the basis of material nonpublic information"* widerlegt ist beziehungsweise im Falle von Rule 10b5–1 (c)(2) widerlegt werden kann. Die affirmative defenses umfassen Ausnahmen für den Fall, dass vor Kenntnis der Insiderinformation bereits eine vertragliche Verpflichtung eingegangen wurde, eine andere Person zum Handel angewiesen wurde, ein schriftlicher Handelsplan (Masterplan) aufgestellt wurde oder von einer nichtnatürlichen Person eine wirksame Chinese-Wall nachgewiesen werden kann. Eine Ausnahme für Hedging-Geschäfte enthält Rule 10b5–1 (c) nicht. Dennoch wird auf Hedging-Geschäfte an einer Stelle eingegangen. So kann die Masterplan-Ausnahme dann nicht angewendet werden, wenn für die betreffenden Wertpapiere ein Hedging-Geschäft abgeschlossen oder abgeändert wurde.[1039]

In Großbritannien wurde bis zur Geltung der Marktmissbrauchsverordnung die Auslegung der insiderhandelsrechtlichen Vorschriften gemäß Sections 52 ff. Criminal Justice Act 1993 durch das FCA Handbook (Stand 2015) vorgenommen.[1040] Section 53 Criminal Justice Act enthiehlt Defences gegen den Vorwurf des

1037 *Nietsch,* ZHR 2010, 556, 591.

1038 Vgl. dazu oben D.II.5.a)aa).

1039 Rule 10b5–1 (c)(1)(i)(C): „A purchase or sale is not „pursuant to a [...] plan" if, among other things, the person who entered into the [...] plan [...] entered into or altered a corresponding or hedging transaction or position with respect to those securities."

1040 *FCA,* FCA Handbook (Stand 2015), abrufbar unter: http://fshandbook.info/FS/html/handbook/MAR/1/3, zuletzt abgerufen am 22.10.2015.

Insiderhandels, die jedoch Hedging-Geschäfte nicht ausdrücklich nennen. Im FCA Handbook wurden unter MAR 1.3 Regeln für den Insiderhandel aufgestellt. Zum einen kann in verschiedenen Situationen, zum Beispiel im Falle einer Chinese-Wall, widerlegt werden, dass die Handlung *„on the basis of"* inside information erfolgte.[1041] Zum anderen wurden verschiedene weitere Ausnahmen aufgeführt, unter anderem das rechtmäßige Geschäft von Market Makern und qualifizierten Personen, die Ausführung von Kundenordern und Übernahmen.[1042] Eine Ausnahme für Hedging-Geschäfte fand sich nicht. Allerdings wurden auch Indizien dafür aufgezählt, wann ein rechtmäßiges Geschäft von qualifizierten Personen vorliegt. Für ein rechtmäßiges Geschäft sprach unter anderem, wenn Hedging-Geschäfte vorgenommen werden.[1043]

Das Insiderhandelsrecht von Australien enthält keine Hedging-Ausnahme, obwohl auch hier unter Sec. 1043B bis Sec. 1043K Corporations Act 2001 Ausnahmen, unter anderem im Falle einer Chinese-Wall, geregelt sind.

Ebensowenig enthalten die Insidervorschriften von Neuseeland eine Ausnahme für Hedging-Geschäfte. Die in Sec. 9 Securities Markets Act 1988 enthaltenen Ausnahmen und die nach Sec. 10 Securities Markets Act 1988 zur Verfügung stehenden affirmative defences sind allerdings sehr weitreichend und umfassen unter anderem Face-to-Face-Geschäfte, Masterpläne und Chinese-Walls.[1044]

Im Ergebnis ist festzustellen, dass in den untersuchten Rechtsordnungen eine eigenständige Hedging-Ausnahme nicht anerkannt wird.

c) Gesetzesauslegung

Die Frage, ob Hedging-Geschäfte als legitime Handlungen im Rahmen der Marktmissbrauchsverordnung anzuerkennen sind und damit eine Nutzung der Insiderinformationen nicht generell vermutet werden kann, ist durch Auslegung des Gesetzes zu beantworten. Auch auf europäischer Ebene fließen in die Auslegung des Gesetzes sowohl unter anderem der Wortlaut als auch systematische, historische und teleolgische Aspekte ein.[1045]

1041 MAR 1.3.3.

1042 MAR 1.3.6 – MAR 1.3.19.

1043 MAR 1.3.10 „In the opinion of the FCA, the following factors are to be taken into account in determining whether or not a person's behaviour is in pursuit of legitimate business, and are indications that it is: (1) the extent to which the relevant trading by the person is carried out in order to hedge a risk, and in particular the extent to which it neutralises and responds to a risk arising out of the person's legitimate business [...]."

1044 Sec. 10B – Sec. 10D Securities Markets Act 1988.

1045 Zur Auslegung des Europarechts beispielsweise *Bleckmann/Pieper*, in: Dauses, Handbuch des EU-Wirtschaftsrechts, 40. Ergänzungslieferung 2016, B.I. Rn. 7 ff.; eine entsprechende nahezu musterhafte Auslegung nimmt der EuGH in der Rechtssache Lafonta/AMF vor, EuGH NZG 2015, 432, 433 f., Rz. 30 ff.

aa) Wortlaut und Systematik des Gesetzes

Der Wortlaut von Art. 9 MAR sieht keine explizite Ausnahme für Hedging-Geschäfte vor. Allerdings besteht die einhellige Ansicht, dass der Katalog der legitimen Handlungen keine abschließende Aufzählung darstellt, sondern auch weiterhin nach Sinn und Zweck des Verbotes von Insiderhandel die Nutzungsvermutung widerlegt werden kann. Auch systematische Erwägungen sprechen nicht per se für oder gegen eine Ausnahme von Hedging-Geschäften. So erwähnt die Marktmissbrauchsverordnung Hedging-Geschäfte an keiner Stelle.[1046]

Auch aus der Gesamtsystematik des europäischen Rechts lässt sich eine Hedging-Ausnahme nicht ableiten. Die parallel zur Markmissbrauchsverordnung entworfene REMIT[1047] regelt den Marktmissbrauch auf dem Energiegroßhandelsmarkt. Unter Art. 3 REMIT findet sich das Verbot des Insiderhandels, wobei unter Art. 3 Abs. 4 REMIT legitime Handlungen aufgelistet werden. Auch hier findet sich keine Hedging-Ausnahme. Art. 3 Abs. 4 lit. b) REMIT nimmt nur solche Transaktionen vom Insiderhandelsverbot aus, *„die ausschließlich der Deckung direkter physischer Verluste infolge unvorhergesehener Ausfälle dienen“*. Die Verluste sind also in diesen Fällen schon eingetreten und ihnen soll nicht mittels eines Hedging-Geschäftes vorgebeugt werden.

bb) Historie und Gesetzgebungsverfahren

Ein Blick in das Gesetzgebungsverfahren zeigt, das eine Hedging-Ausnahme ernsthaft angedacht war und durch den Rat in das Gesetzgebungsverfahren eingebracht wurde. Auch auf Seiten des Europaparlaments gab es entsprechende Wünsche eine Hedging-Ausnahme aufzunehmen, was sich allerdings nicht durchsetzte.[1048]

Offiziell wurde eine solche erstmals in einem Vorschlag des Rats vom 31. Oktober 2012 in Art. 7a Abs. 2 (c) folgendermaßen formuliert:

> *„2. For the purpose of applying Article 7, a person possessing inside information shall not be deemed to have used that information* [...]
>
> *(c) where a person in possession of inside information, conducts transactions only in order to reduce risks (hedging) directly related to a commercial activity on the commodity market.*“[1049]

1046 Anders allerdings in den Entwürfen zur Marktmissbrauchsverordnung, dazu sogleich E.IV.1.c)bb).

1047 Verordnung (EU) Nr. 1227/2011 des Europäischen Parlaments und des Rates über die Integrität und Transparenz des Energiegroßhandelsmarkts vom 25.10.2011 (REMIT).

1048 *EP – Committee on Economic and Monetary Affairs,* Amendments 60–331 vom 11.5.2012, Amendment 200 (Sharon Bowles): „conducts procedural or contractual transactions in commodities or commodity derivatives entered into by a person for the purpose of reducing risks directly related to such persons or a group company's commercial or treasury financing activity; [...]“.

1049 Vorschlag des Rates 15707/12 vom 31.10.2012.

Dieser Vorschlag wurde im Folgenden nochmals umformuliert und spezifiziert und lautete sodann:

> „*2. For the purpose of applying Article 7, a person possessing inside information shall not be deemed to have used that information* [...]
>
> *(c) where that person enters into transactions, places or withdraws orders in relation to derivatives on commodities the sole purpose of which is to cover direct losses from their existing contractual obligations, except where the inside information concerned is reasonably expected or required to be disclosed in accordance with legal or regulatory provisions at the Union or national level, market rules, contracts practices, or customs, on the relevant commodity derivatives or spot markets.*“[1050]

Die Hedging-Ausnahme sollte ausschließlich für die Absicherung mittels Rohstoffderivate gelten, wobei allerdings aus den Gesetzgebungsunterlagen nicht erkennbar ist, warum der Anwendungsbereich eingegrenzt wurde.

Dieser Vorschlag einer Ausnahme für Hedging-Geschäfte auf dem Rohstoffderivatemarkt wurde im Rahmen des Political Agreement zwischen Rat und Europaparlament vom 25. Juni 2013 aus dem Gesetzentwurf gestrichen. Eine Begründung der Streichung ist, soweit ersichtlich, in den Unterlagen nicht enthalten.

Fraglich ist, ob der bewusste Verzicht der Aufnahme einer Hedging-Ausnahme in den Katalog der legitimen Handlungen bereits einen Rückschluss auf die Möglichkeit einer Hedging-Ausnahme zulässt. Dies ist zu verneinen, da die bloße Tatsache, dass eine Ausnahme diskutiert wurde, dann aber nicht aufgenommen wurde, keinerlei Rückschlüsse darüber zulässt, welche Gründe diesem Verzicht zugrunde lagen. Der Katalog der legitimen Handlungen ist nicht abschließend.[1051] Es könnte also bewusst der Literatur überlassen worden sein, eine entsprechende Ausnahme zu entwickeln oder abzulehnen.

cc) Sinn und Zweck

Ob eine Hedging-Ausnahme zuzulassen ist, ist damit vor allem durch Auslegung des Begriffs der Nutzung der Insiderinformation nach Sinn und Zweck des Insiderhandelsverbotes festzustellen.

So erläutert Erwägungsgrund Nr. 24 der Verordnung, dass die Vermutung der Nuztung „*die Verteidungsrechte unberührt* [lässt]. *Ob eine Person gegen das Verbot von Insidergeschäften verstoßen hat oder versucht hat, Insidergeschäfte durchzuführen, sollte im Hinblick auf den Zweck dieser Verordnung untersucht werden, der darin besteht, die Integrität des Finanzmarkts zu schützen und das Vertrauen der Investoren zu stärken, das wiederum auf der Gewissheit beruht, dass die Investoren gleichbehandelt und vor der missbräuchlichen Verwendung von Insiderinformationen*

1050 Vorschlag des Rates 16416/12 vom 20.11.2012.
1051 Vgl. dazu oben D.II.5.b).

geschützt werden.“[1052] Wesentliches Merkmal eines Insidergeschäftes ist nach Sinn und Zweck daher die Erlangung eines ungerechtfertigten Vorteils, der mittels der Insiderinformation zum Nachteil Dritter erzielt wird.[1053]

Das bestehende Konzept des europäischen Insiderrechts schützt damit Informationshändler.[1054] Führt das Geschäft dazu, dass die Anreize von Informationshändlern gesenkt werden, Handel am Kapitalmarkt zu betreiben, muss ein Verstoß gegen das Insiderhandelsverbot angenommen werden.[1055] Ist dies nicht der Fall, kann die Nutzungsvermutung widerlegt werden.

2. Hedging in wirtschaftswissenschaftlicher Theorie und Praxis

Im Folgenden sollen sowohl die Hedging-Theorien der wirtschaftswissenschaftlichen Forschung als auch die Erkenntnisse der Praxis und wirtschaftswissenschaftlichen Empirie näher analysiert werden. Das Hedging-Verhalten der Marktteilnehmer soll umfassend beleuchtet werden, um diese Erkenntnisse sodann im Rahmen einer rechtlichen Betrachtung zu würdigen.

a) Hedging-Theorien und Motive des Hedging

Der oftmals in der Literatur und auch hier einleitend genutzte Begriff des Hedging als Strategie der Risikovermeidung beziehungsweise Risikoreduktion entspricht zwar einer breiten Assoziation in der Öffentlichkeit, wird jedoch in der Wirtschaftswissenschaft teilweise infrage gestellt.

Aus wirtschaftswissenschaftlicher Sicht greift es wohl mittlerweile zu kurz, die Risikovermeidung als alleiniges Motiv der Hedging-Tätigkeit zu betrachten, wie sich aus der folgenden Darstellung der Entwicklung verschiedener Hedging-Ansätze im letzten Jahrhundert ergibt.[1056]

Prominente Vertreter einer traditionellen Hedging-Theorie waren *John Maynard Keynes* und *John Richard Hicks*. Der traditionelle Ansatz wurde allerdings kurze Zeit später zunächst durch die Arbeiten von *Holbrook Working* und danach auf Basis der Portfoliotheorie durch *Johnson* und *Stein* infrage gestellt.

1052 Erwägungsgrund Nr. 24 der Verordnung (EU) Nr. 596/2014 vom 16.4.2014 (MAR).

1053 Erwägungsgrund Nr. 23 der Verordnung (EU) Nr. 596/2014 vom 16.4.2014 (MAR); so auch EuGH NZG 2010, 107, Rz. 48 (Spector Photo Group).

1054 *Klöhn*, in: Langenbucher, Europäisches Privat- und Wirtschaftsrecht, 3. Auflage 2013, § 6 Rn. 82.

1055 So zu § 14 WpHG: *Klöhn*, in: Hirte/Möllers, Kölner Kommentar zum WpHG, 2. Auflage 2014, § 14 Rn. 157. Diese Wertung gilt allerdings auch für die europäische Verordnung fort.

1056 Dazu auch überblicksartig *Ederington*, J. Fin., Vol. 34 (1979), No. 1, 157, 159 ff.; *Limperger*, Hedging mit Terminkontrakten: Eine gleichgewichtstheoretische Analyse realwirtschaftlicher Effekte 2002, S. 7 ff.; *Yamey*, in: Goss, Futures Markets: Their Establishement and Performance 1986, 77, 77 ff.

aa) Traditionelle Hedging-Theorie nach Keynes und Hicks (Risikotransfermodell)

Eine der ersten bekannten Hedging-Theorien geht auf die beiden weltbekannten Ökonomen *John Maynard Keynes* und *John Richard Hicks* zurück, die das Zusammenspiel von Spekulanten und Hedgern an den Terminmärkten beschrieben.[1057] *Keynes* und *Hicks* vertraten die Ansicht, Hedging bedeute, dass Risiken einer Preis- oder Kursänderung einer bestehenden Position vermieden werden. Der Absicherer ist dabei bereit für diese Übertragung der Preisrisiken an Spekulanten einen Aufschlag zu zahlen.[1058] Da sich Long- und Short-Hedger auf dem Terminmarkt nie in gleicher Anzahl gegenüber stehen werden,[1059] bedarf es des Eintritts von Spekulanten, die den Hedgern als Gegenpartei dienen.[1060] Die Rolle der Spekulanten auf den Futures-Märkten besteht demnach darin, diejenigen Risiken zu übernehmen, die risikoaverse Hedger übertragen möchten.[1061]

Die von *Keynes* aufgestellte Theorie der *normal backwardation* besagt, dass der Spot-Preis über dem Forward-Preis liegt oder, falls er dies noch nicht tut, zumindest um den Betrag der normal backwardation unter den erwarteten künftigen Spot-Preis fallen wird.[1062] Dieser Unterschiedsbetrag der normal backwardation wird auch als *spot premium* bezeichnet. Er umfasst den Betrag, den der Absicherer bereit ist für seinen Hedge, also die Vermeidung der Risiken einer Kurs- oder Preisänderung, an die Spekulanten zu zahlen.[1063]

Diese traditionelle Hedging-Theorie betont somit das Motiv der Risikovermeidung. Um eine entsprechende Absicherung zu erhalten, würden die Nutzer von Hedging-Geschäften eine Anzahl an gegenläufigen Futures-Positionen einnehmen, die der Anzahl der Spot-Positionen entspricht.[1064] Sobald das Spot-Exposure verkauft wird, wird auch der Futures-Kontrakt glattgestellt.[1065]

Eine entsprechende Definition des Hedging in Form des Eins-zu-Eins-Hedging wurde im Jahr 1926 auch von der Federal Trade Commission veröffentlicht:

1057 Zu weiteren Hedging-Ansätzen aus der Zeit vor dem Zweiten Weltkrieg *Yamey*, in: Goss, Futures Markets: Their Establishement and Performance 1986, 77, 77 f.

1058 *Hicks*, Value and Capital, 2. ed. 1946, S. 137 ff.; *Keynes*, A Treatise on Money 1930, Vol. 2, S. 143 f.; vgl. dazu auch aus der neueren Literatur: *Fletcher*, Rev. Banking & Fin. L., Vol. 33 (2014), No. 2, 813, 836; *Lynch*, Loy. U. Chi. L. J., Vol. 43 (2011), No. 1, 1, 38.

1059 Soweit sich Long- und Short-Hedger gegenüber stehen, können sie sich jeweils gegenseitig absichern.

1060 *Hicks*, Value and Capital, 2. ed. 1946, S. 137 f.

1061 *Johnson*, Rev. Econ. Stud., Vol. 27 (1960), 139, 140.

1062 *Keynes*, A Treatise on Money 1930, Vol. 2, S. 143 f.; dazu auch *Hicks*, Value and Capital, 2. ed. 1946, S. 138.

1063 *Keynes*, A Treatise on Money 1930, Vol. 2, S. 143; *Hicks*, Value and Capital, 2. ed. 1946, S. 138.

1064 *Ederington*, J. Fin., Vol. 34 (1979), No. 1, 157, 159.

1065 *Ederington*, J. Fin., Vol. 34 (1979), No. 1, 157, 159.

„Hedging in grain-trade practice may be defined as a combination of transactions in cash grain and in futures such that a purchase of the former is accompanied by the sale of the latter in corresponding quantity and vice versa. Hedging ordinarily involves fourfold transactions – an initial purchase and an initial sale, one of the cash grain, and the other of the futures, and the opposite closing transactions in each. By means of hedging, a loss in the cash grain will presumably be offset by a gain on the futures and vice versa.“[1066]

bb) Multipurpose-Concept of Hedging nach Working

Der traditionellen Hedging-Theorie setzte *Holbrook Working* in den 1950er Jahren ein neues Hedging-Konzept gegenüber. Er prägte mit seinen Veröffentlichungen den Begriff des Multipurpose Concept of Hedging, wonach Hedging nicht alleine zur Risikovermeidung oder Risikoreduzierung angewendet wird, sondern aus verschiedensten Gründen.[1067] Seiner Ansicht nach sei Hedging zur reinen Risikovermeidung (pure risk avoidance hedging) in der modernen Wirtschaftspraxis praktisch nicht mehr existent.[1068] Im Vordergrund stünden für die Marktteilnehmer vielmehr die Nutzung von erwarteten Vorteilen und die Maximierung der Gewinne und nicht die Vermeidung von Risiken.[1069] Die Entscheidung darüber, ob abgesichert wird, wie auch die Entscheidung zur Spekulation, wird durch die subjektiven Erwartungen an die zukünftigen Kurse beeinflusst.[1070] Anstatt Spekulanten und Hedger nach ihrer jeweiligen Risikoeinstellung zu unterscheiden, vertritt *Working* die Ansicht, eine Unterscheidung sei nach den unterschiedlichen Erwartungen an die zukünftigen Kurse vorzunehmen, wobei Hedger negativ in die Zukunft blicken und Spekulanten positiv.[1071] Der Überzeugung *Workings* folgte in den folgenden Jahren vor allem *Jack Hirshleifer*, der Hedger als Unterkategorie der Spekulanten bezeichnete.[1072]

1066 Zitiert nach *Patterson*, Yale L. J., Vol. 40 (1931), No. 6, 843, 846.

1067 Zum „Multipurpose Concept of hedging“: *Working*, Am. Econ. Rev., Vol. 51 (1961), No. 2, 160, 161; *Working*, Am. Econ. Rev., Vol. 52 (1962), No. 3, 431, 436 ff.: „Hedging is done for a variety of different purposes and must be defined as the use of futures contracts as a temporary substitute for a merchandising contract, without specifying the purpose.“

1068 *Working*, Am. Econ. Rev., Vol. 52 (1962), No. 3, 431, 442.

1069 *Working*, Am. Econ. Rev., Vol. 43 (1953), No. 3, 314, 325 f.; vgl. dazu auch: *Culp/Miller*, J. Applied Corp. Fin., Vol. 8 (1995), No. 1, 121, 122; *Ederington*, J. Fin., Vol. 34 (1979), No. 1, 157, 160; *Limperger*, Hedging mit Terminkontrakten: Eine gleichgewichtstheoretische Analyse realwirtschaftlicher Effekte 2002, S. 10.

1070 *Working*, Am. Econ. Rev., Vol. 43 (1953), No. 3, 314, 320; vgl. auch *Hirshleifer*, Q. J. Econ., Vol. 89 (1975), No. 4, 519, 524 f.

1071 Vgl. dazu *Hirshleifer*, J. Fin., Vol. 32 (1977), No. 4, 975, 995: „As previously emphasized, the crucial role in speculative behaviour is played by belief-deviance-by the degree of optimism […].“; *Hirshleifer/Riley*, J. Econ. Lit., Vol. 17 (1979), 1375, 1403; *Klöhn*, Kapitalmarkt, Spekulation und *Behavioural Finance* 2006, S. 34.

1072 *Hirshleifer*, J. Fin., Vol. 32 (1977), No. 4, 975, 997: „Alternatively, it is sometimes terminologically more convenient to think of speculation as a wider category

Working fasste auch die durch ihn geprägten Praktiken des *Selektiven Hedging*, des *Carrying-Charge Hedging* und des *Antizipativen Hedging* unter den Begriff des Hedging und vertrat die Meinung, dass Hedging aus diesem Grund manchmal der Spekulation sehr ähnlich sei.[1073] Seiner Ansicht nach verhielten sich Hedger ähnlich wie Spekulanten mit dem Unterschied, dass sie im Rahmen des Carrying-Charge Hedging nicht auf absolute Preisunterschiede bedacht waren, sondern auf die relativen Veränderungen der Spot-Futures-Relation.[1074] Bei der Entscheidung über ein Selektives Hedging des Exposures, sei das Motiv der Marktteilnehmer nicht die Risikovermeidung, sondern die Vermeidung von Verlusten.[1075] Des Weiteren ging Working davon aus, dass Geschäfte die gemeinhin als risk avoidance hedging bezeichnet wurden, bei genauerer Betrachtung tatsächlich oftmals nicht der Risikovermeidung oder Risikoreduzierung dienten, sondern der Vermeidung von Verlusten im Sinne eines Selektiven Hedging.[1076]

Er versuchte den Begriff des Hedgings mit Futures auf folgende Weise zu fassen:

> *„All the uses of futures that are commonly called „hedging" will be comprised, and all other uses excluded, if we characterize hedging as the use of futures contracts as a temporary substitute for a merchandising contract that is to be made later."*[1077]

cc) Varianzminimierendes Hedging nach Johnson und Stein

Johnson und *Stein* betrachten Hedging als einen normalen Anwendungsfall der Portfoliotheorie und versuchten so die tradtionelle Hedging-Theorie der Risikovermeidung mit den Annahmen Workings in Bezug auf die Gewinnmaximierung zu verbinden.[1078] Ihrer Ansicht nach werden Futures unter den gleichen Ertrags- und Risikogesichtspunkten ge- und verkauft wie jedes andere Wertpapier.[1079] Um ihren erwarteten Ertrag zu maximieren, ist das Exposure zu einem gewissen Teil abzusichern und zum anderen Teil ohne Absicherung zu halten.[1080]

Zur Formulierung einer neuen Hedging-Theorie nutzen Johnson und Stein die Varianz der erwarteten Erträge als Maß des Risikos, wobei eine hohe Varianz eine große Wahrscheinlichkeit von hohen Verlusten und Gewinnen bedeutet.[1081] Mit

---

of activity, in which case hedging becomes a special risk-reducing subclass of speculative behaviour."

1073 *Working*, Am. Econ. Rev., Vol. 52 (1962), No. 3, 431, 442.

1074 *Working*, Am. Econ. Rev., Vol. 52 (1962), No. 3, 431, 438; hierzu auch *Ederington*, J. Fin., Vol. 34 (1979), No. 1, 157, 160.

1075 *Working*, Am. Econ. Rev., Vol. 52 (1962), No. 3, 431, 440.

1076 *Working*, Am. Econ. Rev., Vol. 52 (1962), No. 3, 431, 442.

1077 *Working*, Am. Econ. Rev., Vol. 52 (1962), No. 3, 431, 442.

1078 Vgl. *Ederington*, J. Fin., Vol. 34 (1979), No. 1, 157, 161.

1079 *Ederington*, J. Fin., Vol. 34 (1979), No. 1, 157, 161.

1080 *Stein*, Am. Econ. Rev., Vol. 51 (1961), No. 5, 1012.

1081 *Johnson*, Rev. Econ. Stud., Vol. 27 (1960), 139, 143; *Stein*, Am. Econ. Rev., Vol. 51 (1961), No. 5, 1012, 1014.

Hilfe der Varianz des Grundgeschäfts, der Varianz des Hedging-Geschäfts und der Covarianz von Grund- und Hedging-Geschäft, lässt sich durch Ableitung die Anzahl an Hedging-Kontrakten berechnen, die zu einem varianzminimierenden Hedging-Geschäft führen.[1082]

Johnson formulierte eine neue Definition des Hedging:

> „*Given a position consisting of a number,* xi, *of physical units held in market i, a ‚hedge' is defined as a position in market j of size* xj* *units such that the ‚price risk' of holding* xi *and* xj* *from time t1 to time t2 is minimized*".[1083]

Hedging wird im Gegensatz zum Verständnis nach *Working* gemäß dieser Formulierung wieder klar als Geschäftstätigkeit zur Minimierung von Preisrisiken verstanden. Diese Formulierung des Hedging bedeutet allerdings nicht, dass Hedging-Aktivitäten frei von spekulativen und subjektiven Erwägungen erfolgen. Klarstellend betont *Johnson* auch, dass die Situationen in welcher der Marktteilnehmer spekuliert, anstatt sich abzusichern oder Spekulation und Absicherung kombiniert, durch seine Theorie des *varianzminimierenden Hedging* nicht behandelt werden. Eine genaue Unterscheidung zwischen Hedging und Spekulation sei aus seiner Sicht unscharf.[1084]

Aufgrund eigener Befragungen von Hedgern auf dem Kaffeemarkt konnte *Johnson* zunächst das Carrying-Charge-Hedging nach Working, also die bewusste Ausnutzung erwarteter Änderungen der *Spot-Futures-Relation*, bestätigen.[1085] Die Befragten von *Johnsons* Studie gaben zwar zum Großteil an, dass ihre primäre Motivation des Hedging darin besteht, Risiken zu reduzieren. Allerdings ließen sie sich dennoch bei ihren Hedging-Entscheidungen von ihren Preis- und Kurserwartungen leiten. Wird erwartet, dass der Spot-Preis des Bestandes steigt, so tendieren die Marktteilnehmer dazu die Absicherung aufzulösen. Im gegenteiligen Fall, also in Erwartung fallender Preise, werden die Short-Positionen soweit erhöht, dass sie den Absicherungsbedarf sogar übersteigen.[1086] *Johnson* stellte fest, dass Hedging-Aktivitäten und Spekulationsgeschäfte stark miteinander vermischt werden.[1087]

Auch *Stein* bezeichnet das varianzminimierende Hedging lediglich als Optimum des Verhältnisses von abgesicherten und ungedeckten Spot-Positionen, sodass der

---

1082 Vgl. die Darstellung bei *Johnson*, Rev. Econ. Stud., Vol. 27 (1960), 139, 143. Die Formel der Varianz des gesamten Exposures aus Grundgeschäft (x_i) und Hedginggeschäft (x_j) lautet demnach: $V(R) = x_i^2\sigma_i^2 + x_j^2\sigma_j^2 + 2x_ix_j cov_{ij}$; Leitet man diese Formel nach x_j ab und setzt diese Formel gleich Null, erhält man die Anzahl der Hedging-Kontrakte, bei denen die Varianz minimiert wird: $x_j^* = -x_i cov_{ij}/\sigma_j^2$.

1083 *Johnson*, Rev. Econ. Stud., Vol. 27 (1960), 139, 142.

1084 *Johnson*, Rev. Econ. Stud., Vol. 27 (1960), 139, 142.

1085 *Johnson*, Rev. Econ. Stud., Vol. 27 (1960), 139, 142.

1086 *Johnson*, Rev. Econ. Stud., Vol. 27 (1960), 139, 142.

1087 *Johnson*, Rev. Econ. Stud., Vol. 27 (1960), 139, 142.

erwartete Nutzen maximiert wird.[1088] In der Praxis wird der Anteil von ungedeckten und gedeckten Positionen aber je nach Attraktivität der Absicherung und den Kurserwartungen variieren und angepasst werden.[1089] Der Anteil von nicht gehedgtem Exposure liegt zwischen 0 % und 100 %.[1090]

Johnson skizziert daher ein Modell des Hedging und der Spekulation, welches die Beeinflussung der Hedging-Aktivität durch subjektiv erwartete Preisänderungen der Marktteilnehmer abbildet. Auf der Basis dieser subjektiven Preis- oder Kurserwartungen werden Absicherungen aufgelöst, antizipative Hedging-Geschäfte in Form von Long-Positionen eingegangen oder auch der Spot-Bestand angepasst.[1091]

dd) Utility-Maximizing-Hedging und Value-Maximizing-Hedging nach Smith und Stulz

Im Anschluss an die wissenschaftliche Verbreitung des varianzminimierenden Hedging wurde in der Literatur wieder vermehrt die Frage diskutiert, inwieweit der persönliche erwartete Nutzen des Einzelnen Einfluss auf die Hedging-Entscheidung hat, was von Rutledge schließlich mittels einer *Utility Hedge Strategie* umschrieben wurde.[1092]

Smith und *Stulz* gehen mit ihrer Hedging-Theorie in Bezug auf Unternehmen davon aus, dass Hedging in „*value-maximizing corporations*" ein Teil der „*overall corporate financing policy*" ist.[1093]

> „*Thus, we adopt a fairly general definition of hedging in terms of the market value of the firm. [...] Therefore, hedging reduces the dependence of firm value on changes in the state variable.*"[1094]

Als Beispiel für das weite Verständnis des Hedging-Begriffs dient unter anderem die Möglichkeit des Hedging mittels Futures, Forwards und Optionen, ohne dass eine identifizierbare Cash-Position im zugrunde liegenden Rohstoff gehalten wird. Auch durch Abänderung von unternehmerischen Entscheidungen können Unternehmen hedgen.[1095]

Insgesamt zeigt sich, dass die neuere wirtschaftswissenschaftliche Literatur in Bezug auf Risikomanagement Hedging weniger unter dem Gesichtspunkt der Varianzminimierung betrachtet, sondern vielmehr das Motiv der Unternehmenswertmaximierung (*value-maximizing*) – also die Vermeidung von Verlusten und nicht

---

1088 *Stein,* Am. Econ. Rev., Vol. 51 (1961), No. 5, 1012, 1014.
1089 *Stein,* Am. Econ. Rev., Vol. 51 (1961), No. 5, 1012, 1016.
1090 *Stein,* Am. Econ. Rev., Vol. 51 (1961), No. 5, 1012, 1014.
1091 *Johnson,* Rev. Econ. Stud., Vol. 27 (1960), 139, 145 ff.
1092 *Rutledge,* Food Research Insitute Studies, Vol. 11 (1972), No. 3, 237; vgl. dazu auch *Junkus/Lee,* J. Futures Markets, Vol. 5 (1985), No. 2, 201, 207.
1093 *Smith/Stulz,* J. Fin. & Quant. Analysis, Vol. 20 (1985), No. 4, 391.
1094 *Smith/Stulz,* J. Fin. & Quant. Analysis, Vol. 20 (1985), No. 4, 391, 392.
1095 *Smith/Stulz,* J. Fin. & Quant. Analysis, Vol. 20 (1985), No. 4, 391, 392.

die Minimierung der Varianz – betont.[1096] Wie Umfragen gezeigt haben, lassen viele Unternehmen ihre Markt- und Kurserwartung mit in die Hedging-Entscheidung und die Hedge Ratio einfließen, sodass eine völlige, gegebenenfalls varianzminimierende Absicherung gegenüber dem selektiven Hedging zurücktritt.[1097]

Insbesondere Smith und Stulz identifizieren im Rahmen ihrer wirtschaftswissenschaftlichen Forschung verschiedene Motive des Hedging, die weit über eine reine Risikovermeidung hinausgehen.[1098] Unternehmerische Hedging-Entscheidungen werden demnach beeinflusst durch:

- das Motiv der Reduzierung von steuerlichen Belastungen, wonach es steuerlich vorteilhaft sein kann, Hedging-Geschäfte abzuschließen,[1099]
- das Motiv der Reduzierung erwarteter Kosten im Falle einer finanziellen Notlage oder einer Insolvenz,[1100]
- das Interesse von Gläubigern, vor allem Anleihegläubigern, Kapitalgebern und Regulatoren, an einer Absicherung der Exposures des Unternehmens[1101] und damit einhergehend das Interesse der Reduzierung des Investitionspotenzials eines Unternehmens (*Underinvestment Problem*) sowie
- die Risikoaversion von Managern.[1102]

Motiviert durch Marktunvollkommenheiten (*market imperfections*) in Form von Kosten einer möglichen Insolvenz, steuerlichen Belastungen und Underinvestment

---

1096 *Stulz,* J. Applied Corp. Fin., Vol. 9 (1996), No. 3, 8, 8 f., 22; so auch *Albuquerque,* Global Finance Journal, Vol. 18 (2007), No. 1, 16, 17; *Conlon/Cotter,* UCD Geary Discussion Papers Working Paper 2012/19, 2.

1097 *Stulz,* J. Applied Corp. Fin., Vol. 9 (1996), No. 3, 8; zu den Studienergebnissen im Einzelnen siehe unten E.IV.2.b)bb).

1098 Zusammenfassend beispielsweise *International Swaps and Derivatives Association* (ISDA), The Value of OTC Derivatives: Case Study Analyses of Hedges by Publicly Traded Non-Financial Firms, March 2014, abrufbar unter: https://www2.isda.org/functional-areas/research/studies/, zuletzt abgerufen am 04.01.2017.

1099 *Smith/Stulz,* J. Fin. & Quant. Analysis, Vol. 20 (1985), No. 4, 391, 392; *Stulz,* J. Applied Corp. Fin., Vol. 9 (1996), No. 3, 8, 14; allgemein zu Versicherungen *Mayers/Smith,* J. Bus., Vol. 55 (1982), No. 2, 281, 289; hierzu auch *Géczy/Minton/Schrand,* J. Fin., Vol. 52 (1997), No. 4, 1323, 1330; *Nance/Smith/Smithson,* J. Fin., Vol. 48 (1993), No. 1, 267, 268; *Servaes/Tamayo/Tufano,* J. Applied Corp. Fin., Vol. 21 (2009), No. 4, 60, 62.

1100 *Mayers/Smith,* J. Bus., Vol. 55 (1982), No. 2, 281, 284 f.; *Smith/Stulz,* J. Fin. & Quant. Analysis, Vol. 20 (1985), No. 4, 391, 398; *Stulz,* J. Applied Corp. Fin., Vol. 9 (1996), No. 3, 8, 12; hierzu auch *Nance/Smith/Smithson,* J. Fin., Vol. 48 (1993), No. 1, 267, 269; *Servaes/Tamayo/Tufano,* J. Applied Corp. Fin., Vol. 21 (2009), No. 4, 60, 62.

1101 *Bessembinder,* J. Fin. & Quant. Analysis, Vol. 26 (1991), No. 4, 519, 531; *Smith/Stulz,* J. Fin. & Quant. Analysis, Vol. 20 (1985), No. 4, 391, 398; dazu auch *Nance/Smith/Smithson,* J. Fin., Vol. 48 (1993), No. 1, 267, 269 f.; *Servaes/Tamayo/Tufano,* J. Applied Corp. Fin., Vol. 21 (2009), No. 4, 60, 62.

1102 *Smith/Stulz,* J. Fin. & Quant. Analysis, Vol. 20 (1985), No. 4, 391, 399 ff.; *Stulz,* J. Applied Corp. Fin., Vol. 9 (1996), No. 3, 8, 13.

Problemen, könne, entsprechend der Theorie, der Marktwert des Unternehmens (*shareholder value*) durch Hedging-Maßnahmen maximiert werden.[1103] Dem steht das Interesse der Manager an der Maximierung ihres privaten Nutzens gegenüber, das ebenfalls Einfluss auf die Hedging-Maßnahmen des Unternehmens hat.[1104]

ee) Zwischenergebnis

Gegen das traditionelle Konzept des Hedging, als Strategie lediglich zu Zwecken der Risikovermeidung, findet sich in der Literatur reger Widerstand.[1105] Abgesehen von dieser traditionellen Hedging-Theorie ist es wohl allen Theorien gemeinsam, dass subjektive Kurs- und Preiserwartungen mit in die Hedging-Entscheidung einfließen, was durch empirische Studien auch belegt wurde.[1106] Das varianzminimierende Hedging-Konzept stellt schon entsprechend seinen Begründern, ein lediglich mathematisches Optimum dar, von dem in der Realität entsprechend den subjektiven Erwartungen abgewichen wird. Dennoch spielt die mathematisch errechnete Hedge Ratio in der Hedging-Praxis eine große Rolle.

Im Folgenden wird dargestellt, inwieweit die Motive des *Value-Maximizing-Hedging* in der Praxis bestätigt werden können. Wie sich zeigt, können diese nicht immer und durchgehend nachgewiesen werden, weshalb auch die Theorie des Value-Maximizing-Hedging keine Allgemeingültigkeit besitzt.[1107] Von dem Ziel, den Unternehmenswert und damit auch den Shareholder Value zu maximieren, wird wohl in der Praxis in großem Maße abgewichen. Dies kann mitunter wohl auch auf den *Principal-Agent-Konflikt* zwischen Anteilsinhabern und Managern zurückgeführt werden, da das Risikoverhalten von Managern Prämissen und Verzerrungen unterworfen ist.[1108]

Diesen Erkenntnissen wird wohl am ehesten das Multipurpose-Concept of Hedging nach *Working* gerecht, welches den Einfluss von subjektiven Erwartungen auf die Hedging-Entscheidung betont und die Abgrenzung von Hedging und Spekulation relativiert.

b) Hedging durch Unternehmen in der Praxis und wirtschaftswissenschaftlichen Forschung

Die wirtschaftswissenschaftliche Forschung auf dem Gebiet des Hedging behandelt vor allem das Hedging-Verhalten von Unternehmen. Die Forschung konzentriert sich dabei im speziellen auf das Hedging mittels Finanzinstrumenten, allen voran

1103 *Aretz/Bartram,* J. Fin. Res., Vol. 33 (2010), No. 4, 317, 317 f.; *Choi/Mao/Upadhyay,* J. Bus. Fin. & Acct., Vol. 40 (2013), No. 1–2, 239; *Fabling/Grimes,* J. Futures Markets, Vol. 35 (2015), No. 4, 321, 322.

1104 *Tufano,* J. Fin., Vol. 51 (1996), No. 4, 1097, 1106.

1105 So beispielsweise *Culp/Miller,* J. Applied Corp. Fin., Vol. 8 (1995), No. 1, 121.

1106 Vgl. dazu unten E.IV.2.b)bb).

1107 So auch *Adam/Fernando/Golubeva,* Discussion Paper 2012–018, S. 3.

1108 Siehe dazu unten im Einzelnen E.IV.2ndb)aa)(4).

Derivaten. Das Natural Hedging, also die Absicherung ohne Finanzinstrumente, wird dagegen in der wirtschaftswissenschaftlichen Forschung nur vereinzelt behandelt.[1109] Aufgrund des Anwendungsbereichs des Insiderhandelsverbots gemäß Art. 2 Abs. 1 MAR, der sich lediglich auf Finanzinstrumente und bestimmte Treibhausgasemissionszertifikate erstreckt, wird das Natural Hedging auch hier nur am Rande behandelt.

Wirtschaftswissenschaftliche Forschung zum Hedging-Verhalten speziell von Privatpersonen liegt nicht vor. Dies liegt wohl auch daran, dass Hedging mittels Derivaten erst ab einer bestimmten Größenordnung finanziell rentabel ist.[1110] Als Größenordnung, ab der sich das Hedging amortisiert, wird ein Exposure von $ 5 Millionen bis $ 10 Millionen genannt.[1111] Firmen kleinerer Größe und mit geringerer Liquidität hedgen wohl tendenziell weniger mit Derivaten und mehr mittels Natural Hedging als größere Firmen und solche mit einer höheren Liquidität. Das kann mit fehlenden finanziellen Mitteln für die Aufbringung von Optionsprämien oder Marginforderungen erklärt werden.[1112]

Aufgrund der Vielzahl an wirtschaftswissenschaftlichen Veröffentlichungen speziell zu den Motiven des Hedging und der Nutzung verschiedener Hedging-Strategien durch Unternehmen soll die Erörterung dieser Erkenntnisse einer allgemeineren Betrachtung vorausgehen.

aa) Motive und Einflussfaktoren der Hedging-Entscheidung aus empirischer Perspektive

Die durch theoretische Ansätze herausgearbeiteten Motive des Hedging wurden bereits vielfach durch empirische Studien und Umfragen hinterfragt.[1113]

(1) Reduzierung des Risikos und der Kosten einer Insolvenz (Financial Distress)

Mit dem steigenden Risiko für Unternehmen ihre fälligen Verbindlichkeiten nicht mehr erfüllen zu können, steigt zeitgleich auch das Insolvenzrisiko. Je höher die Fremdfinanzierungsrate des Unternehmens und je volatiler die Cash-Flows, umso größer ist dieses Risiko und umso geringer ist der Unternehmenswert.[1114] Diesem Risiko sowie den damit verbundenen Kosten einer finanziellen Notlage und möglicher

---

1109 Vgl. dazu unten E.IV.2.b)dd); finanzielles Hedging ist nur ein Teil einer umfassenden Hedging-Strategie.

1110 *Judge*, Eur. Fin. Mgmt., Vol. 12 (2006), No. 3, 407, 434.

1111 *Judge*, Eur. Fin. Mgmt., Vol. 12 (2006), No. 3, 407, 434.

1112 *Judge*, Eur. Fin. Mgmt., Vol. 12 (2006), No. 3, 407, 434.

1113 Einen Überblick über einen Teil der empirischen Forschung bis zum Jahr 2010 liefern beispielsweise *Aretz/Bartram*, J. Fin. Res., Vol. 33 (2010), No. 4, 317.

1114 *Aretz/Bartram*, J. Fin. Res., Vol. 33 (2010), No. 4, 317, 348; *Aretz/Bartram/Dufey Gunter*, J. Risk Fin., Vol. 8 (2007), No. 5, 434, 441; vgl. auch *Stulz*, J. Applied Corp. Fin., Vol. 9 (1996), No. 3, 8, 12 f.

Kosten einer Insolvenz kann durch Hedging begegnet werden, indem die Volatilität der Cash-Flows und damit auch des Unternehmenswerts reduziert wird.[1115]

Dementsprechend sollten entsprechend der Theorie Firmen, welche mit einem großen Insolvenzrisiko oder hohen Insolvenzkosten konfrontiert sind, vorrangig Hedging betreiben.[1116]

Diese Hypothese wurde vielfach empirischen Analysen unterzogen, welche beispielsweise anhand der Fremdfinanzierungsrate, der kurzfristigen Liquidität oder dem Credit-Rating des Unternehmens einen entsprechenden Zusammenhang nachweisen wollten. Die meisten Studien lassen zumindest einen positiven Zusammenhang zwischen der Fremdfinanzierung (*Leverage*) und dem Corporate Hedging erkennen.[1117] Die Liquidität des Unternehmens steht in den meisten Auswertungen in einem negativen Zusammenhang mit der Hedging-Tätigkeit des Unternehmens, was ebenfalls für das Motiv der Vermeidung einer finanziellen Schieflage spricht.[1118] Der Zusammenhang mit anderen Kennzahlen wird unterschiedlich beurteilt.[1119]

1115 *Aretz/Bartram,* J. Fin. Res., Vol. 33 (2010), No. 4, 317, 348; *Aretz/Bartram/Dufey Gunter,* J. Risk Fin., Vol. 8 (2007), No. 5, 434, 441; *Glaum,* J. Applied Corp. Fin., Vol. 14 (2002), No. 4, 108, 110; *Stulz,* J. Applied Corp. Fin., Vol. 9 (1996), No. 3, 8, 12 f.

1116 Mit diesen Gründen wird auch der Unterschied der Hedging-Intensität zwischen amerikanischen und britischen Unternehmen erklärt, so *Judge,* Eur. Fin. Mgmt., Vol. 12 (2006), No. 3, 407, 427: „Alternatively, the strong financial distress results might be due to institutional differences such as bankruptcy rules, which are less shareholder friendly in the UK relative to the USA. The potential implication of this is that UK firms face higher financial distress costs and thus possess greater incentives to hedge."

1117 So beispielsweise *Bartram/Brown/Conrad,* J. Fin. & Quant. Analysis, Vol. 46 (2011), No. 4, 967; *Bartram/Brown/Fehle,* Fin. Mgmt., Vol. 38 (2009), No. 1, 185, 194, 196; *Dionne/Triki,* Eur. J. Fin., Vol. 19 (2013), No. 2, 145, 158; *Haushalter,* J. Fin., Vol. 55 (2000), No. 1, 107, 129; *Judge,* Eur. Fin. Mgmt., Vol. 12 (2006), No. 3, 407, 423; *Géczy/Minton/Schrand,* J. Fin., Vol. 52 (1997), No. 4, 1323, 1334; *einen negativen Zusammenhang* ergab die Auswertung von *Carter/Rogers/Simkins Betty J.,* Fin. Mgmt., Vol. 35 (2006), No. 1, 53, 70.

1118 *Carter/Rogers/Simkins Betty J.,* Fin. Mgmt., Vol. 35 (2006), No. 1, 53, 70; *Dionne/Triki,* Eur. J. Fin., Vol. 19 (2013), No. 2, 145, 157; *Géczy/Minton/Schrand,* J. Fin., Vol. 52 (1997), No. 4, 1323, 1340; *Judge,* Eur. Fin. Mgmt., Vol. 12 (2006), No. 3, 407, 423; *Minton/Stulz/Williamson,* J. Fin. Services Res., Vol. 35 (2009), No. 1, 1, 18.

1119 Vgl. Übersicht bei *Aretz/Bartram,* J. Fin. Res., Vol. 33 (2010), No. 4, 317, 348 f.; *Judge,* Eur. Fin. Mgmt., Vol. 12 (2006), No. 3, 407, 423 ff. stellte einen Zusammenhang mit allen untersuchten Kennzahlen fest, was allerdings wohl an einem breiten Hedging-Verständnis liegt, welches auch Natural Hedging mit einbezieht; so auch *Minton/Stulz/Williamson,* J. Fin. Services Res., Vol. 35 (2009), No. 1, 1, 18 für die Absicherung von Kreditrisiken; a.A.: *Bartram/Brown/Fehle,* Fin. Mgmt., Vol. 38 (2009), No. 1, 185, 194, 196, wonach Hedger profitbaler sind, längere Kreditlaufzeiten haben und eine höhere Interest Coverage Ratio; *Carter/Rogers/Simkins Betty J.,* Fin. Mgmt., Vol. 35 (2006), No. 1, 53, 70: kein Zusammenhang mit Credit

Im Ergebnis kann aber wohl das Risiko einer finanziellen Schieflage und die damit verbundenen Kosten als Motiv für eine Hedging-Entscheidung als empirisch nachgewiesen betrachtet werden.

(2) Sicherung von Unternehmensinvestitionen und Reduktion der Finanzierungskosten (Underinvestment Problem)

Hedging kann aufgrund verschiedener Erwägungen durch die Reduktion der Cash-Flows zur Absicherung von Unternehmensinvestitionen motiviert sein. Zum einen kann durch Hedging-Geschäfte sichergestellt werden, dass genügend interne Finanzen zur Verfügung stehen, um Investitionen zu tätigen und Wachstumsmöglichkeiten zu nutzen.[1120] Durch die Reduktion der Volatilität der Cash-Flows kann das Risiko vermindert werden, auf eine kostspielige externe Finanzierung, anstelle einer internen Finanzierung, zurückgreifen zu müssen.[1121]

Zum anderen haben Firmen mit einer höheren Volatilität der Cash-Flows in der Regel auch höhere Fremdfinanzierungskosten.[1122] Für den Fall, dass eine Fremdfinanzierung notwendig wird, kann durch Hedging den Anforderungen der Kapitalgeber besser entsprochen werden und es können vorteilhaftere Verträge ausgehandelt werden.[1123] Wird den Forderungen der Kapitalgeber und Anleihegläubiger nach einer Absicherung nicht entsprochen, so kann dies für das Unternehmen dazu führen, dass die Aufnahme von Krediten teurer wird und daraufhin Ausgaben für neue Investmentprojekte gekürzt oder gestrichen werden. Dies wird als Underinvestment Problem bezeichnet.[1124] Entsprechend der Theorie sollten vor allem

Rating; *Géczy/Minton/Schrand,* J. Fin., Vol. 52 (1997), No. 4, 1323, 1334, die keinen Zusammenhang mit der Interest Coverage Ratio herstellen konnten; *Tufano,* J. Fin., Vol. 51 (1996), No. 4, 1097, 1117 konnte keinen Zusammenhang mit betrieblichen Kosten feststellen.

1120 *Aretz/Bartram,* J. Fin. Res., Vol. 33 (2010), No. 4, 317, 347; *Aretz/Bartram/Dufey Gunter,* J. Risk Fin., Vol. 8 (2007), No. 5, 434, 439.

1121 *Glaum,* J. Applied Corp. Fin., Vol. 14 (2002), No. 4, 108; *Guay/Kothari,* J. Fin. Econ., Vol. 70 (2003), No. 3, 423, 428, allerdings haben Derivate gemäß ihrer empirischen Auswertung nur eine geringe Auswirkung auf die Cash-Flows; *Mian,* J. Fin. & Quant. Analysis, Vol. 30 (1996), No. 3, 419, 423; *Minton/Schrand,* J. Fin. Econ., Vol. 54 (1999), No. 3, 423, 424.

1122 *Minton/Schrand,* J. Fin. Econ., Vol. 54 (1999), No. 3, 423, 424 f., so unter anderem schlechtere S&P Anleihe-Ratings, höhere Bid-Ask Spreads und höhere gewichtete durchschnittliche Cost of Capital.

1123 *Bessembinder,* J. Fin. & Quant. Analysis, Vol. 26 (1991), No. 4, 519, 520, 531; ähnlich auch für die Forderung von Anleihegläubigern *Smith/Stulz,* J. Fin. & Quant. Analysis, Vol. 20 (1985), No. 4, 391, 398.

1124 So schon *Froot/Scharfstein/Stein,* J. Fin., Vol. 48 (1993), No. 5, 1629, 1641 f.; denen folgend *Nance/Smith/Smithson,* J. Fin., Vol. 48 (1993), No. 1, 267, 270; *Servaes/Tamayo/Tufano,* J. Applied Corp. Fin., Vol. 21 (2009), No. 4, 60, 62; *Stulz,* J. Applied Corp. Fin., Vol. 9 (1996), No. 3, 8, 13.

diejenigen Firmen zu Hedging-Geschäften motivert sein, die starke Wachstumsaussichten haben und gleichzeitig zu einem hohen Anteil fremdfinanziert sind.[1125]

Ein entsprechender Zusammenhang zwischen der Reduktion der Volatilität der Cash-Flows und dem Grad der Unternehmensinvestitionen konnte unter Zuhilfenahme verschiedener Kennzahlen, wie den Ausgaben für R&D, der R&D Intensität, den Ausgaben für Werbung, den Kapitalausgaben, der market-to-book-ratio oder der Zuwachsrate und den Wachstumsmöglichkeiten empirisch nur teilweise festgestellt werden.[1126] Auch der Zusammenhang zwischen Volatilität von Cash-Flows und der Reduktion von Fremdfinanzierungskosten wurde untersucht und zumeist bejaht.[1127]

(3) Reduzierung von Steuern

Vielfach wird auch die Ansicht vertreten, dass die Reduzierung der möglichen Steuerlast Anreiz für Hedging ist, da stabile Einkünfte vor Steuern niedriger versteuert werden als volatilere Einkünfte.[1128] Dies hängt zum einen mit der Steuerprogression zusammen, zum anderen aber wohl auch mit Steuervergünstigungen, die in Zeiten niedriger Gewinne nicht voll ausgeschöpft werden können.[1129] Entsprechende

---

1125 *Aretz/Bartram,* J. Fin. Res., Vol. 33 (2010), No. 4, 317, 330.

1126 Ein positiver Zusammenhang zwischen dem Investitionslevel und Hedging konnte in vielen Fällen bestätigt werden: so beispielsweise *Carter/Rogers/Simkins Betty J.,* Fin. Mgmt., Vol. 35 (2006), No. 1, 53, 70 zwischen „Capital Expenditures" und Hedging; *Géczy/Minton/Schrand,* J. Fin., Vol. 52 (1997), No. 4, 1323, 1334 R&D-Ausgaben und book-to market-ratio; *Haushalter,* J. Fin., Vol. 55 (2000), No. 1, 107, 130 hinsichtlich Kapitalausgaben und Explorationskosten; *Minton/Schrand,* J. Fin. Econ., Vol. 54 (1999), No. 3, 423, 455, die einen Zusammenhang zwischen Investitionen in die Kapitalausgaben, R&D-Ausgaben und Werbungsausgaben feststellten; keinen oder negativen Zusammenhang nachweisen konnten beispielsweise: *Graham/Rogers,* J. Fin., Vol. 57 (2002), No. 2, 815, 835 für die R&D Ausgaben und die Market-to-Book-Ratio; *Mian,* J. Fin. & Quant. Analysis, Vol. 30 (1996), No. 3, 419, 427, 430 f. für die Market-to-book-Ratio; *Tufano,* J. Fin., Vol. 51 (1996), No. 4, 1097, 1117; *Bartram/Brown/Fehle,* Fin. Mgmt., Vol. 38 (2009), No. 1, 185, 194, 196 erhielten gemischte Ergebnisse, wonach Hedger eine niedrigere Market-to-Book-Ratio und niedrigere Kapitalausgaben haben sowie weniger R&D intensiv sind, allerdings haben Hedger stärkere Wachstumsmöglichkeiten.

1127 Diesen Zusammenhang bestätigt z. B. *Campello/Lin/Ma/Zou,* J. Fin., Vol. 66 (2011), No. 5, 1615, 1629; *Minton/Schrand,* J. Fin. Econ., Vol. 54 (1999), No. 3, 423, 455 zum Zusammenhang zwischen Volatilität und unter anderem Ratings, Cost of Capital, Bid-Ask-Spread und Analystenanhänger; wohl kein Zusammenhang *Dionne/Triki,* Eur. J. Fin., Vol. 19 (2013), No. 2, 145, 159.

1128 *Stulz,* J. Applied Corp. Fin., Vol. 9 (1996), No. 3, 8, 14; vgl. auch *Aretz/Bartram/Dufey Gunter,* J. Risk Fin., Vol. 8 (2007), No. 5, 434, 442; *Campello/Lin/Ma/Zou,* J. Fin., Vol. 66 (2011), No. 5, 1615, 1617.

1129 *Aretz/Bartram,* J. Fin. Res., Vol. 33 (2010), No. 4, 317, 356; *Aretz/Bartram/Dufey Gunter,* J. Risk Fin., Vol. 8 (2007), No. 5, 434, 443; *Mian,* J. Fin. & Quant. Analysis, Vol. 30 (1996), No. 3, 419, 423 f.

rechnerische Nachweise für diese Theorie fallen überwiegend nur sehr schwach aus. Das wird damit begründet, dass der Anreiz der Reduzierung von Steuern im Vergleich zu anderen Anreizen wohl eher gering ist. Statistisch ist ein Zusammenhang zwischen der Intensität von Hedging-Geschäften und den steuerlichen Effekten nur schwer nachweisbar[1130], und soweit ein Zusammenhang nachgewiesen wurde, fällt dieser zum Teil negativ und zum anderen Teil positiv aus.[1131] Nur wenige Studien stellen einen klaren Zusammenhang zwischen Hedging und der Reduzierung der Steuerlast fest.[1132]

Hinzu kommt, dass steuerliche Anreize in Deutschland sogar noch geringer ausfallen, da hier die handelsrechtliche und die steuerrechtliche Buchführung sehr eng verbunden sind und es abgesehen von Hedging auch andere Möglichkeiten gibt, die Gewinne zu glätten.[1133]

(4) Risikoverhalten von Managern (*Agency Conflict of Equity*)

Die Entscheidung einer value-maximizing Firma darüber, ob abgesichert wird, hängt neben den steuerlichen Auswirkungen und der Gefahr sowie den Kosten einer Insolvenz, auch von dem möglicherweise gegenläufigen Motiv der Risikoaversion der Manager ab.[1134]

Manager verhalten sich hinsichtlich ihres erwarteten Nutzens, das heißt hinsichtlich ihrer Vergütung risikoavers. Sie besitzen eine nicht diversifizierte Vermögensposition, die direkt mit den finanziellen Erfolgsaussichten und der Existenz des Unternehmens verknüpft ist.[1135] Anteilseigner sind aber im Gegensatz dazu daran interessiert, den Unternehmenswert und ihr eigenes Vermögen zu maximieren, mit der Folge, dass das Unternehmen selbst also nicht risikoavers wirtschaftet.[1136]

1130 So *Aretz/Bartram,* J. Fin. Res., Vol. 33 (2010), No. 4, 317, 361; schwacher Zusammenhang *Haushalter,* J. Fin., Vol. 55 (2000), No. 1, 107, 135; keinen Zusammenhang feststellbar: *Géczy/Minton/Schrand,* J. Fin., Vol. 52 (1997), No. 4, 1323, 1334, 1340.

1131 *Graham/Rogers,* J. Fin., Vol. 57 (2002), No. 2, 815, 831 finden einen negativen Zusammenhang mit der Steuerprogression, allerdings leiten sie aus der positiven Korrelation mit der Kreditrate ab, dass Hedging zu einem Anstieg der Kreditrate führt, wodurch die anfallenden Zinsen aufgrund ihrer steuerlichen Berücksichtigung zu einem Steuervorteil führen; *Mian,* J. Fin. & Quant. Analysis, Vol. 30 (1996), No. 3, 419, 428, ein Zusammenhang konnte lediglich zwischen Hedging und Steuervergünstigungen festgestellt werden, nicht aber mit steuerlichen Verlustvorträgen und der Steuerprogression.

1132 Einen Zusammenhang bejahen *Campello/Lin/Ma/Zou,* J. Fin., Vol. 66 (2011), No. 5, 1615, 1628; *Choi/Mao/Upadhyay,* J. Bus. Fin. & Acct., Vol. 40 (2013), No. 1–2, 239, 254.

1133 *Glaum,* J. Applied Corp. Fin., Vol. 14 (2002), No. 4, 108, 111.

1134 *Smith/Stulz,* J. Fin. & Quant. Analysis, Vol. 20 (1985), No. 4, 391, 403; ähnlich *Nance/Smith/Smithson,* J. Fin., Vol. 48 (1993), No. 1, 267, 268; vgl. dazu im Einzelnen unten E.IV.3.c).

1135 *Aretz/Bartram,* J. Fin. Res., Vol. 33 (2010), No. 4, 317, 340; *Aretz/Bartram/Dufey Gunter,* J. Risk Fin., Vol. 8 (2007), No. 5, 434, 437 f.

1136 *Smith/Stulz,* J. Fin. & Quant. Analysis, Vol. 20 (1985), No. 4, 391, 403.

Entsprechend der Theorie von *Smith* und *Stulz* könne die Risikoaversion von Managern und damit auch das Hedging-Verhalten gezielt mittels *Managerial Compensations* beeinflusst werden. Einen klaren Zusammenhang prognostiziert die theoretische Forschung in Fällen, in denen Manager beziehungsweise Mitarbeiter der Risikomanagementabteilung Aktienanteile an dem Unternehmen besitzen oder ein Aktienprogramm (*share program*) besteht. Hier schlagen sich Ertragseinbußen des Unternehmens direkt linear im persönlichen Vermögen des Managers nieder.[1137] Aufgrund ihrer persönlichen Risikoaversion seien sie in diesen Fällen eher dazu geneigt, das Exposure des Unternehmens abzusichern und damit auch ihre persönlichen Erträge zu sichern.[1138] Genau umgekehrt solle es sich entsprechend theoretischer Meinungen dann verhalten, wenn die Manager und Mitarbeiter durch Optionen und Optionsprogramme intensiviert werden sollen. Das asymmetrische Chancen-Risikoprofil von Optionen entlohnt das Management, soweit die Volatilität steigt und Risiken eingegangen werden. Im Gegensatz dazu sind Optionen praktisch wertlos, wenn die Volatilität reduziert wird.[1139] Optionen könnten die Risikoaffinität der Manager und damit auch des Unternehmens positiv beeinflussen, was dazu führe, dass auf Hedging verzichtet wird.[1140] Optionen sowie optionsgleiche Bestandteile des Vergütungssystems und Hedging-Aktivitäten stünden demnach in einem negativen Zusammenhang.[1141] Bonusprogramme können theoretisch sowohl in einem positiven als auch einem negativen Zusammenhang mit der Hedging-Intensität des Unternehmens stehen, je nachdem unter welchen vertraglich festgelegten Bedingungen dem Manager Boni zustehen.[1142] Soll ein Bonusanspruch erst bei Erreichen einer bestimmten Schwelle der Erträge bestehen, so wird der Manager tendenziell mehr Risiken in Kauf nehmen und weniger Hedging betreiben.[1143] Demgegenüber steigt entsprechend der Theorie die Hedging-Affinität, wenn die Höhe

1137 *Stulz,* J. Applied Corp. Fin., Vol. 9 (1996), No. 3, 8, 18.

1138 Grundlegend: *Smith/Stulz,* J. Fin. & Quant. Analysis, Vol. 20 (1985), No. 4, 391, 403; *Stulz,* J. Applied Corp. Fin., Vol. 9 (1996), No. 3, 8, 18; vgl. auch *Aretz/Bartram,* J. Fin. Res., Vol. 33 (2010), No. 4, 317, 341.

1139 *Stulz,* J. Applied Corp. Fin., Vol. 9 (1996), No. 3, 8, 18; *Tufano,* J. Fin., Vol. 51 (1996), No. 4, 1097, 1109.

1140 Eine Übersicht der Literatur bei *Géczy/Minton/Schrand,* J. Fin., Vol. 62 (2007), No. 5, 2405, 2421; a.A. *Géczy/Minton/Schrand,* J. Fin., Vol. 52 (1997), No. 4, 1323, 1350, wonach bei einer Auswertung von Geschäftsberichten kein entsprechender Zusammenhang festgestellt werden konnte.

1141 Grundlegend *Smith/Stulz,* J. Fin. & Quant. Analysis, Vol. 20 (1985), No. 4, 391, 403: „Hence, the more option-like features in a firm's compensation plan, the less the firm is expected to hedge."; vgl. auch *Aretz/Bartram,* J. Fin. Res., Vol. 33 (2010), No. 4, 317, 340; *Stulz,* J. Applied Corp. Fin., Vol. 9 (1996), No. 3, 8, 19.

1142 *Guay,* J. Fin. Econ., Vol. 53 (1999), No. 1, 43, 46.

1143 *Smith/Stulz,* J. Fin. & Quant. Analysis, Vol. 20 (1985), No. 4, 391, 403; so auch für die größere Risikobereitschaft *March/Shapira,* Mgmt. Sci., Vol. 33 (1987), No. 11, 1404, 1410.

des Bonusanspruchs eine konkave Funktion der Erträge beschreibt, der Bonusanspruch also bei steigenden Erträgen weniger stark wächst.[1144]

Um einen entsprechenden empirischen Nachweis für den Zusammenhang zwischen Managerial Compensations und Hedging-Verhalten zu erbringen, wurden Hedging-Kennzahlen von Unternehmen mit dem Anteilsbesitz der Manager an dem Unternehmen, bestehenden Aktienoptionen und Optionsprogrammen sowie vertraglich vereinbarten Boni verglichen.[1145] Ein Zusammenhang zwischen Anteilsbesitz und Hedging konnte empirisch in einigen Fällen nachgewiesen werden. Der Anteilsbesitz stand in diesen Fällen in direktem positivem Zusammenhang mit der Hedging-Intensität des Unternehmens.[1146] Ein negativer Zusammenhang zwischen dem Besitz von *Aktienoptionen* beziehungsweise Aktienoptionsprogrammen und Hedging besteht nach Ansicht einiger Studien in der Praxis tatsächlich.[1147] Ein anderer Teil der Forschung konnte einen solchen empirisch nicht nachweisen.[1148]

Eine alternative Erklärung des Managerverhaltens knüpft an deren beruflichen Ruf an. Entsprechend der Theorie würden Manager Risikomanagement auch deshalb betreiben, um ihre Fähigkeiten am Arbeitsmarkt unter Beweis zu stellen.[1149]

(5) Sonstige Einflussfaktoren

Daneben haben eine Reihe weiterer Einflussfaktoren Auswirkungen auf das Hedging-Verhalten von Unternehmen.

So spielt beispielsweise die Firmengröße für die Entscheidung über die Nutzung von Financial Hedging eine große Rolle. Große Firmen sichern zu einem größeren Anteil mit Derivaten ab als kleine Firmen.[1150] Das wird unter anderem auf die

---

1144 *Smith/Stulz,* J. Fin. & Quant. Analysis, Vol. 20 (1985), No. 4, 391, 403.

1145 Vgl. beispielsweise *Tufano,* J. Fin., Vol. 51 (1996), No. 4, 1097, 1098.

1146 *Dionne/Triki,* Eur. J. Fin., Vol. 19 (2013), No. 2, 145, 157; *Rogers,* J. Banking & Fin., Vol. 26 (2002), No. 2, 271, 291; *Schrand/Unal,* J. Fin., Vol. 53 (1998), No. 3, 979, 1008; *Tufano,* J. Fin., Vol. 51 (1996), No. 4, 1097, 1118; *a.A.: Haushalter,* J. Fin., Vol. 55 (2000), No. 1, 107, 134 f.

1147 So zum Beispiel *Dionne/Triki,* Eur. J. Fin., Vol. 19 (2013), No. 2, 145, 157; lediglich schwacher Zusammenhang bei *Haushalter,* J. Fin., Vol. 55 (2000), No. 1, 107, 134; *Rogers,* J. Banking & Fin., Vol. 26 (2002), No. 2, 271, 291; *Schrand/Unal,* J. Fin., Vol. 53 (1998), No. 3, 979, 1008; *Tufano,* J. Fin., Vol. 51 (1996), No. 4, 1097, 1118.

1148 *Bartram/Brown/Fehle,* Fin. Mgmt., Vol. 38 (2009), No. 1, 185, 194, 196 und *Géczy/Minton/Schrand,* J. Fin., Vol. 52 (1997), No. 4, 1323, 1350 fanden sogar einen positiven Zusammenhang zwischen der Nutzung von Optionsprogrammen und der Hedging-Aktivität.

1149 Vgl. auch *Tufano,* J. Fin., Vol. 51 (1996), No. 4, 1097, 1111.

1150 So beispielsweise *Bodnar/Gebhardt,* J. Int. Fin. Mgmt. & Acct., Vol. 10 (1999), No. 3, 153, 159; *Dionne/Triki,* Eur. J. Fin., Vol. 19 (2013), No. 2, 145, 157; *Fabling/Grimes,* J. Futures Markets, Vol. 35 (2015), No. 4, 321, 331; *Glaum,* J. Applied Corp. Fin., Vol. 14 (2002), No. 4, 108, 111; *Graham/Rogers,* J. Fin., Vol. 57 (2002), No. 2, 815, 835; *Haushalter,* J. Fin., Vol. 55 (2000), No. 1, 107, 131; *Mallin/Ow-Yong/Reynolds,* Eur.

Transaktionskosten des Hedging und notwendige Personalkosten zurückgeführt.[1151] Insgesamt spielen die Kosten einer Absicherung, die durch eine immer stärkere Regulierung des OTC-Derivatemarktes steigen, wohl für aller Unternehmen eine Rolle.

Eine Rolle spielt neben der Firmengröße auch die Erfahrung des Unternehmens mit Financial Hedging. Firmen mit einem größeren Erfahrungsschatz hedgen empirisch nachgewiesen mehr.[1152] Die Größe der Firma und die Erfahrung mit Derivaten hängen wohl direkt voneinander ab.[1153]

Ein negativer Zusammenhang konnte hingegen zwischen der Tätigkeitsdauer des Senior Financial Managers und dem Hedging-Level festgestellt werden.[1154]

Daneben ist es möglich, dass Strategien des Risikomanagements auch von anderen Motiven geleitet sind, welche durch empirische Studien nur schwer nachweisbar sind, beispielsweise die Glättung der Erträge, Spekulation oder der Wettbewerb zwischen Unternehmen.[1155]

Für Kreditinstitute dürften vor allem auch die Eigenkapitalanforderungen Anreiz sein Hedging zu betreiben. Durch bestimmte Sicherungsgeschäfte lässt sich das regulatorisch vorzuhaltende Eigenkapital reduzieren.[1156]

(6) Maximierung des Unternehmenswerts und des Shareholder Value

Die Reduzierung des Risikos und der Kosten einer Insolvenz, die Sicherung von Investitionen und Wachstumschancen sowie die Reduzierung von Steuern sollen in ihrer Gesamtheit dem Ziel der Maximierung des Unternehmenswerts dienen.[1157]

Die Möglichkeit den Unternehmenswert durch Hedging-Geschäfte zu maximieren wurde vielfach in Frage gestellt. Entsprechend der These von *Modigliani* und *Miller* könne Hedging nicht zum Shareholder Value beitragen, da den Anteilsinhabern selbst die Möglichkeit offen steht, zu diversifizieren oder ihre Anteile abzusichern und damit eine Absicherung auf Firmenebene nachzubilden.[1158]

J. Fin., Vol. 7 (2001), No. 1, 63, 69; *Mian,* J. Fin. & Quant. Analysis, Vol. 30 (1996), No. 3, 419, 429; *Rossi,* J. Multinat. Fin. Mgmt., Vol. 23 (2013), No. 5, 415, 426.

1151 *Haushalter,* J. Fin., Vol. 55 (2000), No. 1, 107, 136; *Mian,* J. Fin. & Quant. Analysis, Vol. 30 (1996), No. 3, 419, 424.

1152 *Fabling/Grimes,* J. Futures Markets, Vol. 35 (2015), No. 4, 321, 329.

1153 Vgl. *Fabling/Grimes,* J. Futures Markets, Vol. 35 (2015), No. 4, 321, 331.

1154 *Tufano,* J. Fin., Vol. 51 (1996), No. 4, 1097, 1128.

1155 *Aretz/Bartram,* J. Fin. Res., Vol. 33 (2010), No. 4, 317, 318; ähnlich *Guay/Kothari,* J. Fin. Econ., Vol. 70 (2003), No. 3, 423, 426; zum Zusammenhang zwischen Hedging und Mitbewerbern am Markt vgl. beispielsweise *Loss,* J. Econ. & Mgmt. Strategy, Vol. 21 (2012), No. 1, 79.

1156 So auch *Scherer,* Corporate Finance law 2010, 93, 95 f.

1157 *Stulz,* J. Applied Corp. Fin., Vol. 9 (1996), No. 3, 8, 23 f.

1158 *Modigliani/Miller,* Am. Econ. Rev., Vol. 48 (1958), No. 3, 261; *Aretz/Bartram/Dufey Gunter,* J. Risk Fin., Vol. 8 (2007), No. 5, 434, 435; *Stout,* J. Corp. L., Vol. 21 (1995), No. 1, 53, 56.

Dem wird allerdings insoweit widersprochen, als eine Absicherung auf Ebene der Aktionäre nicht die gleiche Wirkung entfaltet wie auf Ebene des Unternehmens. Dies resultiert aus den oben aufgezeigten Marktunvollkommenheiten, beispielsweise in Form von Fremdfinanzierungskosten, Insolvenzkosten oder Steuern, denen nur auf Unternehmensebene begegnet werden kann.[1159] So kann beispielsweise das Risiko und die möglichen Kosten einer Insolvenz nur durch das Unternehmen abgesichert werden.[1160] Unternehmen, die den Unternehmenswert maximieren möchten, werden daher Derivate nur dann einsetzen, wenn der dadurch erwartete Vorteil die Kosten übersteigt.[1161]

In der Theorie ist der heutige Unternehmenswert durch die zukünftigen erwarteten Kosten einer Insolvenz geschmälert. Werden diese zu erwartenden Kosten reduziert, dann steigt auch der Unternehmenswert.[1162]

Die empirischen Nachweise, ob der Unternehmenswert durch Financial Hedging tatsächlich erhöht wird, sind uneinheitlich.[1163] Die unterschiedlichen Ergebnisse werden teilweise auf die verschiedenen Risikoarten zurückgeführt, denen die Firmen ausgesetzt sind.[1164] So hat wohl das Hedging von Währungs- und Zinsrisiken einen positiven Einfluss auf den Unternehmenswert, wohingegen die Ergebnisse für die Absicherung von Rohstoffpreisrisiken nicht so klar sind.[1165] Teilweise wird auch angenommen, dass Studienergebnisse, die einen stark positiven Zusammenhang zwischen Hedging und einer Erhöhung des Unternehmenswertes festgestellt haben,

---

1159 Dazu *Aretz/Bartram/Dufey Gunter,* J. Risk Fin., Vol. 8 (2007), No. 5, 434; *Brown/Toft,* Rev. Fin. Stud., Vol. 15 (2002), No. 4, 1283, 1284; *Graham/Rogers,* J. Fin., Vol. 57 (2002), No. 2, 815, 817; *Glaum,* J. Applied Corp. Fin., Vol. 14 (2002), No. 4, 108, 110; *Haushalter,* J. Fin., Vol. 55 (2000), No. 1, 107, 109; *Mian,* J. Fin. & Quant. Analysis, Vol. 30 (1996), No. 3, 419, 421.

1160 Vgl. z. B. *Aretz/Bartram,* J. Fin. Res., Vol. 33 (2010), No. 4, 317, 319.

1161 *Guay/Kothari,* J. Fin. Econ., Vol. 70 (2003), No. 3, 423, 425.

1162 *Stulz,* J. Applied Corp. Fin., Vol. 27 (2015), No. 1, 8.

1163 Übersicht über einige Studien bei *Smithson/Simkins,* J. Applied Corp. Fin., Vol. 17 (2005), No. 3, 8, 13; Nachweis einer Steigerung des Unternehmenswerts: *Allayannis/Weston,* Rev. Fin. Stud., Vol. 14 (2001), No. 1, 243, 256, 261; *Bartram/Brown/Conrad,* J. Fin. & Quant. Analysis, Vol. 46 (2011), No. 4, 967, 997, finden eine schwache Steigerung; *Brown,* J. Fin. Econ., Vol. 60 (2001), No. 2–3, 401, 440 weist eine Steigerung der Wertes für die Absicherung gegen Wechselkursrisiken nach; eine Erhöhung des Unternehmenswertes um 13,8 % berechneten *Choi/Mao/Upadhyay,* J. Bus. Fin. & Acct., Vol. 40 (2013), No. 1–2, 239, 250; Erhöhung des Unternehmenswerts bei der Absicherung von Fluggesellschaften gegen Kraftstoffpreisrisiken: *Carter/Rogers/Simkins Betty J.,* Fin. Mgmt., Vol. 35 (2006), No. 1, 53, 73 f.; zu dem Ergebnis, dass keine oder keine signifikante Maximierung des Unternehmenswertes erfolgte, kamen unter anderem: *Jin/Jorion,* J. Fin., Vol. 61 (2006), No. 2, 893, 915 für die Öl- und Gasindustrie; *Tufano,* J. Fin., Vol. 51 (1996), No. 4, 1097, 1118, für die Absicherung von Rohstoffpreisrisiken.

1164 *Smithson/Simkins,* J. Applied Corp. Fin., Vol. 17 (2005), No. 3, 8, 15.

1165 *Smithson/Simkins,* J. Applied Corp. Fin., Vol. 17 (2005), No. 3, 8, 15.

tatsächlich nicht auf die Nutzung von Derivaten zurückzuführen sind, sondern vielmehr auf andere Risikomanagement-Strategien, wie Natural Hedging.[1166]

bb) Bewusstes Nutzen von Markteinschätzung und Informationsvorteilen bei der Absicherungsentscheidung

Verschiedene Umfragen unter Wirtschaftsunternehmen ergaben, dass sie Vermutungen und Informationen in ihrer Entscheidung einfließen lassen, ob ein Exposure abgesichert werden soll oder nicht. Genutzt werden nicht nur eigene Erwartungen, Einschätzungen und Prognosen in Bezug auf die künftige Entwicklung der Kurse sowie Informationen, die öffentlich zugänglich sind, beispielsweise durch Analysen oder Veröffentlichungen, sondern auch solche, die nicht öffentlich zugänglich sind und im Rahmen der Geschäftstätigkeit erlangt werden.[1167]

(1) Market View und Hedging

(a) Wharton Survey 1998

Im Rahmen des *Wharton Survey* aus dem Jahr 1998 wurden nichtfinanzielle börsennotierte US-Unternehmen zu ihrer Derivatenutzung befragt und die Antworten von 399 Firmen ausgewertet.[1168] Befragt wurden die Unternehmen unter anderem dazu, ob und wie häufig sie ihre eigene Markteinschätzung und Erwartungen in die Risikomanagementaktivitäten zur Absicherung gegen Wechselkursrisiken und Zinsrisiken einfließen lassen. 10 % der Befragten gaben an, dass sie regelmäßig die Laufzeit oder den Umfang ihrer Wechselkurs-Hedges anpassten, 49 % der Befragten passten die Laufzeiten und 51 % der Befragten passten den Umfang ihrer Hedges zumindest manchmal an. Eine etwas kleinere Gruppe von 6 % (regelmäßig) beziehungsweise 26 % (manchmal) erklärten, dass sie aufgrund ihrer Markteinschätzung sogar aktiv Positionen eingingen.[1169] Die subjektiven Markteinschätzungen lassen die Befragten in vergleichbarem Umfang auch in die Absicherungsgeschäfte gegen Zinsrisiken einfließen.[1170] Aufgrund dieser Zahlen ist es somit offensichtlich, dass

---

1166 Dazu deshalb kritisch *Guay/Kothari*, J. Fin. Econ., Vol. 70 (2003), No. 3, 423, 426; *Jin/Jorion*, J. Fin., Vol. 61 (2006), No. 2, 893, 895. Allerdings wird versucht das Operationelle Hedging in den Untersuchungen zu berücksichtigen, vgl. z. B. *Allayannis/Weston*, Rev. Fin. Stud., Vol. 14 (2001), No. 1, 243, 246; *Choi/Mao/Upadhyay*, J. Bus. Fin. & Acct., Vol. 40 (2013), No. 1–2, 239, 243.

1167 *Stulz*, J. Applied Corp. Fin., Vol. 9 (1996), No. 3, 8, 14.

1168 *Bodnar/Hayt/Marston*, Fin. Mgmt., Vol. 27 (1998), No. 4, 70, 71.

1169 *Bodnar/Hayt/Marston*, Fin. Mgmt., Vol. 27 (1998), No. 4, 70, 78.

1170 *Bodnar/Hayt/Marston*, Fin. Mgmt., Vol. 27 (1998), No. 4, 70, 80: 6 % der Befragten änderten regelmäßig und 60 % manchmal die *Laufzeit* ihrer Absicherungsgeschäfte. Der *Umfang* der Absicherung wird von 5 % der Befragten regelmäßig und von 54 % der Befragten manchmal geändert. 4 % nahmen regelmäßig und 37 % nahmen manchmal sogar aktiv Positionen aufgrund ihrer Markterwartungen ein.

Unternehmen ihre Meinung über die Marktbedingungen mit in die Wahl der Risikomanagementstrategie einfließen lassen.[1171]

(b) CFO Survey 2005

Der *CFO Survey* wurde im Sommer 2005 in Zusammenarbeit mit der Deutschen Bank und der *Global Association of Risk Professionals* (*GARP*) durchgeführt. *Servaes, Tamayo* und *Tufano* werteten Antworten von 334 börsengehandelten sowie nicht börsengehandelten Unternehmen, vornehmlich aus Deutschland, Italien, Japan, Spanien, der Schweiz, Großbritannien und den USA, aus.[1172]

Darin wurde unter anderem die Frage gestellt, ob die Unternehmen die Laufzeiten und die Größe ihrer Hedging-Geschäfte abändern oder aktiv Positionen einnehmen. Je nach der Art des abzusichernden Exposures gaben 73 % – 84 % an, dass sie die Laufzeit der Hedging-Geschäfte anpassten. 72 % – 85 % der Befragten antworteten, dass sie den Umfang ihrer Hedging-Geschäfte entsprechend ihrer Markterwartung (*market view*) anpassten.[1173]

In etwa die Hälfte der befragten Unternehmen nahmen sogar aktiv Positionen am Markt für Wechselkurse, Zinssätze und Rohstoffe entsprechend ihrer subjektiven Markterwartungen ein.[1174]

(c) Weitere Umfragen

Neben den beiden genannten großen und bekannten Umfragen und Auswertungen gibt es auch zahlreiche kleinere Umfragen, die zu dem gleichen Ergebnis kommen.[1175] So ergab eine Umfrage unter Unternehmen der amerikanischen Goldindustrie, dass in etwa bei 54 % der Teilnehmer die Markterwartungen die Laufzeit der Hedging-Geschäfte beeinflusst und bei etwa 70 % den Umfang. Zudem gaben 54 % der Befragten an, dass sie zumindest manchmal aktiv Positionen aufgrund ihrer Markterwartungen eingingen.[1176]

1171 *Bodnar/Hayt/Marston,* Fin. Mgmt., Vol. 27 (1998), No. 4, 70, 78; das ergab auch schon die Vorgängerstudie aus dem Jahr 1995 *Bodnar/Hayt/Marston,* Fin. Mgmt., Vol. 25 (1996), No. 4, 113, 120.

1172 *Servaes/Tamayo/Tufano,* J. Applied Corp. Fin., Vol. 21 (2009), No. 4, 60, 61.

1173 *Servaes/Tamayo/Tufano,* J. Applied Corp. Fin., Vol. 21 (2009), No. 4, 60 , 75, die auch feststellten, dass die meisten Unternehmen die Nutzung ihrer Markterwartungen zwar nicht als aktives Management betrachten, es nach Ansicht der Autoren jedoch schwierig sei, den Anschein jeglicher spekulativer Risikoübernahme bei diesen Hedging-Geschäften auszuräumen.

1174 *Servaes/Tamayo/Tufano,* J. Applied Corp. Fin., Vol. 21 (2009), No. 4, 60, 75.

1175 Eine Übersicht der Studien z. B. in *Bodnar/Consolandi/Gabbi/Jaiswal-Dale,* Eur. Fin. Mgmt., Vol. 19 (2013), No. 5, 887, 889 ff.; *Mallin/Ow-Yong/Reynolds,* Eur. J. Fin., Vol. 7 (2001), No. 1, 63, 64 ff.

1176 *Brown/Crabb/Haushalter,* J. Bus., Vol. 79 (2006), No. 6, 2925, 2933 f.

Eine Umfrage unter deutschen Unternehmen ergab eine, im Vergleich zu amerikanischen Firmen, noch stärkere Verbreitung des Einflusses der Markterwartungen auf die Entscheidung über den Abschluss von Derivatekontrakten im Hinblick auf zukünftige Preisbewegungen.[1177] Fast 25 % der deutschen Unternehmen gaben an, die Laufzeit und den Umfang ihrer Hedging-Geschäfte zur Absicherung gegen Währungsrisiken regelmäßig entsprechend ihrer Markterwartungen anzupassen und rund 60 % der Unternehmen taten dies zumindest manchmal.[1178] Sogar etwas weniger als die Hälfte der Befragten gaben einer anderen Studie zufolge sogar an, dass sie von ihren Vorhersagen im Hinblick auf die künftige Zinsentwicklung sogar profitiert hätten.[1179]

Auch bei einer Befragung in Unternehmen aus der Schweiz gaben in etwa 63 % an, sie würden ihre Prognosen in die Hedging-Entscheidung einfließen lassen.[1180]

(d) Metallgesellschaft und Daimler-Benz

Zwei bekannte Beispiele aus der Praxis zeigen, wie Unternehmen ihre Markterwartung auch bei großen Exposures in ihre Absicherungsentscheidung miteinfließen lassen und welche Folgen dies haben kann.

MGRM, eine Tochter der Metallgesellschaft, ging zur Absicherung von langfristigen Lieferverbindlichkeiten kurzfristige Absicherungsgeschäfte ein,[1181] in der Erwartung, neben der Absicherung ihres Exposures mittels Carrying Charge Hedges auch kleine Gewinne zu erwirtschaften.[1182] MGRM setzte sich mittels dieser Strategie nicht nur einem erhöhten Liquiditätsrisiko, sondern auch einem erhöhten Basisrisiko aus.[1183] Diese Absicherungsstrategie wurde gewählt, da MGRM erwartete von ihrem Informationsvorsprung hinsichtlich Angebot und Nachfrage und dem Kennzeichen des Kurses von Öl-Futures, der sich in der Regel in Backwardation

1177 *Bodnar/Gebhardt,* J. Int. Fin. Mgmt. & Acct., Vol. 10 (1999), No. 3, 153, 156: „German firms are more likely to incorporate their own market view on price movement when taking positions with derivatives than US firms."

1178 *Bodnar/Gebhardt,* J. Int. Fin. Mgmt. & Acct., Vol. 10 (1999), No. 3, 153, 172; die Zahlen für die Anpassung von Zinsderivaten sind ähnlich hoch (S. 175 f.). Eine ähnliche Umfrage unter deutschen Unternehmen ergab, dass etwa 75 % der Befragten bei der Absicherung gegen Währungsrisiken und 60 % der Befragten bei der Absicherung gegen Zinsrisiken ihre Vorhersagen einfließen lassen: *Fatemi/Glaum,* Manag. Fin., Vol. 26 (2000), No. 3, 1, 12 ff.

1179 *Fatemi/Glaum,* Manag. Fin., Vol. 26 (2000), No. 3, 1, 14.

1180 *Loderer/Pichler,* J. Emp. Fin., Vol. 7 (2000), No. 3–4, 317, 329.

1181 Zur Absicherungsstrategie von MGRM beispielsweise *Culp/Miller,* ZBB 1995, 2; *Edwards/Canter,* J. Applied Corp. Fin., Vol. 8 (1995), No. 1, 86; *Kropp,* ZBB 1995, 14; *Mello/Parsons John E.,* J. Applied Corp. Fin., Vol. 8 (1995), No. 1, 106.

1182 *Stulz,* J. Applied Corp. Fin., Vol. 9 (1996), No. 3, 8, 10 tatsächlich nahm MGRM auch weit größere Positionen in Futures-Kontrakten ein, als dies für ein varianzminimierendes Hedging notwendig gewesen wäre.

1183 *Mello/Parsons John E.,* J. Applied Corp. Fin., Vol. 8 (1995), No. 1, 106, 108.

befindet, profitieren zu können.[1184] Tatsächlich fielen die Kurse von Öl und damit auch die Kurse der Futures dramatisch und es stellte sich eine Contango Situation ein.[1185] Dies führte dazu, dass MGRM aufgrund der Long-Positionen in den Öl-Futures erhebliche Verluste erlitt, was letztendlich das Unternehmen an den Rand der Insolvenz brachte.

Erhebliche Verluste hatte auch Daimler-Benz im Jahr 1995 zu verzeichnen. Die Tochter Daimler-Benz Aerospace hatte offene Aufträge von insgesamt 20 Milliarden DM, wovon 80 % in US-Dollar fakturiert waren. Eine Absicherung gegen das Wechselkursrisiko wurde nicht vorgenommen. Nach Ansicht von Analysten, beruhte diese Entscheidung auf der Erwartung des Unternehmens, dass der Dollar-Kurs den Betrag von 1,55 DM nicht unterschreiten würde. Tatsächlich fiel der Kurs um 14 %, was zu einem Verlust von 1,2 Milliarden DM führte.[1186]

(2) Selektives Hedging

Beruhend auf der Erkenntnis, dass subjektive Markterwartungen und besondere Informationsvorteile mit in die Hedging-Entscheidung einfließen, kann auch das selektive Hedging[1187] als besondere Hedging-Strategie bestätigt werden.[1188]

Soweit Unternehmen aufgrund von Informationen über die zukünftige Kurs- oder Preisbewegung einen komparativen Vorteil haben, werden sie versuchen diesen durch eine selektive Hedging-Strategie zu nutzen.[1189] Es werden dann nur die

---

1184 *Kropp*, ZBB 1995, 14, 25; *Stulz*, J. Applied Corp. Fin., Vol. 9 (1996), No. 3, 8, 10: „The traders presumably took the position they did because they thought they could benefit from their specialized information about supply and demand – and, more specifically, from present feature of oil futures known as ‚backwardation', or the long-run tendency of spot prices to be higher than futures prices." Ähnlich auch *Edwards/Canter*, J. Applied Corp. Fin., Vol. 8 (1995), No. 1, 86, 89; *Mello/Parsons John E.*, J. Applied Corp. Fin., Vol. 8 (1995), No. 1, 106, 115.

1185 *Edwards/Canter*, J. Applied Corp. Fin., Vol. 8 (1995), No. 1, 86, 92; *Kropp*, ZBB 1995, 14, 25.

1186 *Stulz*, J. Applied Corp. Fin., Vol. 9 (1996), No. 3, 8, 11.

1187 Vgl. zum selektiven Hedging nach Working oben B.V.10.c) sowie E.IV.2nda)bb).

1188 Studien haben die Verwendung von selektiven Hedging-Strategien in der Praxis vielfach bestätigt: so beispielsweise *Glaum*, J. Applied Corp. Fin., Vol. 14 (2002), No. 4, 108, 109: Umfrage unter 74 deutschen nichtfinanziellen Kapitalgesellschaften, wonach über die Hälfte der Befragten eine selektive Hedging-Stratgie verfolgte; *Brown/Crabb/Haushalter*, J. Bus., Vol. 79 (2006), No. 6, 2925: Umfrage in der amerikanischen Goldindustrie; *Rossi*, J. Multinat. Fin. Mgmt., Vol. 23 (2013), No. 5, 415, 430; so auch *Brown*, J. Fin. Econ., Vol. 60 (2001), No. 2–3, 401, 413, der direkte Einblicke in das Management von Wechselkursrisiken eines Unternehmens erhielt; zu diesem Ergebnis kommen auch Auswertungen von *Adam/Fernando*, J. Applied Corp. Fin., Vol. 20 (2008), No. 4, 86.

1189 *Adam/Fernando/Salas*, Working Paper March 2007, S. 3; *Adam/Fernando*, J. Applied Corp. Fin., Vol. 20 (2008), No. 4, 86: „For managers to improve the profitability of their hedges through selective hedging, they must possess private information and

Exposures abgesichert, für die ein Kursrückgang oder Preisverlust erwartet wird und diejenigen Positionen offen gelassen oder nur zu einem geringen Anteil abgesichert, für die Gewinne erwartet werden.[1190] Selektives Hedging enthält somit ein spekulatives Element, da bewusst Positionen ungedeckt gehalten werden, um von erwarteten künftigen Kursänderungen zu profitieren.[1191]

(3) Insiderinformationen und Hedging

Die bewusste Nutzung der eigenen Markterwartungen und Prognosen legt es nahe, dass mitunter auch Insiderinformationen, also kursrelevante, präzise, nicht öffentlich bekannte Informationen mit Emittenten- oder Wertpapierbezug im Rahmen der Entscheidung über eine Absicherung verwendet werden.[1192] Ist das Unternehmen im Besitz von Insiderinformationen, werden diese die Risikomanagementstrategie wohl oftmals beeinflussen.[1193]

cc) Value-Maximizing-Hedging mit Finanzinstrumenten

Als Value-Maximizing-Hedging werden im Folgenden solche Hedging-Strategien bezeichnet, die von einem – entsprechend dem Prinzip der Risikominimierung – streng rationalen varianzminimierenden risk-avoidance Hedging abweichen. Vor allem die Nutzung von Selektivem Hedging und Carrying-Charge Hedging konnte empirisch nachgewiesen werden. Neben diesen gibt es noch weitere Möglichkeiten von einer positiven Kurs- oder Wertentwicklung zu profitieren. Gemein ist diesen Strategien, dass sie im Vergleich zum Hedging zur reinen Risikovermeidung Merkmale von Spekulation aufweisen. Diese Strategien sind somit als Hedging-Strategien mit spekulativen Elementen zu qualifizieren.

---

be able to act on it."; *Brown/Crabb/Haushalter,* J. Bus., Vol. 79 (2006), No. 6, 2925, 2927; *Brown/Khokher,* Working Paper 2007, S. 13 f.; *Frestad,* J. Fin. Res., Vol. 32 (2009), No. 2, 157, 164, 166; *Glaum,* J. Applied Corp. Fin., Vol. 14 (2002), No. 4, 108, 109; *Stulz,* J. Applied Corp. Fin., Vol. 9 (1996), No. 3, 8, 10; so schon *Working,* Am. Econ. Rev., Vol. 52 (1962), No. 3, 431, 440 f.

1190 *Brown/Khokher,* Working Paper 2007, S. 14; *Glaum,* J. Applied Corp. Fin., Vol. 14 (2002), No. 4, 108, 109, 112; *Stulz,* J. Applied Corp. Fin., Vol. 9 (1996), No. 3, 8, 14 f.; *Working,* Am. Econ. Rev., Vol. 52 (1962), No. 3, 431, 440.

1191 So auch *Glaum,* J. Applied Corp. Fin., Vol. 14 (2002), No. 4, 108, 109.

1192 Zur dieser Unterscheidung zwischen *market view* und *superiour information* auch *Brown/Khokher,* Working Paper 2007, S. 3.

1193 Vgl. hierzu *Stulz,* J. Applied Corp. Fin., Vol. 9 (1996), No. 3, 8, 14: „In such a case, the firm will almost certainly allow the specialized information to play a role in its risk management strategy."; *Statman,* J. Investing, Vol. 14 (2005), No. 2, 15, 19: „Investors who have reliable insights into future movement of currencies should bet on them but word such as *hedge* should not confuse them. Those who hedge foreign currencies in global portfolios place bets and so do those who do not hedge."; so wohl auch *Brown/Khokher,* Working Paper 2007, S. 13.

(1) Bewusste Nutzung von selektivem Hedging

Soweit Unternehmen aufgrund von Informationen über die zukünftige Kurs- oder Preisbewegung einen Vorteil haben oder zumindest aufgrund ihrer Markterwartung davon ausgehen, dass sie den Markt schlagen können, werden sie oftmals selektive Hedging-Strategien in der Hoffnung anwenden, die Markterwartung gewinnbringend nutzen.[1194]

Vergleicht man Unternehmen, die eine fixe und eine selektive Hedging-Strategie verfolgen, so fallen Unterschiede in den Charakteristika der Unternehmen auf. Allerdings sind die Ergebnisse der empirischen Untersuchungen uneinheitlich. Teilweise wurde nachgewiesen, dass Unternehmen mit einer selektiven Hedging-Strategie größer sind und eine geringere Fremdfinanzierungsrate haben.[1195] Das deutet darauf hin, dass eher Firmen die finanziell gefestigt sind, das Risiko durch den spekulativen Charakter des selektiven Hedging in Kauf nehmen. Andere Untersuchungen kommen zu dem Ergebnis, das selektives Hedging vermehrt von kleineren Unternehmen betrieben wird.[1196]

Allerdings konnte durch Untersuchungen bis jetzt nicht nachgewiesen werden, dass selektives Hedging zu einer nennenswerten Steigerung der operationellen oder finanziellen Ergebnisse führte,[1197] was ein prima facie Beweis für ein Handeln auf der Basis eines tatsächlich bestehenden Informationsvorteils wäre.[1198] Studien haben festgestellt, dass selbst Banken durch das Eingehen spekulativer Positionen am Markt nur selten nicht unerhebliche Gewinne erzielen.[1199]

Soweit manche Untersuchungen einen nicht vernachlässigbaren Zusammenhang zwischen selektivem Hedging und der tatsächlichen Bewegung der Kurse feststellen, wird allerdings der Einfluss relevanter nicht-öffentlicher Informationen in Frage gestellt. Vielmehr wird angenommen, dass bereits die Entscheidung über das selektive Hedging selbst einen *self-fulfilling Effekt* habe, indem Druck auf den Markt ausgeübt wird, was zu einer Änderung der Kurse führt.[1200]

1194 Vgl. dazu oben E.IV.2.b)bb)(2).

1195 *Glaum,* J. Applied Corp. Fin., Vol. 14 (2002), No. 4, 108, 119.

1196 *Adam/Fernando/Salas,* Working Paper March 2007, S. 17.

1197 *Adam/Fernando,* J. Fin. Econ., Vol. 81 (2006), No. 2, 283, 284, 297; *Adam/Fernando,* J. Applied Corp. Fin., Vol. 20 (2008), No. 4, 86, 92; *Brown/Crabb/Haushalter,* J. Bus., Vol. 79 (2006), No. 6, 2925, 2939 ff.; *Fabling/Grimes,* J. Futures Markets, Vol. 35 (2015), No. 4, 321, 323, 335.

1198 So *Fabling/Grimes,* J. Futures Markets, Vol. 35 (2015), No. 4, 321, 323; ähnlich *Brown/Crabb/Haushalter,* J. Bus., Vol. 79 (2006), No. 6, 2925, 2934; mit einem Erklärungsversuch, für die Tatsache, dass dennoch selektives Hedging betrieben wird *Glaum,* J. Applied Corp. Fin., Vol. 14 (2002), No. 4, 108, 114.

1199 *Adam/Fernando/Salas,* Working Paper March 2007, S. 22 f.; *Braas/Bralver,* J. Applied Corp. Fin., Vol. 2 (1990), No. 1, 85; *Brown/Crabb/Haushalter,* J. Bus., Vol. 79 (2006), No. 6, 2925, 2927; *Finley/Pettit,* J. Applied Corp. Fin., Vol. 23 (2011), No. 4, 83, 88.

1200 *Brown/Crabb/Haushalter,* J. Bus., Vol. 79 (2006), No. 6, 2925, 2938 f.

(2) Bewusstes Ausnutzen eines Risk Premium und Carrying-Charge Hedging

Ein Anreiz für die Nutzung von derivativen Hedging-Geschäften kann auch die Möglichkeit sein, durch die Ausnutzung einer Arbitragemöglichkeit und der Verfolgung einer Carrying-Charge-Hedging-Strategie einen zusätzlichen Gewinn zu realisieren.[1201] Dies ist durch Unterschiede zwischen Spot- und Futures-Kursen möglich, die nie perfekt korrelieren. Bereits die traditionelle Hedging-Theorie nach *Keynes* und *Hicks* stützte sich auf die Existenz eines Risk Premium.[1202] Allerdings geht die traditionelle Hedging-Theorie davon aus, dass nicht die Hedger von dieser Arbitragemöglichkeit profitieren, sondern regelmäßig die Spekulanten, die dem Hedger als Kontraktpartner gegenüber treten.[1203]

Die Erkenntnis des Unterschieds zwischen Spot- und Futures-Kursen griff *Working* in den 1950er Jahren auf und beschrieb das Carrying-Charge Hedging. Aufgrund dieser nie perfekten Korrelation der Kurse des Underlying mit den Kursen des Derivats, besteht die Möglichkeit mittels eines Carrying-Charge Hedges von den kleinen Unterschieden zu profitieren.[1204]

Wie Studien nachgewiesen haben, konnten Unternehmen diese Möglichkeit, durch ein Carrying-Charge Hedging und das Vorhandensein einer Risk Premium zu profitieren, vielfach erfolgreich nutzen.[1205] Andererseits wurde diese Strategie auch einem bekannten deutschen Unternehmen letztlich öffentlichkeitswirksam zum Verhängnis. MGRM, eine Tochter der Metallgesellschaft, sicherte ihre offenen Lieferverträge, für die bereits feste Preise fixiert waren, mittels kurzfristiger Derivate ab.[1206] Eine Absicherung auf lange Sicht wäre ebenfalls möglich gewesen. MGRM entschied sich allerdings dazu, von einem Carrying-Charge Hedging profitieren zu wollen.[1207]

Im Ergebnis bedeutet das, dass selbst dann wenn ein Hedging-Geschäft lediglich zur Risikovermeidung abgeschlossen wird, dennoch die Möglichkeit besteht, aufgrund von Änderungen in der Basis, also der Relation von Spot-Geschäft und

---

1201 *Adam/Fernando*, J. Fin. Econ., Vol. 81 (2006), No. 2, 283, 285.

1202 *Hicks*, Value and Capital, 2. ed. 1946, S. 138; *Keynes*, A Treatise on Money 1930, S. 143 f.; vgl. dazu auch *Adam/Fernando*, J. Fin. Econ., Vol. 81 (2006), No. 2, 283, 286.

1203 *Hicks*, Value and Capital, 2. ed. 1946, S. 138; *Keynes*, A Treatise on Money 1930, S. 143 f.

1204 *Working*, Am. Econ. Rev., Vol. 43 (1953), No. 3, 314, 325; im Einzelnen dazu unter B.V.10.b).

1205 *Adam/Fernando*, J. Fin. Econ., Vol. 81 (2006), No. 2, 283, 284, 293; *Adam/Fernando*, J. Applied Corp. Fin., Vol. 20 (2008), No. 4, 86, 87, 89 ff.

1206 Vgl. dazu oben B.V.10.b) sowie unten E.IV.2.b)cc)(3)(c).

1207 Vgl. *Culp/Miller*, J. Applied Corp. Fin., Vol. 8 (1995), No. 1, 121, 123 mit Nachweisen der Strategie aus dem Geschäftsbericht der Metallgesellschaft AG aus dem Jahr 1991/1992; dazu auch *Adam/Fernando*, J. Fin. Econ., Vol. 81 (2006), No. 2, 283, 289; *Culp/Miller*, ZBB 1995, 2, 3; *Edwards/Canter*, J. Applied Corp. Fin., Vol. 8 (1995), No. 1, 86, 89; *Mello/Parsons John E.*, J. Applied Corp. Fin., Vol. 8 (1995), No. 1, 106, 115 f.; *Stulz*, J. Applied Corp. Fin., Vol. 9 (1996), No. 3, 8, 10 f.

Derivat kleine Gewinne zu erwirtschaften oder Verluste zu erleiden. Ob diese Strategie, die mitunter eine Absicherung bewirkt, noch dem Hedging oder bereits der Spekulation zuzuordnen ist, ist umstritten.[1208]

(3) Sonstige Strategien des Value-Maximizing-Hedging mittels Finanzinstrumenten

Aufbauend auf der Theorie des Value-Maximizing-Hedging wird verschiedentlich versucht, diejenige Hedging-Stratgie rechnerisch zu bestimmen, die den höchsten Nutzen verspricht.[1209] Nachfolgend werden nur einige wenige Möglichkeiten aufgezeigt, wie durch die Wahl des Derivats, der Laufzeit, der Glattstellung und der Korrelation des Underlying die Hedging-Strategie möglicherweise gewinnbringend maximiert werden kann.

(a) Risikoasymmetrische Geschäfte

Optionen werden aufgrund ihres asymmetrischen Chancen-Risikoprofils zum Teil nicht als Hedging-Produkte, sondern vielmehr als Versicherungs-Produkte eingeordnet.[1210] Die wohl ganz überwiegende Meinung nimmt allerdings keine so differenzierte Unterscheidung vor und zählt Optionen auch zu den Hedging-Produkten.

Entsprechend der neueren Hedging-Theorie, die dem Motiv des value-maximizing folgt, wird beispielsweise vorgeschlagen, Put-Optionen, die weit aus dem Geld liegen, mit einer niedrigen Prämie zu erwerben, um das Risiko großer Verluste zu begrenzen. Gleichzeitig wird dadurch versucht die Gewinnmöglichkeiten so weit als möglich zu erhalten.[1211] So sichern sich Unternehmen mit einer variablen Finanzierung beispielsweise mittels Caps vor steigenden Finanzierungskosten ab, ohne darauf verzichten zu müssen von sinkenden Zinsen profitieren zu können.[1212]

Die Wahl zwischen einer symmetrischen und asymmetrischen Absicherung wird dabei auch von Markterwartungen des Unternehmens beeinflusst.[1213] Dadurch kann ein komparativer Vorteil des Unternehmens ausgenutzt werden, ohne allerdings

---

1208 Nach Ansicht von Culp/Miller handelt es sich dabei noch nicht um Spekulation, *Culp/Miller,* J. Applied Corp. Fin., Vol. 8 (1995), No. 1, 121, 122. Nach anderer Ansicht ist es zumindest durchaus fraglich, ob diese Strategie nicht schon hauptsächlich von spekulativen Motiven geleitet ist, *Kropp,* ZBB 1995, 14, 31; *Mello/Parsons John E.,* J. Applied Corp. Fin., Vol. 8 (1995), No. 1, 106, 117.

1209 Vgl. beispielsweise *Brown/Toft,* Rev. Fin. Stud., Vol. 15 (2002), No. 4, 1283.

1210 *Servaes/Tamayo/Tufano,* J. Applied Corp. Fin., Vol. 21 (2009), No. 4, 60, 64; *Tufano,* J. Fin., Vol. 51 (1996), No. 4, 1097, 1100.

1211 *Bartram,* Manag. Fin., Vol. 32 (2006), No. 2, 160, 175; *Stulz,* J. Applied Corp. Fin., Vol. 9 (1996), No. 3, 8.

1212 *Bartram,* Manag. Fin., Vol. 32 (2006), No. 2, 160, 175.

1213 *Bartram,* Manag. Fin., Vol. 32 (2006), No. 2, 160, 175; in diese Richtung auch *Harris,* Trading and Exchanges 2003, S. 187.

auf eine Absicherung vor einer finanziellen Schieflage verzichten zu müssen.[1214] Die Wahl, ob eine Absicherung mittels Optionen erfolgt, wird aber sicherlich auch zu einem großen Teil von deren Kosten abhängig gemacht.[1215]

(b) Zeitliches Auseinanderfallen von Grund- und Sicherungsgeschäft

Grundgeschäft und Hedging-Geschäft sind vollständig voneinander unabhängig.[1216] Aus rein rechtlicher Sicht ist es möglich, das Hedging-Geschäft nachträglich abzuschließen und vorzeitig zu liquidieren. Auch kann das Hedging-Geschäft aufrecht erhalten werden, selbst wenn das Grundgeschäft bereits nicht mehr besteht.

Es ist nicht notwendig, das Hedging-Geschäft bereits zeitgleich mit der Entstehung des Grundgeschäfts einzugehen. Vielmehr kann eine Absicherung jederzeit auch nachträglich erfolgen. Die Markt- und Kursentwicklung kann somit noch weiter beobachtet werden, bevor man sich für oder gegen eine Absicherung entscheidet.[1217] Damit kann zunächst von einer positiven Entwicklung des Grundgeschäftes profitiert werden. Wird davon ausgegangen, dass sich der Kurs oder Wert negativ entwickeln wird, so kann nachträglich noch eine Absicherung vorgenommen werden. Abgesichert ist das Grundgeschäft dann auf dem bereits erreichten hohen Niveau.

Wird das Hedging-Geschäft vorzeitig beendet, so wird beispielsweise der Derivate-Kurs nicht vollständig mit dem Kurs des Basiswerts korrelieren, da sich dieser erst gegen Ende der Laufzeit dem Kassakurs des Basiswerts immer weiter annähert bis er am Ende in der Regel mit ihm übereinstimmt. Wird der Kontrakt nun vorzeitig beendet, so kann es vorkommen, dass neben dem Ausgleich des Grundgeschäfts mittels des Future- oder Forward-Kontrakts ein zusätzlicher Gewinn oder Verlust entsteht.[1218] So kann durch eine vorzeitige Beendigung des Derivategeschäftes oder dessen Glattstellung, nicht nur auf Veränderungen des Grundgeschäftes reagiert werden, sondern es können auch „*Verluste begrenzt und Gewinne gesichert werden*".[1219]

Weiter ist es auch nicht notwendig das Hedging-Geschäft zusammen mit der Beendigung des Grundgeschäfts glattzustellen. Vielmehr kann das Hedging-Geschäft

---

1214 *Stulz,* J. Applied Corp. Fin., Vol. 9 (1996), No. 3, 8; diese Ansicht wurde allerdings in der Literatur vielfach in Frage gestellt und zurückgewiesen: so auch mit weiteren Nachweisen *Lien/Wang,* J. Multinat. Fin. Mgmt., Vol. 16 (2006), No. 1, 16, 17: „Empirical results [...] also conclude that futures outperfom options".

1215 *Tufano,* J. Fin., Vol. 51 (1996), No. 4, 1097, 1130.

1216 Vgl. zum Verhältnis zwischen Grund- und Hedging-Geschäft bereits oben B.IV.1.a) bb)(5).

1217 *Patterson,* Yale L. J., Vol. 40 (1931), No. 6, 843, 850; *Schneck,* Risikomanagement 2010, S. 232, 234.

1218 Vgl. das Beipsiel bei *Schneck,* Risikomanagement 2010, S. 228 f.

1219 *Rudolf,* in: Kümpel/Wittig, Bank- und Kapitalmarktrecht, 4. Auflage 2011, 19. Teil Rn. 19.52.

ohne Grundgeschäft aufrecht erhalten werden.[1220] Von einer positiven Entwicklung des Hedging-Geschäfts kann damit isoliert weiter profitiert werden.

Auswertungen der amerikanischen Goldindustrie haben ergeben, dass diese Unternehmen ihre Hedge Ratio im Schnitt einmal im Jahr um etwa 50 % verändern[1221] und damit auch Hedging-Geschäfte auflösen oder nachträglich abschließen. Ändern sich beispielsweise die Markterwartungen, so kann auch das Hedging-Geschäft angepasst werden.[1222] Ebenso haben Befragungen auf dem Kaffeemarkt ergeben, dass die Erwartung eines steigenden Spot-Preises dazu führt, dass die Marktteilnehmer die Absicherung tendenziell auflösen. Im gegenteiligen Fall, also in Erwartung fallender Preise, werden die Short-Positionen soweit erhöht, dass sie den Absicherungsbedarf sogar teilweise übersteigen.[1223]

(c) Grad der Korrelation des Underlying und der zeitlichen Korrelation

Es ist durchaus denkbar, dass zum Zwecke des Hedging ein Derivat verwendet wird, dessen Underlying nicht bestmöglich mit dem Grundgeschäft korreliert, obwohl es Derivate gibt, die besser mit dem Grundgeschäft korrelieren würden. In diesen Fällen wird das höhere Basisrisiko bewusst eingegangen, da damit auch eine zusätzliche Gewinnmöglichkeit einher geht. Eine Cross- oder Makro-Hedging-Position wird also nicht mangels Alternativen aufgebaut, sondern ganz bewusst. Als Beispiel kann der folgende Fall dienen. Demnach ist ein Marktteilnehmer im Besitz von Aktien, die er gegen markt- und industrieweite Risiken absichern möchte. Firmenspezifische Risiken sollen hingegen nicht neutralisiert werden, sondern die Gewinnmöglichkeit von Kursschwankungen, die auf diesen Risiken beruhen, soll erhalten bleiben.[1224] Hier könnte zur Absicherung ein Derivat auf Aktien eines Konkurrenten erworben werden.

Ebenso verhält es sich mit der zeitlichen Korrelation. Es kann absichtlich ein Derivat gewählt wird, welches zeitlich nicht bestmöglich mit dem Grundgeschäft korreliert. Zu nennen ist in diesem Zusammenhang vor allem die Stacked-Hedging-Strategie, wonach für ein langfristiges Exposure Absicherungsgeschäfte mit kurzer Laufzeit verwendet werden. Die Absicherungsgeschäfte werden dabei jeweils mittels eines Roll-Over fortgeschrieben.[1225] Die Gründe für die Wahl einer kurzfristigen Absicherung, welche fortgeschrieben wird, liegen oft nicht in einer bestmöglichen Absicherung, wie ein bekannter Fall zeigt.

Der Fall der Metallgesellschaft stellt auch ein Beispiel für eine fehlende zeitliche Korrelation dar. MGRM betrieb kurzfristiges Carrying-Charge Hedging, um von der

---

1220 *Patterson,* Yale L. J., Vol. 40 (1931), No. 6, 843, 851.

1221 *Brown/Crabb/Haushalter,* J. Bus., Vol. 79 (2006), No. 6, 2925, 2931.

1222 *Brown/Khokher,* Working Paper 2007, S. 15.

1223 *Johnson,* Rev. Econ. Stud., Vol. 27 (1960), 139, 142.

1224 Vgl. dazu *Harris,* Trading and Exchanges 2003, S. 186; *Klöhn,* in: Hirte/Möllers, Kölner Kommentar zum WpHG, 2. Auflage 2014, § 14 Rn. 181.

1225 Dazu beispielsweise *Culp/Miller,* ZBB 1995, 2, 4 ff.; *Kropp,* ZBB 1995, 14, 21.

nicht perfekten Korrelation des Underlying und des Derivats zu profitieren. Durch den Einsatz vieler kurzfristiger Futures setzte sich MGRM auch dem Risiko einer zeitlich imperfekten Korrelation aus, was am Ende fast zur Insolvenz führte.[1226] MGRM ging davon aus, dass sich die Märkte auch weiterhin in Backwardation befinden würden, was dazu führen würde, dass der Futures-Kurs bei Abschluss des Kontraktes unter dem Spot-Kurs läge und sich gegen Ende der Laufzeit dem Spot-Kurs annähere. Der bestehende Futures-Kontrakt hätte dann zu einem Futures-Kurs glattgestellt werden können, der weitestgehend dem Spot-Kurs entsprochen hätte. Gleichzeitig wäre ein neuer Futures-Kontrakt erworben worden, dessen Futures-Kurs weit unter dem Spot-Kurs gelegen hätte.[1227]

Das Beispiel MGRM zeigt einen Fall der imperfekten zeitlichen Korrelation, der als negatives Beispiel in die Geschichte einging. Ebenso kann eine solche imperfekte zeitliche Korrelationg dem Unternehmen aber auch zu einem Vorteil gereichen.

(d) Hedge Ratio und Value-Maximizing Hedging

Bei Berechnung der Hedge Ratio entsprechend der Theorie des varianzminimierenden Hedging, sollen die Preisrisiken sowohl nach unten als auch nach oben allerdings bestmöglich minimiert werden.[1228] Im Rahmen des Value-Maximizing Hedging sowie aufgrund des Ziels der Verlustvermeidung und nicht der generellen Risikovermeidung wurden bereits neue Methoden der Bestimmung der Hedge Ratio vorgeschlagen.[1229] Um das Verlustrisiko des Portfolios zu minimieren, wurde die dafür notwendige Futures Hedge Ratio bereits vereinzelt unter Nutzung von *VaR* (*Value at Risk*) und *CVaR* (*Conditional Value at Risk*) bestimmt.[1230] Vorgeschlagen wird auch eine Bestimmung der Hedge Ratio mittels der semi-variance.[1231] Studien haben

---

1226 Vgl. dazu *Culp/Miller,* J. Applied Corp. Fin., Vol. 8 (1995), No. 1, 121, 122; *Stulz,* J. Applied Corp. Fin., Vol. 9 (1996), No. 3, 8, 11; *Kropp,* ZBB 1995, 14, 25.

1227 *Kropp,* ZBB 1995, 14, 25: „Aufgrund des Stacked Hedge mußte die MGRM die jeweils kurz vor ihrer Fälligkeit stehenden Kontrakte veräußern und gleichzeitig neue kaufen. Bei Backwardation bedeutet dies, daß zu jedem Roll-Over-Termin durch die laufzeitbedingte Angleichung des Futures-Preise an den Spot-Preis die kurz vor der Fälligkeit stehenden Futures zu einem höheren Preis verkauft werden können, als für die neuen Futures-Kontrakte gezahlt werden muß."

1228 Vgl. dazu oben E.IV.2.a)cc).

1229 *Cotter,* Applied Fin. Econ., Vol. 14 (2004), No. 14, 707: „Among the methods applied are mean variance analysis (portfolio theory) and Value at Risk (VaR). The use of these approaches aims to control downside risk so as to maximize investor wealth opportunities."

1230 *Cao/Harris/Shen,* J. Futures Markets, Vol. 30 (2010), No. 8, 780; *Chang,* Applied Econ., Vol. 43 (2011), No. 19–21, 2627; *Conlon/Cotter,* UCD Geary Discussion Papers Working Paper 2012/19, 8–9; *Lee/Hung,* Applied Econ., Vol. 39 (2007), No. 16–18, 2403.

1231 *Conlon/Cotter,* UCD Geary Discussion Papers Working Paper 2012/19, 2, „[...] which measures the expected value of deviations below the target value."; vgl.

bereits ergeben, dass die traditionelle varianzminimierende Hedging-Strategie den Risikomanagementtechniken mit VaR und CVaR klar unterlegen ist.[1232]

dd) Financial Hedging als Teil einer umfassenden Risikomanagement-Strategie

Die empirischen Analysen und Umfragen der letzten Jahre haben gezeigt, dass umfassende Risikomanagement-Strategien nur zu einem Teil aus Financial Hedging, vor allem mit Derivaten, bestehen.[1233] Einen weit größeren Anteil nimmt in der Praxis wohl das Natural Hedging oder Operationelle Hedging ein.[1234] Dazu zählen beispielsweise die Weiterreichung von Preisänderungen, das Matching von Einnahmen und Ausgaben und die Aufnahme von Fremdkapital in ausländischer Währung.[1235]

Oftmals wird kritisiert, dass das natürliche oder operationelle Hedging bei vielen empirischen Untersuchungen zu den Hedging-Gewohnheiten und Hedging-Motiven von Unternehmen weitgehend außer Acht gelassen wird und nur diejenigen als Hedger betrachtet werden, die eine Absicherung mittels Derivaten betreiben.[1236] Damit stimmen Studienergebnisse überein, die in ihren Untersuchungen neben Financial Hedging auch operationelle Hedging-Methoden berücksichtigen und einen sehr deutlichen Zusammenhang zwischen Hedging und dem Hedging-Motiv der erwarteten Kosten einer Insolvenz nachweisen.[1237] Im Ergebnis liegt dieses klare Ergebnis wohl an der Einbeziehung auch von Natural Hedging.[1238]

---

auch *Mattos/Garcia/Nelson,* Q. Rev. Econ. & Fin., Vol. 48 (2008), No. 1, 78, 79 ff., die einen Überblick über in der Literatur vorgeschlagene Konzepte zur Bestimmung der Hedge Ratio zur Minimierung des Verlustrisikos geben.

1232 *Cotter/Hanley,* Eur. J. Fin., Vol. 18 (2012), No. 2, 135.

1233 *Aretz/Bartram,* J. Fin. Res., Vol. 33 (2010), No. 4, 317.

1234 Vgl beispielsweise B.V.1.

1235 *Aretz/Bartram,* J. Fin. Res., Vol. 33 (2010), No. 4, 317, 318; *Judge,* Eur. Fin. Mgmt., Vol. 12 (2006), No. 3, 407, 409; dazu auch *Finley/Pettit,* J. Applied Corp. Fin., Vol. 23 (2011), No. 4, 83, 83 f.; zum Matching hinsichtlich des Interest Rate Exposures *Chernenko/Faulkender,* J. Fin. & Quant. Analysis, Vol. 46 (2011), No. 6, 1727, 1740.

1236 Kritisch dazu *Aretz/Bartram,* J. Fin. Res., Vol. 33 (2010), No. 4, 317, 319; *Guay/Kothari,* J. Fin. Econ., Vol. 70 (2003), No. 3, 423, 425 f.

1237 *Judge,* Eur. Fin. Mgmt., Vol. 12 (2006), No. 3, 407, 409: „The paper finds, unlike many previous, mainly US, studies, overwhelming support for the relationship between the expected costs of financial distress and hedging. The analysis in this paper shows that this is largely due to the fact that the hedging variable employed in this study includes non-derivative hedging in addition to derivative hedging and therefore is more inclusive than most of the previous studies, which tend to focus solely on derivatives use."

1238 *Judge,* Eur. Fin. Mgmt., Vol. 12 (2006), No. 3, 407, 430.

ee) Spekulation durch die Risikomanagement-Abteilung

Teilweise wird in der Literatur vertreten, dass nur wenige Unternehmen spekulative Positionen mit Derivatekontrakten als primäre Hedging-Instrumente einnehmen.[1239] Dem stehen aber Umfrageergebnisse und Auswertungen gegenüber, die eine weit stärkere Verbreitung von Derivaten zu Spekulationszwecken ergaben.

So haben Umfragen zum Risikomanagment und zur Nutzung von Derivaten in Unternehmen ergeben, dass ein Teil der Befragten nicht nur die Laufzeit und den Umfang der Hedging-Geschäfte entsprechend ihrer subjektiven Markterwartungen anpassen, sondern sogar aktiv Derivatepositionen einnimmt.[1240] Im Rahmen des Wharton Surveys 1998 gaben 32 % der Befragten an, dass sie aktiv Positionen in Währungsderivaten eingehen, wobei 6 % dies regelmäßig tun.[1241] Für Zinsderivate war dieser Anteil mit 41 % der Befragten sogar noch etwas höher.[1242] Im CFO Survey 2005 gab sogar etwa die Hälfte der Befragten an, dass sie aufgrund ihrer eigenen Markterwartungen zumindest manchmal aktiv Positionen eingehen.[1243]

Unabhängig von einem Zusammenhang mit der Nutzung von subjektiven Informationen wird die spekulative Nutzung von Derivaten auch für nichtfinanzielle Unternehmen allgemein festgestellt und vertreten.[1244] Vor allem Beispiele der Vergangenheit zeigen, dass einzelne Händler eigentlich eine Absicherungs- oder Arbitragestrategie verfolgen sollten, allerdings tatsächlich Spekulation betrieben und damit teilweise große Verluste verursachten.[1245] Damit steht auch im Einklang, dass in der jüngeren Vergangenheit Treasury-Abteilungen vermehrt zu Profit Centers

---

1239 *Stulz,* J. Applied Corp. Fin., Vol. 9 (1996), No. 3, 8; dem folgend *Hentschel/Kothari,* J. Fin. & Quant. Analysis, Vol. 36 (2001), No. 1, 93, 94.

1240 Vgl. *Bodnar/Hayt/Marston,* Fin. Mgmt., Vol. 27 (1998), No. 4, 70, 78, 80; *Servaes/Tamayo/Tufano,* J. Applied Corp. Fin., Vol. 21 (2009), No. 4, 60, 75; hierzu auch *Géczy/Minton/Schrand,* J. Fin., Vol. 62 (2007), No. 5, 2405.

1241 *Bodnar/Hayt/Marston,* Fin. Mgmt., Vol. 27 (1998), No. 4, 70, 78.

1242 *Bodnar/Hayt/Marston,* Fin. Mgmt., Vol. 27 (1998), No. 4, 70, 80, allerdings nahmen hier nur rund 4 % der Befragten regelmäßig aktiv Positionen entsprechend ihrer Markterwartungen ein.

1243 *Servaes/Tamayo/Tufano,* J. Applied Corp. Fin., Vol. 21 (2009), No. 4, 60, 75.

1244 So beispielsweise *Chernenko/Faulkender,* J. Fin. & Quant. Analysis, Vol. 46 (2011), No. 6, 1727, 1749: „Interest rate risk management decisions of nonfinancial firms are determined by both hedging and speculative motivations. [...] Our results demonstrate that some previously documented findings that were characterized as hedging instead appear to be more consistent with speculation."; *Statman,* J. Investing, Vol. 14 (2005), No. 2, 15.

1245 Vgl. zu den bekannten Fälle der Barings Bank und Sociéte Générale *Hull,* Optionen, Futures und andere Derivate, 8. Auflage 2012, S. 963; so beispielsweise auch das Unternehmen Zhouzhou Smelter, *Liu/Li/Wang,* J. Systems Sci. & Complexity, Vol. 21 (2008), No. 3, 394.

umgestaltet wurden, um durch die Absicherung von Risiken mittels Hedging-Geschäften gleichzeitig auch Gewinne zu erwirtschaften.[1246]

Der Grad an Spekulation mit Derivaten innerhalb von Kreditinstituten und Hedge Fonds dürfte noch bedeutend höher liegen.[1247]

Ein besonderes Interesse an Spekulation könnten andererseits solche Firmen haben, die kurz vor der Insolvenz stehen und praktisch nichts mehr zu verlieren haben.[1248] Auf einen komparativen Informationsvorteil kommt es hier nicht an, vielmehr könnten diese Unternehmen alleine aufgrund der finanziellen Situation zu spekulativen Strategien tendieren.[1249]

ff) Financial Hedging in den USA und Europa

Obwohl die überwiegende Mehrzahl wissenschaftlicher Forschung aus den USA stammt und amerikanische Unternehmen untersucht wurden, kann dennoch ein Vergleich mit der Forschung zu europäischen Unternehmen gezogen werden. Die durchgeführten Umfragen zum Hedging-Verhalten von europäischen und amerikanischen Unternehmen weisen deutliche Unterschiede auf. Auffällig ist, dass europäische Firmen viel häufiger Derivate zu Hedging-Zwecken einsetzen als vergleichbare amerikanische Unternehmen.[1250] Dieses Ergebnis wurde unter anderem in Umfragen in Bezug auf die Nutzung von Derivaten durch nichtfinanzielle Unternehmen in Deutschland,[1251] Italien,[1252] Großbritannien[1253] und den Niederlanden[1254] festgestellt.

Dies könnte damit zu erklären sein, dass Risikomanagment für europäische Unternehmen von größerer Bedeutung ist als für amerikanische Unternehmen. *Judge* geht davon aus, dass dies bei britischen Unternehmen damit zusammenhängt, dass das Insolvenzrecht vergleichsweise strenger ist und durch eine Insolvenz höhere Kosten anfallen als bei vergleichbaren Unternehmen in den USA.[1255] Damit dürfte auch das Motiv der Vermeidung einer Insolvenz und damit verbundener Kosten für

---

1246 *Brealey/Myers/Allen,* Principles of Corporate Finance, 11th ed. 2014, S. 681; *Schneck,* Risikomanagement 2010, S. 236.

1247 *Hentschel/Kothari,* J. Fin. & Quant. Analysis, Vol. 36 (2001), No. 1, 93, 98: „[...] financial firms are vastly more active in the derivatives market than their non-financial counterparts. Since many of the financial firms act as market makers, this discrepancy is to be exptected."

1248 *Stulz,* J. Applied Corp. Fin., Vol. 9 (1996), No. 3, 8, 17.

1249 Vgl. dazu unten E.IV.4.e)aa).

1250 *Judge,* Eur. Fin. Mgmt., Vol. 12 (2006), No. 3, 407, 408.

1251 *Bodnar/Gebhardt,* J. Int. Fin. Mgmt. & Acct., Vol. 10 (1999), No. 3, 153, 159; *Fatemi/Glaum,* Manag. Fin., Vol. 26 (2000), No. 3, 1, 7.

1252 *Bodnar/Consolandi/Gabbi/Jaiswal-Dale,* Eur. Fin. Mgmt., Vol. 19 (2013), No. 5, 887, 893, dort mit weiteren Nachweisen.

1253 *Mallin/Ow-Yong/Reynolds,* Eur. J. Fin., Vol. 7 (2001), No. 1, 63, 69.

1254 *Bodnar/Jong/Macrae,* Eur. Fin. Mgmt., Vol. 9 (2003), No. 3, 271, 273, 278 ff.

1255 *Judge,* Eur. Fin. Mgmt., Vol. 12 (2006), No. 3, 407, 408.

europäische Unternehmen vergleichsweise stark ausgeprägt sein.[1256] Die stärkere Nutzung von Derivaten auf dem niederländischen Markt wird mit der, im Vergleich mit den USA, höheren internationalen Handelstätigkeit erklärt.[1257]

3. Hedging im Rahmen der Behavioural Finance Forschung

Das Hedging-Verhalten von Marktteilnehmern soll im Folgenden auch unter dem Aspekt der Erkenntnisse der Behavioural Finance Forschung betrachtet werden.

a) Die Figur des risikoaversen Hedgers

Der überwiegende Teil der Literatur betont die Risikoaversion von Hedgern.[1258] Diese wollen sich lediglich absichern und wären dafür nach Ansicht von Keynes und Hicks sogar bereit eine Risikoprämie, für die Übertragung der Risiken an Spekulanten, zu bezahlen.[1259] Eine Person ist demnach risikoavers, wenn sie einen sicheren Ausgang (x) einem ungewissen Ausgang mit dem Erwartungswert x vorzieht.[1260] Damit würden risikoaverse Hedger tendenziell eher nicht zur Spekulation neigen, weil sie lieber ihren status quo absichern als ein Risiko eingehen, welches im Ergebnis den gleichen Erwartungswert hat, allerdings sowohl zu einem besseren als auch zu einem schlechteren Ausgang führen kann.

Kahnemann und Tversky stellten fest, dass die Risikoaversion die wahrscheinlich bekannteste Verallgemeinerung in Bezug auf die Entscheidungsfindung bei ungewissen Handlungsalternativen ist.[1261]

Die oben geschilderten empirischen Untersuchungen zu den Motiven und Einflussfaktoren auf das Hedging-Verhalten von Unternehmen haben gezeigt, dass Unternehmen in der Regel nicht mit dem Ziel einer strikten Risikovermeidung hedgen. Vielmehr versuchen Unternehmen unter dem Einfluss ihrer subjektiven Markterwartungen Gewinne, beispielsweise durch Selektives Hedging und Carrying-Charge Hedging, zu maximieren. Zum Teil werden sogar vermeintliche Hedging-Geschäfte zur Spekulation genutzt. Das Bild des Unternehmens als risikoaverser Hedger auf Unternehmensebene kann daher bereits aufgrund der empirischen Erkenntnisse der wirtschaftswissenschaftlichen Forschung nicht aufrechterhalten werden.

1256 So *Judge*, Eur. Fin. Mgmt., Vol. 12 (2006), No. 3, 407, 430.

1257 *Bodnar/Jong/Macrae*, Eur. Fin. Mgmt., Vol. 9 (2003), No. 3, 271, 280.

1258 So beispielsweise *Bloss/Ernst/Häcker*, Derivative 2008, S. 7, 10; *Fender*, BIS WORKING PAPERS No. 94, November 2000, S. 10; *Kropp*, ZBB 1995, 14, 21; *Niehoff*, Insiderhandel an Wertpapierbörsen 2011, S. 85; *Stout*, Harv. Bus. L. Rev., Vol. 1 (2011), No. 1, 1, 7.

1259 Vgl. dazu oben E.IV.2.a)aa).

1260 *Kahneman/Tversky*, Econometrica, Vol. 47 (1979), No. 2, 263, 264; ähnlich *Laux/Gillenkirch/Schenk-Mathes*, Entscheidungstheorie, 9. Auflage 2014, S. 95.

1261 *Kahneman/Tversky*, Econometrica, Vol. 47 (1979), No. 2, 263, 264: „The prevalence of risk aversion is perhaps the best known generalization regarding risky choices."

Im Folgenden soll unter Bezugnahme auf die Forschungsergebnisse der *Behavioural Finance* untersucht werden, inwieweit das Prinzip der Risikoaversion bei unsicheren Ereignissen eine Rolle spielt und das Verhalten von Marktteilnehmern geleitet ist. Im Speziellen soll vor allem auch das Hedging-Verhalten von Marktteilnehmern diesbezüglich untersucht werden.

b) Das Risikoverhalten entsprechend der Behavioural Finance Forschung und dessen Einfluss auf das Hedging-Verhalten

Nachfolgend soll zunächst untersucht werden, ob die weitverbreitete Ansicht, Hedger handelten risikoavers, in dieser Allgemeinheit theoretisch aufrechterhalten werden kann. Dazu soll zunächst ein allgemeiner Blick auf das Risikoverhalten von Marktteilnehmern unter Berücksichtigung der Forschungsergebnisse der Behavioural Finance geworfen werden und welche Implikationen diese Erkenntnisse auf das Hedging-Verhalten haben können.

aa) Prospect Theory, Risikoaversion, Risikoaffinität und Verlustaversion

Entsprechend der *Erwartungsnutzentheorie* nach *Morgenstern* und *von Neumann* versuchen rationale Anleger den erwarteten Nutzen ihrer Anlage zu maximieren.[1262] Tatsächlich weicht das Verhalten der Marktteilnehmer allerdings systematisch von der Konzeption des Erwartungsnutzens ab. Diese experimentiell nachgewiesenen Abweichungen von rationalem Verhalten der Anleger nach der Erwartungsnutzentheorie, versucht unter anderem die *Prospect Theory* zu beschreiben.[1263] Die Formulierung der Prospect Theory unterscheidet für die Feststellung des Nutzens dabei zwischen Gewinnen und Verlusten und damit den Abweichungen von einem Referenzpunkt. Die Erwartungsnutzentheorie versucht den Nutzen dagegen durch die endgültige Gesamtvermögensposition als Referenzpunkt zu bestimmen.[1264]

Kahneman und *Tversky* gliedern den Entscheidungsprozess in eine frühe *Editing* oder *Framing Phase* und eine anschließende *Evaluation Phase.* In der *Editing Phase* werden die möglichen Ausgänge organisiert und umformuliert, um die anschließende

---

1262 Vgl. dazu z. B. *Barberis/Thaler,* in: Thaler, Advances in Behavioural Finance 2005, 1, 16; *Daxhammer/Facsar,* Behavioural Finance, 1. Auflage 2012, S. 164.

1263 Vgl. *Kahneman/Tversky,* Econometrica, Vol. 47 (1979), No. 2, 263, 264 ff.; *Tversky/Kahneman,* J. Risk & Uncertainty, Vol. 5 (1992), No. 4, 297, 297 f.; dazu auch *Barberis/Thaler,* in: Thaler, Advances in Behavioural Finance 2005, 1, 16 f.; *Beck,* Behavioural Economics 2014, S. 125 ff.; *Daxhammer/Facsar,* Behavioural Finance, 1. Auflage 2012, S. 164; *Wiswede,* Einführung in die Wirtschaftspsychologie, 5. Auflage 2012, S. 75 f.; *Vanini,* Risikomanagement 2012, S. 79 f.; zu den Ergebnissen der Experimente beispielsweise auch *Laux/Gillenkirch/Schenk-Mathes,* Entscheidungstheorie, 9. Auflage 2014, S. 158 ff.

1264 *Barberis/Thaler,* in: Thaler, Advances in Behavioural Finance 2005, 1, 17; *Laux/Gillenkirch/Schenk-Mathes,* Entscheidungstheorie, 9. Auflage 2014, S. 192 f.

Bewertung und Entscheidung zu vereinfachen.[1265] In der ersten Phase des Editing treten bereits viele Präferenzanomalien auf,[1266] die in der Phase der Wahrscheinlichkeitsbeurteilung zu Verzerrungen führen. Dazu zählen beispielsweise die Heuristiken der Selbstüberschätzung (*Overconfidence*), Optimismus (*Optimism*), Repräsentativität (*Representativeness*), Verankerung (*Anchoring*) oder Verfügbarkeit (*Availability Bias*).[1267]

An die Editing Phase schließt sodann die Evaluation Phase an, in der die editierten *Prospects* bewertet werden und derjenige mit dem höchsten Value ausgewählt wird.[1268] Der umfassende Wert eines Prospects ergibt sich sodann aus der *Decision Weight* und dem *Subjective Value*, die mittels einer *Weighting Function* (Wahrscheinlichkeitsgewichtungsfunktion) und einer *Value Function* (Wertfunktion) dargestellt werden können.

Die Weighting Function weist jeder bestimmten Wahrscheinlichkeit eines Prospects eine Decision Weight zu und verläuft nicht linear.[1269] Die Form der Weighting Function zeigt, dass sowohl für positive als auch für negative Ausgänge kleine Wahrscheinlichkeiten überbewertet werden und moderate und große Wahrscheinlichkeiten unterbewertet werden.[1270]

Abbildung 5: Weighting Function gemäß Prospect Theory[1271]

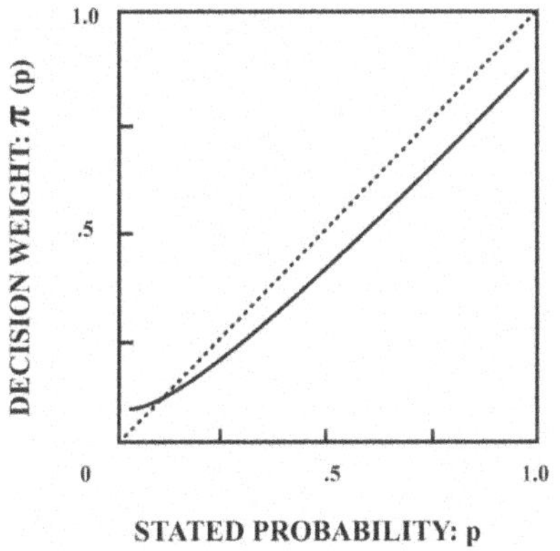

1265 *Kahneman/Tversky,* Econometrica, Vol. 47 (1979), No. 2, 263, 274.

1266 *Kahneman/Tversky,* Econometrica, Vol. 47 (1979), No. 2, 263, 275.

1267 *Barberis/Thaler,* in: Thaler, Advances in Behavioural Finance 2005, 1, 15; zu einzelnen Heuristiken *Beck,* Behavioural Economics 2014, S. 25 ff.

1268 *Kahneman/Tversky,* Econometrica, Vol. 47 (1979), No. 2, 263, 275.

1269 *Kahneman/Tversky,* Econometrica, Vol. 47 (1979), No. 2, 263, 280 ff. mit weiteren Einzelheiten zur Ausgestaltung der Weighting Function.

1270 *Tversky/Kahneman,* Science, Vol. 211 (1981), No. 30, 453, 454; *Tversky/Kahneman,* J. Risk & Uncertainty, Vol. 5 (1992), No. 4, 297, 312.

1271 Nach *Kahneman/Tversky,* Econometrica, Vol. 47 (1979), No. 2, 263, 283.

Neben der Weighting Function beinhaltet die Prospect Theory als zweite Komponente eine Value Function, die bestimmte Charakteristika im Hinblick auf die subjektiven Wertvorstellungen von durchschnittlichen Marktteilnehmern aufweist. *Kahneman*/Tversky beschrieben zunächst das Phänomen des sogenannten *Certainty Effect*, wonach Personen einen sicheren positiven Ausgang einem unsichereren positiven Ausgang mit einem höheren Erwartungswert vorziehen.[1272] Geht es allerdings um Verluste, so drehen sich die Vorlieben entsprechend dem *Reflection Effect* um und Personen ziehen einem unsicheren größeren Verlust, einen sicheren kleineren Verlust vor. Das bedeutet, dass sich Personen im Hinblick auf Gewinne risikoavers verhalten und in Bezug auf Verluste risikoaffin.[1273]

Anders verhält es sich allerdings, wenn die Wahrscheinlichkeiten des Eintritts eines großen Gewinns oder Verlusts sehr klein werden, wie im Falle des Lotteriespiels oder bei Versicherungsfällen. Risikoaffinität tritt dann insoweit auf, als Personen die geringe Wahrscheinlichkeit eines großen Gewinns gegenüber dem Erwartungswert des Eintrtitts des Ereignisses vorziehen.[1274] Risikoavers verhalten sich Marktteilnehmer hingegen bei der geringen Wahrscheinlichkeit eines großen Verlusts, dem sie lieber einen kleinen sicheren Verlust vorziehen.

Weiter stellten *Kahneman* und *Tversky* fest, dass Marktteilnehmer entsprechend dem als *Loss Aversion* bezeichneten Phänomen auf Verluste sensibler reagieren als auf Gewinne. Dabei erscheinen Verluste größer als Gewinne in gleicher Höhe.[1275] Ausfluss der Verlustaversion sind beispielsweise der Besitztumseffekt (*Endowment Effect*) und der Status-Quo-Effekt (*Status Quo Bias*).[1276] Sowohl im Verlustbereich als auch im Gewinnbereich reduziert sich die Sensibilität gegenüber Gewinnen und Verlusten je weiter sie sich vom Referenzpunkt entfernen, das heißt je größe sie werden. Dies wird als *Diminishing Sensitivity* bezeichnet.[1277]

Aufgrund dieser Erkenntnisse entwickelten Kahneman und Tversky eine Value Function, die (i) Abweichungen von einem Referenzpunkt wiedergibt, (ii) aufgrund der Diminishing Sensitivity für Gewinne konkav und für Verluste konvex verläuft

---

1272 *Kahneman/Tversky,* Econometrica, Vol. 47 (1979), No. 2, 263, 265.

1273 *Kahneman/Tversky,* Econometrica, Vol. 47 (1979), No. 2, 263, 268: „In the positive domain, the certainty effect contributes to a risk averse preference for a sure gain over a larger gain that is merely probable. In the negative domain, the same effect leads to risk seeking preference for a loss that is merely probable over smaller loss that is certain."

1274 *Tversky/Kahneman,* J. Risk & Uncertainty, Vol. 5 (1992), No. 4, 297, 298.

1275 *Kahneman/Tversky,* Econometrica, Vol. 47 (1979), No. 2, 263, 279; *Thaler/Tversky/Kahneman/Schwartz,* Q. J. Econ., Vol. 112 (1997), No. 2, 647, 648; *Tversky/Kahneman,* Q. J. Econ., Vol. 106 (1991), No. 4, 1039, 1047; dazu auch *Barberis/Thaler*, in: Thaler, Advances in Behavioural Finance 2005, 1, 18.

1276 *Tversky/Kahneman,* Q. J. Econ., Vol. 106 (1991), No. 4, 1039, 1041 ff.

1277 *Tversky/Kahneman,* J. Risk & Uncertainty, Vol. 5 (1992), No. 4, 297, 303; *Tversky/Kahneman,* Q. J. Econ., Vol. 106 (1991), No. 4, 1039, 1048 f.

und (iii) aufgrund der Verlustaversion auf der Verlustseite steiler abnimmt als sie auf der Gewinnseite zunimmt.[1278]

Grundsätzlich stellt der Referenzpunkt der Value Function den Status Quo beziehungsweise den aktuellen Vermögensstand des Einzelnen dar.

Abbildung 6: Value Function gemäß Prospect Theory[1279]

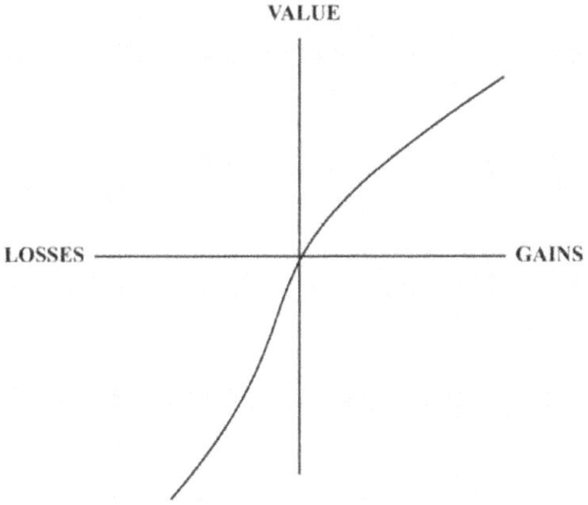

Kahneman und *Tversky* haben bei der Abfassung der Prospect Theory erkannt, dass sich das Risikoverhalten von Personen im Falle einer Verschiebung des Referenzpunkts ändert, wenn beispielsweise (i) der Referenzpunkt nicht oder nur ungenügend an das aktuelle Vermögen angepasst wird, oder (ii) wenn die Entscheidung nicht in Bezug auf Gewinne oder Verluste, sondern im Hinblick auf das endgültige Vermögen getroffen wird.[1280] So kann die Risikoaffinität in bestimmten Situationen ansteigen, wenn der Referenzpunkt nicht an kürzlich eingetretene Verluste angepasst wird.[1281] Damit im Einklang stehen die Erkenntnisse der Praxis, dass Manager stark zur Risikoaffinität neigen, wenn das Unternehmen nichts mehr zu verlieren hat, also aufgrund hoher Verluste kurz vor der Insolvenz steht.[1282]

1278 *Kahneman/Tversky,* Econometrica, Vol. 47 (1979), No. 2, 263, 279; *Tversky/Kahneman,* Q. J. Econ., Vol. 106 (1991), No. 4, 1039, 1039 f.

1279 Nach *Kahneman/Tversky,* Econometrica, Vol. 47 (1979), No. 2, 263, 279.

1280 *Kahneman/Tversky,* Econometrica, Vol. 47 (1979), No. 2, 263, 287; dazu auch *Tversky/Kahneman,* Q. J. Econ., Vol. 106 (1991), No. 4, 1039, 1047 f.

1281 *Kahneman/Tversky,* Econometrica, Vol. 47 (1979), No. 2, 263, 287: „This analysis suggests that a person who has not made peace with his losses is likely to accept gambles that would be unacceptable to him otherwise."; *Tversky/Kahneman,* Science, Vol. 211 (1981), No. 30, 453, 456.

1282 Vgl. hierzu *Brealey/Myers/Allen,* Principles of Corporate Finance, 11th ed. 2014, S. 297, die dieses Verhalten als *„gambling for redemption"* bezeichnen.

Die Frage, ob sich der Marktteilnehmer in Bezug auf diesen Referenzpunkt im Gewinn- oder Verlustbereich befindet, hängt auch von der mentalen Buchführung ab.[1283] Gewinne und Verluste sowie Einnahmen und Ausgaben werden durch Marktteilnehmer in mentalen Konten verbucht. Für verschiedene Sachverhalte werden dabei verschiedene mentale Konten gebildet.[1284] Gewinne und Verluste werden für jedes mentale Konto extra festgestellt. Je nachdem wie weit das mentale Konto gefasst ist, welche Cash-Flows also in einem mentalen Konto zusammengefasst sind, befindet man sich gemäß der Value Function im Gewinn- oder Verlustbereich.[1285] Die Bildung der mentalen Konton wird durch ein *Narrow Framing* bestimmt, sodass mentale Konto oftmals sehr eng gefasst werden und einzelne finanzielle Entscheidungen nicht mit anderen in Verbindung gebracht werden.[1286]

bb) Regret Theory und Theory of Disappointment Aversion

Neben der Prospect Theory versuchen auch andere Konzepte der Behavioural Finance Forschung die Abweichungen und Anomalien gegenüber der Erwartungsnutzentheorie zu erklären.[1287] Im Folgenden sollen zwei weitere Theorien ganz kurz dargestellt werden, da sie nach Ansicht von Vertretern der wirtschaftswissenschaftlichen Forschung ebenfalls Einfluss auf die Hedging-Entscheidung haben können. Abgestellt wird nach der *Regret Theory* und der *Theory of Disappointment Aversion*, anstatt auf das Risiko, auf die Emotionen von Reue und Enttäuschung der Marktteilnehmer.

Loomes/Sugden und *Bell* entwickelten im Jahr 1982 die Regret Theory als Gegenkonzept zur Prospect Theory von *Kahneman/Tversky*.[1288] Die durch die Prospect Theory beschriebenen Abweichungen von der Erwartungsnutzentheorie

---

1283 Dazu *Tversky/Kahneman*, Science, Vol. 211 (1981), No. 30, 453, 456 f.; *Thaler*, J. Behav. Dec. Making, Vol. 12 (1999), No. 3, 183; *Barberis/Thaler*, in: Thaler, Advances in Behavioural Finance 2005, 1, 20; *Daxhammer/Facsar*, Behavioural Finance, 1. Auflage 2012, S. 209 ff.

1284 *Thaler*, J. Behav. Dec. Making, Vol. 12 (1999), No. 3, 183, 184; hierzu auch *Beck*, Behavioural Economics 2014, S. 178 ff.

1285 Zu diesem Zusammenhang *Thaler*, J. Behav. Dec. Making, Vol. 12 (1999), No. 3, 183, 185 f.

1286 *Barberis/Thaler*, in: Thaler, Advances in Behavioural Finance 2005, 1, 20: „One important feature of mental accounting ist *narrow framing*, which is the tendency to treat individual gambles separately from other portions of wealth. In other words, when offered a gamble, people often evaluate it as if it is the only gamble they face in the world, rather than merging it with pre-existing bets to see if the new bet is a worthwile addition."; dazu auch *Thaler*, J. Behav. Dec. Making, Vol. 12 (1999), No. 3, 183, 199 ff.

1287 *Barberis/Thaler*, in: Thaler, Advances in Behavioural Finance 2005, 1, 16.

1288 *Loomes/Sugden*, Econ. J., Vol. 92 (1982), No. 368, 805; *Bell*, Operations Research, Vol. 30 (1982), No. 5, 961.

können auch durch die Regret Theory erklärt werden.[1289] Diese basiert dabei auf zwei Grundannahmen. Zum einen, dass viele Menschen die Gefühle von Reue und Freude empfinden und zum anderen, dass sie bei Entscheidungen unter Unsicherheit diese Gefühle versuchen vorherzusagen und in ihre Entscheidung einbeziehen.[1290] Die Regret Theory geht somit davon aus, dass Marktteilnehmer nicht nur den erwarteten Nutzen, sondern auch die erwartete Reue mit in die Anlageentscheidung einbeziehen.[1291] *Michenaud/Solnik* erweitern die Regret Theory um die Komponente des Volatilitätsrisikos und gehen davon aus, dass sich das Gesamtrisiko damit aus dem traditionellen Volatilitätsrisiko und dem Reuerisiko zusammensetzt.[1292]

Einen anderen Ansatz wählt *Gul* mit der Veröffentlichung der Theory of Disappointment Aversion, mittels derer ebenfalls viele Anomalien beschrieben werden können.[1293] Der Unterschied zwischen Reue und Enttäuschung besteht darin, dass Enttäuschung den Gefühlszustand beschreibt, der besteht, wenn ein negatives Ergebnis entgegen die Erwartungen doch eintritt und Reue dann empfunden wird, wenn ex post unter verschiedenen Alternativen die falsche Wahl getroffen wurde.[1294] *Gul* versucht mittels der Theory of Disappointment das Gefühl der Enttäuschung bei der Entscheidung unter Unsicherheit zu berücksichtigen.[1295] Dabei werden, wie auch bei der Verlustaversion, schlechte Ausgänge stärker gewichtet als gute Ausgänge. Marktteilnehmer reagieren daher auf schlechte Ausgänge sensibler als auf gute Ausgänge.[1296]

cc) Implikationen für das Hedgingverhalten von Marktteilnehmern

Die Theorien der Behavioural Finance wurden unter verschiedenen Gesichtspunkten mit dem Hedgingverhalten von Marktteilnehmern in Verbindung gebracht. So können, entsprechend den Ansichten in der Literatur, Risikoaffinität, Verlustaversion, Regret Aversion und Disappointment Aversion Einfluss auf die Hedge Ratio haben und Abweichungen von einer rational optimal risikominimierenden Hedging-Strategie erklären.

1289 *Bell,* Operations Research, Vol. 30 (1982), No. 5, 961, 970; *Loomes/Sugden,* Econ. J., Vol. 92 (1982), No. 368, 805, 810.

1290 *Loomes/Sugden,* Econ. J., Vol. 92 (1982), No. 368, 805, 820.

1291 *Michenaud/Solnik,* J. Int. Money & Fin., Vol. 27 (2008), No. 5, 677, 678.

1292 *Michenaud/Solnik,* J. Int. Money & Fin., Vol. 27 (2008), No. 5, 677, 678, 681; ähnlich auch *Braun/Muermann,* J. Risk & Insurance, Vol. 71 (2004), No. 4, 737, 742.

1293 *Gul,* Econometrica, Vol. 59 (1991), No. 3, 667.

1294 *Braun/Muermann,* J. Risk & Insurance, Vol. 71 (2004), No. 4, 737, 742; *Michenaud/Solnik,* J. Int. Money & Fin., Vol. 27 (2008), No. 5, 677, 678.

1295 *Gul,* Econometrica, Vol. 59 (1991), No. 3, 667, 670 ff.

1296 *Michenaud/Solnik,* J. Int. Money & Fin., Vol. 27 (2008), No. 5, 677, 681.

(1) Referenzpunkt, mentale Konten und Risikoaffinität

Entsprechend den obigen Ausführungen zur Prospect Theory wird der Marktteilnehmer dann zu risikoaffinem Verhalten neigen, wenn er sich in Bezug auf seinen Referenzpunkt im Verlustbereich befindet. Für die Feststellung, ob man sich im Verlust- oder Gewinnbereich befindet, kommt es zum einen maßgeblich auf die Festsetzung des Referenzpunktes und dessen Anpassung an den status quo an. Zum anderen ist dafür auch die *mentale Buchführung* von Bedeutung, das heißt die Entscheidung darüber, welche Gewinne und Verluste in Bezug auf den Referenzpunkt in einem mentalen Konto zusammengefasst werden.

Bedeutenden Einfluss auf das Hedging-Verhalten kann der Reflection Effect haben. Soweit der Hedger seinen Referenzpunkt nicht an die bereits eingetretenen Verluste anpasst, ändert sich seine Risikoeinstellung hin zur Risikoaffinität.[1297] Das hat Auswirkungen auf die Hedge Ratio.[1298] In diesem Fall kann es sein, dass die Hedging-Positionen mit den steigenden Verlusten kontinuierlich erhöht werden, der Hedger seine vormalige Intention Hedging zu betreiben aufgibt und stattdessen anfängt zu spekulieren.[1299] Beispiele aus der Praxis belegen dieses Verhalten. *Liu/Li/Wang* beschreiben beispielsweise das vermeintliche Hedging-Geschäft von *Zhuzhou Smelter* aus dem Jahr 1997, die nach starken Verlusten die Kontrakte nicht geschlossen hatten, sondern stattdessen die Futures-Positionen weiter erhöhten. Am Ende standen einer Jahresproduktion von 300.000 Tonnen Zink, Short-Positionen in Futures-Kontrakten in einer Höhe von 450.000 Tonnen gegenüber.[1300]

Besonderer Bedeutung im Rahmen der Hedging-Entscheidung kommt wohl auch dem Phänomen der mentalen Buchführung zu.[1301] Es besteht die Gefahr, dass die Hedging-Entscheidung isoliert getroffen wird, also ohne Einbeziehung des Grundgeschäftes. Demzufolge können Affekte wie Verlustaversion und Reueaversion die Entscheidung über das Hedging auch isoliert beeinflussen.[1302] Dadurch kann der

---

1297 Siehe dazu oben E.IV.3.b)aa).

1298 *Liu/Li/Wang,* J. Systems Sci. & Complexity, Vol. 21 (2008), No. 3, 394; *Mattos/Garcia/Pennings,* J. Fin. Markets, Vol. 11 (2008), No. 4, 433, 448.

1299 *Liu/Li/Wang,* J. Systems Sci. & Complexity, Vol. 21 (2008), No. 3, 394, 395: „According to our study, if a hedger facing losses does not adjust his reference point, he would increase his positions continually with the increase in accumulated losses. In such a case, a hedger will forget the initial intention to hedge and ultimately become a speculator."

1300 *Liu/Li/Wang,* J. Systems Sci. & Complexity, Vol. 21 (2008), No. 3, 394, 394 f.; ähnliche Vorfälle gab es demzufolge in China des öfteren: „Unfortunately, we recently have seen many enterprises hedged in a wrong way and incurred huge losses from so-called „hedging" (S. 403 f.).

1301 Dazu *Tversky/Kahneman,* Science, Vol. 211 (1981), No. 30, 453, 456 f.; *Thaler,* J. Behav. Dec. Making, Vol. 12 (1999), No. 3, 183; *Daxhammer/Facsar,* Behavioural Finance, 1. Auflage 2012, S. 209 ff.

1302 *Michenaud/Solnik,* J. Int. Money & Fin., Vol. 27 (2008), No. 5, 677, 682: „[...] it is also consistent with the behavioural approach of mental accounting (or framing),

Hedging-Gedanke in den Hintergrund gedrängt werden und spekulative Motive können die Oberhand gewinnen.[1303] Eine Umkehr der Risikoeinstellung ist wohl umso wahrscheinlicher, je separierter Hedging-Geschäfte von den jeweiligen Grundgeschäften betrachtet werden. Mitarbeiter des Risikomanagements, die aufgrund einer Chinese-Wall ausschließlich für das Hedging zuständig sind, könnten deshalb besonders gefährdet sein, risikoaffin zu handeln. Werden Grund- und Hedging-Geschäft gleichzeitig betrachtet, so heben sich Verluste und Gewinne oftmals weitgehend auf.

Ob die Risikoaffinität tatsächlich zu spekulativen Geschäften führt, hängt dann wohl auch davon ab, wie konkret die Vorgaben, beispielsweise durch eine Risk Management Policy, für das Hedging sind und wie stark diese Vorgaben überwacht werden.

(2) Verlustaversion

Neben der Riskoaffinität kann nachweislich auch die Verlustaversion das Hedgingverhalten maßgeblich beeinflussen, indem die Hedge Ratio aufgrund der stärkeren Sensitivität gegenüber Verlusten angepasst wird.

Ein Effekt der Loss Aversion wird in Fällen angenommen, in denen sich der Futures-Markt in Backwardation oder Contango befindet,[1304] nicht allerdings wenn der Futures-Markt unvoreingenommen (unbiased) ist.[1305]

Sind Marktteilnehmer verlustavers, so wird ihr Verhalten spekulativer, um die Wahrscheinlichkeit von kleinen Verlusten zu reduzieren.[1306] Befindet sich der Markt in Backwardation, so wird erwartet, dass die Long-Position profitabel sein wird und die Short-Position verlustreich. Im Gegensatz dazu wird im Falle eines

---

the human tendency to treat each type of investment decisions in a separate mental compartment. Rather than looking at the whole portfolio as prescribed by EU theory, investors tend to reach the best desicions in each mental compartment. [...] This confirms that the currency hedging decision is indeed taken as a residual/separate decision from the investment decision that creates the currency exposure."

1303 Dazu schon oben zur Verlustaversion E.IV.3.b)aa).

1304 Backwardation bezeichnet einen Zustand des Futures-Marktes, in dem der Terminkurs unter dem zu erwartenden Spot-Kurs bei Fälligkeit liegt. Umgekehrt bezeichnet Contango die Situation, in der der Terminkurs über dem zu erwartenden Spot-Kurs bei Fälligkeit liegt (vgl. *Bloss/Ernst/Häcker,* Derivative 2008, S. 130).

1305 Zu diesem Ergebnis kommt *Lien,* J. Futures Markets, Vol. 21 (2001), No. 7, 681; dass die Verlustaversion keinen Einfluss auf die Hedge Ratio hat, wenn die Märkte unvoreingenommen sind, vertritt auch *Mattos/Garcia/Pennings,* J. Fin. Markets, Vol. 11 (2008), No. 4, 433, 439, allerdings spielt demzufolge die Gewichtung der Wahrscheinlichkeiten entsprechend der Weighting Function eine große Rolle und beeinflusst die Hedge Ratio.

1306 *Lien,* J. Futures Markets, Vol. 21 (2001), No. 7, 681, 688.

Marktes in Contango erwartet, dass die Long-Position Verluste bringen wird und die Short-Position profitabel sein wird.[1307] Der risikoaverse und verlustaverse Hedger wird deshalb bei Backwardation für eine bestehende Long-Position im Underlying zur Absicherung weniger Futures-Kontrakte verkaufen (Short-Position) beziehungsweise bei Absicherung einer Short-Position im Underlying mehr Futures-Kontrakte kaufen (Long-Position), als dies unter Risikogesichtspunkten für einen optimalen Hedge erforderlich wäre. Im Falle eines Marktes in Contango gilt das Umgekehrte, der verlustaverse Hedger verkauft mehr und kauft weniger Futures-Position.[1308]

(3) Regret Aversion

Bell beschrieb bereits bei Abfassung der Regret Theory einen Hedging-Fall unter Berücksichtigung der Regret Aversion. Er stellte den Fall eines Getreidebauers dar, dessen Getreide erst in zwei Monaten reif zur Ernte sein wird. Zur Vereinfachung des Beispiels geht er davon aus, dass der Preis für Getreide in zwei Monaten mit gleicher Wahrscheinlichkeit entweder $ 3 oder $ 7 betragen wird. Zum momentanen Zeitpunkt könne allerdings der Preis bereits auf $ 5 fixiert werden. Sichert sich der Bauer bereits jetzt den Preis von $ 5, so wird er entweder Reue empfinden, wenn der Preis auf $ 7 steigen wird oder Freude, wenn der Preis auf $ 3 sinken wird. Gleiches ist allerdings auch möglich, wenn er sich nicht absichert und er daher bei einem gesunkenen Preis auf $ 3 Reue empfinden wird und bei einem Preisanstieg auf $ 7 erfreut sein wird.[1309]

Der Schmerz des Verlustes hängt auch davon ab, ob in der Vergangenheit Verluste zu verkraften waren. Sobald Verluste erlitten wurden, könnten Anleger umso mehr vor erneuten Verlusten zurückschrecken.[1310]

Dies entspricht auch dem beobachteten Verhalten von *Statman*, demzufolge Portfolio-Manager aufgrund von Rückschau und Reue immer wieder zwischen der Absicherung und Nichtabsicherung eines Portfolios hin- und herwechseln.[1311] Damit der Schmerz der Reue nicht zu groß wird, sichern Portfolio-Manager das Portfolio daher zum Teil nur zu 50 % ab, da in diesem Fall zumindest für 50 % des Portfolios die Hedging-Entscheidung richtig war.[1312] Auch die bereits oben genannten großen Studien zum Hedging-Verhalten von Unternehmen haben gezeigt, dass Unternehmen selten eine Absicherungsquote von 100 % haben.[1313]

1307 *Lien,* J. Futures Markets, Vol. 21 (2001), No. 7, 681, 688.

1308 *Lien,* J. Futures Markets, Vol. 21 (2001), No. 7, 681, 688 ff.

1309 *Bell,* Operations Research, Vol. 30 (1982), No. 5, 961, 963.

1310 *Brealey/Myers/Allen,* Principles of Corporate Finance, 11th ed. 2014, S. 333.

1311 *Statman,* J. Investing, Vol. 14 (2005), No. 2, 15, 16, 18.

1312 *Statman,* J. Investing, Vol. 14 (2005), No. 2, 15, 18; so auch *Michenaud/Solnik,* J. Int. Money & Fin., Vol. 27 (2008), No. 5, 677, 682.

1313 Vgl. dazu oben E.IV.2.b)bb)(2).

Michenaud/Solnik kombinieren die Risikoaversion mit der Reueaversion und zeigen in einem Modellbeispiel, welchen Einfluss diese Kombination auf die Hedge Ratio haben kann. Sie unterscheiden dabei zwischen Situationen, in denen Erwartungen an den künftigen Kurs einbezogen werden und solche, in denen keine Erwartungen berücksichtigt werden. Werden Erwartungen nicht berücksichtigt, so liegt die Hedge Ratio zwischen 50 % und 100 %, je nachdem wie stark Risikoaversion und Reueaversion ausgeprägt sind. Liegt keine Reueaversion vor, so wird zu 100 % abgesichert. Ist der Anleger dagegen lediglich reueavers, aber nicht risikoavers liegt die Absicherungsquote bei 50 %. Sind Reueaversion und Risikoaversion gleich stark ausgeprägt, liegt die Absicherungsquote bei 75 %. Liegen hingegen positive Informationen über die künftige Kursentwicklung vor, so liegt die Absicherungsquote bei 25 %, soweit Risikoaversion und Reueaversion gleich groß sind. Eine Absicherung von 50 % wird dann vorgenommen, wenn der Anleger überwiegend reueavers ist.[1314] Im Ergebnis wird die Hedge Ratio daher durch das Vorliegen von Reueaversion in der Form beeinflusst, dass der reueaverse Hedger im Gegensatz zum rational risikoaversen Hedger weniger absichert, wenn keine spekulativen Motive vorliegen und mehr absichert, wenn der risikoaverse Anleger spekulative Erwägungen mit berücksichtigt.[1315]

(4) Disappointment Aversion

Ähnlich wie die *Verlustaversion* kann auch die Disappointment Aversion die Hedging-Entscheidung, vor allem die Hedge Ratio, beeinflussen. *Lien* und andere haben diesen Zusammenhang zwischen Disappointment Aversion und Hedge Ratio mittels mehrerer Studien untersucht.[1316] Ebenso wie bei Untersuchungen der Verlustaversion kommen sie zu dem Ergebnis, dass die Disappointment Aversion dann keine Auswirkung auf das Hedging hat, wenn der Markt unbeeinflusst (unbiased) ist.[1317] Befindet sich der Markt allerdings in Backwardation oder in Contango, dann weicht die Hedge Ratio von der optimalen Hedging-Quote ab. In diesen beiden Fällen kann der wertmaximierende Hedger die Marktsituation spekulativ ausnutzen. Ist der Markt in Backwardation, dann kann davon profitiert werden, indem der Short-Hedger weniger Kontrakte zur Absicherung erwirbt und der Long-Hedger mehr Kontrakte erwirbt, als dies für eine varianzminimierende Strategie notwendig wäre. Befindet sich der Markt in Contango, kann davon profitiert werden, indem der

---

1314 *Michenaud/Solnik,* J. Int. Money & Fin., Vol. 27 (2008), No. 5, 677, 688.

1315 *Michenaud/Solnik,* J. Int. Money & Fin., Vol. 27 (2008), No. 5, 677, 690; ähnlich auch *Braun/Muermann,* J. Risk & Insurance, Vol. 71 (2004), No. 4, 737, 750 für den Abschluss von Versicherungen.

1316 *Lien,* J. Futures Markets, Vol. 21 (2001), No. 11, 1029; *Lien/Wang,* J. Futures Markets, Vol. 22 (2002), No. 2, 123; *Lien/Wang,* J. Multinat. Fin. Mgmt., Vol. 16 (2006), No. 1, 16.

1317 *Lien,* J. Futures Markets, Vol. 21 (2001), No. 11, 1029, 1033; *Lien/Wang,* J. Futures Markets, Vol. 22 (2002), No. 2, 123, 128; *Lien/Wang,* J. Multinat. Fin. Mgmt., Vol. 16 (2006), No. 1, 16, 25.

Short-Hedger mehr Kontrakte verkauft und der Long-Hedger weniger Kontrakte ankauft. Unter Einfluss von Disappointment Aversion wird allerdings eine konservativere Hedging-Strategie angewandt, die näher an einem Full Hedge liegt und die Vorteile von Contango und Backwardation nicht in gleichem Umfang ausnutzt wie ein verlustaverser Hedger.[1318] Disappointment Aversion ebenso wie Risikoaversion[1319] hält den Hedger in gewissem Umfang davon ab, aufgrund spekulativer Motive zu viele oder zu wenige Kontrakte zu kaufen oder zu verkaufen.[1320]

Lien und Wang gehen auch davon aus, je niedriger der Referenzpunkt gewählt wird, desto risikoaverser oder desto disappointment-averser ist der Marktteilnehmer.[1321]

(5) Zwischenergebnis

Diese erkannten Verhaltensmuster von Personen bei Entscheidungen unter Unsicherheit können einen Teil der speziellen Hedging-Strategien erklären, so unter anderem selektives Hedging unter Einfluss der Regret Aversion und Carrying-Charge Hedging unter Einfluss von Disappointment Aversion. Auch kann der Übergang von Hedging zu Spekulation mit einer Umkehr der Risikoeinstellung hin zur Risikoaffinität erklärt werden.

c) Besonderheiten in Bezug auf das Risikoverhalten von Unternehmen und Managern

aa) Risikoeinstellung von Unternehmen und Ziel der Unternehmenswertmaximierung

Zu beachten ist, dass Unternehmen als juristische Personen selbst keine eigene Risikoeinstellung haben. Ihr Verhalten bei Risiko wird vielmehr durch die Risikoeinstellung der Manager und Anteilsinhaber determiniert. Die Anteilsinhaber sind bestrebt den Unternehmenswert zu maximieren. Ein strikt risikoaverses Verhalten von Managern ist daher mit dem Ziel der Unternehmenswertmaximierung nicht vereinbar.[1322]

Dem Ziel der Maximierung des Unternehmenswerts kann wohl nur dann entsprochen werden, wenn der Einsatz von Hedging-Instrumenten entsprechend den

---

1318 *Lien/Wang*, J. Futures Markets, Vol. 22 (2002), No. 2, 123, 125; *Lien/Wang*, J. Multinat. Fin. Mgmt., Vol. 16 (2006), No. 1, 16, 25.

1319 *Lien/Wang*, J. Futures Markets, Vol. 22 (2002), No. 2, 123, 130 f.

1320 *Lien*, J. Futures Markets, Vol. 21 (2001), No. 11, 1029, 1034 f.; *Lien/Wang*, J. Futures Markets, Vol. 22 (2002), No. 2, 123, 129 ff.

1321 *Lien/Wang*, J. Futures Markets, Vol. 22 (2002), No. 2, 123, 125, 133.

1322 In diese Richtung auch *Nance/Smith/Smithson*, J. Fin., Vol. 48 (1993), No. 1, 267, 268. „These markets are dominated by corporations and institutions, not by individuals trading for their personal accounts. Thus, risk aversion provides an unsatisfactory explanation for the observed volume [of hedging instruments] [...]."

Motiven des Hedging, wie der Reduzierung von Insolvenzkosten, Finanzierungskosten und Steuern, mit einem gezielten Verzicht auf Absicherungsmaßnahmen verbunden wird. Gewinnchancen durch Kurs- und Wertveränderungen können nur dann genutzt werden, wenn nicht sämtliches Risiko durch Hedging-Geschäfte ausgeschlossen ist.

Dem entsprechen auch die Aussagen von Unternehmensvertretern, die in Umfragen angaben, dass sie in Bezug auf die Absicherung der Risiken des Unternehmens zwar nicht risikosuchend seien, gleichzeitig aber auch nicht stark risikoavers.[1323] Die Tatsache, dass entsprechenden Umfragen folgend die überwiegende Anzahl von Unternehmen ihre Vorhersagen und Markterwartungen mit in die Hedging-Entscheidung einfließen lassen, spricht ebenfalls gegen eine Risikoaversion von Unternehmensvertretern.[1324]

bb) Principal-Agent-Konflikte, Risikoaversion und Verlustaversion von Managern, und Beeinflussung der Risikoeinstellung durch Incentives

Bereits *Adam Smith* stellte 1776 fest, dass eine Fremdgeschäftsführung von Unternehmen zu einem Principal-Agent-Konflikt führen kann, da die Geschäftsleitung nicht ihr eigenes Geld verwaltet, sondern das Geld der Anteilsinhaber des Unternehmens.

> *„The directors of such companies, however, being the managers rather of other people's money than of their own, it cannot well be expected that they should watch over it with the same anxious vigilance with which the partners in a private copartnery frequently watch over their own.“*[1325]

Diese sogenannte *„separation of ownership and control“* führt zu Principal-Agent-Konflikten und Agency Kosten.[1326] Manager verhalten sich oftmals nicht wie value-maximizing Unternehmer mit dem Ziel den Unternehmenswert zu maximieren, sondern tendieren dazu ihr eigenes Wohlbefinden beziehungsweise ihren Nutzen zu steigern.[1327] Um die Interessen des Managers dem Interesse des Unternehmens und

---

1323 *Fatemi/Glaum,* Manag. Fin., Vol. 26 (2000), No. 3, 1, 6.

1324 *Fatemi/Glaum,* Manag. Fin., Vol. 26 (2000), No. 3, 1, 14: „Once again, these results reveal a pattern that is not consistent with the behaviour expected of risk-averse agents. The exhibited behaviour resembles one attributable to a risk-neutral or even a risk-seeking attitude."

1325 *Smith,* An inquiry into the nature and causes of the wealth of nations (first published 1776), A new edition 1796, Volume 3, S. 108 f.

1326 Hierzu beispielsweise ausführlich *Jensen/Meckling,* J. Fin. Econ., Vol. 3 (1976), No. 4, 305; *Jensen/Murphy,* J. Pol. Econ., Vol. 98 (1990), No. 2, 225.

1327 *Jensen/Murphy,* Harv. Bus. Rev., Vol. 68 (1990), No. 3, 138, 138 f.; *Jensen/Murphy,* J. Pol. Econ., Vol. 98 (1990), No. 2, 225, 226; dazu auch *Carpenter,* J. Fin., Vol. 55 (2000), No. 5, 2311, 2314; *Rogers,* J. Banking & Fin., Vol. 26 (2002), No. 2, 271, 275: „The basic framework of principal-agent models assumes a risk-neutral principal (shareholders) and a risk-averse manager."

der Anteilsinhaber, den Unternehmenswert zu maximieren, anzupassen, werden *Incentive Compensation Programs* verhandelt, die finanzielle Anreize durch Cash Boni, Vergütung mittels Aktien und Aktienbesitz sowie Aktienoptionen vorsehen können.[1328]

Eine besondere Rolle in diesem principal-agent-conflict spielt die generell angenommene Risikoaversion von Managern.[1329] Manager haben oftmals eine nicht diversifizierte Vermögensposition, die direkt mit den finanziellen Erfolgsaussichten und der Existenz des Unternehmens verknüpft ist.[1330] Sie handeln daher auch bei Entscheidungen, die sie für das risikoneutrale Unternehmen treffen, risikoavers, um das Risiko für ihr privates Vermögen zu reduzieren.[1331] Manager könnten es daher vorziehen, auf riskante Projekte mit positivem Nettobarwert (*NPV*; *net-present-value*) zu verzichten.[1332] Entsprechend der Agency Theory könne allerdings das Risikoverhalten von Managern durch ein Incentive Compensation System gezielt angepasst werden.[1333] Die Anreize müssen aus Sicht der Anteilsinhaber so ausgestaltet sein, dass durch die Steigerung des Unternehmenswerts auch der erwartete Nutzen der Manager steigt.[1334]

Entsprechend dem traditionellen Verständnis kann der Risikoaversion von Managern durch die Vergütung mittels Aktienoptionen begegnet werden. Diese schaffen eine Anreizwirkung für eine risikoaffine Unternehmensführung und veranlassen Manager daher dazu, den Nutzen für das Unternehmen und seine Anteilsinhaber zu maximieren.[1335] Das Gewinnprofil von Aktienoptionen ist, wie allgemein

---

1328 Dazu grundlegend *Jensen/Murphy,* J. Pol. Econ., Vol. 98 (1990), No. 2, 225; vgl. auch *Core/Guay/Larcker,* Econ. Policy Rev., Vol. 9 (2003), No. 1, 27, 29, 32; *Haugen/Senbet,* J. Fin., Vol. 36 (1981), No. 3, 629, 630.

1329 *Guay,* J. Fin. Econ., Vol. 53 (1999), No. 1, 43, 47, der diese Konflikte als „risk-related agency problems" bezeichnet; dazu auch *Aretz/Bartram,* J. Fin. Res., Vol. 33 (2010), No. 4, 317, 328; *Fabling/Grimes,* J. Futures Markets, Vol. 35 (2015), No. 4, 321, 322.

1330 *Aretz/Bartram,* J. Fin. Res., Vol. 33 (2010), No. 4, 317, 340; *Aretz/Bartram/Dufey Gunter,* J. Risk Fin., Vol. 8 (2007), No. 5, 434, 437 f.

1331 Vgl. unter anderem *Wiseman/Gomez-Mejia,* Academy Mgmt. Rev., Vol. 23 (1998), No. 1, 133, 133.

1332 *Guay,* J. Fin. Econ., Vol. 53 (1999), No. 1, 43, 47; *Smith/Stulz,* J. Fin. & Quant. Analysis, Vol. 20 (1985), No. 4, 391, 402.

1333 *Jensen/Murphy,* J. Pol. Econ., Vol. 98 (1990), No. 2, 225, 226; *Wiseman/Gomez-Mejia,* Academy Mgmt. Rev., Vol. 23 (1998), No. 1, 133, 133 ; vgl. auch beispielsweise *Jensen/Murphy,* Harv. Bus. Rev., Vol. 68 (1990), No. 3, 138, 146: „However, holding a stock option does not provide the same incentives as owning a share of stock. [...] For example, stock ownership rewards both price appreciation and dividends, while options reward only appreciation."

1334 *Smith/Stulz,* J. Fin. & Quant. Analysis, Vol. 20 (1985), No. 4, 391, 399.

1335 Dazu grundlegend *Jensen/Meckling,* J. Fin. Econ., Vol. 3 (1976), No. 4, 305, 353: „[...] managers of large publicly held corporations seem to behave in a risk averse way to the detriment of the equity holders. One solution to this would be to establish

bei Optionen, asymmetrisch, das heißt der Optionsinhaber hat zwar ein Gewinnpotenzial, aber kein Verlustrisiko, da er die Option nicht ausüben muss, wenn sie nicht im Geld liegt. Er profitiert von einer steigenden Volatilität des Aktienkurses, da in diesem Fall der Wert der Optionen steigt.[1336] Um dies zu erreichen wird ein größeres Risiko eingegangen.[1337] Im Gegensatz dazu führt das Halten von Aktienanteilen dazu, dass sich Manager risikoavers verhalten und auf riskante Projekte und Investitionsmöglichkeiten verzichten.[1338] In diesen Fällen ändert sich das Vermögen linear mit der Performance des Unternehmens.[1339]

Diese Sichtweise wird allerdings vermehrt als unzureichend zurückgewiesen. Vielmehr bedarf es einer genaueren Betrachtung der Umstände, um die Risikoeinstellung bestimmen zu können. Zunächst bestimmt sich der Wert der Option nicht nur nach der Volatilität des Aktienkurses, sondern auch nach dem Kurs der Aktie selbst.[1340] Demzufolge bedingen nur Aktienoptionen, die aus dem Geld liegen risikoaffines Verhalten, wohingegen Aktienoptionen, die im Geld liegen wiederum risikoaverses Verhalten verstärken.[1341] Daneben beeinflussen auch der individuelle Grad der Risikoaversion des Managers sowie dessen Vermögen, welches nicht im Unternehmen gebunden ist, das Risikoverhalten im Falle von Aktienoptionsbesitz.[1342] Hinzu kommt, dass Manager oftmals sowohl Aktien als auch Aktienoptionen besitzen, die sich in ihrer Wirkung auf das Risikoverhalten auch gegenseitig beeinflussen können.[1343]

---

incentive compensation systems for the manager or to give him stock options which in effect give him a claim on the upper tail of the outcome distribution."; so auch *Guay,* J. Fin. Econ., Vol. 53 (1999), No. 1, 43, 47; *Smith/Stulz,* J. Fin. & Quant. Analysis, Vol. 20 (1985), No. 4, 391, 403; *Tufano,* J. Fin., Vol. 51 (1996), No. 4, 1097, 1130; vgl. auch *Aretz/Bartram/Dufey Gunter,* J. Risk Fin., Vol. 8 (2007), No. 5, 434, 438.

1336 *Haugen/Senbet,* J. Fin., Vol. 36 (1981), No. 3, 629, 640; *Ross,* J. Fin., Vol. 59 (2004), No. 1, 207, 210.

1337 *Coles/Daniel/Naveen,* J. Fin. Econ., Vol. 79 (2006), No. 2, 431, 464; *Guay,* J. Fin. Econ., Vol. 53 (1999), No. 1, 43, 66; *Haugen/Senbet,* J. Fin., Vol. 36 (1981), No. 3, 629, 644.

1338 *Coles/Daniel/Naveen,* J. Fin. Econ., Vol. 79 (2006), No. 2, 431, 437; *Core/Guay/Larcker,* Econ. Policy Rev., Vol. 9 (2003), No. 1, 27, 33.

1339 *Jensen/Murphy,* J. Pol. Econ., Vol. 98 (1990), No. 2, 225, 232.

1340 *Haugen/Senbet,* J. Fin., Vol. 36 (1981), No. 3, 629, 640; *Knopf/Nam/Thornton,* J. Fin., Vol. 57 (2002), No. 2, 801, 801 f.

1341 *Carpenter,* J. Fin., Vol. 55 (2000), No. 5, 2311, 2327 f.; *Lambert/Larcker/Verrecchia,* J. Acct. Res., Vol. 29 (1991), No. 1, 129, 136 ff.; *Lewellen,* J. Fin. Econ., Vol. 82 (2006), No. 3, 551, 552, 557; *Rogers,* J. Banking & Fin., Vol. 26 (2002), No. 2, 271, 274.

1342 *Core/Guay/Larcker,* Econ. Policy Rev., Vol. 9 (2003), No. 1, 27, 39; *Knopf/Nam/Thornton,* J. Fin., Vol. 57 (2002), No. 2, 801, 802; *Lewellen,* J. Fin. Econ., Vol. 82 (2006), No. 3, 551, 552, 560; ähnlich auch *Ross,* J. Fin., Vol. 59 (2004), No. 1, 207, 224.

1343 *Coles/Daniel/Naveen,* J. Fin. Econ., Vol. 79 (2006), No. 2, 431, 438; *Knopf/Nam/Thornton,* J. Fin., Vol. 57 (2002), No. 2, 801, 802.

Wie dieser allgemeine Zusammenhang zwischen Incentives und Risikoverhalten konkret für die Hedging Policy von Unternehmen genutzt werden kann, wurde zuerst theoretisch von *Smith* und *Stulz* dargestellt.[1344] Da Hedging der Absicherung der Unternehmenserträge dient, trägt es grundsätzlich auch dazu bei, die erwartete Vergütung risikoaverser Manager abzusichern.[1345] Für sie ist es zumeist günstiger die Risiken auf Ebene des Unternehmens abzusichern, als auf eigene Rechnung.[1346] Um dem zu begegnen, gingen *Smith* und *Stulz* davon aus, dass der Besitz von Aktienoptionen durch Manager dazu führt, dass weniger Hedging betrieben wird, da sie sich risikogeneigter verhielten.[1347] Besitzen Manager hingegen Aktien des Unternehmens hedgen sie aufgrund ihrer Risikoaversion in stärkerem Maße.[1348] *Tufano* konnte diese Theorie zunächst empirisch bestätigen. Allerdings kamen andere Studien zu uneinheitlichen beziehungsweise gegenteiligen Ergebnissen.[1349]

Im Ergebnis muss auch für das Hedging eine differenzierendere Betrachtung vorgenommen werden. Hält der Manager Aktien des Unternehmens, dann verhält er sich tendenziell risikoavers und betreibt Hedging. Besitzt der Manager hingegen Aktienoptionen, so bedarf es einer Differenzierung. Wie allgemein für das Risikoverhalten von Managern gilt auch für das Hedging-Verhalten von Managern, dass es für die Risikoeinstellung und damit das Hedging darauf ankommt, ob sich die Optionen im Geld oder aus dem Geld befinden. Sind die Aktienoptionen aus dem Geld, so verhält sich der Manager risikoaffin und betreibt weniger Hedging. Befinden sich die Aktienoptionen im Geld, so überwiegt die Risikoaversion und der Manager betreibt vermehrt Hedging.[1350]

Allerdings besteht in Fällen von Incentive Compensation Programs durch Aktien und Aktienoptionen die Gefahr, dass die Anreizwirkung den Unternehmenswert zu maximieren dadurch verloren geht, dass CEOs selbstständig eine Absicherung

1344 *Smith/Stulz,* J. Fin. & Quant. Analysis, Vol. 20 (1985), No. 4, 391, 403; siehe dazu im Detail auch oben E.IV.2nda)dd) sowie E.IV.2ndb)aa)(4).

1345 *Smith/Stulz,* J. Fin. & Quant. Analysis, Vol. 20 (1985), No. 4, 391, 399; ähnlich auch schon *Stulz,* J. Fin. & Quant. Analysis, Vol. 19 (1984), No. 2, 127, 128 f.

1346 *Graham/Rogers,* J. Fin., Vol. 57 (2002), No. 2, 815, 821; *Tufano,* J. Fin., Vol. 51 (1996), No. 4, 1097, 1109.

1347 *Smith/Stulz,* J. Fin. & Quant. Analysis, Vol. 20 (1985), No. 4, 391, 403.

1348 *Smith/Stulz,* J. Fin. & Quant. Analysis, Vol. 20 (1985), No. 4, 391, 403; vgl. auch *Rogers,* J. Banking & Fin., Vol. 26 (2002), No. 2, 271, 291. *Albuquerque,* Global Finance Journal, Vol. 18 (2007), No. 1, 16, 28 f. führt dies auch auf die Verlustaversion von Managern zurück: „[...] loss aversion [...] makes the manager more sensitive towards low outcomes, hence more willing to hedge against downside risks."

1349 Vgl. dazu oben E.IV.2ndb)aa)(4).

1350 In diese Richtung auch *Knopf/Nam/Thornton,* J. Fin., Vol. 57 (2002), No. 2, 801, 812, die nachweisen, dass tendenziell mehr Hedging betrieben wird, wenn die Sensibilität des Portfolios gegenüber dem Aktienkurs steigt und tendenziell weniger Hedging betrieben wird, wenn die Sensibilität des Portfolios gegenüber der Volatilität der Aktienrenditen steigt.

mittels Hedging-Geschäften vornehmen.[1351] Durch die Absicherung der Aktien und Optionen können Manager daher auch ihre Riskoeinstellung ändern. Werden Optionen abgesichert, dann besteht kein gesteigertes Interesse mehr darin, Risiken einzugehen und die Volatilität der Aktienkurse zu erhöhen. Werden Aktien mittels Hedging-Geschäften abgesichert, wird die Risikoaversion des Managers hingegen tendenziell sinken, da er keine nennenswerte Verluste im eigenen Vermögen mehr zu befürchten hat. Manager werden sich in diesen Fällen eher risikoneutral verhalten, was wohl nicht im Sinne des Unternehmens und seiner Anteilseigner sein wird.

Weitestgehend unberücksichtigt bleiben auch die Erkenntnisse der Behavioural Finance Forschung.[1352] Eine strikte Risikoaversion von Managern entspricht demnach nicht mehr dem neuesten Forschungsstand,[1353] selbst wenn keinerlei Beeinflussung mittels Incentive Compensation Programs erfolgt.

Im Ergebnis ist daher festzustellen, dass es sehr schwierig ist zu beurteilen, welche Einstellung gegenüber Risiken der Manager und damit auch das Unternehmen besitzt. Dies hängt neben der persönlichen Risikoeinstellung des Managers, unter Berücksichtigung der Behavioural-Finance-Forschung, auch davon ab, ob und welche Anreizwirkungen dem Manager für riskante Geschäfte angeboten werden. Wurde eine Anreizwirkung zu risikoaffinem Verhalten beispielsweise mittels Optionen geschaffen, so stellt sich weiter die Frage, ob dieser Zweck noch erfüllt wird oder ob die Option mittlerweile im Geld liegt, sodass sie keine gesteigerte Risikoaffinität mehr auslöst. Hinzu kommt, dass der Zweck bestehender Vergütungsanreize auch durch Hedging des persönlichen Vermögens, seitens des Managers selbst, unterlaufen werden kann. Es kommt daher immer auf den Einzelfall des jeweiligen Unternehmens an, ob angenommen werden kann, dass der Manager bei den Hedging-Entscheidungen für das Unternehmen eher risikoavers oder risikoaffin handelt.

cc) Optimismus, Selbstüberschätzung und Selbstattribution von Managern

Das Risikoverhalten von Marktteilnehmern ist durch die Heuristiken des Optimismus, der Selbstüberschätzung und der Selbstattribution geprägt, die alle Einfluss auf die Einschätzung von Wahrscheinlichkeiten haben. Diese Verzerrungen sind vor allem bei Managern zu beobachten.

Aufgrund von Optimismus (*Optimism Bias*) gehen Marktteilnehmer davon aus, dass in ihrem Fall, im Vergleich zum Durchschnitt, positive Ereignisse wahrscheinlicher

---

1351 *Core/Guay/Larcker,* Econ. Policy Rev., Vol. 9 (2003), No. 1, 27, 40; hierzu auch *Bettis/Bizjak/Lemmon,* J. Fin. & Quant. Analysis, Vol. 36 (2001), No. 3, 345, 346, 350. Dazu auch unten E.IV.4.g)bb), für Fälle in denen eine Absicherung aufgrund einer Informationsasymmetrie beziehungsweise Insiderinformation stattfindet.

1352 So aber *Wiseman/Gomez-Mejia,* Academy Mgmt. Rev., Vol. 23 (1998), No. 1, 133, 134.

1353 Vgl. dazu oben E.IV.3.b)aa).

und negative Ereignisse unwahrscheinlicher eintreten.[1354] Auf Unternehmensebene führt das dazu, dass positive Unternehmensergebnisse überschätzt und negative Ergebnisse unterschätzt werden.[1355] Der Optimismus von Marktteilnehmern steigt zum einen, wenn sie davon ausgehen, dass sie den Ausgang des Ereignisses beeinflussen können und zum anderen, wenn sie sich dem Ausgang stark verbunden fühlen.[1356] Beides trifft auf Manager zu, da diese stark zur Selbstüberschätzung tendieren und sich mit dem Unternehmenserfolg eng verbunden fühlen.[1357] Optimismus von Managern führt dazu, dass ihre Vorhersage von künftigen Cash-Flows verzerrt ist.[1358] Dies muss logischerweise auch dazu führen, dass die Hedging-Entscheidungen den verzerrten Cash-Flow-Vorstellungen angepasst werden.[1359]

Eng mit dem Optimismus verbunden ist die Selbstüberschätzung (*Overconfidence Bias*) von Managern. Selbstüberschätzung bezeichnet die ungerechtfertigte Einschätzung der eigenen Fähigkeiten, wobei der eigene Kenntnisstand, das Können und die Möglichkeit zukünftige ungewisse Ereignisse kontrollieren zu können überschätzt werden.[1360] Eine Reihe von Studien hat nachgewiesen, dass Personen bei der Bestimmung von Wahrscheinlichkeiten im Allgemeinen zu zuversichtlich sind.[1361] Selbstüberschätzung führt entsprechend der Theorie auch dazu, dass private Informationen überbewertet werden und die Volatilität rund um private Signale herum steigt.[1362] Vor allem auch Manager tendieren zur Selbstüberschätzung der eigenen Fähigkeiten und Kenntnisse[1363] sowie dazu, zu glauben, dass sie die Chancen

1354 *Baker/Wurgler*, in: Constantinides/Harris/Stulz, Handbook of the Economics of Finance, Vol. 2 2013, 357, 392; *Daxhammer/Facsar*, Behavioural Finance, 1. Auflage 2012, S. 233 f.

1355 *Heaton*, in: Thaler, Advances in Behavioural Finance 2005, 667; *Kahneman/Lovallo*, Harv. Bus. Rev., Vol. 81 (2003), No. 7, 56, 58.

1356 *Heaton*, in: Thaler, Advances in Behavioural Finance 2005, 667.

1357 *Heaton*, in: Thaler, Advances in Behavioural Finance 2005, 667; *Malmendier/Tate*, Eur. Fin. Mgmt., Vol. 11 (2005), No. 5, 649, 651.

1358 *Heaton*, in: Thaler, Advances in Behavioural Finance 2005, 667, 675.

1359 Diese Idee greift auch *Heaton*, in: Thaler, Advances in Behavioural Finance 2005, 667, 679 auf; So auch *Haushalter*, J. Fin., Vol. 55 (2000), No. 1, 107, 145 f.: „In this case, managers with a more optimistic view of the oil and gas prices hold larger ownership stakes and hedge less production than managers with a more pessimistic view of future prices."

1360 *Ben-David/Graham/Harvey*, Q. J. Econ., Vol. 128 (2013), No. 4, 1547, 1549; *Daxhammer/Facsar*, Behavioural Finance, 1. Auflage 2012, S. 214.

1361 *Griffin/Tversky*, Cognitive Psychology, Vol. 24 (1992), No. 3, 411, 432; dazu auch *Kahneman/Lovallo*, Mgmt. Sci., Vol. 39 (1993), No. 1, 17, 26 f.

1362 *Daniel/Hirshleifer/Subrahmanyam*, J. Fin., Vol. 53 (1998), No. 6, 1839, 1849.

1363 *Ben-David/Graham/Harvey*, Q. J. Econ., Vol. 128 (2013), No. 4, 1547, 1558 ff.; *Daniel/Hirshleifer/Subrahmanyam*, J. Fin., Vol. 53 (1998), No. 6, 1839, 1844; *Gervais/Heaton/Odean*, J. Fin., Vol. 66 (2011), No. 5, 1735, 1760 f.; *Malmendier/Tate*, Eur. Fin. Mgmt., Vol. 11 (2005), No. 5, 649, 651; *Sautner/Weber*, J. Fin. Res., Vol. 32 (2009), No. 2, 123, 139.

und Wahrscheinlichkeiten kontrollieren und beeinflussen können.[1364] Selbstüberschätzung führt dazu, dass größere Risiken eingegangen werden.[1365] Die Selbstüberschätzung von Managern hat nachgewiesenerweise einen klaren Einfluss auf die Investitionsentscheidungen und die Finanzierungspolitik von Unternehmen.[1366] Aufgrund der starken Neigung Risiken einzugehen, wird die Selbstüberschätzung aber auch Einfluss auf die Hedging-Entscheidungen haben.[1367]

Hinzu kommt, dass Personen dazu neigen, Erfolge dem eigenen Können zuzuschreiben und Misserfolge auf äußere Umstände zurückzuführen, was als Selbstattribution oder *Self-Attribution Bias* bezeichnet wird. Selbstattribution steigert das eigene Selbstbewusstsein und verstärkt wiederum die Selbstüberschätzung (Overconfidence Bias).[1368] Selbst wenn Manager zunächst keine Selbstüberschätzung zeigen, kann Selbstattribution zu einer solchen führen.[1369] Es kann daher angenommen werden, dass Erfolge, die dem Verzicht auf Hedging-Geschäfte zugeschrieben werden, tendenziell dazu führen, dass in noch größerem Maße selektives Hedging betrieben wird. Dieser Zusammenhang konnte empirisch nachgewiesen werden.[1370]

Als sehr bekanntes Beispiel für Selbstattribution aus der Praxis kann das Handelsverhalten von *Jérôme Kerviel*, ein ehemaliger Händler der Société Générale, angeführt werden. Kerviel sollte eigentlich eine Arbitragestrategie verfolgen, machte aber mit der Zeit unauthorisierte Spekulationsgeschäfte. Diese waren zunächst mit einem Gewinn von € 500.000 sehr profitabel. Kerviel war von diesem Erfolg angespornt und ging weitere Spekulationsgeschäfte ein, die er nicht mittels Hedging-Geschäften absicherte. Nach einer gewissen Zeit wandelten sich die Gewinne in Verluste. Die dadurch eintretende Risikoaffinität trug weiter dazu bei, dass

---

1364 Grundlegend *March/Shapira*, Mgmt. Sci., Vol. 33 (1987), No. 11, 1404, 1414.

1365 *Baker/Wurgler*, in: Constantinides/Harris/Stulz, Handbook of the Economics of Finance, Vol. 2 2013, 357, 393; *Gervais/Heaton/Odean*, J. Fin., Vol. 66 (2011), No. 5, 1735, 1746.

1366 *Malmendier/Tate*, J. Fin., Vol. 60 (2005), No. 6, 2661, 2679 ff.; *Malmendier/Tate*, Eur. Fin. Mgmt., Vol. 11 (2005), No. 5, 649, 654 f.; zum Zusammenhang zwischen Overconfidence und M&A Maßnahmen *Malmendier/Tate*, J. Fin. Econ., Vol. 89 (2008), No. 1, 20; zum Zusammenhang zwischen Overconfidence und Investitionsentscheidungen sowie der Finanzierungspolitik: *Ben-David/Graham/Harvey*, Q. J. Econ., Vol. 128 (2013), No. 4, 1547, 1572 ff.

1367 So auch *Adam/Fernando/Golubeva*, Discussion Paper 2012–018, S. 6; *Brown/Khokher*, Working Paper 2007, S. 27.

1368 *Daniel/Hirshleifer/Subrahmanyam*, J. Fin., Vol. 53 (1998), No. 6, 1839, 1842; *Daxhammer/Facsar*, Behavioural Finance, 1. Auflage 2012, S. 229; zu diesem Zusammenhang im Detail *Gervais/Odean*, Rev. Fin. Stud., Vol. 14 (2001), No. 1, 1; dazu auch *Adam/Fernando/Golubeva*, Discussion Paper 2012–018, S. 4.

1369 *Baker/Wurgler*, in: Constantinides/Harris/Stulz, Handbook of the Economics of Finance, Vol. 2 2013, 357, 393.

1370 *Adam/Fernando/Golubeva*, Discussion Paper 2012–018, S. 15, 19; ähnlich auch *Brown/Khokher*, Working Paper 2007, S. 26.

Kerviel aggressiv handelte, um die Verluste wieder auszugleichen. Am Ende blieb die Bank auf einem Verlust von 50 Milliarden sitzen.[1371]

dd) Verlustvermeidung

Interessanterweise wird der Begriff des Risikos von Managern auf eine andere Weise interpretiert, als die Entscheidungstheorie Risiko definiert. Manager vernachlässigen die Unsicherheit über den positiven Ausgang weitestgehend und verstehen Risiko als die Möglichkeit eines schlechten Ausgangs. Risiko wird damit nicht als Maß der Verteilung aller möglichen Ausgänge verstanden, sondern vielmehr allein als die Gefahr eines negativen Ausgangs.[1372] Dies kann auf das Interesse der Anteilsinhaber und die Wertung der Gesellschaft zurückgeführt werden, die von *„guten Managern“* erwarten, dass *„gute Risiken“* genutzt werden, aber *„schlechte Risiken“* vermieden werden. Dem entspricht das Ziel von Unternehmen, nicht das Risiko generell zu vermeiden, sondern lediglich Verluste (*lower tail outcomes*) zu vermeiden und damit den Unternehmenswert zu maximieren.[1373] Sowohl das allgemeine Motiv des Unternehmens, die erwarteten Kosten einer Insolvenz zu reduzieren, als auch die Verlustaversion von Managern sprechen für das Ziel des Unternehmens Verluste zu vermeiden[1374] Von der Umsetzung dieser Erwartung hängt wiederum die Bewertung und Reputation des Managers ab.[1375]

4. Rechtliche Abwägung einer Hedging-Ausnahme vom Insiderhandelsverbot

Unter Berücksichtigung der Erkenntnisse der wirtschaftswissenschaftlichen Forschung und den Annahmen der Behavioural Finance Forschung stellt sich die Frage, ob eine allgemeine Hedging-Ausnahme unter Berücksichtigung des Zwecks des Insiderhandelsverbotes zu rechtfertigen ist.

1371 *Brealey/Myers/Allen,* Principles of Corporate Finance, 11th ed. 2014, S. 682.

1372 *March/Shapira,* Mgmt. Sci., Vol. 33 (1987), No. 11, 1404, 1407; ähnlich auch *Ben-David/Graham/Harvey,* Q. J. Econ., Vol. 128 (2013), No. 4, 1547, 1550; „Our findings suggest that respondents translate high market uncertainty into substantial downside risk.“; zu diesen unterschiedlichen Auffasungen im Hinblick auf den Risikobegriff auch *Vanini,* Risikomanagement 2012, S. 7 ff., die zwischen Risiko im engeren Sinne und Risiko im weiteren Sinne unterscheidet.

1373 *Stulz,* J. Applied Corp. Fin., Vol. 9 (1996), No. 3, 8, 8 f., 22; so auch *Albuquerque,* Global Finance Journal, Vol. 18 (2007), No. 1, 16, 17; *Conlon/Cotter,* UCD Geary Discussion Papers Working Paper 2012/19, S. 2; *Raju,* J. Derivatives & Hedge Funds, Vol. 20 (2014), No. 4, 241, 244.

1374 *Albuquerque,* Global Finance Journal, Vol. 18 (2007), No. 1, 16, 17.

1375 Vgl. dazu *March/Shapira,* Mgmt. Sci., Vol. 33 (1987), No. 11, 1404, 1413 f.

a) Argumente für eine Ausnahme von Hedging-Geschäften

In der Literatur werden verschiedene Argumente für die Widerlegung der Nutzungsvermutung bei Hedging-Geschäften vorgebracht.[1376] Diese Argumente gilt es im Folgenden zu bestätigen oder zu widerlegen. Dabei spielen vor allem die Erkenntnisse der empirischen wirtschaftswissenschaftlichen Forschung sowie die Forschungsergebnisse der Behavioural Finance eine große Rolle.

(i) Der typische Hedger wird in der Literatur oftmals als rein risikoavers beschrieben. Es wird daher vorgebracht, dass es den Marktteilnehmern bei einem Hedging-Geschäft nur um die Absicherung gegen Kursrisiken ginge.[1377] Es gilt daher zu prüfen, ob Hedger tatsächlich lediglich risikoavers sind und nur die Absicherung ihrer Risiken verfolgen.

(ii) Aufrgund der Risikoaversion ginge es den Marktteilnehmern, die sich absichern möchten, nicht um die Erlangung eines Vorteils.[1378] Insiderinformationen würden dann keinen Handelsanreiz bieten. Hedging-Strategien werden daher im Folgenden auch daraufhin untersucht, ob die Erlangung eines Vorteils durch Hedger tatsächlich nicht beabsichtigt ist. Geht man davon aus, dass auch mittels Hedging-Geschäften ein Vorteil erzielt werden kann, ist zu prüfen, ob eine Abgrenzung zwischen Hedging und Spekulation einwandfrei möglich ist. Letztendlich ist auch zu prüfen, inwieweit die Entscheidung zur Absicherung selbst einen Vorteil darstellt.

(iii) Vielfach wird auch gefolgert, dass die Insiderinformation nicht in den Entschluss, das Hedging-Geschäft abzuschließen, einfließt und daher kein kausaler Zusammenhang zwischen Kenntnis der Insiderinformation und Hedging-Geschäft bestehe.[1379] Das Hedging-Geschäft wäre vielmehr auch ohne Kenntnis der Insiderinformation vorgenommen worden.[1380] Die Forschungs- und Studienergebnisse sowie die Erkenntnisse der Praxis über das Hedging-Verhalten von Marktteilnehmern sind daher auch diesbezüglich zu untersuchen.

1376 Vgl. dazu oben E.IV.1.a).

1377 *Assmann*, in: Assmann/Schneider, Wertpapierhandelsgesetz, 6. Auflage 2012, § 14 Rn. 34.

1378 *Assmann*, in: Assmann/Schneider, Wertpapierhandelsgesetz, 6. Auflage 2012, § 14 Rn. 34; *Cascante/Bingel*, AG 2009, 894, 902; *Cascante/Bingel*, NZG 2010, 161, 163; *Hilgendorf*, in: Park, Kapitalmarktstrafrecht, 3. Auflage 2013, § 14 WpHG Rn. 146.

1379 *Cascante/Bingel*, AG 2009, 894, 902; *Cascante/Bingel*, NZG 2010, 161, 163; *Hilgendorf*, in: Park, Kapitalmarktstrafrecht, 3. Auflage 2013, § 14 WpHG Rn. 146; *Ritz*, in: Just/Voß/Ritz/Becker, Wertpapierhandelsgesetz (WpHG), 1. Auflage 2015, § 14 Rn. 71; *Schwark/Kruse*, in: Schwark/Zimmer, Kapitalmarktrechts-Kommentar, 4. Auflage 2010, § 14 WpHG Rn. 22; *Sethe*, in: Assmann/Schütze, Handbuch des Kapitalanlagerechts, 4. Auflage 2015, § 8 Rn. 99.

1380 *Assmann*, in: Assmann/Schneider, Wertpapierhandelsgesetz, 6. Auflage 2012, § 14 Rn. 34.

b) Risikoaversion und Hedging

Das weit verbreitete Bild des risikoaversen Hedgers kann in dieser scheinbar allgemeingültigen Formulierung nicht bestätigt werden. Vielmehr bestimmt sich die Risikoeinstellung eines Marktteilnehmers, der vor der Entscheidung über das Ob und Wie einer Absicherung von Risikopositionen steht, nach den allgemeinen Grundsätzen, welche die Behavioural Finance Forschung herausgearbeitet hat. Die Risikoeinstellung ergibt sich demnach entsprechend der Abweichungen zum Referenzpunkt, das heißt danach, ob sich der Marktteilnehmer aus seiner Sicht im Gewinn- oder Verlustbereich befindet. Demgemäß kann auch die Risikoeinstellung von Unternehmen und Managern nicht per se als risikoavers bezeichnet werden. Es kann sein, dass ein Hedger tatsächlich keine risikoaverse, sondern eine risikoaffine Grundhaltung hat und damit auch spekulatives Verhalten an den Tag legt.[1381] Ein solches kann sich beispielsweise in selektivem Hedging, Carrying-Charge Hedging oder sonstigen Value-maximizing Hedging-Strategien zeigen.

Das Risikoverhalten der Unternehmen selbst ergibt sich aus der Risikoeinstellung ihrer Führungskräfte. Die Anteilseigner verfolgen das Ziel einer Gewinnmaximierung und versuchen daher das Risikoverhalten der Führungskräfte mittels Incentive Compensation Programs zu beeinflussen.[1382] Derartige Anreizwirkungen können von Führungskräften wiederum durch entsprechende Hedging-Geschäfte unterlaufen werden. Starken Einfluss auf die Risikogeneigtheit des Managers können im Einzelfall auch mögliche Verzerrungen durch Optimismus, Selbstüberschätzung und Selbstattribution haben, die bei Managern tendenziell stark ausgeprägt sind.[1383] Welche Risikoeinstellung die Führungskräfte und das Unternehmen an den Tag legen, hängt daher von verschiedenen Einflussfaktoren ab und ist weder generell risikoavers noch generell risikoaffin.

Die Annahme, Hedger verhalten sich generell risikoavers und möchten daher nur Risiken vermeiden und nicht spekulieren, entspricht nicht der Realität. Die Definition eines rein risikoaversen Hedgers ist rein tatsächlich aufgrund der Vielzahl an Motiven und Einflussfaktoren nicht möglich. Eine rechtssichere Ausnahmeregelung in Bezug auf das Insiderhandelsverbot kann daher bereits aus diesem Grund nicht formuliert werden.

c) Kurssicherung selbst als wirtschaftlicher Vorteil

Für die generelle Ausnahme von Hedging-Geschäften vom Verbot des Insiderhandels argumentiert die herrschende Meinung, dass es den Marktteilnehmern nicht um die Erlangung eines Vorteils, sondern lediglich um die Absicherung von Kursrisiken ginge.[1384]

1381 Vgl. hierzu oben unter E.IV.3.b).
1382 Vgl. dazu oben E.IV.3.c)bb).
1383 Vgl. dazu oben E.IV.3.c)cc).
1384 Vgl. dazu oben E.IV.1.a)aa).

Diese Argumentation übersieht allerdings bereits, dass alleine die Tatsache der Absicherung gegen drohende Kursverluste ein wirtschaftlicher Vorteil sein kann, der gegenüber anderen Marktteilnehmern in der gleichen Situation besteht.[1385] Zwar werden die Hedging-Geschäfte nur zur Kurssicherung vorgenommen, aber es wird in der Praxis auch gerade deshalb abgesichert, weil man die Gefahr der Kursveränderung aufgrund der Insiderinformation erfasst hat.[1386]

Betrachtet man ein varianzminimierendes Hedging-Geschäft, das alleine zum Zwecke der Risikovermeidung abgeschlossen wurde und von dem man sich keine weiteren Vorteile erhofft, so macht es wirtschaftlich zunächst keinen Unterschied, ob man die abzusichernden Finanzinstrumente aufgrund eines drohenden Kursverlustes verkauft oder ob man sich gegen die Kursverluste mittels Hedging-Geschäften absichert. Die Entscheidung, ob das Finanzinstrument verkauft oder abgesichert wird, wird meist alleine vom Zweck der Investition abhängig sein. Steckt hinter der Anlage ein kurzfristiges Spekulationsgeschäft, so wird der Investor die Anlage verkaufen. Steckt ein langfristiger Investitionsplan hinter der Anlage beispielsweise im Falle eines Beteiligungsaufbaus an einem Unternehmen, so wird der Investor die Anteile nicht verkaufen wollen, sondern mittels Hedging-Geschäften absichern. Bei einem Verkauf der Finanzinstrumente in Kenntnis der Insiderinformation wird für den Fall, dass keine legitime Handlung vorliegt die Nutzung vermutet. Hier liegt ein Verstoß gegen das Nutzungsverbot vor. Befürwortet man eine Hedging-Ausnahme, so kommt man ohne Verstoß gegen das Insiderhandelsverbot zu dem gleichen wirtschaftlichem Ergebnis wie im Falle eines verbotenen Verkaufs. Eine unterschiedliche Behandlung der Entscheidung zum Verkauf oder zur Absicherung, die alleine vom Zweck des Investments geleitet ist, ist nicht vertretbar.

Der zusätzliche Vorteil des Bestands-Hedging von Aktien besteht darin, dass die Dividenden- und Stimmrechte erhalten bleiben und lediglich das wirtschaftliche Risiko der Kursänderung eliminiert wird. Diese Form der Erhaltung der Stimmrechte wird auch als *Empty Voting Right* bezeichnet.[1387]

Hinzu kommt, dass auch im Rahmen eines varianzminimierenden Hedging ein perfekter Hedge, also ein solcher, wo Verluste des Grundgeschäfts genau durch die Gewinne des Hedging-Geschäfts kompensiert werden, so gut wie nie erreicht wird. Selbst wenn die Erzielung von zusätzlichen Gewinnen zwar nicht beabsichtigt ist, so kann es dennoch zu zusätzlichen Gewinnen neben der reinen Kurssicherung kommen.

Die Argumentation der herrschenden Meinung, mit der Absicherung werde nicht die Erlangung eines Vorteils beabsichtigt, ist damit schon deshalb widersprüchlich, weil die Kurssicherung selbst der Vorteil ist. Dieses Argument der herrschenden

---

1385 Ähnlich auch *Nietsch,* ZHR 2010, 556, 591.

1386 So auch *Cascante/Bingel,* AG 2009, 894, 902.

1387 Dazu grundlegend *Hu/Black,* S. Cal. L. Rev., Vol. 79 (2006), No. 4, 811, 828 ff.; *Hu/Black,* J. Corp. Fin., Vol. 13 (2007), No. 2–3, 343, 348 ff.; *Hu/Black,* U. Pa. L. R., Vol. 156 (2008), No. 3, 625, 640.

Meinung kann daher bereits aufgrund einer rein wirtschaftlichen Betrachtungsweise nicht zur Legitimierung von Hedging-Geschäften herangezogen werden. Aus wirtschaftlicher Sicht kann unter Nutzung einer varianzminimierenden Hedging-Strategie ein Insider-Hedging-Geschäft gegenüber einem Insider-Spot-Geschäft nicht nur zumindest gleich profitabel sein, sondern sogar zusätzlich Vorteile bieten.

d) Weitere Vorteile einzelner Hedging-Strategien und bewusste Nutzung dieser Vorteile

Gegenüber einem Spot-Geschäft kann mit einzelnen Hedging-Strategien unter Umständen sogar von weiteren Vorteilen profitiert werden, die über eine reine Absicherung von Risiken hinausgehen.

aa) Hedging-Strategien mit spekulativen Motiven

Neben dem traditionellen Hedging-Konzept des pure risk avoidance hedging haben sich in der Praxis einige Hedging-Strategien mit spekulativen Elementen entwickelt. Diesen ist gemein, dass sie nicht nur lediglich die Risiken absichern wollen, sondern nach Möglichkeit die Gewinne maximieren möchten. Hedging-Strategien, die dazu dienen Gewinne zu maximieren, können auch unter dem Begriff Value-Maximizing-Hedging zusammengefasst werden.[1388]

(1) Selektives Hedging und Carrying-Charge Hedging

Zu den Value-Maximizing-Hedging-Strategien zählen beispielsweise selektives Hedging und Carrying-Charge Hedging.[1389] Diese sind auch als Hedging-Strategien mit spekulativen Elementen zu qualifizieren. In diesen Fällen fließt zum einen eine, wie für Spekulationsgeschäfte üblich, subjektive Markterwartung mit in die Hedging-Entscheidung ein. Zum anderen zielen diese Strategien direkt auf eine Gewinnmaximierung ab und erhoffen sich damit, gegenüber der reinen Absicherung gegen Kursrisiken, einen zusätzlichen Vorteil.

Dieser Vorteil besteht im Hinblick auf das selektive Hedging darin, dass nur diejenigen Exposures abgesichert werden, bei denen mit einem Verlust gerechnet wird. Die gesamte Strategie ist damit darauf ausgelegt zwar Verluste zu vermeiden, gleichzeitig aber Gewinnmöglichkeiten so weit wie möglich zu erhalten.[1390] Insiderinformationen bieten für diese Strategie einen erheblichen Handelsanreiz entweder Hedging-Geschäfte abzuschließen oder auf den Abschluss eines Hedging-Geschäfts zu verzichten.

Carrying-Charge Hedging möchte neben einer Absicherung des Exposures durch die Ausnutzung eines Risk Premiums einen zusätzlichen Gewinn realisieren. Da

---

1388 Zu den Möglichkeiten und dem Einsatz von Value-maximizing Hedging-Strategien vgl. die ausführliche Darstellung oben E.IV.2.b)cc).

1389 Vgl. dazu oben E.IV.2.b)cc)(1) sowie E.IV.2.b)cc)(2).

1390 Vgl. zum selektiven Hedging oben B.V.10.c).

Spot- und Futures-Kurse nie perfekt korrelieren, können durch die Änderungen in der Basis, also der Relation von Spot-Geschäft und Derivat, kleine Gewinne erwirtschaftet werden. Ändert sich die Basis in einer Weise, die so nicht erwartet wurde, so besteht ebenso auch das Risiko von Verlusten.[1391] Insgesamt zielt diese Strategie aber darauf ab, neben der Absicherung auch einen zusätzlichen Gewinn und damit einen Vorteil zu erzielen.

(2) Verlustvermeidendes und asymmetrisches Hedging

Auffällig ist auch der Vorteil eines Insider-Hedging-Geschäfts gegenüber einem Insider-Spot-Geschäft, wenn anstatt einer varianzminimierenden Hedging-Strategie eine verlustvermeidende Hedging Strategie angewendet wird. Das varianzminimierende Hedging schließt sowohl das Risiko eines Verlusts als auch das Risiko eines Gewinns aus und ähnelt damit wirtschaftlich einem Spot-Geschäft zum Zeitpunkt der Absicherung. Anders verhält es sich aber bei einer verlustvermeidenden Hedging-Strategie, welche gegenüber einem Spot-Geschäft wirtschaftlich deutlich vorteilhafter sein kann. Steht ein Anleger beispielsweise vor der Wahl aufgrund von Insiderinformationen Aktienanteile zu verkaufen oder diese verlustvermeidend abzusichern, so stellt die verlustvermeidende Absicherung, neben dem Vorteil der Beibehaltung des Stimm- und Dividendenrechts, die wirtschaftlich profitablere Variante dar. Die Absicherung führt dazu, dass der Anleger ab dem Zeitpunkt der Absicherung bestmöglich gegen Verluste abgesichert ist, aber dennoch weiter von Gewinnen der Aktienanteile profitieren soll. Werden die Aktien hingegen verkauft, so erhält der Anleger den aktuellen Kurs als Kaufpreis und ist dem Risiko von zukünftigen Kursverlusten nicht mehr ausgesetzt. Gleichzeitig verliert er damit aber auch die Möglichkeit von künftigen Kursgewinnen zu profitieren.

Ähnliches gilt auch im Falle einer asymmetrischen Absicherung mittels Optionen. Soweit die Gewinne des Underlying die Optionsprämie übersteigen, kann der Anleger auch weiterhin von Kursgewinnen des Underlying profitieren und ist gleichzeitig gegen Kursverluste abgesichert. Im Gegenzug ist lediglich eine Optionsprämie zu entrichten.

(3) Sonstige Value-Maximizing-Strategien

Zum Zwecke des Value-Maximizing werden eine Vielzahl von weiteren Strategien verwendet. Dazu zählen unter anderem die verschiedenen Möglichkeiten Grund- und Hedging-Geschäfte zeitlich auseinanderfallen zu lassen, um einen zusätzlichen Gewinn zu erwirtschaften.[1392] Zudem besteht auch die Möglichkeit, die Korrelation von Grund- und Sicherungsgeschäft gezielt zu beeinflussen.[1393]

1391 Vgl. zum Carrying-Charge Hedging oben B.V.10.b).
1392 Vgl. dazu oben E.IV.2.b)cc)(3)(b).
1393 Vgl dazu oben E.IV.2.b)cc)(3)(c).

(4) Zwischenergebnis

Aufgrund dieser vielfältigen Möglichkeiten mit verschiedenen Hedging-Strategien Vorteile zu erzielen, die über eine reine Kurssicherung hinausgehen, muss dem Argument, Hedgern ginge es nicht um die Erlangung eines Vorteils, eine Absage erteilt werden.

bb) Antizipatives Hedging

Im Falle eines antizipativen Hedging steht dem Hedging-Geschäft kein Grundgeschäft gegenüber, weil beispielsweise noch keine Verbindlichkeit zur Lieferung besteht. In den Büchern werden keine Verluste verbucht, die den Gewinnen des Hedging-Kontrakts gegenüberstehen. Ein Hedging, um Verluste zu vermeiden, ist daher tatsächlich nicht möglich. Vielmehr wird antizipatives Hedging nur vorgenommen, um sich dadurch einen Vorteil zu verschaffen, indem die aktuellen Konditionen des Marktes gesichert werden. Das Hedging-Geschäft wird als Substitut für das Spot-Geschäft verwendet. Durch das antizipative Hedging-Geschäft wird von positiven Entwicklungen des Kurses genauso profitiert, wie dies ein spekulatives Spot-Geschäft tut, da Verluste aus einem gegenläufigen Geschäft nicht angerechnet werden müssen.[1394] Insiderinformationen können und werden hier genauso genutzt wie bei einem Spot-Geschäft.

Daneben können durch ein antizipatives Hedging zusätzlich die Vorteile genutzt werden, die der Abschluss eines Derivatekontrakts gegenüber einem Spot-Geschäft bietet. Bei einem Long-Hedging besteht der Vorteil gegenüber einem Spot-Kauf darin, dass eine Finanzierung des kompletten Kaufpreises noch nicht gesichert sein muss, sondern der Long-Hedger lediglich die Margin-Summe aufbringen muss.[1395] Im Rahmen des Long-Hedging von Rohstoffen besteht zudem der Vorteil, dass eine Lagerungsmöglichkeit noch nicht bereitgehalten werden muss. Die Vor- und Nachteile der Termin-Position gegenüber der Spot-Position werden teilweise in den Derivatekurs eingearbeitet, so beispielsweise bei Optionen in die Optionsprämie.[1396] Allerdings werden die tatsächlichen Kosten eines Spot-Geschäftes durch den Terminkurs nie völlig korrekt widergeben. Zudem wird der zusätzliche zeitliche

---

1394 So auch bereits die Ansicht Workings, *Working,* Am. Econ. Rev., Vol. 52 (1962), No. 3, 431, 441; als Beispiel kann hier die antizipative Absicherung von Porsche im Rahmen der anschleichenden Übernahme von VW angeführt werden. Dazu *Schneck,* Risikomanagement 2010, S. 236 f.: „Auch bei einem der letzten Geschäftsergebnisse der Porsche AG trugen hauptsächlich Hedgegeschäfte durch Optionen zum gesteigerten Nettogewinn von ca. 200 Prozent bei. Durch die getätigten Kurssicherungsgeschäfte für den Kauf von Volkswagen-Aktien verdiente Porsche mehrere hundert Millionen Euro, während die reinen Umsatzerlöse um lediglich 3 Prozent stiegen."

1395 Vgl. *Weber/Meckbach,* BB 2008, 2022, 2023, die diesen Vorteil auch im Rahmen des Anschleichens an Zielunternehmen mittels Swaps hervorheben.

1396 Vgl. dazu oben B.IV.1.a)cc)(2)(a).

und finanzielle Aufwand, so beispielsweise für die Vorbereitung und Aufstellung einer Finanzierung oder die Suche nach einer Lagermöglichkeit, im Terminkurs nicht berücksichtigt.

Antizipatives Hedging ist damit als Substitut eines Spot-Geschäfts, ohne dass ein entsprechendes Gegengeschäft bestehen würde, eher als Spekulations- oder Anlage-Strategie einzuordnen denn als Absicherungsstrategie.[1397] Damit dürfte selbst nach den Befürwortern einer entsprechenden Hedging-Ausnahme antizipatives Hedging von dieser Ausnahme nicht erfasst werden.

e) *Vom Hedging zur Spekulation – Rechtsunsicherheit durch Abgrenzungsschwierigkeiten*

Da vor allem Derivate sowohl zu Hedging- als auch Spekulations-Zwecken eingesetzt werden können und der Derivateeinsatz zu spekulativen Zwecken keinesfalls durch eine Ausnahme begünstigt werden sollte, bestünde ein erhebliches Maß an Rechtsunsicherheit bei der Abgrenzung. Tatsächlich ist es für außenstehende Personen sehr schwer zu beurteilen, ob ein konkretes Derivategeschäft zu reinen Hedging- oder auch zu Spekulations-Zwecken eingegangen wurde.[1398] Die Übergänge zwischen Hedging und Spekulation sind fließend und die Grenzen sind oftmals nicht auf den ersten Blick erkennbar.[1399] Grob kann zwischen pure risk avoidance hedging, Hedging-Strategien mit spekulativen Elementen, Spekulation-Strategien mit Hedging-Elementen und reiner Spekulation unterschieden werden.

Eine erste Abgrenzung zwischen pure risk avoidance hedging und Hedging-Strategien mit spekulativen Elementen kann nach dem primären Motiv des Geschäfts, der Risikoreduzierung oder der Gewinnerzielung vorgenommen werden.[1400] Die Motive von Hedging-Strategien mit spekulativen Elementen dürften in der Regel allerdings je nach Einzelfall mit jeweils unterschiedlicher Gewichtung zwischen dem Ziel einer Absicherung des Exposures und dem Motiv der Möglichkeit zusätzliche Vorteile durch spekulative Elemente zu erzielen liegen.[1401]

1397 So wohl auch *Working*, Am. Econ. Rev., Vol. 52 (1962), No. 3, 431, 441.

1398 So beispielsweise *Géczy/Minton/Schrand*, J. Fin., Vol. 52 (1997), No. 4, 1323, 1324; dies zeigt auch die Schwierigkeit einen empirischen Nachweis der beiden unterschiedlichen Nutzungsmotive zu erbringen, vgl. beispielsweise *Chernenko/Faulkender*, J. Fin. & Quant. Analysis, Vol. 46 (2011), No. 6, 1727.

1399 Vgl. beispielsweise *Géczy/Minton/Schrand*, J. Fin., Vol. 52 (1997), No. 4, 1323, 1324; *Finley/Pettit*, J. Applied Corp. Fin., Vol. 23 (2011), No. 4, 83, 88, die das Verhältnis als „a fine line between hedging and trading“ umschreiben.

1400 *Géczy/Minton/Schrand*, J. Fin., Vol. 62 (2007), No. 5, 2405, 2405: „To hedge generally implies that the derivative position is taken with the intention of reducing risk. To speculate generally implies that the derivative position is undertaken with the primary intention of making a profit or increasing risk.“

1401 *Kropp*, ZBB 1995, 14, 31, kritisch ob in Fällen des Carrying-Charge Hedgings noch von Hedging gesprochen werden kann.

Davon können wiederum Spekulations-Strategien mit Hedging-Elementen abgegrenzt werden, so beispielsweise abgesicherte Handelsstrategien. Diese sind nicht in Grund- und Sicherungsgeschäft aufzuspalten, sondern sind vielmehr als einheitliche Geschäftsstrategie zu betrachten.[1402] Der Schwerpunkt der Handelsmotive dieser Strategien liegt wohl im Gegensatz zu Hedging-Strategien mit spekulativen Elementen weniger auf Hedging, als hauptsächlich auf der Spekulation.

Nicht zuletzt können und werden Finanzinstrumente, vor allem auch Derivate, zu reinen Spekulationszwecken eingesetzt. Die aktive Einnahme von Positionen ohne Bezug auf ein Grundgeschäft durch die Risikomanagementabteilung kann keinesfalls mehr der Hedging-Tätigkeit zugerechnet werden, sondern ist reine Spekulation.[1403] Aus dem hypothetischen Anwendungsbereich einer Hedging-Ausnahme scheiden damit von vornherein reine Spekulationsgeschäfte aus. Entsprechendes muss aber auch für die Geschäfte gelten, die ein spekulatives Element enthalten. Dies gilt sowohl für Hedging-Strategien mit spekulativen Elementen als natürlich auch für Spekulationsstrategien mit Hedging-Elementen.

Die Verfolgung spekulativer Motive im Rahmen des Risikomanagements kann verschiedene Auslöser haben. So können Options- und Bonusprogramme für Manager zu einem risikoaffinen und damit spekulativeren Hedging-Verhalten führen. Dies kann nicht nur zur Folge haben, dass eine selektive Hedging-Strategie verfolgt wird, sondern auch dass spekulative Positionen eingegangen werden, um durch die steigende Volatilität möglicherweise auch den Wert der Optionen zu steigern oder die Schwelle für eine Bonuszahlung zu erreichen.[1404]

Neben diesen, durch das Unternehmen initiierten Anreizen für Manager, Risiken einzugehen, können auch Risikoaffinität im Verlustbereich, Reueaversion, Optimismus, Selbstüberschätzung und Selbstattribution nicht nur zu einer Änderung des Hedging-Verhaltens beitragen, sondern auch Spekulationsgeschäfte auslösen.[1405] Die Gefahr besteht darin, dass der Mitarbeiter eines Unternehmens, der die Exposures beispielsweise gegen Wechselkursrisiken und Zinsrisiken absichern soll, dies zunächst auch gewissenhaft tut, im Laufe der Zeit allerdings zu der Überzeugung gelangt, dass er den Markt schlagen kann und zum Spekulanten wird.[1406] Zu dieser Entwicklung trägt auch die wohl oftmals eintretende Erkenntnis bei, dass Hedging im Gegensatz zu Spekulation relativ langweilig ist.[1407]

1402 Vgl. dazu oben B.V.9.

1403 So auch *Géczy/Minton/Schrand,* J. Fin., Vol. 62 (2007), No. 5, 2405, 2410.

1404 Vgl. beispielsweise *Géczy/Minton/Schrand,* J. Fin., Vol. 52 (1997), No. 4, 1323, 1245; siehe dazu im Detail oben E.IV.2ndb)aa)(4).

1405 Vgl. dazu oben E.IV.3.c)bb) sowie E.IV.3.c)cc).

1406 So *Hull,* Optionen, Futures und andere Derivate, 8. Auflage 2012, S. 972; vgl. hierzu auch oben E.IV.3.b)cc)(1).

1407 *Hull,* Optionen, Futures und andere Derivate, 8. Auflage 2012, S. 972; *Brown/Crabb/Haushalter,* J. Bus., Vol. 79 (2006), No. 6, 2925, 2947; *Brealey/Myers/Allen,* Principles of Corporate Finance, 11th ed. 2014, S. 684.

In diese Richtung geht auch die Ansicht der Literatur, die davon ausgeht, dass auch die Kapitalausstattung des Unternehmens insoweit Einfluss hat, als der Anreiz der Spekulation steigt, je schlechter sich die finanzielle Unternehmenssituation darstellt und je näher das Unternehmen einer Insolvenz kommt. Die Nutzung von Derivaten kann hier, entsprechend dem *„nothing-to-loose-Gedanken"*, spekulativ motiviert sein, um einen Ausfall doch noch abzuwenden.[1408]

aa) Potenzielle Abgrenzungsschwierigkeiten zwischen Spekulation und Hedging für Aufsichtsbehörden

Theoretisch kann das aktive Tätigwerden im Sinne einer reinen Spekulation klar von einer traditionellen oder selektiven Hedging-Strategie abgegrenzt werden. Bei einer selektiven Hedging-Strategie wird, je nach Markterwartung, auf ein Hedging-Geschäft verzichtet oder das Underlying abgesichert. Ein absicherungsbedürftiges Grundgeschäft ist aber vorhanden. Diese Abgrenzung in der Praxis vorzunehmen wird allerdings deutlich schwieriger ausfallen, als dies die Theorie suggeriert. Zunächst wird es umfassender Ermittlungen in den Büchern bedürfen, um die Frage zu klären, ob ein absicherungsbedürftiges Grundgeschäft vorlag. Das Bestehen und das Fehlen eines solchen können zumindest als Indiz für die Unterscheidung zwischen Hedging und Spekulation herangezogen werden. Liegt ein solches vor, muss der Frage nachgegangen werden, ob dieses Geschäft nicht bereits mittels operationellem Hedging abgesichert ist und das finanzielle Hedging-Geschäft damit ein doppeltes Hedging und folglich Spekulation darstellt. Noch schwieriger dürfte die Abgrenzung zwischen Hedging und Spekulation für antizipative Hedging-Geschäfte ausfallen. Unabhängig von der Frage, ob diese Geschäfte überhaupt schutzbedürftig sind und in den Anwendungsbereich einer Hedging-Ausnahme fallen,[1409] gibt es zum Zeitpunkt des Abschlusses des Hedges noch kein absicherungsbedürftiges Grundgeschäft. Ob und in welcher Höhe das zukünftige Geschäft eingegangen wird, steht möglicherweise auch noch nicht definitv fest. Als plakatives Beispiel können hier Zins-Swaptions und Interest Rate Guarantees angeführt werden, die genau deshalb abgeschlossen werden, weil zu diesem Zeitpunkt noch nicht feststeht, ob ein absicherungsbedürftiger Darlehensvertrag in der Zukunft überhaupt abgeschlossen werden wird.[1410] Das gleiche gilt aber auch für Plain-Vanilla Call-Optionen, die zum Zwecke des antizipativen Hedgings eingesetzt werden. In all diesen Fällen fehlt es zunächst an einem genau zuordenbaren Grundgeschäft, welches als Indiz für ein Hedging-Geschäft dienen würde. Dementsprechend müsste weiter der Frage nachgegangen werden, ob eine antizipative Absicherung tatsächlich verfolgt wurde oder

1408 *Géczy/Minton/Schrand,* J. Fin., Vol. 52 (1997), No. 4, 1323, 1345; *Stulz,* J. Applied Corp. Fin., Vol. 9 (1996), No. 3, 8, 17; vgl. dazu auch oben im Zusammenhang mit der Risikoaffinität E.IV.3.b)aa).
1409 Vgl. dazu oben E.IV.4.d)bb).
1410 Vgl. dazu oben B.IV.2ndb)aa) und B.IV.2.b)cc).

ob dies lediglich als Schutzbehauptung angeführt wird und tatsächlich Spekulation betrieben wurde.[1411]

bb) Abgrenzungsschwierigkeiten zwischen pure risk-avoidance hedging und Hedging-Strategien mit spekulativen Elementen

Sollten Hedging-Strategien mit spekulativen Elementen von einer Bevorteilung durch eine Hedging-Ausnahme ausgenommen werden, so sind auch diese Strategien nochmals von einem reinen risk-avoidance Hedging abzugrenzen.

Diese Abgrenzung wird in der Praxis wohl mit noch größeren Problemen verbunden sein, als die Abgrenzung zur reinen Spekulation. Zunächst muss herausgefunden werden, ob es sich aus objektiver Sicht um eine Hedging-Strategie mit spekulativen Elementen handelt. Das bedeutet für selektives Hedging, dass nur ein Teil des Exposures abgesichert wurde oder bei zeitlichem und sachlichem Cross-Hedging, dass das Underlying des Hedging-Geschäfts nicht deckungsgleich mit dem Grundgeschäft ist oder die Laufzeiten nicht korrelieren. Im Falle eines Cross-Hedging müsste dann weiter untersucht werden, ob diese Strategie verfolgt wurde, weil kein passendes Absicherungsinstrument zur Verfügung stand. Kann dies bejaht werden, kann die gewählte Hedging-Strategie dennoch spekulativ beeinflusst sein, nämlich dann, wenn nicht dasjenige Hedging-Instrument gewählt wurde, dass in zeitlicher und sachlicher Hinsicht am stärksten mit dem Grundgeschäft korrelierte.

Für die Abgrenzung zwischen Hedging zur reinen Risikovermeidung und Carrying-Charge Hedging wird eine derartige objektive Feststellung bereits nicht möglich sein, da diese Strategie auf der größtenteils fehlenden Kurskorrelation zwischen Spot-Position und Derivate-Position beruht. Von den risikoaverseren Hedgern wird dieser Unterschied als Basisrisiko wahrgenommen und von den risikoaffinen Hedgern als Möglichkeit zusätzliche Gewinne zu erzielen. Die beiden Hedging-Strategien unterscheiden sich objektiv in der Regel überhaupt nicht. Eine Unterscheidung kann nur entsprechend der subjektiven Zielsetzung des Hedgers vorgenommen werden. Es muss also die Frage beantwortet werden, ob der Hedger mit dem Basisrisiko spekulieren möchte. Dieser Nachweis wird schwierig zu führen sein.

Auch die möglicherweise objektiv festgestellten anderen Hedging-Strategien mit spekulativen Elementen müssen daraufhin untersucht werden, ob sie im Einzelfall tatsächlich subjektiv zumindest teilweise aufgrund spekulativer Motive verfolgt wurden. Wurde eine vermeintliche selektive Hedging-Strategie festgestellt, so ist zu klären, ob es sich nicht möglicherweise lediglich um die Umsetzung einer firmeninternen Hedging-Quote oder sonstiger Vorgaben handelt. Auch ist es theoretisch denkbar, dass keine spekulativen Motive vorliegen, sondern ein varianzminimierendes Hedging verfolgt werden soll, tatsächlich die Hedge Ratio aber versehentlich falsch berechnet wurde oder nicht entsprechend einem dynamischen Hedging angepasst wurde.

1411 Vgl. zu dieser Gefahr des Missbrauchs unten E.IV.4.h)bb).

cc) Zwischenergebnis

Ob es sich bei dem fraglichen Geschäft also tatsächlich um ein Hedging-Geschäft gehandelt hat, müsste aufgrund der Vielgestaltigkeit der Hedging-Strategien in jedem Einzelfall festgestellt werden. Eine Kodifizierung oder genaue Definition des Hedging und der einzelnen Hedging-Strategien sieht das Gesetz nicht vor. Für denjenigen, der sich auf eine hypothetische Hedging-Ausnahme berufen möchte, würde dies deshalb und aufgrund tatsächlicher Beweisschwierigkeiten eine extreme Rechtsunsicherheit bedeuten. Kommt die Aufsichtsbehörde zu dem Ergebnis, dass die Geschäfte im Einzelfall nicht als Hedging-Geschäfte einzustufen sind, gilt wiederum die Spector-Regel, die ein Verwenden der Insiderinformation vermutet.

Daher erscheint es auch aus Gründen der Rechtssicherheit überzeugend, eine eigenständige Hedging-Ausnahme abzulehnen. Vielmehr kann auch für Hedging-Geschäfte auf die anerkannte Master-Plan-Ausnahme zurückgegriffen werden und die eigene Hedging-Strategie für die Zukunft entsprechend umfassend und detailliert festgelegt und schriftlich fixiert werden.

f) Einfluss von subjektiven Markterwartungen und Verwendung von Insiderinformationen bei Risikoaversion

Entgegen anders lautender Argumente in der Literatur fließen subjektive Markterwartungen und damit auch Insiderinformationen mit in die Hedging-Entscheidung ein.

aa) Subjektive Markterwartungen

Bereits Holbrook Working ging davon aus, dass sich Hedger entsprechend ihrer subjektiven Markterwartung für oder gegen eine Absicherung entscheiden.[1412] Subjektive Markterwartungen werden im Einzelfall auch auf Insiderinformationen beruhen, die damit die Hedging-Entscheidung beeinflussen.

Die empirische Forschung zum Hedging in Unternehmen hat gezeigt, dass subjektive Markterwartungen tatsächlich eine große Rolle spielen und daher weitreichendes selektives Hedging betrieben wird.[1413] Wird tendenziell zurückhaltend selektiv gehedgt, so werden Insiderinformationen die Hedging-Entscheidung auslösen. Wird hingegen tendenziell eher umfassend gehedgt, so werden Insiderinformationen die Hedging-Entscheidung zumindest bestärken. Die subjektive Markterwartung beeinflusst daneben aber auch, wie bereits gezeigt, die Entscheidung für Carrying-Charge-Hedging, die Entscheidung zwischen einer

1412 *Working*, Am. Econ. Rev., Vol. 43 (1953), No. 3, 314, 320; dem folgend *Hirshleifer*, Q. J. Econ., Vol. 89 (1975), No. 4, 519; vgl. auch *Stout*, Duke L. J., Vol. 48 (1999), No. 4, 701, 742, Fn. 165, wonach Workings Ansatz darin bestand, „that speculative hedging depends upon varying beliefs or knowledge regarding price prospects".

1413 Vgl. dazu oben E.IV.2.b)bb)(2).

symmetrischen oder asymmetrischen Absicherung sowie die zeitliche Korrelation von Grund- und Hedging-Geschäft.[1414]

bb) Hedge Ratio und subjektive Markterwartungen

Die Berechnung der varianzminimierenden Hedge Ratio geht von einem sehr risikoaversen Hedger aus.[1415] Die Erkenntnisse aus der Praxis, dass subjektive Erwartungen an die künftigen Kurs- und Marktentwicklungen mit in die Hedging-Entscheidung einfließen und daher in großem Umfang selektives Hedging betrieben wird, haben auch zu einem Entwurf einer alternativen Berechnung der Hedge Ratio geführt. Vorgeschlagen wird beispielsweise ein als horizon dependent mean variance hedging approach bezeichneter Ansatz, welcher den Ansatz des mean-variance hedging um zusätzliche Variablen für den Grad der Risikoaversion, den zeitlichen Absicherungshorizont und das selektive Hedging aufgrund erwarteter Erträge erweitert.[1416] Die individuell optimale Hedge Ratio richtet sich somit nach den persönlichen Vorlieben des Hedgers.[1417] Sie enthält aufgrund der Berücksichtigung des selektiven Hedging auch eine spekulative Komponente, deren Bedeutung in der Berechnung zunimmt, wenn die Risikoaversion abnimmt.[1418] Aufgrund der spekulativen Komponente sind auch Hedge Ratios mit einem Wert größer als Eins möglich[1419] und die Hedging-Position wandelt sich in eine spekulative Position.[1420] Im Falle eines hohen Grades an Risikoaversion nähert sich die Hedge Ratio einer varianzminimierenden Hedge Ratio an, da die Informationen über die Kursentwicklung und erwarteten Erträge vernachlässigt werden.[1421]

1414 Vgl. dazu oben E.IV.2.b)cc)(3).

1415 *Oehler/Unser*, Finanzwirtschaftliches Risikomanagement, 2. Auflage 2013, S. 166.

1416 *Conlon/Gençay/Cotter*, UCD Geary Discussion Papers Working Paper 2012/18, S. 15 ff.

1417 *Conlon/Gençay/Cotter*, UCD Geary Discussion Papers Working Paper 2012/18, S. 5.

1418 *Conlon/Gençay/Cotter*, UCD Geary Discussion Papers Working Paper 2012/18, S. 7; „At the highest risk aversion levels, the speculative component of (5) is minimized with less importance placed on the private information available to the hedger and more on risk reduction." (ebenda S. 14). Eine Spekulationskomponente in Abhängigkeit von der Risikoeinstellung des Hedgers findet sich auch in der Funktion von *Oehler/Unser*, Finanzwirtschaftliches Risikomanagement, 2. Auflage 2013, S. 35.

1419 *Conlon/Gençay/Cotter*, UCD Geary Discussion Papers Working Paper 2012/18, S. 14.

1420 *Conlon/Gençay/Cotter*, UCD Geary Discussion Papers Working Paper 2012/18, S. 16 f.: „In keeping with the findings for positive expected return, at long horizons the optimal hedge ratio for low risk aversion levels diverges from the one-to-one or naive hedge, resulting in a net short speculative position in futures."

1421 *Conlon/Gençay/Cotter*, UCD Geary Discussion Papers Working Paper 2012/18, S. 16 f.

Im Ergebnis führt dieser Ansatz dazu, dass die Hedge Ratio bei erwarteten positiven Entwicklungen sinkt und bei erwarteten negativen Entwicklungen steigt, da mit einem geringeren Grad an Risikoaversion ein höherer Grad an Spekulation einhergeht.[1422]

cc) Risikoaversion und die Nutzung von Insiderinformationen

Selbst wenn man annimmt, dass zumindest bestimmte Nutzer von Hedging-Geschäften rein risikoavers handeln, so stellt sich dennoch die Folgefrage, wie sich Insiderinformationen auf die Risikoaversion auswirken. Bleibt es im Falle des Besitzes von Insiderinformationen dabei, dass die Marktteilnehmer immer noch strikt risikoavers handeln oder beeinflusst die Insiderinformation das Verhalten der Marktteilnehmer?

Teilweise wird in der juristischen Literatur angenommen, dass Anleger bei ihrer Hedging-Entscheidung Insiderinformationen gar nicht nutzen, da sie sich lediglich gegen Risiken absichern möchten, was sie so oder so gemacht hätten.[1423] Untersucht werden muss daher, ob sich risikoaverse Anleger nicht oder tendenziell weniger von ihren subjektiven Erwartungen und Insiderinformationen beeinflussen lassen.

Entsprechend des eben geschilderten *horizon dependent mean variance hedging approach* treten private Informationen über die künftige Kursentwicklungen mit steigender Risikoaversion mehr und mehr in den Hintergrund.[1424]

Andererseits hat die wirtschaftswissenschaftliche Forschung diesbezüglich aber auch die Erkenntnis gewonnen, dass Insiderinformationen das Investitionsverhalten risikoaverser Anleger beeinflussen. Die untersuchten Konstellationen betrafen zwar keine Hedging-Geschäfte, ergaben allerdings, dass risikoaverse Anleger Insiderinformationen sogar agressiver nutzen als risikoneutrale Anleger.[1425] Diese agressive Nutzung führt einerseits dazu, dass die Informationen sehr schnell in

---

1422 *Conlon/Gençay/Cotter,* UCD Geary Discussion Papers Working Paper 2012/18, S. 21 f.

1423 Vgl. dazu oben E.IV.4.a); v.a. *Assmann,* in: Assmann/Schneider, Wertpapierhandelsgesetz, 6. Auflage 2012, § 14 Rn. 34.

1424 Vgl. dazu oben E.IV.4.f)bb); *Conlon/Gençay/Cotter,* UCD Geary Discussion Papers Working Paper 2012/18, S. 16 f.

1425 *Holden/Subrahmanyam,* Econ. Letters, Vol. 44 (1994), No. 1, 181: „This result obtains because each informed trader trades aggressively to exploit his informational advantage before the trades of other informed agents reveal his private information to the market" (S. 181); „ As a result, to avoid bearing to much risk, the risk-averse monopolist trades substantially more aggressively than a risk-neutral one." (S. 182) „Consequently, the adverse selection [...] is high in the early periods [...]" (S. 187). So auch *Baruch,* J. Fin. Markets, Vol. 5 (2002), No. 4, 451: „This risk motivates the risk-averse informed trader to trade more intensely at the early stages, thus releasing more information than a risk neutral informed trader would." (S. 452); „As the informed trader becomes more risk averse, he trades more aggressively at early stages. This result is a severe, adverse-selection problem, thus we expect

den Kurs eingepreist werden, risikoaverse Insider andererseits aber die Integrität des Kapitalmarktes zu Lasten von Informationshändlern nicht minder gefährden.

Im Ergebnis ist festzustellen, dass das Zusammenspiel von Risikoaversion und Insiderinfomationen in der Hedging-Praxis noch nicht ausreichend empirisch erforscht ist, um das Verhalten von Hedgern stichhaltig zu erklären. Dennoch muss aufgrund der bereits vorliegenden Forschungsergebnisse davon ausgegangen werden, dass sich Risikoaversion und Insiderinformationen bei der Hedging-Entscheidung gegenseitig beeinflussen. Zumindest kann darauf geschlossen werden, dass negative Insiderinformationen die Hedging-Entscheidung zumindest bestärken.

g) Nutzung bestehender Informationsasymmetrien

Bestimmten Absicherungssituationen ist eine Informationsasymmetrie der Hedging-Parteien immanent. Die Informationen müssen nicht in jedem Fall Kursrelevanz besitzen und daher als Insiderinformation zu qualifizieren sein, doch ist dies durchaus möglich. Aufgrund dieser Informationsasymmetrien besteht die erhöhte Gefahr, dass Hedging-Geschäfte unter Nutzung von Insiderinformationen abgeschlossen werden. Erkenntnisse einer tatsächlichen Nutzung von Insiderinformationen bei Absicherungsgeschäften in der Praxis sprechen gegen die Rechtfertigung einer Hedging-Ausnahme.

aa) Absicherung von Kreditgebern mittels Kreditderivaten

Einen besonderen Interessenskonflikt gibt es bekanntermaßen bei der Absicherung von Krediten mittels Kreditderivaten. Hier besteht eine erhöhte Gefahr, dass eine Seite des Hedging-Geschäfts Insiderinformationen aufgrund einer natürlichen Informationsasymmetrie besitzt. Der Kreditgeber erhält üblicherweise vom Kreditnehmer detaillierte Auskünfte über dessen Ertragslage und Bonität, auf deren Grundlage die Kreditkonditionen vereinbart werden.[1426] Auch noch während der Laufzeit des Kreditvertrags wird der Kreditgeber üblicherweise Informationen über den Kreditnehmer erhalten.[1427] Entscheidet sich der Kreditgeber seinerseits dazu, das Risiko des Kredits mittels eines Kreditderivats abzusichern, so befindet er sich gegenüber dem Sicherungsverkäufer zumeist in einer besseren Informationssituation. Zwischen den Parteien besteht also schon grundsätzlich eine Informationsasymmetrie.[1428]

---

and find a high price impact at the beginning." (S. 457); vgl. auch *Acharya/Johnson,* J. Fin. Econ., Vol. 98 (2010), No. 3, 500, 501.

1426 Vgl. hierzu auch *Tippach,* Das Insider-Handelsverbot und die besonderen Rechtspflichten der Banken 1995, S. 187.

1427 *Levene,* Va. L. & Bus. Rev., Vol. 7 (2012), No. 2, 232, 296; siehe dazu auch *Acharya/Johnson,* J. Fin. Econ., Vol. 84 (2007), No. 1, 110, 124.

1428 Vgl. dazu *Acharya/Johnson,* J. Fin. Econ., Vol. 84 (2007), No. 1, 110, 111; *Fletcher,* Rev. Banking & Fin. L., Vol. 33 (2014), No. 2, 813, 879; *Oehler/Unser,* Finanzwirtschaftliches

Es besteht daher das erhöhte Risiko einer *adverse selection* und des *moral hazard* in der Form, dass eine Absicherung erst dann eingegangen wird, wenn der Kreditgeber negative Informationen über den Kreditnehmer erhält, welche die Zahlungsunfähigkeit oder Insolvenz zur Folge hätte.[1429] Fällt das Kreditderivat in den Anwendungsbereich der MAR gemäß Art. 2 Abs. 1 lit. d) MAR so stellen präzise, nicht öffentlich bekannte Informationen über den künftigen Eintritt eines Kreditereignisses, entsprechend den Bedingungen des Kreditderivats, Insiderinformationen gemäß Art. 7 Abs. 1 lit. a) MAR dar, soweit sie den Wert des Kreditderivats beeinflussen. Dies wird mit großer Sicherheit der Fall sein.[1430] Es steht zu befürchtet, dass der Sicherungskäufer bei den Verhandlungen der Derivatekonditionen, die Informationen über das Risiko des Kredits verschweigt oder zumindest schönredet. Aus den Kreditbedingungen kann sich zudem ergeben, dass der Kreditgeber Informationen über den Kreditnehmer nicht an Dritte weitergeben darf und damit schon vertraglich daran gehindert ist, Informationen über den Eintritt des Kreditereignisses offen zu legen.[1431] Weiß der Sicherungsverkäufer hingegen von den Insiderinformationen, so dürfte dies aus Sicht des Insiderrechts aufgrund der face-to-face-Ausnahme unproblematisch sein.

Empirische Untersuchungen haben ergeben, dass auf dem Markt für Kreditderivate, vor allem in Form von Credit Default Swaps, der Handel aufgrund von Insiderinformationen, entsprechend der oben beschriebenen Informationsasymmetrie, weit verbreitet ist. Der Handel mit Credit Default Swaps findet also direkt vor firmenbezogenen negativen Kreditereignissen statt.[1432]

Dies könnte in der Praxis zu einem sogenannten *lemon's problem* führen, da der CDS-Buyer einen Handel aufgrund negativer nicht öffentlich bekannter

---

Risikomanagement, 2. Auflage 2013, S. 379, 390; *Steiner/Bruns/Stöckl*, Wertpapiermanagement, 10. Auflage 2012, S. 585.

1429 *Acharya/Johnson*, J. Fin. Econ., Vol. 84 (2007), No. 1, 110, 112; *Qiu/Yu*, J. Fin. Econ., Vol. 103 (2012), No. 3, 611, 619, 622; dazu auch *Minton/Stulz/Williamson*, J. Fin. Services Res., Vol. 35 (2009), No. 1, 1, 4, 11.

1430 Vgl. *Stulz*, J. Econ. Persp., Vol. 24 (2010), No. 1, 73, 82, wonach ein Ausfall zu großen Sprüngen des Werts dieser Kontrakte führen kann.

1431 *Levene*, Va. L. & Bus. Rev., Vol. 7 (2012), No. 2, 232, 296.

1432 Vgl. *Acharya/Johnson*, J. Fin. Econ., Vol. 84 (2007), No. 1, 110, 119, 123, 134, 138: „These findings are consistent with the existence of hedging by banks with lending exposure and access to privileged information."; *Qiu/Yu*, J. Fin. Econ., Vol. 103 (2012), No. 3, 611, 621; dazu auch *Levene*, Va. L. & Bus. Rev., Vol. 7 (2012), No. 2, 232, 277: „In short, the evidence is that informed trading in the credit default swap markets occurs in advance of firm-specific, adverse credit events"; zu diesen Studienergebnissen auch *Köhler*, Die Zulässigkeit derivativer Finanzinstrumente in Unternehmen, Banken und Kommunen 2012, S. 159. Insiderhandel auf dem CDS-Markt kann zudem positiv mit der Größe des Bankenkonsortiums zusammen hängen; so *Acharya/Johnson*, J. Fin. Econ., Vol. 98 (2010), No. 3, 500, 501.

Informationen vermutet, was sich in einem Anstieg der Versicherungsprämie für prognostizierte Verluste äußern würde.[1433]

Es scheint damit so, als würde das bestehende Insiderrecht in Bezug auf Kreditderivate an seine Grenzen stoßen, auch wenn das Problem von der Praxis erkannt wurde. Für den amerikanischen Markt wurde beispielsweise durch das Joint Market Forum darauf hingewiesen, dass derartige Handelspraktiken unter das Verbot des Insiderhandels gemäß Rule 10b–5 des Exchange Acts fallen und die Einrichtung einer Chinese-Wall auf Seiten des Kreditgebers empfohlen wird.[1434]

Dennoch wird versucht dem Problem der Nutzung von Informationsasymmetrien in der Praxis auf andere Weise zu begegnen. So können in den CDS-Vertrag *„representation and warranty“*-Klauseln aufgenommen werden, die besagen, dass die Beteiligten ihrer Absicherungsentscheidung nur öffentlich zugänglichen Informationen zugrunde gelegt haben.[1435] Auch wird vorgeschlagen, dass sich CDS-Buyer durch den Erwerb von *loan participations* entsprechende Insiderinformationen über den Kreditnehmer ebenfalls selbst verschaffen können.[1436] Zudem werden CDS-Buyer keine Quotes mehr abgeben, wenn sie davon ausgehen, dass CDS-Seller Insiderinformationen besitzen.[1437]

Die vorliegenden Studien sprechen ganz klar für eine bewusste Nutzung von Insiderinformationen im Rahmen der Entscheidung für ein Hedging-Geschäft. Eine allgemeine Hedging-Ausnahme mit dem Argument, Insiderinformationen würden für die Hedging-Entscheidung nicht verwendet, scheidet damit auch aufgrund dieser

---

1433 *Acharya/Johnson,* J. Fin. Econ., Vol. 84 (2007), No. 1, 110, 134, „The threat of informed purchase of insurance leads to a lemon's problem in which insurance premia are set too high and the quantity of insurance written in equilibrium is too low.“ Allerdings konnten sie einen entsprechenden Effekt auf dem CDS-Markt nicht nachweisen, da weder die Liquidität des Marktes beeinträchtigt sei, noch der Preis der Versicherung stieg (vgl. S. 137); anders allerdings *Minton/Stulz/Williamson,* J. Fin. Services Res., Vol. 35 (2009), No. 1, 1, 11; sowie *Qiu/Yu,* J. Fin. Econ., Vol. 103 (2012), No. 3, 611, 631 f., die bei einer hohen Anzahl an Händlern einen Anstieg der CDS-Prämie prognostizieren: „However, this effect could become positive when the existing number of dealers is large, consistent with the latter proxying for the level of information asymmetry in the CDS market“; dazu auch kurz *Fletcher,* Rev. Banking & Fin. L., Vol. 33 (2014), No. 2, 813, 880 ff.

1434 *Joint Market Practices Forum,* Statement of Principles and Recommendations Regarding the Handling of Material Nonpublic Information by Credit Market Participants, abrufbar unter: http://www.isda.org/c_and_a/pdf/jmpfstatement.pdf, zuletzt abgerufen am 04.01.2017, S. 6 ff.

1435 *Levene,* Va. L. & Bus. Rev., Vol. 7 (2012), No. 2, 232, 291 f.

1436 *Acharya/Johnson,* J. Fin. Econ., Vol. 84 (2007), No. 1, 110, 126, Fn. 7: „hedge funds are reported to commonly purchase small syndicate stakes precisely to acquire non-public information to aid them in arbitrage trading“; *Levene,* Va. L. & Bus. Rev., Vol. 7 (2012), No. 2, 232, 292.

1437 *Qiu/Yu,* J. Fin. Econ., Vol. 103 (2012), No. 3, 611, 630.

Erkenntnisse aus der Praxis aus. Eine solche Ausnahme würde den bestehenden Konflikt der Informationsasymmetrie vielmehr noch weiter verschärfen.[1438]

bb) Absicherung von Corporate Insidern

Auch Corporate Insider haben vielfach Zugang zu Insiderinformationen des Unternehmens und halten gleichzeitig oftmals Anteile des Unternehmens oder sind an Mitarbeiterbeteiligungsprogrammen oder Mitarbeiteroptionsprogrammen beteiligt.

Corporate Insider nutzen Derivate, um sich gegen ein Verlustrisiko der Beteiligungen vor nachteiligen firmenspezifischen Ereignissen abzusichern, wobei wohl vor allem Forwards, Collars und Equity Swaps zum Einsatz kommen.[1439] Im Vergleich zu einem Verkauf der Anteile bietet die Absicherung, wie dies bei einer Absicherung von Anteilen generell der Fall ist, den Vorteil, dass sowohl die Stimmrechte als auch das Dividendenrecht erhalten bleibt.[1440]

Untersuchungen der amerikanischen *SEC filings* haben ergeben, dass der Absicherung durch Manager überdurchschnittlich oft Kursverluste folgten[1441] und Kursgewinne vorausgingen.[1442] Daraus kann man folgern, dass Manager durch diese Transaktionen aufgrund von Insiderinformationen profitieren.[1443]

1438 Für das amerikanische Insiderrecht wird allerdings vereinzelt die Ausnahme des Handels mit Credit Default Swaps vom Insiderhandelsverbot befürwortet, da anderenfalls die Liquidität des CDS-Marktes negativ beeinflusst würde (*Levene*, Va. L. & Bus. Rev., Vol. 7 (2012), No. 2, 232, 282), die CDS-Buyer sich mittels vertraglicher Vereinbarungen ausreichend absichern könnten (*Levene*, Va. L. & Bus. Rev., Vol. 7 (2012), No. 2, 232, 293) und der CDS-Markt trotz der Kenntnis von Insiderhandel stark gewachsen sei (*Levene*, Va. L. & Bus. Rev., Vol. 7 (2012), No. 2, 232, 294).

1439 *Bettis/Bizjak/Kalpathy*, Financial Management Accepted Manuscript Dezember 2014, S. 3; *Bettis/Bizjak/Lemmon*, J. Fin. & Quant. Analysis, Vol. 36 (2001), No. 3, 345; *Hu/Black*, J. Corp. Fin., Vol. 13 (2007), No. 2–3, 343, 349 f.

1440 So auch *Bettis/Bizjak/Kalpathy*, Financial Management Accepted Manuscript Dezember 2014, S. 14 f.; *Bettis/Bizjak/Lemmon*, J. Fin. & Quant. Analysis, Vol. 36 (2001), No. 3, 345, 346; *Hu/Black*, J. Corp. Fin., Vol. 13 (2007), No. 2–3, 343, 350.

1441 *Bettis/Bizjak/Kalpathy*, Financial Management Accepted Manuscript Dezember 2014, S. 27; so auch *Jagolinzer/Matsunaga/Yeung*, J. Acct. Res., Vol. 45 (2007), No. 5, 1055, 1072; zu einem anderem Ergebnis kamen *Bettis/Bizjak/Lemmon*, J. Fin. & Quant. Analysis, Vol. 36 (2001), No. 3, 345, 357 ff., 360 ff., die für eine kleinere untersuchte Gruppe zwar überdurchschnittlich hohe Gewinne und einen Anstieg der Aktienkurse vor Abschluss der Hedging-Geschäfte feststellten, allerdings keine signifikant höheren Ertragseinbußen und Verluste der Aktienkurse nach Abschluss der Kontrakte.

1442 *Bettis/Bizjak/Lemmon*, J. Fin. & Quant. Analysis, Vol. 36 (2001), No. 3, 345, 360 f.; *Jagolinzer/Matsunaga/Yeung*, J. Acct. Res., Vol. 45 (2007), No. 5, 1055, 1072.

1443 *Bettis/Bizjak/Kalpathy*, Financial Management Accepted Manuscript Dezember 2014, S. 5 f.: „This suggests that insiders use these transactions to opportunistically trade on inside information about future stock price declines, rather than using them to resolve potential agency problems."

Andererseits führt das Hedging auch dazu, dass die Volatilität des eigenen Vermögens im Vergleich zu Veränderungen der Unternehmensergebnisse stark abnimmt. Damit werden auch die Anreizwirkungen der entsprechenden Beteiligungs- und Optionsprogramme, den Unternehmenswert zu maximieren, stark reduziert.[1444] Die Studien von *Bettis et. al.* ergaben, dass das Risiko auf Beteiligungen der Corporate Insider durch die getätigten Absicherungsgeschäfte um durchschnittlich 25 % reduziert wurde.[1445]

Dieses Problem, dass vor allem Corporate Insider geneigt sein könnten ihren Informationsvorsprung zu nutzen, wurde durch den Gesetzgeber erkannt und hat an mehreren Stellen zu rechtlichen Restriktionen geführt. So sind nach Art. 18 MAR Insiderlisten zu führen, die den zuständigen Behörden auf Ersuchen zur Verfügung zu stellen sind. Zudem haben Führungskräfte Geschäfte mit Anteilen des Emittenten oder damit verbundenen Derivaten und Finanzinstrumenten der jeweils zuständigen Behörde nach Art. 19 Abs. 1, Abs. 2 MAR zu melden. Neu im Gesetz verankert wurde nunmehr auch das besondere Handelsverbot in den closed periods. So ist es Führungskräften gemäß Art. 19 Abs. 11 MAR grundsätzlich verboten jeweils 30 Tage vor der Veröffentlichung von Zwischenberichten und Jahresabschlussberichten mit Anteilen des Emittenten oder damit verbundenen Derivaten und Finanzinstrumenten zu handeln. Den Unternehmen kommt allerdings eine Selbstbefreiungsmöglichkeit nach Art. 19 Abs. 12 MAR zu.

Interessant ist in diesem Zusammenhang auch die Regelung des § 37 Abs. 2 KAGB iVm Anhang II Ziff 1. q) AIFM-RL, die von Mitarbeitern einer Kapitalverwaltungsgesellschaft verlangt, sich zu verpflichten, keine persönlichen Hedging-Strategien zu verwenden, die geeignet sind, eine in ihren Vergütungsregelungen verankerte Ausrichtung des Risikoverhaltens zu unterlaufen. Damit wird die private Absicherung durch Führungskräfte mittels Forwards, Zero-Cost Collars und Equity Swaps, die zu einer gesteigerten Risikoaffinität in Bezug auf Geschäfte des Unternehmens führen können, verhindert.

h) Missbrauchsgefahr

Nähme man eine umfassende Hedging-Ausnahme an, so sind durchaus Situationen denkbar, in denen eine solche Ausnahme missbraucht werden könnte, um von Insiderinformationen profitieren zu können.

aa) Doppeltes Hedging

In Betracht kommt eine solche Missbrauchsgefahr im Falle eines doppelten Hedging. Auf den ersten Blick sieht das Geschäft aus wie ein normales Hedging-Geschäft,

---

1444 *Bettis/Bizjak/Lemmon,* J. Fin. & Quant. Analysis, Vol. 36 (2001), No. 3, 345, 346, 350; hierzu auch *Köhler,* Die Zulässigkeit derivativer Finanzinstrumente in Unternehmen, Banken und Kommunen 2012, S. 160.

1445 *Bettis/Bizjak/Lemmon,* J. Fin. & Quant. Analysis, Vol. 36 (2001), No. 3, 345, 346.

mittels dessen die Risiken eines Grundgeschäfts reduziert werden sollen. Tatsächlich liegt aber schon ein natürlicher Hedge vor, sodass das vermeintliche Hedging-Geschäft eine spekulative Position ist.[1446]

Um festzustellen, ob die risikobehaftete Position nicht auf andere Weise natürlich oder operationell abgesichert ist, müssten alle anderen Transaktionen und Exposures berücksichtigt und mit dem Grundgeschäft abgeglichen werden.[1447]

Das würde die Aufsichtsbehörden vor sehr langwierige Nachforschungen und Untersuchungen stellen. In vielen Fällen könnte ein doppeltes Hedging vielleicht auch nie nachgewiesen werden.

bb) Antizipatives Hedging

Neben der Tatsache, dass antizipatives Hedging eher als Spekulation denn als Absicherung einzustufen ist, kann es, soweit man es dennoch unter die Ausnahme subsumieren würde, auch dazu dienen, eine hypothetische Hedging-Ausnahme zu missbrauchen. Es kann sein, dass ein tatsächlich zu rein spekulativen Zwecken geschlossener Kontrakt als Hedging-Geschäft ausgegeben wird, auch wenn nicht beabsichtigt ist, das Grundgeschäft später abzuschließen. Ein Grundgeschäft liegt zum Zeitpunkt des antizipativen Hedging noch nicht vor. Mittels eines antiziptativen Hedges kann beispielsweise schon zum jetzigen Zeitpunkt der Preis für einen Rohstoff fixiert werden oder die Konditionen eines Darlehens im Vorfeld abgesichert werden. Eine Verpflichtung das Grundgeschäft einzugehen besteht aber in keinem Fall. Es sind daher Situationen denkbar, in denen spekulative Geschäfte als antizipative Hedging-Geschäfte getarnt werden und damit möglicherweise von einer Insiderinformation profitiert wird.

Vorstellbar ist es aber auch, dass beispielsweise Call-Optionen auf Aktien zu Spekulationszwecken gekauft werden. Um von der Hedging-Ausnahme profitieren zu können, werden die Call-Optionen bei steigenden Kursen ausgeübt beziehungsweise glattgestellt und der Gewinn wird dazu genutzt, tatsächlich Aktien zu erwerben. Diese werden aber innerhalb kürzester Zeit – sodass von den gestiegenen Kursen noch immer profitiert werden kann – wieder veräußert. Dadurch kann ein rein spekulatives Geschäft auch im Nachhinein noch als antizipatives Hedging getarnt werden.

1446 Dazu auch *Randow,* ZGR 1996, 594, 597: „Das, isoliert besehen, absichernde Hedging eines Fremdwährungsrisikos wiederum, ist womöglich in eine Strategie der Ertragswertsteigerung eingebettet, weil damit eine natürliche Absicherung auf Grund bereits bestehender Risikoexpositionen wieder aufgelöst wird."

1447 *Patterson,* Yale L. J., Vol. 40 (1931), No. 6, 843, 851: „Secondly, whether a hedger has ‚over-hedged' and gone for ‚speculation' cannot be determined with reference to any individual futures transaction without taking into account of his other trades; it can be determined only by comparing his cash transactions with his net short or long commitments at the same moment."

5. Ergebnis und Zusammenfassung

Schon aufgrund der Erkenntnisse zum Hedging-Verhalten von Unternehmen in der Praxis muss eine Ausnahme von Hedging-Geschäften für das Insiderhandelsverbot abgelehnt werden. Die Motive des Hedging gehen klar über eine reine Risikovermeidung hinaus.

Das Bild des risikoaversen Hedgers kann nach den Erkenntnissen der Behavioural Finance Forschung so per se nicht aufrecht erhalten werden. Vielmehr wird das Hedging-Verhalten durch verschiedenste Verhaltensmuster im Hinblick auf unsichere Ereignisse beeinflusst. Dies äußert sich unter anderem darin, dass selektive Hedging-Strategien und vereinzelt auch Carrying-Charge Hedging betrieben werden, um den Unternehmenswert zu maximieren.

Neben der Kurssicherung selbst, die dem Insider gegenüber den anderen Marktteilnehmern einen Vorteil bietet, können die verschiedenen Hedging-Strategien einen darüber hinausgehenden zusätzlichen Vorteil vermitteln. Die Ansicht, mittels eines kurssichernden Hedging würde keine Vorteilserzielung beabsichtigt werden und ein solcher Vorteil auch nicht erreicht, muss daher zurückgewiesen werden.

Auch dem Argument, Insiderinformationen würden nicht in die Hedging-Entscheidung einfließen, da eine Absicherung unabhängig von Informationen erfolgt wäre, muss klar widersprochen werden. Der Einfluss subjektiver Markterwartungen und Informationsvorteile auf die Absicherungsentscheidung sind empirisch nachgewiesen. Entsprechend der Informationen und Markterwartungen fällt dann eine Entscheidung für oder gegen eine Absicherung.

Hedging und Spekulation sind oft nur schwer zu unterscheiden und fließen ineinander über, weshalb auch aus Sicht der Rechtssicherheit eine Hedging-Ausnahme abzulehnen ist.

Denkbar wäre es zudem, dass eine solche Ausnahme durch verschiedene Strategien *missbraucht* würde, die ein rein spekulatives Geschäft durch ein vorgetäuschtes Absicherungsgeschäft verschleiern möchten.

Eine generelle Hedging-Ausnahme ist damit vollumfänglich abzulehnen. Den Marktteilnehmern stehen allerdings mittels entsprechender Vorbereitung und Organisation die bestehenden Ausnahmen der Chinese-Wall und des Master-Plans zur Verfügung, um die Vermutung der Nutzung von Insiderinformationen zu widerlegen.

V. Besondere insiderhandelsrechtliche Problematiken bei einzelnen Hedging-Strategien

1. Symmetrisches und Asymmetrisches Hedging

Im Rahmen der Absicherung mittels symmetrischen als auch asymmetrischen Derivaten stellt sich die Frage, wann und durch welche Handlungen Finanzinstrumente erworben werden, an welchen Zeitpunkt der Insiderhandelsverstoß damit anknüpft.

a) Hedging mittels Optionen

Die einzelnen Erwerbs- und Veräußerungsgeschäfte bezüglich Option und Underlying und die Möglichkeit der Nutzung einer Insiderinformation sollen im Folgenden erörtert werden.

aa) Abschluss des Optionskontrakts

Die Option kann selbstständig als Finanzinstrument im Sinne des Art. 2 Abs. 1 lit. a)–d) MAR zu qualifizieren sein. Dies ist der Fall, soweit das Derivat beziehungsweise die Option, selbst an einem Handelsplatz gehandelt wird oder von einem Finanzinstrument abhängt, welches an einem solchen Handelsplatz gehandelt wird. Ist der Marktteilnehmer bei Abschluss des Optionskontrakts im Besitz einer Insiderinformation, welche sich auf die Option selbst bezieht, so wird die Nutzung der Information vermutet und ein Insidergeschäft liegt vor. Zu beachten ist, dass für beide Seiten des Kontrakts ein Erwerbsgeschäft vorliegt, da beide Seiten eine Rechtspositionen erwerben. Der Optionsrechtsinhaber erwirbt das Optionsrecht und der Kontraktpartner erwirbt die Rechtsstellung als Stillhalter.

Allerdings kann die Insiderinformation in der Regel nur von einer Kontraktpartei genutzt werden, soweit die Information aus Sicht dieser Person positiv ist. Für die andere Seite wird sie dann in der Regel negativ sein und der Abschluss des Kontrakts wird entgegen der prognostizierten Kursbewegung erfolgen. Handelt es sich allerdings um eine Volatilitätsinformation,[1448] so bedarf dieser Punkt einer genaueren Prüfung.

Der Stillhalter hat einen Sondervorteil durch Insiderinformationen, die sich derart auf den Kurs oder Wert auswirken, dass die Option mit einer geringeren Wahrscheinlichkeit ausgeübt wird und er somit aufgrund der Optionsprämie mit einer höheren Wahrscheinlichkeit einen Gewinn realisieren wird. Das ist dann der Fall, wenn die Information zu einem Sinken des Kurses oder Wertes der Option führen wird.

Der Optionsrechtsinhabers profitiert hingegen von Informationen, die zu einem Steigen des Kurses oder Wertes der Option führen. Der Kurs einer Call-Option steigt in der Regel dann, wenn auch der Kurs des Underlying steigt. Der Kurs einer Put-Option steigt hingegen, wenn der Kurs des Underlying fällt.

Durch Abschluss des Optionskontrakts kommt es allerdings in der Regel nicht dazu, dass bereits von einem Erwerb oder einer Veräußerung des Underlying ausgegangen werden kann.[1449]

1448 Vgl. dazu oben D.II.5.c)cc).
1449 Dazu bereits oben D.II.3.a)aa)(1)(a).

bb) Ausübung der Option

Für die Frage, ob bei Ausübung der Option ein Insidergeschäft vorliegt, ist zwischen Optionen mit physical settlement und Optionen mit cash settlement zu unterscheiden.

(1) Ausübung der Option bei physical settlement

(a) Erwerb oder Veräußerung des Underlying auf Seiten des Optionsrechtsinhabers

Zu der Frage, ob durch die Ausübung der Option ein Erwerbs- oder Veräußerungsgeschäft des Underlying vorliegt, gibt es zur Marktmissbrauchsverordnung bis zum jetzigen Zeitpunkt noch keine Ansichten. Im Rahmen von § 14 WpHG wurde dazu vertreten, dass der Optionsrechtsinhaber mit der Ausübung der Option auf Aktien Insiderpapiere iSd § 12 S. 1 Nr. 1 oder Nr. 2 WpHG erwirbt.[1450] Nach Ansicht von *Schwark/Zimmer* liegt allerdings bei der Ausübung der Option keine Verwendung einer Insiderinfo vor, da die Kausalität zwischen Insiderinfo und Erwerb oder Veräußerung fehlt.[1451] So sei nicht *„die Ausübung der Option* [...] *der insiderrechtlich relevante Vorgang, sondern das darauf folgende Tätigwerden am Markt"*.[1452] Dies erklärt sich auf folgende Weise. Soweit die Option aus dem Geld notiert, hat der Optionsrechtsinhaber durch eine Ausübung der Option beziehungsweise einen Verzicht auf die Ausübung durch die Insiderinformation nach Sinn und Zweck des Insiderrechts keinen Sondervorteil.[1453] Der Kauf, ohne die Ausübung der Option, des Underlying außerhalb des Optionsprogramms wäre wirtschaftlich sinnvoller. Liegt die Option aus dem Geld und verzichtet der Insider auf die Ausübung, weil er negative Informationen erfahren hat, liegt ebenfalls kein Sondervorteil vor, weil alle anderen Optionsrechtsinhaber auch ohne Kenntnis der Insiderinformation die Option ebenfalls nicht ausüben würden. Hinzu kommt, dass auch in Zukunft der Verzicht auf die Ausübung einer Option als insiderrechtlich irrelevantes Unterlassen zu qualifizieren ist.

Liegt die Option hingegen im Geld und handelt es sich um eine amerikanische Option (Ausübung an einem bestimmten Termin), so hat der Insider mit der Ausübung der Option keinen Sondervorteil, da alle anderen Marktteilnehmer die Option

---

1450 *Mennicke*, in: Fuchs, WpHG, 2. Auflage 2016, § 12 Rn. 38; *Mennicke*, in: Fuchs, WpHG, 2. Auflage 2016, § 14 Rn. 135.

1451 *Schwark/Kruse*, in: Schwark/Zimmer, Kapitalmarktrechts-Kommentar, 4. Auflage 2010, § 14 WpHG Rn. 30 ff.

1452 *Schwark/Kruse*, in: Schwark/Zimmer, Kapitalmarktrechts-Kommentar, 4. Auflage 2010, § 14 WpHG Rn. 30 ff.; so auch *Hopt*, in: Schimansky/Bunte/Lwowski, Bankrechts-Handbuch, 4. Auflage 2011, § 107 Rn. 44.

1453 *Assmann*, in: Assmann/Schneider, Wertpapierhandelsgesetz, 6. Auflage 2012, § 14 Rn. 176; *Mennicke*, in: Fuchs, WpHG, 2. Auflage 2016, § 14 Rn. 136.

auch ausüben werden.[1454] Einen Sondervorteil kann es erst nach der Ausübung der Option geben, wenn der Insider entscheidet, zu welchem Zeitpunkt er das durch die Ausübung der Option erworbene Underlying wieder verkauft. Soweit eine negative Insiderinformation vorliegt, wird er die Aktien sogleich verkaufen, weshalb er gegenüber den anderen Investoren einen Sondervorteil hat. Allerdings liegt hier das verbotene Insidergeschäft nicht in der Ausübung der Option, sondern in dem nachgelagerten Verkauf der Aktien.[1455]

Handelt es sich hingegen um eine europäische Option (eine solche mit einer längeren Ausübungsperiode), so stellt sich die Frage, ob die Entscheidung, die Option zu einem bestimmten Zeitpunkt auszuüben oder die Ausübung aufzuschieben, eine verbotenes Insidergeschäft darstellt. Wird die Option ausgeübt, weil man aufgrund einer negativen Insiderinformation von einem Kursverlust ausgehen muss, so stellt dies per se noch kein verbotenes Insidergeschäft dar, da das dadurch erworbene Underlying in der Regel auch von dem Kursverfall betroffen ist. Lediglich der Verkauf der Aktien vor dem erwarteten Kursverlust stellt, wie auch oben, ein verbotenes Geschäft dar. Wird allerdings die Ausübung der Option hinausgeschoben, weil mit einem weiteren Anstieg der Kurse gerechnet wird, hat der Insider gegenüber den anderen Optionsrechtsinhabern, die die Option ausgeübt haben und sogleich die Aktien verkauft haben, einen Vorteil. Den gleichen Vorteil hätte er allerdings, wenn die Optionen zeitgleich ausgeübt würden und der Insider lediglich mit dem Verkauf der Aktien abwartet. Dabei handelt es sich allerdings nicht um ein verbotenes Insidergeschäft, da das Aufschieben des Verkaufs als reines Unterlassen nicht dem Erwerbs- und Veräußerungsbegriff unterfällt. Gleiches muss auch für das Aufschieben der Ausübung der Option gelten.[1456]

(b) Veräußerung oder Erwerb des Underlying auf Seiten des Stillhalters

Auf Seiten des Stillhalters liegt hingegen durch die Ausübung der Option kein Erwerbs- oder Veräußerungsgeschäft vor. Auf seiner Seite fehlt es an einer erforderlichen Willensbildung und einem Entschluss, der für ein Erwerbs- oder Veräußerungsgeschäft im Sinn von Art. 8 Abs. 1 MAR notwendig ist. Selbst wenn der Stillhalter also im Besitz von Insiderinformationen ist, so können diese nicht in die Entscheidung zur Veräußerung oder zum Erwerb einfließen, da es eine solche Entscheidung auf seiner Seite nicht gibt.

1454 Pauschal für die Ausübung von Optionen die im Geld liegen: *Assmann*, in: Assmann/Schneider, Wertpapierhandelsgesetz, 6. Auflage 2012, § 14 Rn. 177.

1455 Vgl. dazu auch *Assmann*, in: Assmann/Schneider, Wertpapierhandelsgesetz, 6. Auflage 2012, § 14 Rn. 177; *Mennicke*, in: Fuchs, WpHG, 2. Auflage 2016, § 14 Rn. 137.

1456 So auch *Schäfer*, in: Schäfer/Hamann, Kapitalmarktgesetze , Stand: 1/13, § 14 WpHG Rn. 91.

(2) Ausübung der Option bei cash settlement

Liegt ein cash settlement vor, so ist die Ausübung der Option insiderrechtlich unproblematisch. Die Option wird unabhängig davon, ob eine Insiderinformation vorliegt immer dann ausgeübt, wenn sie im Geld ist und immer dann nicht ausgeübt, wenn sie aus dem Geld liegt.

Ein Erwerb oder einer Veräußerung des Underlying erfolgt durch die Ausübung der Option nicht. Ein entsprechendes Veräußerungs- oder Erwerbsgeschäft kann sich allerdings an die Ausübung der Option anschließen. Die Beurteilung, ob es sich dabei um ein Insidergeschäft handelt, erfolgt nach den allgemeinen Grundsätzen. Besonderheiten bestehen hier nicht.

b) Hedging mittels Futures und Forwards

Erfolgt eine Absicherung mittels Futures oder Forwards die real zu erfüllen sind, also kein cash settlement stattfindet, stellt sich die Frage, ob mit Abschluss des Derivatekontrakts auch gleichzeitig ein Erwerb oder eine Veräußerung des Underlying erfolgt.

Dafür, dass bereits ein Erwerb des Underlying vorliegt, spricht, dass ein hinausgeschobener Fälligkeitszeitpunkt für die Subsumtion unter den Erwerbs- und Veräußerungsbegriff unerheblich ist, da bereits der Abschluss des schuldrechtlichen Geschäfts ausreichend ist.[1457] Allerdings ist es aus Gründen der Rechtssicherheit erforderlich Derivate-Kontrakte und Spot-Kontrakte eindeutig zuzuordnen. Vorzuziehen ist es, den Erwerb von Forwards und Futures alleine unter die Fallgruppe der Derivate zu subsumieren und damit klar von einem Spot-Geschäften abzugrenzen.[1458] Zudem vergeht bis zum Zeitpunkt des Settlements und damit der Lieferung des Underlying eine gewisse Zeit. Bis dahin kann die Futures- oder Forward-Position allerdings veräußert oder glattgestellt werden, sodass bei Abschluss des Derivatekontrakts noch nicht mit Sicherheit feststeht, dass das Underlying auch tatsächlich erworben wird.

Handelt es sich hingegen formal um einen Kauf oder Verkauf des Underlying, bei dem alleine der Fälligkeitszeitpunkt der Erfüllung hinausgeschoben ist, so handelt es sich um ein Spot-Geschäft.

Die vorliegende Abgrenzungsfrage stellt sich allerdings nur dann, wenn aufgrund der Vertragsbedingungen des Futures- oder Forward-Kontrakts eine physische Lieferung des Underlying vorgesehen ist. Soweit bei Vertragsende lediglich ein Differenzausgleich stattfindet, stellt sich die Frage nach einem Erwerb oder einer Veräußerung des Underlying nicht.

1457 Zur hinausgeschobenen Fälligkeit vgl. *Kümpel/Veil*, Wertpapierhandelsgesetz, 2. Auflage 2006, S. 66.

1458 Zu den Voraussetzungen siehe oben B.IV.1.a)aa).

c) *Vorzeitige Beendigung des Derivatekontrakts*

Eine Grundkonzeption von Derivaten, egal ob bedingt oder unbedingt, liegt darin, dass der Erfüllungszeitpunkt hinausgeschoben ist und am Ende der Laufzeit ein physical oder cash settlement stattfindet. In den allermeisten Fällen kommt es allerdings nicht zu einem Settlement, da die Derivatekontrakte schon vorher beendet werden.[1459] Um das Derivategeschäft zu beenden beziehungsweise wirtschaftlich zu neutralisieren, kann die Partei des Derivategschäfts (i) ein Gegengeschäft abschließen und das Geschäft somit neutralisieren (Closing Out oder Glattstellung), (ii) den Vertrag gegen eine Ausgleichszahlung vorzeitig auflösen (Close Out) oder (iii) die Derivateposition an einen Dritten verkaufen (Übertragung).[1460]

In all diesen Fällen stellt sich die Frage, ob aus Sicht des Insiderhandelsrechts und damit im Sinne des Art. 8 Abs. 1 MAR ein Veräußerungsgeschäft vorliegt. Ein Veräußerungsgeschäft liegt in der Regel dann vor, wenn ein Verpflichtungsgeschäft abgeschlossen wird, das auf die Übertragung der Inhaberschaft der Finanzinstrumente gerichtet ist.[1461]

Wird die Derivateposition auf einen Dritten übertragen, so bereitet die Subsumtion unter dem Veräußerungsbegriff keine Schwierigkeiten. Anders ist dies aber, wenn die Position nicht übertragen wird, sondern durch Close-Out vorzeitig beendet oder durch ein Gegengeschäft glattgestellt wird.

Im Falle eines Close-Out vereinbaren die Parteien eines OTC-Derivatekontrakts, diesen vorzeitig aufzulösen, sodass auch das Derivat als Finanzinstrument erlischt. Dabei werden die gegenseitigen Forderungen entsprechend der aktuellen Marktkonditionen gegeneinander aufgerechnet und eine Partei ist zur Zahlung einer Ausgleichszahlung verpflichtet.[1462] Unter wirtschaftlichen Gesichtspunkten stehen die Parteien dadurch genauso, wie sie stehen würden, wenn sie die Kontraktposition zu den aktuellen Marktkonditionen verkaufen würden. Von einer Insiderinformation kann hier in gleicher Weise profitiert werden, indem beispielsweise, in Kenntnis negativer Insiderinformationen, der Kontrakt aufgelöst wird. Dadurch vermeidet eine Partei zu Lasten der anderen Partei einen Verlust. Folglich ist unter Anwendung eines wirtschaftlichen Erwerbs- und Veräußerungsbegriffs auch der Fall eines Close-Out als Veräußerung zu betrachten.

Eine vergleichbare Problematik stellt sich im Falle der Glattstellung des Kontrakts mittels eines Gegengeschäfts. Im Rahmen einer Closing Transaction wird eine spiegelbildliche Position erworben. Die beiden Positionen werden gegeneinander verrechnet und gegebenenfalls wird ein Differenzgewinn oder -verlust realisiert.[1463] So kann beispielsweise eine Short-Position in einem Future durch eine

---

1459 Vgl. dazu oben B.IV.1.a)bb)(5).

1460 *Bank-Verlag,* Basisinformationen über Finanzderivate 2008, S. 15; *Rudolf,* in: Kümpel/Wittig, Bank- und Kapitalmarktrecht, 4. Auflage 2011, 19. Teil Rn. 19.52.

1461 Vgl. dazu oben B.IV.1.a)bb)(5).

1462 *Bank-Verlag,* Basisinformationen über Finanzderivate 2008, S. 15.

1463 *Bank-Verlag,* Basisinformationen über Finanzderivate 2008, S. 15.

Long-Position mit den gleichen Kontraktkonditionen glattgestellt werden.[1464] Zwar findet tatsächlich ein Erwerb einer Derivateposition statt, die aber nicht darauf abzielt, die Inhaberschaft des Finanzinstruments zu erlangen, sondern vielmehr die bestehende Position wirtschaftlich zu neutralisieren. Dies entspricht gemäß einer wirtschaftlichen Betrachtungsweise eher einer Veräußerung der bestehenden Derivateposition als dem Erwerb einer neuen Position. Damit ist auch die Glattstellung wirtschaftlich betrachtet wie ein Veräußerungsgeschäft zu betrachten und insiderrechtlich wie eine Veräußerung zu behandeln.

2. Makro-Hedging oder Cross-Hedging

Einer genaueren Betrachtung bedürfen Makro- oder Cross-Hedges,[1465] die unter Einfluss einer Insiderinformation abgeschlossen oder glattgestellt wurden. Wie oben erläutert, werden Insiderinformationen zunächst in Bezug auf das Grundgeschäft vorliegen, die eine Entscheidung hinsichtlich des Hedging-Geschäfts auslösen können. Da das Grundgeschäft aber unverändert fortbesteht, kommt es nicht darauf an, dass eine Insiderinformation in Bezug auf das Grundgeschäft vorliegt, sondern eine solche muss auch in Bezug auf das Hedging-Geschäft bestehen. Das heißt die Information muss geeignet sein, den Kurs oder Wert des Hedging-Instruments zu beeinflussen.[1466]

Um dem Zweck eines Hedging-Geschäfts, Verluste im Grundgeschäft durch gegenläufige Kursbewegungen des Hedging-Geschäfts aufzufangen, gerecht zu werden, werden Informationen mit Kursrelevanz für das Grundgeschäft in der Regel auch gleichzeitig in Bezug auf das Hedging-Instrument kursrelevant sein. Etwas anderes kann allerdings im Falle eines Cross- oder Makro-Hedges gelten, bei denen sich das Underlying des Hedging-Geschäfts nicht mit dem Grundgeschäft deckt. Hier bedarf es einer genauen Untersuchung, ob eine Insiderinformation in Bezug auf das Grundgeschäft auch eine Insiderinformation in Bezug auf das Hedging-Geschäft darstellt. Ist die Information für das Hedging-Instrument nicht kursrelevant, so liegt keine Insiderinformation vor, von der der Hedger durch das Hedging-Geschäft profitieren kann. Das Hedging-Geschäft unterliegt in der Folge keinem Verwendungsverbot.

Kann eine Insiderinformation zwar bejaht werden, durch das Hedging-Geschäft im Rahmen eines Cross-Hedges aber nicht profitiert werden, so ist zumindest auch die Nutzungsvermutung widerlegt, da die Insiderinformation für das Hedging-Geschäft nicht kausal ist.[1467]

In der Praxis wird im Rahmen des Makro-Hedging in den meisten Fällen versucht, eine größtmögliche Korrelation zwischen Grundgeschäft und Hedging-Geschäft

1464 *Bank-Verlag*, Basisinformationen über Finanzderivate 2008, S. 15.
1465 Zu Makro- und Cross-Hedges vgl. oben B.V.3.b).
1466 Vgl. dazu oben D.II.3.a)bb).
1467 So *Klöhn*, in: Hirte/Möllers, Kölner Kommentar zum WpHG, 2. Auflage 2014, §14 Rn. 182.

herzustellen. Reagiert das Hedging-Geschäft nicht auf Veränderungen des Grundgeschäfts, so wird der Zweck des Hedges in diesen Fällen verfehlt sein. Soll allerdings durch das Hedging-Geschäft nur ein bestimmtes Einzelrisiko abgesichert werden, nicht aber jegliches Risiko, so kann eine nur teilweise Korrelation der Kurse angestrebt sein.[1468] In diesen Fällen, in denen eine möglichst vollständige Korrelation der Kurse nicht beabsichtigt ist, ist genau zu prüfen, ob eine Insiderinformation auch in Bezug auf das Hedging-Instrument vorliegt oder ob sich der Kurs unabhängig von der Information entwickeln wird.

3. Selektives Hedging

Exposures von Unternehmen werden in den allermeisten Fällen nicht komplett abgesichert sondern nur in Teilen. Der CFO-Survey aus dem Jahr 2005 ergab beispielsweise, dass Rohstoffpreis-Exposures lediglich mit einem Anteil von 6 % komplett abgesichert werden.[1469] Wird bewusst auf die Absicherung eines Teils des Exposures verzichtet, so stellt sich insgesamt die Frage, ob der teilweise Verzicht und die teilweise Absicherung insgesamt noch dem Hedging oder vielmehr der Spekulation zugerechnet werden müssen.[1470] Unabhängig von dieser Frage ist die Strategie des selektiven Hedging daraufhin zu untersuchen, welche Handlungen innerhalb dieser Strategie dem Insiderhandelsverbot unterfallen können.

a) Teilweiser Verzicht auf Absicherung im Lichte des Insiderhandelsverbots

In der wirtschaftswissenschaftlichen Literatur wird das selektive Hedging als ein einheitlicher Prozess betrachtet, bei dem ein Teil des Exposures abgesichert wird und ein anderer Teil, in der Absicht aus dem fehlenden Hedging-Geschäft einen Vorteil zu ziehen, nicht abgesichert wird. In rechtlicher Hinsicht müssen diese beiden Teilprozesse aber getrennt analysiert werden.

Bei genauerer Betrachtung müssen verschiedene Konstellationen unterschieden werden. Von selektivem Hedging wird einerseits dann gesprochen, wenn ein einzelnes Exposure aufgespalten und zum Teil abgesichert und zum anderen Teil nicht abgesichert wird. Andererseits werden auch Strategien gemäß denen verschiedene Exposures bestehen, von denen einzelne abgesichert werden und andere Exposures nicht, als selektives Hedging bezeichnet.

1468 *Harris,* Trading and Exchanges 2003, S. 186; *Klöhn,* in: Hirte/Möllers, Kölner Kommentar zum WpHG, 2. Auflage 2014, § 14 Rn. 181 f., der als Beispiel die Absicherung eines Aktienexposures mit einer Put-Option auf eine andere Aktie beschreibt, sodass eine Absicherung gegen markt- und industrieweite Risiken besteht, nicht aber gegen firmenspezifische Risiken.

1469 *Servaes/Tamayo/Tufano,* J. Applied Corp. Fin., Vol. 21 (2009), No. 4, 60, 73.

1470 Diese Frage werfen auch *Géczy/Minton/Schrand,* J. Fin., Vol. 62 (2007), No. 5, 2405, 2410.

aa) Aufspaltung eines Exposures

Handelt es sich um ein einziges Exposure, auf das sich die Insiderinformation bezieht, welches in Teilen abgesichert wird und in Teilen nicht, so ist zwischen der Teil-Absicherung und der ungedeckten Position zu unterscheiden. Die Insiderinformation wird in diesem Fall des selektiven Hedging dergestalt sein, dass grundsätzlich mit einem Gewinn des Grundgeschäfts gerechnet wird und daher nur ein Teil des Exposures abgesichert wird. (1) Die Entscheidung über diese Teilabsicherung erfolgt dann allerdings nicht unter Verwendung einer Insiderinformation. Vielmehr erfolgt der Abschluss des Hedging-Geschäfts in der Regel entgegen der erwarteten Kursbewegung.[1471] Wird aufgrund der Insiderinformation mit einer Wertsteigerung des Grundgeschäfts gerechnet, so wird sich das korrespondierende Hedging-Geschäft entgegengesetzt entwickeln. (2) Die Entscheidung gegen eine Absicherung für einen Teil des Exposures und damit die Aufrechterhaltung einer ungedeckten Position unter Nutzung einer Insiderinformation und in der Erwartung eines Kursanstiegs des Grundgeschäfts stellt ebenfalls kein Insidergeschäft dar. Entsprechend der Definition des Insidergeschäfts in Art. 8 Abs. 1 S. 1 MAR bedarf es eines Erwerbs- oder Veräußerungsgeschäfts. Ein solches liegt hier aber eindeutig nicht vor, sondern es handelt sich lediglich um das Unterlassen eines solchen. Ein Unterlassen unterfällt aber auch nach der Marktmissbrauchsverordnung nicht dem Insiderhandelsverbot.[1472]

bb) Mehrere Exposures

Werden von mehreren Exposures nur einzelne abgesichert und andere nicht, so sind aus Sicht des Insiderhandelsverbots die einzelnen Exposures getrennt zu betrachten. Zunächst ist zu untersuchen, auf welche der Exposures sich die Insiderinformation bezieht. In einem zweiten Schritt, sind die von der Insiderinformation betroffenen Geschäfte und das diesbezügliche Absicherungsverhalten zu untersuchen. Wird aufgrund der Insiderinformation auf eine Absicherung verzichtet, so gilt das oben Gesagte. Es handelt sich nicht um ein Erwerbs- oder Veräußerungsgeschäft, sondern lediglich um ein Unterlassen, was aus Sicht des Insiderrechts unproblematisch ist. Kommt es zu einer Absicherung, so ist zu untersuchen, ob sie eventuell entgegen der prognostizierten Kursbewegung, also trotz der Insiderinformation vorgenommen wurde.

cc) Nachträglich selektives Hedging

Wird zunächst das gesamte Exposure abgesichert und nachträglich durch Glattstellung eines Teils des Sicherungsgeschäfts auf eine weitere Absicherung teilweise verzichtet, so liegt ab diesem Zeitpunkt ebenfalls ein selektives Hedging vor. Im

---

1471 Vgl. zu dieser Ausnahme sowie den Implikationen durch die Entscheidung des EuGH in der Sache Lafonta/AMF oben D.II.5.c)cc).

1472 Dazu siehe oben unter D.II.3.a)aa)(3).

Gegensatz zu der am Anfang dargestellten Situation, in der eine Absicherung teilweise unterlassen wurde, wird hier eine Absicherung nachträglich aufgelöst. Dies erfolgt üblicherweise durch Glattstellung des Hedging-Geschäfts und damit entsprechend einer wirtschaftlichen Betrachtung durch Veräußerung des Derivats.[1473] Wird aufgrund der Insiderinformation erwartet, dass der Wert des Grundgeschäfts steigt, so wird gleichzeitig angenommen, dass der Kurs des Hedging-Geschäfts fällt. Der wirtschaftliche Veräußerungsvorgang, das heißt die Glattstellung des Hedging-Geschäfts, erfolgt damit unter Nutzung der Insiderinformation.

b) Teilweise Absicherung im Lichte des Insiderhandelsverbots

Führt die Insiderinformation dazu, dass erwogen wird einen Teil des Exposures oder einzelne Exposure abzusichern, so gilt das Insiderhandelsverbot entsprechend der obigen Erörterung ohne Einschränkung. Eine Absicherung darf nicht stattfinden.

4. Langfristiges Hedging

Hedging-Geschäfte können auch dann in Konflikt mit dem Insiderhandelsverbot kommen, wenn über einen längeren Zeitraum abgesichert wird und der Hedge mittels immer neuer Kontrakte prolongiert wird, wobei sich das Grundgeschäft nicht ändert. Ein insiderrechtliches Handelsverbot könnte im Speziellen dann vorliegen, wenn der Hedger im Einzelfall zwar nicht zu Beginn des Aufbaus der Hedging-Position Kenntnis von einer Insiderinformation hatte, allerdings im Laufe der Zeit in den Besitz von Insiderinformationen kommt und diese vor der Verlängerung des Hedges noch nicht öffentlich bekannt sind. Die Verlängerung beziehungsweise der Roll-Over erfolgt durch Glattstellung des ursprünglichen Hedging-Kontrakts und Abschluss eines neuen Hedging-Kontrakts. Hat der Hedger zum Zeitpunkt des Roll-Over Kenntnis von Insiderinformationen, so kann er, je nachdem in welche Richtung sich die Informationen auf den Kurs auswirken, daran gehindert sein, den alten Hedging-Kontrakt glattzustellen oder einen neuen Hedging-Kontrakt abzuschließen.[1474] In diesen Fällen würde eine Nutzung der Insiderinformation entsprechend der Spector-Regel vermutet. Ob die Nutzungsvermutung der Spector-Regel widerlegt werden kann, bestimmt sich nach der Spector-Ausnahme *„im Lichte der Zielsetzung der Richtlinie“* beziehungsweise nun im Lichte der Zielsetzung der Verordnung.[1475]

Angeführt werden kann, dass die Insiderinformation nicht genutzt wurde, da lediglich der Hedging-Plan unverändert fortgeführt wurde. Dies entspricht der Argumentation, die für eine Master-Plan Ausnahme angeführt wird. Demnach ist es

1473 Vgl. dazu bereits oben E.V.1.c).

1474 Ist nicht von vornherein klar in welche Richtung sich der Kurs aufgrund der Insiderinformation bewegt, so kann gemäß der *Lafonta-Rechtsprechung* weder der alte Hedge glattgestellt noch der neue Hedge aufgebaut werden.

1475 EuGH NZG 2010, 107, Rz. 61.

erforderlich, einen Masterplan zunächst gefasst und diesen ausreichend schriftlich fixiert zu haben. Geringere Anforderungen dürfen allerdings auch für Hedging-Geschäfte nicht gelten, da nachgewiesen ist, dass subjektive Markterwartungen und damit auch Insiderinformationen das Hedging-Verhalten beeinflussen. Es ist durchaus denkbar, dass zum Zeitpunkt des Roll-Over eine Insiderinformation, die den Kurs des Grundgeschäftes negativ beeinflussen würde, die Entscheidung über die Prolongation des Hedges bestärkt. Andererseits kann eine Insiderinformation, die den Kurs oder Wert des Grundgeschäfts positiv beeinflusst, dazu führen, dass auf eine Prolongation des Hedges verzichtet wird. Damit können Prolongationen einer langfristigen Hedging-Strategie nicht per se von der Nutzungsvermutung ausgenommen werden. Langfristige Hedging-Strategien sind daher als Unterfall eines Master-Plans einzuordnen, mit der Folge, dass für eine Widerlegung der Nutzungsvermutung die formalen Anforderungen an einen Master-Plan erfüllt sein müssen.

5. Carrying-Charge Hedging

Im Rahmen des Carrying-Charge Hedging kann die Frage aufgeworfen werden, ob Informationen über die Entwicklung der Basis als Insiderinformationen zu qualifizieren sind.

Die Absicherungsstrategie des Carrying-Charge Hedging möchte von Unterschieden zwischen Spot- und Futures-Preisen profitieren und wird in der Erwartung einer Änderung dieser Relation getätigt.[1476] Hedger könnten dann einen Vorteil besitzen, wenn sie nicht öffentlich bekannte Informationen über die Entwicklung dieser Relation haben.

Diesbezüglich stellt sich allerdings die Frage, ob es nicht öffentlich bekannte Information über die Entwicklung des Verhältnisses zwischen diesen Kursen gibt. Selbst wenn es solche Informationen geben sollte, stellt sich die Folgefrage, ob diese Informationen als Insiderinformationen zu qualifizieren sind. Das Gewinnpotenzial im Rahmen des Carrying-Charge Hedging ergibt sich nicht aus der Kursbewegung eines Finanzinstruments isoliert, sondern aus dem Verhältnis des Kurses zweier Finanzinstrumente. Informationen über das Verhältnis zweier Kurse zueinander fallen wohl nicht unter den Tatbestand der Insiderinformation. Die Kursrelevanz der Information wird gemäß Art. 7 Abs. 1 lit. a) MAR definiert, als die Eignung der Information *„den Kurs dieser Finanzinstrumente oder den Kurs damit verbundener derivativer Finanzinstrumente erheblich zu beeinflussen“*. Nicht öffentlich bekannte Informationen über das Verhältnis zweier Kurse zueinander, nicht aber über den Kurs der einzelnen Finanzinstrumente, fallen damit schon mangels der Möglichkeit diese Informationen unter den Wortlaut zu subsumieren, nicht unter den Begriff der Insiderinformation. Allerdings ist es durchaus möglich, dass Informationen über

1476 *Working*, Am. Econ. Rev., Vol. 43 (1953), No. 3, 314, 325; vgl. dazu im Einzelnen oben B.V.10.b).

das Verhältnis der beiden Kurse gleichzeitig auch eine Information über den Kurs eines der Finanzinstrumente darstellt.

6. Hedging der Banken bei Anschleichen an Übernahmeziele

In der Vergangenheit schlichen sich Unternehmen mittels Cash-Settled Total Return Equity Swaps oder Cash-Settled Options in einer Reihe von Fällen an Zielgesellschaften an. Die beteiligten Banken sicherten im Rahmen dieses Vorgangs ihre Derivate-Positionen in der Regel mittels Aktien der Zielgesellschaft ab.[1477] Diese Form der Absicherung durch die Banken ist als Bestands-Hedging zu qualifizieren. Allerdings liegt auch auf Seiten der Erwerbergesellschaft eine Absicherung in Form eines antizipativen Hedging vor. Eine solche Absicherung ist der Nebeneffekt des Anschleichplans mittels Derivaten, da dadurch gleichzeitig auch der Einstiegskurs für den Beteiligungserwerb abgesichert wird.[1478]

Diese Strategien wurden in der Literatur vor allem im Hinblick auf einen Verstoß gegen Meldepflichten beziehungsweise eine fehlende Pflicht zur Meldung der Derivate-Positionen intensiv diskutiert.[1479] Ein Verstoß gegen das Insiderhandelsverbot wurde nur vereinzelt thematisiert.[1480]

Die nachfolgende Erörterung konzentriert sich im Hinblick auf mögliche Verstöße gegen das Insiderhandelsverbot auf die Hedging-Geschäfte der Banken.[1481] Die antizipative Absicherung auf Seiten der Erwerbergesellschaft ist aus insiderhandelsrechtlicher Sicht in der Regel unproblematisch, soweit zu der eigenen Erwerbsentscheidung keine weiteren Insiderinformationen hinzukommen, da dann lediglich der eigene Entschluss zum Erwerb umgesetzt wird und damit die Nutzungsvermutung

1477 Vgl. dazu oben B.VII.2.c).

1478 *Schiessl,* Der Konzern 2009, 291, 292, 295.

1479 *Brandt,* BKR 2008, 441, 444 ff.; *Cascante/Topf,* AG 2009, 53, 62 ff.; *Christ,* Barausgleichsderivate und das Anschleichen an Zielgesellschaften 2011, S. 56 ff.; *Eichner,* ZRP 2010, 5; *Fleischer/Schmolke,* ZIP 2008, 1501, 1503 ff.; *Habersack,* AG 2008, 817, 818; *Holfter,* Öffentliche Übernahme durch Anschleichen unter besonderer Berücksichtigung der Meldepflichten nach WpHG 2012, 131 ff.; *Schanz,* DB 2008, 1899, 1902 ff.; *Schiessl,* Der Konzern 2009, 291, 295 ff.; *Schneider/Anzinger,* ZIP 2009, 1; *Schneider/Brouwer,* AG 2008, 557, 562 ff.; *Weber/Meckbach,* BB 2008, 2022, 2024 ff.; *Zetzsche,* EBOR, Vol. 10 (2009), 115, 127 ff.

1480 *Cascante/Topf,* AG 2009, 53, 61; *Christ,* Barausgleichsderivate und das Anschleichen an Zielgesellschaften 2011, S. 125 f.; *Holfter,* Öffentliche Übernahme durch Anschleichen unter besonderer Berücksichtigung der Meldepflichten nach WpHG 2012, S. 122 ff.; *Meyer/Kiesewetter,* WM 2009, 340, 346 f.; *Schiessl,* Der Konzern 2009, 291, 293.

1481 Ein Verstoß der Banken gegen das Insiderhandelsverbot wurde zum Teil pauschal öffentlich behauptet, so beispielsweise *Jahn,* FAZ vom 20.07.2008, abrufbar unter: http://www.faz.net/aktuell/wirtschaft/recht-steuern/kampf-um-conti-neue-juristische-argumente-1664195.html, zuletzt abgerufen am 04.01.2017.

widerlegt ist.[1482] Dies gilt sowohl für den Erwerb der Derivate als auch für den Erwerb der Aktien, da es sich um einen gestreckten Erwerbsvorgang handelt, der von dem Gesamtplan gedeckt ist.[1483]

Durch Einführung von § 25a WpHG, der zusätzlichen Meldepflicht von Derivaten, die zum Zwecke des Anschleichens benutzt werden, ist diese Anschleichstrategie für die Praxis uninterressanter geworden. Hinzu kommt, dass der EuGH in der Sache Lafonta/AMF eine frühzeitige Ad-hoc-Pflicht bestätigt hat.[1484]

a) Bestehen einer Insiderinformation

Schleicht sich ein Unternehmen mittels Cash-Settled Total Return Equity Swaps oder Cash-Settled Options an ein Zielunternehmen an, so handelt es sich dabei um einen gestreckten Vorgang mit mehreren Zwischenschritten. Sowohl die Zwischenschritte als auch das Endergebnis können nach der Rechtsprechung des EuGH in der Sache Geltl/Daimler Insiderinformationen darstellen.[1485]

Dem Urteil des EuGH in der Sache Lafonta/AMF lag ein entsprechender Anschleichvorgang zugrunde. Die französische Justiz bewertete zum einen den Abschluss der Swap-Kontrakte als Insiderinformation und zum anderen auch den Beteiligungsplan, also die Absicht durch die Einnahme dieser Positionen die Möglichkeit zu erhalten, eine erhebliche Beteiligung an dem Zielunternehmen zu erwerben.[1486] In diesem konkreten Fall wurden allerdings nur die unterlassenen ad-hoc-Veröffentlichungen geahndet. Auf einen Verstoß gegen das Verwendungsverbot kam es nicht an. Dennoch handelt es sich bei dem Abschluss der Swap-Kontrakte und dem Beteiligungsplan auch um Insiderinformationen in Bezug auf das Verwendungsverbot.

Neben diesen beiden Informationen, dem Abschluss der Derivate und dem Plan eine erhebliche Beteiligung zu erwerben, kann im Einzelfall noch eine dritte Information hinzukommen. So besteht der letztendliche Plan von Erwerbergesellschaften

---

1482 Vgl. dazu oben D.II.5.a)ee); vgl. dazu auch *Nelemans/Schouten*, in: Bainbridge, Research Handbook on Insider Trading 2013, 449, 462.

1483 So schon zu § 14 WpHG: *Assmann*, in: Assmann/Schneider, Wertpapierhandelsgesetz, 6. Auflage 2012, § 14 Rn. 140; *Holfter*, Öffentliche Übernahme durch Anschleichen unter besonderer Berücksichtigung der Meldepflichten nach WpHG 2012, S. 122; *Hopt*, ZGR 2002, 333, 356; kritisch dazu aber *Cascante/Topf*, AG 2009, 53, 55, die die Nutzung der Information einer wahrscheinlich geplanten Übernahme für einen vorausgehenden Erwerb von Aktien für möglich halten.

1484 Zur Präzision und Kursrelevanz von Informationen im Zuge des Anschleichevorgangs vgl. oben unter D.II.2.a)aa)(4) sowie D.II.2.a)dd) und unten E.V.6.a)aa) und E.V.6.a)cc).

1485 Vgl. EuGH NZG 2015, 432.

1486 Vgl. Schlussanträge des Generalanwalts Wathelet, BeckRS 2015, 80415, Rz. 12; EuGH NZG 2015, 432; *Zetzsche*, AG 2015, 381, 384. Diese Informationen wurden in der Literatur zum Teil außer Acht gelassen: *Schiessl*, Der Konzern 2009, 291, 293.

oftmals darin, die Gesellschaft, an der sie nun aufgrund des Anschleichvorgangs eine große Beteiligung besitzt, zu übernehmen.[1487] Ob der Übernahmeplan, neben dem Plan eine erhebliche Beteiligung zu erwerben, eine eigenständige Information ist, richtet sich danach, in welcher Höhe eine Beteiligung angestrebt wird. Plant das Unternehmen durch den Anschleichvorgang eine Aktienposition von mehr als 30 % aufzubauen, so hat sie nach § 35 Abs. 1, Abs. 2 WpÜG iVm § 29 Abs. 2 WpÜG ein Pflichtangebot abzugeben. Damit besteht der Gesamtplan gleichzeitig in dem Erwerb einer erheblichen Beteiligung, was zu einem Überschreiten der 30 % – Schwelle führt, und der Abgabe eines Pflichtangebots. Allerdings kann der Übernahmeplan auch erst zu einem späteren Zeitpunkt hinzutreten. Dies ist beispielsweise dann der Fall, wenn zunächst abgewartet wird, in welcher Höhe Aktien zum Erwerb zur Verfügung stehen. Besteht der ursprüngliche Erwerbsplan aber darin, eine Beteiligung in der Höhe zu erwerben, dass die Kontrollschwelle nicht überschritten wird, so kann neben den Beteiligungsplan auch ein Übernahmeplan treten. Wird die Kontrollschwelle nicht überschritten, so ist die Abgabe eines Übernahmeangebots fakultativ.

Die erste Insiderinformation besteht in zeitlicher Hinsicht mit Abschluss der Swap-Kontrakte. Eine ad-hoc-Mitteilungspflicht bestand nach Ansicht des französischen Gerichts in der Sache Lafonta/AMF spätestens mit Abschluss der letzten Swap-Geschäfte. Eine genauere zeitliche Feststellung nahm das Gericht nicht vor. Ob dies im Einzelfall auch der richtige Zeitpunkt ist, ab dem ein Handelsverbot besteht, ist nicht pauschal zu beantworten. Es kommt alleine darauf an, ab welchem Umfang eingegangener Swap-Kontrakte die Kursrelevanz der Information zu bejahen ist. Die Kursrelevanz kann schon zu einem Zeitpunkt bestehen, bevor alle Swap-Kontrakte abgeschlossen wurden.

Auch für den Beteiligungsplan muss im Einzelfall festgestellt werden, ab wann dieser endgültig gefasst ist und somit eine präzise Information darstellt sowie Kursrelevanz besitzt. Die Entscheidung des französischen Gerichts in der Sache Lafonta/AMF konkretisiert auch diesen Zeitpunkt nicht weiter. Es stellt nur fest, dass eine ad-hoc Veröffentlichung zumindest vor der Mitteilung in Bezug auf die Überschreitung der 5 % Meldeschwelle hätte erfolgen müssen. Der Beteiligungsplan kann auch bereits dann als Insiderinformation qualifiziert werden, wenn er zwar noch nicht endgültig fest steht, aber gemäß Art. 7 Abs. 2 MAR hinreichend wahrscheinlich ist. Gleiches gilt für einen gegebenenfalls separaten Übernahmeplan.

Die Informationen über den Erwerb der Derivate, den Beteiligungsplan und gegebenenfalls den Übernahmeplan könnten aus Sicht der Banken sowohl in Bezug auf den Abschluss der Derivate-Kontrakte also auch in Bezug auf den Erwerb der Aktien zu Hedging-Zwecken Insiderinformationen sein. Hinsichtlich des Abschlusses der Derivate-Kontrakte kommt nur die Information über den Beteiligungsplan

1487 Vereinzelt wird für die Frage eines möglichen Insiderverstoßes lediglich auf die Information einer geplanten Übernahme abgestellt; so *Schiessl*, Der Konzern 2009, 291, 293.

und gegebenenfalls den Übernahmeplan in Betracht, soweit diese bereits zu diesem Zeitpunkt als Insiderinformationen zu qualifizieren sind. Die Information über den Abschluss der Derivate-Kontrakte kann hingegen logischerweise nicht genutzt werden, da diese Information durch den Erwerb der Derivate-Positionen erst geschaffen wird.

Die nachfolgenden Erörterungen betreffen die Nutzung der eben dargestellten Informationen in Bezug auf den Erwerb der Aktien.

aa) Präzise Information

Die EuGH-Entscheidung in der Sache Lafonta/AMF befasst sich mit der Frage, ob Informationen in Bezug auf den Beteiligungsplan, sich zum Erwerb einer erheblichen Beteiligung an ein Unternehmen anzuschleichen, präzise genug sind. In dem Urteil hat der EuGH die Präzision der Information bejaht, obwohl bei einem solchen Anschleichen an das Zielunternehmen nicht abzuschätzen ist, ob ein geplanter Erwerb der Derivate und anschließend eine erhebliche Beteiligung zu einem Fallen oder Steigen der Kurse der Bietergesellschaft führen wird.

Im Gegensatz zu der ungewissen Kursentwicklung der Aktien der Bietergesellschaft führt der geplante Erwerb zu einem Steigen des Aktienkurses der Zielgesellschaft.[1488] Die Richtung der Kursveränderung der Aktien der Zielgesellschaft ist damit vorhersagbar.[1489] Das Absicherungsgeschäft durch die Banken erfolgt mittels Erwerb der Aktien der Zielgesellschaft. Auf die Rechtsprechung des EuGH in der Sache Lafonta/AMF kommt es damit hier nicht an und die Information ist unabhängig davon präzise genug.

bb) Nicht öffentlich bekannt

Die Erwerbergesellschaft hat die Informationen grundsätzlich gem. Art. 17 Abs. 1 MAR ad-hoc zu veröffentlichen. Sobald dies geschehen ist, die Information also öffentlich bekannt ist, kann sich die Bank ohne Probleme absichern. Die Möglichkeit die ad-hoc-Veröffentlichung aufzuschieben, besteht unter den Voraussetzungen der Selbstbefreiung nach Art. 17 Abs. 4 lit. b) MAR.[1490]

Ein feststehender Übernahmeplan löst zudem die Veröffentlichungspflicht gem. § 10 Abs. 1, Abs. 3 WpÜG aus. Eine ad-hoc-Veröffentlichungspflicht kann dennoch schon davor bestehen, wenn der Übernahmeplan nach § 10 Abs. 1 WpÜG noch nicht

---

1488 *CESR,* Market Abuse Directive – Level 3 – second set of CESR guidance and information on the common operation of the Directive to the market, abrufbar unter: https://www.esma.europa.eu/sites/default/files/library/2015/11/06_562.pdf, zuletzt abgerufen am 04.01.2017, I.1.8.

1489 *Klöhn,* NZG 2015, 809, 812.

1490 Zur Möglichkeit der Selbstbefreiung in diesen Fällen nach WpHG: *Zetzsche,* AG 2015, 381, 386 f.

zu veröffentlichen ist, aber aufgrund seiner überwiegenden Wahrscheinlichkeit bereits als Insiderinformation zu qualifizieren ist.[1491]

Wird die Information pflichtwidrig nicht veröffentlicht oder liegt eine Selbstbefreiung von der Veröffentlichungspflicht vor, dann könnte die Bank, im Falle der Kenntnis der Insiderinformation daran gehindert sein, sich abzusichern.

cc) Kursrelevanz

Die Information über den Beteiligungsplan des Erwerbs von Aktien und gegebenenfalls über einen Übernahmeplan durch eine Erwerber- oder Bietergesellschaft ist in der Regel geeignet den Kurs der Aktien der Zielgesellschaft spürbar zu beeinflussen. Im Gegensatz zu Bieter- oder Erwerbergesellschaft, deren Aktienkurs aufgrund der Übernahme- beziehungsweise Beteiligungspläne sowohl steigen als auch fallen kann, führt die geplante Beteiligung oder die Übernahme zu einem Steigen des Aktienkurses der Zielgesellschaft.[1492] Auch für die Frage der Kursrelevanz kommt es somit nicht auf die Rechtsprechung des EuGH in der Sache Lafonta/AMF an.

Auch die Information über den Abschluss eines großen Pakets an Cash-Settled Total Return Equity Swaps auf die Aktien einer Zielgesellschaft können nicht nur Kursrelevanz für die Aktien des Bieters, sondern auch für die Aktien der Zielgesellschaft besitzen. Der Abschluss dieser Kontrakte führt zu einer (verdeckten) wirtschaftlichen Beteiligung der Bietergesellschaft[1493] und deutet auf einen geplanten Erwerb von Beteiligungen und eine Änderung der Aktionärsstruktur hin. Diese Informationen werden verständige Anleger bei ihrer Anlageentscheidung nutzen und sind daher kursrelevant.

b) Verfügen über Insiderinformationen

Für die Beantwortung der Frage, ob die Bank über die Insiderinformationen verfügt, ist zwischen den verschiedenen Informationen zu unterscheiden.

In jedem Fall weiß die Bank, dass das Unternehmen die Derivatekontrakte abgeschlossen hat, da sie in diesen Vorgang als Geschäftspartner direkt involviert ist. Allerdings stellt sich die Frage, ob einzelne Banken eines Bankenkonsortiums über das komplette Ausmaß der erworbenen Derivatepositionen Kenntnis haben. Die

---

1491 *Geibel/Louven*, in: Angerer/Geibel/Süßmann, Wertpapiererwerbs- und Übernahmegesetz, 3. Auflage 2017, § 10 Rn. 120.

1492 *CESR*, Market Abuse Directive – Level 3 – second set of CESR guidance and information on the common operation of the Directive to the market, abrufbar unter: https://www.esma.europa.eu/sites/default/files/library/2015/11/06_562.pdf, zuletzt abgerufen am 04.01.2017, I.1.8; *Klöhn*, NZG 2015, 809, 812; *Nelemans/Schouten*, in: Bainbridge, Research Handbook on Insider Trading 2013, 449, 454.

1493 *Hu/Black*, J. Corp. Fin., Vol. 13 (2007), No. 2–3, 343, 351; *Hu/Black*, U. Pa. L. R., Vol. 156 (2008), No. 3, 625, 629, 635.

konsortialführende Bank wird in der Regel einen Überblick über alle abgeschlossenen Kontrakte im Konsortium haben, nicht zwangsweise aber jede einzelne Bank des Konsortiums.[1494] Sollte eine Bank im Einzelfall keine Kenntnis von allen Kontrakten haben, so könnte sie dennoch eine Insiderinformation besitzen, nämlich dann, wenn der Anteil an Kontrakten, der mit der einzelnen Bank abgeschlossen wurde, bereits selbstständig als Insiderinformation zu qualifizieren ist, weil dieser einen Umfang besitzt, der an sich schon kursrelevant ist.

Ob die Bank beziehungsweise Bankmitarbeiter Kenntnis von Insiderinformationen in Bezug auf den Beteiligungsplan und gegebenenfalls den Übernahmeplan ihres Geschäftspartners haben, ist eine reine Tatsachenfrage. Inwieweit die Bank in den Gesamtprozess involviert ist und Kenntnis von den Plänen hat, ist durch die Rechtsverfolgungsbehörden positiv festzustellen. Die Tatsache, dass die Bank ihr Exposure aus den Cash-Settled Total Return Equity Swaps oder Cash-Settled Options vollständig mittels Aktien absichert, die sie dann wiederum dem Erwerber veräußert, spricht für die Kenntnis des Beteiligungsplans. Allerdings ist es aber nicht mehr als ein Indiz, welches durch weitere Tatsachen erhärtet werden muss. Zwar ist theoretisch auch eine Absicherung mittels gegenläufiger Derivate möglich.[1495] Es wird sich allerdings schwierig gestalten einen Vertragspartner zu finden, der dieses Risiko übernehmen möchte.[1496] Die BaFin hat im Falle der Übernahme Continental/Schaeffler eine für Meldepflichten zurechnungsrelevante Vereinbarung oder Abrede zwischen den Parteien nicht feststellen können.[1497] Allerdings sprachen im Falle Continental/Schaeffler unter anderem eine Pressemitteilung der Schaeffler KG[1498] und Aussagen des Managements dafür[1499], dass es zwischen den Banken und Schaeffler ein sogenanntes *Gentlemen's Agreement* über die Andienung der Aktien gab.[1500] Schaeffler konnte nur davon ausgehen Aktien zu erhalten, wenn die Banken über die Erwerbsabsicht Schaefflers informiert waren.

1494 *Schiessl,* Der Konzern 2009, 291, 293.

1495 *Schiessl,* Der Konzern 2009, 291, 293; *Weber/Meckbach,* BB 2008, 2022, 2023.

1496 *Weber/Meckbach,* BB 2008, 2022, 2023.

1497 *BaFin,* Keine Verletzung der Meldepflichten bei Übernahmeverfahren Continental AG festgestellt, abrufbar unter: http://www.bafin.de/SharedDocs/Veroeffentlichungen/DE/Pressemitteilung/2008/pm_080821_conti.html?nn=2819248, zuletzt abgerufen am 17.09.2014.

1498 So gab die Schaeffler KG am 15.07.2008 eine Pressemitteilung heraus, in der es hieß, dass ihr nach Kündigung „bis zu 28 Prozent der Aktien der Continental AG [...] angedient werden", vgl. hierzu *Schanz,* DB 2008, 1899, 1902; *Weber/Meckbach,* BB 2008, 2022, 2023.

1499 So *Wadewitz,* Börsen-Zeitung vom 16.07.2008, S. 1, wonach es mutmaßlich Aussagen von Schaeffler gegenüber dem Vorstand von Continental gab, die besagten, dass sie „jederzeit so viele Aktien von den Banken bekommen [können], dass 36 % des Kaptitals zusammenkommen". Dazu auch *Schanz,* DB 2008, 1899, 1902.

1500 So auch *Emmenegger,* FS Hopt 2010, 1763, 1768; allgemein hierzu *Christ,* Barausgleichsderivate und das Anschleichen an Zielgesellschaften 2011, S. 196.

Hinweise darauf, welche Indizien die europäischen und nationalen Aufsichtsbehörden heranziehen könnten, ergeben sich aus den CESR-Guidelines, welche zur Marktmissbrauchsrichtlinie 2003 veröffentlicht wurden. Darin werden mögliche Signale eines Insiderhandels aufgezählt.[1501] Indiz eines Insiderhandelsgeschäfts ist demnach unter anderem die Änderung des Handelsverhaltens beispielsweise hinsichtlich der Art der Finanzinstrumente, dem Umfang und der Haltedauer. Das gilt natürlich auch für das Hedging-Verhalten. Werden Hedging-Geschäfte vorgenommen, wobei die Art der Hedging-Instrumente oder der Umfang der Absicherung stark von dem üblichen Hedging-Verhalten abweicht, könnte dies auf Insiderhandel hinweisen. Im Falle der Absicherung der Bank in diesen speziellen Situationen wird man untersuchen müssen, ob eine Absicherung von Cash-Settled Total Return Equity Swaps und Cash-Settled Options üblicherweise in dieser Form erfolgt, also immer mittels Aktien und immer in voller Höhe.

In den USA wurde in einigen Fällen die Kenntnis einer Insiderinformation auch dann bejaht, wenn die betreffende Person zwar tatsächlich keinen Zugang zu Insiderinformationen, allerdings Kenntnis anderer Informationen hatte und dadurch aufgrund der eigenen Fachkenntnis auf die Insiderinformation schließen konnte.[1502] Das könnte im Falle des Anschleichens an ein Zielunternehmen bedeuten, dass Banken, die Kenntnis von der umfangreichen Einnahme der Derivatepositionen durch das Unternehmen haben, auf die Absichten des Unternehmens, sich an das Zielunternehmen anzuschleichen, schließen könnten.[1503] Diese Strategie des Erwerbs einer Beteiligung, die nach deutschem Recht vor Einführung von § 25a WpHG und ohne eine Veröffentlichung durch das Unternehmen weitgehend unentdeckt blieb, wurde durch Unternehmen weltweit bereits vielfach angewendet. Für Bankmitarbeiter, die mit diesen Geschäften seitens der Bank betraut werden, besteht eine hohe Wahrscheinlichkeit, dass eine entsprechende Kenntnis dieser Anschleichstrategie vorliegt.

c) Nutzen der Insiderinformation

Auch hier gilt im Grundsatz, dass sobald die Bank als juristische Person über eine Insiderinformation verfügt, die Nutzung dieser Information für das Geschäft vermutet wird.

1501 *CESR,* Market Abuse Directive – Level 3 – first set of CESR guidance and information on the common operation of the Directive, abrufbar unter: https://www.esma.europa.eu/sites/default/files/library/2015/11/04_505b.pdf, zuletzt abgerufen am 04.01.2017, V.5.9.

1502 Dazu die wegweisende Entscheidung SEC v. Texas Gulf Sulphur Co., 401 F.2d 833, 853 (2d Cir. 1968); hierzu auch *Klöhn*, in: Hirte/Möllers, Kölner Kommentar zum WpHG, 2. Auflage 2014, § 14 Rn. 148.

1503 So auch *Emmenegger,* FS Hopt 2010, 1763, 1769.

aa) Legitime Handlungen

Werden im Rahmen des Anschleichvorgangs Absicherungsgeschäfte mittels Aktien eingegangen, so könnten diese Geschäfte im jeweiligen Einzelfall, trotz des Besitzes einer Insiderinformation, nicht als Nutzung derselben bewertet werden. In der Literatur wurde eine Nutzung von möglichen Insiderinformationen zum Teil unter Rückgriff auf die Hedging-Ausnahme abgelehnt, also mit dem Argument, die Aktien würden durch die Banken nur zur Absicherung erworben.[1504] Da eine eigenständige Hedging-Ausnahme abgelehnt werden muss,[1505] bedarf es für die Widerlegung der Nutzungsvermutung allerdings einer anderen Argumentation.

(1) Chinese-Wall Ausnahme

Ist die Bank im Einzelfall im Besitz der Insiderinformation in Form des *Beteiligungsplans* und gegebenenfalls eines gesonderten Übernahmeplans, so kann die Nutzungsvermutung unter Umständen durch die Chinese-Wall-Ausnahme widerlegt werden, soweit die Mitarbeiter der Risikomanagement-Abteilung keine Kenntnis der Insiderinformation haben.[1506] Ob die Voraussetzungen dieser Ausnahme vorliegen, bedarf im Einzelfall einer genauen Untersuchung. Insbesondere ist sicherzustellen, dass auf den Mitarbeiter der Risikomanagementabteilung nicht Einfluss genommen wurde. Ist auf Seiten der Bank eine ordnungsgemäße und wirksame Chinese-Wall eingerichtet, so ist es denkbar, dass die zuständigen Mitarbeiter des Risikomanagements im Einzelfall eine Anweisung erhalten, dieses spezielle Exposure der Cash-Settled Total Return Equity Swaps oder Cash-Settled Options komplett abzusichern und zwar ausschließlich mittels Aktien und nicht mittels anderer Absicherungsinstrumente. Damit wird auf die Mitarbeiter Einfluss genommen und eine Chinese-Wall-Ausnahme scheidet aus.

Die Chinese-Wall-Ausnahme kann möglicherweise auch dann nicht zur Widerlegung der Nutzungsvermutung herangezogen werden, wenn es um die Insiderinformation in Bezug auf den Abschluss der Derivatepositionen geht.[1507] Die Risikomanagementabteilung besitzt logischerweise Kenntnis über die Derivatekontrakte, die ihre Bank eingegangen ist. Ergibt sich eine Insiderinformation nur aus der Gesamtschau von Derivatekontrakten, die mit allen oder mehreren Banken eines Bankenkonsortiums abgeschlossen wurden, so kann die Chinese-Wall Ausnahme im Einzelfall herangezogen werden. Weiß zwar die Bank als juristische Person von dem gesamten Ausmaß der Derivatepositionen, nicht aber

---

1504 So *Cascante/Topf*, AG 2009, 53, 61; *Christ*, Barausgleichsderivate und das Anschleichen an Zielgesellschaften 2011, S. 125; *Holfter*, Öffentliche Übernahme durch Anschleichen unter besonderer Berücksichtigung der Meldepflichten nach WpHG 2012, S. 129; *Schiessl*, Der Konzern 2009, 291, 293; *Teichmann/Epe*, WM 2010, 1477, 1479.

1505 Vgl. dazu oben E.IV.5.

1506 So auch *Meyer/Kiesewetter*, WM 2009, 340, 347.

1507 A.A. *Meyer/Kiesewetter*, WM 2009, 340, 347.

die Risikomanagementabteilung, so kann Art. 9 Abs. 1 MAR zur Widerlegung der Nutzungsvermutung zur Anwendung kommen. Ist die Derivate-Position für sich betrachtet aber ausreichend, eine Insiderinformation darzustellen,[1508] verfügt auch die Risikomanagementabteilung über diese Insiderinformation und dem Grundgedanken der Chinese-Wall Ausnahme kann nicht entsprochen werden. Eine Anwendung von Art. 9 Abs. 1 MAR kommt damit nicht in Frage.

Für eine Ausnahme vom Insiderhandelsverbot, auch in dieser Situation, wird angeführt, dass die Kenntnis über die Derivateposition für die Risikomanagement-Abteilung keine Rolle spielt, weil sie nicht isoliert betrachtet wird.[1509] Dem muss allerdings entgegengehalten werden, dass auch hier die Nutzung der Insiderinformation entsprechend der Spector-Regel vermutet wird. Daneben spricht für eine isolierte Betrachtung zum einen, dass aufgrund der schieren Größe der Derivateposition wohl schon praktisch eine weitgehend isolierte Betrachtung stattfinden muss, da Netting-Effekte gering ausfallen werden und bei einer Portfolio-Bildung andere Finanzinstrumente wohl nur zu einem vergleichsweise geringen Anteil im Portfolio vertreten sein werden. Daneben spricht für eine isolierte Betrachtung, dass es gerade die „*Hidden Agenda*" dieser Strategie ist, dass die Banken ein Aktienpaket umgerechnet genau in dem Umfang der Derivatepositionen bereithalten.

Folgt die Risikomanagement-Abteilung bei der Absicherung der Derivateposition, trotz Kenntnis der Insiderinformation, allerdings genauen Vorgaben, die den Anforderungen eines Master-Planes entsprechen, so kann zumindest auf die Master-Plan Ausnahme zurückgegriffen werden.

(2) Umsetzung der Erwerbsabsicht als Erfüllungsgehilfe und Warehousing

Zudem stellt sich hinsichtlich der Insiderinformation über den Beteiligungsplan und im Einzelfall den gesonderten Übernahmeplan die Frage, ob der Erwerb der Aktien deshalb vom Insiderhandelsverbot ausgenommen werden könnte, da die Bank die Aktien als Erfüllungsgehilfe der Erwerbergesellschaft in dessen Namen kauft oder Warehousing betreibt, indem sie Aktien erwirbt, mit dem Ziel sie an den Bieter weiterzureichen. In diesen Fällen soll, wie auch bei Umsetzung der Erwerbspläne durch den Erwerber selbst, keine Nutzung der Insiderinformation angenommen werden.[1510]

Wäre die Bank als Erfüllungsgehilfe des Investors tätig, so würde sie die Aktien im Namen des Investors und in Ausführung seines Beteiligungsplans kaufen. Die Banken kaufen in dieser Konstellation die Aktien allerdings nicht im Namen des Erwerbers, sondern im eigenen Namen, um sich mit diesen zunächst abzusichern. Die Bank wird daher nicht als Erfüllungsgehilfe tätig.[1511]

1508 Diese Frage stellt sich im Falle des Tätigwerdens eines Bankenkonsortiums; dazu vgl. oben B.VII.2.c).

1509 *Meyer/Kiesewetter,* WM 2009, 340, 347.

1510 Vgl. dazu oben D.II.5.c)dd).

1511 So auch *Meyer/Kiesewetter,* WM 2009, 340, 347.

Im Rahmen des *Warehousing* erwirbt die Bank Aktien mit dem Ziel, sie an den Investor weiterzureichen. Im vorliegenden Fall erfüllt der Aktienerwerb durch die Banken allerdings einen doppelten Zweck, er erfolgt nämlich nicht nur mit dem Ziel für den Kunden Aktien zu erwerben, sondern hauptsächlich auch um das eigene Exposure der Bank abzusichern. Nicht klar ist auch, ob tatsächlich bereits ein Auftrag des Erwerberunternehmens besteht, Aktien zu erwerben oder ob dieser Wille stillschweigend angenommen wird. So oder so wird nicht nur die Erwerbsabsicht der Erwerbergesellschaft umgesetzt, sondern es werden auch andere Ziele verfolgt, sodass die Nutzungsvermutung durch diese Argumentation nicht widerlegt werden kann.[1512] Hinzu kommt, dass Banken durch die Andienung der Aktien an die anschleichende Erwerbergesellschaft oftmals erhebliche Gewinne verbuchen können.[1513] So könnten die Aktien, wie beispielsweise im Falle von Continental/Schaeffler, durch Annahme eines folgenden Übernahmeangebots an die Bietergesellschaft veräußert werden.[1514] Dadurch wird bei der Weiterreichung der Aktien zusätzlich von einer Übernahmeprämie profitiert.[1515] Dies ist im Rahmen der Warehousing-Ausnahme aber nicht möglich.

(3) Master-Plan

Die Banken können auch einen Master-Plan verfasst haben, der festlegt, dass im Falle von ungedeckten Positionen in Cash-Settled Total Return Equity Swaps oder Cash-Settled Options, das gesamte Exposure immer mittels Aktien abgesichert wird. Dieser Plan müsste formal ausreichend genau abgefasst sein und im Einzelfall auch genau so umgesetzt worden sein. Ist dies der Fall, kann die Nutzungsvermutung widerlegt werden.

bb) Rückausnahme nach Art. 9 Abs. 6 MAR

Selbst wenn für das Hedging-Geschäft eine Nutzung der Insiderinformation im Einzelfall durch eine legitime Handlung widerlegt werden könnte, da beispielsweise eine wirksame Chinese-Wall eingerichtet ist oder ein entsprechender Masterplan vorliegt, stellt sich die weitergehende Frage, ob ein Rückgriff auf diese Ausnahmen in diesen Fällen nicht möglich ist. Art. 9 Abs. 6 MAR sieht vor, dass ein Verstoß gegen das Verbot des Insiderhandels vorliegt, wenn sich hinter den Handelsaufträgen, Geschäften oder Handlungen ein rechtswidriger Grund verbirgt. Was unter einem

---

1512 *Cascante/Topf,* AG 2009, 53, 61 wollen ein Warehousing wohl aber auch in diesem Fall zulassen.

1513 Zur Frage inwieweit durch das Warehousing ein wirtschaftlicher Vorteil erlangt werden darf oben unter D.II.5.c)dd).

1514 *Renn/Weber/Gotschev,* AG 2012, 440, 441; zu möglichen Gewinnen aufgrund der Annahme des Übernahmeangebots auch *Tippach,* Das Insider-Handelsverbot und die besonderen Rechtspflichten der Banken 1995, S. 210.

1515 *Cascante/Topf,* AG 2009, 53, 59; *Christ,* Barausgleichsderivate und das Anschleichen an Zielgesellschaften 2011, S. 54 f.; *Schiessl,* Der Konzern 2009, 291, 295.

rechtswidrigen Grund zu verstehen ist, wird weder durch das Gesetz definiert noch in den Gesetzgebungsunterlagen erläutert. Darunter fallen wohl zumindest Geschäfte, die durch einen rechtswidrigen Zustand oder eine rechtswidrige Handlung ausgelöst werden beziehungsweise auf diesen beruhen oder einen rechtswidrigen Zustand herbeiführen beziehungsweise verstärken. Wurde die Insiderinformation des Erwerbsplans durch den Erwerber pflichtwidrig nicht veröffentlicht, so besteht ein rechtswidriger Zustand. Dieser wird dadurch von den Banken ausgenutzt, indem sie Aktien erwerben, in deren Kurs die Information noch nicht eingepreist ist. Der Erwerb dient aber nicht nur ihrer Absicherung, sondern gleichzeitig auch den Absichten des Erwerbers, sich an das Unternehmen anzuschleichen. Allerdings kommt es im Einzelfall wiederum darauf an, dass dem Handelnden der rechtswidrige Grund bekannt ist.

d) Zwischenergebnis

Die insiderhandelsrechtlichen Fragestellungen, rund um Pläne sich an Unternehmen anzuschleichen, werden sich in Zukunft wohl nur noch sehr selten stellen. Dies liegt zum einen daran, dass diese Form des Beteiligungserwerbs mit Einführung der Meldepflicht von Cash-Settled Total Return Equity Swaps und Cash-Settled Options in § 25a WpHG unattraktiv geworden ist, was so durch den Gesetzgeber beabsichtigt war. Zum anderen bestätigt die Rechtsprechung des EuGH in der Sache Lafonta/AMF, dass Informationen über den Erwerb der Derivatepositionen und den Anschleichplan grundsätzlich ad-hoc zu veröffentlichen sind. Banken werden ein geplantes Hedging-Geschäft also nur noch dann in Bezug auf ein Verwendungsverbot eingehend untersuchen müssen, wenn die Insiderinformationen pflichtwidrig nicht veröffentlicht wurden oder eine wirksame Befreiung von der Veröffentlichungspflicht vorliegt.

F. Zusammenfassung in Thesen

I. Der Begriff des Hedging ist gesetzlich nicht definiert und wird nur vereinzelt verwendet, wie beispielsweise in der OGAW-RL (Art. 14b Abs. 1 lit. q)) der AIFM-RL (Anhang II, Ziff. 1. lit. q)) und der Capital Requirements Regulation (Art. 276, 280, 282, 283 VO (EU) 575/2013).

II. Art. 9 Abs. 1 MAR kann nicht als „*Hedging-Ausnahme*" bezeichnet werden, vielmehr handelt es sich um eine „*Chinese-Wall-Ausnahme*". Durch entsprechende organisatorische Vorkehrungen kann die Widerlegung der Nutzungsvermutung nicht nur für Hedging-Geschäfte, sondern beispielsweise auch für den allgemeinen Wertpapierhandel einer Bank oder den Handel im Rahmen von M&A-Transaktionen zur Anwendung kommen.

III. Neben den weiteren normierten Ausnahmen des Art. 9 Abs. 2 bis Abs. 5 MAR können für Hedging-Geschäfte auch die allgemein anerkannten Widerlegungen der Nutzungsvermutung, vor allem die sogenannte Master-Plan-Ausnahme, die Face-to-Face-Ausnahme und das Handeln entgegen der prognostizierten Kursbewegung herangezogen werden.

IV. Eine eigenständige und generelle Hedging-Ausnahme ist abzulehnen.

1. Die Historie des Gesetzgebungsverfahrens der Marktmissbrauchsverordnung spricht gegen die Begründung einer Hedging-Ausnahme. Der Vorschlag des Rats vom 31. Oktober 2012 enthielt in Art. 7a MAR-E eine Hedging-Ausnahme für die Absicherung von Rohstoffkursrisiken, die im Laufe des Gesetzgebungsverfahrens allerdings wieder gestrichen wurde.

   „*2. For the purpose of applying Article 7, a person possessing inside information shall not be deemed to have used the information* [...]
   (c) where a person in possession of inside information, conducts transactions only in order to reduce risks (hedging) directly related to a commercial activity on the commodity market."[1516]

2. Die Figur des risikoaversen Hedgers, der alleine zur Absicherung von Risiken handelt, kann aufgrund der wirtschaftswissenschaftlichen Praxis und den Forschungsergebnissen der Behavioural Finance Forschung nicht aufrecht erhalten werden. Das Risikoverhalten von Hedgern ist vielgestaltig und der Grad an Risikoaversion oder Risikoaffinität wird in der Praxis von unterschiedlichsten Faktoren beeinflusst. Ein Teil der Hedging-Strategien besitzen spekulative Elemente und der Übergang zwischen Hedging und Spekulation ist fließend. Daher ist eine rechtssichere Definition eines

1516 Vorschlag des Rates 15707/12 vom 31.10.2012.

alleine risikovermeidenden Hedging-Geschäftes sehr schwierig und würde die Realität des Hedgings nicht richtig wiedergeben.

3. Auch im Hinblick auf Sinn und Zweck des Insiderhandelsverbots, die Erlangung von ungerechtfertigten Vorteilen durch einen Insider zu unterbinden und damit die Integrität der Finanzmärkte zu gewährleisten, muss eine entsprechende eigenständige Hedging-Ausnahme abgelehnt werden. Eine Absicherung durch einen Insider bietet diesem, im Vergleich zu anderen Teilnehmern am Markt, nicht nur den Vorteil der Neutralisierung von Verlusten, sondern unter Umständen, je nach Hedging-Strategie, auch die Möglichkeit der Erzielung darüber hinausgehender finanzieller Vorteile. Aussagen in der Literatur, Hedgern ginge es nicht um die Erlangung eines Vorteils, müssen demzufolge zurückgewiesen werden.
4. Die Ansicht im Schrifttum, wonach zwischen Kenntnis der Insiderinformation und Abschluss des Hedging-Geschäfts kein kausaler Zusammenhang bestünde, da ein Absicherungsgeschäft unabhängig von der Insiderinformation getätigt würde, muss abgelehnt werden. Die empirische wirtschaftswissenschaftliche Forschung belegt, dass subjektive Markterwartungen die Entscheidung über den Abschluss eines Sicherungsgeschäftes beeinflussen. Das äußert sich unter anderem in der weiten Verbreitung und bewussten Nutzung des selektiven Hedging.

V. Hedging-Instrumente und Hedging-Strategien sind in der Praxis sehr vielfältig, zu nennen sind beispielsweise symmetrisches und asymmetrisches Hedging, selektives Hedging, antizipatives Hedging und Bestands-Hedging sowie Mikro-, Makro und Cross-Hedging. Die einzelnen Hedging-Strategien und Hedging-Geschäfte bedürfen aufgrund ihrer Mannigfaltigkeit im Rahmen der Prüfung eines möglichen Verstoßes gegen das Insiderhandelsverbot im Einzelfall einer genauen und individuellen Beurteilung.

VI. Gemäß Art. 8 Abs. 1 S. 1 MAR muss sich die Information auf das Finanzinstrument, im Falle des Hedging auf das Hedging-Instrument, beziehen. Die Insiderinformation muss daher geeignet sein, den Kurs des Hedging-Instruments gemäß Art. 7 Abs. 1 lit. a) MAR erheblich zu beeinflussen. Soweit Insiderinformationen in Bezug auf das Grundgeschäft vorliegen, ist genau zu prüfen, ob diese auch Insiderinformationen in Bezug auf das Hedging-Geschäft darstellen. Vor allem im Rahmen des Makro- oder Cross-Hedging kann eine Insiderinformation in Bezug auf das Grundgeschäft keine Kursrelevanz für das Hedging-Geschäft besitzen.

Abbildungsverzeichnis

Abbildung Bezeichnung

Abbildung 1: Gewinn aus einem Bull Spread mit Kaufoptionen........................63

Abbildung 2: Gewinn aus einem Straddle..64

Abbildung 3: Gewinnprofil eines Protective Put..94

Abbildung 4: Gewinnprofil einer Long Call Hedge Strategie 96

Abbildung 5: Weighting Function gemäß Prospect Theory...............................239

Abbildung 6: Value Function gemäß Prospect Theory 241

Literaturverzeichnis

Acharya, Viral V./Johnson, Timothy C., Insider Trading in credit derivatives, J. Fin. Econ., Vol. 84 (2007), No. 1, 110–141.

Acharya, Viral V./Johnson, Timothy C., More insiders, more insider trading: Evidence from private-equity buyouts, J. Fin. Econ., Vol. 98 (2010), No. 3, 500–523.

Adam, Tim R./Fernando, Chitru S., Hedging, speculation, and shareholder value, J. Fin. Econ., Vol. 81 (2006), No. 2, 283–309.

Adam, Tim R./Fernando, Chitru S., Can Companies Use Hedging Programs to Profit from the Market? Evidence from Gold Producers, J. Applied Corp. Fin., Vol. 20 (2008), No. 4, 86–97.

Adam, Tim R./Fernando, Chitru S./Golubeva, Evgenia, Managerial Overconfidence and Corporate Risk Management, Discussion Paper 2012–018.

Adam, Tim R./Fernando, Chitru S./Salas, Jesus M., Why do firms speculate? Evidence from the gold mining industry, Working Paper March 2007.

Albuquerque, Rui, Optimal currency hedging, Global Finance Journal, Vol. 18 (2007), No. 1, 16–33.

Allayannis, George/Weston, James P., The Use of Foreign Currency Derivatives and Firm Market Value, Rev. Fin. Stud., Vol. 14 (2001), No. 1, 243–276.

Angerer, Lutz/Geibel, Stephan/Süßmann, Rainer, Wertpapiererwerbs- und Übernahmegesetz, 3. Auflage 2017, München.

Apfelbacher, Manuela/Metzner, Manuel, Aktuelle Rechtsentwicklungen bei den Anforderungen an die interne Organisation, die Qualifikation und die Überwachungsfunktion der Mitglieder des Aufsichtsorgans von Kreditinstituten, AG 2013, 773–789.

Arden, Mary, Spector Photo Group and its wider implications, ECFR 2010, 342–347.

Aretz, Kevin/Bartram, Söhnke M., Corporate Hedging and Shareholder Value, J. Fin. Res., Vol. 33 (2010), No. 4, 317–371.

Aretz, Kevin/Bartram, Söhnke M./Dufey Gunter, Why hedge? Rationales for corporate hedging and value implications, J. Risk Fin., Vol. 8 (2007), No. 5, 434–449.

Assmann/Schütze, Handbuch des Kapitalanlagerechts, 4. Auflage 2015, München.

Assmann, Heinz-Dieter/Schneider, Uwe H., Wertpapierhandelsgesetz, 6. Auflage 2012, Köln.

Baader, Nico, Wertpapiere gehören an der Börse gehandelt, Börsen-Zeitung vom 24.07.2014.

Bachmann, Gregor, Kurzkommentar zu EuGH, Urt. v. 28.6.2012 – Rs C-19/11, EWiR 2012, 467–468.

Bachmann, Gregor, Das Europäische Insiderhandelsverbot, Berlin 2015.

BaFin, AIFM-Umsetzungsgesetz in Kraft: BaFin veröffentlicht Verordnungen und überarbeitet FAQ, abrufbar unter: http://www.bafin.de/SharedDocs/Veroeffent lichungen/DE/Meldung/2013/meldung_130722_kapitalanlagegesetzbuch.html, zuletzt abgerufen am 04.01.2017.

BaFin, Emittentenleitfaden der Bundesanstalt für Finanzdienstleistungsaufsicht, Stand: 22.07.2013.

BaFin, Häufige Fragen zum Thema Auslagerung gemäß § 36 KAGB, abrufbar unter: http://www.bafin.de/SharedDocs/Veroeffentlichungen/DE/FAQ/faq_kagb_36_ auslagerung_130710.html?nn=2798666#doc4064466bodyText11, zuletzt abgerufen am 04.01.2017.

BaFin, Keine Verletzung der Meldepflichten bei Übernahmeverfahren Continental AG festgestellt, abrufbar unter: http://www.bafin.de/SharedDocs/Veroeffentli chungen/DE/Pressemitteilung/2008/pm_080821_conti.html?nn=2819248, zuletzt abgerufen am 17.09.2014.

BaFin, Rundschreiben 10/2012 (BA) – Mindestanforderungen an das Risikomanagement – MaRisk, abrufbar unter: https://www.bafin.de/SharedDocs/Veroeffent lichungen/DE/Rundschreiben/rs_1210_marisk_ba.html, zuletzt abgerufen am 04.01.2017.

BaFin, Rundschreiben R 3/99, abrufbar unter: http://www.bafin.de/SharedDocs/ Downloads/DE/Rundschreiben/dl_rs_9903_va_strukturierte_produkte.pdf?__ blob=publicationFile, zuletzt abgerufen am 04.01.2017.

Bainbridge, Stephen M., Research Handbook on Insider Trading 2013, Cheltenham, UK, Northampton, MA, USA.

Bank, Stephan, Das Insiderhandelsverbot in M&A Transaktionen, NZG 2012, 1337–1342.

Bank for International Settlements (BIS), BIS Quarterly Review – June 2015, abrufbar unter: https://www.bis.org/publ/qtrpdf/r_qt1506.pdf, zuletzt abgerufen am 04.01.2017.

Bank for International Settlements (BIS), BIS Statistical Bulletin – December 2016, abrufbar unter: http://www.bis.org/statistics/bulletin1612.pdf, zuletzt abgerufen am 04.01.2017.

Bank for International Settlements (BIS), Statistical Release – OTC derivatives statistics at end-June 2016, abrufbar unter: http://www.bis.org/publ/otc_hy1611.pdf, zuletzt abgerufen am 04.01.2017.

Bank-Verlag, Basisinformationen über Finanzderivate, Köln 2008.

Bank-Verlag, Basisinfromationen über Termingeschäfte, Köln 2012.

Bartram, Söhnke M., The use of options in corporate risk management, Manag. Fin., Vol. 32 (2006), No. 2, 160–181.

Bartram, Söhnke M./Brown, Gregory W./Conrad, Jennifer, The Effects of Derivatives on Firm Risk and Value, J. Fin. & Quant. Analysis, Vol. 46 (2011), No. 4, 967–999.

Bartram, Söhnke M./Brown, Gregory W./Fehle, Frank R., International Evidence on Financial Derivatives Usage, Fin. Mgmt., Vol. 38 (2009), No. 1, 185–206.

Bartram, Söhnke M./Brown, Gregory W./Minton, Bernadette A., Resolving the exposure puzzle: The many facts of exchange rate exposure, J. Fin. Econ., Vol. 95 (2010), No. 2, 148–173.

Baruch, Shmuel, Insider trading and risk aversion, J. Fin. Markets, Vol. 5 (2002), No. 4, 451–464.

Basel Committee on Banking Supervision, Basel III: A global regulatory framework for more resilient banks and banking systems, abrufbar unter: http://www.bis.org/publ/bcbs189.pdf, zuletzt abgerufen am 04.01.2017.

Beck, Hanno, Behavioural Economics, Wiesbaden 2014.

Beck, Peter, Kreditderivate als Insidergeschäfte, GS Bosch 2005, 17–30.

Bell, David E., Regret in Decision Making under Uncertainty, Operations Research, Vol. 30 (1982), No. 5, 961–981.

Ben-David, Itzhak/Graham, John R./Harvey, Campbell R., Managerial Miscalibration, Q. J. Econ., Vol. 128 (2013), No. 4, 1547–1584.

Berger, Hanno/Steck, Kai-Uwe, Regulierung von Hedgefonds in Deutschland, ZBB 2003, 192–202.

Bessembinder, Hendrik, Forward Contracts and Firm Value: Investment Incentive and Contracting Effects, J. Fin. & Quant. Analysis, Vol. 26 (1991), No. 4, 519–532.

Bettis, Carr/Bizjak, John/Kalpathy, Swaminathan, Why Do Insiders Hedge Their Ownership? An Empirical Examination, Financial Management Accepted Manuscript Dezember 2014.

Bettis, Carr/Bizjak, John/Lemmon, Michael, Managerial Ownership, Incentive Contracting, and the Use of Zero-Cost Collars and Equity Swaps by Corporate Insiders, J. Fin. & Quant. Analysis, Vol. 36 (2001), No. 3, 345–370.

Blättler, Stephanie/Hunziker, Stefan, Kommunales Risikomanagement: Erfahrungen und Empfehlungen, Verwaltung & Management, Vol. 21 (2015), No. 2, 83–88.

Bloed, Peter, Wie die Welt zu brennen begann, FOCUS vom 11.02.2009, abrufbar unter: http://www.focus.de/finanzen/news/beginn-wie-die-welt-zu-brennen-begann_aid_369921.html, zuletzt abgerufen am 04.01.2017.

Bloss, Michael/Ernst, Dietmar/Häcker, Joachim, Derivative, München 2008.

Bodie, Zvi/Kane, Alex/Marcus, Alan J., Investments, 10th ed., Berkshire 2014.

Bodnar, Gordon M./Consolandi, Costanza/Gabbi, Giampaolo/Jaiswal-Dale, Ameeta, Risk Management for Italian Non-Financial Firms: Currency and Interest Rate Exposure, Eur. Fin. Mgmt., Vol. 19 (2013), No. 5, 887–910.

Bodnar, Gordon M./Gebhardt, Günther, Derivatives Usage in Risk Management by US and German Non-Financial Firms: A Comparative Survey, J. Int. Fin. Mgmt. & Acct., Vol. 10 (1999), No. 3, 153–187.

Bodnar, Gordon M./Hayt, Gregory S./Marston, Richard C., 1995 Wharton Survey of Derivatives Usage by US Non-Financial Firms, Fin. Mgmt., Vol. 25 (1996), No. 4, 113–133.

Bodnar, Gordon M./Hayt, Gregory S./Marston, Richard C., 1998 Wharton Survey of Financial Risk Management by US Non-Financial Firms, Fin. Mgmt., Vol. 27 (1998), No. 4, 70–91.

Bodnar, Gordon M./Jong, Abe de/*Macrae, Victor,* The Impact of Institutional Differences on Derivatives Usage: a Comparative Study of US and Dutch Firms, Eur. Fin. Mgmt., Vol. 9 (2003), No. 3, 271–297.

Bonin, Andreas von/Glos, Alexander, Die neuere Rechtsprechung der europäischen Gerichte im Bereich des Bank- und Kapitalmarktrechts (1), WM 2010, 1821–1828.

Bonin, Gregor von/Böhmer, Jörg, Der Begriff der Insiderinformation bei gestreckten Sacherverhalten, EuZW 2012, 694–698.

Book, Thomas, Eurex-OTC Clear: Services für die neue EMIR-Ära, Kreditwesen 2012, 871.

Braas, Albéric/Bralver, Charles, An Analysis of Trading Profits: How most Trading Rooms Really Make Money, J. Applied Corp. Fin., Vol. 2 (1990), No. 1, 85–90.

Brandi, Oliver/Süßmann, Rainer, Neue Insiderregeln und Ad-hoc-Publizität – Folgen für Ablauf und Gestaltung von M&A-Transaktionen, AG 2004, 642–658.

Brandt, Ulrich, Transparenz nach dem RisikobegrenzungsG – und darüber hinaus?, BKR 2008, 441–452.

Braun, Michael/Muermann, Alexander, The Impact of Regret on the Demand for Insurance, J. Risk & Insurance, Vol. 71 (2004), No. 4, 737–767.

Brealey, Richard/Myers, Stewart/Allen, Franklin, Principles of Corporate Finance, 11th ed., New York 2014.

Bremer, Jan, Neuere Entwicklungen aus Brüssel, NZG 2012, 817–819.

Brenner, Michael/Nehrig, Anja, Das Risiko im öffentlichen Recht, DÖV 2003, 1024–1030.

Broll, Udo/Wahl, Jack E., Risikomanagement im Unternehmen, Wiesbaden 2012.

Brown, Gregory W., Managing foreign exchange risk with derivatives, J. Fin. Econ., Vol. 60 (2001), No. 2–3, 401–448.

Brown, Gregory W./Crabb, Peter R./Haushalter, David, Are Firms Successfull at Selective Hedging?, J. Bus., Vol. 79 (2006), No. 6, 2925–2949.

Brown, Gregory W./Khokher, Zeigham, Corporate Risk Management and Speculative Motives, Working Paper 2007.

Brown, Gregory W./Toft, Klaus Bjerre, How Firms Should Hedge, Rev. Fin. Stud., Vol. 15 (2002), No. 4, 1283–1324.

Buchter, Heike, Das Gift der Spekulanten – Die Pleitewelle, Zeit vom 21.06.2008, abrufbar unter: http://www.zeit.de/2008/26/Finanzkrise, zuletzt abgerufen am 04.01.2017.

Buchter, Heike, Der Club der Dealer, Zeit vom 18.02.2011, abrufbar unter: http://www.zeit.de/wirtschaft/geldanlage/2011-02/finanzkrise-derivate-boerse, zuletzt abgerufen am 04.01.2017.

Buck-Heeb, Petra, Informationsorganisation im Kapitalmarktrecht – Compliance zwischen Informationsmanagement und Wissensorganisationspflichten, CCZ 2009, 18–25.

Buck-Heeb, Petra, Insiderwissen, Interessenkonflikte und Chinese Walls bei Banken, FS Hopt 2009, 1647–1670.

Buck-Heeb, Petra, Kapitalmarktrecht, 8. Auflage, Heidelberg 2016.

Bueren, Eckart/Weck, Thomas, Warehousing in Kapitalmarkt- und Kartellrecht, BB 2014, 67–75.

Burgard, Ulrich/Heimann, Carsten, Das neue Kapitalanlagegesetzbuch, WM 2014, 821–831.

Bussian, Wolf, Die Verwendung der Insiderinformation, WM 2011, 8–13.

Buttlar, Julia von, Die Stärkung der Aufsichts- und Sanktionsbefugnisse im EU-Kapitalmarktrecht: ein neues „field of dreams" für Regulierer?, BB 2014, 451–458.

Cahn, Andreas, Das neue Insiderrecht, Der Konzern 2005, 5–13.

Calliess, Christian/Ruffert, Matthias, EUV/AEUV, 5. Auflage 2016, München.

Campello, Murillo/Lin, Chen/Ma, Yue/Zou, Hong, The Real and Financial Implications of Corporate Hedging, J. Fin., Vol. 66 (2011), No. 5, 1615–1648.

Cao, Zhiguang/Harris, Richard D.F./Shen, Jian, Hedging and the Value at Risk: A Semi-Parametric Approach, J. Futures Markets, Vol. 30 (2010), No. 8, 780–794.

Carpenter, Jennifer N., Does Option Compensation Increase Managerial Risk Appetite?, J. Fin., Vol. 55 (2000), No. 5, 2311–2331.

Carter, David A./Rogers, Daniel A./Simkins Betty J., Does Hedging Affect Firm Value? Evidence from the US Airline Industry, Fin. Mgmt., Vol. 35 (2006), No. 1, 53–96.

Cascante, Christian/Bingel, Adrian, Ist „Nutzung" mehr als „Kenntnis", AG 2009, 894–903.

Cascante, Christian/Bingel, Adrian, Insiderhandel – in Zukunft leichter nachweisbar? – Die Auslegung des Insiderrechts durch den EuGH und die Folgen für die M&A-Praxis -, NZG 2010, 161–165.

Cascante, Christian/Topf, Cornelia, „Auf leisen Sohlen"? – Stakebuilding bei der börsennotierten AG, AG 2009, 53–72.

CESR, Market Abuse Directive – Level 3 – first set of CESR guidance and information on the common operation of the Directive, abrufbar unter: https://www.esma.europa.eu/sites/default/files/library/2015/11/04_505b.pdf, zuletzt abgerufen am 04.01.2017.

CESR, Market Abuse Directive – Level 3 – second set of CESR guidance and information on the common operation of the Directive to the market, abrufbar unter: https://www.esma.europa.eu/sites/default/files/library/2015/11/06_562.pdf, zuletzt abgerufen am 04.01.2017.

Chang, Kuang-Liang, The optimal value-at-risk hedging strategy under bivariate regime switching ARCH framework, Applied Econ., Vol. 43 (2011), No. 19–21, 2627–2640.

Chernenko, Sergey/Faulkender, Michael, The Two Sides of Derivatives Usage: Hedging and Speculating with Interest Rate Swaps, J. Fin. & Quant. Analysis, Vol. 46 (2011), No. 6, 1727–1754.

Choi, Jongmos J./Mao, Connie X./Upadhyay, Arun D., Corporate Risk Management under Information Asymmetry, J. Bus. Fin. & Acct., Vol. 40 (2013), No. 1–2, 239–271.

Chowdhry, Bhagwan/Howe, Jonathan T.B., Corporate Risk Management for Multinational Corporations: Financial and Operational Hedging Policies, Eur. Fin. Rev., Vol. 2 (1999), No. 2, 229–246.

Christ, Dominique, Barausgleichsderivate und das Anschleichen an Zielgesellschaften, Baden-Baden 2011.

Claussen, Bank- und Börsenrecht, 5. Auflage 2014, München.

Coles, Jeffrey L./Daniel, Naveen D./Naveen, Lalitha, Managerial incentives and risk-taking, J. Fin. Econ., Vol. 79 (2006), No. 2, 431.

Conlon, Thomas/Cotter, John, Downside risk and the energy hedger's horizon, UCD Geary Discussion Papers Working Paper 2012/19.

Conlon, Thomas/Gençay, Ramazan/Cotter, John, Commodity Futures Hedging, Risk Aversion and the Hedging Horizon, UCD Geary Discussion Papers Working Paper 2012/18.

Connon, Heather, Why Ninja mortgages could wreak havoc, The Observer vom 30.09.2007, abrufbar unter: http://www.theguardian.com/business/2007/sep/30/5, zuletzt abgerufen am 04.01.2017.

Constantinides, George M./Harris, Milton/Stulz, René M., Handbook of the Economics of Finance, Vol. 2 2013, Oxford, Amsterdam.

Core, John E./Guay, Wayne R./Larcker, David F., Executive Equity Compensation and Incentives: A Survey, Econ. Policy Rev., Vol. 9 (2003), No. 1, 27–50.

Cotter, John, Downside risk for European equity markets, Applied Fin. Econ., Vol. 14 (2004), No. 14, 707–716.

Cotter, John/Hanley, Jim, Futures Hedging Effectiveness under Conditions of Asymmetry, Eur. J. Fin., Vol. 18 (2012), No. 2, 135–148.

Culp, Christopher L./Miller, Merton H., Hedging in the Theory of Corporate Finance: A Reply to Our Critics, J. Applied Corp. Fin., Vol. 8 (1995), No. 1, 121–127.

Culp, Christopher L./Miller, Merton H., Metallgesellschaft and the Economics of Synthetic Storage, ZBB 1995, 2–14.

Daniel, Kent/Hirshleifer, David/Subrahmanyam, Avanidhar, Investor Psychology and Security Market Under- and Overreactions, J. Fin., Vol. 53 (1998), No. 6, 1839–1885.

Dauses, Manfred A., Handbuch des EU-Wirtschaftsrechts, 40. Ergänzungslieferung 2016, München.

Daxhammer, Rolf J./Facsar, Máté, Behavioural Finance, 1. Auflage, Konstanz, München 2012.

Deckenbrock, Christian, Interessenkonflikte bei Wirtschaftsprüfern und Rechtsanwälten unter dem besonderen Aspekt der beruflichen Verschwiegenheitspflicht, BB 2002, 2453–2461.

Derleder, Peter/Knops, Kai-Oliver/Bamberger, Heinz Georg, Handbuch zum deutschen und europäischen Bankrecht, 2. Auflage 2009, Berlin, Heidelberg.

Deutsches Aktieninstitut/Verband Deutscher Treasurer, Risikomanagement mit Derivaten bei Unternehmen der Realwirtschaft, abrufbar unter: https://www.dai.de/files/dai_usercontent/dokumente/studien/2012-05-08%20DAI-VDT-Studie_Derivatnutzung.pdf, zuletzt abgerufen am 04.01.2017.

Diekmann, Hans/Fleischmann, Dermot, Der Verordnungsentwurf der Europäischen Kommission für den OTC-Derivatemarkt, WM 2011, 1105–1109.

Dionne, Georges/Triki, Thouraya, On risk management determinants: what really matters?, Eur. J. Fin., Vol. 19 (2013), No. 2, 145–164.

Dohmen, Frank/Hawranek, Dietmar, Die Löwen-Nummer, Der Spiegel vom 17.10.2015.

Ederington, Louis H., The Hedging Performance of the New Futures Markets, J. Fin., Vol. 34 (1979), No. 1, 157–170.

Edwards, Franklin R./Canter, Michael S., The Collapse of Metallgesellschaft: Unhedgeable Risks; Poor Hedging Strategy; Or Just Bad Luck, J. Applied Corp. Fin., Vol. 8 (1995), No. 1, 86–105.

Eichner, Moritz Peter, Anschleichen bei Unternehmensübernahmen, ZRP 2010, 5–8.

Eller, Roland/Heinrich, Markus/Perrot, René/Reif, Markus, Kompaktwissen Risikomanagement 2010, Wiesbaden.

Emmenegger, Susan, Creeping Takeovers in Deutschland und in der Schweiz, FS Hopt 2010, 1763–1788.

Erbs/Kohlhaas, Strafrechtliche Nebengesetze, 210. Ergänzungslieferung 2016, München.

ESMA, 2015 Work Programme, abrufbar unter: https://www.esma.europa.eu/sites/default/files/library/2015/11/2014-1200_-_esma_2015_work_programme.pdf, zuletzt abgerufen am 04.01.2017.

ESMA, Public Register for the Clearing Obligation under EMIR, abrufbar unter: https://www.esma.europa.eu/sites/default/files/library/public_register_for_the_clearing_obligation_under_emir.pdf, zuletzt abgerufen am 04.01.2017.

Europäische Kommission, Fortschritt der Finanzreformen, abrufbar unter: http://ec.europa.eu/finance/general-policy/policy/map_reform_de.htm#row8, zuletzt abgerufen am 04.01.2017.

Europäische Kommission, Pressemitteilung vom 15.09.2010, Neuer Rahmen zur Gewährleistung von mehr Transparenz und Koordinierung bei Leerverkäufen und Credit Default Swaps, IP/10/1126, abrufbar unter: http://europa.eu/rapid/press-release_IP-10-1126_de.htm, zuletzt abgerufen am 04.01.2017.

Europäische Kommission, Pressemitteilung vom 20.10.2011, Insider-Geschäfte und Marktmanipulation: Europäische Kommission fordert strafrechtliche Sanktionen zur Abschreckung und zur Verbesserung der Marktintegrität, IP/11/1218, abrufbar unter: http://europa.eu/rapid/press-release_IP-11-1218_de.htm, zuletzt abgerufen am 04.01.2017.

Fabling, Richard/Grimes, Arthur, Over the Hedge: Do Exporters Practice Selective Hedging?, J. Futures Markets, Vol. 35 (2015), No. 4, 321–338.

Fatemi, Ali/Glaum, Martin, Risk Management Practices of German Firms, Manag. Fin., Vol. 26 (2000), No. 3, 1–17.

Faulkender, Michael, Hedging or Market Timing? Selecting the Interest Rate Exposure of Corporate Debt, J. Fin., Vol. 60 (2005), No. 2, 931–962.

FCA, FCA Handbook (Stand 2015), abrufbar unter: http://fshandbook.info/FS/html/handbook/MAR/1/3, zuletzt abgerufen am 22.10.2015.

FedPrimeRate.com, Prime Interest Rate History, abrufbar unter: http://www.fedprimerate.com/wall_street_journal_prime_rate_history.htm, zuletzt abgerufen am 04.01.2017.

Fender, Ingo, Corporate Hedging: The Impact of Financial Derivatives on the Broad Credit Channel of Monetary Policy, BIS WORKING PAPERS No. 94, November 2000.

Feuerich, Wilhelm/Weyland, Dag, BRAO, 9. Auflage 2016, München.

Finke, Björn, Polizei verhaftet mutmaßlichen Börsen-Manipulator, Süddeutsche Zeitung vom 22.04.2015, abrufbar unter: http://www.sueddeutsche.de/wirtschaft/flash-crash-polizei-verhaftet-mutmasslichen-boersen-manipulator-1.2446748, zuletzt abgerufen am 04.01.2017.

Finley, Blaine/Pettit, Justin, Creating Value at the Intersection of Sourcing, Hedging and Trading, J. Applied Corp. Fin., Vol. 23 (2011), No. 4, 83–89.

Fleischer, Holger, Aktienrechtliche Compliance-Pflichten im Praxistext: Das Siemens/Neubürger-Urteil des LG München I, NZG 2014, 321–329.

Fleischer, Holger/Goette, Wulf, Münchner Kommentar zum GmbHG, 2. Auflage 2016, München.

Fleischer, Holger/Schmolke, Ulrich, Kapitalmarktrechtliche Beteiligungstransparenz nach §§ 21 ff. WpHG und „Hidden Ownership", ZIP 2008, 1501–1512.

Fleischer, Holger/Schmolke, Ulrich, Zum beabsichtigten Ausbau der kapitalmarktrechtlichen Beteiligungstransparenz bei modernen Finanzinstrumenten (§§ 25, 25a DiskE-WpHG), NZG 2010, 846–851.

Fletcher, Gina-Gail S., Hazardous Hedging: The (Unacknowledged) Risks of Hedging with Credit Derivatives, Rev. Banking & Fin. L., Vol. 33 (2014), No. 2, 813–898.

Flick, Martin/Lorenz, Manuel, Kenntnis der Insiderinformation impliziert ihre Verwendung bei Wertpapiergeschäften, RIW 2010, 381–385.

Freiberger, Harald, Keine Kreditausfallversicherungen für Griechenland – Eine Sorge weniger für die Finanzmärkte, Süddeutsche Zeitung vom 01.03.2012, abrufbar unter: http://www.sueddeutsche.de/wirtschaft/keine-kreditausfallversicherungen-fuer-griechenland-eine-sorge-weniger-fuer-die-finanzmaerkte-1.1298039, zuletzt abgerufen am 04.01.2017.

Frestad, Dennis, Why most Firms choose linear hedging strategies, J. Fin. Res., Vol. 32 (2009), No. 2, 157–167.

Fromm-Russenschuck, Viola/Banerjea, Nirmal Robert, Die Zulässigkeit des Handels mit Insiderpapieren nach Durchführung einer Due Diligence-Prüfung, BB 2004, 2425–2428.

Frontier Economic, The impact of over-the-counter derivatives on the markets for underlying assets, abrufbar unter: http://bookshop.europa.eu/en/the-impact-of-over-the-counter-derivatives-on-the-markets-for-underlying-assets-pbKM3213130/;pgid=Iq1Ekni0.1lSR0OOK4MycO9B0000_ZviDgkS;sid=uTJlUiw-9ellV3njBD379U4bG_EZAmFdp0A=?CatalogCategoryID=lR4KABst5vQAAAEjxZAY4e5L, zuletzt abgerufen am 04.01.2017.

Froot, Kenneth A./Scharfstein, David S./Stein, Jeremy C., Risk Management: Coordinating Corporate Investment and Financing Policies, J. Fin., Vol. 48 (1993), No. 5, 1629–1658.

Fuchs, WpHG, 2. Auflage 2016, München.

Funke, Susann, Reaktion auf die Finanzmarktkrise Teil 2: MiFID und MiFIR machen das Frühwarnsystem perfekt!, CCZ 2012, 54–58.

Funke, Susann/Neubauer, Maik, Reaktionen auf die Finanzmarktkrise: REMIT und EMIR als neue Frühwarnsysteme für den Europäischen Energiemarkt, CCZ 2012, 6–12.

G20, Leaders' Statement – The Pittsburgh Summit, abrufbar unter: http://ec.europa.eu/commission_2010-2014/president/pdf/statement_20090826_en_2.pdf, zuletzt abgerufen am 04.01.2017.

Gay, Gerald D./Nam, Jouahn/Turac, Marian, On the Optimal Mix of Corporate Hedging Instruments: Linear Versus Nonlinear Derivatives, J. Futures Markets, Vol. 23 (2003), No. 3, 217–239.

Géczy, Christopher C./Minton, Bernadette A./Schrand, Catherine M., Why Firms Use Currency Derivatives, J. Fin., Vol. 52 (1997), No. 4, 1323–1354.

Géczy, Christopher C./Minton, Bernadette A./Schrand, Catherine M., Taking a View: Corporate Speculation, Governance, and Compensation, J. Fin., Vol. 62 (2007), No. 5, 2405–2443.

Gehrmann, Philipp, Das Spector-Urteil des EuGH – Zur Beweislastumkehr beim Insiderhandel, ZBB 2010, 48–52.

Geier, Bernd M./Mirtschink, Daniel J., OTC-Derivate-Regulierung aus Sicht der Buy- und Sell-Side (EMIR und MiFID II/MiFIR), Corporate Finance biz 2013, 102–116.

Gerke, Wolfgang/Mager, Ferdinand/Kiehn, Daniela, Zur Konzeption eines deutschen Hedgefonds, ZBB 2002, 479–492.

Gervais, Simon/Heaton, J. B./Odean, Terrance, Overconfidence, Compensation Contracts and Capital Budgeting, J. Fin., Vol. 66 (2011), No. 5, 1735–1777.

Gervais, Simon/Odean, Terrance, Learning to Be Overconfident, Rev. Fin. Stud., Vol. 14 (2001), No. 1, 1–27.

Gimnich, Martin, Insiderhandelsverbot und Unternehmensakquisitionen, Köln 2007.

Glaum, Martin, The Determinants of Selective Exchange Risk Management – Evidence from German Non-Financial Corporations, J. Applied Corp. Fin., Vol. 14 (2002), No. 4, 108–121.

Goette, Wulf/Habersack, Mathias, Münchner Kommentar zum Aktiengesetz, 4. Auflage 2014, München.

Gomber, Peter/Nassauer, Frank, Neuordnung der Finanzmärkte in Europa durch MiFID II/MiFIR, ZBB 2014, 250–260.

Goss, Barry A., Futures Markets: Their Establishement and Performance 1986, New York.

Graham, John R./Harvey, Campbell R., The theory and practice of corporate finance: evidence from the field, J. Fin. Econ., Vol. 60 (2001), No. 2–3, 187–243.

Graham, John R./Rogers, Daniel A., Do Firms Hedge in Response to Tax Incentives?, J. Fin., Vol. 57 (2002), No. 2, 815–839.

Griffin, Dale/Tversky, Amos, The Weighing of Evidence and the Determinants of Confidence, Cognitive Psychology, Vol. 24 (1992), No. 3, 411–435.

Guay, Wayne/Kothari, S. P., How much do firms hedge with derivatives?, J. Fin. Econ., Vol. 70 (2003), No. 3, 423–461.

Guay, Wayne R., The sensitivity of CEO wealth to equity risk: an analysis of the magnitude and determinants, J. Fin. Econ., Vol. 53 (1999), No. 1, 43–71.

Gul, Faruk, A Theory of Disappointment Aversion, Econometrica, Vol. 59 (1991), No. 3, 667–686.

Habersack, Mathias, Beteiligungstransparenz adieu? – Lehren aus dem Fall Continental/Schaeffler -, AG 2008, 817–820.

Habersack, Mathias/Mülbert, Peter/Schlitt, Michael, Handbuch der Kapitalmarktinformation, 2. Auflage 2013, München.

Hammen, Horst, Pakethandel und Insiderhandelsverbot, WM 2004, 1753–1760.

Hannover, M., Continental wehrt sich gegen konzertierte Attacke; Schaeffler robbt sich verdeckt auf 36 Prozent heran – Unattraktive Abfindung avisiert – Kaum Abwehrmaßnahmen möglich, Börsen-Zeitung vom 16.08.2008.

Hansen, Jesper Lau, Insider Dealing Defined: The EU Court's Decision in Spector Photo Group, ECL 2010, 98–105.

Harbarth, Stephan, Anforderungen an die Compliance-Organisation in börsennotierten Unternehmen, ZHR, Vol. 179 (2015), 136–172.

Harris, Larry, Trading and Exchanges, Oxford, New York 2003.

Hasselbach, Kai, Die Weitergabe von Insiderinformationen bei M&A-Transaktionen mit börsennotierten Aktiengesellschaften, NZG 2004, 1087–1095.

Haugen, Robert A./Senbet, Lemma W., Resolving the Agency Problems of External Capital through Options, J. Fin., Vol. 36 (1981), No. 3, 629–647.

Hauser, Joachim, Kreditderivate, Berlin 2012.

Haushalter, David, Financing Policy, Basis Risk, and Corporate Hedging: Evidence from Oil and Gas Producers, J. Fin., Vol. 55 (2000), No. 1, 107–152.

Heider, Karsten/Hirte, Markus, Ad hoc-Publizität bei zeitlich gestreckten Vorgängen, GWR 2012, 429–432.

Henssler, Martin/Prütting, Hanns, BRAO, 4. Auflage 2014, München.

Hentschel, Ludger/Kothari, S. P., Are Corporations Reducing or Taking Risks with Derivatives?, J. Fin. & Quant. Analysis, Vol. 36 (2001), No. 1, 93–118.

Hicks, John Richard, Value and Capital, 2. ed., Oxford 1946.

Hirshleifer, J., Speculation and Equilibrium: Information, Risk, and Markets, Q. J. Econ., Vol. 89 (1975), No. 4, 519–542.

Hirshleifer, J., The Theory of Speculation Under Alternative Regimes of Markets, J. Fin., Vol. 32 (1977), No. 4, 975–999.

Hirshleifer, J./Riley, John G., The Analytics of Uncertainty and Information, J. Econ. Lit., Vol. 17 (1979), 1375–1421.

Hirte, Heribert/Möllers, Thomas, Kölner Kommentar zum WpHG, 2. Auflage 2014, München.

Hitzer, Martin, Zum Begriff der Insiderinformation, NZG 2012, 860–863.

Holden, Craig W./Subrahmanyam, Avanidhar, Risk aversion, imperfect competition and long-lived information, Econ. Letters, Vol. 44 (1994), No. 1, 181–190.

Holfter, Marc, Öffentliche Übernahme durch Anschleichen unter besonderer Berücksichtigung der Meldepflichten nach WpHG, Heidelberg 2012.

Hölters, Wolfgang, AktG, 2. Auflage, München 2014.

Hopt, Klaus J., Übernahmen, Geheimhaltung und Interessenkonflikte: Probleme für Vorstände, Aufsichtsräte und Banken, ZGR 2002, 333–376.

Hu, Henry T.C./Black, Bernard, The New Vote Buying: Empty Voting and Hidden (Morphable) Ownership, S. Cal. L. Rev., Vol. 79 (2006), No. 4, 811–908.

Hu, Henry T.C./Black, Bernard, Hedge funds, insiders, and the decoupling of economic and voting ownership: Empty voting and hidden (morphable) ownership, J. Corp. Fin., Vol. 13 (2007), No. 2–3, 343–367.

Hu, Henry T.C./Black, Bernard, Equity and Debt Decoupling and Eempty Voting II: Importance and Extensions, U. Pa. L. R., Vol. 156 (2008), No. 3, 625–739.

Hüffer, Uwe/Koch, Jens, Aktiengesetz, 12. Auflage 2016, München.

Hull, John, Optionen, Futures und andere Derivate, 8. Auflage, München 2012.

Hupka, Jan, Das Insiderrecht im Lichte der Rechtsprechung des EuGH, EuZW 2011, 860–865.

Ihrig, Hans-Christoph/Kranz, Christopher, EuGH-Entscheidung Geltl/Daimler: „Selbstbefreiung“ von der Ad-hoc-Publizitätspflicht, BB 2013, 451–458.

International Swaps and Derivatives Association (ISDA), 2009 ISDA Derivatives Usage Survey, abrufbar unter: http://www.isda.org/researchnotes/pdf/ISDA-Research-Notes2.pdf, zuletzt abgerufen am 04.01.2017.

International Swaps and Derivatives Association (ISDA), The Value of OTC Derivatives: Case Study Analyses of Hedges by Publicly Traded Non-Financial Firms, March 2014, abrufbar unter: https://www2.isda.org/functional-areas/research/studies/, zuletzt abgerufen am 04.01.2017.

Jagolinzer, Alan D./Matsunaga, Steven R./Yeung, P. Eric, An Analysis of Insiders' Use of Prepaid Variable Forward Transactions, J. Acct. Res., Vol. 45 (2007), No. 5, 1055–1079.

Jahn, Joachim, Neue Juristische Argumente, FAZ vom 20.07.2008, abrufbar unter: http://www.faz.net/aktuell/wirtschaft/recht-steuern/kampf-um-conti-neue-juristische-argumente-1664195.html, zuletzt abgerufen am 04.01.2017.

Jahn, Uwe, Swan, Edward J., Building the Global Market, A 4000 Year History of Derivatives, BKR 2002, 47–48.

Jensen, Michael C./Meckling, William H., Theory of the Firm: Managerial Behaviour; Agency Costs and Ownership Structure, J. Fin. Econ., Vol. 3 (1976), No. 4, 305–360.

Jensen, Michael C./Murphy, Kevin J., CEO Incentives – It's Not How Much You Pay, But How, Harv. Bus. Rev., Vol. 68 (1990), No. 3, 138–149.

Jensen, Michael C./Murphy, Kevin J., Performance Pay and Top-Management Incentives, J. Pol. Econ., Vol. 98 (1990), No. 2, 225–264.

Jesch, Thomas A., BB-Gesetzgebungs- und Rechtsprechungsreport zur Fondsregulierung 2013, BB 2013, 3075–3080.

Jin, Yanbo/Jorion, Philippe, Firm Value and Hedging: Evidence from U.S. Oil and Gas Producers, J. Fin., Vol. 61 (2006), No. 2, 893–919.

Johnson, Leland L., The Theory of Hedging and Speculation in Commodity Futures, Rev. Econ. Stud., Vol. 27 (1960), 139–151.

Joint Market Practices Forum, Statement of Principles and Recommendations Regarding the Handling of Material Nonpublic Information by Credit Market Participants, abrufbar unter: http://www.isda.org/c_and_a/pdf/jmpfstatement.pdf, zuletzt abgerufen am 04.01.2017.

Judge, Amrit, Why and How UK Firms Hedge, Eur. Fin. Mgmt., Vol. 12 (2006), No. 3, 407–441.

Junkus, Joan C./Lee, Cheng F., Use of Three Stock Index Futures in Hedging Decisions, J. Futures Markets, Vol. 5 (1985), No. 2, 201–222.

Just, Clemens/Voß, Thorsten/Ritz, Corinna/Becker, Ralf, Wertpapierhandelsgesetz (WpHG), 1. Auflage 2015, München.

JUVE, Auf dünnem Eis: Bei der geplanten Übernahme von Continental durch die Schaeffler-Gruppe hat der Automobilzulieferer schlechte Karten. Freshfields und die Deutsche Bank starten für Conti zur juristischen Gegenwehr, abrufbar unter: http://juve.de/nachrichten/deals/2008/08/auf-duennem-eis-bei-der-geplanten-uebernahme-von-continental-durch-die-schaeffler-gruppe-hat-der-automobilzu lieferer-schlechte-karten-freshfields-und-die-deutsche-bank-starten-fuer-conti-zur-juristisc, zuletzt abgerufen am 04.01.2017.

Kahneman, Daniel/Lovallo, Dan, Timid Choices and Bold Forecasts: A Cognitive Perspective on Risk Taking, Mgmt. Sci., Vol. 39 (1993), No. 1, 17–31.

Kahneman, Daniel/Lovallo, Dan, Delusions of Success, Harv. Bus. Rev., Vol. 81 (2003), No. 7, 56–63.

Kahneman, Daniel/Tversky, Amos, Prospect Theory: An Analysis of Decicion under Risk, Econometrica, Vol. 47 (1979), No. 2, 263–292.

Kayser, Joachim/Steinmüller, Jens, Hedge-Fonds im Überblick, FR 2002, 1269–1279.

Keynes, John Maynard, A Treatise on Money, New York 1930.

Kiesewetter, Matthias/Parmentier, Miriam, Verschärfung des Marktmissbrauchsrechts – ein Überblick über die neue EU-Verordnung über Insidergeschäfte und Marktmanipulation, BB 2013, 2371–2379.

Kilian, Matthias, Interessenkonflikte beim Sozietätswechsel: Verbot der Vertretung widerstreitender Interessen contra Berufsfreiheit, BB 2003, 2189–2195.

Kim, Young Sang/Mathur, Ike/Nam, Jouahn, Is operational hedging a substitute for or a complement to financial hedging?, J. Corp. Fin., Vol. 12 (2006), No. 4, 834–853.

Kirchhartz, Marcel, Europäisches Bankaufsichtsrecht 1.0: Das CRD IV-Paket und seine Auswirkungen auf das Kreditwesengesetz, GWR 2013, 395–398.

Klöhn, Lars, Kapitalmarkt, Spekulation und *Behavioural Finance,* Berlin 2006.

Klöhn, Lars, Die Regelung selektiver Informationsweitergabe gem. § 15 Abs. 1 Satz 4 u. 5 WpHG – eine Belastungsprobe, WM 2010, 1869–1882.

Klöhn, Lars, The European Insider Trading Regulation after *Spector Photo Group,* ECFR 2010, 347–366.

Klöhn, Lars, Der „gestreckte Geschehensablauf“ vor dem EuGH – Zum Daimler-Chrysler-Vorlagebeschluss des BGH, NZG 2011, 166–171.

Klöhn, Lars, Das deutsche und europäische Insiderrecht nach dem Geltl-Urteil des EuGH, ZIP 2012, 1885–1895.

Klöhn, Lars, Lafonta/AMF – die neue cause célèbre des europäischen Insiderrechts?, ZIP 2014, 945–954.

Klöhn, Lars, Ad-hoc-Publizität und Insiderverbot nach „Lafonta“, NZG 2015, 809–817.

Klöhn, Lars, Inside information without an incentive to trade? What's at stake in '*Lafonta v. AMF*', CMLJ, Vol. 10 (2015), No. 2, 162–180.

Knopf, John D./Nam, Jouahn/Thornton, John H., The Volatility and Price Sensitivities of Managerial Stock Option Portfolios and Corporate Hedging, J. Fin., Vol. 57 (2002), No. 2, 801–813.

Koch, Raphael, Das Kapitalanlagegesetzbuch: Neue Rahmenbedingungen für Private-Equity-Fonds – Transparenz, gesellschaftsrechtliche Maßnahmen und Finanzierung, WM 2014, 433–438.

Koch, Stefan, Neuerungen im Insiderrecht und der Ad-hoc-Publizität, DB 2005, 267–274.

Kocher, Dirk/Widder, Stefan, Die Bedeutung von Zwischenschritten bei der Definition von Insiderinformationen, BB 2012, 2837–2841.

Kocher, Dirk/Widder, Stefan, Die Bedeutung von Zwischenschritten bei der Definition von Insiderinformationen, BB 2012, 1820–1821.

Köhler, Christian, Die Zulässigkeit derivativer Finanzinstrumente in Unternehmen, Banken und Kommunen, Tübingen 2012.

Köhling, Lambert/Adler, Dominik, Der neue europäische Regulierungsrahmen für OTC-Derivate – Verordnung über OTC-Derivate, zentrale Gegenparteien und Transaktionsregister – Teil I, WM 2012, 2125–2133.

Köhling, Lambert/Adler, Dominik, Der neue europäische Regulierungsrahmen für OTC-Derivate – Verordnung über OTC-Derivate, zentrale Gegenparteien und Transaktionsregister – Teil II, WM 2012, 2173–2180.

Kort, Michael, Die Regelung von Risikomanagement und Compliance im neuen KAGB – Vorbild für alle Kapitalgesellschaften, AG 2013, 582–588.

Krämer, Lutz/Teigelack, Lars, Marktmissbrauch im Fokus der EU-Kommission; Vorschläge aus Brüssel bedeuten Revision des Wertpapierhandelsgesetzes – Trend zur direkten Rechtssetzung, Börsen-Zeitung vom 09.11.2011.

Krämer, Lutz/Teigelack, Lars, Schärfere Regeln gegen Börsenbetrüger; Die EU-Kommission geht weiter gegen Marktmissbrauch vor – Rechtssicherheit für Market Soundings, Börsen-Zeitung vom 21.07.2014.

Krause, Hartmut, Kapitalmarktrechtliche Compliance: neue Pflichten und drastisch verschärfte Sanktionen nach der EU-Marktmissbrauchsverordnung, CCZ 2014, 248–260.

Krause, Hartmut/Brellochs, Michael, Insider Trading and the disclosure of inside information after *Geltl v Daimler* – A comparative analysis of the ECJ decision in the *Geltl v Daimler* case with a view to the future European Market Abuse Regulation, CMLJ, Vol. 8 (2013), No. 3, 283–299.

Kropp, Matthias, Die Öltermingeschäfte der Metallgesellschaft – Anmerkung zu einer Kontroverse, ZBB 1995, 14–32.

Krüger, Hartmut/Ludewig, Verena, Leerverkaufsregulierung – Aktueller Stand in Deutschland und Ausblick auf die europäische Regulierung unter besonderer Berücksichtigung der aktuellen Vorschläge zu den ausgestaltenden Rechtsakten, WM 2012, 1942–1951.

Kumpan, Christoph, Kapitalmarktrecht: Offenlegung von Insider-Informationen mit nicht genau bekanntem Kurseinfluss – Anmerkung zu EuGH (Zweite Kammer), Urt. v. 11.3.2015 – C-628/13, EuZW 2015, 389–390.

Kümpel/Hammen/Ekkenga, Kapitalmarktrecht, Loseblatt, Stand 4/14, Berlin.

Kümpel/Wittig, Bank- und Kapitalmarktrecht, 4. Auflage 2011, Frankfurt am Main.

Kümpel, Siegfried/Veil, Rüdiger, Wertpapierhandelsgesetz, 2. Auflage, Berlin 2006.

Lambert, Richard A./Larcker, David F./Verrecchia, Robert E., Portfolio Considerations in Valuing Executive Compensation, J. Acct. Res., Vol. 29 (1991), No. 1, 129–149.

Langenbucher, Katja, The "use or possession" debate revisited – Spector Photo Group and insider trading in Europe, CMLJ, Vol. 5 (2010), No. 4, 452–470.

Langenbucher, Katja, Der „vernünftige Anleger" vor dem EuGH Zu den Schlussanträgen des GA Mengozzi in der Sache „Schrempp", BKR 2012, 145–149.

Langenbucher, Katja, Europäisches Privat- und Wirtschaftsrecht, 3. Auflage 2013, Baden-Baden.

Langenbucher, Katja, Zum Begriff der Insiderinformation nach dem Entwurf für eine Marktmissbrauchsverordnung, NZG 2013, 1401–1406.

Laux, Helmut/Gillenkirch, Robert M./Schenk-Mathes, Heike Y., Entscheidungstheorie, 9. Auflage, Berlin, Heidelberg 2014.

Lee, Ming-Chih/Hung, Jui-Cheng, Hedging for multi-period downside risk in the presence of jump dynamics and conditional heteroskedasticity, Applied Econ., Vol. 39 (2007), No. 16–18, 2403–2412.

Lenenbach, Markus, Kapitalmarktrecht, 2. Auflage, Köln 2010.

Levene, Douglas B., Credit Default Swaps and Insider Trading, Va. L. & Bus. Rev., Vol. 7 (2012), No. 2, 232–300.

Lewellen, Katharina, Financing decisions when managers are risk averse, J. Fin. Econ., Vol. 82 (2006), No. 3, 551–589.

Lien, Donald, A Note on Loss Aversion and Futures Hedging, J. Futures Markets, Vol. 21 (2001), No. 7, 681–692.

Lien, Donald, Futures Hedging Under Disappointment Aversion, J. Futures Markets, Vol. 21 (2001), No. 11, 1029–1042.

Lien, Donald/Wang, Yan, Cross-Hedging with futures and options: The effects of disappointment aversion, J. Multinat. Fin. Mgmt., Vol. 16 (2006), No. 1, 16–26.

Lien, Donald/Wang, Yaqin, Risk Aversion, Disappointment Aversion, and Futures Hedging, J. Futures Markets, Vol. 22 (2002), No. 2, 123–141.

Limperger, Judit, Hedging mit Terminkontrakten: Eine gleichgewichtstheoretische Analyse realwirtschaftlicher Effekte, Wiesbaden 2002.

Litten, Rüdiger/Bell, Matthias, Regulierung von Kreditderivaten im Angesicht der globalen Finanzmarktkrise, BKR 2011, 314–320.

Litten, Rüdiger/Schwenk, Alexander, EMIR – Auswirkungen der OTC-Derivateregulierung auf Unternehmen der Realwirtschaft (Teil 1), DB 2013, 857–863.

Litten, Rüdiger/Schwenk, Alexander, EMIR – Auswirkungen der OTC-Derivateregulierung auf Unternehmen der Realwirtschaft (Teil 2), DB 2013, 918–922.

Liu, Qingwei/Li, Yi/Wang, Shouyang, From Hedging to Speculation – An Explanation Based on Prospect Theory, J. Systems Sci. & Complexity, Vol. 21 (2008), No. 3, 394–405.

Loderer, Claudio/Pichler, Karl, Firms, do you know your currency risk exposure? Survey results, J. Emp. Fin., Vol. 7 (2000), No. 3–4, 317–344.

Loomes, Graham/Sugden, Robert, Regret Theory: An Alternative Theory of Rational Choice under Uncertainty, Econ. J., Vol. 92 (1982), No. 368, 805–824.

Loss, Frederic, Optimal Hedging Strategies and Interactions between Firms, J. Econ. & Mgmt. Strategy, Vol. 21 (2012), No. 1, 79–129.

Ludewig, Verena/Geilfus, Marie Christine, EU-Leerverkaufsregulierung: ESMA-Guidelines bestimmen neuen Rahmen der Ausnahmeregelungen für Market-Maker und

Primärhändler – Betrachtung unter besonderer Berücksichtigung der BaFin-Erklärung, dem Großteil der Regelungen nachzukommen (Partially-Comply-Erklärung), WM 2013, 1533–1540.

Lutter, Marcus/Bayer, Walter/Schmidt, Jessica, Europäisches Unternehmens- und Kapitalmarktrecht, 5. Auflage, Berlin/Boston 2012.

Lutter, Marcus/Hommelhoff, Peter, GmbHG, 19. Auflage 2016, Köln.

Lynch, Timothy E., Derivatives: A Twenty-First Century Understanding, Loy. U. Chi. L. J., Vol. 43 (2011), No. 1, 1–51.

Mallin, Chris/Ow-Yong, Kean/Reynolds, Martin, Derivatives usage in UK non-financial listed companies, Eur. J. Fin., Vol. 7 (2001), No. 1, 63–91.

Malmendier, Ulrike/Tate, Geoffrey, CEO Overconfidence and Corporate Investment, J. Fin., Vol. 60 (2005), No. 6, 2661–2700.

Malmendier, Ulrike/Tate, Geoffrey, Does Overconfidence Affect Corporate Investment? CEO Overconfidence Measures Revisited, Eur. Fin. Mgmt., Vol. 11 (2005), No. 5, 649–659.

Malmendier, Ulrike/Tate, Geoffrey, Who makes acquisitions? CEO overconfidence and the market's reaction, J. Fin. Econ., Vol. 89 (2008), No. 1, 20–34.

March, James G./Shapira, Zur, MANAGERIAL PERSPECTIVES ON RISK AND RISK TAKING, Mgmt. Sci., Vol. 33 (1987), No. 11, 1404–1418.

Mattos, Fabio/Garcia, Philip/Nelson, Carl, Relaxing standard hedging assumptions in the presence of downside risk, Q. Rev. Econ. & Fin., Vol. 48 (2008), No. 1, 78–93.

Mattos, Fabio/Garcia, Philip/Pennings, Joost M. E., Probability weighting and loss aversion in futures hedging, J. Fin. Markets, Vol. 11 (2008), No. 4, 433–452.

Mayers, David/Smith, Clifford W., On the Corporate Demand for Insurance, J. Bus., Vol. 55 (1982), No. 2, 281–296.

Mello, Antonio S./Parsons John E., Maturity Structure of a Hedge Matters: Lessons from the Metallgesellschaft Debacle, J. Applied Corp. Fin., Vol. 8 (1995), No. 1, 106–120.

Merkner, Andreas/Sustmann, Marco, Insiderrecht und Ad-Hoc-Publizität – Das Anlegerschutzverbesserungsgesetz „in der Fassung durch den Emitentenleitfaden der BaFin", NZG 2005, 729–738.

Merkner, Andreas/Sustmann, Marco, Vorbei mit dem unbemerkten Anschleichen an börsennotierte Unternehmen?, NZG 2010, 681–688.

Merkner, Andreas/Sustmann, Marco, Reform des Marktmissbrauchsrechts: Die Vorschläge der Europäischen Kommission zur Verschärfung des Insiderrechts, AG 2012, 315–324.

Meyer, Andreas/Kiesewetter, Matthias, Rechtliche Rahmenbedingungen des Beteiligungsaufbaus im Vorfeld von Unternehmensübernahmen, WM 2009, 340–349.

Mian, Shehzad L., Evidence on Coporate Hedging Policy, J. Fin. & Quant. Analysis, Vol. 30 (1996), No. 3, 419–439.

Michenaud, Sébastien/Solnik, Bruno, Applying regret theory to investment choices: Currency hedging decisions, J. Int. Money & Fin., Vol. 27 (2008), No. 5, 677–694.

Mineralölwirtschaftsverband e.V., Rohölpreisentwicklung 1960–2013, abrufbar unter: http://www.mwv.de/index.php/daten/statistikenpreise/?loc=4, zuletzt abgerufen am 04.01.2017.

Minton, Bernadette A./Schrand, Catherine M., The impact of cash flow volatility on discretionary investment and the costs of debt and equity financing, J. Fin. Econ., Vol. 54 (1999), No. 3, 423–460.

Minton, Bernadette A./Stulz, René M./Williamson, Rohan, How Much Do Banks Use Credit Derivatives to Hedge Loans, J. Fin. Services Res., Vol. 35 (2009), No. 1, 1–31.

Mock, Sebastian, Gestreckte Verfahrensabläufe im Europäischen Insiderhandelsrecht, ZBB 2012, 286–292.

Modigliani, Franco/Miller, Merton H., The Cost of Capital, Corporation Finance and the Theory of Investment, Am. Econ. Rev., Vol. 48 (1958), No. 3, 261–297.

Möllers, Thomas M.J., Die juristische Aufarbeitung der Übernahmeschlacht VW-Porsche – ein Überblick, NZG 2014, 361–368.

Möllers, Thomas M.J./Seidenschwann, Sabine, Anlegerfreundliche Auslegung des Insiderrechts durch den EuGH, NJW 2012, 2762–2765.

Möllers, Thomas M.J./Wenninger, Thomas, Das Anlegerschutz- und Funktionsverbesserungsgesetz, NJW 2011, 1697–1702.

Nance, Deana R./Smith, Clifford W./Smithson, Charles W., On the Determinants of Corporate Hedging, J. Fin., Vol. 48 (1993), No. 1, 267–284.

Nelle, Andreas/Klebeck, Ulf, Der „kleine" AIFM – Chancen und Risiken der neuen Regulierung für deutsche Fondsmanager, BB 2013, 2499–2506.

Nguyen, Hoa/Faff, Robert/Hodgson, Allan, Corporate Usage of Financial Derivatives, Information Asymmetry, and Insider Trading, J. Futures Markets, Vol. 30 (2010), No. 1, 25–47.

Ni, Sophie X./Pan, Jun/Poteshman, Allen M., Volatility Information Trading in the Option Market, J. Fin., Vol. 63 (2008), No. 3, 1059–1091.

Niehoff, Karin, Insiderhandel an Wertpapierbörsen, Wiesbaden 2011.

Niemann/Christoph, Finanzinnovationen im Binnenmarkt, WM 1993, 777–824.

Nietsch, Michael, Die Verwendung der Insiderinformation, ZHR 2010, 556–592.

Nietsch, Michael, Insidergeschäfte und Marktmanipulation, WuB 2015, 325–328.

Nikoleyczik, Tobias/Gubitz, Daniel, Das Insiderhandelsverbot bei M&A – Transaktionen nach der „Spector"-Entscheidung des EuGH, GWR 2010, 159–162.

Oehler, Andreas/Unser, Matthias, Finanzwirtschaftliches Risikomanagement, 2. Auflage, Berlin, Heidelberg, New York 2013.

Pankoke, Stefan/Wallus, Thamar, Europäische Derivateregulierung und M&A, WM 2014, 4–14.

Park, Kapitalmarktstrafrecht, 3. Auflage 2013, Baden-Baden.

Parmentier, Mariam, Die Entwicklung des europäischen Kapitalmarktrechts 2012–2013, EuZW 2014, 50–57.

Patterson, Edwin W., Hedging and Wagering on Produce Exchanges, Yale L. J., Vol. 40 (1931), No. 6, 843–884.

Paul, Stephan/Stein, Stefan/Kaltofen, Daniel, Auf die Größe kommt es an: Mittelstandsprivilegien im Rahmen von Basel III und die Auswirkungen auf die Kosten von Unternehmenskrediten, DStR 2013, 1849–1856.

Qiu, Jiaping/Yu, Fan, Endogenous liquidity in credit derivatives, J. Fin. Econ., Vol. 103 (2012), No. 3, 611–631.

Raju, Sudhakar, Risk aversion, bank funding and futures hedging, J. Derivatives & Hedge Funds, Vol. 20 (2014), No. 4, 241–255.

Randow, Philipp von, Derivate und Corporate Governance, ZGR 1996, 594–641.

Ransiek, Andreas, Insiderstrafrecht und Unschuldsvermutung, wistra 2011, 1–4.

Renn, Christian/Weber, Christoph Andreas/Gotschev, Georg G., Beteiligungstransparenz und dynamisches Hedging, AG 2012, 440–451.

Ricke, Markus, Stichwort: Hedge Fonds, BKR 2004, 60–65.

Rieger, Marc Oliver, Optionen, Derivate und strukturierte Produkte, Stuttgart 2009.

Rogers, Daniel A., Does executive portfolio structure affect risk management? CEO risk-taking incentives and corporate derivatives usage, J. Banking & Fin., Vol. 26 (2002), No. 2, 271–295.

Ross, Stephen A., Compensation, Incentives, and the Duality of Risk Aversion and Riskiness, J. Fin., Vol. 59 (2004), No. 1, 207–225.

Rossi, José Luiz, Hedging, selective hedging, or speculation? Evidence of the use of Derivatives by Brazilian firms during the financial crisis, J. Multinat. Fin. Mgmt., Vol. 23 (2013), No. 5, 415–433.

Rudolph, Bernd, Eigenkapitalanforderungen in der Bankenregulierung, ZHR 2011, 284–318.

Rudolph, Bernd/Schäfer, Klaus, Derivative Finanzmarktinstrumente, 2. Auflage, Berlin, Heidelberg 2010.

Rutledge, David J.S., Hedgers' Demand for Futures Contracts: A Theoratical Framework with Applications to the United States Soybean Complex, Food Research Insitute Studies, Vol. 11 (1972), No. 3, 237–256.

Säcker, Franz Jürgen, Gesellschaftsrechtliche Grenzen spekulativer Finanztermingeschäfte, NJW 2008, 3313–3317.

Salewski, Sabrina, MAD II, MiFID II, EMIR und Co. – Die Ausweitung des europäischen Marktmissbrauchsregimes durch die neue Finansmarktinfrastruktur, GWR 2012, 265–268.

Salewski, Sabrina, Zertifikate – reguläre Finanzinstrumente oder unerlaubtes Glücksspiel?, BKR 2012, 100–106.

Sautner, Zacharias/Weber, Martin, How Do Managers Behave in Stock Option Plans? Clinical Evidence from Exercise and Survey Data, J. Fin. Res., Vol. 32 (2009), No. 2, 123–155.

Schäfer/Hamann, Kapitalmarktgesetze , Stand: 1/13, Stuttgart.

Schaffelhuber, Kai A., Regulierung des „Schattenbankensystems", GWR 2011, 488–491.

Schall, Alexander, Anmerkung zu EuGH, Urt. v. 28. 6. 2012 – Rs C-19/11, ZIP 2012, 1286–1288.

Schanz, Kay-Michael, Schaeffler/Continental: Umgehung von Meldepflichten bei öffentlichen Übernahmen durch Einsatz von derivativen Finanzinstrumenten, DB 2008, 1899–1905.

Scherer, Peter, Credit Default Swaps in Krisensituationen, Corporate Finance law 2010, 93–101.

Schiessl, Maximilian, Beteiligungsaufbau mittels Cash-settled Total Return Equity Swaps – neue Modelle und Einführung von Meldepflichten, Der Konzern 2009, 291–299.

Schimansky/Bunte/Lwowski, Bankrechts-Handbuch, 4. Auflage 2011, München.

Schmeisser, Wilhelm, Corporate Finance und Risk Management, München 2010.

Schmid, Martina, Europäischer Gerichtshof verschärft Ad hoc-Pflichten bei gestreckten Sachverhalten, BKR 2012, 338–345.

Schneck, Ottmar, Risikomanagement, Weinheim 2010.

Schneider, Uwe H./Anzinger, Heribert M., Umgehung und missbräuchliche Gestaltungen im Kapitalmarktrecht oder: Brauchen wir eine § 42 AO entsprechende Vorschrift im Kapitalmarktrecht?, ZIP 2009, 1–10.

Schneider, Uwe H./Brouwer, Tobias, Kapitalmarktrechtliche Meldepflichten von Finanzinstrumenten, AG 2008, 557–565.

Schrand, Catherine/Unal, Haluk, Hedging and Coordinated Risk Management: Evidence from Thrift Conversions, J. Fin., Vol. 53 (1998), No. 3, 979–1013.

Schröder, Christian, Strafbares Insiderhandeln von Organvertretern einer AG nach geltendem und neuem Recht, NJW 1994, 2879–2880.

Schulte-Mattler, Hermann/Manns, Thorsten, CRD-IV-Regulierungspaket zur Stärkung der Widerstandsfähigkeit des Bankensektors, WM 2011, 2069–2078.

Schulz, Stephan, Das Insiderhandelsverbot nach § 14 Abs. 1 Nr. 1 WpHG im Lichte der Spector-Rechtsprechung des EuGH, ZIP 2010, 609–613.

Schuster, Gunnar/Ruschkowski, Alexander, EMIR – Überblick und ausgewählte Aspekte, ZBB 2014, 123–134.

Schwark/Zimmer, Kapitalmarktrechts-Kommentar, 4. Auflage 2010, München.

Schwarting, Gunnar, Haushaltspolitisches Risikomanagement: Von der Analyse zur vorausschauenden Gestaltung, DÖV 2006, 947–954.

Schwarting, Gunnar, Stresstest für Kommunen?, Verwaltung & Management, Vol. 17 (2011), No. 6, 315–321.

Schwintowski, Hans-Peter, Bankrecht, 4. Auflage 2014, Köln.

Seibt, Christoph H., Verbandssouveränität und Abspaltungsverbot im Aktien- und Kapitalmarktrecht – Revisited: Hidden Ownership, Empty Voting und andere Kleinigkeiten, ZGR 2010, 795–835.

Seibt, Christoph H./Kraack, Jörg-Peter, Pflicht zur Veröffentlichung von Insiderinformationen auch ohne Erkennbarkeit der Richtung einer möglichen Kursbeeinflussung, EWiR 2015, 237–238.

Seibt, Christoph H./Wollenschläger, Bernward, Revision des Marktmissbrauchsrechts durch Marktmissbrauchsverordnung und Richtlinie über strafrechtliche Sanktionen für Marktmanipulation, AG 2014, 593–608.

Servaes, Henri/Tamayo, Ane/Tufano, Peter, The Theory and Practice of Corporate Risk Management, J. Applied Corp. Fin., Vol. 21 (2009), No. 4, 60–78.

Sieber, Ulrich/Satzger, Helmut/Heintschel-Heinegg, Bernd von, Europäisches Strafrecht, 2. Auflage 2014, Baden-Baden.

Siems, Thomas F., 10 Myths About Financial Derivatives, abrufbar unter: http://www.cato.org/pubs/pas/pa-283.html, zuletzt abgerufen am 22.10.2015.

Smith, Adam, An inquiry into the nature and causes of the wealth of nations (first published 1776), A new edition, Philadelphia 1796.

Smith, Clifford W./Stulz, René M., The Determinants of Firms' Hedging Policies, J. Fin. & Quant. Analysis, Vol. 20 (1985), No. 4, 391–405.

Smithson, Charles/Simkins, Betty J., Does Risk Management Add Value? A Survey of the Evidence, J. Applied Corp. Fin., Vol. 17 (2005), No. 3, 8–17.

Spindler, Gerald/Bednarz, Sebastian, Die Regulierung von Hedge-Fonds im Kapitalmarkt- und Gesellschaftsrecht, WM 2006, 553–560.

Sprengnether, Mirko/Wächter, Hans Peter, Risikomanagement nach dem Kapitalanlagegesetzbuch (KAGB), WM 2014, 877–887.

Statman, Meir, Hedging Currencies with Hindsight and Regret, J. Investing, Vol. 14 (2005), No. 2, 15–19.

Stein, Jerome L., The Simultanous Determination of Spot and Futures Prices, Am. Econ. Rev., Vol. 51 (1961), No. 5, 1012–1025.

Steiner, Manfred/Bruns, Christoph/Stöckl, Stefan, Wertpapiermanagement, 10. Auflage, Stuttgart 2012.

Stoltenberg, Silke, Die neue Fondswelt steckt im Geburtskanal fest; Umsetzung der neuen AIFM-Regeln hängt europaweit hinterher – Knapp ein Drittel hat eine Lizenz – Lediglich 88 Zulassungen in Deutschland, Börsen-Zeitung vom 18.07.2014.

Stout, Lynn A., Betting the Bank. How Derivatives Trading under Conditions of Uncertainty Can Increase Risks and Erode Returns in Financial Markets, J. Corp. L., Vol. 21 (1995), No. 1, 53–68.

Stout, Lynn A., Why the Law Hates Speculators: Regulation and Private Ordering in the Market for OTC Derivatives, Duke L. J., Vol. 48 (1999), No. 4, 701–786.

Stout, Lynn A., Derivatives and the Legal Origin of the 2008 Crisis, Harv. Bus. L. Rev., Vol. 1 (2011), No. 1, 1–38.

Streinz, Rudolf, EUV/AEUV, 2. Auflage 2012, München.

Stückler, Maria, Handel auf Terminkontraktmärkten, Vienna University of Economics & B.A. – Department of Economics Working Paper Series, Working Paper No. 80, 2002, 1–28.

Stulz, René M., Optimal Hedging Policies, J. Fin. & Quant. Analysis, Vol. 19 (1984), No. 2, 127–140.

Stulz, René M., Rethinking Risk Management, J. Applied Corp. Fin., Vol. 9 (1996), No. 3, 8–24.

Stulz, René M., Credit Default Swpas and the Credit Crisis, J. Econ. Persp., Vol. 24 (2010), No. 1, 73–92.

Stulz, René M., Risk-Taking and Risk Management by Banks, J. Applied Corp. Fin., Vol. 27 (2015), No. 1, 8–18.

Swan, Edward J., Building the Global Market, London 2000.

Szczesny, Alexander, Optionsscheine, Zertifikate und strukturierte Produkte, Düsseldorf 2005.

Szesny, André-M., Zwischenschritte eines zeitlich gestreckten Vorgangs können ad-hoc-meldepflichtige Insiderinformationen sein – Schrempp-Rücktritt, GWR 2012, 292.

Tatje, Claas, Nur nicht zu doll, Zeit vom 15.09.2010, abrufbar unter: http://www.zeit.de/2010/38/Finanzmarkt-Derivate/komplettansicht, zuletzt abgerufen am 04.01.2017.

Teichmann, Christoph/Epe, Daniel, Neuer Regelungsansatz in der kapitalmarktrechtlichen Beteiligungstransparenz: Generalklausel statt Fallgruppen-Lösung, WM 2010, 1477–1483.

Teigelack, Lars, Insiderhandel und Marktmanipulation im Kommissionsentwurf einer Marktmissbrauchsverordnung, BB 2012, 1361–1365.

Thaler, Richard, Mental Accounting Matters, J. Behav. Dec. Making, Vol. 12 (1999), No. 3, 183–206.

Thaler, Richard/Tversky, Amos/Kahneman, Daniel/Schwartz, Alan, The Effect of Myopia and Loss Aversion on Risk Taking: An Experimental Test, Q. J. Econ., Vol. 112 (1997), No. 2, 647–661.

Thaler, Richard H., Advances in Behavioural Finance 2005, Princeton, Oxford.

The de Larosière Group, Report from the High-level Group on Financial Supervision in the EU, abrufbar unter: http://ec.europa.eu/internal_market/finances/docs/de_larosiere_report_en.pdf, zuletzt abgerufen am 04.01.2017.

Theusinger, Ingo/Möritz, Daniel, Empty Voting als moderner Stimmenkauf?, NZG 2010, 607–611.

Timmerbeil, Sven/Spachmüller, Demid, Anforderungen an das Risikomanagement nach der AIFM-Richtlinie, DB 2012, 1425–1429.

Tippach, Stefan U., Das Insider-Handelsverbot und die besonderen Rechtspflichten der Banken, Köln 1995.

Tong, Wilson H. S., An examination of dynamic hedging, J. Int. Money & Fin., Vol. 15 (1996), No. 1, 19–35.

Trepte, Folker/Byentsa, Maryna, Hedging – quo vadis nach der Regulierung des OTC Derivatemarkts?, Corporate Finance law 2010, 260–265.

Trips, Marco, Risikomanagement in der öffentlichen Verwaltung – Zur Möglichkeit der Einführung eines Risikomanagementsystems im öffentlichen Sektor, NVwZ 2003, 804–811.

Trüg, Gerson, Konzeption und Struktur des Insiderstrafrechts, Tübingen 2014.

Tufano, Peter, Who Manages Risk? An Empirical Examination of Risk Management Practices in the Gold Mining Industry, J. Fin., Vol. 51 (1996), No. 4, 1097–1137.

Tversky, Amos/Kahneman, Daniel, The Framing of Decisions and the Psychology of Choice, Science, Vol. 211 (1981), No. 30, 453–458.

Tversky, Amos/Kahneman, Daniel, Loss Aversion in Riskless Choices: A Reference-Dependent Model, Q. J. Econ., Vol. 106 (1991), No. 4, 1039–1061.

Tversky, Amos/Kahneman, Daniel, Advances in Prospect Theory: Cumulative Representation of Uncertainty, J. Risk & Uncertainty, Vol. 5 (1992), No. 4, 297–323.

van Kann, Jürgen/Redeker, Rouven/Keiluweit, Anjela, Überblick über das Kapitalanlagegesetzbuch (KAGB), DStR 2013, 1483–1489.

Vanini, Ute, Risikomanagement, Stuttgart 2012.

Vaupel, Christoph F./Uhl, Laurenz, Insiderrechtliche Aspekte bei der Übernahme börsennotierter Unternehmen, WM 2003, 2126–2137.

Veil, Rüdiger, Europäisches Insiderrecht 2.0 – Konzeption und Grundsatzfragen der Reform durch MAR und CRIM-MAD, ZBB 2014, 85–96.

Veil, Rüdiger, Europäisches Kapitalmarktrecht, 2. Auflage, Tübingen 2014.

Veil, Rüdiger/Koch, Philipp, Auf dem Weg zu einem Europäischen Kapitalmarktrecht: die Vorschläge der Kommission zur Neuregelung des Marktmissbrauchs, WM 2011, 2297–2306.

Veil, Rüdiger/Lerch, Marcus P., Auf dem Weg zu einem Europäischen Finanzmarktrecht: die Vorschläge der Kommission zur Neuregelung der Märkte für Finanzinstrumente – Teil I, WM 2012, 1557–1565.

Vernimmen, Pierre/Quiry, Pascal/Dallocchio, Maurizio/Le Fur, Yann/Salvi, Antonio, Corporate Finance, 3rd ed., Southern Gate, Chichester, West Sussex 2011.

Versteegen, Peter/Schulz, Stephan, Auslegunsgfragen des Insiderhandelsverbots gem. § 14 Abs. 1 Nr. 1 WpHG bei der Teilnahme an Aktienoptionsprogrammen, ZIP 2009, 110–116.

Viciano-Gofferje, Martin/Cascante, Christian, Neues aus Brüssel zum Insiderrecht – die Marktmissbrauchsverordnung, NZG 2012, 968–979.

Voß, Thorsten, Insiderrecht: Entwarnung für die Transaktionspraxis durch den EuGH, BB 2010, 333.

Voß, Thorsten, EUGH: Verhinderung von Insider-Geschäften verlangt die Offenlegung auch solcher Informationen deren konkreter Kurseinfluss noch nicht bestimmt werden kann, BB 2015, 788.

Wadewitz, Sabine, Die Schaeffler-Methode, Börsen-Zeitung vom 16.07.2008.

Weber, Christoph Andreas/Meckbach, Anne, Finanzielle Differenzgeschäfte – Ein langer Weg zum „Anschleichen“ an die Zielgesellschaft bei Übernahmen?, BB 2008, 2022–2030.

Weber, Martin, Die Entwicklung des Kapitalmarktrechts im zweiten Halbjahr 2013, NJW 2014, 272–276.

Weitnauer, Wolfgang/Boxberger, Lutz/Anders, Dietmar, KAGB 2014, München.

Widder, Stefan/Bedkowski, Dorothea, Wertpapierhandel mit Insiderwissen „impliziert“ dessen Nutzung, GWR 2010, 35.

Widder, Stephan, Masterpläne, Aktienrückkaufprogramme und das Spector-Urteil des EuGH bei M&A – Transaktionen, BB 2010, 515–518.

Wieland, Andreas/Weiß, Simon, EMIR – Die Regulierung des europäischen OTC-Derivatemarkts, Corporate Finance law 2013, 73–91.

Wilsing, Hans-Ulrich/Goslar, Sebastian, Ad-hoc-Publizität bei gestreckten Sachverhalten – Die Entscheidung des EuGH vom 28.6.2012, C-19/11, „Geltl“, DStR 2012, 1709–1713.

Wilsing, Hans-Ulrich/Kleemann, Marcel, Veröffentlichung von Insider-Informationen mit potenziellem Einfluss auf Kurse von Finanzinstrumenten auch ohne entnehmbare Richtung, DStR 2015, 955–958.

Wiseman, Robert M./Gomez-Mejia, Luis R., A BEHAVIOURAL AGENCY MODEL OF MANAGERIAL RISK TAKING, Academy Mgmt. Rev., Vol. 23 (1998), No. 1, 133–153.

Wiswede, Günter, Einführung in die Wirtschaftspsychologie, 5. Auflage, München 2012.

Wolke, Thomas, Risikomanagement, 3. Auflage, München 2016.

Wollenhaupt, Markus/Beck, Rocco, Das neue Kapitalanlagegesetzbuch (KAGB), DB 2013, 1950–1959.

Wong, Kit Pong, Operational and financial hedging for exporting firms, Int. Rev. Econ. & Fin., Vol. 16 (2007), No. 4, 459–470.

Working, Holbrook, Futures Trading and Hedging, Am. Econ. Rev., Vol. 43 (1953), No. 3, 314–343.

Working, Holbrook, New Concepts Concerning Futures Markets and Prices, Am. Econ. Rev., Vol. 51 (1961), No. 2, 160–163.

Working, Holbrook, New Concepts Concerning Futures Markets and Prices, Am. Econ. Rev., Vol. 52 (1962), No. 3, 431–459.

Zahn, Andreas/Lemke, Rudolf, Anleihen als Instrument der Finanzierung und Risikosteuerung, BKR 2002, 527–535.

Zerey, Jean-Claude, Finanzderivate, 4. Auflage 2016, Baden-Baden.

Zetzsche, Dirk, Hidden Ownership in Europe: BAFin's Decision in Schaeffler v. Continental, EBOR, Vol. 10 (2009), 115–147.

Zetzsche, Dirk, Fondsregulierung im Umbruch – ein rechtsvergleichender Rundblick zur Umsetzung der AIFM-Richtlinie, ZBB 2014, 22–39.

Zetzsche, Dirk, Insider-Informationen beim verdeckten Beteiligungsaufbau – („Anschleichen“) mittels Total Return Swaps?, AG 2015, 381–388.

Ziemons, Hildegard, Neuerungen im Insiderrecht und bei der Ad-hoc-Publizität durch die Marktmissbrauchsrichtlinie und das Gesetz zur Verbesserung des Anlegerschutzes, NZG 2004, 537–543.

Zoepffel, Dirk, Auswirkungen der CRR auf das Kreditsicherungsrecht, WM 2014, 928–935.

www.ingramcontent.com/pod-product-compliance
Ingram Content Group UK Ltd.
Pitfield, Milton Keynes, MK11 3LW, UK
UKHW021915290926
8980IPUK00015B/1278

9 783631 723630